Zum Eigentumsschutz im Sinne der EMRK im ukrainischen und russischen Recht

Europäische Hochschulschriften
Publications Universitaires Européennes
European University Studies

Reihe II
Rechtswissenschaft

Série II Series II
Droit
Law

Bd./Vol. 4560

PETER LANG
Frankfurt am Main · Berlin · Bern · Bruxelles · New York · Oxford · Wien

Natalya Moshnyagul

Zum Eigentumsschutz im Sinne der EMRK im ukrainischen und russischen Recht

Eine rechtsvergleichende Untersuchung zu Modellen des Eigentumsschutzes

PETER LANG
Internationaler Verlag der Wissenschaften

Bibliografische Information der Deutschen Nationalbibliothek
Die Deutsche Nationalbibliothek verzeichnet diese Publikation in der Deutschen Nationalbibliografie; detaillierte bibliografische Daten sind im Internet über <http://www.d-nb.de> abrufbar.

Zugl.: Saarbrücken, Univ., Diss., 2006

D 291
ISSN 0531-7312
ISBN 978-3-631-56673-2

www.peterlang.de

Meinen Eltern

Vorwort

Die vorliegende Arbeit wurde im Wintersemester 2006/2007 vom Fachbereich Rechtswissenschaften der Universität des Saarlandes als Dissertation angenommen. Rechtsprechung, Gesetzgebung und Literatur konnten bis einschließlich August 2006 berücksichtigt werden.

Meinem Doktorvater, Herrn Prof. Dr. iur. Dr. rer. pol. Dr. iur. h.c. mult. Georg RESS, danke ich vielmals für die aufmerksame Begleitung und die wertvollen Anregungen. Ungeachtet seiner zahlreichen Verpflichtungen und Termine gab er auf die ihm übersandten Abschnitte der Arbeit stets innerhalb kurzer Zeit eine Rückmeldung. Herrn Prof. Dr. iur. Rudolf WENDT danke ich herzlich für die umgehende Erstellung des Zweitgutachtens.

Ich möchte mich bei dem Deutschen Akademischen Austauschdienst und Frau Anita ZENDER bedanken, ohne ihre finanzielle Unterstützung wäre meine Forschung nicht möglich. Ich danke der Geschäftsführung des Europa-Instituts der Universität des Saarlandes, bzw. Frau Julia LEGLEITNER, dass ich immer ihre Hilfsbereitschaft spürte. Einen herzlichen Dank für NÖRR STIEFENHOFER LUTZ für eine verschaffte Möglichkeit, praktische Erfahrungen in dem Moskauer Büro der Anwaltssozietät während meines Praktikums zu sammeln.

Herzlich danke ich Frau Wiebke CHATELET, Frau Mina IOVEVA, Frau Anne NOREKIAN und Frau Monique Julie SCHLAPBACH für die mühevolle Arbeit des Korrekturlesens.

Mein ganz besonderer Dank gilt schließlich meinen Eltern, Herrn und Frau MOSHNYAGUL, die mich während der Anfertigung dieser Arbeit mit viel Verständnis und Liebe unterstützt haben. Ihnen ist diese Arbeit gewidmet.

Inhaltsverzeichnis

Abkürzungsverzeichnis

Abs.	Absatz
AGBRF	Agrargesetzbuch der Russischen Föderation
AGBU	Agrargesetzbuch der Ukraine
Anm. d. Verf.	Anmerkung der Verfasserin
APORF	Arbitrageprozessordnung der Russischen Föderation
ArGBRF	Arbeitsgesetzbuch der Russischen Föderation
Art.	Artikel
Aufl.	Auflage
BGVVRF	Bundesgesetz der Russischen Föderation „Über das Vollstreckungsverfahren“
BRD	Bundesrepublik Deutschland
BVerfGE	Entscheidungen des Bundesverfassungsgerichts der BRD
BVGGSRF	Bundesverfassungsgesetz der Russischen Föderation „Über das Gerichtssystem der Russischen Föderation“
BVGÜVGRF	Bundesverfassungsgesetz der Russischen Föderation „Über das Verfassungsgericht der Russischen Föderation“
bzw.	beziehungsweise
d.h.	das heißt
Doc.	Dokument
Duma	Das Unterhaus des Parlaments der Russischen Föderation (russ.: *Gosudarstvennaja Duma*)
EECR	East European Constitutional Review
EGMR	Europäischer Gerichtshof für Menschenrechte
EHRLR	European Human Rights Law Review
EJIL	European Journal of International Law
EKMR	Europäische Menschenrechtskommission
EMRK	Europäische Konvention zum Schutze der Menschenrechte und Grundfreiheiten
engl.	englisch
EU	Europäische Union
EuGRZ	Europäische Grundrechte Zeitschrift
FPG	finanziell-industrielle Gruppen
GBWWRF	Gesetzbuch der Wohnungswirtschaft der Russischen Föderation
GBWWU	Gesetzbuch der Wohnungswirtschaft der Ukraine

GG	Grundgesetz für die Bundesrepublik Deutschland
GORF	Gesetzbuch über Ordnungswidrigkeiten der Russischen Föderation
GÜPSE	Gesetz der Ukraine „Über die Privatisierung des staatlichen Eigentums“
GÜE	Gesetz der Ukraine „Über das Eigentum“
GÜERF	Gesetz der RSFSR „Über das Eigentum in der RSFSR“
GÜGSU	Gesetz der Ukraine „Über das Gerichtssystem“
GUS	Gemeinschaft der Unabhängigen Staaten
GÜVGU	Gesetz der Ukraine „Über das Verfassungsgericht der Ukraine“
GVVU	Gesetz der Ukraine „Über das Vollstreckungsverfahren“
Hvh. d. Verf.	Hervorhebung der Verfasserin
Hrsg.	Herausgeber
h. M.	herrschende Meinung
HRLJ	Human Rights Law Journal
Kap.	Kapitel
KMU	Das Ministerkabinett der Ukraine (ukr.: *Kabinet Minis triv Ukrainy*)
KPVEO	Kostituzionnoje Pravo: Vostochnoevropejskoje obozrenije (Verfassungsrecht: Osteuropäische Rundschau)
Mill.	Millionen
MK	Ministerkomitee des Europarats
NEP	Neue Ökonomische Politik
OAGRF	Das Oberste Arbitragegericht der Russischen Fö- deration
OECD	Organization for Economic Cooperation and Development
OGRF	Das Oberste Gericht der Russischen Föderation
OGU	Das Oberste Gericht der Ukraine
OWGU	Das Oberste Wirtschaftsgericht der Ukraine
PACE	Parlamentarische Versammlung des Europarates
PIP	Politika i pravo (Politik und Recht)
Rn.	Randnummer (n)
russ.	russisch

RF	Die Russische Föderation
RSFSR	Russische Sozialistische Föderalistische Sowjetrepublik
s.	siehe
S.	Seite
s.g.	sogenannte
SGBRF	Strafgesetzbuch der Russischen Föderation
SGBU	Strafgesetzbuch der Ukraine
SPORF	Strafprozessordnung der Russischen Föderation
SPOU	Strafprozessordnung der Ukraine
u.ä.	und ähnliche(s), und ähnlichem
UdSSR	Union der Sozialistischen Sowjetrepubliken
ukr.	ukrainisch
USSR	Ukrainische Sozialistische Sowjetrepublik
u.s.w.	und so weiter
Vgl.	Vergleiche
VGRF	Das Verfassungsgericht der Russischen Föderation
VGU	Das Verfassungsgericht der Ukraine
Vol.	Volume
VPOU	Verwaltungsprozessordnung der Ukraine
VR	Das Parlament der Ukraine (ukr.: *Verkhovna Rada Ukrainy*)
VRF	Die Verfassung der Russischen Föderation
VU	Die Verfassung der Ukraine
VZIK	All-russisches Zentrales Exekutives Komitee (russ.: *Vserossijskij Zentralnyj Ispolnitelnyj Komitet*)
WGBU	Wirtschaftsgesetzbuch der Ukraine
WPOU	Wirtschaftsprozessordnung der Ukraine
WÜRV	Wiener Übereinkommen für das Recht der Verträge
z.B.	zum Beispiel
ZGBRF	Zivilgesetzbuch der Russischen Föderation
ZGBU	Zivilgesetzbuch der Ukraine
Ziff.	Ziffer
ZP	Zusatzprotokoll zur EMRK
ZPOU	Zivilprozessordnung der Ukraine

Alles, was das Eigentum in irgendeiner Weise bedroht, untergräbt die Grundlagen der öffentlichen Ordnung. Die politischen Revolutionen haben bei weitem keine solche Bedeutung. Sie berühren nur die Spitze, lassen aber unbeschädigt alle unzahlbaren Fäden, die die Menschen in ihren Privatverhältnissen binden. Handelt es sich aber um Eigentum, dann setzt sich alles in Bewegung. Der Mensch fühlt sich nicht mehr sicher und spürt, dass er seine innere Welt, seine Freiheit, Existenz, Familie, seine Vergangenheit und Zukunft sowie alles, was ihm nahe steht, nicht mehr im Griff hat. Die ursprünglichen Elemente des öffentlichen Lebens zersetzen sich; alle umfangreichen Verhältnisse, die die Menschen binden, werden auf einen Schlag zerrissen. Die Gesellschaft zittert um ihre Existenz, wenn der Eigentumsstatus in Frage gestellt wird.

Tschitscherin B. N. (1828-1904)

Einführung

1. Allgemeine Überlegungen

Die vorliegende Arbeit behandelt die Frage, worin das aktuelle Bedürfnis liegt, sich wieder mit Problemen der Eigentumsordnung auseinander zu setzen. Das Eigentum ist ein Rechtsinstitut, das je nach Identität der Wirtschafts- und Gesellschaftsordnung unterschiedlich ausgestaltet sein kann. Markt- oder planwirtschaftliche Strukturen werden dadurch geschaffen, dass die eigentumsrechtlich relevanten Streitfragen nach der Sachzuordnung und der Zügelung des Eigentümerbeliebens normativ gelöst werden. Die Eigentumsordnung ist also immer ein Spiegelbild der Gesellschaftsordnung, eine „elementare Antwort auf elementare Grundfragen des Gemeinschaftslebens".[1] Darin liegt ihr hoher Rang. Eine tiefgreifende Änderung der Eigentumsordnung liefe auf eine totale Umstrukturierung des Gemeinwesens hinaus.

> „Das (Eigentums-) Recht ist nicht bloß als eine äußere „Struktur" zu begreifen, sondern als „Prozess", in dem die herrschenden Vorstellungen der Gesellschaft geschaffen und gerechtfertigt werden. Das Eigentumsrecht ist eine „Sprache", die den Dingen und Handlungen eine Bedeutung gibt, und ein Medium, in dem sich die Gesellschaft über ihre gemeinsamen Leitideen, Werte und Präferenzen verständigt."[2]

Die Entwicklung des Eigentumsrechts, auf das sich die marktwirtschaftlichen Verhältnisse in der Gesellschaft stützen, unterscheidet sich von diejenigen in der Planwirtschaft. Während in der Marktwirtschaft die Privatperson die Hauptrolle spielt, beherrscht der Staat als Subjekt des Eigentumsrechts die Planwirtschaft.

---

[1] *Floßman, Ursula,* 1979, S. 14.
[2] *Siegrist, Hannes / Sugarman, David (Hrsg.),* 1999, S. 16.

Diese zwei Strömungen der Entwicklung sind völlig unterschiedlich nach ihrer gesellschaftlichen und menschlichen Natur. Während für die marktwirtschaftlichen Verhältnisse eine Privatperson und das Privatrecht von Bedeutung sind, ist in der Gesellschaft, in der die Rolle des Staates dominant ist, der Staat mit seiner Herrschaftsmacht vorrangig.

Dadurch haben beide Konzeptionen unterschiedliche Ausgangspunkte. Das bedeutet, dass ein Nebeneinander des staatlich beherrschten Systems und des privatrechtlichen beherrschten Systems nicht möglich ist. Andernfalls führte dies zum kompromisslosen Kampf der zwei Tendenzen der wirtschaftlichen Entwicklung.[3]

Bei dem rechtlichen Schutz des Eigentums kommen dem Staat drei Kernaufgaben zu: Er hat zunächst das Schutzgut „Eigentum" und die sich aus der Eigentümerfreiheit ergebenden Rechtsfolgen zu regeln, sodann den Rahmen für die Vermehrung und Verteilung der stets knappen Güter zu schaffen, schließlich auch Maßstäbe für die Zuteilung von Eigentum- und Eigentümermacht an Staat und Bürger zu entwickeln.

Ein kraftvoller, schutzfähiger Staat mit Freiheitsstruktur stützt sich auf institutionelle Voraussetzungen, die den Schutz gewähren, aber auch den berechtigten Eigentümer befähigen, seine Eigentümerfreiheit effektiv wahrzunehmen.[4] Privateigentum ist immer dann elementar gefährdet, wenn Staaten keine Gestaltungsmacht haben oder nicht Verfassungsstaaten sind.

> „Die Verfassung hat dem Gesetzgeber gegenüber der Eigentumsgarantie größere Eingriffsmöglichkeiten vorbehalten als gegenüber den Freiheitsrechten, weil die soziale Wirkung des Privateigentums besonders bedeutsam ist. Die Eigentumsgarantie schützt nicht nur die Freiheit des Eigentümers, sondern sichert auch das Privateigentum als volkswirtschaftlichen und gesellschaftlichen Wert an sich, als Grundlage der Marktwirtschaft. In Funktion und Tragweite des Privateigentums liegt daher eine besondere Gefahrenquelle für das Allgemeinwohl, vor allem auch hinsichtlich des sozialen Friedens. Um die öffentlichen Interessen gegenüber dem Privateigentum optimal wahren zu können, hat der Verfassungsgeber deshalb zwischen Freiheit und Eigentum unterschieden. Er hat, anders als sonst in der Behandlung der Freiheit, die Eigentumsfreiheit in die Garantie staatlich vorgeformter

---

[3] „Eigentumsgarantie ist die Garantie des Privateigentums. Als solche hat sie eine doppelte Bedeutung. Einerseits schützt sie die Freiheit des Besitzens und anderseits ist sie die Grundlage der Privatwirtschaft" (*Hangartner, Yvo*, 1989, S. 711).

[4] RYFFEL ist der Meinung, dass Privateigentum dazu bestimmt ist, Vehikel der Freiheit des Eigentümers zu sein, kann aber auch zur Unfreiheit anderer führen. Hier kommt eine überall vorhandene zwischenmenschliche und gesamtgesellschaftliche Bedeutung des Eigentums in aller Deutlichkeit zur Geltung. In allen angeführten Arten verweist das Privateigentum überdies auf eine damit verbundene Machtkomponente. Diese besteht darin, dass der Eigentümer einen Vorsprung in der Einrichtung und in der Entfaltung des Daseins vor dem Nichteigentümer hat und auf die Entfaltung seiner Mitmenschen und vor allem seiner Arbeitskräfte Einfluss nehmen kann (*Schwartländer, J. / Willoweit, D.(Hrsg.)*, 1983, S. 67).

vermögenswerter Rechte eingebunden und das Eigentum einem unfassenden Gemeinwohlvorbehalt unterworfen".[5]

HÄBERLE entwickelte sieben typische „Differenzierungsmaximen" für die vergleichende Analyse der Eigentumsproblematik im öffentlich-rechtlichen und im Verfassungskontext. Dieser Katalog gibt keine Hierarchie vor und beansprucht keine Vollständigkeit. Aber diese Maximen kann man als „Wertungsgesichtpunkte" betrachten, die in modernen Gesellschaften bei der Gestaltung des Eigentumsbegriffs wirksam geworden sind bzw. werden:[6]

1. Es wird nach der personalen Nähe des Eigentums differenziert. Persönlich genutztes und „kleineres" Eigentum genießt vielfach einen stärkeren Schutz als das sogenannte große Eigentum an Wirtschaftsunternehmen, Grund und Boden und Immobilien. Der Grad des Eigentumsschutzes hängt davon ab, inwieweit das jeweilige Eigentum dem Eigentumsträger Mittel des Person-Seins ist (Intensitätsbezug).
2. Es wird nach dem personalen Einsatz differenziert. Je höher der eigene Einsatz und die eigene Leistung, desto intensiver ist der Schutz (Element der Arbeit).
3. Die Gestaltung des Eigentums richtet sich nach der Funktion im sozialen Prozess. Je höher der Nutzen des Eigentums nicht nur für den Eigentumsträger, sondern auch für viele andere ist, desto größer der Schutz, und umgekehrt (Komponente der sozialen Solidarität).
4. Es wird nach Funktionen im wirtschaftlichen Prozess unterschieden und gefragt, welche Bindung und welcher Schutz ökonomisch gesehen für das große Eigentum und das kleine Eigentum sinnvoll, welche juristisch mögliche Lösung wirtschaftlich effizient ist.
5. Es richtet sich nach der Funktion im kulturellen Prozess. Geistiges und materielles Eigentum (Bau- und Naturdenkmäler, kulturelle Güter und geistige Werke) wird zum Gemeineigentum erklärt oder hinsichtlich der Verfügung und Nutzung gebunden, sofern das als unabdingbar für die gemeinsame kulturelle Identität gilt.
6. Es wird nach der Funktion im politischen Prozess differenziert. Unter bestimmten Bedingungen wird Eigentum im Sinne eines politischen Freiheitsschutzes geschützt, unter anderem aber wegen der Gefahr des Machtmissbrauchs eingeschränkt.

---

[5] *Hangartner, Yvo, 1989*, S. 717.
[6] *Häberle, Peter*, 1984, S. 90-92 (teilweise wortwörtliche Übernahme).

7. Es wird aufgrund neu entstandener Knappheiten differenziert. Das schrankenlose Eigentum von gestern wird zum beschränkten Eigentum von heute, in Not-, Kriegs- und Krisenzeiten werden Sonderbindungen geschaffen.

Im Laufe dieser Studie beabsichtigt die Verfasserin, auch diese Maximen in der Untersuchung der Eigentumsdogmatik in der Ukraine und in Russland in Betracht zu ziehen.

2. Probleme der Eigentumsdogmatik in der Ukraine und in Russland

ROGGEMANN meint, dass sich drei rechtlichen Teilfunktionen des Eigentums unterscheiden lassen:

(1) sachenrechtliche und vermögensrechtliche Zuordnungsfunktion,
(2) personenrechtliche Existenz- und Freiheitssicherungs- und Individualfunktion,
(3) gesellschaftliche Integrations- oder Sozialfunktion.[7]

Seiner Meinung nach befinden diese Teilfunktionen des Eigentums sich in einem permanenten und spannungsreichen Entwicklungsprozess, der bestätigt, dass Eigentum keine vorgegebene, sondern eine „historische Kategorie“ ist.

Eigentum ist ein Schlüsselthema der modernen Gesellschafts- und Kulturgeschichte. Die Geschichte der letzen zweihundert Jahre bestätigt die These des englischen Juristen und Politikers William BLACKSTONE (1723–1780), dass „nichts die Imagination und die Gefühle der Menschheit so sehr bewegt wie das Eigentumsrecht“.[8]
BLACKSTONEs Worte sind äußerst aktuell, weil die gesellschaftliche Entwicklung immer neue Anforderungen an das Eigentum als Ordnungsfaktor stellt. Besonders auffällig ist es, wenn man die Transformationsprozesse in Betracht zieht, die nach dem Zerfall der Sowjetunion in Gang gesetzt wurden. Diese haben die Funktion und Bedeutung des Eigentums in Ländern des sozialistischen Lagers erheblich verändert. In jedem Land Ostmittel- und Mitteleuropas verlief der Prozess des Übergangs vom persönlichen zum Privateigentum ganz unterschiedlich.[9]

---

[7] *Roggemann, Herwig,* 1997a, S. 225.
[8] *Siegrist, Hannes / Sugarman, David (Hrsg.),* 1999, S. 9 und *Roggemann, Herwig,* 1997a, S. 189.
[9] Mehr dazu *Roggemann, Herwig / Klaus-Jürgen Kuss (Hrsg.),* 1994; *Roggemann, Herwig,* 1996a; *Roggemann, Herwig,* 1996b; *Roggemann, Herwig,* 1997a; *Roggemann, Herwig,* 1997b, *Roggemann, Herwig,* 1998.

Das Thema einer gemeinsamen europäischen Eigentumsordnung im Rahmen der EMRK könnte man aus den jeweiligen nationalen Eigentumsordnungen beschreiben. Eigentum wird weiterhin in erster Linie durch die nationalen Rechtsordnungen definiert und geschützt.[10] Die Eigentumsordnung scheint eine eigentümliche Resistenz gegenüber Angleichungs- oder auch nur Vergleichsbemühungen aufzuweisen. Sie ist zu eng mit fortbestehenden Regelungsansprüchen der nationalen Rechtsordnungen in Bezug auf die Wirtschaftsordnung verknüpft. Zudem gewinnt das Eigentum seine Konturen stärker als andere Grundrechte letztlich erst aus dem Normensystem des einfachen Rechts.[11]
Ende der achtziger Jahre als in der Sowjetunion die *Perestrojka* die menschlichen Herzen eroberte, sollte die ganze Wirtschafts- und Rechtsordnung geändert werden. Damals zeigte sich bei der sowjetischen Bevölkerung eine ausgesprochen negative Einstellung[12] gegenüber dem Privateigentum, weil es mit Ausbeutung, Arbeitslosigkeit und sozialer Unsicherheit gleichgesetzt wurde.[13]
In den Rechtssystemen der Ukraine und Russlands fing eine Eigentumswandlung schon in 90er Jahren des 20. Jahrhunderts an, als nach der proklamierten Unabhängigkeit die beiden Länder ihre Staatlichkeit aufbauen. SIEGRIST ist der Meinung, dass der Vergleich von Staaten und institutionalisierten Rechtsräumen zeige, „dass sich das liberale Eigentumsrecht von den USA und Westeuropa (insbesondere England und Frankreich) aus in Mittel- und Osteuropa, Russland und schließlich großen Teilen der Welt ausbreitet."[14]
Bei dem Beitritt zum Europarat haben die Ukraine und Russland die EMRK und ihre Zusatzprotokolle ratifiziert. Weder die Ukraine noch die Russische Föderation haben die Vorbehalte zu Art. 1 1.ZP erklärt, anders als zum Beispiel andere unabhängige Staaten der ehemaligen UdSSR: Aserbaidschan, Estland, Georgien,

---

[10] *Schönberger, Christoph,* 1998, S. 145.
[11] Vgl. BVerfGE 58, 300 (336).
[12] „Eine besondere Gefahr für das Eigentum liegt aber von jeher, und heute ganz besonders darin: Ist eine Gemeinschaft reich, so wird sie immer versucht sein, das Viele umzuteilen, was eben in ihr geschaffen worden ist und besessen wird; und einige werden ja immer erheblich wohlhabender sein als die anderen...Verarmt umgekehrt die Gemeinschaft oder breite Bevölkerungsschichten in ihr – und wir könnten heute durchaus am Beginn einer solchen Entwicklung stehen-, so ist erst recht mit Umverteilungs-, damit aber mit Enteignungsschüben verstärkt zu rechnen, denn dann kann dies leicht als ein Gebot „sozialer Gerechtigkeit", wenn nicht gar als ein solches der Existenzsicherung für die Armen ausgegeben werden. Ob in Reichtum oder Armut- Begehrlichkeit richtet sich nach allen geschichtlichen Erfahrungen stets gegen das Eigentum, und immer in hohem Maße" (*Leisner, Walter*, 1998, S. 50).
[13] *Merl, Stephan,* 1999, S. 135. S. auch *Aleksandrov, U. G.,* 2001, S. 497–498; *Koznova, I. E.,* 2001, S. 675; *Abova, T. E.,* 2001, S. 862.
[14] *Siegrist, Hannes / Sugarman, David (Hrsg.),* 1999, S. 27.

Lettland und Moldawien.[15] Selbstverständlich, müssen auch die europäischen Institutionen infolge der Aufnahme beider Länder zum Europarat damit rechnen, dass viele politischen und rechtlichen Problemen auf ihre Lösung warten. Zudem äußert RESS, „man kann nicht einen ‚Kontinent', wie Russland und die Ukraine in den Europarat aufnehmen, ohne sich gleichzeitig Rechenschaft über die Folgen für den Gerichtshof abzulegen".[16]

Das Thema der Stellung des Eigentums ist in jeder Rechtsordnung sehr umfangreich und manchmal widersprüchlich, weil es verschiedene Rechtsgebiete betrifft: Völkerrecht, Menschenrechte, Verfassungsrecht, Strafrecht, Zivilrecht, Wirtschaftsrecht, Arbeitsrecht, Immobilienrecht, Baurecht, Immaterialgüterrecht u.s.w.. Insbesondere in postkommunistischen Ländern steht die verfassungsrechtliche Eigentumsdogmatik vor zahlreichen Problemen, hinsichtlich des Eigentumsbegriffs, der Arten von Eigentumseingriffen, der verfassungsrechtlichen Zulässigkeit solcher Eingriffe und der Entschädigungspflichten für Eigentumseingriffe. Wie es in den nationalen Gesetzgebungen geregelt wird, beruht auf unterschiedlichen Konzeptionen des Eigentumsschutzes. In der vorliegenden Studie beabsichtigt die Verfasserin, einige ausgewählte Felder des Eigentumsschutzes in ukrainischem und russischem Recht zu analysieren. Die Hauptziele der Studie bleiben aber, festzustellen, inwieweit die Regelung des Art. 1 1.ZP schon die russische und ukrainische Rechtsordnung geprägt und durchdrungen hat, und inwieweit noch Nachholbedarf besteht.
Ein Vergleich des ukrainischen und russischen Rechtssystems erscheint für eine grundrechtdogmatische Untersuchung nicht unbedingt naheliegend, obwohl viele Rechtwissenschaftler im Westen die Auffassung vertreten, dass nach dem Zerfall der UdSSR die Ukraine und Russland die gleichen Chancen hatten, ihre Modelle des Eigentumsschutzes zu entwickeln.[17] In dieser Studie versucht die Verfasserin zu zeigen, dass die Grundlagen zur Schaffung des Eigentumskonzepts in beiden Länder auch historisch bestimmt wurden.

3. Aktualität der Problematik und Stand der Forschung

Die Ukraine und Russland sind zwei der neuen Mitglieder des Europarats. Die Ukraine ratifizierte die EMRK im Jahre 1997 und Russland im Jahre 1998. Die

[15] „List of declarations made with respect to treaty No. 009 'Protocol to the Convention for the Protection of Human Rights and Fundamental Freedoms'" (http://conventions.coe.int /Treaty/Commun/ListeDeclarations).
[16] *Ress, Georg,* 2005, S. 45.
[17] Diese Einschätzung hatte die Verfasserin während ihres Promotionsaufenthaltes in Deutschland mehrmals in ihren Fachgesprächen gehört.

erste Entscheidung des EGMR gegen die Ukraine erschien erst im Jahre 2001. Die Beschwerde *Kaysin v. Ukraine* bezog sich auf zwei wichtigen Probleme des Menschenrechtsschutzes in der Ukraine - Verletzung des Art. 6 Abs. 1 EMRK und Art. 1 1.ZP. Im Jahre 2002 entschied der EGMR in der Sache *Burdov v. Russia,*[18] in der auch eine Verletzung des Art. 6 Abs. 1 EMRK und Art. 1 1.ZP festgestellt wurde. Seitdem wurde in mehreren Entscheidungen und Urteilen des EGMR auf die Problematik des Eigentumsschutzes in der Ukraine und Russland hingewiesen. Eine besonders wichtige Rolle in der Entwicklung der gesamten Rechtsprechung des EGMR spielten die Urteile *Sovtransavto Holding v. Ukraine, Burdov v. Russia* and *Ilascu and others v. Russia and Moldova.*
Was die junge Rechtsprechung des EGMR bezüglich der Lage des Eigentumsschutzes in der Ukraine und Russland betrifft, bestehen der Zeit noch keine rechtwissenschaftlichen Untersuchungen zum Thema weder in der ukrainischen noch in der russischen Fachliteratur. 2004 erschien in Russland aber eine Monographie unter dem Titel „Russland und der Europarat: das Eigentumsrecht."[19] Auf der Grundlage des Eigentumsrechts der EMRK versucht der Autor, einen Überblick über das russische Eigentumsrecht in Sinne der EMRK zu geben.[20] Man findet dort einige interessante Überlegungen zur Stellung des Eigentums in Russland, weshalb sich die Verfasserin in ihrer Arbeit zum Teil auf die Überlegungen von STARZHENECKIJ bezieht.[21] Das Literaturverzeichnis zur vorliegenden Studie besteht aus mehreren Seiten und es überwiegen die Aufsätze und Monographien, die sich ausschließlich auf die Lage nach der EMRK beziehen. Einige der wenigen Lehrbücher und Aufsätze auf Ukrainisch und Russisch beinhalten bloß die kurzen Erwähnungen über die rechtliche Stellung des Eigentumsrechts im Sinne der EMRK und der Rechtsprechung des EGMR. Aus diesem Grund orientiert sich die Verfasserin in ihrer Studie an den Rechtsakten der ukrainischen und russischen Gesetzgebung sowie der Rechtsprechung der Gerichte beider Staaten.[22]

---

[18] S. Urteil Burdov v. Russia vom 7. Mai 2002.

[19] *Starzheneckij, V. V., 2004:* Rossija i Sovet Evropy: pravo sobstvennosti (Russland und das Europarat: das Eigentumsrecht), Gorodez, Moskau, 2004.

[20] Aus 140 Seiten der Monographie sind bloß 46 Seiten der Problematik zum Schutze des Eigentums in Russland gewidmet.

[21] S. auch *Kanashevskij, V. A.*, 2004, Kapitel III „Regulierung einzelner Arten der Vermögensverhältnisse in der RF von den völkerrechtlichen Verträgen", S. 179-219.

[22] HÄBERLE bezeichnet als „Promotoren" des Eigentumswandels die folgenden Akteure: 1) Der Verfassergeber / der verfassungsändernde Gesetzgeber; 2) Der Gesetzgeber; 3) Die Rechtsprechung; 4) Die Rechtwissenschaft (*Häberle, Peter,* 1984, S. 86-87).

4. Vorgehensweise und ihre Begründung

Die Verfasserin hat ihre Studie so strukturiert, dass jedes Rechtsgebiet separat betrachtet wird.[23]

Das erste Kapitel schildert die Lage des Eigentumsschutzes nach der EMRK, bzw. bezieht sich auf die Rechtsprechung des EGMR.

Das zweite Kapitel beinhaltet einen kurzen Überblick über die Entstehung des Eigentumsrechts auf dem ehemaligen Territorium des Russischen Reiches und der Sowjetunion am Beispiel der Ukraine bis zum Zerfall der Sowjetunion.

Im dritten Kapitel präsentiert die Verfasserin die Stellung des Eigentumsrechts in der ukrainischen Gesetzgebung. Man glaubt, dass die Ukraine und Russland die gleichen Ausgangspositionen in der Reform des Eigentumsschutzsystems nach dem Zerfall der Sowjetunion hatten. Die Untersuchung zeigt, dass der Prozess der Privatisierung ein entscheidender Moment für diese Reform war. In Russland wurden die Grundlagen des Privatisierungsprozesses noch in den letzten Jahren der Existenz der UdSSR geschaffen. In der Ukraine aber waren die wirtschaftlichen Bedingungen nicht so günstig.[24]

Das vierte Kapitel beweist diese These der Verfasserin. In der Entwicklung des Eigentumsrechts ist Russland gegenüber der Ukraine im Vorsprung, insbesondere was die Rechtsprechung des Verfassungsgerichts der RF zur Problematik angeht.

Das fünfte Kapitel beschäftigt sich mit den Perspektiven des Eigentumsschutzes im Sinne der neuen Entwicklungen in der Rechtsprechung des EGMR, der so genannten „*systemic problems*" in nationalen Gesetzgebungen der Mitgliedstaaten des Europarats. Es ist sehr interessant zu beobachten, welche Rolle die Rechtsprechung der Verfassungsgerichte und der Obersten Gerichte beider Staaten in der Tendenzbestimmung des Eigentumsschutzes spielt. Es fällt auf, dass die Diskussionen über ein mögliches Institut des Präjudizienrechts in beiden

---

[23] Es mag sein, dass diese Vergleichsmethode veraltet ist. Der russischer Richter am EGMR, Prof. Dr. Anatoly KOVLER, ist der Auffassung, dass es effektiver wäre, drei Rechtssysteme parallel zu vergleichen. Nachdem die Verfasserin sich näher mit der Problematik auseinandergesetzt hatte, zog sie die Konsequenzen, dass die Vorgehensweise, für die sie sich entschieden hat, es besser ermöglicht, die Lage des Eigentumsschutzes in allen drei Rechtssystemen präziser zu schildern. Nach ihrer Methode werden die ukrainische und die russische Rechtsordnung nach dem gleichen Schema im Hinblick auf die Bestimmungen der EMRK und der Rechtsprechung des EGMR betrachtet. Die Verfasserin ist davon überzeugt, dass der/die aufmerksame Leser/in dadurch die Untersuchungsergebnisse kohärenter und homogener nachvollziehen kann.

[24] „Compared with other transition countries, Ukraine's privatization program piched up momentum rather late. A number of countries moved rapidly on privatization in the early 1990s, with the Czech Republic and the Russian Federation in particular resorting to mass privatization or voucher schemes...Ukraine's overall achievements in the area of privatization have been modest, resulting in cumulative privatisation receipts of only 3 percent of GDP through 2000, compared to an average of 9 percent of GDP for all transition countries" (*Elborgh-Woytek, Katrin / Lewis, Mark,* 2002, S. 3).

Rechtssystemen zunehmen. Die Verfasserin ist der Auffassung, dass das nicht zuletzt wegen des Einflusses der Rechtsprechung des EGMR geschieht.
Im Kapitel „Schlussfolgerungen" fasst die Verfasserin die Ergebnisse der Studie zusammen, um dem Leser/der Leserin noch einen Gesamtüberblick darüber zu verschaffen, inwieweit die Regelung des Art. 1 1.ZP schon die russische und ukrainische Rechtsordnung geprägt und durchdrungen hat.

Die Verfasserin will mit Ihrer Arbeit Überlegungen, Diskussionen und Untersuchungen zu jedem der in der Studie erwähnten Bereiche anregen.

5. Vorbehalte

In dieser Studie verzichtet die Verfasserin darauf, die folgenden Themen zu behandeln. Diese Materien würden den Umfang der Arbeit sprengen.

5.1. Deutsches Modell des Eigentumsschutzes

ROGGEMANN ist der Auffassung, dass das Modell Deutschlands kein Modell für Osteuropa sei. Seiner Auffassung nach könne es allerdings wertvolle Anregungen und Erfahrungen liefern.[25] Die Verfasserin versucht, die Modelle der Eigentumsordnung in der Ukraine und in Russland unter dem Gesichtspunkt des deutschen verfassungsrechtlichen Modells zu betrachten.

5.2. Geistiges Eigentum

Obwohl das Thema des Schutzes der Immaterialgüterrechte von großer Bedeutung in der Eigentumsdogmatik ist, verzichtet die Verfasserin darauf, auf diese Problematik im ukrainischen und russischen Rechtssystem einzugehen.

> „There is no doubt that intellectual property rights constitute possessions within the meaning of P1-1. Intellectual property rights comprise copyrights, patent, publishers' rights, trademark and other protective rights such as industrial design. The established case-law confirmed that these rights are under the guarantee of P1-1.[26] However, it is domestic law and domestic authorities' jurisdiction to decide whether a patent or copyright is established as a right."[27]

Ihre Entscheidung bekräftigt die Verfasserin auch mit der Meinung eines russischen Rechtswissenschaftlers. SUKHANOV vertritt die Meinung, dass alle Versuche, Objekte des geistigen Eigentums den Objekten des Eigentumsrechts zu-

---

[25] *Roggemann, Herwig / Klaus-Jürgen Kuss (Hrsg.),* 1994, S. 26.
[26] S. Urteil Smith Kline and French Laboratories Ltd v. the Netherlands, Urteil British-American Tobacco Company Ltd v the Netherlands, Urteil Aral, Tekin and Aral v. Turkey.
[27] *Coban, Ali Riza,* 2004, S. 149.

zuordnen, äußerst erfolglos sind. Um die Gegenstände des geistigen Eigentums rechtlich zu fassen, wurde das Institut des ausschließlichen Rechts geschaffen.[28]

5.3. Erbrecht

Noch ein Bereich, der zum Eigentumsrecht gehört, ist das Institut des Erbrechts. Doch stellt die Verfasserin sich nicht die Aufgabe, eine detaillierte Analyse einer rechtlichen Stellung des Erbrechts in der ukrainischen und russischen Gesetzgebung durchzuführen, obwohl die ererbte Vermögensposition nach der Rechtsprechung der Konventionsorgane gemäß Art. 1 1.ZP geschützt ist.[29] Ihrer Auffassung nach sollte es reichen, einen kurzen Überblick über die Lage zu schaffen. In dieser Weise wird der/die Leser/in auf die wesentliche Unterschiede des Eigentumsrechts in beiden Staaten vorbereitet.

In der Verfassung der RF ist das Erbrecht in Art. 35 Abs. 4 verankert. Titel 14 ZGBRF „Erlangen des Eigentumsrechts" fängt mit Art. 218 ZGBRF an, in dem der Gesetzgeber ausdrücklich bestimmt, dass andere Menschen das Eigentumsrecht nach dem Testament oder dem Gesetz erlangen können, wenn der Eigentümer verstorben ist (Art. 218 Punkt 2 Abs. 2 ZGBRF). Teil 3 des Zivilgesetzbuches der RF[30] ist dem Erbrecht gewidmet. Art. 1112 ZGBRF bestimmt, was man unter dem Begriff der Erbschaft in der russischen Gesetzgebung versteht. Die Erbschaft besteht aus den der verstorbenen Person gehörenden Sachen und anderem Vermögen, außerdem aus allen Vermögensrechten und –pflichten des Verstorbenen. Abs. 2 des Artikels macht einen Vorbehalt für die höchstpersönlichen Rechte und Pflichten des Verstorbenen (insbesondere das Recht auf Unterhalt, auf Entschädigung bei Gesundheitsschädigungen und wegen des Todes des Verstorbenen, aber auch die Rechte und Pflichten, die nach dem Zivilgesetzbuch nicht vererblich sind[31]), welche kein Erbrecht im Sinne des Art. 1110 ZGBRF darstellen. Dazu gehören auch Nichtvermögensrechte und andere immaterielle Güter (Art. 1112 Abs. 3 ZGBRF).

Im Gegensatz zu Russland lässt sich keine ausdrückliche Bestimmung über das Erbrecht in der ukrainischen Verfassung finden. Auch der wichtigste Artikel 41 VU, der sich auf den Eigentumsschutz bezieht, beinhaltet keinen Hinweis darauf, dass das Erbrecht in der Ukraine verfassungsrechtlich geschützt wird. Natürlich könnte man versuchen, es zu erklären, und zwar mit der Begründung,

---

[28] *Sukhanov, E. A.*, 2000, S. 87.

[29] Mehr dazu s. in Kapitel I dieser Studie.

[30] Bundesgesetz der RF „*O vvedenii v dejstvie chasti tretjej Grazhdanskogo kodeksa Rossijskoj Federazii* (Über die Einführung des dritten Teils des Zivilgesetzbuches der RF)" vom 26. November 2001 (N147-ФЗ).

[31] S. Titel 65 ZGBRF „Die Erbschaft einiger Vermögensarten" (Art. 1176-1185).

dass der ukrainische Gesetzgeber keinen Unterschied zwischen allen Unterarten des Eigentumsrechts machen will. Aber diese Argumentation ist schwach, weil sie den Eigenarten des Erbrechts nicht gerecht wird.

Das Zivilgesetzbuch der Ukraine regelt in Titel 24 das Erlangen des Eigentums. Art. 328 ZGBU sieht vor, dass das Eigentum in den vom Gesetz vorgesehenen Fällen erlangt wird. Keiner der Artikel des Titels 24 beinhaltet aber eine Vorschrift dahingehend, dass das Eigentumsrecht durch Erbfolge erlangt werden kann. Buch 6 des Zivilgesetzbuches der Ukraine beinhaltet Bestimmungen, die das Erbrecht in der ukrainischen Gesetzgebung regeln. Art. 1216 ZGBU definiert die Erbschaft aufgrund Testaments und kraft Gesetzes (Art. 1217 ZGBU) als den Übergang der Rechte und Pflichten natürlicher Personen, die verstorben sind, auf andere Personen.

Sehr bemerkenswert ist das Verfahren der Erbschaftsannahme in beiden Rechtssystemen.[32] Im Unterschied zur deutschen Gesetzgebung[33] muss der Erbe seine Erbschaft annehmen. Das dafür vorgesehene Annahmeverfahren ist im ukrainischen und russischen Recht in Art. 1269 ZGBU und Art. 1152 ZGBRF vorgesehen. Die Frist der Erbschaftsannahme beträgt sechs Monate (Art. 1270 ZGBU und Art. 1154 ZGBRF).[34]

Unterschiedlich ist auch die Besteuerung der Erbschaft[35] in ukrainischem und russischem Recht.

Die russische Staatsduma hat am 15. Juni 2005 ein Gesetz gebilligt,[36] wonach gesetzliche Erben der ersten Ordnung von der Auszahlung der Steuer[37] bei der

[32] Vgl. Beschluss des Plenums des Obersten Gerichts der UdSSR vom 1. Juli 1966 (N6) „*O sudebnoj praktike po delam o nasledovanii* (Über die Gerichtspraxis in den Sachen zur Erbschaft)“, Ziff. 7 „г“ und „д“; Beschluss des Plenums des Obersten Gerichts der UdSSR vom 20. Juni 1947 (N9/4/y) „*O primenenii Ukaza Prezidiuma Verkhovnogo Soveta SSSR ot 14 marta 1945 "O naslednikakh po zakonu i po zaveschaniju" i drugikh voprosakh nasledovanija* (Über die Umsetzung der Verordnung des Präsidiums des Obersten Rates der UdSSR vom 14. März 1945 „Über die Erbschaft kraft Gesetzes und nach dem Testament und andere Fragen der Erbschaft)“.

[33] Vgl. § 1943 BGB.

[34] Auch im deutschen Recht existiert Frist von 6 Wochen (vgl. § 1944 I BGB).

[35] LEISNER vertritt der Meinung, dass die Erbschaftssteuer die praktisch wichtigste Form der Sozialbindung sei (*Leisner, Walter,* 1998, S. 177). WENDT weist darauf hin, dass wegen des Eigentums und des personalen Gehalts des Erbrechts der Spielraum des Gesetzgebers umso weiter wird, je größer das Vermögen des Erblassers ist. Seiner Auffassung nach gilt es auch für die Besteuerung der Erbschaft. Generell ist ein „Anteil des Staates am Erbgut“ nicht ausgeschlossen (*Sachs, Michael (Hrsg.),* 1999, S. 664, Ziff. 199).

[36] Bundesgesetz der RF „*O priznanii utrativshimi silu nekotorykh zakonodatelnykh aktov (polozhenij zakonodatelnykh aktov) Rossijskoj Federazii i vnesenii izmenenij v nekotoryje zakonodatelnyje akty Rossijskoj Federazii v svjazi s otmenoj naloga s imuchestva, perekhodjazhego v porjadke nasledovanija ili darenija*“ vom 1. Juli 2005 (N78-ФЗ).

[37] Vgl. BVerfGE 63, 312.

Erbannahme befreit werden.[38] Das Gesetz ist am 1. Januar 2006 in Kraft getreten.

Nach Art. 13 des Gesetzes der Ukraine *„Pro podatok z dokhodiv phisychnykh osib* (Über die Einkommenssteuer natürlicher Personen)“[39] müssen die Erben der ersten Ordnung die Erbschaftssteuer[40] in der Ukraine bezahlen. Im Jahre 2006 erließ das Verkhovna Rada aber das Abänderungsgesetzt der Ukraine *„Pro vnesennja zmin do Zakonu Ukrainy „Pro podatok z dokhodiv phisychnykh osib“ zhodo opodatkuvannja spadchyny* (Über die Eintragung der Änderungen ins Gesetz der Ukraine „Über die Einkommenssteuer natürlicher Personen“ bzgl. der Besteuerung der Erbschaft)“, nach dem die Erben der ersten Ordnung ebenfalls von den Abgaben befreit sind.[41]

6. Quellen

Während der Untersuchung des Eigentumsschutzes in der Ukraine und in Russland im Sinne der EMRK wurden auch folgende Literaturquellen benutzt:

- Rechtsprechung des EGMR;
- Ukrainische und russische Gesetze und Rechtsakte;
- Rechsprechung der ukrainischen und russischen Verfassungsgerichte, der Obersten Gerichte und der Gerichte erster Instanz;
- Rechsprechung des Bundesverfassungsgerichts der BRD;
- Medienpublikationen.

Neben den im Literaturverzeichnis aufgeführten Quellen stützt die Verfasserin ihre Erkenntnisse auch auf:

1) ein Gespräch mit Herrn Prof. Dr. Dieter BLUMENWITZ, Inhaber des Lehrstuhls für Völkerrecht, allgemeine Staatslehre, deutsches und bayerisches Staatsrecht und politische Wissenschaften, Universität Würzburg, am 6. Mai 2004. Außer seiner Funktion als Vertreter des Beschwerdeführers in dem Fall „Prince Hans-Adam II of Liechtenstein v. Germany“ war Prof. Dr. BLUMENWITZ als

---

[38] Vgl. Beschluss VGRF vom 30. September 2004 (N316-O), Ziff. 2 Abs. 6. S. auch zum Thema Beschluss VGRF vom 2. November 2000 (N228-O) und Beschluss VGRF vom 20. Dezember 2001 (N262-O).

[39] Gesetz der Ukraine vom 22. Mai 2003 (N889-IV).

[40] Vgl. Beschluss des Plenums des Obersten Gerichts der Ukraine vom 24. Juni 1983 (N4) *„Pro praktyku rozgljadu sudamy Ukrainy sprav pro spadkuvannja* (Über die Gerichtspraxis der Gerichte der Ukraine in den Sachen zur Erbschaft)“.

[41] Gesetz der Ukraine vom 19. Januar 2006 (N3378-IV), Punkt 3 1) a). Das Gesetz tritt am 1. Januar 2007 in Kraft.

Experte im Rahmen der deutschen Regierungsberatung in der Ukraine engagiert.[42]

2) Drei Gespräche mit dem russischen Richter am EGMR, Herrn Prof. Dr. Anatoly KOVLER.[43] Das erste Gespräch fand am 17. November 2004 in Straßburg statt. Dort wurden die Aktualität der Problematik und die Zielsetzung der Studie besprochen. Zwei weitere Gespräche wurden während des Aufenthaltes der Verfasserin als Praktikantin am Europäischen Gerichtshof für Menschenrechte durchgeführt (April-Juni 2006).

3) Ein Interview mit Frau Magda MIERZEWSKA, der polnischen Juristin am EGMR. Das Interview fand am 17. Mai 2005 in Straßburg statt. Die Juristin ist am EGMR für die Problematik des Eigentumsschutzes zuständig.

4) Ein Interview mit Herrn Pavlo PUSHKAR,[44] dem ukrainischen Juristen am EGMR. Das Interview fand am 25. Mai 2005 in Straßburg statt.

5) Das Gespräch mit Prof. Dr. Jean-Francois FLAUSS[45] (Generalsekretär des Internationalen Institutes für Menschenrechte, Straßburg) am 14. Juni 2005. Prof. Dr. FLAUSS leitet das Projekt "Russia in face of the European Convention on Human Rights".

---

[42] S. dazu *Blumenwitz, Dieter, 2000; Blumenwitz, Dieter, 2001a; Blumenwitz, Dieter, 2001b* und *Blumenwitz, Dieter, 2002.*

[43] S. dazu *Kovler, A. I., 2004.*

[44] S. dazu *Marmazov, V. Ye. / Pushkar, P. V., 2001* und *Pushkar, Pavlo, 2004.*

[45] S. dazu *Flauss, Jean-Francois, 1994a* und *Flauss, Jean-Francois, 1994b.*

Kapitel I. Der Schutz des Eigentums durch Art. 1 des 1. Zusatzprotokolls der EMRK

A. Einführung

Das Recht auf Eigentum schützt den Menschen davor, den Unwägbarkeiten seines Daseins als einer Notwendigkeit ausgeliefert zu sein. Es ermöglicht ihm, den Bedürfnissen seines natürlichen Daseins selbstständig Abhilfe zu schaffen.[46] Der Mensch als Eigentümer an Rechten hat die Fähigkeit zur Wahl und zwar er allein. In der Literatur wird ständig und weitgehend diskutiert, was unter dem Begriff „Eigentum" zu verstehen ist.[47]

Das Recht auf Achtung des Eigentums wird zu den klassischen Menschenrechten gezählt[48] und die Mitgliedstaaten des Europarates gewährleisten es fast ausnahmslos auf verfassungsrechtlicher Ebene.[49] Die menschenrechtliche Qualität des Eigentumsrechts lässt sich nur begründen, wenn es als Seinsrecht aus dem unbedingten Grunde der Freiheitsqualität des Menschen, und nicht bloße Haberecht verstanden wird. Wenn man das Menschenrecht auf Eigentum in diesem Sinne betrachtet, ist das Eigentum immer noch, im Sinne der klassischen Eigentumstheorien von LOCKE,[50] KANT und HEGEL, als eine der Bedingungen für Freiheit zu sehen.[51]

---

[46] Mehr dazu s. *Vollrath, Ernst*, 1983, S. 109; *Ryffel, Hans*, 1983, S. 61.

[47] S. *Schwab, D.*, Eigentum, in: O. Brunner, W. Conze und R. Koselleck (Hrsg.), Geschichtliche Grundbegriffe. Historisches Lexikon zur politisch – sozialen Sprache in Deutschland, Bd. 2, Stuttgart 1975, S. 65–116; *Böhmer, W*, Eigentum aus verfassungsrechtlicher Sicht. Grundfragen der verfassungsrechtlichen Gewährleistung des Eigentums in der Rechtsprechung des Bundesverfassungsgerichts. Das Eigentum. J.F. Baur. Göttingen, Vandenhoek und Ruprecht, 1988, S. 39–82; *Wendt, Rudolf*, Eigentum und Gesetzgebung, Heitmann, Hamburg, 1985; *Depenheuer, Otto*, in: *von Danwitz, Thomas / Depenheur, Otto / Engel, Christoph*, Bericht zur Lage des Eigentums, Springer - Verlag Berlin Heidelberg New York, 2002; *Schewchenko, J. M.*, Pravo sobstvennosti v Ukraine (Das Eigentumsrecht in der Ukraine), Bliz Inform, Kiew, 1996; *Sklovskij, K. I.*, Sobstvennost v grazhdanskom prave (Das Eigentum im Zivilrecht), Delo, Moskau, 2000; *Pavlov, V. P.*, 2001: Obchaja teorija prava sobstvennosti (Allgemeine Theorie des Eigentumsrechts), in: *Sobstvennost v XX stoletii* (Das Eigentum im XX. Jahrhundert), zu 80. Jahren Akademikers Vinogradov V. A., Russische politische Enzyklopädie, Moskau, 2001, S.801 u.s.w..

[48] *Mangoldt, Hermann von / Klein, Friedrich / Strack, Christian (Hrsg.)*, 2002, Art. 14, Rn. 1; *Sachs, Michael (Hrsg.)*, 1999, Art. 14, Rn.1.

[49] *Peukert, Wolfgang*, 1981, S. 97; *Frowein, J. A. / Peukert, W.*, 1996, Art. 1 1.ZP, Rn.1.

[50] In der Staatsphilosophie von John LOCKE vereinigen sich die Menschen nur deswegen zum Staat, um gegenseitig ihr Leben, ihre Freiheit und ihre Gütern zu sichern. „For the preservation of property being the end of Government, and that for which men enter into society, it necessarily supposes and requires, that the people should have property, without which they must be suppos'd to lose that by entering into society, which was the end for which they entered into it, too gross an absurdity for any man to own. Men therefore in society having prop-

Betrachtet man die Widersprüchlichkeit des Eigentumsbegriffes und seinen Bezug auf sowohl materielle wie immaterielle Qualitäten kommt der Auslegung dieses Begriffes so große Bedeutung zu. Die EMRK selbst, bzw. Art. 1 1.ZP, beinhaltet keine ausdrückliche Definition, was unter „Eigentum" zu verstehen ist.

B. Begriffbestimmung des Art. 1 1.ZP

Art. 1 1.ZP EMRK lautet in der amtlichen deutschen Übersetzung:

> „Jede natürliche oder juristische Person hat ein Recht auf Achtung ihres Eigentums. Niemandem darf sein Eigentum entzogen werden, es sei denn, dass das öffentliche Interesse es verlangt, und nur unter den durch Gesetz und durch die allgemeinen Grundsätze des Völkerrechts vorgesehenen Bedingungen.
> Die vorstehenden Bestimmungen beeinträchtigen jedoch in keiner Weise das Recht des Staates, diejenigen Gesetze anzuwenden, die er für die Regelung der Benutzung des Eigentums im Einklang mit dem Allgemeininteresse oder zur Sicherung der Zahlung der Steuern oder sonstigen Abgaben oder von Geldstrafen für erforderlich hält."[52]

Die Redaktion des Art. 1 1.ZP verwendet in den authentischen Texten neben dem englischen Begriff „*property*" und dem französischen „*propriété*" die Begriffe „*possessions*" und „*biens*". Der EGMR hat sich in den Urteilen *Handyside*[53] und *Marckx*[54] geäußert, dass mit allen unterschiedlichen Wendungen in Art. 1 1.ZP stets dasselbe gemeint sei, nämlich das Eigentum. Bei Berücksichtigung der Vorarbeiten kann man diese Klarstellung noch dahingehend präzisieren, dass nur das Privateigentum geschützt werden soll.[55]
Wie schon erwähnt, findet sich im Wortlaut des Art. 1 1.ZP keine Definition des Begriffs „Eigentum".[56] Darüber hinaus kann man die Vermutung anstellen, dass es eine weitere Auslegung dieses Begriffes impliziert.

I. Heranziehung des Völkerrechts

Die bisherige Rechtsprechung der EKMR und des EGMR erklärte sich für den Eigentumsbegriff des Art. 1 1.ZP im weiten völkerrechtlichen Sinne. Darüber

---

erty" (John Locke, Second Treatise, § 138, S. 378. Zitiert nach *Chiout, Hannelore,* 1973, S. 114).
[51] Mehr dazu *Chiout, Hannelore,* 1973, S. 114; *Dietl, Paul Gerhard,* 1988, S. 291; *Mangoldt, Hermann von / Klein, Friedrich / Strack, Christian (Hrsg.),* 2002; Rn. 2-3.
[52] BGBl. 1956 II, 1880.
[53] Urteil Handyside v. the UK, Ziff. 62.
[54] Urteil Marckx v. Belgium, Ziff. 63.
[55] *Peukert, Wolfgang,* 1981, S. 99; *Gelinsky, Katja,* 1996, S. 21; *Dolzer, Rudolf,* 1985, S. 170.
[56] S. auch zum Thema *Coban, Ali Riza,* 2004, S. 12.

hinaus wird allgemein davon ausgegangen, dass der Begriff „Eigentum" im Sinne von Art. 1 1.ZP die gleiche Bedeutung habe wie im allgemeinen Völkerrecht.[57] Da kein selbständiger völkerrechtlicher Eigentumsbegriff existiert, muss man andere Möglichkeiten suchen. In seinem Konzept der wohlerworbenen Rechte ist MÜLLER der Meinung: „das Völkerrecht schützt alle, aber auch nur solche subjektiven Rechte, die in einer nationalen Rechtsordnung nach Maßgabe derer Regeln entstanden sind."[58]

II. Heranziehung des nationalen Rechts

Um den konventionsmäßigen Eigentumsbegriff zu bestimmen, besteht auch die Möglichkeit, dass diese Definition aus den Verfassungen der Mitgliedstaaten der EMRK hervorgegangen ist.[59]

> „Die Vorschrift kann als eine Synthese der Grundprinzipien angesehen werden, die im Recht der Mitgliedstaaten für den Eigentumsschutz maßgeblich sind."[60]

Das bedeutet aber nicht, dass in allen Mitgliedstaaten der EMRK die eigentumsrechtlich geschützten Rechtspositionen identisch sind.[61] Die nationalen Rechtsordnungen nicht nur der „neuen" Staaten – Mitglieder der EMRK,[62] aber auch der „alten" westlichen Staaten stehen hinsichtlich des Eigentumsbegriffes vor Problemen.[63] Diese Probleme führen letztlich zu unterschiedlichen Konzeptionen des Eigentumsschutzes.

In der deutschen Rechtsordnung, die das Kontinentalrechtssystem vertritt, nach der ständigen Rechtsprechung des Bundesverfassungsgerichts,[64] wird das Eigen-

---

[57] *von Danwitz, Thomas / Depenheur, Otto / Engel, Christoph,* 2002, S. 223.

[58] *Müller, Edgar Felix,* 1981, S. 327.

[59] In folgenden Kapitel dieser Arbeit werden die Begriffe des Eigentums in der Verfassung der Ukraine und der Verfassung der RF untersucht.

[60] *Frowein, J. A. / Peukert, W.*, 1996, S. 766, Rn. 3.

[61] *Gelinsky, Katja,* 1996, S. 22.

[62] Die Staaten, die nach dem Zusammenbruch der kommunistischen Systeme in Mittel- und Osteuropa den Europarat beitraten. Bei der Aufnahme der neuen Staaten aus Ost und Mitteleuropa stellte sich erneut die Frage, ob bereits vor dem Beitritt eine neue Verfassung verabschiedet werden müsse, oder ob auch andere Lösungen, die ebenfalls den Wechsel der politischen und sozialen Systeme in Richtung der Grundwerte des Europarats garantieren, akzeptiert werden könnten.

[63] „Article 1 of Protokol No 1 is thus the product of compromise, which is readily apparent from its wording: the term "right of property" is avoided in favour of a formulation whereby everybody "is entitled to the peaceful enjoyment of his possessions"; and the States are empowered to expropriate possessions and control the use of property – within the vague limits of the "public interest" and the "general interest"" (*Winisdörffer, Yves,* 1998, S. 20).

[64] BVerfGE 89, 1 (6); 97, 350 (371); 83, 201 (208); 56, 249 u.s.w..

tum nicht nur als Sacheneigentum des bürgerlichen Rechts angesehen, sondern es wird von einem weiten verfassungsrechtlichen Begriff des Eigentums ausgegangen, der jedes vermögenswerte subjektive Recht – jedenfalls des privaten Rechts – umfassen soll.[65] In der englischen Rechtsordnung findet sich keine allgemeine Eigentumsdefinition.[66] Im Bereich des Common Law werden *„ownership"*, *„property rights"*, *„property interests"* und *„title"* unterschieden. Das heißt, dass im Common Law eine weite Konzeption des Eigentums vertreten wird.[67]

> „Der Eigentumsbegriff hat für uns in der gemeineuropäischen und speziell der kontinentaleuropäischen Tradition ja eine bestimmte Färbung und Eingrenzung erfahren. Sie beruht auf der Tradition des römisch – rechtlichen Eigentumsbegriffs, der für den ganzen Bereich des *common law* nicht gilt. Da nun die Menschenrechtserklärung von 1948 in Englisch abgefasst worden ist, verwendet sie das Wort „property". *Property* aber bedeutet eben nicht Eigentum im Sinne des kontinentaleuropäischen Rechts, sondern Vermögen in einem sehr viel weiteren und sehr viel vageren Sinn."[68]

Und trotzdem zeigt eine vergleichende Betrachtung des verfassungsrechtlichen Eigentumsschutzes in westlichen Staaten, dass es Übereinstimmungen und parallele Entwicklungen dieser Rechtsordnungen im Eigentumsschutz gibt.[69] Welche Rechtspositionen es zum Schutze des Eigentums in den „neuen" Mitgliedstaaten der EMRK gibt, wird in der vorliegenden Arbeit am Beispiel der Ukraine[70] und Russlands[71] untersucht.

III. Die Definition des Eigentums in der Rechtsprechung des EGMR

Der EGMR hat in mehreren Entscheidungen deutlich gemacht, das die in der EMRK garantierten Rechte bzw. das Recht auf Eigentum autonomen Charakter[72] haben und damit nicht zwangsläufig mit dem nationalen Standard eines jeden Vertragsstaates übereinstimmen müssen.[73]

---

[65] *Sieckmann, Jan –Reinard,* 1999, S. 29.
[66] *Sieckmann, Jan –Reinard,* 1999, S. 73.
[67] S. auch *Riedel, Eibe H.,* 1983.
[68] *Raiser, Ludwig,* 1983, S. 125.
[69] *Sieckmann, Jan –Reinard,* 1999, S. 145.
[70] Die Ukraine hat die Gesamtheit der EMRK mit der Verabschiedung des Gesetzes „Über die Ratifizierung der Konvention zum Schutze der Menschenrechte und der Grundfreiheiten von 1950, 1. Protokoll und der Protokolle N 2, 4, 7 und 11 zur Konvention" am 17. Juli 1997 anerkannt.
[71] In Russland trat die EMRK am 5. Mai 1998 in Kraft infolge der Annahme des Ratifizierungsgesetzes.
[72] Urteil Tre Traktörer Aktiebolag v. Sweden, Ziff. 53. S. auch *Mittelberger, Philipp,* 2000, S. 10.
[73] *Peukert, Wolfgang,* 1981, S. 100.

> „The character of the legislation which governs how the matter is to be determined (civil, commercial, administrative law, etc.) and that of the authority which is invested with jurisdiction in the matter (ordinary court, administrative body, etc.) are therefore of little consequence.“[74]

Dieses Postulat spielt eine bedeutende Rolle im Verhältnis zwischen dem Einzelnen und dem Staat. Vor diesem Hintergrund geht es um eine "*obligation to result*" und nicht um eine "*obligation to procedure*". Das bedeutet dann wiederum einen möglichst weitgehenden Schutz im Hinblick auf die Verpflichtungen des Staates, im Ergebnis das Eigentum möglichst wenig zu belasten, womit eine ausdrücklich zugelassene Enteignung nur dann rechtmäßig ist, wenn sie durch eine Entschädigung kompensiert wird.

> „Vorrang muss das Ziel haben, in allen Mitgliedstaaten der EMRK einen seinem Umfang nach einheitlichen und möglichst weitgehenden Schutz gegen Verletzung der Menschenrechte zu gewährleisten.“[75]

Das erste Urteil des EGMR zum Eigentumsschutz war der Fall *Handyside v. the UK*. Zweieinhalb Jahre später erschien der Urteil zum Fall *Marckx v. Belgium*.[76] In beiden seinen Urteilen *Handyside v. the UK*[77] und *Marckx v. Belgium*[78] stellte der EGMR klar, dass nur eine einheitliche Garantie des Eigentums gemeint sei. Zudem im Fall *Marckx*[79] äußerte sich der Gerichtshof, dass nur vorhandenes Eigentum durch Art. 1 1.ZP geschützt werde, nicht dagegen ein Recht auf Eigentumserwerb im Wege der gesetzlichen Erbfolge oder durch freigebige Zuwendungen.[80]

Im Allgemeinen kann gesagt werden, dass sich aus der Straßburger Rechtsprechung drei Kriterien des Eigentumsrechts ableiten lassen:

1) Art. 1 1.ZP schützt nur vermögenswerte Rechte.

2) Art. 1 1.ZP schützt ebenfalls die ausschließliche Nutzung.

3) Demgegenüber ist die freie Verfügbarkeit nur relativer Natur.[81]

Die Rechtsprechung der Straßburger Organe geht allein schon deshalb weiter als das allgemeine Völkerrecht, da auch Rechte von der Konvention geschützt werden, die innerstaatlich als gar nicht entstanden gelten. Deswegen sollen im Fol-

---

74 Urteil Ringeisen v. Austria, Ziff. 94.

75 *Peukert, Wolfgang*, 1981, S. 100.

76 „In beiden diesen Urteilen handelte es sich nicht in erster Linie um Fragen des Eigentumsrechts. In Handyside ging es vielmehr um das Recht auf freie Meinungsäußerung nach Art. 10 EMRK und in Marckx um das Recht auf Familienleben nach Art. 8 EMRK“ (*Mittelberger, Philipp*, 2001, S. 365).

77 Urteil Handyside v. the UK, Ziff. 62.

78 Urteil Marckx v. Belgium, Ziff. 63.

79 Urteil Marckx v. Belgium, Ziff. 50.

80 S. auch Urteil Prince Hans Adam II of Liechtenstein v. Germany, Ziff. 83.

81 *Mittelberger, Philipp*, 2000, S. 13; *Condorelli, L.*, 1995, S. 979.

genden die einzelnen Rechtspositionen erörtert werden, die nach der Rechtsprechung des EGMR als geschützt angesehen werden.

C. Die einzelnen geschützten Rechtspositionen des Art. 1 1.ZP

Der Ausgangspunkt ist, dass der Eigentumsbegriff im Sinne von Art. 1 1.ZP in der weiten völkerrechtlichen Bedeutung zu verstehen ist. Der konkrete Inhalt der konventionsgeschützten Eigentumsgarantie[82] ist noch nicht hinreichend bestimmt.[83]

I. Geschützte Eigentumspositionen basierend auf privatrechtlichen Regelungen

1. Mobilien und Immobilien

Die Eigentumsgarantie des Art. 1 1.ZP umfasst gleichermaßen bewegliche und unbewegliche Sachen,[84] obwohl diese Frage nie zur Diskussion stand.[85]
Die Frage der Verletzung des Rechts auf ungestörte Verfügung und Nutzung des Grundeigentums spiegelte und spiegelt sich bis zum heutigen Tage auch in der Konventionsrechtsprechung wieder. Nachweisend kann man eine Reihe von den Urteilen aufführen: den Fall *Sporrong und Lönnroth v. Sweden*, in dem es um Enteignungsgenehmigungen und Bauverbote für Liegenschaften in der Innenstadt von Stockholm ging, den Fall *James v. the UK*, der die zwangsweise Grundstückübertragung zugunsten Privater aufgrund einer Änderung der britischen Pachtsystem betraf, den Fall *Erkner und Hofauer v. Austria* über ein österreichisches Landwirtschaftsprogramm, den Fall *Papamichalopoulos v. Greece*, dem ein Streit um den Bau einer Marinebasis auf den Privatgrundstücken griechischer Eigentümer zugrunde lag.

2. Anteilrechte

Neben Grundeigentum sind Gesellschaftsanteile auch entscheidende Vermögenswerte. Der Fall *Lithgow and others v. the UK* betraf die Nationalisierung

---

[82] Vgl. "Partly dissenting opinion of judge Koumantos joined by judge Zupancic" zum Urteil King of Greece and others v. Greece: "Article 1 is intended to protect private property belonging to natural or legal persons. It is not applicable to property assigned to certain persons in connection with their public duties, even where such property also retains some features governed by private law. In such cases the property is subject to a *sui generis* regime, part public and part private, which excludes application of Article 1 of Protocol No. 1."

[83] *Gelinsky, Katja*, 1996, S. 23.

[84] Urteil Wiggins v. the UK, Ziff. 46. S. auch *von Danwitz, Thomas / Depenheur, Otto / Engel, Christoph*, 2002, S. 226; *Gelinsky, Katja*, 1996, S. 23- 24.

[85] *Mittelberger, Philipp*, 2000, S. 16.

von Aktien an britischen Unternehmen durch die Einführung des Luftfahrt- und Schiffbauindustriegesetzes von 1977.[86] Der EGMR erkannte an, dass Aktien in den Geltungsbereich von Art. 1 1.ZP fallen.[87]

> "The applicants were clearly "deprived of (their) possessions", within the meaning of the second sentence of Article 1 (P1-1)...[88]"

Im früheren Urteil *Bramelid and Malmström v. Sweden* wurde festgestellt, dass:

> „A company share is a complex thing: certifying that the holder possesses a share in the company, together with the corresponding rights (especially voting rights), it also constitutes, as it were, an indirect claim on company assets. In the present case, there is no doubt that the...shares had an economic value. The Commission is therefore of the opinion that, with respect to Article 1 of the Fist Protocol, the...shares held by the applicants were indeed "possessions" giving rise to the right of ownership."[89]

Mit dem letzten Satz wurde den Schluss gezogen, dass die Aktien *in casu* zweifelsohne einen Vermögenswert darstellen.

Im Fall *Sovtransavto Holding v. Ukraine* war der Beschwerdeführer die Sovtransavto Holding (eine russische Aktiengesellschaft mit Sitz in Moskau). Die russische Gesellschaft hatte 49% der Aktien der Sovtransavto–Lugansk, einer ukrainischen offenen Aktiengesellschaft. Wegen einer Umstrukturierung des Unternehmensstatuts bei Sovtransavto – Lugansk verlor die Sovtransavto Holding mehr als die Hälfte der Aktien der ukrainischen Gesellschaft. In seiner Entscheidung wies der Gerichtshof darauf hin, dass „there were changes in the powers the applicant company exercised as a shareholder, that is to say in its ability to run the company and control its assets".[90] Zum Unterschied von dem Fall *Bramelid and Malmström v. Sweden* stellte der EGMR fest, dass "in the light of the circumstances of the case and having regard to the special nature of the applicant company's possessions, the Court considers that owing to the factual and legal complexity of the present case it cannot be classified in any specific category within Article 1 of Protocol No. 1."[91]
Im Fall *Sovtransavto Holding v. Ukraine* ging der Gerichtshof nicht mehr auf die Schutzqualität von Aktien ein.[92] Vielmehr befasste er sich damit, welchen

---

[86] Urteil Lithgow and others v. the UK, Ziff. 18.
[87] S. zum Thema *Bernhard, Rudolf*, 1986, S. 539.
[88] Urteil Lithgow and others v. the UK, Ziff. 107.
[89] Urteil Bramelid and Malmström v. Sweden, Ziff. 81. S. dazu auch Urteil Company S. and T. v. Sweden.
[90] Urteil Sovtransavto Holding v. Ukraine, Ziff. 92.
[91] Urteil Sovtransavto Holding v. Ukraine, Ziff. 93.
[92] In diesem Fall konnte die Problematik der Drittwirkung im Zusammenhang mit Art. 1 1.ZP in Betracht gezogen werden. Der EMRK kommt keine unmittelbare Drittwirkung zu (*Frowein, J. A. / Peukert, W.*, 1996, Art. 1 Rdnr.12). Aber die mittelbare Drittwirkung der Konvention, d.h. die direkte Beschwerdeführung gegen einen Staat, welche aber mittelbar gegen

Zusammenhang der Schutzbereich von Art. 6 Abs. 1 (in gewissem Masse auch von Art. 14 EMRK[93]) zum Schutz des Eigentums hatte.

3. Wohlerworbene Rechte

Im modernen völkerrechtlichen Sprachgebrauch werden die Ausdrücke „Eigentum“ und „wohlerworbene Rechte“ als gleichbedeutend verwendet.[94] Im Völkerrecht werden alle rechtmäßig erworbenen, von der Rechtsordnung des jeweiligen Heimatstaates anerkannten Privatrechte, dazu gezählt.[95] Wie der Wortlaut des Völkerrechtsgrundsatzes deutlich zum Ausdruck bringt, ergibt sich die Verpflichtung des Staates zur Respektierung dieser Rechte erst dann, wenn sie von den Einzelnen „erworben“ sind. Dem Staat ist aber gestattet, die Ausländer von dem Erwerb bestimmter Rechte ganz ausschließen oder ihn zu beschränken (z.B. hinsichtlich des Grundeigentums oder für strategisch wichtige Vermögensarten). Die Eigentumsgarantie des Art. 1 1.ZP erfasst auch „wohlerworbene“ vermögenswerte Rechte (*acquired/vested rights*[96]*; droits acquis*), obwohl die Konventionsorgane keine Definition dieser Rechtsfigur geben.[97] Im Fall *Karni v. Sweden* wurde von der Kommission erklärt, dass „the vested interests in the applicant's medical practice may be regarded as „possessions“ within the meaning of Article 1 of Protocol No. 1.“[98]

Die Kommission entschied auch im Fall *van Marle v. the Netherlands*, dass die Einführung bestimmter gesetzlicher Zulassungsvoraussetzungen für die Führung

---

eine Drittperson gerichtet ist, wird bejaht (*Mittelberger, Philipp*, 2000, S. 43). Es ist gemeint, dass die EMRK Garantien eine Orientierungsfunktion für nationalen Gesetzgeber haben. „Die Annahme einer mittelbaren Drittwirkung bei der landesrechtlichen Anwendung kann bedeuten, dass der Vertragsstaat für die umfassende innerstaatliche Verwirklichung gewisser Konventionsgarantien auch im Verhältnis zwischen Privatpersonen zu sorgen hat. Entweder muss er dann den Privaten eine wirksame nationale Beschwerde gemäss Art. 13 EMRK zur Verfügung stellen, oder erkönnte für die konventionswidrige Ausgestaltung seiner Gesetzgebung völkerrechtlich zur Verantwortung gezogen werden. So oder so ist bloß eine sinngemäße, analogieweiße Erstreckung der Konventionsgarantien auf privatrechtliche Verhältnisse anzunehmen“ (*Wildhaber, L.*, 1979, S. 300).

[93] „In the practice of the European Court, the right to property and the prohibition of discrimination are closely interlinked. The first time that the Court found a violation in which the right to property was involved, was a violation of Artilce 14 in conjuction with the right to property (Marckx v. Belgium)“ (*Banning, Theo R. G., van*, 2002, S. 111).

[94] *Böckstiegel, Karl-Heinz*, 1963, S. 66.

[95] *Gelinsky, Katja*, 1996, S. 25.

[96] „Früher war im englischen Sprachgebrauch der Ausdruck „*vested rights*“ vorherrschend. Schon seit Jahren geht man aber mehr und mehr davon ab, da im innerstaatlichen Recht die Bezeichnung „*vested*“ als Gegensatz zu „*contingent*“ verstanden wird, eine Gegenüberstellung, die dem völkerrechtlichen Begriff der wohl erworbenen Rechte nicht entspricht. Deshalb wird heute die Bezeichnung „*acquired rights*“ meist vorgezogen“ (*Böckstiegel, Karl-Heinz*, 1963, S. 60-61).

[97] *Gelinsky, Katja*, 1996, S. 25.

[98] Karni – Kommissionsentscheidung, Ziff. 165.

des Titels „Wirtschaftsprüfer“ die wohlerworbenen Rechte der Beschwerdeführer beeinträchtigt habe, die diese bis dahin im Zuge ihrer Tätigkeit als Wirtschaftsprüfer erworben hätten.[99]

4. Gewerbliche Tätigkeit bzw. Goodwill

Bei dieser Problematik geht es darum, inwiefern Art. 1 1.ZP gewisse berufliche Tätigkeiten des Einzelnen schützt.[100] Genauso wie bei den wohlerworbenen Rechten findet sich eine Definition des *goodwill* im Konventionsrecht nicht.[101] Zum ersten Mal erfolgte die Anerkennung des *goodwill* als schützenswertes Eigentumsrecht in der Praxis der Konventionsorgane im Urteil *van Marle v. the Netherlands.*[102] Obwohl die wohlerworbenen Rechte nicht ausdrücklich erwähnt werden, hat der Gerichtshof sich der Entscheidung der Kommission[103] angeschlossen, die feststellte, dass die Maßnahmen, die den *goodwill* eines Unternehmens betreffen, als Eingriffe in das Eigentumsrecht gewertet werden können.[104] Der EGMR hat diese Rechtsprechung inzwischen mehrfach bestätigt.[105] Eine besondere Bedeutung kommt der Rechtsprechung zum *goodwill* im Zusammenhang mit öffentlich-rechtlichen Erlaubnissen und Genehmigungen, namentlich Zulassungen zur Ausübung eines Gewerbes zu.[106]
Im Fall *Tre Traktörer v. Sweden* entschied der Gerichtshof, dass der Entzug einer Genehmigung nachteilige Auswirkungen auf den *goodwill* habe und deshalb einen Eingriff in das konventionsrechtlich geschützte Eigentumsrecht darstelle.[107]

> "Like the Commission, however, the Court takes the view that the economic interests connected with the running of Le Cardinal were "possessions" for the purposes of Article 1 of the Protocol (P1-1). Indeed, the Court has already found that the maintenance of the licence was one of the principal conditions for the carrying on of the applicant company's business, and that its withdrawal had adverse effects on the goodwill and value of the restaurant."[108]

---

[99] Van Marle – Kommissionsentscheidung, Ziff. 123.
[100] Dabei geht es nicht um diese Frage im Zusammenhang mit Lohnforderungen, sondern vielmehr um Konzessionen und Bewilligungen, welche für eine Berufsausübung notwendig sein könnten (*Mittelberger, Philipp,* 2000, S. 26).
[101] *von Danwitz, Thomas / Depenheur, Otto / Engel, Christoph,* 2002, S. 231; *Gelinsky, Katja,* 1996, S. 27.
[102] Urteil van Marle and others v. the Netherlands, Ziff. 41.
[103] EKMR, Bericht, van Marle, Ziff. 123.
[104] *Frowein, J. A. / Peukert, W.*, 1996, Art. 1 1.ZP, Rn.6.
[105] S. z.B. Urteil H. v. Belgium, Ziff. 47; Urteil Iatridis v. Greece, Ziff. 54. S. auch *von Danwitz, Thomas / Depenheur, Otto / Engel, Christoph,* 2002, S. 230.
[106] *Frowein, J. A. / Peukert, W.*, 1996, Art. 1 1.ZP, Rdnr. 7.
[107] Urteil Tre Traktörer v. Sweden, Ziff. 43.
[108] Urteil Tre Traktörer v. Sweden, Ziff. 53.

Die Straßburger Organe lassen jede Beeinträchtigung der Rentabilität oder des Wertes des Unternehmens, sofern sie auf einer Beschränkung der Nutzung investierten Kapitals durch eine hoheitliche Maßnahme beruht, in den Anwendungsbereich von Art. 1 1.ZP fallen. Resümierend nach der Rechtsprechung der Konventionsorgane können Vermögenspositionen, die für sich betrachtet nicht hinreichend eigentumsrechtlich verfestigt sind, über die Rechtsfigur des *goodwill* gemäß Art. 1 1.ZP geschützt sein.[109]

5. Privatrechtliche Forderungen

Privatrechtliche Ansprüche genießen Eigentumsschutz im Sinne von Art. 1 1.ZP, wenn sie gegenwärtig und klageweise durchsetzbar sind.[110]

> „...future income could only be considered to constitute a possession, if it had already been earned or where an enforceable claim existed to it."[111]

Eine Forderung ist ein Eigentumsrecht, dies selbst wenn die Höhe der Forderung nicht genau festgelegt ist. Gelingt dem Beschwerdeführer der Nachweis der Forderung nicht oder unterliegt die Forderung einer Bedingung, die nicht eintritt, gilt die Forderung als nicht entstanden. Weiterhin muss ein adäquater Kausalzusammenhang zwischen dem Eingriff und dem Verlust des Eigentums bestehen, da ansonsten kein Eigentumsentzug vorliegen kann. Gleichgültig ist, ob die Forderung gegen eine Privatperson oder den Staat gerichtet ist. Bedingung ist allerdings, dass sie tituliert, in einem Vergleichverfahren oder vom Schuldner anerkannt ist.[112]

6. Vermögen

Zu der Frage, ob das Vermögen als solches in den Schutzbereich des Art. 1 1.ZP fällt, hat der EGMR sich bislang noch nicht geäußert. Allerdings zeigt die Einbeziehung von Steuern in die Regelung des Art. 1 Abs. 2 1.ZP, dass die Verfasser der Vorschrift davon ausgehen, dass die Auferlegung von Steuern die Eigentumsgarantie berührt.[113] Darüber hinaus hat der EGMR mit den *economic interests* eine dem betrieblichen Vermögen vergleichbare Position ausdrücklich in den Schutzbereich des Art. 1 1.ZP einbezogen.

---

[109] *Gelinsky, Katja,* 1996, S. 29.
[110] *Müller - Michaels, Olaf,* 1999, S. 66; *Gelinsky, Katja,* 1996, S. 26.
[111] Urteil Batelaan & Huiges v. the Netherlands, Ziff. 173.
[112] *Mittelberger, Philipp,* 2000, S. 17.
[113] *von Danwitz, Thomas / Depenheur, Otto / Engel, Christoph,* 2002, S. 233; *Müller - Michaels, Olaf,* 1999, S. 69.

7. Geistiges Eigentum

Heutzutage in der Rechtsprechung der Konventionsorgane finden sich jedoch nur wenige Entscheidungen zum Schutz des geistigen Eigentums gemäß Art.1 1.ZP.[114] Während die Rechtsprechung der Straßburger Organe in diesem Punkt durchaus als uneinheitlich zu bezeichnen ist, wurde in der Lehre[115]– wenngleich mit unterschiedlichen Begründungen– nie die Frage gestellt, dass Immaterialgüterrechte vom konventionsrechtlichen Eigentumsschutz erfasst werden.[116] Dies mit verschiedenen Begründungen: Einerseits wird argumentiert, in einem Fall[117] habe die Kommission ein Patent als Zivilrecht qualifiziert, was auch für das Eigentum zutrifft. Anderseits wird erklärt, der Inhaber eines Immaterialgüterrechts könnte dieses allein nutzen und über es auch verfügen, ganz im Sinne von Art. 1 Abs. 1 und 2 des 1.ZP. Schließlich wurde darauf hingewiesen, dass das geistige Eigentum insofern untrennbar mit der wirtschaftlichen Betätigung seines Inhabers verbunden ist, als das vermögenswerte Ergebnis schöpferischer Leistung dem Urheber zustehen muss.[118]

Im Fall *British American Tobacco* ging es darum, dass die beschwerdeführende Gesellschaft beim niederländischen Patentamt einen Antrag auf Patentierung einer Erfindung gestellt hatte. Die Beschwerde wurde aber in der Folge mit der Begründung abgelehnt, dass der Antrag keinerlei erfinderisches Element enthielt:

> „En l'espèce, la société requérante n'a pas réussi à obtenir la protection effective de son invention au moyen d'un brevet. Par conséquent, la société a été privée d'un droit de protection de la propriété intellectuelle…"[119]

Die Kommission stellte aber der EKMR bezüglich Patente klar, dass diese unter den Schutz von Art. 1 1.ZP fallen. Da die beschwerdeführende Gesellschaft aber nie in den Besitz dieses Rechts kam, weil schon der Antrag darauf verweigert worden war, schloss die Kommission, dass Art. 1 1.ZP nicht verletzt worden war.

---

[114] Die Kommission ist bisher lediglich von der Anwendbarkeit des Art. 1 1.ZP bezüglich eines als verletzt geltend gemachten Patentrechts ausgegangen: E 7830/77 (ein hier nicht interessierender Auszug ist in DR 14, Ziff. 200 veröffentlicht). S. auch E 12633/87 vom 4. Oktober 1990, DR 66, Ziff. 70 und den gütlich beigelegten Fall Smith Kline and French Laboratories Ltd. B 12633/87 vom 10. Juli 1991. In E 15327/89 vom 6. November 1989 verneinte die Kommission die Anwendbarkeit des Art. 1 1.ZP bei Verweigerung eines Patents. Zum eigentumsrechtlichen Schutz von eingetragenen Warenzeichen s. BVerfG, EuGRZ 1988, 273 (276) und zum Schutz des Urheberrechts BVerGE 31, 229; 31, 248; 31, 255; 31, 270.

[115] *Gelinsky, Katja*, 1996, S. 32; *Müller - Michaels, Olaf*, 1999, S. 65; *Frowein, J. A. / Peukert, W.*, 1996, Art. 1 1.ZP, Rn. 7.

[116] *von Danwitz, Thomas / Depenheuer, Otto / Engel, Christoph*, 2002, S. 230; *Mittelberger, Philipp*, 2000, S. 22.

[117] E 7830/77, DR 14, Ziff. 200.

[118] E 6958/75, DR 3, Ziff. 155.

[119] EKMR, Bericht (19.05.1994), British American Tobacco, Ziff. 16 und 73.

MITTELBERGER[120] weist darauf hin, dass an dieser Aussage der Kommission auffällig ist, dass normalerweise auf die Schutzwürdigkeit eines Rechts gar nicht eingegangen wird, wenn nicht einmal die Voraussetzungen dazu erfüllt sind. Seiner Auffassung nach lässt sich diese Abweichung von der normalen Vorgehensweise wohl dadurch erklären, dass die Kommission die bis dahin seltene Gelegenheit nutzen wollte, eine klare Aussage im Sinne der Schutzwürdigkeit von Patenten zu machen.

Schon zuvor im Fall *Smith Kline and French Laboratories* hatte die Kommission anerkannt, dass Patente schützenswerte Rechtspositionen im Sinne der konventionsrechtlichen Eigentumsgarantie darstellen:

> „The Commission notes that under Dutch law the holder of the patent is referred to as the proprietor of a patent and that patents are deemed, subject to the provisisons of the Patent Act, to be personal property which is transferable and assignable. The Commission finds that a patent accordingly falls within the scope of the term "possessions" in Article 1 of Protocol No. 1."[121]

Dagegen ist Art.1 1.ZP nach der Rechtsprechung der Konventionsorgane[122] nicht anwendbar auf persönliche Schriftstücke wie Briefe, die privaten und nicht wirtschaftlichen Zwecken dienen. Nach GRABENWARTER[123] könnte man damit die Konsequenzen ziehen, dass die Rechtsprechung der Straßburger Organe in dem Punkt des Schutzes des geistigen Eigentums uneinheitlich ist.

8. Erbrecht

In der EMRK wird das Erbrecht nicht ausdrücklich erwähnt anders als in vielen nationalen Verfassungen.[124] Im *Marckx* – Urteil wurde von dem EGMR erklärt, dass:

> "The Court in fact excludes Article 1 of Protocol No. 1 (P1-1): like the Commission and the Government, it notes that this Article (P1-1) does no more than enshrine the right of everyone to the peaceful enjoyment of "his" possessions, that consequently it applies only to a person's existing possessions and that it does not

[120] *Mittelberger, Philipp,* 2000, S. 23.
[121] EKMR, Smith Kline and French Laboratories, DR 66 (1990), Ziff. 157.
[122] S. AD v. the Netherlands, DR 70 (1994), Zif. 157.
[123] *Grabenwarter, Christoph,* 2003, S. 415.
[124] *Frowein, J. A. / Peukert, W.,* 1996, Art. 1 1.ZP, Rn. 9; *von Danwitz, Thomas / Depenheur, Otto / Engel, Christoph,* 2002, S. 230; *Gelinsky, Katja,* 1996, S. 32. Vgl. Art. 14 des Grundgesetzes der BRD und Art. 35 Abs. 4 der Verfassung der RF. Die Verfassung der Ukraine beinhaltet keine ausdrückliche Vorschrift über das Erbrecht. In dem neuen Zivilgesetzbuch der Ukraine ist Buch 6 dem Erbrecht gewidmet.

guarantee the right to acquire possessions whether on intestacy or through voluntary dispositions."[125]

Hat der Beschwerdeführer lediglich potentiell die Möglichkeit, eine noch lebende Person zu beerben, ist Art. 1 des 1.ZP also nicht anwendbar. Kann der Erbe jedoch nachweisen, dass ihm ein Anteil am Nachlass zusteht, so ist die ererbte Vermögensposition nach der Rechtsprechung der Konventionsorgane gemäß Art. 1 1.ZP[126] geschützt.[127]

II. Öffentlich-rechtliche Ansprüche

Ganz allgemein gesehen ist es relativ schwierig, einzelne Rechtpositionen definitiv dem Privatrecht oder dem öffentlichen Recht zuzuordnen. Dies zum einen wegen der nationalen Unterschiede, zum anderen aufgrund innerstaatlicher Schwierigkeiten.[128] Die Frage, ob und inwieweit öffentlich-rechtliche Ansprüche der Eigentumsgarantie unterstehen, scheint in den Rechtsordnungen der Mitgliedstaaten des Europarates nicht einheitlich geklärt zu sein.[129] Vereinzelt wird auch die Meinung vertreten, dass der Eigentumseingriff des innerstaatlichen Rechts durch den Beitritt zur Konvention eine Änderung erfahren habe, oder zumindest hätte erfahren sollen, wenn die innerstaatlichen Behörden konventi-

---

[125] Urteil Marckx v. Belgium, Ziff. 50.

[126] S. De Mot, DR 53 (1987), Ziff. 47; Urteil Inze v. Austria, Ziff. 38.

[127] Vgl. „1. L'article 1 du Protocole n° 1 garantit le droit au respect des biens. Il n'autorise pas toute personne à posséder des biens et pas davantage- même combiné avec l'article 14 de la Convention- une quelconque égalité de la quantité des biens que les individus peuvent posséder. La répartition des biens, même le droit à la propriété individuelle des moyens de production d'un Etat, sont des questions sociales auxquelles les différents systèmes sociaux recherchent des solutions différentes. Elles échappent au domaine du Protocole. Des droits tels les droits d'heriter ou de voir un héritage partagé d'une certaine manière, bien que non dénués d'importance, ne sont pas suffisamment fondamentaux pour ressortir au droit de l'homme à la propriété. Je doute qu'un moyen quelconque d'acquérir des biens puisse se déduire de l'article 1 du Protocole n°1, mais certeinement pas le droit d'hériter. Il n'a pas la nature d'un droit fondamental. Pour des raisons pratiques, il est impossible de concevoir un système dans lequel l'heritage se répartit entre les pauvres, mais si on pouvait en concevoir un de ce genre, il n'irait pas à l'encontre de quelque principe fondamental des droits de l'homme. On pourrait même avancer qu'il est inique et contraire aux règles générales des droits de l'homme que les enfants de parents riches (qui de ce fait ont eu une enfance plus facile que d'autres) bénéficient en outre d'un capital à la mort de leurs parents. D'un point de vue théorique, d'autres répartitions des biens seraient peut-être plus équitables. On ne saurait donc considérer la protection du droit à hériter comme intégrée à l'article 1 du Protocole n° 1. La manière dont un héritage se partage est plus proche du droit fondamental de l'homme à la protection de ses biens et doit être exclue de l'étendue du droit fondamental de l'homme" (Dissenting Opinion of Judge Schermers, zitiert nach *Stern, Brigitte,* 1991, S. 400-401).

[128] *Mittelberger, Philipp*, 2000, S. 23.

[129] *Peukert, Wolfgang,* 1981, S. 102.

onsgemäß vorgehen würden, wozu sie völkerrechtlich verpflichtet sind. Es wird argumentiert, dass ein späteres, auf Verfassungsstufe stehendes innerstaatliches Dokument, nämlich die EMRK, den Gegenstand des Eigentumsschutzes verändert habe.[130]

Die Straßburger Rechtsprechung passt sich in der Auslegung des Eigentumsschutzes der EMRK der allgemeinen Tendenz des Völkerrechts an, alle subjektiven Rechte dem Eigentumsschutz zu unterstellen.[131] So fallen auch öffentlich-rechtliche Ansprüche grundsätzlich in diesen Schutzbereich.

Im Einzelnen ist jedoch zu differenzieren:

1. Ansprüche auf sozialstaatliche Leistungen

Schon früh führte die Kommission aus, dass Art. 1 1.ZP grundsätzlich keinen Anspruch auf Zahlung sozialstaatlicher Leistungen gewährt.[132] Sie hielt es jedoch nicht für ausgeschlossen, dass:

> „...the right to a pension which is based on employment can in certain circumstances be assimilated to a property rights."[133]

Renten– und Sozialansprüche gelten nur dann als schutzwürdig im Sinne von Art. 1 1.ZP, wenn die eingezahlten Beiträge in gleicher Höhe an die Versicherten zurückgelangen. Die Bereitschaft der Kommission, solche Ansprüche in den Schutzbereich der konventionsrechtlichen Eigentumsgarantie einzubeziehen, die durch eigene Leistungen des Anspruchsberechtigten begründet wurden, ist auch vom Gerichtshof bestätigt worden. Jedenfalls Ansprüche auf solche öffentlich-rechtlichen Leistungen, für welche die Betroffenen ihrerseits Leistungen erbracht bzw. die sie durch eigene Beiträge erworben haben, fallen demnach unter das Schutzbereich des Art. 1 1.ZP.[134]

> „Pension and benefit claims are among the most debated public law claims the Convention organs. Whether the pensions and benefit claims constitute property rights protected by P1-1 for claimants is an issue that involves theoretical difficulties. It was argued that "the new property" comprises all kinds of governmentally allocated wealth such as welfare benefits, government jobs, occupational licences, state franchises, contracts, and subsidies, and access to state-owned resources and to governmental services. Furthermore, it was claimed that equality and justice re-

[130] *Postl, Michael,* 1996, S. 41.

[131] *von Danwitz, Thomas / Depenheur, Otto / Engel, Christoph,* 2002, S. 234; *Peukert, Wolfgang,* 1981, S. 100; *Postl, Michael,* 1996, S. 41.

[132] EKMR, Entscheidung (17.03.1970), X v. the United Kingdom, RD 33, S. 55; Entscheidung (20.07.1971), X v. the Netherland, RD 33, S. 14.

[133] EKMR, Entscheidung (20.07.1971), X v. the Netherland, RD 33, S. 15.

[134] *von Danwitz, Thomas / Depenheur, Otto / Engel, Christoph,* 2002, S. 236; *Peukert, Wolfgang,* 1981, S. 101.

quire that every person should be provided with a minimum private property necessary for a decent life. However, the Convention organs made clear, from the beginning, that P1-1 does not protect a right to acquire property, but protects only existing property. The right protected by P1-1 does not create a positive duty for governments to supply a minimum level of income or property. Rather it protects the freedom of individuals to acquire, enjoy and use property. Thus, the problem of whether pension and welfare benefit claims fall within the protection of P1-1 was resolved under the light of this approach".[135]

2. Sonstige öffentlich-rechtliche Ansprüche

Die Straßburger Rechtsprechung in Bezug auf Ansprüche, die nicht auf sozialstaatlichen Gesichtspunkten beruhen, ist vom Unfang weniger ausgeprägt als diejenige, die sich mit Leistungen des Sozialstaates befasst. Während bei öffentlich-rechtlichen Ansprüchen, die auf einer Leistung des Anspruchsberechtigten beruhen, die Tendenz in der Judikatur der Konventionsorgane ganz deutlich hin zu einer Bejahung des Eigentumsschutzes geht, ist die Rechtsprechung bezüglich jener Ansprüche, die nicht auf einer Gegenleistung beruhen, bei weitem nicht so eindeutig.[136] Im Ergebnis aber folgt sie den dort gefundenen Argumentationen, dass es zur Begründung einer Eigentümerstellung jedenfalls auch gewisser Aufwendungen des Leistungsberechtigten bedarf.[137]
Die EKMR entschied in einem Fall, der die Entschädigung für Reparationszahlungen von Privatleuten nach Ende des Zweiten Weltkrieges durch die BRD betraf, dass die Übernahme der Entschädigungsverpflichtung durch die BRD auf der Gegenseite keinen Anspruch der enteigneten Privatleute begründet, der einem eigentumswerten Recht im Sinne von Art. 1 1.ZP entspräche.[138]
In einer Entscheidung von 1988[139] kam die Kommission zu dem Schluss, dass ein festgestellter Anspruch auf Zahlung einer Entschädigung infolge einer Grundstückenteignung jedenfalls als schützenswertes Eigentum im Sinne von Art. 1 1.ZP aufgefasst werden muss.[140]

Unter Berücksichtigung aller obenerwähnten rechtlichen Positionen des Eigentums, können die Konsequenzen gezogen werden, dass Art. 1 1.ZP ein von den einzelnen Rechtsordnungen der Mitgliedstaaten unabhängiger, eigenständiger Eigentumsbegriff zugrunde liegt. Erfasst werden das Sacheigentum und die

---

135 *Coban, Ali Riza,* 2004, S. 157-158.
136 *Postl, Michael,* 1996, S. 47.
137 *von Danwitz, Thomas / Depenheur, Otto / Engel, Christoph,* 2002, S. 236.
138 EKMR, Entscheidung (14.10.1977), X AG, Y AG und Z GmbH v. Germany, DR 12, S. 131; Entscheidung (4.07.1978), A, B AG v. Germany, DR 14, S. 157. Ausführlich dazu s. *Frowein, J.A. / Peukert, W.*, 1996, Art. 1 1.ZP, Rn. 16, 17; *Peukert, Wolfgang,* 1981, S. 101.
139 EKMR, Entscheidung (8.12.1988), Consorts D. v. Belgium, unveröffentlicht.
140 *von Danwitz, Thomas / Depenheur, Otto / Engel, Christoph,* 2002, S. 236.

wirtschaftlichen Interessen im Zusammenhang mit einer wirtschaftlichen Tätigkeit, also das Recht am Unternehmen. Darüber hinaus werden auch Anteile an Handelsgesellschaften als Eigentum garantiert. Das Vermögen als Ganzes dürfte ebenfalls in den Anwendungsbereich von Art. 1 1.ZP fallen. Damit werden zumindest mittelbar alle vermögenswerten Rechtpositionen geschützt. Bezüglich der Schutzwürdigkeit von öffentlich-rechtlichen Ansprüchen (insbesondere Sozial- und Rentenansprüchen), vertrat zumindest die Kommission eine restriktive Linie. Sozialversicherungsrechtliche Ansprüche werden in ihrem Bestand, nicht aber in ihrer Höhe garantiert.[141]

D. Eingriffe in das Eigentumsrecht

> „Case law at European level led to a well-balanced property concept whereby the characteristics of property protection provided increasingly clear and predictable protection for the citizen against interference by the state. Definition of interference and its (non)-justification has made enormous progress. There could be a tendency that the Court is gradually becoming more strict on issues of interference, leaving a smaller margin of appreciation for states. Gradually, there is also an increasing comparability between the limitations under human rights, such as those laid down in, for example, Articles 8 to 11 of the European Convention, and the limitations of P1-1."[142]

Art. 1 1.ZP behält den Vertragsstaaten das Recht vor, Eigentum zu entziehen oder dessen Benutzung zu regeln. Der Schutz des Eigentums gegen staatliche Eingriffe erweist sich insoweit als besonders schwierig, weil dem Eigentum nicht nur für den Einzelnen, sondern auch für die Allgemeinheit eine ganz erhebliche Bedeutung zukommt, weshalb dem Staat regelmäßig eine vergleichsweise weite Regelungsbefugnis zuerkannt wird. Art. 1 1.ZP löst dieses Spannungsverhältnis, indem das Eigentum zwar garantiert wird (engl.: *peaceful enjoyment of possession*) (Abs. 1 Satz 1),[143] dem Gesetzgeber aber ausdrücklich

---

[141] « La Commission rappelle à cet égard que le terme «biens» de l'article 1 du Protocole No 1 comprend non seulement les droits *in rem* mais aussi les droits *in personam* (No 7775/77), les titres… , les droits résultant de contributions versées à une institution d'assurance sociale …, voir la «clientèle» ...Il découle de ce qui précède que le terme «biens» au sens de l'article 1 dua Protocole No 1 peut viser des droits non reconnus comme «droits de propriété» en droit interne des Hautes Parties Contractantes » (EKMR, Entscheidung, Holy Monasteries v. Greece).

[142] *Banning, Theo R. G., van,* 2002, S. 129.

[143] Die erste Regel „der Achtung des Eigentums" könnte man als *„catch-all"* bezeichnen, weil sie in den Fällen anwendbar ist, wo die zwei Anderen nicht anwendbar sind. Diese Regel wurde von den Konventionsorganen immer bestätigt, wenn ein Eingriff ins Eigentumsrecht vorlag, unabhängig von der Tiefe oder Schwere des Eingriffs, dem Grad des Verletzung dieses Rechtsinstitutes.

eine Regelungsbefugnis vorbehalten bleibt (Abs. 2) und der Entzug des Eigentums nur unter bestimmten Bedingungen zulässig ist (Abs. 1 Satz 2).[144]
Die Konventionsorgane hatten diese Drei-Normen-Regel anerkannt, die ständig wiederholt wird:

> "Article (P1-1) comprises three distinct rules. The first rule, which is of a general nature, enounces the principle of *peaceful enjoyment of property*; it is set out in the first sentence of the first paragraph. The second rule covers *deprivation of possessions and subjects it to certain conditions*; it appears in the second sentence of the same paragraph. The third rule recognises that the *States are entitled*, amongst other things, *to control the use of property* in accordance with the *general interest, by enforcing such laws* as they deem necessary for the purpose; it is contained in the second paragraph. The Court must determine, before considering whether the first rule was complied with, whether the last two are applicable."[145]

Der Gerichthof operiert mit drei Arten des Rechts auf Eigentum, die unterschiedlichen Regelungen unterworfen sind. In dieser Weise wird die Struktur des Art. 1 1.ZP präzisiert, infolgedessen die strikten Aussagen der Konventionsorgane zur Trennung der drei Bestimmungen teilweise zurückgenommen wurden.

> "The three rules are not, however, "distinct" in the sense of being unconnected. The second and third rules are concerned with particular instances of interference with the right to peaceful enjoyment of property and should therefore be construed in the light of the general principle enunciated in the first rule."[146]

Nach dem Wortlaut des Art. 1 1.ZP wird zwischen zwei Eingriffarten unterschieden: Abs. 1 Satz 2 betrifft Eigentumsentziehungen,[147] Abs. 2 dagegen Nutzungsregelungen.[148] Nach der Auffassung des Gerichthofes enthalten die beiden Normen jedoch keine abschließende Regelung der zulässigen Eigentumseingriffe.

> „The Convention is intended to guarantee not rights that are theoretical or illusory but rights that are practical and effective."[149]

---

[144] Urteil Sporrong and Lönnroth v. Sweden, Ziff. 61; Air Canada v. the UK, Ziff. 29; AGOSI v. the UK, Ziff. 48. S. auch dazu. *Frowein, J. A / Peukert, W.*, 1996, S. 780, Rn. 24; *Fiedler, Wilfried*, 1996, S.354; *Winisdörffer, Yves*, 1998, S. 18; *Müller - Michaels, Olaf*, 1999, S. 63.
[145] Urteil Sporrong and Lönnroth v. Sweden, Ziff. 61.
[146] Urteil James v. the UK, Ziff. 37. S. auch Urteil Air Canada v. the UK, Ziff. 30.
[147] „Im Völkerrecht wird der Begriff Eigentumsentziehung als Oberbegriff verstanden, der die Nationalisierung, die Konfiskation und die Enteignung im weiten Sinne umfast" (*Böckstiegel, Karl-Heinz*, 1962, Fußnummer 4, S. 31–42).
[148] *Frowein, J. A. / Peukert, W.*, 1996, Art.1 1.ZP, Rn. 24; *Gelinsky, Katja*, 1996, S. 42; *Müller - Michaels, Olaf*, 1999, S. 72; *Peukert, Wolfgang*, 1981, S. 104.
[149] Urteile Airey v. the UK, Ziff. 24; Sporrong and Lönnroth v. Sweden, Ziff. 63; Erkner und Hofauer v. Austria, Ziff. 74.

BANNING van ist davon überzeugt, dass der Europäische Gerichtshof für Menschenrechte schrittweise eine gut ausgeglichene Auffassung ausgearbeitet hat. Diese Auffassung stammt aber keinesfalls aus nationalen Verfassungen.[150]

I. Der Eigentumsentzug

Art. 1 Abs. 1 Satz 2 1.ZP regelt den Eigentumsentzug, ihm zufolge darf niemandem grundsätzlich sein Eigentum entzogen werden. Zu unterscheiden sind formelle Enteignungen und *de facto* -Enteignungen.

1. Formelle Enteignung

Unter dem Begriff der Eigentumsentziehung versteht der EGMR zunächst die formelle Enteignung, d.h. die endgültige Übertragung der Rechtsposition des Eigentümers auf einen anderen Rechtsträger (engl.: *transfer of property*) oder auf den Staat. Dies gilt unabhängig davon, ob dies in der Form eines Gesetzes, eines Verwaltungsaktes oder eines privatrechtlichen Vertrags erfolgt.[151]
Die Anzahl der Entscheidungen, in denen die Konventionsorgane einen Eingriff als Eigentumsentziehung im Sinne des Art. 1 Abs. 1 Satz 2 1.ZP werteten, ist relativ gering.[152] Hierunter fallen auch Nationalisierungsmaßnahmen.[153] Im Fall *Lithgow and others v. the UK* entschied der Gerichtshof, dass die Verstaatlichung ganzer Industriezweige ebenso dem Anwendungsbereich des Art. 1 Abs. 1 Satz 2 1.ZP zuzuordnen sei wie Individualenteignungen.[154]
„Der Anspruch auf Entschädigung bei formeller Enteignung und bei Eigentumsbeschränkungen, die einer formellen Enteignung gleichkommen, also bei sogenannter materieller Enteignung, ist eine Besonderheit der Eigentumsgarantie. Formelle und materielle Enteignungen sind nämlich Fälle rechtsmäßiger Schadenzufügung durch den Staat.“[155]

[150] *Banning, Theo R. G., van,* 2002, S. 142.
[151] *von Danwitz, Thomas / Depenheur, Otto / Engel, Christoph,* 2002, S. 239; *Müller - Michaels, Olaf,* 1999, S. 73.
[152] *Gelinsky, Katja,* 1996, S. 42.
[153] „Unter Nationalisierung versteht man die Verstaatlichung von Industrie- und Wirtschaftszweigen. Sie stellt sich gegenüber der individuellen Enteignung als generelle, strukturändernde Maßnahme dar. Obwohl bei der Ausarbeitung des Art. 1 ZP anfangs Bedenken dagegen geäußert wurden, durch eine zu weit reichende Eigentumsgarantie einer internationalen Instanz die Möglichkeit zu eröffnen, die Rechtmäßigkeit von Nationalisierungsmaßnahmen zu überprüfen, wurde in der endgültigen Fassung der Vorschrift nicht zum Ausdruck gebracht, dass sich der Begriff Entziehung nicht auch auf Nationalisierungsmaßnahmen erstrecken solle“ (*Peukert, Wolfgang,* 1981, S. 104).
[154] Urteil Lithgow and others v. the UK, Ziff. 107.
[155] *Hangartner, Yvo,* 1989, S. 717.

Im Fall *Sporrong and Lönnroth v. Sweden* vertrat der Gerichthof die Meinung, dass bei Fehlen einer formellen Enteignung die tatsächlichen Auswirkungen der betreffenden Maßnahme auf die Eigentümerposition des Betroffenen entscheidend sind. Es kommt also nicht auf den äußeren Anschein an, sondern auf die tatsächlichen Auswirkungen. Materielle oder *de facto* – Enteignungen, die den Eigentümer wirtschaftlich ebenso wie eine formelle Enteignung beeinträchtigen, sind also nicht nur im Bereich der Eigentumsgarantie der nationalen Verfassungen,[156] sondern auch nach Art. 1 1.ZP erheblich.[157]

2. De facto – Enteignung[158]

Charakteristisch für diese Entzugsform ist im Allgemeinen, dass die Trägerschaft des Eigentumsrechts unverändert bleibt, d.h. es findet kein Transfer des Rechts an den Staat oder eine Privatperson statt. Die staatlichen Maßnahmen sind allerdings so stark, dass sie sich wie eine Enteignung auswirken.[159] Im Fall *Hentrich v. France* bestätigte die Kommission ausdrücklich, dass eine materielle Enteignung in ihren Auswirkungen auf das Recht so schwer wiegen muss wie eine formelle Enteignung.[160]

Insgesamt stellen die Konventionsorgane durchaus strenge Anforderungen an den Begriff der materiellen Enteignung. Ausgangspunkt der Rechtsprechung des Gerichthofes hierzu ist der Fall *Sporrong and Lönnroth v. Sweden*. Die Beschwerdeführer blieben jahrelang über das Schicksal ihres Grundeigentums im Ungewissen. Nachdem eine formelle Enteignung in diesem Fall nicht in Frage kam, stellte der Gerichthof fest, dass:

> "In the absence of a formal expropriation, that is to say a transfer of ownership, the Court considers that it must look behind the appearances and investigate the realities of the situation complained of...Since the Convention is intended to guarantee rights that are "practical and effective" it has to be ascertained whether that situation amounted to a de facto expropriation, as was argued by the applicants."[161]

---

[156] *Wendt, Rudolf*, Rn. 148-165, in: *Sachs, Michael (Hrsg.)*, 1999; *Depenheuer, Otto*, Rn. 408-443, in: *Mangoldt, Hermann von / Klein, Friedrich / Strack, Christian (Hrsg.)*, 2002; *Kommentar* zu der Verfassung der Ukraine, 1998, Art. 41; *Kommentar* zu der Verfassung der RF, Art. 35.

[157] *Frowein, J. A. / Peukert, W.*, 1996, Art.1 1.ZP, Rn. 25.

[158] PEUKERT meint, dass als de facto – Enteignungen die Maßnahmen gelten, „die den Wesensgehalt des Rechts auf Unverletzlichkeit des Eigentums berühren" (*Peukert, Wolfgang*, 1981, S. 105).

[159] *Grabenwarter, Christoph*, 2003, S. 417, Rn. 9.

[160] EKMR, Bericht (4.05.1993), Ziff. 97. Vgl. Urteil Vasilescu v. Romania, Ziff. 51.

[161] Urteil Sporrong and Lönnroth v. Sweden, Ziff. 63.

II. Maßnahmen zur Nutzungsregelung im Sinne von Art. 1 Abs. 2 1.ZP

1. Anwendungsbereich

Als Nutzungsregelung im Sinne von Art. 1 Abs. 2 1.ZP kommt jede hoheitliche Maßnahme in Betracht, die einen bestimmten Gebrauch des Eigentums vorschreibt oder untersagt.[162] Das bedeutet, dass den Mitgliedstaaten das Recht gewährt wird, die Nutzung des Eigentums im Einklang mit dem Allgemeininteresse zu beschränken. Der Gerichtshof begründet die Anwendbarkeit des Art. 1 Abs. 2 1.ZP insbesondere mit einem Hinweis auf verbleibende Nutzungsmöglichkeiten.

> "The second paragraph reserves to States the right to enact such laws as they deem necessary to control the use of property in accordance with the general interest."[163]

Die Nutzungsregelung im Sinne von Art. 1 Abs. 2 1.ZP ist die am häufigsten angewendete Eingriffskategorie.[164]

2. Kriterien für Anwendbarkeit

Aus den zu Art.1 Abs. 2 1.ZP getroffenen Entscheidungen ergibt sich, dass die Konventionsorgane die Anwendbarkeit bejahen, sofern der Eigentumseingriff dem Ziel dient, den Gebrauch des Eigentums zu kontrollieren. Dabei stellen sie nicht auf die Klassifikation der Eingriffsmaßnahmen nach nationalem Recht ab. Vielmehr überprüfen sie selbständig, ob die umstrittene Maßnahme den Charakter einer Nutzungsregelung aufweist.[165]
Zur Anwendbarkeit der Nutzungsklausel bleibt zusammenfassend festzuhalten, dass die Mindestvoraussetzung die Intention des Gesetzgebers ist, den Gebrauch des Eigentums zu regeln. Überdies darf der Eingriff nicht so schwer wiegen, dass er einer Eigentumsentziehung gleichkommt. Ist die Eigentümerposition formell aufgehoben worden, ist die Nutzungsklausel grundsätzlich unanwendbar.[166]

---

162 *Frowein, J.A. / Peukert, W.*, 1996, Art. 1 1.ZP, Rn. 37.
163 Urteil Mellacher v. Austria, Ziff. 45.
164 *Mittelberger, Philipp*, 2000, S. 66; *von Danwitz, Thomas / Depenheur, Otto / Engel, Christoph*, 2002, S. 244.
165 *Gelinsky, Katja*, 1996, S. 54.
166 „Die Grundstruktur des Protokolls mit der Unterscheidung von „Entzug" des Eigentums und der „Regelung der Benutzung" macht es somit notwendig, auch im Rahmen der EMRK dogmatische Richtpunkte für die Abgrenzung der Anwendungsbereiche der zwei Absätze der Ersten Zusatzprotokolls zu entwickeln" (*Dolzer, Rudolf*, 1985, S. 200).

III. Sonstige Eingriffe im Sinne von Art. 1 Abs. 1 Satz 1 1.ZP

1. Der Fall Sporrong and Lönnroth v. Sweden

„Leading case" für diese von den Konventionsorgane aus Art. 1 1.ZP zusätzlich entwickelte Eingriffsart ist der Fall *Sporrong and Lönnroth v. Sweden.* Die Beschwerdeführer hatten aufgrund von Enteignungsgenehmigungen, die mit Bauverboten (Unverkäuflichkeit, Veränderungssperre) gekoppelt waren, eine individuelle und übermäßige Last bis zu 23 Jahre zu tragen, die das gerechte Gleichgewicht brach, das zwischen der Wahrung des Eigentumsrechtes und den Erfordernissen des öffentlichen Interesses herrschen muss. Eine *de facto*- Enteignung wurde von den Richtern abgelehnt, da den Betroffenen noch Nutzungsmöglichkeiten verblieben waren.[167] Anschließend prüfte er die Frage der Anwendbarkeit des Abs. 2 von Art. 1 1.ZP. Hier unterschied er zwischen dem Bauverbot und der Enteignungsgenehmigung. Der Gerichtshof stellte fest, dass Abs. 2 anwendbar war. Demgegenüber war er bezüglich der Enteignungsgenehmigung der Ansicht, diese stelle einen Anfangsschritt des Eigentumsentzuges dar. Und schließlich kam EGMR zum Ergebnis, dass bezüglich der Eigentumsgenehmigungen der erste Satz des Abs. 1 von Art. 1 1.ZP einschlägig war.

> "The fact that the permits fell within the ambit neither of the second sentence of the first paragraph nor of the second paragraph does not mean that the interference with the said right violated the rule contained in the first sentence of the first paragraph."[168]

2. Anwendungsfälle

Unter dem Begriff der sonstigen Eigentumsbeeinträchtigung lassen sich diejenige Eingriffe in den Schutzbereich von Art. 1 1.ZP EMRK zusammenfassen, die weder eine Eigentumsentziehung nach Abs. 1 Satz 2 noch eine Nutzungsregelung im Sinne des Abs. 2 der Vorschrift darstellen. Folglich muss die Maßnahme zwei Bedingungen erfüllen: Sie darf erstens nicht in die Zuordnung des Eigentumsrechts eingreifen oder dessen Nutzung enteignungsgleich beeinträchtigen, da sie sonst als formelle bzw. *de facto*- Enteignung einzustufen wäre. Zweitens darf sie nicht auf die Beschränkung der Nutzung des Eigentums abzielen.[169]

---

[167] Urteil Sporrong and Lönnroth v. Sweden, Ziff. 63.
[168] Urteil Sporrong and Lönnroth v. Sweden, Ziff. 69.
[169] *Müller - Michaels, Olaf,* 1999, S. 76; *von Danwitz, Thomas / Depenheur, Otto / Engel, Christoph,* 2002, S. 247.

Damit erkennt der Gerichtshof[170] eine dritte Kategorie von Eingriffen unmittelbar im Lichte von Art. 1 Abs. 1 Satz 1 1.ZP EMRK an.[171]

In seiner Rechtsprechung unterscheidet der EGMR drei Arten von Eigentumsbeeinträchtigungen: die Eigentumsentziehung,[172] die Nutzungsregelung[173] und die sonstigen Beeinträchtigungen.[174]

> „Fraglich ist, ob nach dem Sinn und Zweck der Eigentumsvorschrift davon ausgegangen werden muss, dass Art. 1 Abs. 1 Satz 1 1.ZP eine dritte Kategorie bildet. Wenn die Straßburger Organe zutreffenderweise fordern, dass die Enteignungs- und Nutzungsklausel im Lichte der allgemeinen Eigentumsgarantie auszulegen seien, dann bedeutet dies, dass *zusätzlich* zu den in der Enteignungs- und Nutzungsklausel genannten Bedingungen ein gerechtes Gleichgewicht zwischen den widerstreitenden Interessen der Allgemeinheit und Eigentümer gewahrt werden muss. Sinn und Zweck dieser Prüfung ist es, das Verhalten der Mitgliedstaaten einer weiteren Kontrolle zu unterwerfen, um auf diese Weise einen wirksamen Schutz der Individuen durch die Konvention sicherzustellen."[175]

E. Die Rechtfertigungsvoraussetzungen für einen staatlichen Eingriff

Die staatlichen Eingriffe in das von der EMRK geschützte Eigentum unterliegen den Rechtfertigungsvoraussetzungen, die sich zum Teil aus Art. 1 1.ZP EMRK selbst ergeben, zum Teil von der Rechtsprechung des Gerichtshofes entwickelt worden sind. Wenn die Eingriffe keiner dieser Voraussetzungen entsprechen, stellen sie es eine Verletzung der Eigentumsgarantie aus der EMRK dar.

I. Rechtfertigungsvoraussetzungen im Sinne von Art.1 1. ZP

Aus dem Wortlaut der Vorschrift des Art.1 Abs. 1 Satz 2 1.ZP lassen sich drei Vorgaben[176] an die in ihr geregelten Eigentumsbeeinträchtigungen entnehmen: Der Eingriff hat auf der Grundlage eines Gesetzes und der Grundsätze des Völkerrechts zu erfolgen, und der Staat muss die Maßnahme im Allgemeininteresse für erforderlich halten. Seinerseits verlangt der Gerichtshof, dass die Bedürfnis-

---

[170] GELINSKY weist darauf hin, dass zwischen den Konventionsorganen keine Einigkeit bestand, welche Maßnahme als „sonstige" Eingriffe zu qualifizieren sind (*Gelinsky, Katja*, 1996, S. 75).

[171] S. auch Urteile Eckner v. Austria, Ziff. 74; Papamichalopoulos v. Greece, Ziff. 43; Stran Greek Refineries and Stratis Andreadis v. Greece, Ziff. 68.

[172] Art. 1 Abs. 1 Satz 2 1.ZP EMRK.

[173] Art. 1 Abs.2 1.ZP EMRK.

[174] Art. 1 Abs. 1 Satz 1 1.ZP EMRK.

[175] *Gelinsky, Katja*, 1996, S. 90-91. S. auch *Mittelberger, Philipp*, 2001, S. 103.

[176] Vgl. *Müller - Michaels, Olaf*, 1999, S. 78.

se des Allgemeininteresses mit dem Grundrechtsschutz des Einzelnen in ein gerechtes Gleichgewicht gebracht werden.[177]

1. Das Erfordernis des öffentlichen bzw. allgemeinen Interesses

Eine Definition der von der EMRK erwähnten Begriffe öffentliches Interesse und Allgemeininteresse gibt es im Völkerrecht nicht.[178] Im Wortlaut von Art. 1 1.ZP werden zwei verschiedene Ausdrücke gebraucht, um das Erfordernis des öffentlichen Interesses zu bezeichnen. Abs. 1 spricht von „öffentlichem Interesse", Abs. 2 von „Allgemeininteresse". Die beiden authentischen Fassungen benutzen die Begriffe „*public interest*" und „*general interest*" bzw. „*utilité publique*" und „*intérêt général*". Aufgrund der unterschiedlichen Formulierung stellt sich die Frage, ob ein Unterschied zwischen dem öffentlichen Interesse nach Art. 1 Abs. 1 1.ZP und dem Allgemeininteresse nach Art. 1 Abs. 2 1.ZP besteht.[179] PEUKERT antwortet auf diese Frage in folgender Weise:

> „Nach dem allgemeinen Sprachgebrauch besteht zwischen beiden Begriffen kein Unterschied, und die Kommission behandelt auch beide in ihrem Bericht zum...Handyside-Fall als gleichbedeutend.[180] Es scheint aber gerechtfertigt, bei Eigentumsentziehungen, die ungleich schwerwiegender sind als bloße Maßnahmen zur Regelung der Benutzung des Eigentums, den Ermessenspielraum der Vertragsstaaten, der ihnen bei der Festlegung des öffentlichen Interesses zusteht, enger zu begrenzen."[181]

---

[177] S. auch *Peukert, Wolfgang*, 1981, S. 107; *Gelinsky, Katja*, 1996, S. 92; *von Danwitz, Thomas / Depenheur, Otto / Engel, Christoph*, 2002, S. 250.

[178] *Peukert, Wolfgang*, 1981, S. 107. S. auch *Dolzer, Rudolf*, 1985, S. 186: „Da das Völkergewohnheitsrecht eigentumsschützende Normen enthält, muss es zwangsläufig auch Normen zur Definition jener Maßnahmen in das Eigentum enthalten, welche eine Entschädigungspflicht auslösen. Das Problem der Abgrenzung von Sozialbindung und Enteignung tritt auf der Ebene des Völkerrechts in unterschiedlichen rechtlichen Zusammenhängen auf."

[179] Urteil James and others v. the UK, Ziff. 41: "Neither can it be read into the English expression "in the public interest" that the transferred property should be put into use for the general public or that the community generally, or even a substantial proportion of it, should directly benefit from the taking. The taking of property in pursuance of a policy calculated to enhance social justice within the community can properly be described as being "in the public interest"". Ziff. 42: "The expression "pour cause d'utilité publique" used in the French text of Article 1 (P1-1) may indeed be read as having the narrow sense argued by the applicants, as is shown by the domestic law of some, but not all, of the Contracting States where the expression or its equivalent is found in the context of expropriation of property. That, however, is not decisive, as many Convention concepts have been recognised in the Court's case-law as having an "autonomous" meaning. Moreover, the words "utilité publique" are also capable of bearing a wider meaning, covering expropriation measures taken in implementation of policies calculated to enhance social justice".

[180] Publications of the European Court of Human Rights, Series B, Vol. 22, Handyside Case, Ziff. 167, S. 50.

[181] *Peukert, Wolfgang*, 1981, S. 107.

In seiner Rechtsprechung wies der EGMR darauf hin, dass "even if there could be differences between the concepts of "public interest" and "general interest" in Article 1 (P1-1), on the point under consideration no fundamental distinction of the kind contended for by the applicants can be drawn between them."[182]

Der Gerichtshof hat im Urteil *James and others v. the UK* auch dargelegt, dass die Bestimmung „öffentliches Interesse" primär in den Kompetenzbereich des nationalen Gesetzgebers fällt.

> "Because of their direct knowledge of their society and its needs, the national authorities are in principle better placed than the international judge to appreciate what is "in the public interest"."[183]
>
> "Furthermore, the notion of "public interest" is necessarily extensive...The Court, finding it natural that the margin of appreciation available to the legislature in implementing social and economic policies should be a wide one, will respect the legislature's judgment as to what is "in the public interest" unless that judgment is manifestly without reasonable foundation."[184]

Bei der gesetzgebenden Tätigkeit im Bereich der Enteignung des Eigentums sind regelmäßig politische, wirtschaftliche und soziale Probleme zu berücksichtigen. Die Straßburger Organe räumen bei der Bestimmung des öffentlichen Interesses den nationalen Behörden einen weiten Beurteilungsspielraum (engl.: *margin of appreciation*) ein.[185] Die Einhaltung des staatlichen Beurteilungsspielraums prüfen die Konventionsorgane zunächst unter dem Aspekt, ob die vom enteignenden Staat angeführten Motive für die Eigentumsentziehung legitimerweise mit „öffentlichen Interessen" gleichgesetzt werden können.[186]

> „In practice, the European Court of Human Rights seems to be approaching the issue of public interest in the area of property rights as parallel to the common interest theory.[187] Although the Court examines whether an alleged policy is in the

[182] Urteil James and others v. the UK, Ziff. 43.

[183] Urteil James and others v. the UK, Ziff. 46.

[184] Urteil the Former King of Greece and others v. Greece, Ziff. 87.

[185] Urteile James and others v. the UK, Ziff. 46; AGOSI v. the UK, Ziff. 52; Sporrong and Lönnroth v. Sweden, Ziff. 69; Mellacher and others v. Austria, Ziff. 55; Scollo v. Italy, Ziff. 40; the Former King of Greece and others v. Greece, Ziff. 87.

[186] *Gelinsky, Katja,* 1996, S. 93.

[187] „In the common interest conception the public interest is determined by the public and once it is determined, it is, in principle, an objective question whether particular actions contribute towards public goals. Whenever public interest defences are invoked, then the role of judge is limited to the technical task of checking that the actions complained of really do contribute to one of the objectives sanctioned by the rights document. The judge should consider how the rights of individuals are affected by governmental actions rather than whether the decisions are in principle right. So the judges may engage in a rational balancing process, and hence give stronger protection to rights via the concept of proportionality. Applying this test, a court would ask not merely whether impugned acts serve legitimate collective aims, but whether it is necessary to encroach on rights to such a degree in order to achieve those goals.

public interest, it recognised a wide margin of appreciation to the states to determine what is in the public interest. Its judicial review is limited to the proportionality test."[188]

2. Der Gesetzmäßigkeits- bzw. Legalitätsgrundsatz

Die Erfordernis der Gesetzmäßigkeit eines Grundrechtseingriffs ist weit verbreitetet und in zahlreichen innerstaatlichen Rechtsordnungen eine unabdingbare Voraussetzung, damit ein staatlicher Eingriff in ein Grundrecht bzw. ins Eigentumsrecht als zulässig erachtet werden kann.[189] Die Rechtfertigungsvoraussetzung aufgrund der Gesetzmäßigkeit geht aus dem Wortlaut des Art. 1 1.ZP EMRK hervor: „den durch Gesetz...vorgesehenen Bestimmungen..." (Abs. 1) und „diejenigen Gesetze anzuwenden..." (Abs.2). Von DANWITZ weist darauf hin, dass nicht stets ein Gesetz im formellen Sinn erforderlich sei. Auch Verordnungen der Exekutive reichen aus, solange sie in irgendeiner Form auf eine parlamentarische Ermächtigung zurückgeführt werden können. Seines Erachtens sind erforderlich ein Minimum an Bestimmtheit und die hinreichende Einhaltung von Mindestforderungen an eine ordnungsgemäße Publikation der gesetzlichen Grundlage.[190]

In seiner Rechtsprechung betonte der Gerichtshof, dass

> "the terms "law" or "lawful" in the Convention "[do] not merely refer back to domestic law but also [relate] to the quality of the law, requiring it to be compatible with the rule of law"."[191]
>
> "The rule of law, one of the fundamental principles of a democratic society, is inherent in all the Articles of the Convention...and entails a duty on the part of the State or other public authority to comply with judicial orders or decisions against it."[192]

Im Folgenden wurde es festgestellt, dass das Gesetzmäßigkeitsprinzip[193] das erste und das wichtigste Prinzip von Art. 1 1.ZP darstellt.[194]

If not, the intervention is not proportional and the defence fails" (*Coban, Ali Riza,* 2004, S. 99).

188 *Coban, Ali Riza,* 2004, S. 100.

189 Zum Beispiel s. Art. 3 Abs. 2, Art. 8, Art. 64 Abs. 1 der Verfassung der Ukraine; Art. 17, Art. 55 der Verfassung der RF.

190 *von Danwitz, Thomas / Depenheur, Otto / Engel, Christoph,* 2002, S. 251. S. auch *Gelinsky, Katja,* 1996, S. 98.

191 Urteile James and others v. the UK, Ziff. 67; Lithgow and others v. the UK, Ziff. 110; Malone v. the UK, Ziff. 66, 67.

192 Urteile Iatridis v. Greece, Ziff. 58; Carbonara v. Italy, Ziff. 63.

193 S. mehr zum Thema *Coban, Ali Riza,* 2004, S. 195-199.

II. Die Voraussetzung der Verhältnismäßigkeit

Die ausdrücklich genannten Anforderungen der Gesetzmäßigkeit und des Erfordernisses des öffentlichen bzw. allgemeinen Interesses reichen allein jedoch nicht aus, um Eingriffe in die konventionsrechtliche Eigentumsgarantie zu rechtfertigen. Der Gerichtshof führte in seinem *James and others v. the UK* das ungeschriebene Prinzip der Verhältnismäßigkeit[195] aus:

> "Not only must a measure depriving a person of his property pursue, on the facts as well as in principle, a legitimate aim "in the public interest", but there must also be a reasonable relationship of proportionality between the means employed and the aim sought to be realised...This latter requirement was expressed in other terms in the Sporrong and Lönnroth judgment by the notion of the "fair balance" that must be struck between the demands of the general interest of the community and the requirements of the protection of the individual's fundamental rights...The requisite balance will not be found if the person concerned has had to bear "an individual and excessive burden"...Although the Court was speaking in that judgment in the context of the general rule of peaceful enjoyment of property enunciated in the first sentence of the first paragraph, it pointed out that "the search for this balance is ... reflected in the structure of Article 1 (P1-1)" as a whole..."[196]

Es muss über die genannten Voraussetzungen hinaus auch eine vernünftige Beziehung der Verhältnismäßigkeit zwischen den eingesetzten Mitteln und dem angestrebten Ziel bestehen. Das heißt, dass der Eigentümer mit der Enteignung kein übermäßiges Opfer sein solle. Die Enteignungsmaßnahme muss geeignet sein, den angestrebten Zweck zu fördern.[197] In seinem Bericht zum *Handyside*-Fall führte die Kommission aus, dass:

> „a comparison with the right of the member States to act in the public or general interest as distinguished from act "necessary[198] in a democratic society", as pre-

---

[194] Urteile Iatridis v. Greece, Ziff. 58; Beyeler v. Italy, Ziff. 108; the former King of Greece and others v. Greece, Ziff. 79; Jahn and others v. Germany, Ziff. 71; Broniowski v. Poland, Ziff. 147.

[195] "The origin of the concept of proportionality can be found in Continental administrative laws. The Federal Constitutional Court of Germany has applied it in the Constitutional Law. Then it has been spread through the laws of Europe" (*Coban, Ali Riza,* 2004, S. 204).

[196] Urteil James and others v. the UK, Ziff. 50.

[197] Im deutschen Recht müssen eigentumsentziehende Maßnahmen darüber hinaus notwendig sein, um das angestrebte Ziel zu erreichen. Dies ist der Fall, sofern sie das mildeste Mittel zur Erreichung des verfolgten Zwecks darstellen (BVerGE 24, 404; 29, 248 (254)).
„Als notwendig im Sinne von Art. 8 Abs. 2 EMRK gilt eine Maßnahme nach der Rechtsprechung der Konventionsorgane, sofern ein „dringendes soziales Bedürfnis" (*„pressing social need"*) für die Eigentumsentziehung besteht. Dafür genüge es nicht, dass die Maßnahme lediglich als wünschenswert oder zweckdienlich erscheine" (*Gelinsky, Katja,* 1996, S. 105).

[198] "The Court notes at this juncture that, whilst the adjective "necessary", within the meaning of Article 10 para. 2 (art. 10-2), is not synonymous with "indispensable" (cf., in Articles 2 para. 2 (art. 2-2) and 6 para. 1 (art. 6-1), the words "absolutely necessary" and "strictly neces-

scribed by Art. 10, reveals that the discretion afforded to States by Art. 1 of Protocol No. 1 is wider in scope. Clearly the public or general interest encompasses measures which would be preferable or advisable, not only essential, in a democratic society."[199]

Der EGMR verlangte ausdrücklich von den Mitgliedstaaten, dass die Enteignung „vernünftig" und „angemessen"[200] zur Erreichung des jeweiligen „öffentlichen Interesses" sein muss. Die Entscheidung darüber, wie der Interessenausgleich zwischen dem enteigneten Eigentümer und der Allgemeinheit herbeizuführen ist, obliegt nach der Rechtsprechung der Konventionsorgane in erster Linie den Mitgliedstaaten.[201] Der Gerichtshof akzeptiert die Einschätzung der Mitgliedstaaten, wenn sie nicht „offensichtlich unvernünftig" ist und dem Betroffenen kein „übermäßiges Opfer" auferlegt.[202]

III. Folgen des Eigentumseingriffs

1. Die allgemeinen Grundsätze des Völkerrechts als Grundlage einer Entschädigungspflicht

Den Kern des völkerrechtlichen Enteignungsrechts bildet die Entschädigungsfrage.[203] Die Entschädigungsgarantie wird nicht ausdrücklich in allen Menschenrechtsdokumenten[204] geregelt, welche eine eigentumsschützende Klausel enthalten.[205] Um zu verstehen, ob der Bestand der Eigentumsgarantie als ein Menschenrecht im Falle der Enteignung eine Entschädigungspflicht nach sich zieht, muss man das im Zusammenhang mit der besonderen Natur des Eigentumsrechts einerseits sowie dem Wesen des Menschenrechtsgedankens andererseits betrachten.

---

sary" and, in Article 15 para. 1 (art. 15-1), the phrase "to the extent strictly required by the exigencies of the situation"), neither has it the flexibility of such expressions as "admissible", "ordinary" (cf. Article 4 para. 3) (art. 4-3), "useful" (cf. the French text of the first paragraph of Article 1 of Protocol No. 1) (P1-1), "reasonable" (cf. Articles 5 para. 3 and 6 para. 1) (art 5-3, art. 6-1) or "desirable". Nevertheless, it is for the national authorities to make the initial assessment of the reality of the pressing social need implied by the notion of "necessity" in this context" (Urteil Handyside v. the UK, Ziff. 48).

199 Handyside- Kommissionsbericht, Ziff. 167.

200 Urteil James and others v. the UK, Ziff. 51.

201 Urteil James and others v. the UK, Ziff. 46.

202 Urteile AGOSI v. the UK, Ziff.52; Tre Traktörer v. Sweden, Ziff.23; The Holy Monasteries v. Greece, Ziff.75.

203 *Moser, Berthold,* 1972, S. 262.

204 *Riedel, Eibe H.,* 1988, S. 335.

205 Mehr dazu s. *Dolzer, Rudolf,* 1985, S. 131.

Bei den *travaux préparatoires*[206] zur EMRK wurde das Entschädigungsprinzip[207] sozusagen in letzter Minute aus dem Wortlaut von Art. 1 1.ZP entfernt.[208] Es wurde durch einen Verweis auf die Allgemeinen Grundsätze des Völkerrechts ersetzt.[209]

> „b) There was much discussion as to whether or not it should be stipulated the „no one should be deprived of his property except...subject to compensation". Although the majority of the governments were at one time in favour of a provision to this effect, other Governments felt unable to accept it, as they did not think it possible to express this principle in terms which would be appropiate to all the various types of cases which might arise, and they could not admit that the decisions taken on this matter by competent national authorities should be subject to review by international organs. Nevertheless, the phrase "subject to the conditions provided by law" would normally provided for in legislation on the nationalisation or expropriation of property. Further, the phrase "subject to the conditions provided for...by the general principles of international law" would guarantee compensation to foreigners even if it were not paid to nationals."[210]

Art. 1 Abs. 1 Satz 2 1.ZP EMRK schreibt vor, dass das Eigentum nur unter den durch die allgemeinen Grundsätze des Völkerrechts[211] vorgesehenen Bedingungen entzogen werden darf. Die Bedeutung des Verweises auf die allgemeinen Grundsätze des Völkerrechts[212] liegt in der Bezugnahme auf das völkerrechtliche Gebot der unverzüglichen, angemessenen und wirksamen Entschädigung[213] bei Enteignungen ausländischer Staatsbürger.[214]

---

[206] S. mehr dazu *Riedel, Eibe H.*, 1988, S. 335-336.

[207] „Unlike many national constitutions, the European Convention does not contain an explicit reference to a right to compensation. At the time of standard-setting, the explicit reference to a right to compensation, as contained in earlier drafts of Article P1-1 was excluded, notably in the face of opposition from thje United Kingdom and possibly other countries" (*Banning, Theo R. G., van,* 2002, S. 100).

[208] Urteil James and others v. the UK, Ziff. 64.

[209] *Mittelberger, Philipp,* 2000, S. 125. S. auch *Gelinsky, Katja,* 1996, S. 121.

[210] *Travaux*, Vol. VIII, p. 8 (Doc. AS/JA (3)13; A.s 904 dated 18 September 1951).

[211] Vgl. „The General Assembly affirms that the applicaton of the principle of nationalization carried out by States, as an expression of their sovereignty in order to safeguard their natural resources, implies that each State is entitled to determine the amount of possible compensation eand the mode of payment, and that any disputes which might arise should be settled in accordance with the national legislation of each State carrying out such measures" (*Special Resolution of 28th Session of UNO General Assembly (3171/XXVIII)*- 17.12.1973, Ziff. 3).

[212] S. auch *Moser, Berthold,* 1972, S. 262-265.

[213] Ehemaliger US-Staatssekretär Cordell HULL (1871-1955), hatte in einer Protestnote der US-Regierung gegen die Enteignung von US-amerikanischen Eigentum 1938 erstmals gebraucht. Nach dem sogenannten Hull - Standard muss eine Entschädigung „*prompt, adequate and effective*" sein. S. auch *Riedel, Eibe H.*, 1986, S. 58; *Riedel, Eibe H.*, 1988, S. 337 und *Schäfer, Martin,* 1998, S. 201.

[214] Der vierte Bericht für die International Law Commission über „International Responsibility" (UN Doc. A/CN.4/119), 60: „According to the doctrine which has long been upheld by

Umstritten ist, ob auch Inländer unter Verweis auf die Völkerrechtklausel eine Entschädigung im Zuge von Enteignungen[215] verlangen können.[216] GELINKY ist der Auffassung, dass dies der Fall dann wäre, wenn die „allgemeinen Grundsätze des Völkerrechts" im Rahmen des Art. 1 1.ZP EMRK als Rechts*folgen*verweisung zu interpretieren wären. Hätte die völkerrechtliche Klausel dagegen den Charakter einer Rechts*grund*verweisung, kämen ausschließlich Ausländer in ihren Genuss.[217] Von DANWITZ meint, dass in der EMRK dies nicht der Fall sei.[218] Die Vorschrift des Art. 1 1.ZP gewähre ausdrücklich „jeder Person" einen Anspruch auf Achtung ihres Eigentums, ohne demgegenüber ausdrücklich klarzustellen, dass die Bezugnahme auf die allgemeinen Grundsätze des Völkerrechts nicht „jeder Person", sondern nur Ausländern zugute kommen soll.[219] MOSER unterstützt diese Meinung und stützt sich auf die Präambel und den Art. 1 EMRK mit dem Gedanken der gleichen Behandlung aller Menschen.[220] Überdies verbietet Art. 14 EMRK[221] grundsätzlich die unterschiedliche Behandlung von Personen auf Grund ihrer Staatsbürgerschaft.[222] Nach seiner Auffas-

---

States an which has comparatively recently acquired some currency in legal writings, international law not only imposes an obligation to pay compensation but also requires that compensation must, in order to be internationally valid, be "just" (or "adequate"), "promt" and "effective"".

215 Vgl. „However, the rationale of the Court is becoming more and more questionable since European integration is getting deeper and deeper under the EU framework.. Considering that all members of the EU are party to ECHR, it is inevitable that the interpretation of the Convention rights is affected by the developments within the EU. For example, although it is not binding at the moment, the Charter of Fundamental Rights of the European Union guarantees payment of fair compensation in cases of taking of property for public use in Artilce 17" (*Coban, Ali Riza,* 2004, S. 199).

216 S. mehr dazu *Müller, Edgar Felix,* 1981, S. 321-323.

217 *Gelinsky, Katja,* 1996, S. 109.

218 Vgl. "The Artilce 14 of the Convetnion "provision applies equally to the protocols of the Convention. Can it be said that acknowledgement of an international law duty to compensate aliens for the taking of their property, while denying compensation to a person on the grounds of his nationality, viz. that he is a national of the expropriating State, is a discrimination under Article 14 of the Convention? I think not, because the reference is to non-discrimination in respect of the rights and freedoms set forth in the Convention and its Protocols. And if Protocol 1 itself does *not* provide a right of compensation for non-nationals, then there is no discrimination in not according them rights that the Protocol makes available to others. We are driven, once again, back to the meaning of Article 1 of the Protocol; the non-discrimination provision is consequent upon an answer to that, but does not, of itself identify the right" (*Higgins, Rosalyn,* 1983, S. 368-369).

219 *von Danwitz, Thomas / Depenheur, Otto / Engel, Christoph,* 2002, S. 255.

220 Vgl. *Böckstiegel, Karl-Heinz,* 1967, S. 906-907.

221 S. auch *Blumenwitz, Dieter,* 2001a, S. 201-203 und *Böckstiegel, Karl-Heinz,* 1967, S. 906.

222 S. auch das 12. Protokoll zur EMRK, das am 4. November 2000 in Rom zur Unterzeichnung eröffnet wurde (seit 1. April 2005 in Kraft, s. Art. 5 Abs. 1 des Protokolls). Art. 1 des

sung würde die Konvention andernfalls überhaupt ihren Sinn verlieren, der gerade in der gleichen Behandlung von Staatsangehörigen und Ausländern besteht.[223]

> "Textually the Court finds it more natural to take the reference to the general principles of international law in Article 1of Protocol No. 1 (P1-1) to mean that those principles are incorporated into that Article (P1-1), but only as regards those acts to which they are normally applicable, that is to say acts of a State in relation to non-nationals. Moreover, the words of a treaty should be understood to have their ordinary meaning (see Article 31 of the 1969 Vienna Convention on the Law of Treaties), and to interpret the phrase in question as extending the general principles of international law beyond their normal sphere of applicability is less consistent with the ordinary meaning of the terms used, notwithstanding their context."[224]

Die Ausführungen des Gerichtshofs zur Herleitung der Entschädigungspflicht in den Fällen *Lithgow and others v. the UK* und *James and others v. the UK* lassen darauf schließen, dass die dargelegten Grundsätze auch im Falle einer Enteignung von fremden Staatsangehörigen maßgeblich sind.[225] Es wurde betont, dass die Zahlung von Entschädigung als notwendige Bedingung eines Eigentumsentzuges im Hoheitsbereich eines Mitgliedstaates allgemein voraussetzt werde:[226]

> "The Court observes that under the legal systems of the Contracting States, the taking of property in the public interest without payment of compensation is treated as justifiable only in exceptional circumstances...As far as Article 1 (P1-1) is concerned, the protection of the right of property it affords would be largely illusory and ineffective in the absence of any equivalent principle."[227]

GELINSKI[228] zieht damit die Konsequenz, dass der unter Berücksichtigung des Verhältnismäßigkeitsgrundsatzes aus der Eigentumsgarantie abzuleitende konventionsrechtliche Entschädigungsmaßstab sowohl bei Enteignung von Inländern als auch bei der von Ausländern gilt.[229]

> „Nach fast 30 Jahren Praxis und mit zunehmender Fallbelastung erhält der EGMR immer häufiger Gelegenheit, von den ursprünglichen Intentionen der Konventi-

---

Protokolls sieht vor, dass alle vom Gesetz festgelegten Rechte ohne jene beliebige Diskriminierung gewährleistet werden sollen.

223 *Moser, Berthold,* 1972, S. 271.

224 Urteil James and others v. the UK, Ziff. 61.

225 Urteil Lithgow and others v. the UK, Ziff. 199.

226 Obwohl dieses Prinzip durchaus dem Schutz des Eigentums dient, nach der Auffassung von DANWITZ erscheint es dogmatisch zweifelhaft, als die Ausdehnung der Völkerrechtsgrundsätze auf die Inländer mit dem Argument abgelehnt worden ist, dass es an einer entsprechenden ausdrücklichen Bestimmung fehlt (*von Danwitz, Thomas / Depenheur, Otto / Engel, Christoph,* 2002, S. 256).

227 Urteil Lithgow and others v. the UK, Ziff. 120. S. auch Urteil James and others v. the UK, Ziff. 54.

228 *Gelinsky, Katja,* 1996, S. 124. S. auch *Böckstiegel, Karl-Heinz,* 1967, S. 907.

229 Vgl. *Böckstiegel, Karl-Heinz,* 1963, S. 79 und *Böckstiegel, Karl-Heinz,* 1967, S. 907.

onsväter abzurücken und stattdessen einer „objektiven“, „evolutiven“ oder „dynamischen“ Interpretation der EMRK und ihrer Protokolle das Wort zu reden. Hierbei loht es, darauf hinzuweisen, dass im Gegensatz zu sonstigen völkerrechtlichen Verträgen, die zumeist schlichte Reziprozitätspflichten enthalten, oder im Falle von multilateralen Verträgen auch integrale Erfüllung verlangen können, Menschenrechtskonventionen objektive Régimes zu errichten trachten und als solche nicht in erster Linie den Austausch gegenseitig vorteilhafter Rechte der Vertragspartner im Sinne haben, sondern den Schutz der Menschenrechte des Einzelnen bezwecken, und dies gerade auch gegenüber dem eigenen Staat und gegenüber allen anderen Vertragsstaaten.“[230]

2. Die allgemeine Entschädigungspflicht aufgrund des Verhältnismäßigkeitsprinzips

Anders als etwa das Folterverbot oder die Garantien aus Art. 5 und 7 EMRK ist das Eigentumsrechts dadurch charakterisiert, dass der Entzug des Substrates der Eigentumsgarantie unter bestimmten Voraussetzungen allgemein als rechtmäßig anerkannt wird. Die nationalen Rechtsordnungen, aus denen sich die völkerrechtliche Eigentumsgarantie entwickelt hat, knüpfen an diese Besonderheit die Rechtfolge, dass die primäre Eigentumsgarantie als Bestandsgarantie im Falle der Enteignung ergänzt wird durch eine sekundäre Wertsummengarantie. In diesem Zusammenhang stellt sich die Frage, ob im Bereich des Eigentumsschutzes der völlige Entzug eines Menschenrechtes zugunsten der Interessen der Allgemeinheit zulässig wird. Eine solche Auffassung hätte zur Folge, dass ein Menschenrecht durch staatlichen Eingriff total entzogen würde, ohne dass dem Staat die Verpflichtung zukäme, die Wirkung der Missachtung der primären Garantie durch die Anerkennung und Aktualisierung der sekundären Garantie zu kompensieren.[231]

Die Konventionsorgane haben in ihrer Rechtsprechung festgestellt, dass aus der Schutzgarantie zusammen mit dem allgemeinen Verhältnismäßigkeitprinzip folgt, dass eine entschädigungslose Enteignung mit den Bestimmungen des Art. 1 1.ZP unvereinbar ist.[232]

> “The Court further accepts the Commission's conclusion as to the standard of compensation: the taking of property without payment of an amount reasonably

[230] *Riedel, Eibe H.*, 1988, S. 338-339.
[231] *Dolzer, Rudolf*, 1985, S. 135-136.
[232] Urteil Jahn and others v. Germany, Ziff. 91. Vgl. Urteil Jahn and the others v. Grermany (Grand Chamber), Ziff. 112. S. auch abweichende Meinung zum Urteil von Richtern COSTA und BORREGO BORREGO zusammen mit RESS und BOTOUCHAROVA, Ziff. 2, 5 und 7; Abweichende Meinung zum Urteil vom Richter RESS, Ziff. 3 Abs. 2.

related to its value would normally constitute a disproportionate interference which could not be considered justifiable under Article 1 (P1-1)."[233]

MÜLLER-MICHAELS vertritt die Meinung, dass der Rückgriff auf die Verhältnismäßigkeit gegenüber der vom EGMR abgelehnten Ausweitung der Verweisung auf die allgemeinen Grundsätze des Völkerrechts den entscheidenden Vorteil hat, dass die Anwendung von Art. 1 1.ZP bei der zentralen Frage der Entschädigungspflicht nicht mit völkerrechtlichen Auslegungsschwierigkeiten belastet wird. Die Abkopplung vom Völkerrecht ermöglicht es dem EGMR mit Hilfe des flexiblen Verhältnismäßigkeitsprinzips, einen den Mitgliedstaaten des Europarates angemessenen, eigenständigen Entschädigungsstandard zu entwickeln.[234]

CONDORELLI hat insgesamt fünf Kriterien zusammengestellt, die für die Bemessung der Entschädigung herangezogen werden können:

1) der Wert des enteigneten Gutes;
2) die individuell oder kollektiv ausgerichtete Art der Maßnahme;
3) die Wichtigkeit und Dringlichkeit des Ziels des Gemeinwohls;
4) die soziale Funktion der Maßnahmen;
5) die wirtschaftliche Lage des enteignenden Staates.[235]

In diesem Zusammenhang äußert FIEDLER, dass diese Kriterien nichts an der Dominanz des Grundsatzes einer angemessenen Entschädigung ändern, der in jedem Einzelfall eine sorgfältige Begründung der Ausnahme verlangt. Seiner Meinung nach erscheint es inzwischen unzutreffend zu sein, dem enteigneten Staat einen beliebig großen Spielraum für die Höhe der Entschädigung einzuräumen und ihn lediglich durch das Willkürverbot oder schlechthin unvernünftige Begründungen zu begrenzen.

Der Straßburger Gerichtshof wies darauf hin, dass die Entschädigungsstandards sich unterscheiden sollen abhängig von der Natur des Eigentums und den Umständen der Entziehung (z.B. Nationalisierung oder Zwangsentzug von Boden für die öffentlichen Interessen).[236] Die Rechtsprechung der Konventionsorgane bestätigt, dass die Entschädigung bei Einzelenteignungen grundsätzlich dem Marktwert entsprechen muss, während der staatliche Einschätzungsspielraum

---

[233] Urteile Lithgow and others v. the UK, Ziff. 121; the Former King of Greece and Others v. Germany, Ziff. 89; Broniowski v. Poland, Ziff. 176.
[234] *Müller - Michaels, Olaf,* 1999, S. 93-94.
[235] *Condorelli, L.,* 1995, S. 993 und *Fiedler,* 1996, S. 356.
[236] Urteil Lithgow and others v. the UK, Ziff. 121-122. S. mehr dazu *Fiedler, Wilfried,* 1996, S. 355-356.

(aber der Gerichtshof behält sich das Recht vor, staatliche Maßnahme für unverhältnismäßig zu erklären) bei umfassenden Reformvorhaben größer ist.

> "Because of their direct knowledge of their society and its needs, the national authorities are in principle better placed than the international judge to appreciate what is "in the public interest". Under the system of protection established by the Convention, it is thus for the national authorities to make the initial assessment both of the existence of a problem of public concern warranting measures of deprivation of property and of the remedial action to be taken."[237]

Schließlich bekräftigte der Gerichtshof in seiner Rechtssprechung[238] die prinzipielle Anwendbarkeit des Grundsatzes der Verhältnismäßigkeit als Konventionsmaßstab, der eine Abwägung von legitimen Gemeinschaftsinteressen und schutzwürdigen Individualrechtspositionen verlangt.

3. Die Höhe der Entschädigung

Nun stellt sich die Frage, wie hoch die Entschädigung bei Eigentumsentziehungen sein sollte, und an welche Kriterien das Völkerrecht beziehungsweise die EMRK anzuknüpfen gebieten.

3.1. Stand nach dem Völkerrecht

Nach den geltenden Regeln des Enteignungsvölkerrechts hat der Staat „gerechte" (engl.: *just*) oder „angemessene" (engl.: *adequate*) Entschädigung zu leisten. Nach dem traditionellen Stand des Völkerrechtes hat der entziehende Staat eine Entschädigung zu leisten, welche dem enteigneten Vermögenswert ganz entspricht. Es muss volle Entschädigung bei Eigentumsentziehungen[239] gezahlt werden.[240]

Im Völkerrecht existieren zwei Ansichten zu den Regeln des allgemeinen Völkerrechts eine *„appropriate compensation"* zu entrichten. Diese Ansichten werden von zwei Staatengruppen vertreten. Die Industriestaaten meinten, dass eine „angemessene" Entschädigung nicht anderes als der Hull – Standard sei. Die Staaten der dritten Welt behaupten, dass „angemessen" eine Entschädigung sei, die unterhalb des vollen Wertes des enteigneten Eigentums liegt.[241]

---

[237] Urteil James and others v. the UK, Ziff. 46.

[238] Urteile Sporrong and Lönnroth v. Sweden, Ziff. 69; Lithgow and others v. the UK, Ziff. 120.

[239] BÖCKSTIEGEL weist darauf hin, dass man die Schadenersatzpflicht bei den Völkerrechtsdelikten von der Entschädigungspflicht bei Eigentumsentziehungen unterscheiden solle. Die Entschädigung braucht nur dem vollen Wert des eingezogenen Vermögensstückes zu entsprechen. Die Schadenersatzpflicht umfasst grundsätzlich die Entschädigung des betroffenen Ausländers hinsichtlich aller Vermögensnachteile, für die gegen das Völkerrecht verstoßende Entziehung kausal war (*Böckstiegel, Karl-Heinz,* 1963, S. 94-95).

[240] *Böckstiegel, Karl-Heinz,* 1963, S. 84; *Peukert, Wolfgang,* 1981, S. 110.

[241] S. mehr dazu *Schäfer, Martin,* 1998, S. 201-203.

SCHÄFER untersucht den Unterschied zwischen der „vollen" und der „angemessenen" Entschädigung. Seiner Auffassung nach ist eine Entschädigung „angemessen", wenn sie unter Berücksichtigung der (rechtlich relevanten) Interessen beider beteiligter Parteien – des enteigneten Ausländers und des enteignenden Staates – die Umstände des Einzelfalles in geeigneter Weise widerspiegelt. Eine „volle" Entschädigung entspricht grundsätzlich dem vollen Wert des Eigentums. Dieses Rechtinstitut bietet aber keine Flexibilität zur Berücksichtigung der relevanten Interessen des Staates.[242]
Heutzutage wird diskutiert, ob man doch für das Völkerrecht Einschränkungen machen sollte. Dies betrifft insbesondere die Entschädigungen bei Nationalisierungen. BÖCKSTIEGEL ist der Meinung, dass der Grundsatz der vollen Entschädigung sich nur an Einzelenteignungen entwickelt hat, und dieses Gebot des traditionellen Völkerrechts daher bei Nationalisierungen keine Anwendung finden kann.[243]

> „...das traditionelle Völkerrecht mit seinem Gebot der vollen Entschädigung hat sich keineswegs nur an Einzelenteignungen herausgebildet. Es betraf alle Entziehungen, seien sie einzelne oder generelle Maßnahmen, sei ihr Zweck die Entziehung eines bestimmten Vermögensstückes oder die Umordnung der gesamten Wirtschaft eines Landes oder eines Teiles derselben. Diese Feststellung ist wichtig, denn aus ihr ergibt sich, dass es zu einer Sonderbehandlung der Nationalisierungen im heute geltenden Recht nur noch durch eine Änderung des bisher geltenden allgemeinen Völkerrechts gekommen sein kann."[244]

Man könnte dann die Konsequenzen ziehen, dass ein nach heutiger Lage enteigneter Ausländer nach den Regeln des allgemeinen Völkerrechts einen Anspruch auf eine „angemessene" Entschädigung hat, die unter gewöhnlichen Unständen einem Entschädigungsanspruch in Höhe des vollen Wertes des enteigneten Eigentums entspricht.

3.2. Stand nach der EMRK

In seiner Rechtsprechung betonte der Gerichtshof, dass „article 1 (P1-1) does not, however, guarantee a right to full compensation in all circumstances. Legitimate objectives of "public interest", such as pursued in measures of economic reform or measures designed to achieve greater social justice, may call for less than reimbursement of the full market value."[245] Der EGMR räumt den Mitgliedstaaten in dieser Frage jedoch einen erheblichen Gestaltungsspielraum

---

[242] *Schäfer, Martin,* 1998, S. 203.
[243] *Böckstiegel, Karl-Heinz,* 1963, S. 89. S. auch *Peukert, Wolfgang,* 1981, S. 110.
[244] *Böckstiegel, Karl-Heinz,* 1963, S. 90.
[245] Urteil James and others v. the UK, Ziff. 54.

ein. Er betrifft die Auswahl der Mittel und die Beurteilung der Frage, ob die Folgen ihres Einsatzes durch das Allgemeinwohl gerechtfertigt sind.
Noch ein Kriterium, von dem der Gerichtshof die Höhe der Entschädigung abhängig gemacht hat, ist der Charakter und Effektivität der nationalen Rechtsmittel.[246]

F. Die Rolle des Art. 6 Abs.1 EMRK im Eigentumsschutz

Jedes Recht braucht die Justizgarantien, die die Verwirklichung dieses Rechts ermöglichen. Fast in jedem Urteil der Konventionsorgane spielt, wenn es um den Schutz des Eigentums geht, die Verfahrensgarantie des Art. 6 Abs. 1 EMRK eine wichtige Rolle.

> "P1-1 protects the substance of the right to property while Article 6 provides procedural guarantees for a dispute concerning property rights. P1-1 lays down the circumstances in which it is permissible for a state to interfere with property rights, but Article 6 guarantees access to the courts and a fair trial before them in determining whether any interference is lawful in terms of domestic law.
> Therefore, in cases where P1-1 is at issue the review of the Court will concern the result of the relevant domestic proceedings, whereas in cases where Article 6 is invoked it will focus on the organisation and conduct of the proceedings. It is obvious that procedural guarantees provided by Article 6 are not confined to disputes between public authorities and private persons but comprise any disputes between private persons as well. On the other hand, P1-1 can be invoked only by cases where there is responsibility of a state in a dispute between private persons."[247]

Art. 6 Abs. 1 EMRK gilt nur für Verfahren vor Gerichten der Vertragsstaaten, in denen über „zivilrechtliche Ansprüche und Verpflichtungen" oder über die Stichhaltigkeit einer „strafrechtlichen Anklage" zu entscheiden ist. Laut der Rechtsprechung des EGMR erstrecken sich die Garantien, die durch Art. 6 Abs. 1 EMRK gewährleistet werden, nicht nur auf das gerichtliche Verfahren, sondern auch auf die Phasen, die *vorher* und *nachher* stattfinden:[248] "the question whether or not the applicant can claim to be a victim of the violation alleged is relevant at all stages of the proceedings under the Convention".[249]
Der Gerichtshof bestimmt, dass Rechte und Pflichten der Privatpersonen in ihrem Verhältnis *inter se* Zivilrechte und -pflichten sind. Die Rechte der Privatpersonen zwischen einander sind zum Beispiel, im Vertragsrecht,[250] Wirtschafts-

---

[246] Urteil Scordino v. Italy, Grand Chamber, Ziff. 205.
[247] *Coban, Ali Riza,* 2004, S. 245.
[248] S. zum Thema *McBride, Jeremy,* 1998, Ziff. III.
[249] Urteil Burdov v. Russia, Ziff. 30.
[250] Urteil Ringeisen v. Austria.

recht,[251] Recht der unerlaubten Handlungen,[252] Familienrecht,[253] Arbeitsrecht[254] und Eigentumsrecht[255] geregelt.

Die Lage ist problematischer, wenn es um die Verhältnisse zwischen dem Staat und der Person geht. Der Gerichtshof erkannte eine Reihe solcher Rechten und Pflichten als „zivilrechtliche Ansprüche“ im Sinne des Art. 6 Abs. 1 EMRK an. Das Eigentum ist eines der Gebiete, in denen der EGMR Art. 6 Abs. 1 EMRK für anwendbar erklärt. Die Garantie auf ein faires Verfahren gilt bei der Eigentumsentziehung, Bau- und Immobiliengenehmigungen, die direkt auf das Besitzrecht des relevanten Vermögens wirken,[256] aber auch bei allgemeinen Verfahren, wenn ihr Ausgang das Eigentumsrecht[257] berührt.

> “The Court finds the applicants’ right to develop their property in accordance with the applicable laws and regulations was “civil” within the meaning of Article 6 § 1 (art. 6-1).”[258]

Das *Case Law* des Gerichtshofes im Sinne des Zusammenhangs zwischen Art. 1 1.ZP und Art. 6 Abs. 1 der EMRK ist nicht ausreichend klar, wenn die Prüfung eines Artikels die Prüfung eines zweiten nötig macht, und wenn die Ansprüche eines Beschwerdeführers unter zwei Artikel geprüft werden müssen.[259]
„In some cases, the Court examined both articles separately; in others, it examined the case only under P1-1 and found the examination under Article 6 unnecessary an in some others *vice versa*. The Court examines the case under both articles if national administrative and judicial proceedings take an unreasonably long time, leaving the status and final fate of the property uncertain.”[260]

Weiterhin betrachten wir die Bestandteile der Verfahrensgarantie von Art. 6 Abs.1 EMRK.

1. Zugang zum Gericht

> “The “right to a court” secured by Article 6 para. 1 (art. 6-1) “extends only to “contestations” (disputes) over (civil) “rights and obligations” which can be said, at least on arguable grounds, to be recognised under domestic law;...(art. 6-1)

[251] Urteil Edificaciones March Gallego S.A. v. Spain.
[252] Urteile Axen v. Germany, Golder v. the UK.
[253] Urteile Airey v. Ireland, Rasmussen v. Denmark.
[254] Urteil Buchholz v. Germany.
[255] Urteil Pretto v. Italy.
[256] Urteile Sporrong and Lönnroth v. Sweden, Poiss v. Austria, Bodén v. Sweden, Hakansson and Stresson v. Sweden, Mats Jakobsson v. Sweden, Ruiz- Mateos v. Spain.
[257] Urteile De Geouffre de la Pradelle v. France, Ziff. 34; Poiss v. Austria, Ziff. 48.
[258] Urteil Fredin v. Sweden, Ziff. 63.
[259] Vgl. Malhous v. the Czech Republic (33071/96)- Decision as to the Admissibility (Grand Chamber) vom 13 Dezember 2000, Ziff. B d) Satz 1.
[260] *Coban, Ali Riza,* 2004, S. 247.

does not in itself guarantee any particular content for (civil) "rights and obligations" in the substantive law of the Contracting States."[261]

Nach der Auffassung des EGMR gewährleistet Art. 6 Abs. 1 EMRK jedem das Recht, jeden Anspruch, der sich auf seine zivilen Rechte und Verpflichtungen bezieht, vor ein Gericht oder Tribunal[262] zu bringen; auf diese Weise enthält die Vorschrift das „Recht auf ein Gericht", von dem das Recht auf Zugang, also das Recht, eine zivilrechtliche Klage bei Gericht einzureichen, einen Gesichtspunkt bildet.[263] Dieses Recht wäre jedoch illusorisch, wenn die innerstaatliche Rechtsordnung eines Vertragsstaates es zulassen würde, dass eine rechtskräftige verbindliche gerichtliche Entscheidung zum Nachteil einer Partei unausgeführt bliebe (engl.: *remain inoperative to the detriment of one party*). Es wäre unvorstellbar, dass Art. 6 Abs. 1 EMRK detailliert die verfahrensrechtlichen Garantien beschreibt, die den Parteien zu gewähren sind – nämlich, dass ein Verfahren fair, öffentlich und rasch durchzuführen ist – ohne dass die Durchführung gerichtlicher Entscheidungen geschützt wäre; Art. 6 Abs. 1 EMRK so auszulegen, dass er ausschließlich den Zugang zu einem Gericht und die Durchführung des Verfahrens betrifft, würde vermutlich zu Situationen führen, die mit dem Grundsatz der Vorherrschaft des Rechts, zu dessen Achtung die Staaten sich bei der Ratifikation der EMRK verpflichtet haben, nicht vereinbar wären.[264]
Art. 6 Abs. 1 EMRK gewährleistet kein Recht auf eine Rechtsmittelinstanz[265] (engl.: *appeal*).[266] Aber selbst wenn Art. 6 Abs. 1 EMRK kein Recht auf eine zweite Instanz beinhaltet, betonte der EGMR in seiner Rechtsprechung, dass die Garantien des Art. 6 Abs.1 EMRK auch in einer zweiten Instanz zu berücksichtigen sind, wenn eine solche in der nationalen Gesetzgebung vorgesehen ist:[267]

> „Article 6 par. 1 (art. 6-1) of the Convention does not, it is true, compel the Contracting States to set up courts of appeal or of cassation. Nevertheless, a State which does institute such courts is required to ensure that persons amenable to the law shall enjoy before these courts the fundamental guarantees contained in Article 6 (art. 6)".

---

[261] Urteil Holy Monasteries v. Greece, Ziff. 80. S. auch Lithgow and others v. the UK, Ziff. 192.
[262] "A "tribunal" is characterised in the substantive sense of the term by its judicial function, that is to say determining matters within its competence on the basis of rules of law and after proceedings conducted in a prescribed manner" (Urteil H. v. Belgium, Ziff. 50). Vgl. Urteil Hakasson v. Sweden, Ziff. 63.
[263] Urteile Philis v. Greece, Ziff. 59; Brumarescu v. Romania, Ziff. 61.
[264] Vgl. Urteil Golder v. the UK, Ziff. 35.
[265] Der EGMR ist der Meinung, dass Art. 6 Abs.1 EMRK auf das Verfahren vor dem Verfassungsgericht anwendbar ist, wenn der Ausgang des Verfahrens unmittelbar zivilrechtliche Ansprüche und Verpflichtungen betrifft (s. Urteil Kraska v. Switzerland, Ziff. 26).
[266] Jedoch wird dieses Recht in Strafsachen im Art. 2 7.ZP verankert.
[267] Urteil Delcourt v. Belgium, Ziff. 25.

In seinem Urteil *Lithgow and others v. the United Kingdom* wies der Gerichtshof darauf hin, dass das Recht auf Zugang zum Gericht keinen absoluten Charakter habe. Es unterliegt einigen Limitierungen von der Seite des Staates. Dem Staat wird in diesem Sinne ein bestimmter Beurteilungsspielraum (engl.: *certain margin of appreciation*) eingeräumt. Aber diese Limitierungen sollen dem Sinn der Garantie aus Art. 6 Abs. 1 EMRK entsprechen: „a limitation will not be compatible with Article 6 para. 1 (art. 6-1) if it does not pursue a legitimate aim and if there is not a reasonable relationship of proportionality between the means employed and the aim sought to be achieved."[268]

Im Fall *Holy Monasteries v. Greece* äußerte der Gerichtshof sich dahingehend, dass es in seiner Rechtssprechung eine gut entwickelte These ist, dass Art. 6 Abs. 1 EMRK grundsätzlich das Recht auf Zugang zum Gericht in der nationalen Rechtsordnung garantiert, wenn es um die Ansprüche auf Auszahlung einer Entschädigung für das entzogene Eigentum geht.[269]

2. Dauer des Verfahrens

In seiner Rechtsprechung betonten die Konventionsorgane, dass die Garantie aus Art. 6 Abs. 1 EMRK „all parties to court proceedings...against excessive procedural delays" schützt.[270] Diese Garantie „underlines the importance of rendering justice without delays which might jeopardise ist effectiveness und credibility."[271]

Bei einem Rechtsstreit, in dem über zivilrechtliche Ansprüche und Verpflichtungen zu entscheiden ist, wird die nach Art. 6 Abs. 1 EMRK erhebliche Frist in der Regel durch Klageerhebung ausgelöst.[272] Der Anspruch auf Entscheidung in angemessener Frist erfordert sowohl, dass es in angemessener Frist zur Gerichtsverhandlung kommt[273] als auch, dass diese in angemessener Frist beendet wird.[274]

Der Gerichtshof prüft die Dauer des nationalen Verfahrens.[275] Maßgeblich für den Beginn ist grundsätzlich der Tag der Ratifizierung der EMRK durch den Mitgliedsstaat, dennoch berücksichtigt er den Stand und die Entwicklung des

---

[268] Urteil Lithgow and others v. the UK, Ziff. 194. S. auch Urteil Prince Hans Adam II of Liechtenstein v. Germany, Ziff. 44.

[269] Urteil Holy Monasteries v. Greece, Ziff. 85. S. auch Urteil Lithgow and others v. the UK, Ziff. 192.

[270] Urteil Stögmüller v. Austria, Ziff. 5.

[271] Urteil H. v. France, Ziff. 58.

[272] *Frowein, J.A. / Peukert, W.*, 1996, S. 262.

[273] Urteil Scopelliti v. Italy, Ziff. 18.

[274] Urteil Scopelliti v. Italy, Ziff. 18.

[275] Urteil Kudla v. Poland, Ziff. 156.

Verfahrens vor diesem Zeitpunkt.[276] Der Gerichtshof entwickelte die entsprechenden Faktoren, die bei der Beurteilung der angemessenen Frist eine Rolle spielen:[277]

1. Umfang und Schwierigkeit der Sache;[278]
2. Verhalten des Beschwerdeführers;[279]
3. Behandlung des Falles;[280]
4. Bedeutung des Ausgangs für den Beschwerdeführer.[281]

Bereits in der früheren Rechtsprechung des EGMR finden sich Überlegungen zu den Anforderungen, die die Eigentumsgarantie an das innerstaatliche Verwaltungs- und Gerichtsverfahren stellt. So hat der Gerichtshof schon bei der erstmaligen Anwendung des Verhältnismäßigkeitsprinzips im Rahmen des Art. 1 1.ZP die lange Dauer berücksichtigt, in der keine gerichtliche Entscheidung über die Rechtmäßigkeit des Eingriffs oder eine Entschädigung erreicht werden konnte.[282]

> "According to the Government, the length of the proceedings is not a matter for consideration under Article 1 of Protocol No. 1 (P1-1) if the Court has already ruled it to have been in breach of Article 6 § 1 (art. 6-1) of the Convention. Such an argument is inconsistent with the Court's case-law, from which it is apparent that one and the same fact may fall foul of more than one provision of the Convention and Protocols. Moreover, the complaint made under Article 6 § 1 (art. 6-1) can be distinguished from the complaint relating to Article 1 of the Protocol (P1-1)."[283]

---

[276] Urteile Proszak v. Poland, Ziff. 30-31; Wojnovicz v. Poland, Ziff. 46; Gaujduzek v. Slovakia, Ziff. 51; Yemanakova v. Russia, Ziff. 36.

[277] Urteile Poiss v. Austria, Ziff. 55; Buchholz v. Germany, Ziff. 49; Yemanakova v. Russia, Ziff. 42; Pretto v. Italy, Ziff. 32-37; Stran Greek Refineries and Stratis Andreadis v. Greece, Ziff. 55; Pélissier and Sassi v. France, Ziff. 67; Philis v. Greece, Ziff. 35; Gajdúsek v. Slovakia, Ziff. 53.

[278] Urteile Katte Klitsche de la Grange v. Italy, Ziff. 62; Triggiani v. Italy, Ziff. 17; Angelucci v. Italy, Ziff. 15; Andreucci v. Italy, Ziff. 17; Manzoni v. Italy, Ziff. 18; Poiss v. Austria, Ziff. 56; Diana v. Italy, Ziff. 17; Manieri v. Italy, Ziff. 18.

[279] Urteile Eckle v. Germany, Ziff. 82; Unión Alimentaria Sanders S:A. v. Spain, Ziff. 35; Beaumartin v. France.

[280] Urteile Boddaert v. Belgium, Ziff. 39; Vernillo v. France, Ziff. 38; Zimmerman und Steiner v. Switzerland, Ziff. 29; Milasi v. Italy, Ziff. 19.

[281] Urteile H v. the UK, Ziff. 85; Hokkanen v. Finland, Ziff. 72; Obermeier v. Germany, Ziff. 72; Silva Pontes v. Portugal, Ziff. 39; X. v. France, Ziff. 47-49; A. and others v. Denmark, Ziff. 78.

[282] Urteile Sporrong und Lönnroth v. Sweden, Ziff. 73; Erkner und Hofauer v. Austria, Ziff. 76.

[283] Urteile Erkner und Hofauer v. Austria, Ziff. 76; Poiss v. Austria, Ziff. 66; Airley v. Ireland, Ziff. 31-33.

In dem neuen Fall *Gajdůšek v. Slovakia*[284] untersuchte der Gerichtshof die parallele Anwendbarkeit von Art. 1 1.ZP und Art. 6 Abs. 1 EMRK.[285] Es wurde darauf hingewiesen, dass, obwohl das Verfahren 1989 anfing, das heißt, bevor die Slowakei das Recht aus Art. 25 EMRK anerkannt hat, der Gerichtshof den heutigen Stand des Verfahrens berücksichtigt.[286] Der Gerichtshof folgte seiner früheren Rechtsprechung in der Auffassung, dass bei dem Ermessen der Verfahrensdauer die vier Kriterien berücksichtigt werden sollen.[287] „The Court accepts that the case is of a certain complexity due to the necessity to have the property examined by experts and that the applicant contributed to the length of the proceedings in that he requested the exclusion of the District Court judges. However, these factors alone do not account for the overall length of the period under consideration.“[288] Der Gerichtshof kam schließlich zu dem Schluss, dass die Voraussetzung der angemessenen Frist in dieser Sache von der Slowakei verletzt wurde.

3. Vollstreckungsverfahren

Die Vollstreckung eines Urteils jeglichen Gerichts muss daher als ein integraler Bestandteil des Verfahrens (engl.: *trial*) im Sinne des Art. 6 Abs.1 EMRK angesehen werden; außerdem hat der EGMR diesen Grundsatz bereits in Fällen anerkannt, die die Verfahrensdauer betrafen, zum Beispiel im Urteil *Di Pede v. Italy*: "The Court considers that the enforcement proceedings must be regarded as the second stage of the proceedings".[289]
Die Frage der Anwendbarkeit des Art. 6 Abs. 1 EMRK auf die Vollstreckung eines nationalen gerichtlichen Urteils wurde zum ersten Mal ausdrücklich vom Gerichtshof in seinem Urteil *Hornsby v. Greece* behandelt. Art. 6 Abs. 1 EMRK beinhaltet keine ausdrückliche Vorschrift, dass die Vollstreckung der Gerichtsentscheidung in seinen Anwendungsbereich falle. Aber der EGMR betonte in dem Urteil *Hornsby v. Greece*, dass

> "it would be inconceivable that Article 6 para. 1 (art. 6-1) should describe in detail procedural guarantees afforded to litigants -proceedings that are fair, public and expeditious - without protecting the implementation of judicial decisions; to construe Article 6 (art. 6) as being concerned exclusively with access to a court and the conduct of proceedings would be likely to lead to situations incompatible with

---

[284] Vgl. Malhous v. the Czech Republic (33071/96)- Decision as to the Admissibility (Grand Chamber) vom 13 Dezember 2000.
[285] S. auch Urteil Hentrich v. France, Ziff. 52.
[286] Urteil Gajdůšek v. Slovakia, Ziff. 51.
[287] Urteil Gajdůšek v. Slovakia, Ziff. 53.
[288] Urteil Gajdůšek v. Slovakia, Ziff. 54.
[289] Urteile Di Pede v. Italy, Ziff. 24; Zappia v. Italy, Ziff. 20.

the principle of the rule of law which the Contracting States undertook to respect when they ratified the Convention".[290]

In der Sache *Immobiliare Saffi v. Italy* setzte sich der Gerichtshof mit der Verletzung der Art. 1 1.ZP und Art. 6 Abs.1 EMRK auseinander. In dem Fall ging es um die Vollstreckung des Befehls des Magistrates durch den Gerichtsvollzieher. Es wurde versucht, den Befehl auszuführen, aber ohne Erfolg. Dazu hätte man die polizeiliche Unterstützung benötigt, aber die örtlichen Behörden waren der Meinung, dass „the applicant company was not entitled to police assistance".[291] Die Regierung bestritt nicht, dass die Handlungen des Magistrats zivilrechtliche Ansprüche der Beschwerdeführerin aus Art. 6 Abs. 1 EMRK betrafen. Aber sie behauptete, dass die polizeiliche Unterstützung in dem Fall nicht in den Anwendungsbereich des Justizverfahrens falle, weil das polizeiliche Eingreifen ein Bestandteil des Verwaltungsverfahrens und sogar völlig unabhängig von dem Justizverfahren sei.[292] Die Beschwerdeführerin wies darauf hin, dass das Vollstreckungsverfahren fast 13 Jahre[293] dauerte. Der EGMR befand, dass das im Art. 6 Abs. 1 EMRK gewährleistete Recht auf ein faires Verfahren "*protects the implementation of final, binding judicial decisions*". Deswegen darf die Vollstreckung einer gerichtlichen Entscheidung nicht verschleppt werden.[294]

> "While it may be accepted that Contracting States may, in exceptional circumstances and, as in this instance, by availing themselves of their margin of appreciation to control the use of property, intervene in proceedings for the enforcement of a judicial decision, the consequence of such intervention should not be that execution is prevented, invalidated or unduly delayed or, still less, that the substance of the decision is undermined".[295]

In seinem ersten Urteil zum Thema *Hornsby v. Greece*[296] hat der EGMR die eindeutige Schlussfolgerung gezogen: „Execution of a judgment given by any

---

[290] Urteil Hornsby v. Greece, Ziff. 40.

[291] Ziff. 15 und 16 des Urteils - „requests for police assistance had been made to the Prefect of Livorno in 1,186 cases: 354 for arrears of rent, 56 because the owner required the premises for his own use, 55 for other reasons, and 722 (the applicant company's case included) because the lease had expired".

[292] Ziff. 62 des Urteils. Vgl. Urteil Hornsby v. Greece, Ziff. 39.

[293] Ziff. 64 des Urteils.

[294] Ziff. 66 des Urteils.

[295] Urteil Immobiliare Saffi v. Italy, Ziff. 74.

[296] Die deutliche Natur der Verpflichtungen aus dem Urteil ist von großer Bedeutung. Aber es kann vermutet werden, dass sich die Kommission in ihrer Entscheidung zu der dann als unzulässig verworfenen Beschwerde im Fall *Krickl v. Austria* auf den Fall *Hornsby* bezogen hat. In dem österreichischen Fall, "there had been a complaint about the inability to enforce the quashing of neighbour's building permit. Although the Commission reiterated that the right of access does include the right to be sufficiently protected against the refusal of State authorities to comply with a court judgment, it saw the granting of the licence in the Hornsby case as the only appropriate response to a decision by which the refusal of such a licence had been

court must therefore be regarded as an integral part of the "trial" for the purposes of Article 6 (art 6)".[297] Später wurde in mehreren seiner Urteile bezüglich der Anwendbarkeit des Art. 6 Abs. 1 EMRK auf die Vollstreckung der gerichtlichen Urteile hingewiesen, weil dieses Problem immer aktuell bleibt und jedes Mal sogar in den verschiedenen Variationen auftritt.

4. Verletzung des Prinzips der Rechtssicherheit[298]

Die neuen Mitglieder des Europarates, die vormals zum sozialistischen Lager gehörten, übernahmen viele Gemeinsamkeiten ihres Rechtssystems. Eine davon ist das sogenannte Verfahren des Protests (engl.: *supervisory review*). Dieses Verfahren kann von dem bestimmten Kreis der berechtigten Personen initiiert werden, entweder nach dem Antrag einer der Parteien oder anderer sich interessierenden Person oder *ex proprio motu.* Es ist ein Recht, aber keine Verpflichtung.

Nach Art. 35 Abs. 1 EMRK sollen Beschwerdeführer die nationalen Rechtswege erschöpft haben, bevor eine Beschwerde innerhalb von sechs Monaten nach Straßburg gehen kann. Ein Einspruchsverfahren wird vom Gerichtshof nicht als „*effective remedy*"[299] betrachtet.[300] Der EGMR argumentiert seine Stellungsnahme nicht nur mit der Verletzung des Art. 6 Abs. 1 EMRK sondern mit der Diskretionsnatur des Rechts auf Einspruchsverfahren. Nach Auffassung des Gerichtshofes muss der Beschwerdeführer, damit ein Rechtsmittel effektiv werden kann, die Möglichkeit haben, selbst das entsprechende Verfahren zu initiieren.[301] Falls der Staatsanwalt sich für ein Einspruchsverfahren in der Sache ausspricht, in welcher eine der Parteien des Verfahrens Beschwerde in Straßburg einreichen will, muss der Richter am EGMR sich bewusst sein, dass die nach dem Ersuchen des Staatsanwalts erfolgte Aufhebung der nationalen Gerichtsentscheidung

quashed whereas in the present case the neighbour could also bring compensation proceedings against the builder or the local authority. However, this undermines the right to choose the form of proceedings one considers most appropriate and it might have been more appropriate to focus on the fact that a right to have a permit quashed is distinct in character if not effect from the right not to have a building unlawfully erected on neighbouring land. The Commission also took into account that the delay in implementation ended promptly after a constitutional court ruling in the case. The need for enforcement of judgments was reiterated by the Commission in Hofer v. Austria but the problem did not actually arise in it".

297 Urteil Hornsby v. Greece, Ziff. 40.

298 Vgl. Urteil De Geouffre de la Pradelle v. France, Ziff. 27.

299 Dieses Einspruchsverfahren kontrastiert mit dem System des Judicial Review in Angelsächsischer Rechtsordnung. Der Gerichtshof fand es als ein „*effective remedy*". Vgl. Urteil De Geouffre de la Pradelle v. France, Ziff. 29.

300 Tumilovich v. Russia (47033/99) - Dissision as to the Addmissibility vom 22. Juni 1999 (inadmissible).

301 Urteile H. v. Belgium, Ziff. 53; Valová, Slezák and Slezák v. Slovakia, Ziff. 48-49.

die Einhaltung der sechsmonatigen Frist nach Art. 35 Abs. 1 EMRK unmöglich machen kann.

In diesem Sinne nimmt der Fall *Brumarescu v. Romania*[302] eine Sonderstellung ein. Gegenstand des Falles ist die Anfechtung und Aufhebung der bereits erfolgten Vollsteckung der Gerichtsentscheidung.[303] In diesem Fall stellte der Gerichtshof die Verletzung der zwei Garantien der EMRK: Art. 6 Abs. 1 und Art. 1 1.ZP. "One of the fundamental aspects of the rule of law is the principle of legal certainty, which requires, *inter alia*, that where the courts have finally determined an issue, their ruling should not be called into question".[304]
In der Sache *Ryabykh v. Russia* hat die Rechtsprechung des Gerichtshofes über das Einspruchsverfahren ihre Entwicklung gefunden: "the right of a litigant to a court would be equally illusory if a Contracting State's legal system allowed a judicial decision which had become final and binding to be quashed by a higher court on an application made by a State official".[305]

Diese Problematik wird in Kapitel V über die Lage bei Einspruchsverfahren im ukrainischen und russischen Recht näher betrachtet.

---

[302] Dem Fall *Brumarescu v. Romania* liegt folgender Sachverhalt zugrunde: Das Haus der Eltern des Beschwerdeführers wurde 1950 verstaatlicht, obwohl die damaligen Eigentümer nicht informiert wurden, auf welcher rechtlichen Grundlage dieses Immobiliargut staatliches Eigentum geworden ist. 1973 verkaufte der Staat das Haus an eine dritte Person, einen entfernten Verwandten des Beschwerdeführers. Der Beschwerdeführer erhob 1993 vor dem Bukarester Gericht erster Instanz Klage. Darin machte er geltend, dass das Haus rechtswidrig enteignet worden sei. Nach dem Dekret von 1950 konnte keine Verstaatlichung stattfinden, wenn die Eigentümer Beamte waren. Das war bei den Eltern des Beschwerdeführers der Fall. Das Gericht Erster Instanz entschied, dass die Umwandlung des Hauses in staatliches Eigentum ein Fehler war. Daher verpflichtete es die Verwaltungsbehörden, das Eigentumsrecht des Beschwerdeführers an dem Haus wiederzustellen. Der Verwandte des Beschwerdeführers legte dagegen zunächst keine Berufung ein. Dem Beschwerdeführer wurde das Haus zurückgegeben. Er bezahlte keine Miete, sondern die Grundrente als Eigentümer des Hauses. Nach gewisser Zeit erhob der Generalstaatsanwalt Rumäniens nach dem Ersuchen des entfernten Verwandten des Beschwerdeführers die Berufung bei dem Obersten Gericht Rumäniens. Der Generalstaatsanwalt behauptete, dass das Gericht Erster Instanz seine Kompetenz überschritten habe. Das Oberste Gericht hob die Entscheidung des Gerichts Erster Instanz auf. Danach stellte der Beschwerdeführer einen Antrag bei der Verwaltungsbehörde (engl.: *Administrative Board*) mit dem Ersuchen, dass der Staat ihm sein Haus zur Verfügung zu stellen habe. Der Antrag wurde abgelehnt.

[303] Urteil Brumarescu v. Romania, Ziff. 50. S. auch die zustimmende Meinung des Richters ROZAKIS zum Urteil: „When a legal system accords a court the power to issue final judgments but then allows its decisions to be annulled by subsequent procedures, not only does legal certainty suffer, but the very existence of that court is called into question since, in essence, it has no power at all definitively to determine a legal issue."

[304] Urteil Brumarescu v. Romania, Ziff. 61.

[305] Urteil Ryabykh v. Russia, Ziff. 56.

G. Zusammenfassung

Art. 1 1.ZP gewährleistet das Recht auf Eigentum. Unter dem Begriff „Eigentum“ verstehen die Konventionsorgane alle bestehenden vermögenswerten Positionen und sogar das Vermögen selbst. Die Subjekte des Eigentumsrechts sind natürliche und auch juristische Personen.
Art. 1 1.ZP beinhaltet zwei Definitionen, die sich unterscheiden: Eigentumsentziehungen (Abs. 1 Satz 2) und Kontrolle der Eigentumsnutzung (Abs. 2). Eigentumsentziehungen liegen nicht nur bei der Änderung der rechtlichen Zuordnung des Eigentumsrechts, sondern auch bei Nutzungsbeschränkungen vor (sogenannte *de facto*- Enteignung). Nutzungsregelungen entsprechen den Bestimmungen des von der EMRK geschützten Eigentumsrechts, wenn sie auf der Grundlage einer hinreichend bestimmten innerstaatlichen Norm ein legitimes Ziel verfolgen und eine gerechte Balance zwischen den Interessen des Eigentümers und den allgemeinen Interessen haben, das heißt verhältnismäßig sind.
Die Mitgliedstaaten genießen *„wide margins of appreciation“* bei der Beurteilung der Legitimität des Ziels und der generellen Eignung der eingesetzten Mittel. Dieser Einschätzungsspielraum ist aber vom Gerichtshof zu überprüfen, um festzustellen, ob ein vernünftiges Verhältnis zwischen den angewandten Mitteln und dem erstrebten Zweck besteht oder ob dem Betroffenen ein übermäßiges Opfer auferlegt wurde. Eine wichtige Rolle spielen die Kriterien des berechtigten Vertrauens, der Nutzungsmöglichkeit und die mögliche Betroffenheit des Integritätsinteresses.

Die Einhaltung der gerechten Balance verlangt bei Enteignungen aufgrund ihrer besonderen Eingriffintensität die Sicherung einer Entschädigung, die sich am Marktwert orientiert. Der staatliche Einschätzungsspielraum bei der Bestimmung der Entschädigungshöhe ist bei Eigentumsentziehungen zur Durchführung umfassender Reformprogramme größer als bei Einzelenteignungen.
Der Gerichtshof hat eine Kontrollkompetenz nach dem in Art.1 1.ZP. nicht ausdrücklich genannten Verhältnismäßigkeitprinzip. In dieser Weise leistete der Gerichtshof noch einen Beitrag in der Entwicklung der Konzeption der EMRK als *„living instrument“*.[306] Bei der Auslegung der EMRK muss man immer in Betracht ziehen, dass dieser Vertrag, der die Menschenrechte und die Grundfreiheiten gewährleistet, von besonderem Charakter ist. Das Objekt und das Ziel der Konvention als ein Instrument für den Schutz des Rechts des Einzelnen sind in der Weise auszulegen und anzuwenden, dass die Garantien, die in der EMRK verankert sind *„practical and effective*" sein sollen.[307] McBRIDE vertritt der Meinung, dass kein Zweifel bestehe, dass der EGMR noch einmal seine "broad reach of the obligation to secure access to justice" zeigte.[308]

---

[306] Urteile Selmouni v. France, Ziff. 101; Loizidou v. Turkey, Ziff. 71; Soering v. the UK, Ziff. 102.
[307] Urteil Soering v. the UK, Ziff. 87.
[308] *McBride, Jeremy,* 1998, Ziff. V.

Im Zusammenhang mit dem Eigentumsrecht knüpft der Gerichtshof die verfahrensrechtliche Dimension der Konventionsrechte nicht an den Schutzbereich der jeweiligen materiellen Grundrechte, sondern an die Schranken wie das Rechtsstaatsprinzip und den Verhältnismäßigkeitgrundsatz. Anders gesagt erkennt der EGMR die gerichtverfahrensrechtliche Dimension nicht als eigenständige Grundrechtsfunktion an, sondern bestimmt sie negativ von der Eingriffsrechtfertigung her.

Kapitel II. Ein historischer Überblick über die Entstehung des Eigentumsrechts auf dem ehemaligen Territorium des Russischen Reiches und der Sowjetunion an dem Beispiel der Ukraine

I. Die Entwicklung in dem Zeitraum vor Beginn des XX. Jahrhunderts

1. XI.-XII. Jahrhundert

Die älteste historische Quelle, die aus der Zeit der Kiewer Rus' stammt und in der man erste Erwähnungen von Eigentum und Eigentumsrecht findet, ist die *Russkaja Pravda*[309] (Russische Wahrheit). Zum ersten Mal wurden die existierenden Gewohnheiten und rechtlichen Traditionen der Ostslawen „kodifiziert".[310] Die Vorschriften dieses rechtlichen Aktes sahen nicht nur das Verfahren bei der Regulierung der Eigentumsverhältnisse vor sondern auch die Novelle, die aus der Rechtssprechung der Fürsten und der gerichtlichen Praxis stammte. Allerdings gab es keine eindeutige Definierung des Begriffs Eigentums als eine juristische Kategorie, und des Eigentumsrechts, und seines Inhalts, des Besitzrechts und seiner Abänderungen. Eine entsprechende Analyse dieser rechtlichen Urkunde ergibt, dass der Hauptzweck der Verordnungen von *Russkaja Pravda* der Schutz des Privateigentums und des Grundeigentums war.[311]

2. XIV.-XVI. Jahrhundert

Seit dem XIV. Jahrhundert gehörte der größte Teil des ukrainischen Territoriums zu den Ländern Litauen, Polen, Ungarn und Moldawien. Selbstverständlich beeinflussten die rechtlichen Traditionen und Gewohnheiten dieser Länder die Lebensführung der Einwohner ukrainischer Abstammung, in erster Linie betraf dies die Grundeigentumsverhältnisse. Die wichtigste Rolle in der Entwicklung des Instituts des Eigentumsrechts spielten die Rechtsordnungen der Zeit des litauischen und des polnischen Fürstentums.

Die ursprüngliche Grundlage des Eigentumssystems im Litauisch- Russischen Staat wurde das hochentwickelte Zivilrecht der Kiewer Rus'. Die bedeutsamste Rolle zwischen den Rechtsquellen spielte *Russkaja Pravda,*[312] die erheblicher Einfluss auf die Entwicklung der rechtlichen Systeme des Großen Litauischen

---

[309] Russkaja Pravda – die wichtigste rechtliche Urkunde der Kiewer Rus'. Der ursprüngliche Text, der in der Amtszeit des Fürsten JAROSLAV (30 Jahre im XI. Jahrhundert) geschrieben wurde, wurde nicht aufbewahrt und ist in der Rechtwissenschaft unter den Name „Pravda Jaroslava" (Jaroslavs Wahrheit) bekannt. Vom XIII.–XVII. Jahrhundert wurde der Text von den Nachkommen Jaroslavs ergänzt und geändert. Heute sind 106 Verordnungen aus Russkaja Pravda bekannt.

[310] *Domashenko, M. V./Rubanik, V. E.*, 2002, S. 92.

[311] *Rubanik, V. E.*, 2002, S. 66 und 67; *Domashenko, M. V. / Rubanik, V. E.*, 2002, S. 244–252.

[312] *Tazij, V.J. / Rogozhin, A. J.*, 2000, S. 187; *Domashenko, M. V. / Rubanik, V. E.*, 2002, S. 306-330.

Fürstentums und des Polnischen Königsreichs hatte. Grundlage für das Eigentumsrecht auf ukrainischem Gebiet war also eine Synthese des örtlichen Gewohnheitsrechts und der Rechtsakte der neuen Mächte.
Das „Ereignis von Ljublin“ (1569) bezeichnete die Entstehung eines neuen Staats– *Rzeczpospolita*: das Polnische Königsreich und das Große Litauische Fürstentum schlossen sich in einem Land zusammen. Das auffälligste Merkmal der Eigentumsverhältnisse ist das vorherrschende Privateigentum der reichen Klassen, dessen Grundlage Grundeigentum war. Seine vorherrschende Position wurde in drei Litauischen Statuten (1529, 1566 und 1588) festgelegt.

3. XVII. Jahrhundert

Der Vertrag zwischen dem Kosaken Hetman CHMELNIZKYJ und dem russischen Zaren von 1654 bedeutete für die Ukraine russischen Beistand gegen Polen, für Russland die Wiedervereinigung im russischen Zarenreich.[313] Die Hetmanische Ukraine trat dem Protektorat des Russischen Staats unter der Bedingung der Gewährleistung einer Reihe von Rechten und Privilegien bei. Seitdem erfolgten die grundlegenden Änderungen nicht nur in dem politischen Leben des ukrainischen Volkes, sondern auch in den rechtlichen Verhältnissen.
In dieser Zeit wurde das Monopol der Reichen und der Kirche auf Grundeigentum liquidiert, und die Grundstücke wurden zu Kaufgegenständen. Dieser Prozess änderte auch die Struktur des Grundeigentums.

4. XVIII. Jahrhundert

Der russische Zar PETER I. hob faktisch das ganze rechtliche System in Russland auf, das vor ihm existierte. Dies betraf nicht nur das eigene Land sondern auch die neu erworbenen Territorien. In der Zeit seiner Regierung waren die Hauptrechtsakte keine Gesetze sondern Erlasse des Zaren.[314] Die Zentralisierungspolitik der russischen Zaren und die Russifizierung beschnitten schrittweise Rechte und Privilegien, and im laufe der Zeit verlor die Ukraine jegliche Autonomie. Um die Implementierung der russischen Gesetzgebung in der Ukraine zu beschleunigen, wurde beschlossen, die erste Kodifizierung des Rechtssystems der Ukraine vorzunehmen. Zu diesem Zweck wurde eine Kodifizierungskommission ins Leben gerufen, deren Arbeit gut 15 Jahre dauerte. 1743 erschien das erste Gesetzbuch des ukrainischen Rechts *„Prava, za jakymy sudytsja malorossijs'kyj narod* (Die Rechte, nach denen das kleinrussische Volk prozessiert)“. Diese Rechtsakte bestand aus 1 714 Punkten, die in 531 Artikeln und in 30 Kapiteln zusammengefasst wurden. Der größte Teil ihrer Vorschriften waren die zivilrechtlichen Normen, in erster Linie die, die Eigentumsverhältnisse regelten. Es gab eine detaillierte Reglamentierung des Eigentumsrechts, des Erbrechtes,

---

[313] Da hieß die Ukraine „Kleinrussland“ (russ.: *Malorossija*).
[314] *Rubanik, V. E.*, 2002, S. 217; *Domashenko, M. V. / Rubanik, V. E.*, 2002, S. 403–404.

der Kaufverträge und des Pfandes. Das objektive Eigentumsrecht[315] bestand aus den Besitz-, Nutzung- und Verfügungsrechten (Art. 1, 3, 4, 5, 6 Kap. 4 und Art. 1, 6, 7, 14 Kap. 14 u.s.w.).[316]
Grundeigentum spielte die zentrale Rolle in den geregelten Eigentumsverhältnissen. Deswegen bezogen sich fast alle Vorschriften, die den Schutz des Eigentums regelten, auf dem Schutz des Grundeigentums (Kap. 4, Art. 3, 6; Kap. 17, Art. 15, 17; Kap. 17).[317] Dieser rechtliche Akt wurde von der zaristischen Regierung offiziell nicht gebilligt. Aber trotzdem wurde er schriftlich verbreitet, seine Vorschriften wendete man an, und die Richter bezogen sich bei gerichtlichen Entscheidungen auf sie.

Nach Ende der Tatarenherrschaft (16. Jahrhundert) gründeten die Ukrainer im südöstlichen Teil der heutigen Ukraine einen Kosakenstaat mit dem Zentrum Saporischja. Dieser Staat hieß *Saporischs'ka Sitsch*. Der Kosakenstaat hatte seine Besonderheiten in den Prozessen der Bildung der Eigentumsverhältnisse und ihrer rechtlichen Regulierung. Lange Zeit hindurch kannten die Kosaken keine geschriebenen Gesetze sondern stützten sich auf ein Gewohnheitsrecht. Schon damals war ihnen der Unterschied zwischen dem Eigentumsrecht und dem Nutzungsrecht bekannt. Der Begriff „unrechtmäßiger Besitz“ erschien zusammen mit der Norm der Entschädigung für die unerlaubte Nutzung von Gegenständen der Eigentümer. Es gab ebenfalls die Teilung der Rechtsubjekten: die Privatpersönlichkeit und die Kollektivpersönlichkeit (auch die entsprechenden Eigentumsformen). Die Regelungen, die für den Schutz des Eigentums geschaffen wurden, sahen strenge Strafen vor und zwar sowohl physische wie auch rechtliche Maßnahmen. Nach dem Gewohnheitsrecht der Kosaken wurde zum Beispiel ein Kosak, der einen Diebstahl begangen und die gestohlenen Gegenstände versteckt hatte, zu Stockprügel verurteil. Ferner wurde sein Eigentum (die beweglichen Sachen) in drei Teile geteilt: ein Teil für die Truppen, der zweite Teil für den Kommandeur, der dritte Teil für die Frau und die Kinder des Schuldigen (falls er verheiratet war).[318]

---

[315] Der Begriff „Eigentum (russ.: *sobstvennost*)“ selber war den ursprünglichen russischen Rechtsquellen nicht bekannt. Zum ersten Mal tauchte er in der russischen Gesetzgebung Anfang des achtzehnten Jahrhunderts auf, als der Begriff aus den deutschen Rechtsquellen übernommen wurde. „Sobstvennost“ ist eine Übersetzung des deutschen Wortes „Eigenthum“, das von dem russischen Staat benutzt wurde, damit Deutschbalten ihre Gnadebriefe für die neu erworbenen Grundstücke bekommen konnten. Zwischenzeitlich besaß der neue juristische Begriff lokale Eigenschaften, weil er nur in den Rechtsakten benutzt wurde, die die Randgebiete des Reiches betrafen. In den Reichs weiten Rechtsakten erschien dieser Begriff erst zu Ende des 18. Jahrhunderts (*Potkina, I. V.*, 2001, S. 826).

[316] *Rubanik, V. E.*, 2002, S. 224.

[317] *Rubanik, V. E.*, 2002, S. 232-234.

[318] *Rubanik V. E.*, 2002, S. 278; *Domashenko, M. V. / Rubanik, V. E.*, 2002, S. 419–420.

Auf Befehl von KATHARINA II. wurde den Kosakenstaat aufgelöst. Aber in der Rechtsgeschichte erinnert man sich vor allem an sie, weil es unter ihr im letzen Drittel des 18. Jahrhunderts zur Einführung des aus Westeuropa stammenden römischen Eigentumsbegriffs kam, der zuvor im Herzen des Russischen Reiches keine Tradition hatte, wohl aber in den ins Russische Reich integrierten Gebieten mit polnisch– litauischer Rechtstradition.[319] Auf KATHARINA II. geht auch die russische Sonderbestimmung für die Verjährung von Eigentumsklagen zurück. Sie führte 1787 für alle Klagen eine zehnjährige Verjährung ein, somit auch für die Anfechtung von Eigentumstiteln.[320]

5. XIX.–Anfang des XX. Jahrhunderts

Die territoriale Verteilung der Ukraine spiegelte sich in den Differenzen in dem geltenden Zivilrecht in den verschiedenen Gebieten des Landes wider. Die Lage änderte sich nach der Verbreitung in der Ukraine von „*Zvod Zakoniv Rossijskoi Imperii* (Zusammenfassung der Gesetze des Russischen Imperiums)“ (1840-1842).[321] Das Zivilrecht wurde zum ersten Mal als einzelnes Rechtsgebiet abgesondert. Der erste Teil des X. Bandes war dem Privatrecht und mithin auch dem Eigentumsrecht gewidmet. Der Eigentumsbegriff, so wie er in der Gesetzsammlung, dem *Zvod Zakoniv*, erschien, unterschied sich nicht vom westlichen Begriff.[322]

> „Eigentum wurde als höchste, umfassende und ausschließliche, also absolute Herrschaftsmacht über eine Sache angesehen, nur für Grundstückseigentum galten nachbarrechtliche Beschränkungen und Schranken öffentlich-rechtlicher Art.“[323]

Zvod Zakoniv beinhaltete viele neue theoretische und praktische Bestimmungen betreffs der Eigentumsverhältnisse: der Gesetzgeber unterschied das Eigentumsrecht und Besitzrecht; man unterschied auch unrechtmäßigen und rechtmäßigen Besitz; dabei wurden beide nach den rechtlichen Normen geschützt. Das Gesetz machte einen Unterschied zwischen Eigentumsrechtstreit und Besitzstreit, dabei wurde die Untastbarkeit des Besitzes gewährleistet unabhängig von der Entscheidung betreffs des Eigentums.

Nach dem *Zvod Zakoniv* gab es eine lange Liste der Merkmale, die bei der Feststellung der Subjekte des Eigentums entscheidend waren: eine rechtmäßige oder

---

319 Dazu gehörte der westliche Teil der Ukraine.

320 Mehr dazu s. *Merl, Stephan*, 1999, S. 140-141.

321 1832 erschien das Gesetzbuch nach der Ausgabe der gesamten Sammlung der Gesetze des Russischen Reiches, die aus 40 Bänden (330 920 Rechtsakten) und 6 Bänden mit den Anhängen bestand.

322 Mehr dazu *Potkina, I. V.*, 2001.

323 *Merl, Stephan,* 1999, S. 141.

illegitime Geburt, Geschlecht, Alter, Gesundheit, Verwandtschaft, Ausbildung, Religion, Rang und bürgerliche Ehre. Betreffs der Arten der Eigentumsobjekte hatte der Gesetzgeber ebenfalls seine eigene Sicht: 1) unbewegliche, 2) bewegliche, 3) geteilte, 4) ungeteilte, 5) erworben, 6) geerbt. Art. 20 und 21 sahen zwei Eigentumsformen vor: privat und staatlich.[324] Das Gesetzbuch beinhaltete auch viele Vorschriften, die andere Eigentumsverhältnisse regelten. Wie, zum Beispiel, das Erbrecht, das detailliert festgelegt wurde.

Die Ausgabe *Zvod Zakoniv* war die letzte Etappe der Vereinheitlichung des rechtlichen Systems im gesamten Russischen Reich. Nach der Meinung von TKACH beeinflusste „die Verabschiedung des *Zvod Zakoniv des Russischen Imperiums* als eine einheitliche Rechtsquelle positiv das rechtliche System der Ukraine...Die veralteten Rechtsnormen wurden aufgehoben, teilweise wurden die ursächlichen Diskrepanzen und Wiedersprüche in dem Rechtssystem abgeschafft, wenn Gerichte in ein und derselben Sache unterschiedliche Entscheidungen trafen."[325]

Nach der Revolution von 1905 wurde in dem vom Zaren zugestandenen Katalog bürgerlicher Freiheitsrechte von 1906 auch das Eigentumsrecht aufgeführt und erstmals verkündet: „Das Eigentum ist unantastbar. Die Zwangsenteignung unbeweglicher Güter, wenn dies für irgendeinen staatlichen oder öffentlichen Nutzen notwendig ist, ist nicht anders als gegen eine gerechte und angemessene Entschädigung zulässig". Die Aufnahme dieser Bestimmung in die Staatsgrundsätze verfolgte vor allem den Zweck, die Zwangsenteignung des Großgrundbesitzes der Krone und Privater ohne vollwertige Entschädigung von vornherein auszuschließen.[326]

Die Einstellung zum Privateigentum im Russischen Reich unmittelbar vor dem Ersten Weltkrieg war nicht einheitlich. Die große Masse der Bevölkerung des Reiches vor 1914 war zwar Eigentümer, aber dennoch war das Eigentümerbewusstsein eher gespalten:

Die Kleineigentümer forderten zugleich die entschädigungslose Enteignung der adligen Grundbesitzer und standen damit der Eigentumsbewertung in der proletarischen Revolution nicht allzu fern. Soweit ihr Eigentum angetastet wurde, verlangten sie aber selbst den Schutz des Eigentums durch den Staat.[327]

Die Intelligenzija prägte zusammen mit der bäuerlichen Rechtsauffassung vom Boden als Gottesacker das Volksempfinden. Damit ergab sich in der Eigentumsfrage auch ein ausgeprägter Unterschied zwischen Stadt und Land.[328]

---

[324] *Rubanik V. E.*, 2002, S. 304.

[325] *Tkach, A. P.*, 1968, S. 65.

[326] *Merl, Stephan,* 1999, S. 143. S. mehr dazu *Senjavskij A. S.*, S. 309–310 und *Gusejnov R. M.*, S. 651–655.

[327] *Merl, Stephan,* 1999, S. 147.

[328] *Merl, Stephan,* 1999, S. 147.

Hinsichtlich des Grundbesitzes war die Situation in der Zeit sehr verschiedenartig. Formal hatte die Regierung etwa die Hälfte der Bauern zu „Grundbesitzern" erklärt. An der Form der Bodennutzung hatte sich wenig geändert. Aber die Bauern achteten mehr auf den Umfang der von ihnen bewirtschafteten Fläche als auf den Rechtscharakter[329] und unterschieden nicht zwischen dauerhaftem Nutzungsrecht und Eigentum.[330] Der Schutz des Grundbesitzes litt erheblich unter den Mängeln des Systems der Registrierung, die für Eigentumsübertragung von Grundstücken vorgesehen war. Die übermäßige Zentralisierung und Ungenauigkeit der Eintragung bewirkten, dass das Eigentumsrecht an unbeweglichen Dingen selbst bei ernsthaften Verletzungen nur schwer zu beweisen war. Da die Eintragung umständlich und mit erheblichen Kosten verbunden war, die oft in keinem Verhältnis zum Wert des Grundstückes standen, kam es häufig vor, dass sich Grundstücke im Besitz von Personen befanden, die dafür keinen Titel anführen konnten, der den Anforderungen des Gesetzes entsprach.[331]

II. Die Entwicklung in den neuen Zeiten

1. 1917–1929

Bis zur Oktoberrevolution 1917 herrschte im Russischen Reich eine Privatrechtsordnung, die sich nicht grundsätzlich von denen der übrigen europäischen Staaten unterschied.[332] Die Gestaltung des Eigentumsrechts in der sozialistischen Zeit begann mit der Oktoberrevolution 1917.[333] Der II. All-russische Kongress der Räte (russ.: *Sowjetov*), bei dem die wichtigen Dokumente erlassen wurden, die die Politik der „sozialistischen Nationalisierung[334]" zugrunde leg-

---

[329] Den Bauern in dem überwiegend orthodoxen Russischen Reich war das Bewusstsein des Privateigentums fremd. Der Boden wurde von ihnen als Gottesgut für alle bezeichnet (s. *Alekseev, V. V.*, S. 27). Der orthodoxen Religion ist der Egoismus fremd, den man mit dem Begriff Privateigentum verbindet (*Schukhov, N. S. / Tschcherbakov, V. N.*, S. 135, in: Sobstvennost v XX stoletii, 2001). Mehr dazu *Gusejnov, R. M.*, S. 663, *Isupov, K. / Savkin, I.*, S. 194-204 und *Ajackov, D. F.*, 2002, S. 427.

[330] *Koznova, I. E.*, 2001, S. 667-669.

[331] *Merl, Stephan*, 1999, S. 149.

[332] *Thomson, Rüdiger*, 1959, S. 17.

[333] „Zunächst jedoch wurde der radikale Anspruch unverhüllt vertreten. Er versetzte die Welt mit bislang unerhörten Maßnahmen in Staunen und Schrecken. Alle Banken wurden verstaatlicht, alle privaten Konten beschlagnahmt, die Staatsverschuldung wurde gelöscht, alles Land zum Staatseigentum erklärt, die Fabriken wurden enteignet, privater Handel, privater Markt und Ladengeschäfte abgeschafft. Dass diese total verstandene Sozialisierung zu chaotischen Verhältnissen führte und bald Modifikationen notwendig machte, im übrigen bereits die Entwicklung zu einem Staatssozialismus enthielt, wurde spätestens am Ende des Bürgerkrieges offenbar" (*Bracher, Karl Dietrich*, 1999, S. 46).

[334] „Nationalisierungen sind gekennzeichnet durch die vertikale Verletzung des Gleichheitssatzes. Ihr Sinn besteht darin, den gesellschaftlichen *status quo* ganz oder teilweise zu ändern. Dies kann geschehen durch Änderung der Besitz-, Vermögens- und/oder Kontrollverteilung

ten.[335] Das erste Dekret „*Pro zemlju* (Über den Boden)" (1917) hob das private Grundeigentum auf.[336] Der Boden sollte dem Rechtsverkehr überhaupt entzogen werden und in die Nutzung des werktätigen Volkes übergehen. Einerseits wurde das gesamte Vermögen der Großgrundbesitzer entschädigungslos[337] konfisziert und der gewaltsamen Beschlagnahmung überantwortet, andererseits beließ das Dekret den übrigen Grundeigentümern ihren Boden, verwandelte aber ihr Recht daran in ein unentgeltliches Nutzungsrecht.[338] Schließlich erfasste die Nationalisierung alle Großbetriebe sämtlicher Industriezweige und des Verkehrswesens, bei einigen Industriezweigen sogar alle Betriebe überhaupt.

> „Durchgeführt mit dem Ziel der Errichtung einer neuen Gesellschaft, die sich dadurch auszeichnen sollte, dass das Privateigentum als Grundlage der ökonomischen und gesellschaftlichen Struktur abgeschafft, dass eine Diktatur des Proletariats errichtet werden sollte, verließen die zu diesem Zweck durchgeführten Enteignungen jene gesellschaftliche Basis, die dem Begriff des öffentlichen Wohles den Sinn gegeben hatten."[339]

Durch das Dekret „Über die Aufhebung des Privateigentums auf Immobilien in Städten" vom 20. August 1918[340] wurde festgestellt, dass die Nationalisierung des Bodens auch den gesamten städtischen Grundbesitz umfasse, jedoch nicht die auf dem Grund stehenden Gebäude. Hier trat zum ersten Mal die Trennung des Eigentums von Grundstück und Gebäude auf, die sich im sowjetischen Recht erhalten wurde.

über Produktionsmittel (S.33). Nationalisierungen sind diejenige Eingriffe des Staates in die Eigentumssphäre, wo der Widerspruch zwischen IGB und Mindeststandard, zwischen privaten Rechten und territorialer Souveränität sich in aller Schärfe stellt und wo eine Entscheidung zwischen den beiden Polen nicht mehr zufällig oder unbewusst erfolgen kann" (S. 246) (*Müller, Edgar Felix,* 1981).

[335] 1917-1919 wurde eine ganze Reihe von den Dekreten erlassen, in denen die Maßnahmen vorgesehen wurden, die wichtigsten Industriebereiche zu nationalisieren: Dekret „Über die Sozialisierung des Bodens" vom 19.Februar 1918; Dekret „Über die sozialistische Flurbereinigung" vom 14. Februar 1919; Dekret „Über die Nationalisierung der Banken" vom 14. Februar 1917; Dekret „Über die Nationalisierung der Handelsflotte" vom 26. Februar 1918; Dekret „Über die Aufhebung des Privateigentums auf Immobilien in Städten" vom 20. August 1918; Dekret „Über die Abschaffung des Erbrechts" vom 27. April 1918 und so weiter (*Dzera, O.V.,* 2000, S. 27-28).

[336] Die historische Analyse ergibt, dass das Grundeigentum in den ökonomischen und rechtlichen Verhältnissen in Russland und in der Ukraine die bedeuternste Rolle spielte (s. *Gusejnov, R. .M.,* 2001, S. 655; *Domashenko, M. V. / Rubanik, V. E.,* 2002, S. 441; *Dzera, O. V.,* 2000, S. 37; *Isupov, K. / Savkin, I.,* S. 385).

[337] S. auch *Thomson, Rüdiger,* 1959, S. 18.

[338] Mehr dazu s. *Jacobs, Otto-Wilhelm,* 1965, S. 60-61; *Merl, Stephan,* 1999, S. 150-151.

[339] *Müller, Edgar Felix,* 1981, S. 247.

[340] Das Dekret „Über die Aufhebung des Privateigentums an Immobilien in Städten" vom 20. August 1918 ist nicht umgesetzt (vollzogen) worden. Die von ihm vorgeschriebene Prozedur des Eigentumsentzuges ist nicht realisiert worden. Die formellen Enteignungen sind nicht durchgeführt worden, es gab keine rechtliche Ausgestaltung, und Eigentümer sind einfach vor die Tür gesetzt worden.

Durch das Dekret „Über die Abschaffung des Erbrechts“ vom 27. April 1918 wurde das Erbrecht im Prinzip abgeschafft: „Die gesetzliche Erbfolge, ebenso wie die testamentarische, ist abgeschafft.“[341]

Trotz der ständigen Versuche der ukrainischen politischen Kräfte, die Revolution von 1917 zu nutzen, einen eigenen unabhängigen Staat zu schaffen,[342] wurden die Ideen der Oktoberrevolution in Russland doch mit dem bestimmten zeitlichen Aufschub in der Ukraine verkörpert.[343] Während des Bürgerkrieges im März 1919 in Kharkiv wurde die erste Verfassung der Ukrainischen Sozialistischen Sowjetrepublik (USSR) erlassen. Art. 3 dieser Verfassung lautete, dass die USSR „die unmittelbaren Maßnahmen ergreift, um die existierende ökonomische Struktur zu liquidieren, und privaten Besitz von Boden und Produktionsmitteln abzuschaffen.“[344] Diese Vorschrift bedeutete, dass die Zwangsliquidierung von Privateigentum,[345] die schon durch die entschädigungslose Nationa-

---

[341] *Thomson, Rüdiger,* 1959, S. 69: „Trotz dieses klaren Wortlautes wurde nach der Wiedereinführung des Erbrechts von verschiedenen sowjetischen Juristen in Anpassung an die neue Entwicklung behauptet, durch das erwähnte Dekret sei nur die Erbfolge des kapitalistischen Privateigentums, nicht dagegen diejenige des „Arbeitseigentums“ der werktätigen Bevölkerung beseitigt worden“.

[342] Mehr dazu s. *Dzera,O. V.,* 2000, S. 29-32.

[343] Ukrainischer Rechtswissenschaftler DZERA ist der Meinung, dass es in der Ukraine im Unterschied zu Russland in der Zeit 1917–1919 infolge der Unfähigkeit der politischen Kräfte, vollständige staatliche Strukturen zu schaffen und der Auflösung der herrschenden Regime keine festen rechtlichen Grundlagen des Eigentums gab. Deswegen fuhr das Privateigentum faktisch fort zu existieren (*Dzera O. V.,* 2000, S. 33. S. auch mehr dazu *Domashenko, M. V. / Rubanik, V. E.,* 2002, S. 440–457). Vgl. *Jacobs, Otto-Wilhelm,* 1965, S. 64.

[344] S. Webseite des Verfassungsgerichts der Ukraine.

[345] „Im marxistischen Sozialismus ist die Eigentumsfrage eine der zentralen Fragen überhaupt im Sinne der angestrebten Befreiung der Gesellschaft. Von hier aus besteht auch im Marxismus von vornherein ein Zusammenhang von Eigentum und Freiheit. So sagt etwa Marx in den Vorarbeiten zur „Heiligen Familie“, dass die wirkliche Vernichtung, die Beendigung aller Entfremdung, d.h. die Rückkehr des Menschen aus Religion, Familie, Staat zu seiner menschlichen, d.h. gesellschaftlichen Existenz sei unklar. Dabei bedeutet „Vernichtung des Privateigentums“ bei Marx nicht Vernichtung oder Abschaffung des Eigentums schlechthin, sondern Abschaffung des Privateigentums an Produktionsmitteln. Hier ist von vornherein eine Begriffserklärung notwendig. Wenn man im Marxismus von Privateigentum spricht, dann meint man damit nicht unseren weitgefassten Eigentumsbegriff, der jedes dem einzelnen zugeordnete Eigentum unter diesen Begriff subsumiert, sondern das Eigentum natürlicher oder juristischer Personen (bzw. von Personen des Privatrechts) an Produktionsmitteln. Man muss deshalb zwischen diesem, von marxistischer Seite so bezeichnetes Privateigentum, also dem Eigentum an Produktionsmitteln und anderem Eigentum unterscheiden. Grundsätzlich bleibt die Kategorie des Eigentums im Marxismus jedoch erhalten. Und auch im Marxismus spielt die Frage eine Rolle, ob Eigentum ein Instrument der Selbstrealisierung des Menschen ist. Die Vernichtung des Privateigentums, die der Marxismus fordert, bedeutet in erster Linie eigentlich Vernichtung der Privateigentümer, bzw. Überwindung eines Zustandes, der Privateigen-

lisierung und Festsetzung verschiedener Eigentumsbeschränkungen durchgesetzt worden war, in der Verfassung verankert wurde.

> „The revolution of 1917 entirely distroyed the old economic, social and political relations, and replaced the old society by a new one...having by the sovereign right of the revolted people transferred the State power in Russia to a new social class. In having done so it broke the continuity of civil obligations which were an integral part of economic relations in the old society which disappeared, and which obligations, together with these relations, also disappeared. This revolution was a vast element upheaval of an exceptional character and in the nature of an irresistable force...The Soviet Government has refused to assume the obligations of former governments, or the satisfaction of claims of persons on account of measures of internal order, such as *nationalization or confiscation of property* (Hvh. d. Verf)...for reasons of principles and political necessity."[346]

MÜLLER meint, dass mit prinzipiellen Gründen offenbar gemeint sei, das private Eigentum abzuschaffen. Dies sei eingebettet in eine Ablehnung des Völkerrechts, soweit es der Aufrechterhaltung des Kapitalismus im Weltmaßstab diente. Diese Funktion hätte die völkerrechtliche Entschädigungspflicht erfüllt, da sie eine sozialistische Umgestaltung unmöglich gemacht hätte. Dies führte auch zu dem Begriff der *political necessity*, dem zweiten Element, mit dem die Nationalisierungen legitimiert wurden. Er hatte nicht mehr den Inhalt, den in bürgerlichen Staaten der Begriff der *public necessity* hat, sondern ist in die Nähe des Staatsnotrechts gerückt.[347]

> „Foreign property[348] was abandoned to its fate, and this threatened serious danger for the national economy, as many of foreign enterprises were of the greatest importance for the national economy of Russia."[349]

---

tum ermöglicht. In *juristischer Sicht* geht es also hinsichtlich der Produktionsmittel um eine Veränderung ihrer Objekteigenschaft als Eigentum" (*Westen, Klaus*, 1983, S. 151).

346 Auszug aus dem Memorandum der sowjetischen Delegation bei der Genfer Konferenz vom 20. April 1922.

347 *Müller, Edgar Felix*, 1981, S. 248.

348 „Die Einwände des Auslands gegen die sowjetischen Nationalisierungen betrafen nicht den veränderten Inhalt der Enteignungscausa. Er wurde akzeptiert, wenn auch in ihm keine Rechtfertigung für die Entschädigungslosigkeit gesehen wurde. Im Jahre 1918 übersandte der amerikanische Botschafter der sowjetischen Regierung eine von allen in Russland akkreditierten Botschaftern unterzeichnete Note, in der lediglich gegen die „confiscation" (=entschädigungslose Enteignung) protestiert wurde. Man behielt sich vor, Schadenersatzansprüche geltend zu machen. Ebenso wenig wurde in der Canner Deklaration, in der die Allierten die Bedingungen für eine Anerkennung der sowjetischen Regierung festgelegt hatten, die Rechtmäßigkeit an sich bestritten. Es wurde zwar gefordert, die Rechte der Ausländer wiederherzustellen („restituer, restaurer"). Hilfsweise („à défaut") aber wurde Entschädigung verlangt. Die Verhandlungen in zwanziger Jahre hatten dann auch nicht mehr die Frage der Rechtmäßigkeit im Auge, sondern es ging ausschließlich um Entschädigungen" (*Müller, Edgar Felix*, 1981, S. 249).

349 Auszug aus dem Memorandum der sowjetischen Delegation bei der Genfer Konferenz vom 20. April 1922.

In der Zeit nach dem Bürgerkrieg wurde *Neue Ökonomische Politik* (1921-1928) durchgeführt. Diese Politik war eine Notlösung, weil die Zwangsmaßnahmen hinsichtlich der Änderung der Eigentumsformen und der Bürgerkrieg das Land, in dem wirtschaftlicher Niedergang herrschte, in eine kritische Lage versetzt hatten. Auffallend ist, dass mit dem Ziel die Prinzipien der NEP zu realisieren, eine Reihe von den Verordnungen erlassen wurde, die die Entwicklung der Privatinitiative und des Privateigentums begünstigten.[350] Zur Zeit der NEP wurden die Kleinbetriebe aus wirtschaftlichen Gründen in bestimmtem Umfang wieder de- nationalisiert und ihren früheren Eigentümern zurückgegeben.

Am 1. November 1921 wurde das Wohnungsgesetz erlassen, nach dem bebaute und unbebaute Grundstücke Staatseigentum waren. Die Besitzer bekamen sie entsprechend den geltenden rechtlichen Vorschriften nur zur Nutzung.[351] Der Gebäudebestand einschließlich der Wohnhäuser– die nun nicht mehr als wesentlicher Bestandteile des Bodens galten– wurde nach der Revolution weitgehend in das Staatseigentum überführt.[352] Das Dekret vom 20. August 1918 verstaatlichte in Städten mit mehr als 10 000 Einwohnern alle Gebäude, die einen bestimmten Mindestwert überschritten. Den örtlichen Machtorganen wurde zugleich das Recht gegeben, auch in kleineren Städten Gebäudenationalisierungen vorzunehmen bzw. die enteignungsfähige Wertgrenze herabzusetzen. In den Dörfern dagegen wurde nur der private Rechtsverkehr mit Gebäuden untersagt.[353]

Ein wichtiger Schritt in der Gestaltung des Eigentumsrechts der Bürger war ebenfalls der Erlass der Verordnung „Über die Erlaubnis, Immobilienverträge zu schließen“ vom 18. November 1921.[354] Nach dieser Verordnung wurde es den Eigentümern erlaubt, ihre nicht nationalisierten Gebäude, unter der Bedingung zu verkaufen, dass der Familie des Käufers nicht mehr als ein Baueigentum gehörte.

Das Dekret „Über die hauptsächlichen privaten Vermögensrechte“ vom 22. Mai 1922 regelte das Privateigentumsrecht an kleineren Betrieben, an Gebäuden, Produkten und anderen Gegenständen. Durch dieses Dekret wurde zugleich auch

---

[350] Ein Beispiel sind die Verordnungen vom 21. Juni und 26. Juli 1921 „Über den Handwerkbetrieb und die landwirtschaftliche Kooperation“. Nach diesen Rechtsakten durfte man die Privat- und Handwerkbetriebe organisieren (Zakony USSR (Die Gesetze der USSR), 1921, N11, S. 320, N 14, S. 389).
[351] Diese Vorschriften galten nur für nicht nationalisierte Grundstücke.
[352] S. mehr dazu *Merl, Stephan,* 1999, S. 152.
[353] S. mehr dazu *Dzera, O. V.,* 2000, S. 38–39; *Jacobs, Otto-Wilhelm,* 1965, S. 62-63.
[354] S. in: Zakony USSR (Die Gesetze der USSR), 1921, N 21, S. 600.

die Wiedereinführung bürgerlicher Rechte vorbereitet, um den durch die Suspension aller vorrevolutionären Gesetze entstandenen Schwebezustand zu beenden.

Die neuen wirtschaftlichen Beziehungen verlangten eine umfassende rechtliche Grundlage und gaben den Impuls zu dem Erlass des Zivilgesetzbuches der USSR, das am 16. Dezember 1922 erschien.[355] Fast bei allen Rechtsakten spiegelte das ukrainische Zivilgesetzbuch die gesamte Struktur und den Inhalt des Zivilgesetzbuches der Russischen Sozialistischen Föderalistischen Sowjetrepublik wider.[356] In diesen Zivilgesetzbüchern legten die Verfasser die Verhältnisse der NEP zugrunde. Sie standen vor der paradoxen Aufgabe, den neuen „sozialistischen" Eigentumsbegriff in Gesetzform zu bringen, und das zu einer Zeit, als gerade weitgehende Konzessionen an das Privateigentum gemacht wurden. So fanden sich neben Bestimmungen, die jedem gesetzlich bürgerlichen Staat entstammen könnten, andere die die neue „sozialistische" Ordnung repräsentieren.[357] Dieses Zivilgesetzbuch setzte erstmals die Dreiteilung des Eigentums in staatliches (nationalisiertes und kommunalisiertes), kooperatives (genossenschaftliches) und privates Eigentum fest (Art. 52 des Zivilgesetzbuches der USSR). Die Rechtseinheit der zivilisierten Welt, die bisher nur einen einheitlichen Begriff des Eigentums kannte oder allenfalls zwischen öffentlichem und privatem Eigentum unterschied, wurde damit in einem wesentlichen Punkt aufgelöst.
Art. 53, 54, 55, 56 beinhalteten die Listen der Objekte der drei Eigentumsformen. Innerhalb des Systems dieses Zivilgesetzbuches kam dem staatlichen Eigentum eine vorherrschende Stellung zu.[358] Staatliches Eigentum konnte nationalisiert und munizipalisiert werden.[359] Die Objekte des privaten Eigentums wurden in Art. 54 aufgelistet: die nichtnationalisierten Gebäude;[360] die Kauf- und Industriebetriebe mit der gesetzlich geregelten Zahl der Arbeitsnehmer; die Produktionsweise und –mittel; Geld, Wertpapiere und andere Werte (auch Gold-

[355] Das russische Zivilgesetzbuch wurde am 31.Oktober 1922 erlassen, und trat am 1. Januar 1923 in Kraft.
[356] Zum Beispiel: Beide Zivilgesetzbücher bestanden aus 435 Artikeln.
[357] *Thomson, Rüdiger,* 1959, S. 21.
[358] NOVIZKAJA weist darauf hin, dass die derzeitige Rechtsprechung die sogenannte Vermutung staatlichen Eigentums festgelegt hatte. Auf jeden Fall wurde bei den Streitigkeiten vermutet, dass das Eigentum dem Staat gehörte, und der Gegner das Gegenteil nachweisen müsse (*Novizkaja, T. E.,* 1992, S. 118).
[359] Das VZIK Dekret vom 22. Mai 1922 beinhaltete die Begriffe der Munizipalisierung und Nationalisierung.
[360] Nach der derzeitigen Gesetzgebung waren nichtnationalisierte (nichtmunizipalisierte) Gebäude die kleinen Wohnungsgebäude in den Städten. Ihre Instandhaltung und Renovierung kostete dem Staat zu viel Geld. Der Rat der Volkskommissare der RSFSR erliess zwei Dekreten vom 23. Dezember 1921 und vom 24. April 1924, nach dem einige Wohnungsgebäude demunizipalisiert wurden.

und Silbermünzen, ausländische Währungen);[361] Haushalts- und persönliche Gegenstände; Waren, deren Verkauf vom Gesetz nicht verboten wurde sowie alle anderen Sachen, die aus dem rechtgeschäftlichen Verkehr nicht ausgenommen waren. Aufgrund einer staatlichen Konzession konnten auch Unternehmen, die eine höhere als die gesetzlich bestimmte Zahl von Arbeitskräften beschäftigten, sowie „staatswichtige Betriebe" Privateigentum sein (Art. 55 des Zivilgesetzbuches).[362]

Aus der traditionalen Triade der Vollmachten privater Eigentümer wurde das Besitzrecht als eine faktische Beherrschung einer Sache ausgeschlossen.[363] Im Bericht „Über die Hauptvermögensrechte" zur III. Session VZIK im Mai 1922 erklärte der Volkskommissar für Justiz:

> „Wir müssen uns ganz deutlich dafür aussprechen, dass wir das Besitzrecht nicht anerkennen können, weil dieses Institut dem bourgeoisen Recht bekannt ist. Und bei den bestimmten Bedingungen der Besitzverjährung transformiert es sich ins Eigentumsrecht. Das Besitzrecht im bourgeoisen Sinne kennt unser sowjetisches Recht nicht. Unser Recht kann das Besitzrecht nur hinsichtlich der Nutzung und Pachtnutzung anerkennen."[364]

Art. 58 sah vor, dass der Staat kontrollierte, wie die Bürger ihr Eigentumsrecht (das Besitz-, Nutzungs- und Dispositionsrecht) im gesetzlich vorgesehenen Rahmen in Anspruch nahmen. Diese Formulierung war nicht eindeutig, aber die Spezialgesetze, die diesen Artikel erweitern und präzisieren sollten, wurden nicht ausgearbeitet. Bei Streitbeilegungsverfahren stützten sich die Gerichte auf Art. 1 des Zivilgesetzbuches. Nach der Rechtsprechung sollten Eigentümer in solcher Weise ihr Vermögen nutzen, dass nicht nur der Gesellschaft kein Schaden zugefügt sondern ihr ein maximaler Nutzen gebracht werden sollte.[365]

„Genossenschaftliches" Eigentum als Sonderform des Sowjetrechts spielte allerdings zu diesem Zeitpunkt in der Praxis noch keine große Rolle, da die Diskussion um die Kollektivformen vornehmlich in der Landwirtschaft erst beginnen sollte. Allerdings konnte das genossenschaftliche Eigentum die gleichen Gegenstände umfassen wie das private, darüber hinaus jedoch gewerbliche Unternehmen mit einer unbegrenzten Anzahl von Beschäftigten (Art. 57 des Zivilgesetzbuches).

---

[361] Mehr dazu s. *Novizkaja, T. E.*, 1992, S. 121.

[362] Durch diese Möglichkeit sollten ausländische Firmen ins Land gelockt werden, um beim Wiederaufbau der zerrütteten Wirtschaft zu helfen.

[363] Der Verzicht auf das Institut des Besitzes im Zivilgesetzbuch führte nicht zu dessen Verzicht im Agrargesetzbuch. Art. 26 des Agrargesetzbuches sah vor, dass das Besitzrecht der landwirtschaftlichen Vereine auf Boden geschützt wird.

[364] *Novizkaja, T. E.*, 1992, S. 114.

[365] *Novizkaja, T. E.*, 1992, S. 124. NOVIZKAJA führt einige Beispiele aus der Gerichtspraxis an. Einem Eigentümer wurde seine Mühle entzogen, weil er sie nicht benutzt hatte. Wohnungsräume wurden munizipalisiert, weil sie als Lager benutzt wurden.

Um die mannigfaltigen Streitigkeiten, die in Zusammenhang mit den Nationalisierungen entstanden waren, ein Ende zu machen, wurde zu Art. 59 Anmerkung 1 bestimmt:

> „Die ursprünglichen Eigentümer, deren Eigentum auf Grund der Revolutionsrechte enteignet oder überhaupt in den Besitz der Werktätigen bis zum 24. August 1922 übergangen wurde, haben keinen Anspruch auf Rückerstattung ihres Eigentums."[366]

Die Unverletzlichkeit des Eigentums wurde abweichend von den Staatsgrundsätzen von 1906 nicht mehr festgesetzt. Durch Art. 1 des Zivilgesetzbuches kam ein wesentlicher Unsicherheitsfaktor in die wiedererstandene Privatrechtsordnung.

> „Der Schutz des privaten Eigentums durch den Staat war also beschränkt und offen für willkürliche Einschränkungen. So bot die Formulierung „mit Ausnahme derjenigen Fälle, in denen sie [die privaten Rechte] im Widerspruch zu ihrer sozial-wirtschaftlichen Bestimmung ausgeübt werden"[367] praktisch unbeschränkte Möglichkeiten zum Eingriff in private Rechte."[368]

Wenn man versucht zu analysieren, welche bedeutenden Merkmale das erste Zivilgesetzbuch hatte, kann man Folgendes skizzieren:

1) die Einführung von Privateigentum natürlicher und juristischer Personen mit Einschränkungen hinsichtlich des Ausmaßes und der Befugnisse der Eigentümer;
2) die Vorherrschaft des sozialistischen und kooperativen Eigentums vor dem Privateigentum;
3) viele Objekte wurden aus dem rechtgeschäftlichen Verkehr ausgenommen (Boden, Wälder, große Betriebe u.s.w.);
4) die Gewährleistung des Eigentumsrechts nur im gesetzlich vorgesehenen Rahmen;
5) die Verankerung der Grundsätze, wonach die Rechte nicht geschützt werden dürfen, soweit sie der Sozialbindung des Eigentums wiedersprechen (Art.1);
6) die Unterordnung der rechtlichen Normen unter die sozialistischen Ideen und Parteiinteressen;

---

366 *Dzera, O. V.*, 2000, S. 41.

367 „Diese Bestimmung ist wesentlich von den Ideen des französischen Juristen DUGUIT über die „soziale Funktion des Eigentums" beeinflusst worden. Die „sozial - wirtschaftliche Bestimmung" eines bürgerlichen Rechtes stellt einen rechtlich schwer zu erfassenden Begriff dar. Die Generalklausel des Art. 1 ZGB konnte somit von Staatsgewalt und Rechtsprechung als Begründung für jeden Eingriff in private Rechte herangezogen werden, ebenso wie Art. 4 ZGB, nach welchem die bürgerliche Rechtsfähigkeit „zum Zweck der Entwicklung der produktiven Kräfte des Landes" gewährt" (*Thomson, Rüdiger,* 1959, S. 23-24).

368 *Merl, Stephan,* 1999, S. 153.

7) wissentlichvorsätzlich vorläufige Geltung der rechtlichen Normen, die das Privateigentum vorsahen, die keine rechtliche Sicherheit gewährleisten konnten.[369]

In der Ukraine 1922–1925 wurden insgesamt 10 Gesetzbücher erlassen, ein Beweis für die rege gesetzgebende Tätigkeit. Alle entsprachen der staatlichen Politik, die sich um die Stärkung des sozialistischen Aufbaus bemühte.

2. 1929–1937

Die Jahre 1929-1937 sind in der Geschichte der UdSSR eine Periode, in der der Sozialismus im Privatsektor der Wirtschaft eingeführt wurde. Nach Beendigung der NEP wurden die Privatbetriebe durch vielfältige repressive politische und wirtschaftliche Maßnahmen des Staates und der Partei wieder beseitigt. Privateigentum von landwirtschaftlichen Produktionsmitteln wurde mit der Zwangskollektivierung ebenfalls entschädigungslos enteignet und damit das traditionelle bäuerliche Rechtsbewusstsein zutiefst verletzt. Nicht anders als zuvor die adligen Gutsbesitzer fielen jetzt die Bauern selbst der gegen Privateigentum gerichteten Politik zum Opfer.[370]

Am 15. Mai 1929 wurde eine neue Verfassung der USSR erlassen, keiner ihrer Artikel beinhaltete einen Hinweis auf Privateigentum. Nur Art. 3 der Verfassung von 1929 sah vor, dass Boden, Bodenschätze, Wald und Flüsse, aber auch Banken, Betriebe, Eisenbahn, Schiffs- und Lufttransporte, Fernmeldewesen sozialistisches staatliches Eigentum seien.[371]

Wie schon gesagt, wurden in dieser Zeit umfangsreiche Enteignungsmaßnahmen durchgeführt, insbesondere auf dem Lande. Die Großbauern s.g. *Kulaken,*[372] die während der NEP kleine private Höfe schafften, wurden gezwungen,[373] ihr Eigentum ohne Entgelt den *Kolchosen*[374] (Kollektivwirtschafen) zu übergeben,

[369] Mehr zum Thema s. *Novizkaja, T. E.*, 1992.

[370] *Merl, Stephan,* 1999, S. 153.

[371] S. Webseite des Verfassungsgerichts der Ukraine.

[372] „Als „Kulaken" galten alle Bauern, die entweder Produktionsmittel im Wert von mehr als 1600 Rubel besaßen und öfter als 50 Tage im Jahr fremde Arbeitskräfte beschäftigten, oder Produktionsmittel im Wert mehr als 800 Rubel besaßen und öfter als 75 Tage im Jahr fremde Arbeitskräfte beschäftigten, oder Produktionsmittel im Wert von mehr als 400 Rubel besaßen und öfter als 150 Tage im Jahr fremde Arbeitskräfte beschäftigten. Nach der Volkszählung von 1926 machten diese drei Kategorien 4% der Bauernschaft aus" (*Thomson, Rüdiger,* 1959, S. 25).

[373] Meistens waren die Enteignungsmaßnahmen ausgesprochen grausam. Die wohlhabenden Geschäftsleute, die während der NEP mit der eigenen Arbeit Wohlstand erreicht hatten, wollten ihn nicht verlieren (s. mehr dazu *Domashenko, M. V. / Rubanik, V. E.*, 2002, S. 478-483).

[374] „Befanden sich 1928 erst 1,2% der landwirtschaftlich genutzten Fläche im Besitz der Kolchosen, so waren es 1930 bereits 30,6%, und im Januar 1934 verfügte der sozialistische Sektor der Landwirtschaft - Kolchosen und Sowchosen (=Staatsgüter)- über 90% der Staatsfläche des Landes" (*Thomson, Rüdiger,* 1959, S. 26).

und sie wurden gewaltsam aus ihren Heimatdörfern ausgesiedelt. Ihr Vermögen bildete als „Beitrag der armen Dorfbevölkerung und Landarbeiterschaft“ die Grundlage des neuen Kolchoseigentums. Die Zwangskollektivierung führte also zu dem überraschenden Ergebnis, dass die Revolution, die privaten Grundbesitz vollständig abschaffen wollte, die große Masse der Bevölkerung zu Bodennutzern und durch die Langfristigkeit des Nutzungsverhältnisses zu Quasi– Eigentümern machte. Die Enteignungsmaßnahmen wurden ohne entsprechende Abänderungsanträge zum Zivilgesetzbuch oder zum Agrargesetzbuch durchgeführt. Um ihre Zwangsmaßnahmen irgendwie zu legitimieren, erließ die Regierung eine Reihe von den Verordnungen,[375] die faktisch in einigen Teilen die Geltung der obengenannten Gesetzbücher und anderer gesetzlicher Rechtsakte aussetzten.

Die Abschaffung des Privateigentums verlangte eine juristische Gestaltung. Und am 30. Januar 1937 wurde die dritte Verfassung der USSR angenommen, 6 ihrer Artikel[376] waren den Eigentumsverhältnissen gewidmet. Die entscheidend neue Form, die die Verfassung von 1937 kreierte, war *„das persönliche Eigentum“*,[377] das den verfemten Begriff des Privateigentums ersetzte, in Abweichung von ihm aber keine Eigentumsrechte an Produktionsmitteln einschloss. Das persönliche

---

[375] Verordnungen vom 1. Februar 1930; vom 5. Mai 1930; vom 14. März 1930.

[376] Art. 4: Das Wirtschaftssystem der USSR stellt das sozialistische Eigentum auf die Produktionsmittel und – verfahren um, zur Liquidierung der kapitalistischen Wirtschaft und zur Aufhebung des Privateigentums.

Art. 5: Sozialistisches Eigentum hat zwei Formen: staatliches und kolchosno- kooperatives.

Art. 6: Boden, Bodenschätze, Wald und Gewässer, aber auch Banken, Betriebe, Eisenbahn, Schiffs- und Lufttransporte u.s.w. sind ausschließliches Eigentum des Staates.

Art. 7: Die Gesellschaftsbetriebe in den Kolchosen und kooperativen Organisationen schaffen gesellschaftliches sozialistisches Eigentum der Kolchosen und der kooperativen Organisationen. Jeder Kolchoshof hat als persönliches Eigentum ein kleines Grundstück, ein Haus und eine häusliche Nebenwirtschaft.

Art. 10: Persönliches Eigentum der Bürger (Objekte des persönlichen Eigentumsrechts waren nur bewegliche Sachen) an ihren selbst erarbeiteten Einkünften und Ersparnissen, am Wohnhaus und an der häuslichen Nebenwirtschaft, an den Hauswirtschafts- und Haushaltsgegenständen, an den Gegenständen des persönlichen Bedarfs und Komforts ebenso wie das Erbrecht in bezug auf das persönliche Eigentum der Bürger werden durch das Gesetz geschützt.

Art. 130: Jeder Bürger ist verpflichtet, gesellschaftliches und sozialistisches Eigentum zu schützen und zu stärken. Jeder, der sich an diesem Eigentum vergreift, ist ein Volksfeind (S. Webseite des Verfassungsgerichts der Ukraine).

[377] Das persönliche Eigentum des sowjetischen Rechts kam in zwei Formen vor: als persönliches Eigentum der Bürger (Art. 10 der Verfassung) und als persönliches Eigentum des Kolchosbauernhofes (Art. 7 Abs. 2 der Verfassung). Eine solche juristische Konstruktion des persönlichen Eigentums der Bürger existierte in dem rechtlichen System der UdSSR mehr als 50 Jahre. In Übereinstimmung mit den allgemeinen Bestimmungen der Verfassung der UdSSR und den Verfassungen der Unionsrepubliken wird das persönliche Eigentumsrecht noch detailliert durch die Grundlagen der Zivilgesetzgebung und die Zivilgesetzbücher der Unionsrepubliken geregelt (s. mehr dazu *Chalfina, R.*, 1976, S. 5, 28–34; *Jacobs, Otto-Wilhelm*, 1965, S. 92-97; *Dzera, O. V.*, 2000, S. 48-49; *Thomson, Rüdiger*, 1959, S. 35).

Eigentum umfasste die materielle Sphäre, die der Staat dem Bürger zur Befriedigung seiner persönlichen Bedürfnisse einräumte. Das persönliche Eigentum ist als Eigentum in seiner ursprünglichen Funktion der Überlebenssicherung anzusehen und stand damit zumindest im Widerspruch zu den ideologischen Zielsetzungen der Revolution.[378] Durch die enthaltene Garantie des persönlichen Eigentums wurde nach sowjetischer Auffassung die Möglichkeit einer Eigentumsbeschränkung oder –entziehung auf gesetzlicher Grundlage nicht ausgeschlossen, obgleich ein entsprechender Vorbehalt[379] in der Verfassung fehlt.
Das sowjetische Recht kannte sechs Arten von staatlichen Eingriffen in das persönlichen Eigentum: 1) Nationalisierung,[380] 2) Requisition,[381] 3) Konfiskation,[382] 4) Einziehung von Konterbande,[383] 5) Einziehung des erworbenen Gewinne aus unwirksamen Rechtsgeschäften[384] und 6) Einziehung nicht ordnungsgemäß verwalteten Vermögens.[385]

Während der Industrialisierungs- und Kollektivierungsperiode bis 1937 wurden also durch kombinierte wirtschaftspolitische und gesetzgeberische Maßnahmen alle nichtsozialistischen Genossenschaften beseitigte und die große Masse der kleinen Handwerke kollektiviert. Und bis 1937 wurde die endgültige Zwangsabschaffung des Privateigentums in der Ukraine beendet. Im Lande herrschte ein sozialistisches Wirtschaftssystem. Das persönliche Eigentumsrecht der Bürger wurde hauptsächlich durch die individuelle Aneignung materieller Güter geschaffen.

---

378 *Merl, Stephan,* 1999, S. 155.

379 Wie zum Beispiel Art. 14 Abs. 1 Satz 3 und Abs. 3 GG der BRD.

380 Die zwangsmäßige entschädigungslose Enteignung des „kapitalistischen" Privateigentums fand vor allem in den Jahren unmittelbar nach der Revolution von 1917 statt. Spätere Nationalisierungen erfolgten im Wesentlichen nur nach dem Anschluss neuer Gebiete an die UdSSR, so z.B. 1940 in den Republiken Estland, Lettland und Litauen.

381 „Unter „Requisition" wurde einerseits die Enteignung gegen Entschädigung, andererseits auch die nur vorübergehende Inanspruchnahme durch den Staat verstanden" (*Thomson, Rüdiger,* 1959, S. 95).

382 Im Gegensatz zu den meisten anderen Rechten kannte das sowjetische Recht die Vermögenseinziehung als Strafmaßnahme. Die teilweise oder völlige Vermögenskonfiskation wurde als Nebenstrafe vor allem für Straftaten verhängt, die sich gegen die Staats-, Gesellschafts- und Verwaltungsordnung richteten. Die Konfiskation erfasste nur das vorhandene Vermögen.

383 Der Einziehung unterliegen ferner die „res extra commercium" (z.B. Waffen, Radium, Gifte u.s.w.).

384 Ein Rechtgeschäft, das unter Verletzung oder Umgehung eines Gesetzes oder zur offensichtlichen Schädigung des Staates abgeschlossen wurde, war nichtig.

385 Die Einziehung nicht ordnungsgemäß verwalteten Privatvermögens erfolgte hauptsächlich in den zwanziger Jahren. Sie geschah unter Berufung auf Art. 1 ZGB, der in einer weitgefassten Generalklausel den Schutz der bürgerlichen Rechte auf die Fälle beschränkte, in denen sie nicht „im Widerspruch zu ihrer sozial – wirtschaftlichen Bestimmung" ausgeübt würden. „Die ursprüngliche Bedeutung dieser Generalklausel als unmittelbar angewendeter Rechtssatz ist seitdem stark zurückgegangen, und verschiedentlich wird die Aufhebung von Art. 1 ZGB gefordert" (*Thomson, Rüdiger,* 1959, S. 98).

3. 1938–1960

Die Gesetzgebung über Eigentum wurde in dieser Zeit keinen wesentlichen Änderungen[386] unterzogen. Die gesetzgebende Tätigkeit richtete sich auf die Bedürfnisse der sozialistischen Wirtschaft. Die Hauptrolle in der Regulierung der Eigentumsverhältnisse spielten die Rechtsakten der Exekutive, desgleichen die Verordnungen des Plenums des Höchsten Gerichts der UdSSR und der Höchsten Gerichte der Unionsrepubliken.[387]

Es ergibt sich also, dass in dieser Periode die Hauptrechtsakte, die die Eigentumsverhältnisse regelte, das Zivilgesetzbuch der USSR (1922) mit der Berücksichtigung der Bestimmungen der Verfassung der USSR (1937) war.

4. 1961-1990

Der Anfang der 60er Jahre kennzeichnet sich durch ein wichtiges juristisches Ereignis. Am 8. Dezember 1961 erließ der Oberste Rat der UdSSR (russ.: *Verkhovnyj Sovjet*) das Gesetz „*Ob utverzhdenii Osnov grazhdanskogo zakonodatelstva Sojuza SSR i sojuznykh respublik* (Über die Durchsetzung der Grundlagen der Zivilgesetzgebung der UdSSR und der Unionsrepubliken).“[388] In diesen Grundlagen spiegelten sich die zeitlich und praktisch geprüften Normen der vorangegangenen Zivilgesetzgebung (zum großen Teil aus den 20er Jahren), die Gerichts- und Arbitragerechtsprechungen und die theoretisch von der Wissenschaft begründeten Empfehlungen wider.[389]

Eines der wichtigsten Kapitel der Grundlagen hieß „Eigentumsrecht“ (Art. 19–37). Das Kapitel beinhaltete zwar die Grundsätze der Regulierung der Eigentumsverhältnisse, aber es gab keine detaillierten Vorschriften über Entstehung, Übertragung, Belastung u.s.w.. Das sowjetische Eigentumsrecht kannte drei der Rechtsträgerschaft nach unterschiedliche Eigentumsarten. Jeder dieser Eigentumsarten war ein bestimmter Kreis möglicher Eigentumsobjekte zugeordnet, der beim Staatseigentum am weitesten, beim Individualeigentum am engsten war. Die sowjetische Eigentumsordnung unterschied sich von den Eigentums-

---

386 Es lohnt sich zu erwähnen, dass am 17. Dezember 1945 die Rechtsakte erlassen wurde, nach der die Änderungen im Zivilgesetzbuch eingetragen wurden. Diese Änderungen betrafen das Erbrecht. Es wurde der Kreis der Erben erweitert, und drei Reihen der Erben festgesetzt. Am 26. August 1948 nach dem Erlass des Parlaments der USSR wurde den Bürgern das Recht gegeben, ein eigenes Wohnhaus zu bauen oder zu kaufen auf Grund des persönlichen Eigentumsrechts.

387 *Dzera, O. V.*, 2000, S. 50; *Domashenko, M. V./Rubanik, V. E.*, 2002, S. 486–489.

388 Die Grundlagen der Zivilgesetzgebung bestanden aus 8 Kapiteln und hatten 129 Artikel, sie traten am 1. März 1962 in Kraft.

389 *Dzera, O. V.*, 2000, S. 60.

ordnungen der westlichen Welt vor allem dadurch, dass sie den Grundsatz der Universalität des Eigentums nicht kannte. Es existierte kein einheitliches Eigentumsrecht für alle Rechtsubjekte und an allen Rechtsobjekten, es konnten nicht alle Sachen jedermanns Eigentum sein, und es konnte auch nicht jedermann Eigentum jeder Art haben. Schon auf Verfassungsebene wurde das Eigentum nach Rechtträgerschaft in drei Eigentumsarten aufgeteilt, nämlich in staatliches, genossenschaftliches und persönliches Eigentum,[390] wobei die ersten beiden Arten unter dem Oberbegriff des sozialistischen Eigentums zusammengefasst wurden. Auf der Seite der Rechtträgerschaft konnte man das ganze Eigentumssystem der UdSSR mit der Einteilung der Rechtträger abstufen:

1. Träger des Staatseigentums: Der sowjetische Staat in seiner Gesamtheit (Art. 6 der Verfassung der UdSSR von 1936,[391] Art. 21 Abs. 1 der Grundlagen)
2. Träger des genossenschaftlich-kollektivwirtschaftlichen Eigentums:[392]
    a) Landwirtschaftliche Kollektivwirtschaften (Kolchosen) (Art. 7 Abs. 1 der Verfassung der UdSSR von 1936, Art. 23 der Grundlagen)
    b) Andere genossenschaftliche Organisationen (Art. 7 Abs. 1 der Verfassung der UdSSR von 1936)
    c) Gewerkschaftliche Organisationen (Art. 24 Abs. 1 der Grundlagen)
    d) Andere gesellschaftliche Organisationen (Art. 24 der Grundlagen)
3. Träger des persönlichen und restlichen Privateigentums (s.g. des Individualeigentums)
    a) Einzelne Bürger (Art. 9, 10 der Verfassung der UdSSR von 1936, Art. 25 der Grundlagen)
    b) Die Mitglieder des Kolchosbauerhofs (Art. 7 Abs. 2 der Verfassung der UdSSR von 1936, Art. 25, 27 der Grundlagen)

Dieser Einteilung der Eigentumssubjekte entsprach die Einteilung der Eigentumsobjekte je nach ihrer Bedeutung innerhalb der Produktion:

1. Gegenstände, die nur Staatseigentum sein konnten[393] (Art. 6 der Verfassung der UdSSR von 1936, Art. 21 Abs. 4 der Grundlagen): die Grundproduktionsmittel und insbesondere der Boden.

[390] S. mehr *Ioffe, O. S.*, 2000, S. 380-396.
[391] Hier und weiter in der Liste sind die gleichen Artikel der Verfassung der USSR von 1937.
[392] S. auch *Westen, Klaus*, 1983, S. 155.

2. Gegenstände, die sich im Staatseigentum und im genossenschaftlich- kollektivwirtschaftlichen Eigentum befinden konnten (Art. 7 Abs. 1 der Verfassung der UdSSR von 1936, Art. 23, 24 der Grundlage): sonstige Produktionsmittel und alle Gegenstände, die nicht dem Konsum dienten.
3. Gegenstände, die allen Rechtssubjekte gehören konnten: Konsumgüter, Geld, manchmal auch die Kleinstproduktionsmittel.[394]

Mit dem Erscheinen des neuen Zivilgesetzbuches am 1. Januar 1964 bekam man die präzisen Rechtsnormen, die die zivilrechtlichen Verhältnisse der Bürger der UdSSR regeln konnten. Eine Reihe von den juristischen Novellen wurden in dem Gesetzbuch festgelegt. Der Begriff *„des persönlichen Eigentums“*[395] wurde aus dem Zivilgesetzbuch von 1937[396] übernommen. In den Vorschriften des neuen Zivilgesetzbuches wurde *in punkto* persönliches Eigentum lediglich festgestellt, dass der Eigentümer in den durch Gesetz festgelegten Grenzen das Recht hat, Eigentum in seinem Besitz zu haben, es zu nutzen und darüber zu verfügen und zu bestimmen. Das neue Zivilgesetzbuch sah keine Begrenzung der Objekte des persönlichen Eigentums vor (Art. 88, 100), wie es in der vorigen Zivilrechtsordnung der Fall war. Die Subjekte dieses Eigentums waren wie früher nur die natürlichen Personen (die Bürger) (Art. 10). Der hauptsächliche Ent-

---

393 Westlichen Rechtsordnungen ist der Katalog von Objekten, die ausschließlich Staatseigentum sein dürfen, nicht unbekannt, wenn man etwa an den Komplex der öffentlichen Sachen denkt, die ebenfalls von einer Zuordnung an Individuen ausgeschlossen sind. „So gesehen würden dann sozialistische Eigentumsordnungen nichts prinzipiell oder quantitativ andersartiges darstellen als westliche Eigentumsordnungen“ (*Westen, Klaus*, 1983, S. 156).

394 S. mehr dazu *Jacobs, Otto-Wilhelm*, 1965, S. 69.

395 Mehr dazu *Schischkova, G. G.*, S. 164–181. Die Mehrheit der Rechtswissenschaftler ist der Meinung, dass die Hauptunterschied das persönliche Eigentum zum Privateigentum darin besteht, dass das persönliche Eigentum sich nicht auf Produktionsmittel erstreckt. Die sowjetische Rechtswissenschaftlerin CHALFINA gibt die Definition des persönlichen Eigentums im Sinne eines subjektiven Rechts. „Das persönliche Eigentumsrecht ist das Recht des Bürgers, dasjenige Vermögen zu besitzen, zu nutzen und darüber zu verfügen, das ihm im Wege der geregelten Verteilung eines Teils der gemeinschaftlichen gesellschaftlichen Erzeugnisse, in erster Linie als Arbeitsentgelt, oder als Erzeugnis seiner Nebenwirtschaft zur Befriedigung seiner materiellen und kulturellen Bedürfnisse gewährt worden ist“ (*Thomson, Rüdiger*, 1959, S. 104).

396 „Die Stalinistische Verfassung erfolgt zum einem Zeitpunkt, zu dem die Umgestaltung der Volkswirtschaft auf sozialistischer Basis, also die Sozialisierung, abgeschlossen ist und man sich – zumindest von der Theorie her – auf das Funktionieren des sozialistischen Alltags einrichten konnte, in dem nun auch dem Bürger die ihm zugedachte Rechtposition zugewiesen werden soll. Insofern ist die damalige verfassungsrechtliche Gewährleistung des persönlichen Eigentums...auch so etwas wie eine erste Rechtsgewährung an den Bürger durch den sozialistischen Staat, die man freilich in ihrer praktischen Bedeutung nicht überschätzen darf“ (*Westen, Klaus*, 1983, S. 158).

stehungsgrund von persönlichem Eigentum ist in der Tat die Arbeit an sozialistischem Eigentum. Diese Zweckbindung des persönlichen Eigentums der Sowjetbürger wurde verstärkt.[397] Schon in den obengenanten Grundlagen wurde der Eigentumszweck ausdrücklich festgelegt:

> „Im persönlichen Eigentum der Bürger kann sich Vermögen befinden, das für die Befriedigung ihrer materiellen und kulturellen Bedürfnisse bestimmt ist" (Art. 25 I 1 Grundlagen).
> „Vermögen, das sich im persönlichen Eigentum der Bürger befindet, kann nicht das dennoch zu erwerbende Arbeitseinkommen ersetzen" (Art. 25 I 3 Grundlagen).

Grund dieser Bindung des persönlichen Eigentums an den Konsumzweck war neben den Forderungen der Ideologie die Unterordnung des Einzelinteresses unter das Interesse der Gesellschaft.
Wenn man versucht das persönliche Eigentum im sowjetischen Recht und das Privateigentum in den Rechtsordnungen anderer Staaten zu vergleichen, könnte man die folgenden Elemente ableiten, durch die sich das persönliche Eigentum vom Privateigentum unterscheidet:
- die Gewährung aus der gemeinschaftlichen Produktion;
- die Beschränkung auf einen bestimmten Kreis von Objekten;
- die Beschränkung des Inhalts des persönlichen Eigentumsrechts auf bestimmte Verhaltensweisen.

> „Das persönliche Eigentum des Sowjetrechts lässt sich nur als ein beschränktes Eigentum verstehen, aber eben doch als eine Form des Eigentums im Sinne eines der gesamten zivilisierten Welt eigenen einheitlichen Rechtsbegriffes, der eine in dieser zivilisierten Welt und auch in der Sowjetunion typische Lebenstatsache ausdrückt: die ausschließliche Herrschaftsmacht einer Person über einer Sache. Dieses individuelle Eigentum kann wohl innerhalb bestimmter Grenzen verschieden ausgestaltet und der herrschenden Sozial- und Wirtschaftsordnung angepasst werden."[398]

Die sowjetische Rechtswissenschaftlerin CHALFINA meinte, und ihre Meinung wurde von den anderen berühmten sowjetischen Rechtswissenschaftlern geteilt:[399] „die Verfassung garantiert die Realität des persönlichen Eigentumsrechts, d.h. die Möglichkeit für jeden Bürger Subjekt dieses Rechts zu sein. Die

[397] S. auch *Jacobs, Otto-Wilhelm,* 1965, S. 98.
[398] *Thomson, Rüdiger,* 1959, S. 108.
[399] S. dazu *Bratus',* Predmet i sistema sovetskogo grazdanskogo prava (Gegenstand und System des sowjetischen Zivilrechts), Moskau, 1963; *Genkin,* Pravo sobstvennosti v SSSR (Das Eigentumsrecht in der UdSSR), Band I, Moskau, 1961; *Maslov,* Osuschestvlenije i zaschita prava lichnoj sobstvennosti v SSSR (Ausübung und Schutz des persönlichen Eigentumsrechts in der UdSSR), Moskau, 1961.

Realität dieses Rechts wird auch durch die gesamte Wirtschaftsordnung gesichert...“[400] Da das persönliche Eigentum aus dem sozialistischen herrührte und seine Hauptquelle die Arbeitsentlohnung und die verschiedenen Formen der Bedürfnisbefriedigung aus den gesellschaftlichen Fonds waren, haben die anderen Artikel der Verfassung (1939) eine große Bedeutung, in denen die entsprechenden Rechte der sowjetischen Bürger verankert wurden.[401]

Nach sowjetischer Rechtslehre vereinigt das sowjetische Eigentum in sich die Funktionen des Staates als Gesetzgeber, Hoheitsträger, Eigentümer und Zwecksetzer des Eigentums. Dem Staat stehen wie jedem anderen Eigentümer die drei Eigentümerbefugnisse der Art. 92 des Zivilgesetzbuches und Art. 19 der Grundlagen zu, er verwirklicht sie aber nicht nur durch rechtsgeschäftliches Handeln, sondern auch durch Verwaltungsakte, sogar durch legislative Tätigkeit. Eigentum und Hoheitsmacht werden somit vereint. Art. 80 des Zivilgesetzbuches beinhaltete die Vorschrift, dass der Staat einziger Eigentümer des staatlichen Eigentums ist. In dem Artikel gab es keine Erwähnung, was der ukrainische Gesetzgeber unter dem Begriff „Staat“[402] verstand, aber es war eindeutig, dass er die UdSSR meinte. Deswegen konnte man feststellen, dass die Unionsrepubliken juristisch nicht als Subjekte des Staatseigentums betrachtet wurden.[403]

Von besonderer Wichtigkeit für den Inhalt des Staatseigentums war das Verhältnis des Staatseigentums selbst zu den Rechten der einzelnen Staatsorganisationen an dem ihnen vom Staat zugewiesenen Staatsvermögen. Der Staat übt sein Eigentumsrecht mit Hilfe der einzelnen Staatsorganisationen als juristische Personen zivilrechtlich aus, und das geschieht in der Weise, dass er diesen *„das Recht der operativen Verwaltung“* an dem einzelnen Staatsvermögen überträgt. Art. 21 Abs. 2 der Grundlagen sagte:

> „...Das Staatsvermögen, das den Staatsorganisation zugewiesen ist, steht in der operativen Verwaltung dieser Organisationen, welche innerhalb der gesetzlich festgelegten Grenzen in Übereinstimmung mit ihrem Tätigkeitszweck, den Planauflagen und der Zweckbestimmung der Vermögen die Rechte des Besitzes, der Nutzung und der Verfügung an dem Vermögen ausüben.“

---

[400] *Chalfina, R.*, 1976, S. 36.

[401] Art. 117, der das Recht auf Arbeit garantiert, d.h. das Recht auf garantierte Beschäftigung mit Entlohnung entsprechend der Quantität und Qualität der Leistung.
Art. 119, der das Recht auf materielle Versorgung im Alter sowie im Falle von Krankheit definiert.
Art. 120, der das Recht auf Bildung und auf Versorgung der Studierenden mit Stipendien festlegt (S. Webseite des Verfassungsgerichts der Ukraine).

[402] *Jacobs, Otto-Wilhelm*, 1965, S. 126–127; *Dzera, O. V.*, 2000, S. 66.

[403] S. mehr dazu *Jacobs, Otto-Wilhelm*, 1965, S. 244–251.

Im neuen Zivilgesetzbuch der UdSSR wurde in Art. 89 Abs. 2 auch das Recht der operativen Verwaltung verankert. Dieses Problem ist eines der Zentralprobleme des sowjetischen Zivilrechts überhaupt.[404] Auf eine besondere Behandlung dieses Problems müssen wir jedoch in dieser Arbeit verzichten.[405]

Am 20. April 1978 wurde die vierte Verfassung der USSR verabschiedet.[406] Art. 10 verkündete wie früher das sozialistische Eigentum an Produktionsmittel und -verfahren als eine Grundlage des wirtschaftlichen Systems der USSR. Danach folgte die Bestimmung des Art. 11 über den Inhalt des Staatseigentums: „Das staatliche Eigentum ist die gemeinsame Akquisition des Volkes". Hier kann man feststellen, dass der Gesetzgeber nicht konsequent war. Einerseits war das Staatseigentum die Akquisition des Volkes, andererseits war der Staat sein Eigentümer. Das hieß, dass das Staatseigentum wirtschaftlich gesehen dem Volk, und rechtlich gesehen– dem Staat gehörte.[407] Diese Konstruktion des doppelten Eigentümers des Staatseigentums entsprach der faktischen Lage, denn dass das Staatseigentum dem Volk gehöre, war nichts als eine Erklärung. Natürlich auch kein rechtlicher Mechanismus vorgesehen, damit das Volk sein Recht an dieser Form des gemeinsames Eigentums in Anspruch nehmen konnte.
In der Verfassung von 1978 wurde zum ersten Mal das Recht der Bürger auf individuelle Arbeitstätigkeit in den Bereichen des Gewerbes, der Landwirtschaft und der Dienstleistungen vorgesehen, also nur in den Bereichen, die sich ausschließlich auf persönliche Arbeitleistung der Bürger und der Mitglieder ihrer Familien beziehen. Art. 17 der Verfassung erkannte dieses Recht an, das in der damaligen Zeit ein progressiver Schritt war. Der Begriff „individuelle Arbeitstätigkeit" passte zur sozialistischen Gesellschaft: das Eigentum der Personen, die diese Tätigkeiten ausübten, wurde jedoch nicht als Privateigentum anerkannt.[408]
Zum Rechtsinhalt des Eigentums gehört endlich als *negativer Eigentumsinhalt* auch die Befugnis des Eigentümers, andere Personen von dem Eigentumsgegenstand auszuschließen und Eigentumsverletzungen oder Eigentumsentziehungen gegenüber Dritte abzuwehren. Auch das sowjetische Zivilrecht gewährt dem Eigentümer zu diesem Zwecke die *actio negatoria* (Art. 28 Abs. 6 der Grundla-

[404] *Jacobs, Otto-Wilhelm,* 1965, S. 135.

[405] S. mehr dazu *Kiselev, S. V.*, 2001, Nekotoryje aspekty formirovanja upravlenija gosudarstvennoj sobstvennostju (Einige Aspekte der Verwaltung des staatlichen Eigentums), S. 590–601, in: Sobstvennost v XX stoletii (Das Eigentum im XX. Jahrhundert), 2001. S. auch *Koshkin, V. I.*, 2002.

[406] S. Webseite des Verfassungsgerichts der Ukraine.

[407] *Dzera, O. V.*, 2000, S. 68, *Domashenko, M. V./ Rubanik, V. E.*, 2002, S. 503–507.

[408] Auch der Begriff „der individuellen Arbeitstätigkeit" hatte keine rechtliche Gestaltung. Nur mit dem Erlass am 19. Dezember 1986 des Gesetzes der UdSSR „Über die individuelle Arbeitstätigkeit" wurde sie detailliert geregelt. In diesem Gesetz wurde das Eigentum der individuellen Arbeiter direkt als das persönliche Eigentum anerkannt.

gen) und *rei vindicatio* (Art. 28 Abs. 1 der Grundlagen). In Art. 31 der Grundlagen sah der Gesetzgeber vor, dass „die Entnahme von Vermögen des Eigentümers in staatlichem oder gesellschaftlichem Interesse durch den Staat mit Wertentschädigung (Beschlagnahme) sowie die entschädigungslose Vermögenseinziehung durch den Staat als Sanktion für eine Rechtsverletzung (Konfiskation) nur in den Fällen und in dem Verfahren zugelassen sind, die die Gesetzgeber der UdSSR und der Unionsrepubliken festgesetzt hat."

Nach den Meinungen mehrerer Rechtswissenschaftler der sowjetischen Zeit[409] in der UdSSR wurde dem Schutz des persönlichen Eigentums der Bürger eine große Bedeutung beigemessen. Der Schutz des persönlichen Eigentums der Bürger wurde nicht nur im Interesse jedes Eigentümers, sondern auch im Interesse der Gesellschaft insgesamt durchgeführt.[410]

> „Der sowjetische Staat kämpft aktiv um den Schutz und die Festigung der persönlichen Eigentums der Bürger. Diese Seite der Tätigkeit des Staates, die auf die Festigung der sozialistischen Verteilungsordnung gerichtet ist, hat zugleich auch eine große erzieherische Bedeutung.[411] Sie fördert die Wirkung der materiellen Stimuli, die die Menschen veranlassen, ehrlich in der sozialistischen Wirtschaft zu arbeiten; sie erzieht alle Bürger zu einem sorgsamen und aufmerksamen Verhalten gegenüber dem Eigentum und den Rechten anderer Bürger."[412]

Der Schutz des persönlichen Eigentums wurde in den Straf-, Verwaltungs- und Zivilgesetzbüchern verankert. Die Anwendung der Strafe auf den Schädiger der

---

[409] S. dazu *Bratus'*, Predmet i sistema sovetskogo grazdanskogo prava (Gegenstand und System des sowjetischen Zivilrechts), Moskau, 1963; *Genkin*, Pravo sobstvennosti v SSSR (Das Eigentumsrecht in der UdSSR), Band I, Moskau, 1961; *Maslov*, Osuschestvlenije i zaschita prava lichnoj sobstvennosti v SSSR (Ausübung und Schutz des persönlichen Eigentumsrechts in der USSR), Moskau, 1961.

[410] *Chalfina, R.*, 1976, S. 150.
"Der Grund, weshalb der Marxismus die Forderung nach Überwindung des Privateigentums auf seine Fahnen schreibt, liegt in dem von ihm konstatierten Widerspruch von gesellschaftlicher Produktion und individueller Aneignung. Mit anderen Worten: kapitalistische Produktionsweise bedeutet in marxistischer Sehweise letztlich also Verweigerung des Rechts auf Eigentum für die allermeisten. Dies führt zur Selbstentfremdung in der Klassengesellschaft, in der der Nichteigentümer dadurch, dass er sich das Produkt seiner Arbeit nicht aneignen kann, an seiner Selbstverwirklichung gehindert werde. Wenn man diese wenigen Skizzen auf die Fragestellung Eigentum als Grund- oder Menschenrecht überträgt, dann ergibt sich aus marxistischer Sicht, dass die Vergesellschaftung der Produktionsmittel nicht als eine Verweigerung des Menschenrechts auf Eigentum zu sehen ist, sondern umgekehrt gerade als seine Gewährleistung" (*Westen, Klaus*, 1983, S. 151-152).

[411] Der Schutz des persönlichen Eigentums der Bürger wurde auch durch die Methode der gesellschaftlichen Einflussnahme gestärkt. Die ständige Erziehungsarbeit unter der Bevölkerung, die Tätigkeit der Kameradschaftsgerichte, die Mobilisierung der öffentlichen Meinung für den Kampf gegen einzelne Schädiger des persönlichen Eigentums hatten eine große Bedeutung in der sozialistischen Gesellschaft.

[412] *Chalfina, R.*, 1976, S. 151.

sozialistischen Ordnung bzw. deren Androhung sollten auf die Bürger einwirken, bei denen die Maßnahmen der gesellschaftlichen Einflussnahme sich als unzulänglich erwiesen hatten. Der Schutz des persönlichen Eigentums durch Maßnahmen des Verwaltungsrechts fand darin seinen Ausdruck, dass die zuständigen staatlichen Organe die notwendigen und ihnen zu Gebote stehenden Maßnahmen für eine unverzügliche Wiederherstellung des verletzten persönlichen Eigentums ergriffen. Wenn sich der Schädiger auf gesetzliche Grundlagen berufen konnte, entstand ein Rechtsstreit, über den in einem Zivilgerichtsverfahren verhandelt werden musste. Nach dem sowjetischen Zivilrecht bestand der Schutz des persönlichen Eigentums darin, dass der Staat die Zurückerstattung des dem Eigentümer gehörenden Vermögens an diesen oder einen Ersatz für den an dem Eigentum verursachten Schaden sicherte.

Nach der herrschenden Meinung der sowjetischen Rechtswissenschaftler[413] waren die zivilrechtlichen Verfahren zum Schutze des persönlichen Eigentums sehr vielseitig. Ein großer Teil der Normen des sowjetischen Zivilrechts konnte zur Festigung des persönlichen Eigentumsrechts und zu dessen Schutz angewendet werden (die Gültigkeit von zivilrechtlichen Rechtsgeschäften, die Folgen einer Nichtigkeitserklärung,[414] u.s.w.).[415] Auch andere Normen des Zivilgesetzbuches konnten zum Schutz des persönlichen Eigentums genutzt werden, und zwar solche, die die Bestimmung über die Rechtfähigkeit und die Geschäftsfähigkeit von Bürgern, die Vertretung und einzelne Arten von Verträgen und Rechtsgeschäften regelten.

Im sowjetischen Recht gab es eine Reihe von Normen, die direkt dem Schutz des persönlichen Eigentums dienen sollten. Sie konnten in zwei Hauptgruppen unterteilt werden:

---

[413] S. dazu *Bratus'*, Predmet i sistema sovetskogo grazdanskogo prava (Gegenstand und System des sowjetischen Zivilrechts), Moskau, 1963; *Genkin,* Pravo sobstvennosti v SSSR (Das Eigentumsrecht in der UdSSR), Band I, Moskau, 1961; *Maslov*, Osuschestvlenije i zaschita orava lichnoj sobstvennosti v SSSR (Ausübung und Schutz des persönlichen Eigentumsrechts in der UdSSR), Moskau, 1961.

[414] In ihrer Monographie macht die Wissenschaftlerin CHALFINA eine interessante Bemerkung. „Im Zivilgesetzbuch der RSFSR (Russischen Sowjetischen Föderalistischen Sozialistischen Republik) von 1922 gab es einen Artikel, der die Nichtigkeitserklärung sogenannten räuberischer Rechtsgeschäfte vorsieht, d.h. Rechtsgeschäfte, die von einer Person in äußerster Not und zu für sie äußerst ungünstigen Bedingung abgeschlossen worden sind. Die Anwendung dieses Artikels spielte eine große Rolle im Kampf gegen die Übergriffe von Seiten kapitalistischer Elemente den ersten Etappen der Entwicklung unseres Staates. Mit der Vollendung des Aufbaus des Sozialismus ist dem Abschluss „räuberischer Rechtsgeschäfte" in unserem Land der Boden entzogen" (*Chalfina, R.*, 1976, S. 159).

[415] *Chalfina, R.*, 1976, S. 56.

1) Normen, die die sachenrechtlichen Verfahren zum Schutz des persönlichen Eigentums festlegten (das Recht des Eigentümers, sein Eigentum von einem fremden unrechtmäßigen Besitzer herauszuverlangen). Die sachenrechtlichen Verfahren hatten den Vorteil, dass dabei die Eigentumsverhältnisse, die bis zur Verletzung des Rechts existierten, aufrechterhalten wurden. Das verletzte Recht wurde *in natura* wiederhergestellt.
2) Normen, die die schuldrechtlichen Verfahren zum Schutz des persönlichen Eigentums festlegten. (So hatten in einem Kauf-Verkauf- Vertrag eine Reihe von Normen eine Gewähr dafür zu bieten, dass der Eigentümer sein Recht realisieren konnte. Auch die Normen des Schuldrechts waren von Bedeutung für den Ersatz eines Schadens, der am Eigentum der Bürger verursacht wurde.) Diese Verfahren bestanden darin, dass dem Eigentümer, dessen Eigentum unrechtmäßig eingezogen oder beschädigt worden ist, der Wert des Eigentums ersetzt oder die Verschlechterung des Eigentums kompensiert wurde. In diesem Falle wurde das früher existierende Recht nicht wiederhergestellt, sondern der Geschädigte erhielt Schadenersatz.

Allerdings kann der Schutz der Zivilrechte nicht nur durch die Wiederherstellung der Lage erfolgen, die bis zur Verletzung des Rechts und Unterbindung der Handlungen, die das Recht verletzten, bestand, sondern auch dadurch, dass die Person, die das Recht verletzte, Schadenersatz leistete (Art. 6 der Grundlagen). In Übereinstimmung mit den Grundlagen der Zivilgesetzgebung (Art. 88) musste ein Schaden, der dem Eigentum eines Bürgers zugefügt wurde, voll und ganz durch die Person, die ihn verursacht hat, ersetzt werden.[416]

Die Rechtsqualität des persönlichen Eigentums stand allerdings deutlich hinter der des westlichen Eigentums zurück. Das aber tat dem Bewusstsein von Eigentum in der Bevölkerung keinen Abbruch. Unabhängig davon, ob es sich um unter Schutz gestelltes Eigentum oder nur um ein vom Staat gewährtes dauerhaftes Nutzungsrecht handelte, verfügten die Sowjetbürger über die Sache so, als ob es sich um vollwertiges Eigentum im westlichen Sinne handeln würde. Tatsächlich schützte das Sowjetrecht das persönliche Eigentum nur sehr bedingt vor staatlichen Willkürhandlungen.[417]
Nach der herrschenden Meinung der westlichen Juristen war die Denktradition von Eigentum als Grundrecht im Sinne eines unverletzlichen und unveräußerli-

[416] "Das sowjetische Recht kennt keine reine Besitzklage (possessorische Klage) wie etwa das deutsche BGB in § 861. Geschützt wird nicht der tatsächliche, sondern nur der auf einer rechtlichen Grundlage fußende, „rechtmäßige" Besitz. Dem rechtmäßigen Besitzer steht ebenso wie dem Eigentümer die Vindikation zu" (*Thomson, Rüdiger*, 1959, S. 90).
[417] *Merl, Stephan*, 1999, S. 156.

chen Menschenrechts der Rechtspraxis des Russischen Imperiums und der Sowjetunion fremd. Eigentum wurde nicht vom Individuum her definiert, sondern es behielt immer den Charakter eines vom Staat gewährten Privilegs, das der Staat auch widerrufen konnte. Daraus erwuchs aber auch der Primat der Staatsinteressen am Privateigentum. Der Staat setzte es zur Verfolgung seiner Ziele ein.[418]

> „In westlichen Betrachtungen wird persönliches Eigentum in sozialistischen Staaten häufig als ein nur anders bezeichneter Restbestand von Privateigentum dargestellt und interpretiert. Eine derartige Betrachtungsweise ist unrichtig, und zwar einmal wegen der (dargestellten) marxistischen Okkupation des Begriffs Privateigentum für Produktionsmitteleigentum, zum anderen und vor allem aber wegen der funktionalen Zweckgebundenheit des persönlichen Eigentums... Die Ableitung des persönlichen Eigentums vom sozialistischen meint in erster Linie, dass das sozialistische Eigentum dasjenige Eigentum ist, über das das Sozialprodukt entsteht und vermehrt wird. Es ist damit zugleich substanzielle Voraussetzung dafür, dass überhaupt persönliches Eigentum entstehen kann. Deshalb findet man auch immer wieder in Äußerungen und Darstellungen aus sozialistischen Staaten den Hinweis darauf, dass die Vermehrung des individuellen Wohlstandes von der Vermehrung des sozialistischen Eigentums abhängt."[419]

III. Zusammenfassung

Die Verfasserin hofft, dass dieser kurze historische Überblick über die Entstehung des Eigentumsrechts auf dem Territorium des Russischen Imperiums und der Sowjetunion dazu beiträgt, die heutigen Probleme der Gewährleistung des Eigentumsrechts in Russland und in der Ukraine zu verstehen. Immer noch beeinflussen die Prinzipien und Traditionen des sowjetischen Rechts die Rechtssysteme in den beiden Staaten.

Um einen Ausgangspunkt für eine weitere Analyse der heutigen Lage des Eigentumsrechts zu schaffen, möchte die Verfasserin darauf hinweisen, dass in der sowjetischen Zeit die Normen des Institutes des Eigentumsrechts folgendermaßen lauteten:

1) die Gewährleistung der sozialistischen Eigentumsformen;
2) die Vorteile des Staatseigentums;
3) das Grundeigentum und andere wichtige Objekte gehörten zum Staat;
4) Die Vermeidung des Privateigentums und die Sicherung der begrenzten Form der Aneignung – des persönlichen Eigentums. Persönliches Eigentum erlangte systemstabilisierte Bedeutung. Es erfüllte nicht nur die Funktion der Existenzsicherung, sondern gab der Person auch Freiheit im Sinne des Ausbrechens aus staatlicher Bevormundung.[420] Persönliches Eigentum in der UdSSR war da-

---

[418] *Merl, Stephan*, 1999, S. 158; *Westen, Klaus*, 1983, S. 164.

[419] *Westen, Klaus*, 1983, S. 158 - 159.

[420] In der Zeit des unbegrenzten Herrschens des staatlichen und genossenschaftlichen Eigentums war die Anerkennung des persönlichen Eigentums in gewissem Grad eine Kompensation

> durch gekennzeichnet, dass es funktional bestimmt und inhaltlich begrenzt wurde. Es diente der materiellen und kulturellen Bedürfnisbefriedigung. Seine Garantie reichte also nur so weit, wie es diese Funktion erfüllte oder ihr entsprach. Dies bedeutete, dass eine Nutzung von persönlichem Eigentum in dem Sinne, dass etwa ein Eigentümer mit seinem Eigentum zu produzieren anfing, Produktionsmittel aufstellte und dann auch noch fremde Arbeitskräfte an ihnen arbeiten ließe, eine Zweckentfremdung und Funktionalisierung von persönlichem Eigentum bedeuten würde, was insbesondere zur Folge hätte, dass die Rechtsordnung ihm den Schutz für dieses sein Eigentum versagen würde.[421]

In ihrer Untersuchung des Verhältnisses zwischen den Privatinteressen und den Interessen des Staates in der Durchsetzung der Menschen- und Bürgerrechte in Russland (dies betrifft auch die Ukraine– Anm. d. Verf.) zieht NAGORNAJA die Konsequenzen, dass der Staat *immer* (Hvh. d. Verf.) eine große Macht und einen großen Einfluss auf Menschen, ihr Leben und ihr Eigentum hatte.[422] In diesem Zusammenhang verweist sie auf ein geflügeltes Wort von GILJAROVSKIJ:[423] „In Russland kennt man zwei Plagen: unten ist Macht des Dunkels und oben ist das Dunkel der Macht." Die Rechtswissenschaftlerin ist der Meinung, dass die Unterdrückung der Persönlichkeit in der sowjetischen Zeit beispiellos sei. Aber heute wieder glauben die Regierung und viele Bürger nach alter Gewohnheit, dass der Staat eine starke Hand haben solle, um alle Schwierigkeiten zu überwinden.

> „Die Eigenart der Eigentumsordnung der kommunistischen Staaten besteht insofern nicht in der Abschaffung des Eigentums, sondern in ihrer Zuordnung zu den verschiedenen Rechtsträgern. So kennt etwa die sowjetische Verfassung aus dem Jahre 1978 vier Formen des Eigentums: das Staatseigentum (Art. 11), das Eigentum der kollektiven Formen (Art. 12), das Eigentum der Gewerkschaften und anderer öffentlicher Organisationen (Art. 10 Abs. 2) sowie das persönliche Eigentum (Art. 13). Auf die Kontroverse darüber, inwieweit der Eigentumsbegriff angemessen ist für die Inhaberschaft des Rechts durch den kommunistischen Staat und seine Organe kommt es hier letztlich nicht an. Im vorliegenden Zusammenhang ist von Bedeutung, dass das Recht zur Nutzung bei allen Varianten dem jeweiligen Rechtsträger zugewiesen ist. So kann also festgestellt werden, dass auch der universal angelegte Rechtsvergleich auf die konstitutive Bedeutung des Nutzungsrechts des Eigentümers für jegliche Eigentumsordnung hinweist."[424]

---

für die Negierung des Privateigentums (*Schischkova G. G.*, S. 164). Die Autorin ist der Meinung, dass das persönliche Eigentum das Privateigentum des Konsumzwecks sei (ebenda, S. 168). S. auch *Raiser, Ludwig,* 1983, S. 128.

[421] *Westen, Klaus*, 1983, S. 161.

[422] *Nagornaja, M. A.*, 1999, S. 88.

[423] GILJAROVSKIJ Vladimir Alekseevich- russischer Schriftsteller Anfangs des 20er Jahrhunderts. Sein berühmtes Werk ist „Moskva i moskvichi (Moskau und Moskauer)" (1926).

[424] S. auch *Dolzer, Rudolf,* 1985, S. 240.

Vor einer solchen Erbschaft sahen sich Russland und die Ukraine nach dem Zerfall der Sowjetunion. Für beide Staaten war es eine der wichtigsten Aufgaben, rechtliche Grundlagen zu schaffen, nach denen das Eigentumsrecht geregelt und geschützt werden konnte.

Kapitel III. Der Eigentumsschutz in der ukrainischen Rechtsordnung

A. Einführung

Die Ukraine hat die Gesamtheit der EMRK mit der Verabschiedung des Gesetzes „*Pro ratyfikaziju Konvenzii pro zakhyst prav i osnovnykh svobod ljudyny 1950, Pershogo protokolu ta protokoliv do nei Nr. 2, 4, 7 ta 11* (Über die Ratifizierung der Konvention zum Schutze der Menschenrechte und der Grundfreiheiten von 1950, des ersten Protokolls und der Protokolle Nr. 2, 4, 7 und 11 zur Konvention)“[425] anerkannt. Der erste Absatz des Gesetzes beinhaltet die Bestimmung, dass die Ukraine auf ihrem Hoheitsgebiet die Gültigkeit des Art. 46 EMRK, mit dem die verbindliche Gerichtsbarkeit des EGMR in allen Fragen der Auslegung und der Anwendung der EMRK festgelegt wurde, voll anerkennt. Als eine zusätzliche Argumentation zu dieser Bestimmung kann man Art. 55 Abs. 4 VU erwähnen: „After exhausting all domestic legal remedies, everyone has the right to appeal for the protection of his or her rights and freedoms to the relevant international judicial institutions or to the relevant bodies of international organizations of which Ukraine is a member or participant.“

Zurzeit hat die Ukraine keine ständige Gesetzgebung, sie befindet sich erst im Entwicklungsprozess. Bei der künftigen Ausgestaltung der ukrainischen Rechtsordnung bildet das Eigentumsrecht das Kernproblem. Die Eigentumsverhältnisse sind eng mit der Entwicklung der Zivilgesetzgebung der Ukraine verbunden. Die rechtlichen Garantien der Grundrechte, die in der Verfassung verankert sind, insbesondere das Eigentumsrecht als eines der grundlegenden Menschenrechte, das die Würde und Identität des Menschen gewährleistet, sind die hauptsächlichen Probleme der modernen Rechtsentwicklung in der Ukraine.

> “At the universal level, too, there seems to be an increasing understanding of the positive role that property rights may play in the furtherance of democracy, the rule of law and other human rights.”[426]

Die Gestaltung der Marktwirtschaft in der Ukraine rückt ein höchst aktuelles Problem in den Vordergrund, nämlich die Weiterentwicklung der wissenschaftlichen Grundlagen und des gesamten Systems des bürgerlichen Rechts. Eine bedeutsame Rolle spielt hier die Notwendigkeit einer Ausarbeitung der theoretischen Elemente der Sicherung des Menschenrechtsschutzes. Noch einmal ist zu betonen, dass die Bestimmungen, die die Achtung der Rechte der Einzelperson, denn der Staat kann nicht sämtliche Interessen seiner Bürger rechtlich garantieren, das ginge zu weit. In diesem Sinne kommen den Eigentumsverhältnissen besondere Bedeutung zu; denn sie sichern das Privatleben der Menschen. Wich-

---

[425] S. Gesetz der Ukraine vom 17. Juli 1997 (N475/97-BP). Die ukrainische Übersetzung der EMRK wurde mit dem Gesetz der Ukraine vom 9. Februar 2006 (N3436-IV) geändert.
[426] *Rosas, Allan*, 1992, S. 135.

tig ist, dass bei Eigentumsverletzung materieller wie immaterieller Schadensersatz geleistet wird.[427]

Das Jahr 2004 spielt eine sehr wichtige Rolle in der Rechtsgeschichte der Ukraine. Am 1. Januar 2004 trat das neue Zivilgesetzbuch der Ukraine in Kraft. Die Bedeutung dieses Rechtaktes darf nicht unterschätzt werden. Nicht zufällig bezeichnen viele Juristen das Zivilgesetzbuch als eine Art Wirtschaftsverfassung. Die Schaffung der nötigen Rechtsnormen im Eigentumsbereich erfolgte in der Ukraine nur sehr zögerlich und erwies sich als äußerst mühsam. Da die Einstellung zu Eigentumsrechten in der Ukraine und in Russland, die deutlich vom modernen westlichen Verständnis von Eigentum abwichen, immer von den Besonderheiten der historischen und politischen Ereignisse beeinflusst wurde, scheint es notwendig, einen historischen Überblick zu haben. Er könnte als Beweis dienen, dass Kontinuität zwischen der Haltung zum Eigentum im Russischen Imperium (Russland und die Ukraine) und in der Sowjetunion und in den modernen Rechtsordnungen Russlands und der Ukraine besteht.

> „Nur durch eine Besinnung auf das historische Eigentumsverständnis kann also der Gefahr begegnet werden, die Auslegung abstrakter Verfassungsnormen bis zum Verfassungsbruch zu treiben. Je abstrakter eine Rechtsnorm ist, die der Entscheidung eines gesellschaftlich relevanten Interessenkonflikts nutzbar gemacht werden soll, desto notwendiger ist ein Rückblick auf die historischen Rechtsanschauungen, die diese Norm geformt haben."[428]

B. Der historische Überblick für die Zeit nach dem Zerfall der UdSSR

I. 1990-1995

1990 markiert den Beginn der Reform der Eigentumsverhältnisse und der Marktausrichtung der ukrainischen Wirtschaft. Am 16. Juni 1990 nahm das Verkhovna Rada die Deklaration über die staatliche Souveränität der Ukraine an, in der die Grundsätze des Aufbaus des ukrainischen Staates festgelegt wurden. Der nächste Schritt war das Gesetz „*Pro ekonomitschnu samostijnist Ukrainy* (Über die wirtschaftliche Unabhängigkeit der Ukraine)",[429] in dem der Zweck, der Inhalt und die Grundprinzipien der wirtschaftlichen Unabhängigkeit der Ukraine als eines souveränen Staates bestimmt wurden. Eine der Neuerungen war die Definition dreier Formen des Eigentums: staatliches, kollektives sowie individuelles (also persönliches) Eigentum.

---

[427] S. mehr dazu *Schewchenko J. / Venezka M. / Kucherenko I.*, 2002, S. 3-8; *Dzera O. V.*, 2000, S. 114–131; *Domashenko M. V./ Rubanik V. E.*, 2002, S. 535–546.
[428] *Floßman, Ursula*, 1979, S. 16.
[429] Gesetz der Ukraine vom 3. August 1990 (N142-XII).

Insofern war der Erlass neuer Normen im Eigentumsbereich die wichtigste Aufgabe. Diese Aufgabe wurde in gewisser Weise durch das am 6. März 1990 erlassene Gesetz der UdSSR „*O sobstvennosti v SSSR* (Über das Eigentum in der UdSSR)“[430] erleichtert. Darin spiegelten sich jene Lösungen wider, die in den letzten Jahren der Sowjetunion für neu aufgetauchte wirtschaftliche und rechtliche Probleme gefunden worden waren. Auffällig ist insbesondere, dass der Gesetzgeber den Begriff „des persönlichen Eigentums der Bürger“ ablehnte, stattdessen wurde der Begriff „Eigentum der Bürger der UdSSR“ eingeführt. Damit erreichte man einen Kompromiss zwischen den Anhängern der Idee, dass persönliches Eigentum aufgehoben werden sollte, und den Anhängern der Idee der unmittelbaren Einführung des Privateigentums.

Am 7. November 1991 erließ das VR das Gesetz der Ukraine „*Pro vlasnist* (Über das Eigentum)“.[431] Das Gesetz trat am 15. April 1991 in Kraft, also vor der Deklaration der Unabhängigkeit der Ukraine am 24. August 1991. Zwar umfasste das ukrainische Gesetz alle progressiven Bestimmungen aus dem Unionsgesetz, gleichzeitig aber zeigt schon eine oberflächliche Analyse[432] beider Gesetze, dass wesentliche Unterschiede in ihrer Struktur und ihrem Inhalt bestehen.[433] Das Ziel des Gesetzes ist „die Sicherung der liberalen wirtschaftlichen Selbstbestimmung der Bürger, die Nutzung des natürlichen, wirtschaftlichen, wissenschaftlichen, technischen und kulturellen Potentials der Republik, um die Lebensqualität des Volkes zu erhöhen“ (Präambel des Gesetzes). Allerdings wird das Gesetz der mittlerweile eingeführten Marktwirtschaft nicht gerecht. Dieses Regelungsdefizit wurde vor allem im Rahmen der Privatisierung staatlicher Betriebe ausgenutzt. Schließlich beinhaltet das Gesetz viele Vorschriften über die Eigentumsverhältnisse zwischen der Ukraine und der ehemaligen UdSSR.

[430] Gesetz der UdSSR N1305-1.

[431] S. Gesetz vom 26. März 1991 (N885-XII).

[432] Mehr dazu in *Dzera, O. V.*, 2000, S. 86-88; *Domashenko, M. V./ Rubanik, V. E.*, 2002, S. 508-510.

[433] Das Gesetz der Ukraine „Über das Eigentum“ besteht aus 57 Artikeln (Unionsgesetzt–34), 8 Kapiteln (Unionsgesetz–6), der Präambel (diese fehlt im Unionsgesetz). Diese quantitativen Unterschiede haben nicht nur eine formelle sondern auch eine inhaltliche Bedeutung. Zum Beispiel, im ukrainischen Gesetz benutzt der Gesetzgeber den Begriff des Eigentumsrechtes, im Unionsgesetz– den Begriff des Eigentums. Die Vorteile des Gebrauches des Begriffs des Eigentumsrechtes im ukrainischen Gesetzt sind augenscheinlich, weil es um die gesellschaftlichen Verhältnisse, die rechtlich geregelt sind geht, nicht aber um die Verhältnisse in dem wirtschaftlichen Sinn. Auch erscheint es wichtig, dass im Unionsgesetz die Liste der Rechtssubjekte ohne Zusammenhang mit den Formen des Eigentums festgelegt wurde. Man könnte noch mehrere Beispiele nennen.

Das Gesetz der Ukraine „Über das Eigentum“ sah drei Formen des Eigentums vor: individuelles, kollektives und staatliches.[434] Alle diese Formen sind gleichberechtigt.[435]

Die Ereignisse vom August 1991, die mit der Ausrufung der Unabhängigkeit der Ukraine verbunden sind, änderten gründlich die Lage im Staat und verlangten zum Teil ganz erhebliche neue Gesetzgebung. Am 7. Juli 1992 erließ das VR das Gesetz „*Pro vnesennja zmin i dopovnen' do dejakykh zakonodavchykh aktiv Ukraiiny* (Über die Eintragung der Abänderungen und Ergänzungen zu den einigen Rechtsakten der Ukraine)“.[436] Dieses Gesetz annullierte den Begriff „des individuelles Eigentums“ und führte den Begriff „des Privateigentums“ zum ersten Mal in der ukrainischen Gesetzgebung ein.[437]

Im Zusammenhang mit der Annahme des Gesetzes „Über das Eigentum“ wurden faktisch eine Reihe von Bestimmungen des Zivilgesetzbuches der USSR ungültig, die früher die Eigentumsverhältnisse regelten: Art. 100–104, 106, 108, 109. Allerdings erließ der Gesetzgeber keine neuen Bestimmungen in dieser Sache, dies führte zu einem nachteiligen Vakuum bei der rechtlichen Regelung dieses bedeutenden Bereichs des bürgerlichen Rechts. Am 16. Dezember 1993 erließ das VR das Gesetz der Ukraine „*Pro vnesennja dopovnen' v Zyvilnyj kodeks i dejaki zakonodavtchi akty* (Über die Eintragung der Ergänzungen zum Zivilgesetzbuch und zu einigen anderen Vorschriften)“, nach dem Kapitel 7-9 und Art. 87, 87 1, 88, 100-104, 106, 108, 111, 117, 120–127, 134, 135, 141, 142, 144, 146, 149, 150, 226, 227 1, 563, 571 aus dem Zivilgesetzbuch herausgenommen wurden.

Im folgenden Zeitraum galten eine Reihe von Gesetzen, die entweder unmittelbar oder mittelbar Eigentumsverhältnisse regelten: vor allem sind die Gesetze „*Pro pidpryemnytchtvo v Ukraiini* (Über das Unternehmerturm in der Ukraine)“, „*Pro orendu derzhavnykh pidpryemstv* (Über die Pacht der staatlichen Unternehmen)“, „*Pro zastavu* (Über das Pfandrecht)“, „*Pro gospodarchi tovarystva* (Über wirtschaftliche Gesellschaften)“, „*Pro tschinni papery i fondovy birzhu* (Über Wertpapiere und Effektenbörse)“, „*Pro pryvatyzatschiju majna derzhav-*

[434] Art. 2 Abs. 4 des Gesetzes. In der gültigen Fassung des Gesetzes der Ukraine „Über das Eigentum“ beinhaltet es Art. 2 Abs. 4, in dem staatliche, kollektive und private Eigentumsformen in der Ukraine vorgesehen werden. Aber mit dem Inkrafttreten des Zivilgesetzbuches 2004 bestimmt der Gesetzgeber nur staatliches (Art. 326 ZGBU), kommunales (Art. 327 ZGBU) und privates (Art. 325 ZGBU) Eigentum. Kein kollektives Eigentum ist in dem neuen Zivilgesetzbuch vorgesehen.

[435] Hier und weiter wird die letzte Fassung des Gesetzes der Ukraine “Über das Eigentum” analysiert.

[436] S. Gesetz der Ukraine vom 7. Juli 1992 (N2544–XII).

[437] Die gültige Fassung Art. 2 Abs. 4 des Gesetzes der Ukraine „Über das Eigentum“ lautet nach dem Gesetz der Ukraine vom 7. Juli 1992 (N2544–XII).

nykh pidpryemstv (Über Privatisierung des Vermögens der staatlichen Unteneh-men)" u.s.w.. Die große Anzahl der neuen Rechtsakte im Eigentumsbereich verdeutlichte die intensive legislative Tätigkeit, die Suche nach verschiedenen Standpunkten und die Konfrontation unterschiedlicher Meinungen zu dem Zweck, die notwendigen Wege, Mittel und Arten des Übergangs von der staatlich gelenkten Wirtschaft zur Marktwirtschaft auszuwählen.

II. Die Annahme der Verfassung der Ukraine (1996)

Der nächste bedeutende Meilenstein in der Entwicklung des Eigentumsinstituts[438] in der ukrainischen Gesetzgebung am 28. Juni 1996 war die Annahme der Verfassung der Ukraine.[439] Acht Artikel (Kapitel I, II, IV und XI) der Verfassung beinhalten die Bestimmungen, die die Eigentumsverhältnisse regeln (nach der Verfassung der Ukraine wirken ihre Rechtsnormen direkt[440]).

In Art. 13 VU sind aufgelistet:

a) die Objekte des Eigentumsrechts des ukrainischen Volks und die Behörden, die Kompetenz haben, es zu verwalten;
b) das Recht der Bürger, Wasser, Boden, Luft u.ä. zu benutzen (kein Nutzungsrecht);[441]
c) das Verbot, durch die Benutzung des Eigentums die Rechte der übrigen Staatsangehörigen, die Interessen der Gesellschaft zu behindern;
d) der staatliche Schutz der Rechte aller Subjekte des Eigentumsrechts, die Gleichheit aller Subjekte vor dem Gesetz.

Art. 14 VU gewährleistet den Bürgern, den juristischen Personen und dem Staat den Erwerb und die Ausübung des Eigentumsrechts nur in den gesetzlich vorgegebenen Grenzen.

Art. 41 VU beinhaltet Bestimmungen über das Recht der ukrainischen Staatsangehörigen auf Besitz, Nutzung und Verfügung über Eigentum und über die Re-

---

438 S. auch *Evers, Frank, 1998*, S. 43.

439 S. Opinion CDL-INF(1997)002e "Opinion on the Constitution of Ukraine": the Constituion "reflects Ukraine's determination to be a democratic, social and law-based state" (Chapter I), "it should be noted that the catalogue of rights protected is very complete and that it shows a willingness to protect the full scope of rights guaranteed by the European Convention on Human Rights and to ensure that these rights are implemented in practice. It is also very much appreciated that Articles 22 and 157 guarantee the protection of the essence of human rights by forbidding the abolition of human rights by way of constitutional amendment. Of particular importance are also Article 8, para. 3, and Article 55, para. 1, providing that human rights are directly applied and protected by the courts" (Chapter 2).

440 Art. 8 Abs. 3 VU.

441 Art. 324 Abs. 3 ZGBU „Every citizen shall have the right to use the natural objects of the ownership right of Ukrainian people pursuant to the law."

sultate eigener geistiger und schöpferischer Tätigkeit. Das Recht auf Privateigentum wird nach der im Gesetz festgelegten Ordnung ausgeübt. Die Staatsangehörigen können die Objekte des staatlichen und kommunalen Eigentums für die Deckung eigener Bedürfnisse benutzen. Niemandem darf rechtswidrig das Recht auf Eigentum entzogen werden. Das Recht auf Privateigentum ist unverletzlich. Gesetzlich vorgesehene Beschlagnahmungen des Eigentums von seinem Besitzer auf Grund der Rechtsakte über die Nationalisierung, die Konfiskation, die Requirierung, den erzwungenen Verkauf und so weiter sind möglich.
Art. 85 Abs. 36 VU schreibt der Kompetenz des VR zu, dass es die Objekte des staatlichen Eigentums bestimmt, die nicht unter die Privatisierung fallen.
Art. 92 Abs.7 VU besagt, dass die rechtlichen Regime des Eigentums in der Ukraine ausschließlich durch die Gesetze bestimmt werden.
Art. 116 Abs. 5 VU überträgt dem KMU die Verpflichtung, die gleichen Entwicklungsbedingungen aller Eigentumsformen zu gewährleisten und staatliches Eigentum gemäß dem Gesetz zu verwalten.
Art. 142 und 143 VU bestimmen die Grundsätze des Kommunaleigentums in der Ukraine.

Interessanterweise schlug der Gesetzgeber bei der Ausarbeitung der endgültigen Fassung der Verfassung einen anderen Weg ein, als in dem Verfassungsentwurf[442] vorgesehen. Dieser Verfassungsentwurf sah ein Sonderkapitel über die Eigentumsfragen vor. Und zwar wurde deklariert, dass Eigentum in der Ukraine öffentlich und privat sei. Dem öffentlichen Eigentum wurde staatliches und kommunales beigeordnet. Der Rest sei privat. Es wurde auch erklärt, dass der Staat die soziale Funktion des Eigentums unterstützt. Außerdem beinhaltete Kapitel 8 des Verfassungsentwurfes die Aufteilung der Objekte, die zum öffentlichen und privaten Eigentum gehören konnten. So sollten die Objekte, die im heutigen Art. 13 Abs. 1 VU aufgelistet sind, ausschließlich als die Objekte des öffentlichen Eigentums betrachtet werden. Der Boden konnte als Objekt entweder öffentliches oder privates Eigentum sein. Nach dem Entwurf erwarb man das Privateigentum gemäß den gesetzlichen Vorschriften. Die meisten Bestimmungen des Verfassungsentwurfes waren in der endgültigen Fassung der Verfassung der Ukraine enthalten.

C. Der Eigentumsschutz in der Ukraine

Wie schon erwähnt wurde am 17. Juli 1997 von der Ukraine die Gesamtheit der EMRK mit der Verabschiedung des Gesetzes „Über die Ratifizierung der Konvention zum Schutze der Menschenrechte und der Grundfreiheiten von 1950, des ersten Protokolls und der Protokolle Nr. 2, 4, 7 und 11 zur Konvention“ an-

---

[442] Das VR führte im Juli 1992 eine Volksbefragung (Referendum) über den Verfassungsentwurf der Ukraine durch.

erkannt. Die EMRK ist eine Rechtsquelle in der Ukraine, sie hat jedoch einen besonderen Status.[443] Die folgenden Merkmale erklären diesen Status:
- Die EMRK ist ein untrennbarer Bestandteil der Rechtsordnung der Ukraine, mit allen durch diesen Status entstehenden Auswirkungen.
- Die EMRK hat Vorrang vor dem nationalen Recht.
- Die EMRK ist eine *„self-executing“* Norm des Völkerrechts, jedoch kann sie nicht unmittelbar anwendbar sein.

Es steht außer Frage, dass mit dem Beitritt zum Europarat und der Ratifizierung der EMRK in der Ukraine bedeutende Reformen nicht nur der Rechtsverhältnisse sondern des gesellschaftlichen Lebens insgesamt eingeleitet wurden. Nicht zuletzt beeinflusste die Rechtsnorm des Art. 1 1.ZP über die Achtung des Eigentums die Stellung dieses Rechtsinstituts in der ukrainischen Gesetzgebung.

I. Gesetzlicher Begriff des Eigentumsrechts in der Ukraine

> „Die „Primärverteilung“ des verfassungsrechtlichen Eigentumsbegriffs des bürgerlichen Staates normiert das Eigentum als grundlegendes Menschenrecht und Strukturprinzip des bürgerlichen Rechtsstaates.“[444]

Die Frage, welche Vermögensrechte es gibt, und welche davon geschützt werden, berührt die Grundstrukturen des Zivilrechts. Es geht darum, welche Wirtschaftsgüter nach der nationalen Rechtsordnung den Privatpersonen in so ausschließlicher Weise zugewiesen werden, dass eine Verpflichtung aller anderen entsteht, diese Zuweisung zu achten. Das bedeutet, alle zumutbaren Anstrengungen zu unternehmen, um diese nicht zu beeinträchtigen. Hierfür sind Gesichtspunkte der Individualgerechtigkeit wie die Grundelemente der politisch-sozialen Ordnung maßgebend. Wie schon gezeigt, erkennt die ukrainische Rechtsordnung kein absolutes Recht auf Nichtbeeinträchtigung der Vermögensinteressen an. Vielmehr bildet die gegenseitige Schädigung der Personen einen dem gesellschaftlichen Leben immanenten Vorgang.[445]

Das Zivilgesetzbuch der Ukraine beinhaltet den Begriff des Eigentumsrechts: Das Eigentumsrecht ist Vollrecht an einer Sache (einem Vermögen),[446] d.h. das

---

[443] „The question whether treaties are „transformed“ into domestic law or incorparated without losing their nature as an international treaty appears to be of minor importance for the practical application of the Convention“ (*Polakiewicz, J.*, S. 43).
[444] *Häberle, Peter,* 1984, S. 79.
[445] Art. 319 Abs. 5 ZGBU.
[446] Vgl. Art. 179 und 190 ZGBU.
Article 179. Concept of a Thing
An item of the material world with respect thereto civil rights and obligations may arise shall be recognized as a thing.

Recht, mit der Sache nach Belieben zu verfahren und andere von jeder Einwirkung auszuschließen, soweit das Gesetz oder Rechte Dritter nicht entgegenstehen.[447] Die Beschränkung des zivilrechtlichen Eigentumsbegriffs auf das „Vollrecht an Sachen" beruht auf der römisch-rechtlichen Tradition. Diese Eingrenzung ließ sich indes auf die Verfassungsgarantie des Eigentums[448] nicht übertragen. Denn die Verbürgung des Eigentums in der Verfassung soll nicht nur dem Eigentümer eines Grundstücks oder eines Gemäldes zugute kommen, sondern auch den Inhabern von Forderungen, Urheberrechten wie überhaupt jeder zivilrechtlichen geschützten Position. Daher findet man heute zwei Rechtsbegriffe[449] des Eigentumsrechts vor:
- das Eigentumsrecht im Sinne von Art. 41 VU als Inbegriff aller subjektiven Rechte (verfassungsrechtlicher Eigentumsschutz);
- und das Eigentumsrecht im Sinne des ZGBU als die umfassende Berechtigung an einer Sache (zivilrechtlicher Eigentumsschutz).

In der ukrainischen rechtswissenschaftlichen Lehre wird anerkannt, dass der EGMR eine weitgehendere Auslegung des Begriffs des Eigentums bzw. Vermögens vertritt als in der ukrainischen Gesetzgebung.[450]
Wenn es um die verfassungsmäßigen und gesetzlichen Definitionen geht, spielt die Rechtsprechung auch eine bedeutende Rolle. In seiner Rechtsprechung bezüglich der Eigentumsverhältnisse, die die ukrainische Gesetzgebung regelt, äußerte sich das Verfassungsgericht der Ukraine[451] ausdrücklich nicht dazu,[452] was

---

Article 190. Property
Property as a specific object shall be considered a separate thing, a set of things, as well as property rights and obligations.

[447] Art. 316 Abs. 1 ZGBU.

[448] Art. 41 VU.

[449] Art. 2 Abs. 1 des Gesetzes der Ukraine „Über das Eigentum" beinhaltet auch den Begriff des Eigentumsrechts. Laut dieser Vorschrift ist das Eigentumsrecht die vom Gesetz geregelten gesellschaftlichen Verhältnisse bezüglich des Besitzes, der Nutzung der Verfügung über Vermögen. Diese Definition führte zu einer erbitterten Diskussion in juristischen Kreisen der Ukraine. Ein Kompromiss wurde erreicht. Da dieses Gesetz selber eine volle Revidierung verlangt, hat die Definition des Eigentumsrechts aus Art. 316 Abs. 1 des neuen Zivilgesetzbuches der Ukraine Vorrang.

[450] *Jarema A. G., Karaban V. Ja., Krivenko V. V., Rotan V. G. (Hrsg.)*, 2004, S. 6.

[451] Das Verfassungsgericht der Ukraine ist das einzige Organ der Verfassungsgerichtsbarkeit der Ukraine (Art. 1 Abs. 1 des Gesetzes „Über das Verfassungsgericht der Ukraine"). Der Kompetenzbereich des Verfassungsgerichts ist in der Verfassung der Ukraine (Art. 150 VU, Art. 151 VU) und im Gesetz (Art. 13 des Gesetzes) festgelegt. Die Entscheidungen des VGU bezüglich der Verfassungsmäßigkeit der Gesetze und anderer Rechtsakte und die offizielle Auslegung der Verfassung der Ukraine und der Gesetze der Ukraine sind nach Art. 150 Abs. 2 VU verbindlich im Hoheitsgebiet der Ukraine, endgültig und nicht durch Berufung anfechtbar. Nach Art. 13 des Gesetzes hat VGU die Befugnis, Folgendes zu entscheiden und zu begutachten:

unter dem Begriff „Eigentumsrecht“ zu verstehen sei. Nach Meinung der Verfasserin wäre es sinnvoll, Nutzen aus der Rechtsprechung des Verfassungsgerichts zu ziehen, weil die Verfassung selbst keine Definition dieses Begriffes beinhaltet. Das Verfassungsgericht legt unter Bezugsnahme auf die Bestimmungen der Verfassungsartikel, die den Begriff „Eigentum“ umfassen, die Vorschriften der anderen Rechtsakte aus, die der Verfassung untergeordnet sind.
Die Rechtsprechung des Verfassungsgerichts, des Obersten Gerichts und des Obersten Wirtschaftsgerichts[453] der Ukraine zu Eigentumsverhältnissen bzw. zum Eigentumsschutz werden in folgenden Kapiteln erwähnt.

II. Die Formen des Eigentums

Nach der Auffassung der ukrainischen Rechtswissenschaftlerin SCHEWCHENKO bilden die Befugnisse zum Besitz, zur Nutzung und zur Verfügung den Inhalt des Eigentumsrechts. Aber diese Begriffe machen nicht ausschließlich das Wesen des Eigentumsrechts.[454] Nach ihrer Meinung ist die Art der Aneignung das Wesen des Eigentumsrechts, wie eine Person (der Besitzer) zu der Sache gekommen ist. Nur in diesem Fall erlangen die Befugnisse des Besitzens, der Nutzung und der Verfügung ihre Bedeutung für die Position des Eigentümers anderen gegenüber. Zwei Momente: sein Wille[455] und die Zugehörigkeit der Sache zum Eigentümer bestimmen das Schicksal der Sache. Dies sind die

---

1) Die Verfassungsmäßigkeit der Gesetze und anderer Rechtsakte des VR der Ukraine, die Rechtsakte des Präsidenten der Ukraine, die Akte der Regierung der Ukraine, die Rechtsakte des Parlamentes der autonomen Republik Krim;
2) Die Prüfung der Übereinstimmung der Verfassung der Ukraine mit den völkerrechtlichen Verträgen, deren Vertragspartei die Ukraine ist, oder derjenigen völkerrechtlichen Verträge, die dem Verfassungsgericht vom VR vorgelegt worden sind, um eine Entscheidung über deren Rechtmäßigkeit zu treffen;
3) Die Einhaltung der verfassungsmäßigen Prozedur der Untersuchung und Anhörung im Rahmen des Verfahrens zur Absetzung des Präsidenten der Ukraine nach der Art. 111 und 151der Verfassung der Ukraine;
4) Die offizielle Auslegung der Verfassung der Ukraine und der Gesetze der Ukraine.
[452] Die Urteile und die Stellungnahmen befinden sich auf den Webseiten des Verfassungsgerichts der Ukraine und des VR.
[453] S. Erklärungsbrief OWGU vom 2. April 1994 (N02-5/225), Ziff. 2, 4-7; Erklärungsbrief OWGU vom 29. Februar 1996 (N02-5/109), Ziff. 9.8; Informationsbrief OWGU vom 24. November 1997 (N01-8/452), Ziff. 4; Informationsbrief OWGU vom 14. Januar 1998 (N01-8/9); Informationsbrief OWGU vom 23. März 1998 (N01-8/104); Informationsbrief OWGU vom 17. August 1998 (N01-8/314), Ziff. 3, 9; Informationsbrief OWGU vom 14. Oktober 1998 (N01-8/393), Ziff. 4-6; Erklärungsbrief OWGU vom 12. März 1999 (N02-5/111), Ziff. 15; Informationsbrief OWGU vom 4. Februar 2000 (N01-8/47), Ziff. 2.2; Informationsbrief OWGU vom 31. Januar 2001 (N01-8/98), Ziff. 1.1-1.4, 2-9, 11-13, 17-18, 20-21; Informationsbrief OWGU vom 12. April 2001 (N01-8/442), Zif. 3; Informationsbrief OWGU vom 13. Februar 2002 (N01-8/155), Ziff. 12; Informationsbrief OWGU vom 13. Februar 2002 (N01-8/152), Ziff. 1-5, 7.
[454] *Schewchenko, J. M.*, 1996, S. 18.
[455] Art. 319 Abs. 1 ZGBU.

entscheidenden Momente bei dem Erkennen der juristischen und sozialen Natur des Eigentumsrechts in jeder Gesellschaft.

Es stellt sich nun die Frage, wem nach der ukrainischen Gesetzgebung das Recht zur Aneignung zusteht. Im Allgemeinen grenzt die Verfassung der Ukraine das Eigentumsrecht hinsichtlich der Arten und Formen[456] nicht ab. So eine Formulierung ist ausreichend und gelungen, weil das Eigentumsrecht nach seinem Inhalt allgemein für jedes Rechtssubjekt ist, auch wenn man die Gleichstellung aller Eigentumsformen in Betracht zieht. In dem neuen Zivilgesetzbuch der Ukraine werden drei Eigentumsformen verankert: privates,[457] staatliches[458] und kommunales[459] Eigentum.

1. Privateigentum

> „Die (Wieder)Einführung des privaten Eigentums und seine Durchsetzung im Rechts- und Wirtschaftsverkehr sowohl als Grundeigentum als auch Produktionsmitteleigentum kann als entscheidender Punkt im Sinne eines *„point of no return*“ im Prozess der Privatisierung vormals staatssozialistischer Rechts- und Wirtschaftsordnungen angesehen werden.“[460]

Die Ukraine wie andere osteuropäischen Staaten ist bemüht, Privateigentum in den Rechtsrahmen eines neuen, postsozialistischen Sozialkonzepts einzubringen. Wie schon früher erwähnt wurde, war der Begriff „des Privateigentums“ zum ersten Mal in der ukrainischen Gesetzgebung mit dem Gesetzt *„Pro vnesennja zmin i dopovnen' do dejakykh zakonodavchykh aktiv Ukraiiny* (Über die Eintragung der Abänderungen und Ergänzungen zu den einigen Rechtsakten der Ukraine)“[461] eingeführt worden.
In der Verfassung der Ukraine wird nur das Recht auf Privateigentum ausdrücklich erwähnt, obwohl das Bestehen anderer Eigentumsformen und ihrer Gleichheitsstellung vor dem Gesetz von Art. 13 VU gewährleistet sind, aber genau ist die Aussonderung des Privateigentums in ein Artikel bezeichnend.

---

[456] Die ukrainische Rechtwissenschaftlerin vertritt die Meinung einiger anderen ukrainischen Zivilisten, dass die Eigentumsformen eine reine Wirtschaftskategorie nicht aber eine juristische ist. Nach ihrer Meinung ist die einzige mögliche Form der rechtlichen Eigentumsverhältnisse das Eigentumsrecht selbst, das wie individuelles, wenn nur ein Subjekt ist, oder ein gemeinsames, wenn mehrere Subjekte sind, ausgedrückt werden kann (*Schewchenko, J. M.*, 1996, S. 20).
[457] Art. 325 ZGBU.
[458] Art. 326 ZGBU.
[459] Art. 327 ZGBU.
[460] *Roggemann, Herwig*, 1997a, S. 189.
[461] S. Gesetz der Ukraine vom 7. Juli 1992 (N2544–XII).

In dem Bericht des Europarates zur Lage des Eigentums in der ukrainischen Gesetzgebung wurde darauf hingewiesen, dass

> „The fact that the constitutional guarantee of property only extends to natural persons is not inherently incompatible with ECHR Protocol 1, Article 1 as it is sufficient if the protection of the property interests of legal persons is adequately protected by ordinary legislation. However, the distinction in the scope of the guarantee might lead some administrators and judges to imagine that a lower level of protection is required for the property interests of such persons[462]...Although there is no pressing need for the constitutional provision itself to be modified, it is imperative that the full applicability to legal entities of the protection afforded by ECHR Protocol 1, Article 1 be appreciated by all who are in a position to affect property interests.“[463]

Die Verfasserin vertritt die Meinung, dass der Wortlaut des Art. 41 VU kein Hinweis beinhaltet, dass der Begriff des Privateigentums sich ausschließlich auf natürliche Personen bezieht. Nach Art. 3 Abs. 1 GÜE sind die Subjekte des Eigentumsrechts das ukrainische Volk, die Bürger, juristische Personen und der Staat. Das neue Zivilgesetzbuch beinhaltet Art. 325 „Das Recht auf Privateigentum“. In diesem Artikel definiert der Gesetzgeber, dass die Subjekte des Rechts auf Privateigentum natürliche und juristische Personen sind. Nach Abs. 2 des Artikels können die genannten Subjekte jedes Vermögen besitzen, außer dem Vermögen, das laut des Gesetzes ihnen nicht zugekommen werden darf. Die Gesamtheit, die Menge und der Wert dieses Vermögens sind nicht begrenzt.[464]

1.1. Privateigentum natürlicher Person

Nach Art. 24 ZGBU ist natürliche Person ein Mensch als Teilnehmer der zivilrechtlichen Verhältnisse. Alle natürlichen Personen besitzen die Fähigkeit, die Zivilrechte und –pflichten zu haben (Zivilrechtsfähigkeit). Art. 26 Abs. 3 ZGBU sieht vor, dass "a natural person may have all property rights established by this Code and the other law". Art. 325 ZGBU bestimmt, dass die Subjekte des Privateigentums natürliche und juristische Personen[465] sind.

1.2. Privateigentum juristischer Personen

Mit der Einführung des neuen Zivilgesetzbuches wurde kollektives Eigentum in den Rechtsverhältnissen in der Ukraine abgeschafft.[466] Stattdessen tauchte in der

---

[462] Vgl. Doc. HRCAD(2001) 4– December 2001, Ziff. 330, 332.2.
[463] Doc. HRCAD(2001) 4– December 2001, Ziff. 370.2.
[464] Abs. 3 des Artikels.
[465] Der Begriff juristischer Person ist in Art. 80 ZGBU und Art. 55 Abs. 2 WGBU zu finden.
[466] Nach den Angaben des Einheitlichen Staatsregisters (Stand den 1. Januar 2002) beträgt der Anteil kollektives Eigentums 57% in der Ukraine. Mehrere ukrainische Rechtwissenschaftler

ukrainischen Rechtsordnung der Begriff des Privateigentums juristischer Personen auf.[467]

Nach Art. 81 Abs. 2 ZGBU gibt es zwei Arten juristischer Personen: öffentliche und private. In dem ZGBU gibt es keine Definitionen der öffentlichen und privaten juristischen Personen.[468]

Wenn man Art. 325 und Art. 81 ZGBU vergleicht, stellt man fest, dass nach dem Zivilgesetzbuch die Subjekte des Privateigentums auch öffentliche juristische Personen sind (!). Art. 329 ZGBU beinhaltet die ausdrückliche Bestimmung, dass:

> „Legal person of the public right shall acquire the right in property transferred to its ownership and in property acquired in its possession on the grounds not prohibited by the law."

Für private juristische Personen ist keine solche ausdrückliche Vorschrift vorgesehen. Wenn der Gesetzgeber öffentliche juristische Personen als vollberechtigte Privateigentümer ihres Vermögens betrachtet, dann erscheint die Existenz staatlichen und kommunalen Eigentums unmöglich. Denn gegenwärtig sind staatliches und kommunales Vermögen unter Betrieben, Behörden und Institutionen verteilt. Da zwei Personen (z.B. der Staat und eine öffentliche juristische Personen) unmöglich das Eigentumsrecht an demselben Objekt haben können, sollte das Recht auf staatliches und kommunales Eigentum aufgegeben werden.

2. Staatliches Eigentum

Der Verfassungsentwurf beinhaltete die Bestimmung, dass das öffentliche Eigentum staatliches und kommunales ist. Dies war ein neuer Versuch, die nach dem Gesetz „Über das Eigentum" existierenden Eigentumsformen deutlicher und rechtlich präziser aufzuteilen. Art. 31 des Gesetzes sieht vor, dass staatliches Eigentum[469] aus dem allgemeinstaatlichen Eigentum und dem Eigentum der örtlichen Einheiten (kommunales) besteht.

Wie schon erwähnt, setzt Art. 3 Abs. 1 des Gesetzes der Ukraine „Über das Eigentum" die Subjekte des Rechts auf Eigentum in der Ukraine fest: das Volk der Ukraine, die Bürger, juristische Personen und der Staat. Diese Frage wurde vom Gesetzgeber ziemlich willkürlich gelöst. Nach Art. 9 des Gesetzes hat das Volk

(*Abramov N., Podcherkovnyj O., Goncharenko T.* und andere) sind der Meinung, dass dies ein wesentlicher Mangel der ukrainischen Zivilgesetzgebung ist.

[467] Art. 325 Abs. 1 ZGBU. Der im Zivilgesetzbuch der Ukraine festgelegte Begriff juristische Person wurde stark in der Literatur kritisiert. S. mehr zum Thema *Zagnitko, Oleg / Ljashenko, Sergej*, 2004.

[468] Was die private juristische Person betrifft, sieht dieser Artikel vor, dass sie auf Grundlage der Gründungsdokumente und nach dem ZGBU (Art. 87–96) gegründet wird.

[469] S. mehr zum Thema *Peresun'ko, S. I.*, 1998.

ausschließlich ein Eigentumsrecht für Objekte, die in Art. 13 VU aufgelistet sind. Die Anerkennung des ukrainischen Volkes als Subjekt des Rechts auf Eigentum bedeutet nicht, dass eine autonome Eigentumsform existiert, weil nach ihrer wirtschaftlichen Natur diese Form auch staatliches Eigentum ist.[470] Dem Volk der Ukraine und dem ukrainischen Staat darf man sich nicht wiedersetzen.

Anders wurde die Frage der Subjekte des Rechts auf staatliches Eigentum in Art. 32 des Gesetzes gelöst. Nach Abs. 1 ist das Subjekt des Rechts auf allgemeinstaatliches Eigentum der Staat in Person des VR der Ukraine. Die Subjekte des Rechts auf Kommunaleigentum sind die örtlichen gesetzgebenden Organe. Außerdem wurden als Subjekte des Rechts auf staatliches Grundeigentum anerkannt:[471]

1) das VR– der Boden des allgemeinstaatlichen Eigentums;
2) das VR der autonomen Republik Krim– der Boden auf dem Gebiet der Republik, mit Ausnahme des Bodens des allgemeinstaatlichen Eigentums;
3) die örtlichen gesetzgebenden Organe– der Boden auf dem Gebiet der Territorialeinheit, mit der Ausnahme des Boden des allgemeinstaatlichen Eigentums.

Diese Multisubjektivität des Rechts auf staatliches Eigentum stieß auf Widerspruch.[472] Man kennt das allgemeine Postulat, dass die Sache nur einen rechtlichen Eigentümer haben darf. Das bedeutet, dass ein Eigentümer (das Subjekt des Eigentumsrechts) bei Objekten des staatlichen Eigentums anerkannt werden sollte, nämlich der Staat oder das Volk als allgemeine Quelle der Macht. Nach herrschender Meinung der ukrainischen Rechtwissenschaftler[473] erschien eine solche rechtliche Konstruktion der Multisubjektivität des Rechts staatlichen Eigentums ungeeignet, weil die Rechtwissenschaft keine deutliche Abgrenzung

470 S. *Dzera, O. V.*, 2000, S. 100.

471 Art. 32 Abs. 3.

472 Die ukrainische Rechtwissenschaftlerin SCHEWCHENKO ist der Meinung, dass die öffentlich- rechtlichen Merkmale des staatlichen Eigentumsrechts in der Ukraine ihre Position nicht eingebüßt haben. Nicht nur weswegen, weil das staatliche Eigentum mehr als 90 Prozent ausmachte, sondern, weil der Staat immer noch nicht wie eine Privatperson auftritt, sondern wie ein besonderes Subjekt, das die tonangebende Verwaltungsfunktion im Wirtschaftsbereich mit den Merkmalen der Teilnehmer des wirtschaftlichen (zivilrechtlichen) Verkehrs paart (*Schewchenko J. M.*, 1996, S.16).

473 S. *Dzera, O. V.*, 2000, S. 100; *Domashenko, M. V./ Rubanik, V. E.*, 2002, S. 512; *Schewchenko, J. M.*, 1996, S. 20– 21; *Schewchenko, J. / Venezka, M. / Kucherenko, I.*, 2002, S. 6.

zwischen den Begriffen „Subjekte des Eigentumsrechts" und „Subjekte der Verwirklichung des Eigentumsrechts" vornimmt.

In Art. 13 VU sind die Objekte des Eigentums des ukrainischen Volks aufgelistet:[474]

> "The land, its mineral wealth, atmosphere, water and other natural resources within the territory of Ukraine, the natural resources of its continental shelf, and the exclusive (maritime) economic zone, are objects of the right of property of the Ukrainian people. Ownership rights on behalf of the Ukrainian people are exercised by bodies of state power and bodies of local self-government within the limits determined by this Constitution."

Laut Art. 13 Abs. 1 VU werden die Ansprüche auf das Eigentum im Namen des ukrainischen Volkes durch die Behörden der Staatsgewalt und der örtlichen Selbstverwaltung wahrgenommen.[475] Diese verfassungsmäßige Bestimmung steht in Widerspruch zu der Norm aus Art. 10 Abs. 2 GÜE. Diese Norm sieht vor, dass es Aufgabe des VR ist, im Namen des Volkes zu handeln. In der Verfassung wurden die Zuständigkeiten des VR in Art. 85 VU aufgelistet. Abs. 36 dieses Artikels besagt, dass das VR die Kompetenz hat:

> „Confirming the list of objects of the right of state property that are not subject to privatisation; determining the legal principles for the expropriation of objects of the right of private property."

Also könnte man daraus schließen, dass das VR befugt ist, über die Objekte des staatlichen Eigentums zu bestimmen. Staatliches Eigentum hat eine sehr allgemeine Auslegung im neuen Zivilgesetzbuch der Ukraine. Art. 326 ZGBU besagt:

> "The state shall own the property including monetary funds possessed by the Ukrainian State.
> Relevant bodies of the state power shall exercise the property right on behalf and to the interests of the Ukrainian State."

Jedes Eigentumsrecht umfasst das Vermögen. Deswegen bleibt unklar, welches Vermögen der Gesetzgeber meint, wenn es um staatliches Eigentum geht. Neben dem Staat existieren noch andere Subjekte des Eigentumsrechts. In welchem Zusammenhang stehen diese dann zum staatlichen Eigentum? Bei den anderen Subjekten erstreckt sich das Eigentumsrecht auch auf das Vermögen. Einige uk-

[474] S. auch Art. 324 Abs. 1 ZGBU „ Earth, its mineral resources, atmospheric air, water and other natural resources located within the boundaries of Ukraine, natural resources of its continental shelf, exclusive (marine) economic zone shall be the objects of ownership right of Ukrainian people."

[475] S. auch Art. 324 Abs. 2 ZGBU: "Bodies of the state power and local governments shall be delegated the ownership right on behalf of the state within the limits established by the Constitution of Ukraine."

rainische Rechtwissenschaftler vertreten die Meinung, dass faktisch eine rechtliche Definition des staatlichen Eigentums in dem neuen Zivilgesetzbuch der Ukraine fehlt.[476] Man kann nicht eindeutig feststellen, welches Vermögen dem Staat gehört, welches den anderen Subjekten; nach welchen Merkmalen man das Vermögen des staatlichen Eigentums von dem Vermögen des Kommunal- und Privateigentums unterscheiden muss. Für diese Frage muss also eine rechtliche Lösung gefunden werden.

Der Schutz staatlichen Eigentums erfolgt durch die Wirtschaftsgerichte der Ukraine.[477]

3. Kommunales Eigentum

Eine der bedeutendsten Neuheiten der Verfassung von 1996 bei der Regulierung der Eigentumsverhältnisse war die Abgrenzung des Kommunaleigentums von dem staatlichen. Nach Art. 142 Abs. 1, 2 und Art. 143 Abs. 1 VU sind die Subjekte des Kommunalrechts die örtlichen Organe der Selbstverwaltung. Das Gesetz „*Pro mistcheve samovrjaduvannja* (Über die örtliche Selbstverwaltung)“ gibt eine Definition und den Inhalt kommunales Eigentumsrechts als materielle und finanzielle Grundlage der örtlichen Selbstverwaltung.[478] Art. 327 ZGBU beinhaltet die Bestimmung, nach der das Vermögen, darunter Geldmittel, sich auf kommunales Eigentum bezieht, die der örtlichen Gemeinde gehören (Abs. 1 des Artikels). Die Verwaltung des Vermögens, das kommunales Eigentum ist, erfolgt durch die örtliche Gemeinde und die von ihr geschaffenen Machtorgane (Abs. 2 des Artikels).

In seiner Rechtsprechung[479] betonte das Verfassungsgericht der Ukraine, dass verfassungsgemäß kommunales Eigentum vom staatlichen Eigentum prinzipiell abgetrennt ist. Deswegen ist kommunales Eigentum kein Teil des staatlichen Eigentums und tritt als selbstständiger Objekt des Eigentumsrechts auf.
Aber bis heute fehlt eine entsprechende Regulierung für diese Art von Eigentum.[480]

---

[476] *Schewchenko, J. / Venezka, M. / Kucherenko, I.*, 2002, S. 5.
[477] S. Erklärungsbrief OWGU vom 2. April 1994 (N02-5/225), Ziff. 4.
[478] Art. 1, 16, 60 des Gesetzes.
[479] Urteil VGU vom 1. Juli 1998 (N9-pn/98), Ziff. 1. S. auch zum Thema den Informationsbrief OWGU von 31. Januar 2001 (N01-8/98), Ziff. 1. 3.
[480] S. Informationsbrief OWGU vom 17. August 1998 (N01-8/314), Ziff. 3; Informationsbrief OWGU vom 31. Januar 2001 (N01-8/98), Ziff. 1.3-1.4.

4. Kollektives Eigentum

Wie schon oben erwähnt, sieht das Gesetz der Ukraine „Über das Eigentum" drei Formen des Eigentums in der Ukraine vor und zwar privates, staatliches und kollektives.[481] Kapitel IV des Gesetzes regelt die rechtliche Stellung kollektiven Eigentums in der ukrainischen Gesetzgebung. In dem ursprünglichen Entwurf des Wirtschaftsgesetzbuches der Ukraine wurde kollektives Eigentums vorgesehen. Aber 2003 initiierte das Justizministerium eine Reihe von Änderungen im Wirtschaftsgesetzbuch der Ukraine, damit die Bestimmungen über kollektives Eigentum in der Ukraine abgeschafft werden konnten. Die Begründung war„ dass im Zivilgesetzbuch kein kollektives Eigentum festgelegt wird". Dies stieß bei Rechtswissenschaftlern und Praktikern auf viel Kritik.[482] In ihren Argumenten stützen diese sich auch auf die Angaben des Einheitlichen Staatlichen Registers.[483] Nach diesen Angaben gab es in der Ukraine neben anderen Eigentumsformen 57% kollektives Eigentum. Nach Meinung der Rechtswissenschaftler und Praktiker seien die fehlenden Bestimmungen über kollektives Eigentum eine erhebliche Lücke im Zivilgesetzbuch der Ukraine. Diese Lücke könne zu negativen Rechtsfolgen in den wirtschaftlichen Beziehungen führen. Sie sind der Auffassung, dass das Zivilgesetzbuch der Ukraine sich an das Wirtschaftsgesetzbuch orientieren müsse und nicht umgekehrt.

Noch eine Lösung des Problems wurde von den Rechtswissenschaftlern und Praktikern vorgeschlagen. Im Zivilgesetzbuch der Russischen Föderation[484] werden außer privatem und staatlichem Eigentum auch andere Formen des Eigentums anerkannt. Diese Erfahrung Russlands könne man in der ukrainischen Gesetzgebung übernehmen. Ins Kapitel „Das Eigentumsrecht" fügte man eine Bestimmung über die Zulässigkeit anderer Eigentumsformen in der ukrainischen Gesetzgebung ein. Trotz aller Kritik bis heute beinhalten beide Gesetzbücher keine Bestimmungen über kollektives Eigentum.

III. Problemfälle des Eigentumsschutzes in der Ukraine

1. Privatisierung des staatlichen Eigentums[485]

Die ukrainische Gesetzgebung gibt eine ausdrückliche Definition der Privatisierung des staatlichen Eigentums,[486] denn in Art. 1 des Gesetzes *„Pro pryvatyzat-*

---

481 Art. 2 Abs. 4 GÜE.

482 S. eine Reihe der Beiträgen im Jahr 2003 in: *Juridicheskaja Praktika.*

483 Stand den 1. Januar 2002.

484 Art. 212 Abs. 1 ZGBRF.

485 Mehr dazu s. *Surilov, Aleksej V.*, 1996.

chiju derzhavnogo majna (Über die Privatisierung staatlichen Eigentums)"[487] verankerte der Gesetzgeber den folgenden Begriff:

> „Die Privatisierung staatlichen Eigentums ist eine Enteignung des Vermögens, das zum staatlichen Eigentum gehört,...zugunsten von natürlichen und juristischen Personen, die nach diesem Gesetz die Käufer[488] sein dürfen, mit dem Ziel der Steigerung der sozial-wirtschaftlichen Effektivität der Produktion und der Deckung der Kosten für die Strukturreformierung der ukrainischen Wirtschaft."

Art. 345 Abs. 1 ZGBU sieht vor, dass natürliche und juristische Personen das Eigentumsrecht erwerben, infolge der Privatisierung des Vermögens, das staatliches oder kommunales Eigentum ist. Nach Abs. 2 dieses Artikels wird die Privatisierung in der gesetzlich festgelegten Ordnung durchgeführt.

Die ersten gesetzlichen Grundlagen für die Privatisierung von Staatsunternehmen wurden bereits im Jahre 1992 gelegt. Zur Umsetzung bedurfte es jedoch der vom Staatsvermögensfonds zu erarbeitenden und vom Parlament zu bestätigenden Privatisierungsprogramme, mit der Folge, dass der Privatisierungsprozess erst im Laufe des Jahres 1993 in Gang kam. Gegen Ende des Jahres 1994 traten dann die zur Umsetzung der nunmehr auf der politischen Agenda an erster Stelle stehenden Massenprivatisierungen erforderlichen Dekrete des Präsidenten in Kraft, so dass es im Zeitraum zwischen Anfang 1995 und Ende 1996 zu einer umfangreichen Privatisierung von Staatsvermögen gegen Privatisierungsschecks und andere Privatisierungspapiere kam. Beendet wurde die Massenprivatisierung mittels *Voucher* aufgrund der nur zögerlichen Beteiligung der Bevölkerung allerdings erst im Jahre 1999. Daneben wurden jedoch auch sogenannte Kompensationszertifikate zum Ausgleich inflationsbedingter Wertminderungen von Sparguthaben ausgegeben, hinsichtlich deren abschließender Verwendung auch gegen Ende des Jahres 1999 noch Unklarheiten bestanden. Ab Mitte 1998 ist im Zuge der Umsetzung des Privatisierungsprogramms 1998 dann ein Übergang zum vermehrten Verkauf von Anteilen an Mittel und Großunternehmen gegen

486 „There are significant differences between privatization and private-to-private sales. The government has different concerns from those of a private seller. Unlike a private seller who seeks the highest market price for its assets, the government may have other goals, such as employment, national defense, and political concerns, which may affect the terms of a privatization transaction" (s. Delverde decision, Ziff. 26, in: SRL v. United States, 202 F. 2d 1360 (fed.Cir. Feb.2, 2000)).

487 Gesetz der Ukraine vom 19. Februar 1997 (N89/97 BP) mit weiteren Abänderungen.

488 Art. 8 des Gesetzes bezeichnet als Käufer die folgenden Personen:
- Bürger der Ukraine, ausländische Staatsbürger, Staatenlose;
- Juristische Personen, die im Hoheitsgebiet der Ukraine niedergelassen sind, außer der juristischen Personen, die im Abs. 3 dieses Artikels gelistet sind;
- Juristische Personen anderer Länder.

Geld festzustellen. Diese Phase hielt im Jahre 1999 aufgrund des neuen Privatisierungsprogramms an.

Noch im Jahre 1999 hatte die OECD in ihrem Länderbericht „Ukraine" festgestellt, dass bislang von einem effektiven Programm für systematische und umfassende Transfers von staatlichem Vermögen an private Einheiten oder Individuen noch nicht die Rede sein könne.[489] An diesem Befund hat sich im Laufe der Jahre wenig geändert.[490] Allerdings schien sich nach der Bestätigung von zwei Rechtsakten durch den Präsidenten im November 1999 eine Neuorientierung der ukrainischen Privatisierungspolitik abzuzeichnen. Hervorzuheben sind hier der Präsidialerlass *„Pro nevidkladni zakhody zhodo pryskorennja pryvatysazii v Ukraini* (Über die dringenden Maßnahmen zur Beschleunigung der Privatisierung in der Ukraine)"[491] und das Gesetz der Ukraine *„Pro derzhavnu programu pryvatysazii* (Über das staatliche Privatisierungsprogramm)",[492] durch welches das Privatisierungsprogramm 2000—2002 bestätigt wurde.[493]

---

[489] *Schuijer/Yannac–Small,* OECD Foreign Direct Investment Policy Review Ukraine, 1999, S. 105. Vgl. *Tschetschetov, Mykhaylo,* 2003, S. 8.

[490] S. *Schramm, Hans – Joachim,* 2000a. Vgl. „Die Privatisierung in der Ukraine war 2002 ins Stocken geraten. Insbesondere im Energiebereich und bei der Telekommunikation wurden die Ziele bei weitem nicht erreicht. Dies führte zu erheblichen Ausfällen für das Budget. 2003 scheint sich nun die Lage deutlich zu verbessern. In den ersten neun Monaten betrugen die Privatisierungseinnahmen bereits 1,75 Mrd. UAH, so dass das Ziel von 2,15 Mrd. UAH durchaus erreicht werden kann. Die Privatisierung der Kohlebergwerke soll erst nach 2003 beginnen. Voraus geht derzeit ein beträchtlicher Umstrukturierungsprozess, bei dem ein Teil der Minen geschlossen werden soll. Die verzögerte Privatisierung der regionalen ukrainischen Energieversorger (Oblenergo) soll nun 2004 nachgeholt werden. Mitte 2003 lagen noch Kontrollpakete von elf Oblenergo in staatlicher Hand, an weiteren fünf regionalen Stromversorgern hält der Staat blockierende Aktienpakete. Ursprünglich sollten bereits elf Oblenergo in 2002 privatisiert werden. Auch die für 2003 geplante Veräußerung der blockierenden Aktienpakete an fünf regionalen Stromversorgern ist vorläufig ausgesetzt. Die neue Regierung will zunächst die Schuldenprobleme dieser Versorger lösen. Sie wurden daher auch nicht in den Privatisierungsplan 2003 aufgenommen. Immer noch hält der Staat Anteile an 14900 Unternehmen. Bis 2008 soll die Privatisierung abgeschlossen werden. Allerdings hat die RADA das vorgelegte Konzept im Juni und September nicht angenommen, weil weiterhin Differenzen über den Umfang der Privatisierung in einigen Wirtschaftszweigen, einschließlich des Energiesektors, bestehen. Die Sicherung der Privatisierung des Landbesitzes schreitet fort. Die Weltbank räumte der Ukraine einen Kredit von 195.13 Mio. USD ein, um die geplanten Ausgaben von vier Mio. Eigentumsurkunden im ländlichen Raum und den Aufbau des Katastersystems zu finanzieren. Die Zulassung von gewerblichem Bodeneigentum für Ausländer verbessert weiter die Basis für Auslandsinvestitionen. In den ersten neun Monaten 2003 haben sie gegenüber dem entsprechenden Vorjahreszeitraum auch um 63,3%zugenommen. Ab 2005 soll der freie Handel mit Grund und Boden zugelassen werden und auch ein Hypothekengesetz greifen. Dies wird auf diesem wichtigen Markt viele neue Impulse geben, was sich positiv auf die Wirtschaft auswirken wird" (*Clement, Herman,* 2004, S. 108).

[491] Erlass des Präsidenten vom 29. Dezember 1999 (N1626/99).

[492] Gesetz der Ukraine vom 18. Mai 2000 (N1723-III). S. auch Art. 4 Abs. 1 des Gesetzes *„Pro pryvatyzatchiju derzhavnogo majna* (Über die Privatisierung staatliches Eigentums)".

[493] Die rechtlichen Grundlagen der ukrainischen Privatisierungspolitik finden sich auf drei Ebenen wieder. Zunächst im Präsidialdekret vom Dezember 1999, dann dem Privatisierungs-

Zu den Grundlagen eines fairen Privatisierungsverfahrens gehören Vorschriften, die dem Entstehen von Interessenkonflikten[494] vorbeugen sollen. In dieser Hinsicht finden sich zwar auf untergesetzlicher Ebene Bestimmungen, die die Mitglieder der fraglichen Gremien verpflichten, Erklärungen über die Abwesenheit eines persönlichen Interesses an der Entscheidung abzugeben.[495] An einer allgemeingültigen Regelung fehlt es jedoch weiterhin. Ebenso bleibt die Frage nach den Rechtsfolgen eines Verstoßes[496] gegen derartige Vorschriften offen. Die einschlägige Regelung zu den Tenderverfahren enthält nur einen allgemeinen Hinweis auf die Möglichkeit, gerichtlichen Rechtsschutz in Anspruch zu nehmen. In der Verordnung zu Konkursverfahren fehlt auch eine solche Vorschrift.

Obwohl im staatlichen Privatisierungsprogramm 2004-2006[497] die "Gewährleistung der informationellen Offenheit" zu einer Priorität erhoben wurde, kann die Umsetzung dieses Ziels nur als teilweise erfolgreich bezeichnet werden. Zwar wird das Verfahren zur Entscheidung über den Umfang des in staatlichem Eigentum verbleibenden Aktienpaketes teilweise öffentlich gemacht, Mängel hinsichtlich der Transparenz[498] scheinen jedoch fortzubestehen sowohl im Hinblick auf die abschließende Entscheidung über das Ergebnis eines Privatisierungsverfahrens als auch im Hinblick auf interne Zuständigkeiten und Kompetenzen. Mängel in der Transparenz der abschließenden Entscheidung über den Gewinner einer Ausschreibung sind insofern festzustellen, als in keinem der beiden möglichen Verfahren nähere Angaben über die Gründe der Entscheidung zumindest den unterlegenen Bietern bekannt zu machen sind. Ob die im Rahmen des

---

programm 2000-2002, abschließend aber auch auf der Ebene der Ausführungsbestimmungen des Staatsvermögensfonds.

494 S. Erklärungsbrief OWGU vom 25. April 2001 (N01-8/500): „Der Kreis der Privatisierungssubjekte wurde in Art. 6 GÜPSE bestimmt. Nach diesem Artikel sind staatliche Privatisierungsorgane, Käufer (ihre Vertreter) und Vermittler die Privatisierungssubjekte".

495 „...despite the advances in the privatization program, the environment for private enterprises in Ukraine remains very difficult. A small number of interest groups still control vast areas of the economy, particularly in industry. Also, the Ukrainian government continues to place a heavy bureaucratic and regulatory burden on the private sector. The tax authorities maintain wide powers, which are not always used even-handedly, with enterprises allowed little right of appeal. Governance issues in economic and corporate management remain pressing. Accordingly, interest from non-CIS bidders in Ukrainian enterprises is still very limited" (*Elborgh-Woytek, Katrin / Lewis, Mark*, 2002, S. 6).

496 Im Jahr 2003 wurden 3.600 Straftaten im Bereich der Privatisierung des staatlichen Vermögens registriert. Dem Staat wurde Schaden in Höhe von 20 Millionen Hryvnas (ungefähr 3.7 Millionen US Dollar) zugefügt. (Diese Angaben sind in dem Präsidialbericht zur allukrainischen Tagung „Probleme der Bekämpfung der Organisierten Kriminalität und Korruption und des Schutzes der Menschenrechte", 2004, Kiew, enthalten).

497 S. Entwurf des Programms auf der Webseite des Staatsvermögensfonds der Ukraine (www.spfu.gov.ua).

498 Über den Missbrauch in dem Privatisierungsbereich und die Korruption in der Judikative s. auch die Publikation „Das Haus mit den Chimären", in: *Dzerkalo tyzhnja*, N12 (487), 2004.

“Konkursverfahrens” vorgesehene allgemeine Pflicht zur Bekanntgabe der “Umstände des Verkaufs des Aktienpakets” ausreicht, bleibt abzuwarten.

In Hinblick auf die Regelung interner Zuständigkeiten und Kompetenzen ist festzuhalten, dass Kompetenzen, etwa des KMU oder des Staatsvermögensfonds regelmäßig nur allgemein gefasst sind und keine Zuordnung der Entscheidung zu einem bestimmten Organ enthalten. Letzteres scheint aber gerade im Hinblick auf eine genaue Zuordnung von Verantwortlichkeiten unerlässlich.[499]
Unter dem Stichwort einer fehlenden Verfahrenstransparenz[500] lassen sich abschließend die mehrfach aufgetretenen Fälle erwähnen, in denen es zu nachträglichen Änderungen sowohl in der Liste der zu privatisierenden Unternehmen, als auch der Ausschreibungsregeln bei laufendem Verfahren gekommen ist. Es steht nur zu hoffen, dass die Sensibilität für die Abträglichkeit eines solchen Verhaltens wächst.
Die Streitigkeiten, die im Prozess der Privatisierung erscheinen, werden von Gericht und Wirtschaftsgericht[501] nach ihren vom Gesetz vorgeschriebenen Kompetenzen beigelegt.[502] Seit Beginn des Privatisierungsprozesses wurden viele Klagen eingereicht, nicht nur von natürlichen sondern auch von juristischen Personen.
Die Klageursache war nicht nur mangelnde Verfahrenstransparenz sondern manche Kläger behaupteten, dass sie mit der Privatisierungsweise nicht zufrieden wären. Das Oberste Wirtschaftsgericht betonte in seinen Erklärungsbriefen, dass es keine Kompetenz habe, über die Art und Weise der Privatisierung des konkreten Privatisierungsobjektes zu entscheiden. Diese sei die Befugnis des

---

[499] S. auch dazu *Grytzenko A*. „Legalisierung der Eigentumsverhältnisse – eine Grundlage der demokratischen Entwicklung der Ukraine“, in: *Dzerkalo Tyzhnja*, N18 (493), 2004.

[500] S. Erklärungsbrief OWGU vom 18. März 1997 (N01-8/91), Ziff. 6; Erklärungsbrief OWGU vom 15. Mai 1997 (N01-8/167), Ziff. 1.1; Erklärungsbrief OWGU vom 6. April 1998 (N05-2/99).

[501] Erklärungsbrief OWGU vom 5. Oktober 1993 (N01-8/1076), Erklärungsbrief OWGU vom 7. April 1994 (N01-8/237), Erklärungsbrief OWGU vom 26. Juni 1995 (N01-8/453), Erklärungsbrief OWGU vom 21. März 1996 (N01-8/120), Erklärungsbrief des OWGU vom 10. Juni 1996 (N01-8/207), Informationsbrief OWGU 1. Juli 1996 (N01-8/241), Erklärungsbrief OWGU vom 30. September 1996 (N01-8/342), Erklärungsbrief OWGU vom 18. März 1997 (N01-8/91), Erklärungsbrief OWGU vom 15. Mai 1997 (N01-8/167), Erklärungsbrief OWGU vom 24. November 1997 (N01-8/452), Erklärungsbrief OWGU vom 25. Februar 1998 (N01-8/73), Erklärungsbrief OWGU 10. März 1998 (N01-8/91), Erklärungsbrief OWGU vom 6. April 1998 (N05-2/99), Erklärungsbrief OWGU vom 17. August 1998 (N01-8/314), Erklärungsbrief OWGU vom 29. Januar 1999 (N01-8/46), Erklärungsbrief OWGU vom 11. November 1999 (N01-8/531), Erklärungsbrief OWGU vom 28. April 2000 (N01-8/188), Analysebrief OWGU 22. September 2000 (N01-8/516), Analysebrief OWGU vom 4. Dezember 2000 (N01-8/719), Erklärungsbrief OWGU vom 31. Januar 2001 (N01-8/98), Informationsbrief OWGU vom 20. April 2001 (N01-8/480), Erklärungsbrief OWGU vom 25. April 2001 (N01-8/500), Analysebrief OWGU vom 30. Mai 2001 (N01-8/637).

[502] Art. 30 GÜPSE.

Eigentümers.[503] Das Wirtschaftsgericht ist also nicht zuständig für die Ersuchen der Kläger, die Art und Weise der Privatisierung zu ändern oder abzuschaffen.[504]

2000 verhandelte das Verfassungsgericht der Ukraine in der Sache des Verfassungsappells[505] (ukr.: *konstytuzijne zvernennja).*

Beispiel aus der Gerichtspraxis:[506]

<u>Sachverhalt</u>

Die Anrufungsberechtigten waren die Mitarbeiter des Friseursalons „Cheremshina". Die Mitarbeiter wollten den Salon privatisieren, und wählten dafür den Rückkauf[507]. Das Kollektiv legte dem Privatisierungsorgan rechtzeitig alle notwendigen Unterlagen vor. Aber dieses Organ traf keine Entscheidung zu diesem Antrag. Nach einiger Zeit erschien dieses Privatisierungsobjekt in einer Liste, die eine andere Art und Weise der Privatisierung vorsah. Das Kollektiv des Friseursalons rief das Verfassungsgericht an, um Art. 7 des Gesetzes der Ukraine *„Pro pryvatyzaziju nevelykykh derzhavnykh pidpryemstv* (Über die Privatisierung der kleiner staatlicher Unternehmen)"[508] auszulegen. Art. 7 Abs. 3 des Gesetzes sieht vor, dass Art und Weise der Objektsprivatisierung nach der Initiative des Käufers[509] festzusetzen sind. In Abs. 5 dieses Artikels wurden die erschöpfenden Gründe aufgelistet, warum diese Anträge abgelehnt werden können. Die Mitarbeiter des Salons riefen mehrmals die verschiedene Instanzen des Wirtschaftsgerichts[510] der Ukraine an. Das Wirtschaftsgericht verwies auf seine Erklärungsbriefe.

---

[503] Erklärungsbrief OWGU vom 6. April 1998 (N05-2/99).

[504] Erklärungsbrief OWGU vom 6. April 1998 (N05-2/99); Erklärungsbrief OWGU vom 25. April 2001 (N01-8/500), Ziff. 8.

[505] Art. 42 des Gesetzes der Ukraine „Über das Verfassungsgericht". Der Verfassungspappel ist eine schriftliche Anrufungsmöglichkeit über die offizielle Auslegung der Verfassung der Ukraine und der ukrainischen Gesetze mit dem Ziel, die Verfassungsrechte und Freiheiten der Bürger und der juristischen Personen zu gewährleisten und zu schützen. Diese zweite Form der Anrufung beruht auf den Vorschriften des Art. 13, 4) des Gesetzes, der lediglich ein Gerichtsgutachten verlangt. S. auch Befund VGU vom 6. Juni 2002 (N38-y/2002), Ziff. 4 Abs. 1.

[506] Urteil VGU vom 13.Dezember 2000 (N14-pn/2000).

[507] S. Art. 7 Abs. 3 des Gesetzes der Ukraine *„Pro pryvatyzaziju nevelykykh derzhavnykh pidpryemstv* (Über die Privatisierung kleiner staatlicher Unternehmen)".

[508] S. auch zum Thema Beschluss des Obersten Gerichts der Ukraine vom 18. März 2002 (N2-2201-217/30).

[509] Nach Art. 4 des Gesetzes sind die Verkäufer der Privatisierungsobjekte Staatsvermögensfonds, seine örtlichen Filialen und die Privatisierungsorgane, die von den Organen der örtlichen Selbstverwaltung geschaffen werden.

[510] Vgl. Informationsbrief OWGU vom 6. Juni 1994 (N01-8/368), Ziff. 7.
Die ukrainische Gesetzgebung sieht nicht vor, dass die Klage einer Arbeitsgemeinschaft über die Liquidierung oder Reorganisation des Unternehmens vom Wirtschaftsgericht verhandelt werden soll. Nach Art. 1 WPOU sind juristische Personen (in einigen Fällen auch staatliche und andere Organe) berechtigt, das Wirtschaftsgericht zu anzurufen. Eine Arbeitsgemeinschaft ist keine juristische Person, deswegen kann sie das Wirtschaftsgericht nicht anrufen.

Entscheidung des Gerichts

Das Verfassungsgericht entschied, dass die Privatisierungsorgane verpflichtet sind, die Anträge der Käufer innerhalb der vom Gesetz festgelegten Frist zu behandeln.[511] Sie sind aber nicht verpflichtet, die vom Käufer vorgeschlagene Art und Weise der Privatisierung zu bestätigen.

Die Versuche, die Ergebnisse der widersprüchlichen Privatisierung in der Ukraine zu revidieren, hat man bis heute nicht aufgegeben.[512] Der neugewählte Präsident der Ukraine YUSCHENKO betonte, dass die Objekte, die gesetzgemäß privatisiert worden waren, keiner Revidierung unterliegen werden.[513] Dies[514] ist aber für die Privatisierung des größten Montanindustriekombinats KRIVOROZHSTAHL[515] nicht zutreffend.[516]

Beispiel aus der Gerichtspraxis:

Sachverhalt

Für das Kombinat KRIVOROZHSTAHL wurde am 12. Mai 2004 die Privatisierungsversteigerung[517] erklärt und schon am 14. Juni 2004 bestätigte der Staatsvermögensfond der Ukraine die Ergebnisse des Verkaufs.[518] Das Industrie- und Finanzkonsortium INVESTIZIONNO METALURGICHESKIJ SOJUZ (Investitionsmetallverein) kaufte 93,02% der Aktien des

---

511 Urteil VGU vom 13.Dezember 2000 (N14-рп/2000), Ziff. 5.

512 S. Verfügung des Ministerkabinetts der Ukraine *„Pro robochu grupu z oprazjuvannja problemnykh pytan pryvatyzazii derzhavnogo majna* (Über die Arbeitsgruppe für die Bearbeitung der Problemfragen der Privatisierung staatliches Eigentums)" vom 12. Februar 2005 (N35-p).

513 S. Amtsantrittrede von Präsidenten YUSCHENKO (www.president.gov.ua).

514 S. Rede von YUSCHENKO an der Pressekonferenz in Moskau am 24. Januar 2005.

515 S. Gesetz der Ukraine *„Pro formuvannja konkurentnykh zasad u prozesi pryvatisazii akzij, cho nalezhat dezhavi u majni jurydychnykh osib* (Über die Schaffung der Wettbewerbsgrundlagen im Privatisierungsprozess der Aktien, die im Vermögen juristischer Personen sind und dem Staat gehören)" vom 12. Januar 2005 (N2319-IV), Art. 1 Abs.1.

516 KRIVOROZHSTAHL ist eines der größten Montanindustriekombinate der Welt. Auf dem Markt beträgt sein Anteil etwa 20% der Produktion. Seine Kapazitäten sind für 6 Millionen Tonnen des Walzgutes, etwa 7 Millionen Tonen des Stahl und mehr als 7,8 Millionen Tonen des Gusseisens (s. Webseite des Montanindustriekombinats).

517 Vgl. Verfügung des Ministerkabinetts der Ukraine *„Pro skasuvannja rishen Kabinetu Ministriv Ukrainy zhodo Kryvoriz'kogo derzhavnogo girnycho-metalurgijnogo kombinatu KRIVOROZHSTAHL* (Über die Aufhebung der Entscheidungen des Ministerkabinetts der Ukraine bezüglich Kryvorizhja Montanindustriekombinats KRIVOROZHSTAHL)" vom 12. Februar 2005 (N34-p).

518 Der Kaufpreis von 4,26 Milliarden Hryvnas (~$800 Millionen). In der Zeit von Januar bis Juni betrug der Reingewinn des Kombinates etwa 1,8 Milliarden Hryvnas. Sein Nettoeinkommen betrug 4,6 Milliarden Hryvnas (s. Webseite des Montanindustriekombinats). *The Financial Time* berichtet, dass damals ausländische Investoren $ 1,5 Milliarden (z.B. Holding LNM Group und die russische SEVERSTAHL GROUP) anboten, aber sie wurden zum Verkauf nicht zugelassen, und das Kombinat wurde an Vertraute von Präsident KUTSCHMA verkauft (s. Ausgabe vom 9. Februar 2005).

Montanindustriekombinats. Sofort nach der Bestätigung des Staatsvermögensfonds wurde Klage[519] erhoben, um die Privatisierung des Kombinats auszusetzen. Die Beschwerdeführer (die natürlichen Personen) verlangen, dass die Entscheidung über die Aktienemission des Kombinates und die Bestätigung der Ergebnisse des Verkaufs aufgehoben werden. Am 27. Januar 2005 urteilte das Gericht erster Instanz, dass der neue Besitzer des Kombinats seine 93,02% Aktien nicht veräußern darf,[520] damit die zugunsten der Beschwerdeführer gefallene Gerichtsentscheidung vollstreckt werden kann. Das Gericht lehnte auch den Antrag des Konsortiums ab, in dem dieses forderte, dass dem Staatsvermögensfonds verboten werden sollte, die Ergebnisse des Verkaufs des Kombinats außer Kraft zu setzen.[521]

Am 22. Oktober 2004 befasste sich das Oberste Wirtschaftsgericht der Ukraine ebenfalls mit der Klage des Konsortiums INDUSTRIALNAJA GRUPPA. Das Konsortium erhob seine Klage gegen den Staatsvermögensfonds und das Industrie- und Finanzkonsortium INVESTIZIONNO METALURGICHESKIJ SOJUZ. Die Akte der staatlichen Organe in der KRIVOROZHSTAHL Privatisierung und der Kaufvertrag[522] der 93,02% Aktien sollten ungültig erklärt werden. Das Oberste Wirtschaftsgericht bestätigte die Ergebnisse der KRIVOROZHSTAHL Privatisierung.

Entscheidung des Gerichts

Am 7. Februar 2005 rief die Generalsstaatsanwaltschaft[523] das Oberste Gericht der Ukraine als eine Kassationsinstanz an, um die Entscheidung des Obersten Wirtschaftsgericht der Ukraine aufzuheben. Nach ihrer Auffassung wurden die gesetzlichen Vorschriften im Privatisierungsbereich verletzt.

Am 16. Februar 2005 hob das Kiewer Rayongericht seine frühere Entscheidung vom 25. August 2004 über die Gesetzmäßigkeit der Privatisierung von KRIVOROZHSTAHL auf. Auch das Urteil des Obersten Gerichts der Ukraine vom 27. Dezember 2004 wurde außer Kraft gesetzt. Am 2. Juni 2005 wies die Berufungsinstanz eine Berufung des industriell- finanziellen Konsortiums INVESTIZIONNO METALURGICHESKIJ SOJUZ zurück. Am 17. Juni 2005 wurden 93,2% der Aktien von KRIVOROZHSTAHL auf das Konto des Staatsvermö-

---

[519] Die Klage wurde von dem Abgeordneten einer Oppositionsfraktion und einer Partnerin der Anwaltskanzlei „Kozijakov und Partners" erhoben.

[520] S. Entscheidung des Gerichts des Pecherskij Rayons von Kiew vom 27. Januar 2005.

[521] Vgl. Beschluss des Obersten Wirtschaftsgerichts der Ukraine vom 1. April 2004 (N18/333(18/339)) in der Kassationsklage OAG „Zaporizhzhja Ferrolegierungsbetrieb" gegen den Staatsvermögensfonds der Ukraine.

[522] Art. 215 Abs. 3 und Art. 216 Abs. 5 ZGBU. S. auch zum Thema den Beschluss der Zivilkammer des Obersten Gerichts der Ukraine vom 11. Dezember 2003.

[523] Das Konsortium INDUSTRIALNAJA GRUPPA ist keine Partei in dem Verfahren mehr tritt in dem Verfahren nicht mehr als Partei auf.

gensfonds überwiesen. An dem Tag[524] wurde bekannt,[525] dass die Rechtanwälte des Konsortiums am 18. März 2005 Klage beim EGMR eingereicht haben.[526]

Der neue ukrainische Präsident erklärte, dass die Ergebnisse der Privatisierung von fast 3.000 Unternehmen revidiert werden, und diese Unternehmen in das staatliche Eigentum zurückgegeben werden.[527] Dann aber wurde die Zahl der Unternehmen auf 29 reduziert.[528]

Eine abweichende Lösung der Privatisierungsprobleme wird von SCHEWCHENKO vorgeschlagen.[529] Sie vertritt die Meinung, dass der rechtliche Status des Unternehmens in der ukrainischen Gesetzgebung nicht ausreichend geregelt wird, weil die ukrainische Gesetzgebung keine eindeutige Antwort gibt, ob ein Unternehmen ein Subjekt oder ein Objekt des Wirtschaftsverkehrs ist. Nach ihrer Auffassung soll ein Unternehmen wie ein Objekt[530] des Wirtschaftsverkehrs betrachtet werden. Eine juristische Person[531] hingegen als ein Subjekt des Wirtschaftsverkehrs.[532] Die Verfasserin teilt diese Meinung nicht zuletzt deshalb, weil zu einem Unternehmen nicht nur die persönlichen und sachlichen Mittel gehören, sondern auch immaterielle Rechte,[533] z.B. Firma,[534] Marke und Forderungen[535] u.s.w..

In Hinblick auf die unsichere Lage der Eigentümer, die in der Zeit der alten Mächte ihr Eigentum erworben haben, wurden von einigen Abgeordneten zwei Gesetzesentwürfe ausgearbeitet, die die Nationalisierungsprozesse[536] regeln sol-

---

[524] Am 16. Juni 2005 wurde in Kiew das Memorandum über die Eigentumsgarantien und die Gewährleistung ihrer gesetzmäßigen Anwendung unterzeichnet. Das Memorandum wurde von Präsident YUSCHENKO, Ministerpräsidentin TIMOSCHENKO und dem Vorsitzenden des Verkhona Rada LITVYN unterschrieben. Die Führungskräfte der Ukraine wollten damit westlichen Investoren beweisen, dass sie unbesorgt in die ukrainische Wirtschaft investieren können. Das Memorandum blieb aber nicht mehr als eine rein populistische Maßnahme.

[525] S. www.proUA.com vom 17. Juni 2005.

[526] Die Beschwerdeführer machten gelten, dass ihre Rechte aus Art. 6 Abs.1, Art. 13, Art. 10, Art. 11, Art. 14 EMRK und Art. 1 1.ZP vom Staat verletzt wurden (mehr Information www.echr.ru/news/msg.asp?id=703).

[527] S. Pressemitteilung auf der Webseite www.president.gov.ua.

[528] S. die Liste der geplanten Objekte der Reprivatisierung vom 29. April 2005 (www.grani.kiev.ua).

[529] *Schewchenko, J. M.*, 1996, S. 52-53.

[530] Vgl. Art. 132 ZGBRF.

[531] S. Art. 80, 81, 83, 84 ZGBU.

[532] Mehr zum Thema s. *Schewchenko, J. M.*, 1996, S. 56-94.

[533] S. Art. 94 ZGBU.

[534] S. Art. 90 Abs. 2, 3 und 5 ZGBU.

[535] Art. 96 ZGBU.

[536] „Unter Eigentumsentziehungen im Sinne des Abs. 1 Satz 2 fallen auch Maßnahmen der Nationalisierung. Bei einer Nationalisierung handelt es sich um die Übertragung von ganzen Industrie- und Wirtschaftszweigen in das Eigentum des Staates. Anders als die formelle Ent-

len: „*Pro porjadok prymusovogo vidtchuzhennja objektiv prava pryvatnoi vlasnosti u vlasnist derzhavy (nationalisazii)* (Über den Ablauf der zwangsweisen Überführung der Objekte des Privateigentums ins staatlichen Eigentum (Nationalisierung))“[537] und „*Pro porjadok vyluchennja objektiv prava pryvatnoi vlasnosti u vlasnist derzhavy i vlasnist terytorialnoi gromady (nationalisaziju)* (Über den Ablauf der Entziehung und Übertragung von Objekten des Privateigentums ins staatliche Eigentum und in das Eigentum örtlicher Gemeinden (Nationalisierung))“.[538] Bei einem Vergleich der vorgeschlagenen Gesetzentwürfe stellt man fest, dass ihre Bestimmungen sehr widersprüchlich sind. Das gilt besonders für eine entsprechende Entschädigung vom Staat. Es ist zu vermuten, dass diese Gesetzentwürfe– sollten sie angenommen werden- den Eigentümern Probleme verursachen und bei den Investoren erhebliche Empörung hervorrufen werden.[539]

Eine der hauptsächlichen Ursachen für Klagen zur Privatisierung ist die Privatisierung im Agrarsektor.[540]

2. Eigentumsrecht auf Grundstücke

Eine besondere Position in den Eigentumsverhältnissen besitzen die Normen, die das Grundeigentum regeln. Wie schon erwähnt, galt in der Zeit der UdSSR[541] das Prinzip des ausschließlichen Monopols des Staates auf Grundei-

---

eignung hat eine Nationalisierung insgesamt einen strukturändernden Charakter. Aus diesem Grund muss eine Nationalisierung im Rahmen der Rechtsmäßigkeit einem besonderen Maßstab genügen“ (*Reininghaus, Eva*, 2002, S. 38). S. auch Urteil Lithgow v. the UK.

[537] Gesetzesentwurf N3709 vom 15. Februar 2005.

[538] Gesetzesentwurf N3709-1 vom 21. Februar 2005.

[539] Am 24. Oktober 2005 wurde KRIVOROZHSTAHL reprivatisiert. Metallurgieholding „Mittal Steel Germany GmbH“ kaufte 93,02% des Stahlbetriebes in einer öffentlichen Versteigerung für 24.200.000.000,0 Hryvna (~ EUR 3.781.250.000). Am 12. Januar 2006 wurde das Unternehmen der neuen Satzung entsprechend in MITTAL STEEL KRYVIY RIH umbenannt.

[540] S. Erklärungsbrief OWGU vom 18. März 1997 (N01-8/91), Ziff. 1-9; Erklärungsbrief OWGU vom 25. April 2001 (N01-8/500), Ziff. 23-28.

[541] Im zaristischen Imperium vor 1917 gab es prinzipiell drei Arten von Bodeneigentum:
- staatliches Bodeneigentum,
- privates Bodeneigentum des Adels, der Bürger und der Kaufleute sowie der Bauern (vor allem der im Rahmen der Stolypinischen Reformen aus den Obschtschiny ausgeschiedenen Bauern),
- kollektives Bodeneigentum der Gemeinden (Obschtschiny).

Die Obschtschina war dadurch gekennzeichnet, dass der Boden eines Dorfes den Bauern gemeinsam gehörte und nach jeweils 12 bis 18 Jahren eine Neuaufteilung zwischen den Familien nach Anzahl der Arbeitskräfte oder „Esser“ stattfand. Das sonstige landwirtschaftliche Vermögen befand sich allerdings als Privateigentum in den Händen der Bauern. Der starke Bevölkerungsanstieg auf dem Lande vor dem ersten Weltkrieg führte dazu, dass sich die Fläche je Obschtschina-Mitglied ständig verminderte und dessen wirtschaftliche Situation sich aus diesem Grunde verschlechterte. In der Revolution von 1917 eigneten sich deshalb in viegentum.[542] Nach der Unabhängigkeitserklärung der Ukraine wurde ein neues Rechtsinstitut im Gesetz der Ukraine „Über das Eigentum“ eingeführt, das die Voraussetzungen und den Ablauf der Zuweisung des Bodens an die Bürger zur ewigen Nutzung als Erben regelte.[543] Aber dieses Rechtsinstitut fand keine ausreichende rechtliche Vollendung, weil am 30. Januar 1992 das Gesetz „*Pro formy prava vlasnosti na zemlju* (Über die Rechtsformen auf Grundeigentum)“ erlassen wurde. Dieses Gesetz führte neben dem staatlichen Eigentum von Boden kollektives und privates ein.[544] Am 13. März 1992 wurden die entsprechenden Abänderungen ins Agrargesetzbuch aufgenommen. Auch Art. 14 des Gesetzes „Über das Eigentum“ wurde geändert.

Das Agrargesetzbuch[545] führte bezüglich des Erwerbs des Rechts auf Grundstücke und der Verwirklichung der Rechte des Eigentümers ein sonderrechtliches Regime ein. Diesem zufolge haben Ausländer und ausländische juristische Personen kein Recht auf Erwerb von Grundstücken in der Ukraine.[546]

---

len Dörfern die Obschtschina-Bauern das Land des Adels, der Bürger und Kaufleute an und zwangen auch die während der Stolypinischen Reformen aus den Obschtschini ausgeschiedenen Bauern, wieder in diese einzutreten. Lenin nutzte die Situation für die Verstaatlichung des Bodens, wogegen von den Obschtschina-Bauern keine Einwände erhoben wurden, weil sie das Nutzungsrecht über den Boden in den Gemeinden behielten und sie auf die gleiche Weise weiter wirtschafteten wie vorher, allerdings mit mehr Land. Die Zwangskollektivierung unter Stalin führte zur Bildung kollektiven Eigentums beim sonstigen landwirtschaftlichen Vermögen (Sachkapital) bzw. sogar zu Staatseigentum, wenn die Kolchosen in Sowchosen umgewandelt wurden. Abgesehen von persönlichem privaten Eigentum blieben nur bestimmte Produktionsmittel in den persönlichen Hauswirtschaften Privateigentum.

[542] „...war das Privateigentum nach seiner teilweisen oder gänzlichen Vergesellschaftung bzw. Verstaatlichung in verschiedenen staatssozialistischen Rechts- und Wirtschaftsordnungen außer Kraft gesetzt. So existierte, solange privates Eigentum an Grund und Boden nicht zulässig war, Grundstücke damit zu *res extra commercium* wurden, weder ein Grundstückmarkt mit kalkulierbaren Bodenpreisen, noch ein Kreditwesen mit Kreditsicherungsmöglichkeiten auf der Grundlage von Grundpfandrechten an privaten Bodeneigentum“ (*Roggemann, Herwig*, 1997a, S. 225).

[543] Art. 14 des Gesetzes.

[544] S. Art. 78 Abs. 3 AGBU.

[545] In der Fassung vom 13. März 1992.

[546] Art. 11 Abs. 3 des Gesetzes „Über das Eigentum“. Nach dem neuen AGBU (Art. 22 Abs. 4) dürfen Grundstücke zu landwirtschaftlichen Zwecken Ausländern, Staatenlosen, ausländischen juristischen Firmen und Staaten nicht übereignet werden. Nach Art. 81 können diese Kategorien von Personen nur Grundstücke erwerben, die zu keinem landwirtschaftlichen Zwecke dienen, und auf denen sich Objekte ihres unbeweglichen Vermögens befinden. Nach Art. 22 Abs. 1 ist die Definition der Grundstücke, die landwirtschaftlichen Zwecke dienen, vom Gesetzgeber ausdrücklich erwähnt. Unter diesen Begriff fallen diejenigen Böden, die für landwirtschaftliche Tätigkeit, Durchführung wissenschaftlicher Tätigkeit und Lehrbetrieb und für Betriebsinfrastruktur vorgesehen sind. Wenn eine ausländische physische Person ein Grundstück geerbt hat, dann muss es im Laufe eines Jahres enteignet werden (Art. 81 Abs. 4 AGBU). Die gleiche Regelung gilt für ausländische juristische Personen (Art. 82 Abs. 4 AG-

Art. 14 der Verfassung der Ukraine[547] sieht vor, dass

> "Land is the fundamental national wealth that is under special state protection. The right of property to land is guaranteed. This right is acquired and realised by citizens, legal persons and the State, exclusively in accordance with the law."[548]

Der Mechanismus der Verwirklichung des Rechts auf Grundeigentum, das durch die Verfassung gewährleistet ist, ist in zwei wichtigen Rechtsakten der Ukraine verankert: im Gesetz „Über das Eigentum" und im Agrargesetzbuch.[549] Artikel 81 AGBU räumt das Recht auf Privatgrundeigentum ein. Nach den Vorschriften dieses Artikels werden den ukrainischen Bürgern die folgenden Rechtswege zum Erwerb eines Grundstückes gewährt: 1) Erwerb aus zivilrechtlichen Geschäften, 2) unentgeltliche Übergabe aus staatlichem und kommunalem Eigentum, 3) Privatisierung der Grundstücke, die früher zur Nutzung freigestellt wurden, 4) Erbschaft, 5) Zuweisung des Bodens zu landwirtschaftlichen Zwecken.[550] Nicht nur natürliche Personen haben das Recht auf Privatgrundeigentum sondern auch juristische.[551]

Die Agrargesetzgebung der Ukraine sieht eine Reihe von Beschränkungen bei dem Erwerb des Rechts auf Grundeigentum vor.[552] Zum Beispiel dürfen nach Art. 78 Abs. 4 AGBU Grundstücke Personen und ihren Erben nicht zurückgegeben werden, die bis zum 15. Mai 1992[553] von ihnen privat benutzt wurden. Das heißt, dass diese natürlichen und juristischen Personen und ihre Erben keinen

---

BU). Vgl. Befund VGU über die Ablehnung des Verfassungsgerichtsverfahrens vom 5. Juni 2002 (N30-y/2002).

547 „Die Ukraine schließlich vermochte sich in ihrer nach heftigen Auseinandersetzungen im Juli 1996 verabschiedeten Verfassung nicht zu einer klaren Regelung durchzuringen. Einerseits soll sich der Boden im Eigentum des „ukrainischen" Volkes befinden (Art. 13 Abs. 1 VU) und zum „nationalen Reichtum" gehören (Art. 14 Abs. 1 VU). Andererseits können nach der in Art. 14 Abs. 2 erzielten Kompromissformel Bürger, juristische Personen und der Staat gleichermaßen Grundeigentümer sein, aber Erwerb und Inhalt des Grundeigentums sollen sich ausschließlich nach den einfachgesetzlichen Regelungen richten" (*Brunner, Georg*, 1998, S. 36-37).

548 S. auch Art. 1 AGBU.

549 Das neue Agrargesetzbuch der Ukraine wurde am 25. Oktober 2001 (N2768-III) erlassen und trat am 1. Januar 2002 in Kraft. Bis zu jener Zeit galt das Agrargesetzbuch von 1992.

550 S. Informationsbrief OWGU vom 7. Dezember 1995 (N01-8/870), Ziff. 3.

551 Art. 82 AGBU. In den Übergangsbestimmungen zum neuen Agrargesetzbuch der Ukraine verankerte der Gesetzgeber ursprünglich das Verbot für eine Veräußerung der Grundstücke durch ihre Eigentümer außer Tausch und Erbschaft bis zum 1. Januar 2005. Am 18. Juni 2004 erließ das VR das Gesetz der Ukraine „*Pro vnesennja zmin v Zemelnyj kodeks Ukrainy* (Über die Eintragung der Änderungen ins Agrargesetzbuch der Ukraine)" (N3372). Das Gesetz sieht vor, dass die Geltung des Verbots bis 1. Januar 2010 ausgedehnt wird.

552 S. Kapitel 18 AGBU (Art. 110–115).

553 Am 15. Mai 1992 trat das Agrargesetzbuch der Ukraine in der Fassung vom 13. März 1992 in Kraft. Diese neue Fassung legte das Recht auf Privatgrundeigentum fest.

Anspruch auf Rückgabe des ehemaligen Privatgrundbesitzes haben, der bis zum 15. Mai 1992 in ihrem Eigentum war. Laut den neuen Bestimmungen haben solche Personen das Recht auf Erwerb von Privatgrundeigentum nach allgemeinen Bedingungen, die in der Agrargesetzgebung verankert sind.
Kapitel 23 des Agrargesetzbuches ist dem Schutz des Rechts auf Grundeigentum gewidmet. Art. 153 Abs. 3 berechtigt den Eigentümer (natürliche oder juristische Person) auf die folgenden Arten um Rechtsschutz zu suchen:

1) Anerkennung des Rechts;
2) Wiederherstellung des Status des Grundstücks, der vor der Verletzung des Rechts existierte;
3) Ungültigkeitserklärung des Vertrags;
4) Ungültigkeitserklärung der Rechtsakte des staatlichen Organs;
5) Schadenersatz;
6) Anwendung anderer vom Gesetz vorgesehenen Rechtswege.

In Art. 153 AGBU verankerte der Gesetzgeber die Garantien des Rechts auf Grundeigentum. Die Vorschriften in Abs. 1 dieses Artikels bestimmen, dass dem Eigentümer sein Recht auf das Grundstück nicht entzogen werden darf, außer in vom Gesetz vorgesehen Fällen. Abs. 2 gestattet einen Rückkauf des Grundstückes für öffentliche Zwecke, aber unter der Bedingung der Entschädigung. Aber vom Gesetzgeber wurde nicht erwähnt, ob diese Entschädigung vorläufig sein soll. Ebenfalls ist der ehemalige Eigentümer berechtigt, das Gericht anzurufen, wenn er feststellt, dass sein vorher rückgekauftes Grundstück nicht im öffentlichen Interesse genutzt wird, damit das Geschäft für ungültig erklärt wird.[554]
Nach dem ukrainischen Agrargesetzbuch haben Organe des Staats und der örtlichen Selbstverwaltung kein Recht, sich ohne die entsprechende Gerichtsentscheidung in das Recht des Eigentümers einzumischen, sein Grundstück nach Belieben zu besitzen, zu nutzen und darüber zu verfügen.[555] Die genannten Organe sind verantwortlich für die Schäden, die ihre rechtswidrige Tätigkeit verursachte.[556] Wenn Organe des Staats oder der örtlichen Selbstverwaltung rechtliche Akten erließen, die das Recht einer Person auf Grundeigentum verletzen, dann werden diese Akten für ungültig erklärt. Für die Schäden, die wegen des Erlasses dieser Akte, verursacht wurden, ist das Organ, das diesen Akt verab-

---

554 Art. 153 Abs. 3 AGBU.
555 Art. 154 Abs. 1 AGBU. S. Art. 90 AGBU, der die Rechte der Eigentümer der Grundstücke bestimmt.
556 Art. 154 Abs. 2 AGBU. S. Erklärungsbrief OWGU vom 27. Juni 2001 (N02-5/743), Ziff. 12.

schiedet hat, verantwortlich.[557] Der Ablauf einer Entschädigung für die verursachten Schäden wird im Kapitel 24 AGBU geregelt.
Art. 158 AGBU besagt, dass alle Streitigkeiten in Fragen des Grundeigentums von dem Gericht, den Organen der örtlichen Selbstverwaltung und staatlichen Organen beigelegt werden. Wenn es aber um die Befugnisse des Eigentümers zum Besitz, zur Nutzung und Verfügung seines Grundstückes[558] geht, dann bestimmt Abs. 2 dieses Artikels, dass diese Streitigkeiten ausschließlich von dem Gericht[559] beigelegt werden dürfen.

In den Übergangsbestimmungen[560] AGBU sah der Gesetzgeber ein Moratorium vor, demzufolge bis zum 1. Januar 2005 landwirtschaftliche Nutzfläche von natürlichen und juristischen Personen nicht verkauft oder in einer anderen Weise veräußert[561] werden durfte. Über diese Frist wurde in politischen und wissenschaftlichen Kreisen der Ukraine eingehend diskutiert.[562] Nach vorherrschender Meinung war es unmöglich, in so kurzer Zeit die notwendige Vorbereitung in der Gesetzgebung durchzuführen, damit landwirtschaftliche Nutzfläche verkauft werden könnte. Da die Bedingungen für den Kauf landwirtschaftlicher Nutzfläche nicht ausreichend vorbereitet wurden, erließ das VR das Gesetz „*Pro vnesennja zmin do Zemelnogo kodeksu Ukrainy* (Über die Eintragung der Abänderungen zum Agrargesetzbuch der Ukraine)“,[563] nach dem die Geltungszeit des Moratoriums bis zum 1. Januar 2007[564] verlängert wurde.

1990 begann das Parlament der Ukraine mit der Reform der Landwirtschaft.[565] Seitdem schaffen die Änderungen in der Regulierung des Grundeigentums neue Rechtsverhältnisse in der ukrainischen Gesellschaft. Die Umwandlung der kollektiven Landwirtschaftsbetriebe in Privatgrundeigentum wird in solcher Weise

[557] Art. 155 AGBU. S. Beschluss der Kammer für wirtschaftliche Klagen des Obersten Gerichts der Ukraine vom 4. März 2002.
[558] S. Informationsbrief OWGU vom 14. Juni 1993 (N01-8/672), Ziff. 10, 11; Informationsbrief OWGU vom 22. November 1994 (N01-8/847), Ziff. 3; Informationsbrief OWGU vom 16. Oktober 1995 (N01-8/732), Ziff. 3; Informationsbrief OWGU vom 7. Dezember 1995 (N01-8/870), Ziff. 3; Informationsbrief OWGU vom 10. Juni 1996 (N01-8/207), Ziff. 1; Informationsbrief OWGU vom 24. Januar 1997 (N01-8/23), Ziff. 5; Informationsbrief OWGU vom 14. Januar 1999 (N01-8/10); Erklärungsbrief OWGU vom 27. Juni 2001 (N02-5/743), Ziff. 1-12; Analysebrief OWGU vom 16. November 2001 (N01-8/1228), Ziff. 1, 4-8.
[559] S. Art. 124 Abs. 2 VU: „The jurisdiction of the courts extends to all legal relations that arise in the State.“
[560] Kapitel X (Punkt 15) des Agrargesetzbuches der Ukraine in der Fassung von 2001.
[561] S. Punkt 15 der Übergangsbestimmungen.
[562] S. eine Reihe der Publikationen in Jahren 2002-2004, in: *Juridicheskaja Praktika.*
[563] Gesetz vom 6. Oktober 2004 (N2059-IV).
[564] Das Gesetz wurde von dem Präsidenten unter Druck des Parlaments unterschrieben.
[565] Der Privatisierungsprozess für den Boden in der Ukraine fing mit dem Beschluss des VR vom 13. März 1992 (N2200 –XII) „*Pro pryskorennja zemelnoji reformy ta pryvatysatchiju zemli* (Über die Beschleunigung der Bodenreform und –privatisierung)“ an.

durchgeführt, dass jedes Mitglied eines solchen kollektiven Landwirtschaftsbetriebs frei ist, aus diesem mit einem Grundstück (ukr.: *Paj*) auszutreten. Mit den erworbenen Grundstücken darf man eigene Privatbetriebe, Landwirtschaftsbetriebe und andere Wirtschaftssubjekte schaffen.

Der Prozess der Reformierung des Grundeigentums geht sehr mühselig vor sich. Die rechtlichen Vorschriften in dem Bereich wurden und werden parallel zu der praktischen Umsetzung geschaffen. Dies führte zu verschiedenen Missbräuchen der Gesetzgebung. Die meisten Ansprüche, die geltend gemacht wurden, betrafen das Grundeigentum.

Die bedeutsamste Rolle bei der Reform der Grundverhältnisse und der Anwendung der Rechtsnormen wird den Gerichten überlassen. Die Gerichte entscheiden auch in anderen Streitigkeiten, die bei der bodenrechtlichen Gesetzgebung geregelt sind, z.B. Schadenersatzansprüchen.[566] Aber die Streitigkeiten über die Privatisierung der Grundstücke sind die häufigsten.

2003 erschien die Analyse der gerichtlichen Praxis in den Streitigkeiten über das Grundeigentum,[567] die von dem Richter der Zivilkammer des Obersten Gerichts der Ukraine GUMENJUK vorbereitet wurde. Nach offiziellen Angaben verhandelten das Oberste Gericht und die Appellationsgerichte der Ukraine über 11.235 Ansprüche, von denen 6.790 mit der Privatisierung der Grundstücke und ihrer Erbfolge zusammenhängen, 3.355 Ansprüche – mit der Grundpacht, 33 Ansprüche - mit dem Schadenersatz, 1.057 Ansprüche – mit der Verletzung von nachbarlichen Regelungen.[568]

Beispiel aus der Gerichtspraxis:[569]

Sachverhalt

1996 verklagte die Bürgerin F ihre Nachbarin P. Die Bürgerin F verlangte, dass die Grenze ihres Grundstücks, das zum Teil ihres Eigenheims gehörte, und die entsprechenden Nutzungsregelungen vom Gericht festgesetzt werden sollten, weil sie ihr Grundstück privatisieren wollte. Die Klägerin behauptete, dass sie dieses Grundstück 1970 von ihrem Vater geerbt hatte und seitdem benutzte (mehr als 20 Jahre). Während dieser Zeit machte die Nachbarin P keine Ansprüche geltend, sie gab sogar 1994 schriftlich ihre Zustimmung zu der Privatisierung des Grundstückes von Frau F. Auch später wurde diese Zustimmung nicht widerrufen.

Gleichzeitig verklagte die Nachbarin P Frau F, und behauptete, dass ein Teil Grundstückes der F ihr gehörte. Dieser Teil des Grundstückes, das heute F besitzt, wurde vom Vater von Frau P dem Vater von Frau F verkauft. Frau P behauptete, dass die Familie F vom Teil des

[566] Erklärungsbrief OWGU vom 27. Juni 2001 (N02-5/743), Ziff. 12.

[567] S. Webseite des Obersten Gerichts der Ukraine (www.scourt.gov.ua).

[568] 7.368 dieser Ansprüche wurde stattgegeben. Dies entspricht 65,6% der Gesamtzahl der Ansprüche. 1.570 (13,97%) Ansprüche wurden abgelehnt, 2.354 (20,95%) Ansprüche wurden nicht bearbeitet (aus verschiedenen Gründen).

[569] Entscheidung des Kirovograder Rayongerichts vom 10. Februar 1999 (Kassationsentscheidung vom 11. März 1999).

Grundstückes ungerechtfertigt Besitz ergriffen hatte, weil Vater der P enteignet und ins Exil geschickt wurde. Deswegen verlangte sie die Rückgabe dieses Teils des Grundstücks.

Entscheidung des Gerichts

Das Gericht stellte fest, dass der Kaufvertrag zwischen den zwei Familien 1930 geschlossen wurde, und der Vater der Frau P ab 1937 ins Exil geschickt worden war. 1953 ordnete das örtliche Exekutivorgan an, die Grenzen zwischen den beiden Grundstücken zu vermessen und die Dokumente zu diesen Grundstücken zu registrieren. Das Gericht wies darauf hin, dass es keine Kompetenz habe, Grundstücke zuweisen oder einzuziehen. Obwohl P diese Entscheidung beanstandete, legte sie vor Gericht keine Beschwerde ein.

Das Gericht gab der Klage von Frau F statt. Die Nachbarin P legte Berufung ein, aber das Appellationsgericht bestätigte die Entscheidung des Gerichts der ersten Instanz.

Heute haben Ukrainer die Möglichkeit ihre Grundstücke, die sie früher zur Nutzung oder als persönliches Eigentum hatten, zu privatisieren. In mehreren Verfahren wie diesem spielten die rechtlichen Vorschriften der sowjetischen Zeiten eine große Rolle. Man braucht noch viel Zeit, um alle Streitigkeiten über das Grundeigentum, die zum Teil auf sowjetische Rechtsnormen zurückgehen, beizulegen.

In der Ukraine wurde das Agrargesetzbuch parallel zu seinem russischen Gegenstück angenommen.[570] Das ukrainische Gesetzbuch ist radikaler als das russische, weil es landwirtschaftliche Nutzfläche in den Verkehr bringt. Nach der ukrainischen Gesetzgebung können Bauern, die die ukrainische Staatsangehörigkeit haben, 100 Hektars Boden guter Qualität unentgeltlich als Eigentum bekommen. Aber hinsichtlich des Radikalismus des ukrainischen Agrargesetzbuches gingen die Meinungen der Experten auseinander. Ein Teil ist der Auffassung, dass die rechtlich festgelegte Möglichkeit, Boden in den freien Verkehr zu

[570] Das VR der Ukraine billigte das Gesetzbuch am 25. Oktober 2001. Diese Simultanität der Annahme der Agrargesetzbücher in beiden Ländern weckte den Verdacht, dass beide Rechtsakte unter westlichem Einfluss entworfen und angenommen wurden.
In der Ukraine wurden durch das Parlament der Ukraine sogar zwei gegensätzliche Konzeptionen der Bodenreform mit sich widersprechenden Ansätzen für die Privatisierung des Bodens beschlossen. „Der erste Ansatz sieht vor, dass die Privatisierung durch Verteilung gleich großer Grundstücke an alle erwachsenen Bürger der Ukraine erfolgen soll. Der zweite Ansatz räumt dagegen denjenigen Personen eine Priorität ein, welche in der landwirtschaftlichen Produktion beschäftigt sind. Jedoch können auch an alle anderen Personen Grundstücke, z. B. für die Gründung von Bauernwirtschaften sowie den Gartenbau, nach den gesetzlichen Regelungen vergeben werden. Dieser zweite Ansatz spiegelt sich in der neuen Fassung des Bodenkodexes wider, der im März 1992 verabschiedet wurde. Nach einer Zeit der Koexistenz beider Regelungen wird die Bodenreform gegenwärtig nach dem zweiten Ansatz durchgeführt" (*Schulze, Eberhard / Tillack, Peter / Dolud, Olena / Bukin, Sergej*, 1999, S. 17).

bringen, die Lage der Landwirtschaft grundsätzlich ändern werde. Nicht zuletzt denkt man an ausländische Investitionen in diesem Bereich der ukrainischen Wirtschaft. Der andere Teil der Experten stützt sich auf eine Erklärung, dass die Annahme des Gesetzbuches lediglich ein symbolischer Schritt sei, das Ergebnis eines taktischen Kompromisses zwischen dem Präsidenten und dem Parlament.[571] Genauso wie das russische Agrargesetzbuch kennzeichnet sich das ukrainische durch rechtliche Unvollkommenheit und die Abwesenheit der Mechanismen der Bodenkaufgeschäfte. In beiden Agrarrechtsakten behält der Staat die Kontrolle über das Grundeigentum und seine Umverteilung. In der Ukraine wurde im Gegensatz zu Russland theoretisch gebilligt, dass landwirtschaftliche Nutzfläche privatisiert werden dürfen.[572]

Bis heute betraf der Sachverhalt keiner Beschwerde, die gegen die Ukraine entschieden wurde, die Verletzungen der Rechte, die aus den Bodenverhältnissen stammen.[573] Dies bedeutet aber nicht, dass kein Problem in dem Bereich vorliegt. Die Verfasserin vermutet, dass Beschwerden dieser Art vom Komitee des EGMR für unzulässig erklärt wurden, weil die Verfahrensvoraussetzungen aus Art. 35 EMRK nicht erfüllt worden sind.
Eine detaillierte Analyse der Grundeigentumsverhältnisse gehört nicht in den Rahmen dieser Studie.[574]

3. Rückgabe (Auszahlung) der Sparguthaben der Bürger

Das Problem der Rückgabe (Auszahlung) der Sparguthaben der Bürger der Ukraine[575] tauchte direkt nach dem Zerfall der Sowjetunion auf.[576]

---

571 Das Parlament stimmte der Agrarreform zu, weil es sich für ein neues Wahlgesetz interessierte. Es hat das Gesetz im Austausch gegen die Annahme des Agrargesetzbuches der Ukraine bekommen.

572 Mehr zum Thema s. *Medushevskij, Andrej,* 2002, S. 12.

573 Vgl. Urteil Timotiyevich v. Ukraine, Urteil Pavlyulynetz v. Ukraine und MPP Golub v. Ukraine (6778/05)- Decision as to the Admissibility vom 18. Oktober 2005 (inadmissible)

574 Mehr zum Thema s. *Karakash, I. I.,* 2004.

575 Die Staatsverschuldung vor den Sparern der ehemaligen Sparkasse der UdSSR beträgt 132 Milliarden Hryvnas (~22 Milliarden Euro). Bis heute wurden nur 1,5 Milliarden Hryvnas ausgezahlt.

576 Am 30. Oktober 1991 wurde der Vertrag „Allgemeine Grundlage der Beziehungen und gegenseitigen Verrechnungen der Sparbank (ukr.: *Oschadbank*) der UdSSR zu den Sparbanken der sowjetischen Republiken" unterzeichnet. Nach diesem Vertrag wurden die Reste der Sparguthaben der ukrainischen Bürger übergangsweise als Kredit ausgezahlt.
Am 13. März 1992 schlossen die GUS-Staaten den Vertrag über die Grundprinzipien und Mechanismen der Führung der inneren Verschuldung der ehemaligen UdSSR (die Verschuldung der Sparbank der UdSSR wurde der Verschuldung der UdSSR zugerechnet). Die Ukraine hatte den Vertrag mit Vorbehalten unterzeichnet. Diesen zufolge sollte der Vertrag über die Teilung der inneren Verschuldung zusammen mit dem Vertrag über die Teilung der Akti-

Auch der EGMR nahm die Aktualität dieser Problematik für die ukrainischen Bürger wahr. Die Beschwerde *Gayduk and Others v. Ukraine*[577] betraf die Nichtauszahlung ihrer Sparguthaben, die sie in der ehemaligen Sparkasse der UdSSR besaßen. Diese Beschwerde[578] wurde vom EGMR für unzulässig erklärt. Diese Entscheidung des Gerichtshofs besagt nicht, dass die Sparguthaben nicht in den Schutzbereich von Art.1 1.ZP zur EMRK fallen. In diesem Fall lag das Problem darin, dass jeder Beschwerdeführer parallel zwei separate Konten hatte: ein Konto, das von ihm persönlich vor 1992 eröffnet worden war, und das zweite vom Staat eröffnete indexierte Konto. Das Hauptziel der Beschwerdeführer war, die Einlage aus dem zweiten Konto ausgezahlt zu bekommen.
Der Gerichtshof wies noch einmal darauf hin, dass Art.1 1.ZP nur das schon bestehende Vermögen (engl.: *existing possessions*) schützt.

> „Article 1 of Protocol No. 1 does not guarantee any right to acquire the ownership of property. Consequently, it does not impose any general obligation on States to maintain the purchasing power of sums deposited through the systematic indexation of savings."[579]

In diesem Sinne betonte der EGMR, dass ausschließlich die vor 1992 geöffneten Konten der Beschwerdeführer unter den Schutzbereich von Art. 1 1.ZP fielen. Aber, wie schon gesagt, betrafen die Ansprüche der Beschwerdeführer das zweite indexierte Konto. Mit der Begründung, dass „the Court reiterates that the right to the indexation of savings as such is not guaranteed by Article 1 of Protocol No. 1", wurde die Beschwerde für unzulässig erklärt.

---

va und Passiva der ehemaligen Staatsbank der UdSSR geschlossen werden. Dieser Vertrag wurde bis heute vom VR nicht ratifiziert.
Am 20. März 1992 wurde der Vertrag über die Teilung der Aktiva und Passiva der ehemaligen Staatsbank der UdSSR zwischen den Zentralbanken der Republiken unterzeichnet. Man beabsichtigte, eine gemeinsame Kommission zu schaffen, die für die Teilung der Passiva und Aktiva verantwortlich ist. Hierbei sollte die Zentralbank der Russischen Föderation die Informationshauptquelle über die konsolidierte Bilanz der Zentralbank der UdSSR werden. Aber die Russische Föderation lehnte den Vertrag ab. Ergebnis ist, dass es weder eine gemeinsame Kommission noch genaue Informationen gibt.
Es wurde mehrmals versucht (1997, 2000), die Russische Föderation zur Zusammenarbeit in dem Bereich zu bewegen. Bis heute besitzt die Ukraine keine Information über die konsolidierte Bilanz der Zentralbank der UdSSR und den Umfang der Goldreserve und den Diamantenfonds der UdSSR.

[577] S. auch Shmalko v. Ukraine (60750/00) – Decision as to the Admissibility vom 6. Mai 2003 (inadmissible).

[578] S. Gayduk and others v. Ukraine (N 45526/99; 46099/99; 47088/99; 47176/99; 47177/99; 48018/99; 48043/99; 48071/99; 48580/99; 48624/99; 49426/99; 50354/99; 51934/99; 51938/99; 53423/99; 53424/99; 54120/00; 54124/00; 54136/00; 55542/00; 56019/00)- Decision as to the Admissibility vom 2. Juli 2002 (inadmissible).

[579] S. Gayduk and others v. Ukraine (N 45526/99; 46099/99; 47088/99; 47176/99; 47177/99; 48018/99; 48043/99; 48071/99; 48580/99; 48624/99; 49426/99; 50354/99; 51934/99; 51938/99; 53423/99; 53424/99; 54120/00; 54124/00; 54136/00; 55542/00; 56019/00)- Decision as to the Admissibility vom 2. Juli 2002 (inadmissible).

Auch die Entscheidung des Verfassungsgerichts der Ukraine beweist die Aktualität und die Widersprüchlichkeit dieser Problematik.[580]

Beispiel aus der Gerichtspraxis:[581]

Sachverhalt

In der Sache der Verfassungsvorlage *(ukr.: konstytuzijne podannja)* von dem Beauftragten des VR der Ukraine für Menschenrechte [582] und des Verfassungsappells einiger Bürger *(ukr.: konstytuzijne zvernennja)* ging es um die Frage, ob die Vorschriften (Art. 7, 8) des Gesetzes der Ukraine *„Pro derzhavni garantii vidnovlennja zaoschadzhenn gromadjan Ukraiiny* (Über die staatlichen Garantien der Wiederherstellung der Sparguthaben der Bürger der Ukraine)"[583] verfassungswidrig seien. Nach den gesetzlichen Vorschriften werden die Sparguthaben den Bürgern abhängig vom Alter,[584] der Einlagesumme und anderen Faktoren im Rahmen der Budgetkosten der Ukraine für das laufende Jahr etappenweise ausgezahlt.[585] Im Todesfall des Einlegers wird nur ein Teil der gesamten Einlage ausgezahlt, seine Höhe wird nach der staatlichen Hilfe[586] für die Beerdigung errechnet.[587]
Der Beauftragte des VR meinte, dass die Vorschriften des Gesetzes gegen die verfassungsmäßigen Rechte und Freiheiten der Bürger verstoßen, und zwar Art. 3, 13, 22, 41, 48 VU. Die Bürger behaupteten, dass die von ihnen angerufenen Gerichte der allgemeinen Juridiktion[588]

---

[580] Am 8. Dezember 2003 fand die parlamentarische Debatte im VR statt. Das Thema war „Die staatliche Politik im Bereich der Rückgabe und Kompensierung der verlorenen Sparguthaben der Bürger". Am 3 .Februar 2004 erließ das VR den Beschluss (N1427-IV), in dem das VR das Ministerkomitee der Ukraine verpflichtete, die neuen Gesetzentwürfe auszuarbeiten, damit die Auszahlungen der Sparguthaben beschleunigt werden können.

[581] S. Urteil VGU vom 10. Oktober 2001 (N13-pп/2001).

[582] Die Verfassungsvorlage ist eine schriftliche Form der Anrufung mit dem Ziel der Verfassungswidrigkeitserklärung eines bestimmten Rechtaktes oder einzelner seiner Bestimmungen. Sie kann auch die Feststellung der Verfassungsmäßigkeit eines völkerrechtlichen Vertrages oder die Frage der offiziellen Auslegung der Verfassung der Ukraine und der ukrainischen Gesetze betreffen. Art. 40 des Gesetzes stellt die Liste der Subjekte auf, die das Recht auf Verfassungsvorlage mit nachfolgender Entscheidung des Gerichtes haben. Dies sind der Präsident der Ukraine, mindestens 45 Abgeordnete der Ukraine, das Oberste Gericht der Ukraine, der Beauftragte des VR der Ukraine für Menschenrechte und das Parlament der Autonomen Republik Krim.

[583] Gesetz der Ukraine vom 21. November 1996 (N537/96-BP).

[584] Vgl. Ziff. 5 des Urteils des Verfassungsgerichts der Russischen Föderation über das Gleichheitsprinzip vom 23. Mai 1993 (N6-П).

[585] Art. 7 des Gesetzes.

[586] Die Summe der staatlichen Hilfe beträgt 150 Hryvnas (~ $27). Zum Vergleich: In Russland beträgt diese Summe 6.000 Rubel (~$189).

[587] Art.8 des Gesetzes.

[588] S. dazu Erklärung des Obersten Gerichts der Ukraine vom 15. März 1999 (N1-5/117). In der Erklärung wies das OGU darauf hin, dass die Gerichte bei den Verhandlungen über die Auszahlung der Sparguthaben und der indexierten Einlagen von folgenden Grundsätzen ausgehen sollen: Es geht nicht um die Verantwortung, dass der zwischen dem Einleger und der Sparbank geschlossene Vertrag nicht oder nicht gebührend erfüllt wurde. Vielmehr geht es darum, dass die Sparguthaben in der festgelegten Ordnung ausgezahlt werden.
Nach Art. 47 Abs. 2 2) GÜGS sind die Erklärungen des OGU verbindlich für alle Gerichte der Ukraine. „The possibility to address to the lower courts "recommendations/explanations"

die Klagen über die Rückgabe der Sparguthaben unterschiedlich entschieden.[589] Diese unterschiedliche Anwendung der Rechtsnormen verletzte ihre Eigentumsrechte, und ihre Forderung einer sofortigen Auszahlung ihrer Sparguthaben.

Entscheidung des Gerichts

In der Verhandlung stellte das VGU fest, dass Geldmittel Gegenstand des Eigentumsrechts sind.[590] Die Realität des Eigentumsrechts liegt in dessen Gewährleistung. Die Sparguthaben der Bürger, die in der Sparbank der Ukraine eingelegt wurden, werden vom Staat geschützt.[591] Eine der rechtlichen Möglichkeiten des Schutzes des verletzten Rechts ist seine Wiederherstellung.[592] Art. 2 und 5 des Gesetztes „*Pro derzhavni garantii vidnovlennja zaoschadzhenn gromadjan Ukraiiny* (Über die staatlichen Garantien der Wiederherstellung der Sparguthaben der Bürger der Ukraine)" sehen vor, dass Verwahrung und Wiederherstellung des Realwertes der Sparguthaben durch einmalige Kompensationsindexierung durch den Staat gewährleistet werden.[593] Die weitere Kompensationsindexierung wird bei den Auszahlungen der Sparguthaben durchgeführt.[594] Diese Wiederherstellung der Sparguthaben durch die Kompensationsindexierung in der Sparbank der Ukraine bedeutet nicht nur die Restituierung ihres Realwertes sondern auch das Recht des Einlegers als Eigentümer seiner Sparguthaben, eine Auszahlung der restituierten und indexierten Einlagesumme[595] zu verlangen.[596]

---

on matters of application of legislation. This system is not likely to foster the emergence of a truly independent judiciary in Ukraine but entails the risk that judges behave like civil servants who are subject to orders from their superiors" (s. Venice Commission, CDL-INF (2000) 5, vom 10. Februar 2000).

589 Einigen Klagen wurde stattgegeben, andere wurden aber auch mit der Verweisung auf dasselbe Gesetz abgewiesen (s. Urteil VGU, Ziff. 2).

590 S. Art. 13 GÜE.

591 S. Art. 57 Abs. 2 des Gesetzes der Ukraine „*Pro banky ta bankivsku dijalnist* (Über die Banken und das Bankwesen)".

592 S. Art. 16 Abs. 2 4) ZGBU.

593 Vgl. Erklärungsbrief des Obersten Gerichts der Ukraine „*Pro dejaki pytannja zastosuvannja Zakonu Ukrainy „Pro derzhavni garantii vidnovlennja zaoschadzhenn gromadjan Ukraiiny"* (Über einige Fragen der Anwendung des Gesetzes der Ukraine „Über die staatlichen Garantien der Wiederherstellung der Sparguthaben der Bürger der Ukraine")" vom 15. März 1999 (N1-5/117), Abs. 25.

594 Art. 3 Abs. 2 des Gesetzes.

595 S. Ziff. 5.2 des Urteils VGU.

596 Vgl. Befund (ukr.: *Ukhvala*) des Verfassungsgerichts der Ukraine vom 13. März 2003 (N14-y/2003). In seinem Rechtsakt weigerte sich das Verfassungsgericht der Ukraine, das Verfassungverfahren in der Sache zu eröffnen. Das Thema des Verfassungsappells war die Auslegung des Art. 384 Abs. 2 des alten Zivilgesetzbuches der Ukraine. Nach diesen Bestimmungen garantiert der Staat die Verwahrung und die Auszahlung der Sparguthaben natürlicher Personen. Der Beschwerdeführer war ein Einleger der Bank „Slovjanskij", die liquidiert worden war. Nach der Liquidierung dieser Bank wurde ihm nur 1/8 seines Sparguthabens ausgezahlt. Er machte geltend, dass die Nationale Bank der Ukraine ihm den Rest und eine

Nach Art. 7 des Gesetzes „*Pro derzhavni garantii vidnovlennja zaoschadzhenn gromadjan Ukraiiny* (Über die staatlichen Garantien der Wiederherstellung der Sparguthaben der Bürger der Ukraine)" wurden die Sparguthaben der Bürger nach dem Alter der Einleger ausgezahlt.[597] Diese Vorschrift widersprach den Bestimmungen von Art. 384[598] des alten Zivilgesetzbuches der Ukraine, dass die Sparguthaben auf die erste Anforderung des Einlegers zurückzuzahlen sind.[599] Damit wird das verfassungsmäßige Eigentumsrecht verletzt.[600]

In seiner Entscheidung wies das Verfassungsgericht der Ukraine darauf hin, dass nach Art. 1 1.ZP zur EMRK[601] und den Vorschriften[602] der Verfassung der Ukraine das Eigentumsrecht eingeschränkt werden kann. Das Verfassungsgericht urteilte, dass die gesetzlichen Vorschriften, denen zufolge Sparguthaben den Bürgern abhängig von der Einlagesumme und anderen Faktoren im Rahmen der Budgetkosten der Ukraine für das laufende Jahr etappenweise ausgezahlt werden, nicht verfassungswidrig seien.[603] Es wurde aber betont, dass die im Gesetz fehlende Verankerung der genauen Etappen, der Auszahlungsfristen und des Umfangs der Bewilligung planmäßiger Haushaltsausgaben in der Zukunft den vollen Verlust des Sparguthaben verursachen kann, d.h. eine Verletzung des Rechts auf Eigentum.[604]

---

moralische Entschädigung schuldig sei. Das Gesetz der Ukraine „*Pro banky i bankivsku dijalnist* (Über Banken und Bankwesen)" besagt, dass die Nationale Bank der Ukraine keine Verbindlichkeiten anderer Banken erfüllen solle. Das Verfassungsgericht der Ukraine stellte fest, dass kein Grund für die Eröffnung des Verfassungsverfahrens vorlag, weil es keine widersprüchliche Auslegung des Art. 384 Abs. 2 des alten ZGBU gab.

[597] Vgl. Erklärungsbrief des Obersten Gerichts der Ukraine „*Pro dejaki pytannja zastosuvannja Zakonu Ukrainy „Pro derzhavni garantii vidnovlennja zaoschadzhenn gromadjan Ukraiiny"* (Über einige Fragen der Anwendung des Gesetzes der Ukraine „Über die staatlichen Garantien der Wiederherstellung der Sparguthaben der Bürger der Ukraine")" vom 15. März 1999 (N1-5/117), Abs. 26.

[598] S. Art. 1074 und Art. 1075 Abs. 1 ZGBU.

[599] Vgl. Erklärungsbrief des Obersten Gerichts der Ukraine „*Pro dejaki pytannja zastosuvannja Zakonu Ukrainy „Pro derzhavni garantii vidnovlennja zaoschadzhenn gromadjan Ukraiiny"* (Über einige Fragen der Anwendung des Gesetzes der Ukraine „Über die staatlichen Garantien der Wiederherstellung der Sparguthaben der Bürger der Ukraine")" vom 15. März 1999 (N1-5/117), Abs. 23: „Was die Klagen zum Schutze der Garantien der Sparguthaben betrifft, müssen die Gerichte davon ausgehen, dass es nicht um eine Verantwortung aus dem Vertrag zwischen dem Einleger und der Bank geht, sondern um die Rückgabe der Sparguthaben nach dem Gesetz vorgesehenen Verlauf."

[600] S. Ziff. 5.3 des Urteils VGU.

[601] S. Ziff. 5.4 des Urteils VGU.

[602] S. Art. 13 und Art. 14 VU.

[603] Vgl. Sondermeinung des Richters des Verfassungsgerichts der Ukraine EVGRAFOV zum Urteil VGU, Ziff. 3.

[604] Vgl. Urteil Poltorachenko v. Ukraine, Urteil Sharko v. Ukraine.

Das Verfassungsgericht untermauerte seine Entscheidungsbegründung[605] mit dem Leitsatz aus dem Urteil des EGMR *James and Others v. the United Kingdom*. Dies ist einer der wenigen Fälle,[606] wo das Verfassungsgericht auf das Straßburger *Case –Law* verweist.[607]

> „Finding it natural that the margin of appreciation available to the legislature in implementing social and economic policies should be a wide one, will respect the legislature's judgment as to what is "in the public interest" unless that judgment be manifestly without reasonable foundation."[608]

Zu dieser Problematik entschied der EGMR in der Sache *Gayduk and Others v. Ukraine* gegensätzlich zu dem Urteil des Verfassungsgerichts der Ukraine, das anerkannte, dass die indexierten Kontos der Bürger auch unter dem Schutz des Eigentumsrechts stehen. Mit Rücksicht auf das Präjudizienrecht des Straßburger Gerichtshofes besteht keine Möglichkeit für andere Beschwerdeführer, wegen der Nichtauszahlung ihrer Sparguthaben in Straßburg zu klagen.

> „However, Article 1 of Protocol No. 1 does not guarantee any right to acquire the ownership of property...Consequently; it does not impose any general obligation on States to maintain the purchasing power of sums deposited through the systematic indexation of savings...
> ...Court reiterates that the right to the indexation of savings as such is not guaranteed by Article 1 of Protocol No. 1."

Der ukrainische Gesetzgeber versucht, die Finanzquelle für die Rückgabe der Sparguthaben der ukrainischen Bürger zu finden. Es wurde eine parlamentarische Sonderkommission[609] geschaffen, die sich ausschließlich mit diesen Fragen beschäftigt. Es wird nicht nur nach auswärtigen sondern auch nach inneren Finanzquellen gesucht. Eine der vorgeschlagenen Finanzquellen ist die Einführung einer Grundbesteuerung des Vermögens der Bürger.[610] Der Gesetzentwurf „*Pro podatok na majno gromadjan Ukrainy* (Über die Grundsteuer auf das Vermögen der Bürger der Ukraine)" wird zurzeit im Parlament diskutiert.

---

[605] Dieses Urteil des Verfassungsgerichts der Ukraine wurde in der Literatur sehr stark kritisiert. Nach der herrschenden Meinung hat das erstrangige Recht auf die Rückgabe der Sparguthaben doch die alte Generation. Die Gegner der Entscheidung zeigen Russland als Beispiel auf. Der Beschluss der Regierung der RF vom 19. Februar 2003 (N117) beinhaltet die Bestimmungen, nach denen in der ersten Reihe der Adressaten der Auszahlung der Sparguthaben die Invaliden und die vor 1945 geborenen Bürger stehen.

[606] S. auch Urteil VGU vom 12. Februar 2002 (N3-pп/2002), Ziff. 3.1.

[607] Vgl. Sondermeinung des Richters des Verfassungsgerichts EVGRAFOV zum Urteil VGU, Ziff. 3.

[608] Urteil James and Others v. the UK, Ziff. 46.

[609] Beschluss des VR der Ukraine zur parlamentarischen Verhandlung „Über die staatliche Politik im Bereich der Rückzahlung der Sparguthaben der Bürger und der entsprechenden Kompensation für die entwerteten Sparguthaben der Bürger. Zustand und Perspektive" vom 3. Februar 2004 (N1427-IV).

[610] Dies betrifft nur Bürger, deren Immobilien USD 70.000 überschreiten.

Das VR[611] hat am 2. Juni 2005 das neue Gesetz „*Pro derzhavni garantii vidnovlennja zaoschadzhen' gromadjan Ukraiiny* (Über die staatlichen Garantien der Wiederherstellung der Sparguthaben der Bürger der Ukraine)“ gebilligt, es befindet sich jetzt zur Prüfung beim Präsidenten der Ukraine. Bis heute hat der ukrainische Staat[612] nicht anerkannt, dass die Sparguthaben der Bürger der Ukraine, die in die Sparbank der UdSSR eingelegt wurden, zur inneren Staatsverschuldung gehören. In dem Gesetz versucht der Gesetzgeber, diese Lücke zu kompensieren.[613] Aber es besteht große Wahrscheinlichkeit, dass der Präsident sein Veto gegen dieses Gesetz erhebt.

4. Moratorium auf Zwangsverkauf des Vermögens

Ein weiteres Problem des Eigentumsschutzes in der Ukraine war die Einführung des Moratoriums für Zwangsverkäufe des Vermögens von Untenehmen, in denen 25% des Satzungskapitals dem Staat[614] gehörten.[615]

---

611 S. auch Beschlüsse des VR vom 1. Februar 2005 (N2396-IV) und (N2395-IV).

612 In der Russischen Föderation ist das Problem anders entschieden. Mit dem Gesetz „*O vozobnovlenii i zastchite vkladov grazhdan Rossijskoj Federazii* (Über die Wiederherstellung und den Schutz der Sparguthaben der Bürger der Russischen Föderation)“ vom 10. Mai 1995 (N73–ФЗ) wurden die Sparguthaben der Bürger, die vor den 20. Juni 1991 in die Sparbank der UdSSR eingelegt worden waren, offiziell als innere Staatsverschuldung anerkannt (Art.2 des Gesetzes). Noch fünf Gesetze wurden erlassen, um das Problem der Rückgabe der Sparguthaben zu regulieren. 1997 wurde der Begriff des Nominalwertes der zweckgebundenen Schuldverpflichtung Russlands (russ.: *zelevoje dolgovoje objazatelstvo Rossii*, DOR) eingeführt. Ein Schuldrubel entspricht dem Rubel der UdSSR. Der Nominalwert des Schuldrubels wird vom *Goskomstat der RF* (Staatlicher Komitee für Statistik) festgelegt, die Regierung kontrolliert und bewilligt ihn. Zurzeit kostet ein Schuldrubels ungefähr $1. Ingesamt beträgt die innere Staatsverschuldung der RF 8 Billionen Rubels (~$ 270 Milliarden).

613 KMU erließ den Beschluss (vom 26. Juni 2005, N664), in dem ein Begleichungsmechanismus so ausgearbeitet wurde, dass die Kommunalabgabenverschuldung der Bürger mittels ihrer ehemaligen Sparguthaben getilgt werden können. S. auch KMU Beschluss vom 30. Mai 2005 (N409) und KMU Beschluss vom 30. Dezember 2005 (N580-p).

614 Das Oberste Wirtschaftsgericht der Ukraine verwies auf Art. 2 Abs. 1 des Gesetzes der Ukraine „*Pro pidpryemstva v Ukraini* (Über die Unternehmen in der Ukraine)“(das Gesetz vom 27. März 1991 N 887-XII), in dem der Gesetzgeber die Liste der Unternehmensarten festgelegt hat. Ein staatliches Unternehmen ist ein Unternehmen, das mit staatlichem Eigentum gegründet wurde (auch ärarisches Unternehmen). Das Satzungskapital eines staatlichen Unternehmens ist nicht in Aktien aufgeteilt. Deswegen ist dieses Unternehmen nach seiner Organisationsform ein unitäres Unternehmen (s. Informationsbrief OWGU vom 13. Februar 2002 (N01-8/152), Ziff. 2).

615 Am 18. Juni 2004 fand die Pressekonferenz des Justizministers der Ukraine statt. Der Minister betonte, dass 50% der nicht vollstreckten Gerichtsentscheidungen das Vollstreckungsverfahren in den Sachen über Beitreibung der Verschuldung der staatlichen Unternehmen beträgt, in den 25% des Satzungskapitals dem Staat gehören (s. die Webseite des Minister Komitees der Ukraine).

2001 erliess das VR das Gesetz der Ukraine *„Pro vvedennja moratoriju na prymusovu realizachiju majna* (Über die Einführung des Moratoriums für Zwangsverkauf des Vermögens)".[616] Dieses Gesetz sah vor, dass das Vermögen eines Unternehmens, in dem 25% des Satzungskapitals dem Staat gehören, nicht zwangsverkauft werden darf, auch dann nicht, wenn eine Gerichtsentscheidung vorliegt.[617] Die Geltungsdauer des Gesetzes ist nicht begrenzt, und genau dies macht es unmöglich, die Gerichtsentscheidungen in vernünftiger Zeit zu vollstrecken.[618] Deshalb hängen die meisten Beschwerden aus der Ukraine, die sich auf Art. 1 1.ZP beziehen, mit Art. 6 Abs. 1 EMRK zusammen.

41% aller Beschwerden,[619] die in Straßburg eingegangen sind[620] und die für zulässig erklärt wurden, beziehen sich auf die Nichtvollstreckung der Gerichtsent-

---

616 Gesetz der Ukraine vom 29. November 2001 (N2864-III).

617 S. Informationsbrief OWGU vom 13. Februar 2002 (N01-8/152), Ziff. 6.

618 Das erste Urteil des EGMR gegen die Ukraine war in der Sache Kaysin v. Ukraine. Die Beschwerdeführer, dreizehn ukrainische Bürger, waren 12 Jahre im selben Bergbaukombinat tätig (eine Aktiengesellschaft, in der der Staat Hauptaktionär ist). Alle Beschwerdeführer litten unter Berufskrankheiten, die später zur Invalidität führten. Das Kombinat aber zahlte keine Invalidenrenten, und die Betroffenen riefen das Gericht Erster Instanz von Tschervonograd an, um die volle Auszahlung der Renten zu erwirken. In den Gerichtsentscheidungen wurden die geschuldeten Invalidenrenten für jeden Beschwerdeführer zur Zahlung angewiesen und die Höhe der monatlichen Renten festgelegt. Mit Schreiben vom 28. Januar 1999 verpflichtete das Gericht das Kombinat, diese Auszahlungen auszuführen. Dies geschah jedoch nicht. Am 8. Oktober 1999 stellte der Vizepräsident des Obersten Gerichts der Ukraine vorläufig das Zwangsvollstreckungsverfahren bezüglich der Entscheidung vom 24. November 1997 zugunsten des ersten Beschwerdeführers ein.
Die Beschwerde ging bei der EKMR am 16. Oktober 1998 ein. Die Beschwerdeführer beriefen sich auf Art. 6 Abs.1 EMRK. Sie behaupteten, dass die Vollstreckung der für sie günstigen Entscheidungen des Gerichts Erster Instanz zwei Jahre verzögert worden sei. Hierin sahen sie eine böswillige Unterlassung des Vollstreckungsdienstes, und sie verlangten eine gerechte Entschädigung.
Die Beschwerde wurde am 27. Januar 2000 vom EGMR als zulässig angenommen. Der Gerichtshof befand, dass diese Sache schwierige rechtliche und faktische, mit der Konvention verbundene Aspekte betreffe.
Am 3. Mai 2001 wurde die erste Entscheidung des EGMR gefällt, in der die Ukraine die Rolle des Beklagten spielte. Sie wurde jedoch nicht verurteilt, die EMRK verletzt zu haben, da die Parteien im Sinne von Art. 39 EMRK eine gütliche Einigung erreichten, indem die Regierung selbst die ausstehenden Beträge den Beschwerdeführern auszahlte. Es wurde entschieden, die Sache nach Art. 37 Abs.1 b) EMRK aus dem Register zu streichen.
S. zum Urteil des EGMR auch die Resolution des Ministerkomitees ResDH(2002)3 vom 6. März 2002.

619 S. Webseite des KMU, Pressemitteilung vom 19.November 2003.

620 S. Zum Beispiel Bondarchuk v. Ukraine (N47602/99)- Decision as to the Admissibility vom 16. März 2000, Sergeev v. Ukraine (N53874/00) -Decision as to the Admissibility vom 12. Dezember 2000, Pogasyi v. Ukraine (N58932/00) -Decision as to the Admissibility vom 28. Mai 2002, Krapyvnytskiy v. Ukraine (N60858/00) -Decision as to the Admissibility vom

scheidungen, die die Nichtauszahlung der Lohnverschuldung angehen. Es geht um die Unternehmen, die faktisch zum staatlichen Eigentum gehörten.
In der Sache *Sokur v. Ukraine*[621] machte der Beschwerdeführer geltend, dass infolge der Einführung des Moratoriums seine Rechte aus Art. 6 EMRK verletzt wurden, weil er seinen Lohn für die Jahre 1998 bis 2000 vom staatlichen Unternehmen nicht ausgezahlt bekommen konnte. Am 3. Mai 2001 entschied das Gericht erster Instanz zu Gunsten des Beschwerdeführers. Der staatliche Vollstreckungsdienst[622] war unfähig, die Gerichtsentscheidung zu vollstrecken. Die Geltung des Gesetzes der Ukraine „Über die Einführung des Moratoriums auf Zwangsverkauf des Vermögens" setzte die Entscheidung des Gerichts praktisch außer Kraft. Auf dieser Weise werden die Rechte der Bürger und juristischer Personen erheblich verletzt.[623] Am 26. April 2005 stellte der EGMR in dieser Sache die Verletzung von Art. 6 Abs. 1 EMRK fest.

> „...the Court recalls that...throughout the period under the consideration, the enforcement of the judgment was prevented by legislative measures, rather then by a bailiff's misconduct, the applicant cannot be reproached for not having taken proceedings against the bailiff."[624]

Am 10. Juni 2003 nahm das Verfassungsgericht der Ukraine[625] Stellung zu der Verfassungsvorlage (ukr.: *konstytuzijne podannja*) von 47 Abgeordneten des VR.

Beispiel aus der Gerichtspraxis:
<u>Sachverhalt</u>
Sie behaupteten, dass einige Vorschriften des Gesetzes der Ukraine „Über die Einführung des Moratoriums auf Zwangsverkauf des Vermögens" verfassungswidrig waren, und zwar widersprachen sie Art. 13 Abs. 4,[626] Art. 42 Abs. 3,[627] Art. 50,[628] Art. 124 Abs. 5[629] VU.

---

19. September 2002, Sokur v. Ukraine (N29439/02) -Decision as to the Admissibility vom 16. Dezember 2003 (admissible).
621 S. auch Sokur v. Ukraine (29439/02) - Decision as to the Admissibility vom 16. Dezember 2003 (admissible).
622 Nach der Auffassung des ukrainischen Gesetzgebers bildet der Vollstreckungsdienst eine Institution innerhalb des Justizministeriums. S. Art. 1 des Gesetzes der Ukraine „*Pro derzhavnu vykonavchu sluzhbu* (Über den staatlichen Vollstreckungsdienst)". Im Gesetz ist auch vorgesehen, dass unter bestimmten Voraussetzungen eine Gerichtsentscheidung von anderen Behörden (Art. 2 Abs. 3, Art. 9 Abs. 1 des Gesetzes) vollstreckt werden kann (Steuerbehörde, Zollbehörde, Banken und andere Kreditinstitutionen).
623 S. zum Thema die neuesten Urteile des EGMR: Katsyuk v. Ukraine, Varanitsa v. Ukraine, Fuklev v. Ukraine.
624 Vgl. Shestakov v. Russia (48757/99) – Decision as to the Admissibility vom 18. Juni 2002 (inadmissible).
625 Urteil VGU vom 10. Juni 2003 (N11-pп/2003).
626 "All subjects of the right of property are equal before the law."
627 "The State ensures the protection of competition in entrepreneurial activity."

Zwangsverkauf des Vermögen im Sinne des Gesetzes der Ukraine „Über die Einführung des Moratoriums auf Zwangsverkauf des Vermögens“ bedeutet Veräußerung der Objekte des unbeweglichen Vermögens[630] und anderer Hauptproduktionsmittel, die die Produktionstätigkeit dieser Betriebe sichern, aber auch der Aktien und Anteile, die dem Staat gehören und in dem Satzungskapital dieser Betriebe sind.[631]

Entscheidung des Gerichts

Das VGU wies auf die Kontinuität in seiner Rechtsprechung hin, weil schon in der Entscheidung vom 12. Februar 2002[632] die Frage der Auslegung der Verfassungsbestimmung über die Gleichheit der Formen des Eigentums in der Ukraine behandelt wurde. Damals wurde betont, dass, obwohl alle Formen des Eigentums in der Ukraine die gleiche Stellung genießen, jede ihre Besonderheiten hat, die mit den vom Gesetz festgelegten Bedingungen und Grundlagen der Entstehung und Beendigung des Eigentumsrechts zusammenhängen.[633] Deshalb ist das VGU der Meinung, dass eine der Besonderheiten der rechtlichen Stellung des staatlichen Eigentums das für eine bestimmte Zeit eingeführte Moratorium für den Zwangsverkauf des Vermögens der Betriebe ist.[634]

Art. 1 des Gesetzes „Über die Einführung des Moratoriums auf Zwangsverkauf des Vermögens“ erklärt, dass die Ursache des Erlasses dieses Gesetzes die Unvollkommenheit des Mechanismus des Zwangsverkaufs des Vermögens war. Das Verfassungsgericht wies darauf hin, dass alle Eigentumsformen den gleichen Schutz vom Staat genießen, nicht nur in ihren Gemeinsamkeiten sondern auch in ihren Besonderheiten. Das VGU folgerte, dass die Bestimmungen des Gesetzes dem Art. 13 VU nicht widersprechen.

Nach Meinung der Subjekte der Verfassungsvorlage sind die anderen Subjekte des Eigentumsrechts wegen der Einführung des Moratoriums benachteiligt, weil ihnen damit der Schutz ihres Eigentums genommen wurde. Art. 42 VU bestimmt, dass der Staat den Schutz des Wettbewerbs[635] in der Produktionstätigkeit gewährleistet. Das Gericht stellte fest, dass das Gesetz „Über die Einfüh-

---

628 “Everyone has the right to an environment that is safe for life and health, and to compensation for damages inflicted through the violation of this right.”

629 “Judicial decisions are adopted by the courts in the name of Ukraine and are mandatory for execution throughout the entire territory of Ukraine.”

630 Die Definition des Begriffes „unbewegliches Eigentum“ in der ukrainischen Gesetzgebung findet man in Art. 1 des Gesetzes der Ukraine „*Pro ipoteku* (Über die Hypothek)“ vom 5. Juni 2003 (N898-IV). S. dazu auch Informationsbrief OWGU vom 13. Februar 2002 (N01-8/152), Ziff. 4.

631 Art.2 des Gesetzes. S. auch Informationsbrief OWGU vom 13. Februar 2002 (N01-8/152), Ziff. 4; Informationsbrief OWGU vom 22. Oktober 2003 (N01-8/1289).

632 S. Urteil VGU vom 12. Februar 2002 (N3-рп/2002).

633 S. Urteil VGU vom 12. Februar 2002 (N3-рп/2002), Ziff. 3.1.

634 S. Urteil VGU vom 10. Juni 2003 (N11-рп/2003), Ziff. 3.2.

635 Der Begriff des Wettbewerbs in der ukrainischen Gesetzgebung ist in Art. 1 des Gesetzes der Ukraine „*Pro zakhyst ekonomichnoi konkurenzii* (Über den Schutz des Wirtschaftswettbewerbs)“ vom 11. Januar 2001 (N2210-III) zu finden.

rung des Moratoriums auf Zwangsverkauf des Vermögens" keine Bestimmungen enthält, die den Wettbewerb benachteiligen.[636]
Die Beschwerdeführer der Verfassungsvorlage behaupteten, dass das Moratorium Bürger, die in diesen Betrieben arbeiten, ihres Rechtes beraubt, ihre Ansprüche auf Kosten der vom Gesetz geschützten Betriebe durchzusetzen. Das Gericht wies darauf hin, dass das Gesetz die Betriebe von der Verantwortung für die den Mitarbeitern verursachten Schäden nicht befreit. Der Schadenersatz kann auf Kosten des Vermögens ausgezahlt werden, bei dem das Moratorium nicht zur Anwendung kommt.
Eine weitere Begründung der Beschwerdeführer der Verfassungsvorlage war, dass die Einführung des Moratoriums die Vollstreckung der Gerichtsentscheidungen[637] „faktisch unmöglich" macht. Auch die Gerichtsentscheidungen bei Insolvenzverfahren der staatlichen Betriebe werden nicht vollstreckt. Dies aber widerspricht Art. 124 VU. Das Verfassungsgericht ist der Meinung, dass das Gesetz die Gerichtsentscheidungen nicht außer Kraft setzt und dass nur ihre Vollstreckung aufgeschoben wird, bis sich der Mechanismus des Zwangsverkaufs des Vermögens eingespielt hat.
In seinem Urteil schloss das Verfassungsgericht der Ukraine, dass keine der Bestimmungen des Gesetzes der Ukraine „Über die Einführung des Moratoriums auf Zwangsverkauf des Vermögens" verfassungswidrig ist.

Trotz der Urteile des Verfassungsgerichts über die Konformität der Vorschriften des strittigen Gesetzes über das Moratorium ergriff der ukrainische Gesetzgeber Maßnahmen, um die kontroversen Bestimmungen des Gesetzes zu ändern. Am 21. Oktober 2004 erliess das VR das Gesetz der Ukraine *„Pro vnesennja zmin do dejakykh zakonodavchykh aktiv Ukrainy chodo zabezbechennja svojechasnoi vyplaty zarobitnoi platy* (Über die Eintragung der Abänderungen zu einigen Rechtsakten der Ukraine bezüglich der Gewährleistung der Auszahlung des Arbeitslohnes)".[638] Punkt I. 3 dieses Gesetzes sieht vor, dass, wenn es nach der Gerichtsentscheidung um die Arbeitslöhne der Mitarbeiter oder Sachleistungen geht, das Moratorium der Zwangsvollstreckung in das Vermögen beim Vollstreckungsdienst aufgehoben werden darf.[639]

---

636 S. Urteil VGU vom 10. Juni 2003 (N11-рп/2003), Ziff. 3.4.
637 S. Urteil Kaysin v. Ukraine.
638 Gesetz der Ukraine vom 21. Oktober 2004 (N2103-IV).
639 Art. 2 Abs. 2 des Gesetzes Über die Einführung des Moratoriums auf Zwangsverkauf des Vermögens, die Fassung nach dem Abänderungsgesetz.
Leider muss man sagen, dass die obenerwähnten Änderungen der Gesetzgebung im Sinne des politischen Wahlkampfs angenommen wurden. Am 31. Oktober 2004 fand die erste Runde der Präsidentenwahlen in der Ukraine statt. Eine der PR– Prioritäten des Machtkandidaten, des damaligen Ministerpräsidenten JANUKOVICH, in seinem Wahlkampf war, um jeden Preis Maßnahmen zu ergreifen, damit die Arbeitslöhne und die Renten allen Kategorien der Bürger ausgezahlt werden. Damit hoffte die regierende Macht, die ausreichende Stimmenzahl zu bekommen.

5. Nichtauszahlung sozialstaatlicher Leistungen (Löhne und Renten)[640]

Das Problem der Nichtauszahlung sozialstaatlicher Leistungen ist eng mit dem oben erwähnten verbunden. Die Zahl der in Straßburg eingereichten Beschwerden,[641] die sich auf dieses Problemfeld bezogen, beweist die Aktualität der Problematik im Bereich des Eigentumsschutzes in der Ukraine.[642]

In der Sache *Sergeev v. Ukraine*[643] bezog sich der Beschwerdeführer auf Art. 6 Abs. 1 EMRK und Art.1 ZP.1 mit der Begründung, die Entscheidung des Gerichts erster Instanz vom 26. Oktober 1999 über die vollständige Auszahlung des rückständigen Lohnes sei nicht vollstreckt worden. Die Sachen *Krapyvnytskiy v. Ukraine*[644] und *Pogasyi v. Ukraine*[645] bezogen sich auf gleichartige Sachverhalte. Beide Beschwerdeführer waren im Militärdienst. Einer von ihnen trat in den Ruhestand und verlangte die Auszahlung seiner Bekleidungsversorgung. Der andere gab den Militärdienst auf und verlangte die vollständige Auszahlung des rückständigen Lohnes. Trotz der Urteile des Gerichtes erster Instanz im Sinne der Kläger lehnte das Verteidigungsministerium wegen der herrschenden Finanznot ab, sie zu vollstrecken.
In seiner Rechsprechung betonte der Gerichtshof, dass es unzulässig ist, dass der Staat die gerichtlichen Entscheidungen nicht vollstreckt, weil Mangel an Geldmitteln besteht:

> „It is not open to a State authority to cite lack of funds as an excuse for not honouring a judgment debt. Admittedly, a delay in the execution of a judgment may be justified in particular circumstances. But the delay may not be such as to impair the essence of the right protected under Article 6 § 1...In the instant case, the applicant should not have been prevented from benefiting from the decision given in his favour, which was of major importance to him and his family, on the ground of the State's alleged financial difficulties".[646]

---

[640] Vgl. 16 BVerfGE 94, 53 BVerfGE 257, 69 BVerfGE 272.

[641] Urteil Piven v. Ukraine; Urteil Zhovner v. Ukraine; Urteil Voytenko v. Ukraine; Urteil Mykhaylenky and others v. Ukraine; Urteil Derkach and Palek v. Ukraine.

[642] Artamonov and others v. Ukraine (43077/02)- Decision as to the Admissibility vom 19. Oktober 2004 (struck out of the list); Kurochkina v. Ukraine (70750/01)- Decision as to the Admissibility vom 19. Oktober 2004 (struck out of the list); Bondar v. Ukraine (72682/01)- Decision as to the Admissibility vom 30. November 2004 (struck out of the list).

[643] Sergeev v. Ukraine (53874/00)- Decision as to the Admissibility vom 12. Dezember 2000 (struck out of the list).

[644] Krapyvnytskiy v. Ukraine (60858/00)- Decision as to the Admissibility vom 19. September 2002 (inadmissible).

[645] Pogasyi v. Ukraine (58932/00)- Decision as to the Admissibility vom 28. Mai 2002 (inadmissible).

[646] Urteil Romashov v. Ukraine, Ziff. 43. S. auch Urteil Drobotyuk v. Ukraine, Ziff. 24, Urteil Lupandin v. Ukraine, Ziff. 22-26, Urteil Voytenko v. Ukraine, Ziff. 53-55, Urteil Nikishin v. Ukraine, Ziff. 19-20.

Auch die ukrainischen Gerichte[647] beschäftigen sich mit Klagen der Bürger gegen den Staat oder die Arbeitsgeber (staatliche Unternehmen).[648] In den meisten Fällen wird zu Gunsten der Beschwerdeführer entschieden. Aber die Gerichtsentscheidungen bleiben unvollstreckt, weil die Staatskasse und die Unternehmenskonten keine ausreichenden Mittel enthalten. Am 23. Januar 2002 billigte die Gerichtskammer für Zivilsachen des Obersten Gerichts der Ukraine die Entscheidung in der Sache *Verbizkij* gegen die staatliche offene Aktiengesellschaft „Bazhanover Kohlengrube".

Beispiel aus der Gerichtspraxis:
<u>Sachverhalt</u>
2000 rief der Beschwerdeführer das Gericht an, weil diese Aktiengesellschaft ihm keine einmalige Hilfe[649] (Kosten für Gesundheitsschäden[650]) laut der Anordnung des Bergwerkdirektors gezahlt hatte. Während des Gerichtsverfahrens verlangte der Beschwerdeführer obendrein noch Schadenersatz[651] für die Verzögerung der Zahlung der finanziellen Hilfe. Die Sache wurde mehrmals verhandelt. Die letzte Entscheidung des Rayongerichts vom 22. Dezember 2000 sah vor, dass die Aktiengesellschaft dem Beschwerdeführer seine beiden Ansprüche auszahlen sollte. Die Gesellschaft rief das Kassationsgericht an, weil ein Schadenersatz für die Verzögerung der Auszahlung finanzieller Hilfe vom Gesetz nicht vorgesehen sei.

<u>Entscheidung des Gerichts</u>
Ihre Klage wurde vom Obersten Gericht der Ukraine abgelehnt. Das Oberste Gericht wies darauf hin, dass das Gesetz der Ukraine *„Pro oplatu prazi* (Über den Arbeitslohn)",[652] das Gesetz der Ukraine *„Pro okhoronu prazi* (Über den Schutz der Arbeit)"[653] und der KMU Beschluss[654] Vorschriften beinhalten, denen zufolge die Summe der einmaligen Hilfe Teil der Versicherungszahlung ist, für die eine Korrektur in Frage kommt.[655]

---

[647] S. Beschluss des Plenums des Obersten Gerichts der Ukraine vom 24. Dezember 1999 (N13) *„Pro praktyku zastosuvannja sudamy zakonodavstva pro oplatu prazi* (Über die Gerichtspraxis der Anwendung der Gesetzgebung über den Arbeitslohn)", Ziff. 1.
[648] S. Beschluss des Plenums des Obersten Gericht der Ukraine vom 24. Dezember 1999 (N13) *„Pro praktyku zastosuvannja sudamy zakonodavstva pro oplatu prazi* (Über die Gerichtspraxis der Anwendung der Gesetzgebung über den Arbeitslohn)", Ziff. 22.
[649] 16 261 Hryvnas (~ 3 000 Euro).
[650] Nach dem Beschluss des Ministerkabinetts der Ukraine vom 23. Juni 1993 (N472), Ziff. 39, 43 sollen diese Kosten innerhalb eines Monats ausgezahlt werden. S. auch Beschluss des Plenums des Obersten Gerichts der Ukraine vom 27. März 1992 (N6) "*Pro praktyku rozgljadu sudamy zyvilnykh sprav za pozavamy pro vidshkoduvannja shkody* (Über die Gerichtspraxis in Zivilsachen zur Auszahlung des Schadenersatzes)", Ziff. 21-1 r).
[651] 5 837 Hryvnas (~ 973 Euro).
[652] Art. 34 des Gesetzes vom 24. März 1995 (N108/95-BP).
[653] Art. 11 des Gesetzes vom 21. November 2002 (N229-IV).
[654] KMU Beschluss vom 20. Dezember 1997 (N1427).
[655] S. auch Beschluss des Plenums des Obersten Gerichts der Ukraine vom 27. März 1992 (N6) "*Pro praktyku rozgljadu sudamy zivilnykh sprav za pozavamy pro vidshkoduvannja*

6. Probleme des Eigentumsrechts von Wohnungen

Art 47 der ukrainischen Verfassung sieht vor, dass:

> "Everyone has the right to housing. The State creates conditions that enable every citizen to build, purchase as property, or to rent housing.
> Citizens in need of social protection are provided with housing by the State and bodies of local self-government, free of charge or at a price affordable for them, in accordance with the law.
> No one shall be forcibly deprived of housing other than on the basis of the law pursuant to a court decision."[656]

Das Recht auf Wohnung wurde schon im Gesetz der Ukraine über das Eigentum verankert. Art. 13 Abs. 1 GÜE bestimmt die Objekte des Privateigentums, die ersten zwei in dieser Reihe sind Privathäuser und Wohnungen. Art. 15 des Gesetzes regelt die Voraussetzungen des Erwerbs des Eigentumsrechts auf Haus und Wohnung.

Das neue Gesetzbuch der Wohnungswirtschaft der Ukraine[657] wurde am 7. Juli 2005 gebilligt, die Reaktion des Präsidenten ließ nicht lange auf sich warten. Der Präsident stimmte für das Gesetz nicht und schlug dem Gesetzgeber eigene Änderungen vor.

Bis heute gilt in der Ukraine das Gesetzbuch der Wohnungswirtschaft,[658] das 1983 in der USSR erlassen und seitdem mehreren Abänderungen unterzogen wurde.[659] Art. 150 GBWWU besagt, dass Bürger das Recht auf Wohnung oder Haus haben. Sie können ihre Wohnungen und Privathäuser benutzen, darüber verfügen, sie verkaufen, vererben und andere vom Gesetz nicht verbotene Verträge schließen.[660] Der Gesetzgeber verankerte die Garantien der Bürger, die Wohnungen oder Häuser als Privateigentum haben, in Art. 155 GBWWU. Art. 191 des Gesetzbuches weist darauf hin, dass alle Streitigkeiten in diesem Bereich nach dem vom Gesetz vorgeschriebenen Verfahren entschieden werden.[661] Art. 9 Abs. 2 GBWWU räumt den Bürgern das Recht ein, ihre Wohnungen (Häuser) aus staatlichem Wohnraumfonds in vom Gesetz vorgesehenen Fällen zu privatisieren.[662] Die Wohnungsrechte der Bürger werden vom Gesetz ge-

---

shkody (Über die Gerichtspraxis in Zivilsachen zur Auszahlung des Schadenersatzes)", Ziff. 10-19.

656 S. auch Art. 30 Abs. 1 VU.

657 Gesetzentwurf vom 4. Juni 2003 (N3584).

658 Gesetzbuch der Wohnungswirtschaft der USSR vom 30. Juli 1983 (N5464-X).

659 Kapitel 59 des Zivilgesetzbuches der Ukraine beinhaltet die Bestimmungen im Bereich der Wohnungsmiete.

660 S. auch Abänderungsgesetz der Ukraine vom 6. Mai 1993 (N3187-12).

661 S. auch Abänderungsgesetz der Ukraine vom 15. Mai 2003 (N762-IV).

662 S. auch Abänderungsgesetz der Ukraine vom 6. Mai 1993 (N3187-12).

schützt.[663] Das Problem der Privatisierung der Wohnungen (Häuser) aus staatlichen Wohnungsfonds schien sehr widersprüchlich zu sein.[664] Das Verfassungsgericht der Ukraine setzte sich mit dieser Problematik auseinander.

Beispiel aus der Gerichtspraxis:[665]

Sachverhalt

Die Subjekte der Verfassungsvorlage, 45 Abgeordnete der Ukraine, wandten sich an das Verfassungsgericht der Ukraine. Sie machten geltend, dass das Gesetz der Ukraine „*Pro pryvatysaziju derzhavnogo zhytlovogo fondu* (Über die Privatisierung des staatlichen Wohnungsfonds)“[666] einige Bestimmungen beinhaltet, die der Verfassung der Ukraine widersprachen, nämlich die Bestimmungen aus Art. 2 Abs. 2 des Gesetzes. Nach diesen Vorschriften wurden einige Objekte aus der Privatisierung des staatlichen Wohnungsfonds ausgeschlossen, und zwar Wohnungen – Museen, Wohnungen (Häuser), die sich in Naturschutz- und Denkmalschutzgebieten befinden, Zimmer in Wohnheimen, Dienstwohnungen u.s.w.. Nach Auffassung der Abgeordneten sind diese Bestimmungen nicht verfassungsmäßig, denn sie widersprechen Art. 24 Abs. 2 VU[667] und Art. 41 Abs. 4 VU.[668]

Entscheidung des Gerichts

Das Gericht ging davon aus, dass das VR der Ukraine die Kompetenz hat, das Regime des Eigentums in der Ukraine in Form der Gesetze zu bestimmen.[669] Zu dieser Kompetenz gehört auch das Recht, bestimmte Objekte des staatlichen Wohnungsfonds aus dem Privatisierungsprozess auszuschließen.
Zu Art. 24 Abs. 2 VU legte das Gericht den Begriff Wohnsitz aus. Mit dem Begriff wird in der ukrainischen Gesetzgebung folgendes gemeint: ein Wohnort nach dem territorialen Prinzip (Dorf, Stadt, Gebiet u.s.w.), aber nicht eine konkrete Wohnstätte (Wohnung, Haus, Dienstwohnung). Deswegen vertritt das Gericht die Meinung, dass eine Ausschließung von bestimmten Wohnräumen aus dem Privatisierungsprozess nicht als Beschränkung der Menschenrechte nach dem Merkmal des Wohnsitzes betrachtet werden kann.[670] Die Hinzufügung einzelner Wohnungen (Häuser) zu den Objekten, die aus der Privatisierung ausge-

---

[663] Art. 9 Abs. 4 GBWWU.

[664] Nach Angaben des Ministerkabinetts der Ukraine vom 31. Januar 2004 dauert der Privatisierungsprozess des staatlichen Wohnungsfonds schon 11 Jahre. In dieser Zeit wurden 5, 5 Millionen Wohnungen (78,3 % des Standes des Wohnungsfonds zum Anfang der Privatisierung) privatisiert (s. www.kmu.gov.ua/control/uk/publish/printable_article?art_id=4250720).

[665] Urteil VGU vom 28. September 2000 (N10-pп).

[666] Gesetz der Ukraine vom 19. Juli 1992 (N2482-XII). S. auch Abänderungsgesetz der Ukraine vom 24. Februar 1994 (N3981-XII).

[667] "There shall be no privileges or restrictions based on race, colour of skin, political, religious and other beliefs, sex, ethnic and social origin, property status, *place of residence* (Hvh. d. Verf.), linguistic or other characteristics."

[668] "No one shall be unlawfully deprived of the right of property. The right of private property is inviolable".

[669] Art. 92 Abs. 1 Punkt 7 und Art. 85 Abs. 1 Punkt 36 VU.

[670] Urteil VGU vom 28. September 2000 (N10-pп), Ziff. 3 Abs. 2.

schlossen sind, hängt von der Besonderheit des rechtlichen Statuts des Territoriums, wo sie sich befinden, oder des Objektes selber ab. Nicht zuletzt spielt die Notwendigkeit eine Rolle, den Bürgern sichere Wohnbedingungen zu garantieren.[671] Darüber hinaus handelt es sich hierbei nicht um eine Beeinträchtigung der Menschenrechte, sondern um eine Beschränkung bezüglich einziger Objekte des staatlichen Wohnungsfonds, die ins Eigentum der Bürger der Ukraine übergehen können.[672] Außerdem betonte das Gericht die vom Gesetz eingeräumte Möglichkeit für die betroffenen Bürger, ihre Rechte und Interessen vor Gericht wahrzunehmen.[673]
In dem Teil der Verfassungsvorlage, in dem es um die Verfassungswidrigkeit der Bestimmungen des Gesetzes in Art. 41 Abs. 4 VU ging, wies das Gericht darauf hin, dass in Art. 41 VU das schon erworbene Eigentumsrecht geschützt wird. Und die in der Vorlage angefochtenen Bestimmungen des Gesetzes regeln den Verlauf des Erwerbes eines solchen Rechts auf Wohnung, weshalb die Vorschriften von Art. 41 VU in dem Fall nicht anwendbar sind.[674]
Das Verfassungsgericht der Ukraine entschied folglich, dass die Bestimmungen des Gesetzes der Ukraine, die vereinzelte Einschränkungen bei der Privatisierung des staatlichen Wohnungsfonds vorschreiben, verfassungskonform sind.

Die Zahl der Klagen, die mit dem Recht auf Wohnung verbunden sind, verringert sich nicht. Das Oberste Gericht erließ einen Beschluss,[675] in dem es um das Recht auf Privateigentum von Privathäusern ging. Damit wurde versucht, die geltenden gesetzlichen Bestimmungen in dem Zuständigkeitsbereich der Gerichte erster Instanz auszulegen.[676]

Zu dieser Problematik fällte der EGMR in der Sache *Novoseletskiy v. Ukraine*[677] eine Entscheidung. Der Beschwerdeführer ist Ukrainer, hat aber seinen Wohnsitz in Russland. Im Juni 1995 bekam er von dem Pädagogischen Institut einer ukrainischen Stadt, wo er arbeitete, die Erlaubnis eine Wohnung unbegrenzte Zeit zu nutzen (in ihr zu wohnen). Bald kündigte der Beschwerdeführer dem Institut und zog nach Russland zurück, um seine Doktorarbeit vorzubereiten. Nach

---

671 Urteil VGU vom 28. September 2000 (N10-pп), Ziff. 3 Abs. 3.
672 Urteil VGU vom 28. September 2000 (N10-pп), Ziff. 3 Abs. 5.
673 Urteil VGU vom 28. September 2000 (N10-pп), Ziff. 3 Abs. 6.
674 Urteil VGU vom 28. September 2000 (N10-pп), Ziff. 4 Abs. 1.
675 Beschluss des Plenums des Obersten Gerichts der Ukraine "*Pro praktyku zastosuvannja sudamy zakonodavstva, zho reguljuje pravo pryvatnoi vlasnosti graomadjan na zhylyj bydunok* (Über die Gerichtspraxis in der Anwendung der Gesetzgebung, die das Recht auf Privateigentum von Wohnhäusern regelt)" vom 4. Oktober 1991 (N7) mit weiteren Änderungen.
676 S. auch zum Thema Beschluss OGU vom 3. September 2002 und Beschluss OWGU vom 4. April 2002.
677 Urteil Novoseletskiy v. Ukraine vom 22. Februar 2005.

zwei Monaten entschied das Institut, die Wohnung einem anderen Mitarbeiter zu übergeben. In Januar 1996 kehrte der Beschwerdeführer in die Ukraine zurück, musste aber in eine andere Stadt ziehen, weil seine Wohnung besetzt war. Daraufhin erhob er vor Gericht Klage. Das Gericht erster Instanz erkannte sein Recht auf die ihm genommene Wohnung an. Der Beschwerdeführer bekam seine Wohnung, die allerdings nicht den sanitären Normen entsprach und folglich unbewohnbar war.[678] „The Institute[679] had neither undertaken the work needed to repair the damage noted as quickly as possible nor taken steps to establish what had happened and prosecute those responsible for the serious damage to part of its housing stock."[680] Der Beschwerdeführer zeigte ferner beim Innenministerium an, dass während seiner Abwesenheit sein Vermögen aus der Wohnung gestohlen wurde, weil zwei Menschen diese unrechtmäßig betreten hatten.[681] Die Miliz öffnete und schlosst das Strafverfahren mehrmals. Schließlich wurde das Verfahren endgültig eingestellt mit der Begründung, dass keine Straftat begangen worden war.

Der Gerichtshof wies darauf hin, dass «la Cour rappelle tout d'abord son constat ci-dessus que l'intervention dans l'appartement en cause en l'absence du requérant n'a jamais fait l'objet d'une appréciation au regard de la Convention et de la législation ukrainienne».[682] Nach Meinung des Gerichtshofes unternahm der Staat nicht die nötigen Schritte, um den Diebstahl des Vermögens des Beschwerdeführers aufzuklären.[683]

7. Restitutionsfrage in der Ukraine

Der Verfasserin ist es nicht gelungen, Fakten dafür zu finden, dass in der Ukraine die Restitutionsfrage als Problem des Eigentumsschutzes behandelt wird. Hingegen wird dieses Problem in Russland dem Eigentumsschutz zugeordnet und widersprüchlich diskutiert.[684] Es folgt ein kurzer Überblick über die ukrainische Gesetzgebung zur Restitutionsfrage.

---

678 Urteil Novoseletskiy v. Ukraine, Ziff. 31.

679 "With regard to the part played by the Institute, the Court noted that it performed "public duties" assigned to it by law under the supervision of the authorities, so that it could be considered to be a "governmental organisation". The Court was of the opinion that, as possessor and manager of part of the State's housing stocks, the Institute could have reacted more appropriately, for example by providing the applicant with temporary accommodation, without even waiting for a court order", Urteil Novoseletskiy v. Ukraine, Ziff. 80.

680 Urteil Novoseletskiy v. Ukraine, Ziff. 100, 103.

681 Urteil Novoseletskiy v. Ukraine, Ziff. 112.

682 Urteil Novoseletskiy v. Ukraine, Ziff. 104.

683 Urteil Novoseletskiy v. Ukraine, Ziff. 116.

684 Die Lage der Restitution in der russischen Gesetzgebung wird in Kapitel IV näher behandelt.

1991 erließ das ukrainische Parlament das Gesetz „*Pro reabilitaziju zhertv politytschnykh represij na Ukraini* (Über die Rehabilitierung der Opfer politischer Repressionen in der Ukraine).“[685] In dem Gesetz bestimmt der Gesetzgeber, welche Bürger Anspruch auf eine Restitution haben. Dabei handelt es sich um Personen,[686] die nach 1917 infolge gesetzwidriger Verfahren unter verschiedenen Arten der Repression zu leiden hatten.[687] Art. 5 Abs. 2 des Gesetzes schreibt vor, dass alle konfiszierten Häuser und Vermögen (wenn das Haus nicht besetzt und das Vermögen erhalten ist) dem Rehabilitierten oder seinen Erben *in natura* zurückgegeben werden müssen. Ist eine Rückgabe *in natura* nicht möglich, muss eine Entschädigung gezahlt werden.

Der Gesetzgeber schränkt allerdings ein, dass bei Häusern und Vermögen, die aufgrund von Rechtsakten nationalisiert wurden, keine Rückgabe- bzw. Entschädigungspflicht besteht.[688] Die Entschädigungsanträge müssen innerhalb von drei Jahren nach dem Inkrafttreten des Gesetzes eingereicht werden.[689] Diese dreijährige Frist kann aber verlängert werden, falls eine zuständige Behörde (Kommission) die Verlängerungsgründe des Antragsstellers für triftig hält.[690] Die Auszahlung der Entschädigung und die Vermögensrückgabe werden entsprechend einem Regierungsbeschluss vorgenommen.[691]

Der Beschluss sieht vor, dass das Vermögen den Rehabilitierten von staatlichen Behörden, Organisationen und Personen aller Eigentumsformen zurückgegeben werden soll, unter der Voraussetzung, dass diesen das Vermögen kostenfrei übergegeben worden war.[692] Wenn das Vermögen nicht erhalten ist, dann müssen die obengenannten Rechtssubjekte dem Betroffenen oder seinen Erben eine Entschädigung zahlen. In anderen Fällen erfolgt die Zahlung[693] aus dem örtlichen Budget.[694] Juristische und natürliche Personen müssen nach den vor einer zuständigen Behörde (Kommission)[695] festegelegten Fristen, aber nicht später als nach einem Jahr das Vermögen zurückgeben oder die Entschädigung zahlen.[696]

---

685 Gesetz der USSR vom 17. April 1991 (N962-XII).
686 S. den Begriff in Art. 1 des Gesetzes.
687 S. Art. 1 des Gesetzes.
688 S. Art. 5 Abs. 3 des Gesetzes.
689 S. Art. 5 Abs. 4 des Gesetzes.
690 S. Punkt 6 Abs. 2 der Ordnung im KMU Beschluss vom 24. Juni 1991 (N48).
691 Beschluss des Kabinetts der Minister der Ukraine „*Pro zakhody zhodu realisazii Zakonu Ukrainskoi RSR „Pro reabilitaziju zhertv politytschnykh represij na Ukraini*“ (Über die Maßnahmen zur Durchsetzung des Gesetzes USSR „Über die Rehabilitierung der Opfer der politischen Repressionen in der Ukraine“)“.
692 Punkt 13 der Ordnung im KMU Beschluss vom 24. Juni 1991 (N48).
693 Die Auszahlung wird von Finanzbehörden aus den Kosten örtliches Budgets in dem vom dem Kabinett des Ministers festgelegten Umgang durchgeführt (s. Beschluss des VR der Ukraine vom 24. Dezember 1993 (N3812-XII), Abs. 17).
694 Punkt 14 der Ordnung im KMU Beschluss vom 24. Juni 1991 (N48).
695 Punkt 4 und 5 der Ordnung im KMU Beschluss vom 24. Juni 1991 (N48).
696 Punkt 16 der Ordnung im KMU Beschluss vom 24. Juni 1991 (N48).

Unabhängig von dem Wert des Gesamtvermögens,[697] darf die Gesamtsumme der Entschädigung, auf die der Betroffene Anspruch hat, 65 Mindestarbeitslöhne nicht übersteigen.[698]
Alle Entscheidungen und Handlungen, die von der zuständigen Kommission getroffen und vorgenommen werden, können vor Gericht angefochten werden.[699]

Die unanhängigen Experten, die den ukrainischen Bericht ausgearbeitet haben[700] (engl.: *Ukrainian independent report*),[701] sind der Auffassung, dass das Gesetz gegen die Regelung von Art. 1 1.ZP verstößt. Zu ihrer Argumentation führen sie die folgenden Vorschriften an:
- die Beschränkung des Entschädigungsumfangs;
- eine Limitierung auf eine dreijährige Frist;
- die undeutlichen Begriffe des Gesetzes.

Die Bestimmungen des Gesetzes und des Regierungsbeschlusses, die einigermaßen vage waren,[702] führten zu mehreren Anfragen Betroffener, die beim VR eingereicht wurden. Schon 1993 war das Parlament gezwungen, einen Beschluss zur Auslegung des Gesetzes zu erlassen. In dem Beschluss[703] werden die Begriffe, mit denen das Gesetzt sich betätigt, präziser definiert. Der Gesetzgeber wies darauf hin, dass die Frage einer möglichen Rückgabe des entzogenen Immobilienvermögens *in natura* je nach der konkreten Situation entschieden wird. Folgende Faktoren sind zu berücksichtigen:[704]
- Wohnenslegitimation der Bürger, die in dem umstrittenen Gebäude wohnen;
- Die Kosten für die Rekonstruktion des Hauses übersteigen den Preis des Hauses;
- Die Notwendigkeit, das Haus im öffentlichen Interesse zu benutzen (Krankenhäuser, Kindergärten, u.s.w.).

---

[697] Der Preis des entzogenen Vermögens wird von der zuständigen Kommission bestimmt (Punkt 10 der Ordnung im KMU Beschluss 24. Juni 1991 (N48)).
[698] Punkt 17 Abs. 2 der Ordnung im KMU Beschluss vom 24. Juni 1991 (N48). S. auch KMU Beschluss vom 15. Mai 1993 (N351) und KMU Beschluss vom 24. September 1993 (N801).
[699] Punkt 29 der Ordnung im KMU Beschluss vom 24. Juni 1991 (N48). S. auch KMU Beschluss vom 5. Oktober 1992 (N564) und KMU Beschluss vom 18. Februar 1993 (N112).
[700] *Doc. HRCAD(2001) 4–* December 2001, Ziff. 328-332.
[701] *Doc. H(98) 7-* 1998, S. 164-177. In dem Bericht über die Lage des Eigentums in der Russischen Föderation wurde es keinerlei aus des Problem der Restitution in Russland hingewiesen. Es könnte mindestens auch das Gesetz der Russischen Föderation „*O reabilitaziji zhertv politicheskikh repressij* (Über die Rehabilitierung der Opfer politischer Repressionen)" erwähnen, das schon im Jahre 1991 erlassen worden ist. S. auch Kapitel IV dieser Studie.
[702] *Doc. HRCAD(2001) 4–* December 2001, Ziff. 332.7 Abs. 5.
[703] Beschluss des VR der Ukraine „*Pro tlumachennja Zakonu Ukrainy „Pro reabilitaziju zhertv politytschnykh represij v Ukraini*" (Über die Auslegung des Gesetzes der Ukraine „Über die Rehabilitierung der Opfer der politischen Repressionen in der Ukraine")" vom 24. Dezember 1993 (N3812-XII).
[704] Beschluss des VR der Ukraine vom 24. Dezember 1993 (N3812-XII), Abs. 15.

Es wurde festgelegt, dass in einigen Fällen die Rückgabe an den Rehabilitierten oder seine Erben ausgeschlossen ist. Falls die umstrittenen Immobilien dem Ersterwerber gesetzmäßig übergeben wurden und dadurch in sein Eigentum eingegangen sind, oder so erheblich umgebaut wurden, dass sie nicht mehr zu Wohnzwecken dienen können, ist ihre Rückgabe nach diesem Gesetz nicht mehr zulässig.[705]

Die Experten des Europarates kommentierten die Bestimmungen des Gesetzes und den Bericht der unabhängigen Experten wie folgt:

> „ECHR Protocol 1, Article 1 does not entail any obligation to make restitution to former owners and their descendants or provide them with compensation in respect of any property that was lawfully nationalised.[706] It would not, therefore, provide a basis for the objection made in the report to the low level of compensation that has been paid in respect of such property. Although the report is justified in being concerned about the possible impact that the limitation period might have on the ability to lodge compensation claims, it is not clear why three years is considered inadequate. However, an ostensibly reasonable period could be found objectionable if in reality it meant that claims could not actually be made within it. It would be appropriate, therefore, for the effect of the deadline to be reviewed and the latter to be modified if it is found to be causing significant injustice.[707] The report is also rightly concerned about the clarity of the language used in the Law of Ukraine "On Rehabilitation of Victims of Political Reprisals in Ukraine". The report does not address the question of whether arrangements for restitution in kind achieve a fair balance between the interests[708] of the former owners or their descendants and the present occupants."[709]

Interessanterweise äußerte sich das Justizministerium der Ukraine nicht zu dieser Problematik. Es wies lediglich darauf hin, dass die nationale Gesetzgebung nicht perfekt sei und sich in einer Transformationsphase befinde. Es sei reine Theorie, dass eine Gesetzgebung allen Bedürfnissen der Gesellschaft entsprechen könne.[710]

Die entsprechende Rechtsprechung ukrainischer Gerichte sowie die Aufsätze fehlen, die sich mit dieser Problematik auseinandersetzen.

---

[705] Beschluss des VR der Ukraine vom 24. Dezember 1993 (N3812-XII), Abs. 16.

[706] Vgl. Urteil Vasilescu v. Romania, Ziff. 48-49; Urteil Almeida Garrett, Mascarenhas Falcao and others v. Portugal, Ziff. 52-54; Urteil Krčmář v. the Czech Republic, Ziff. 41; Urteil Užkurėlienė v. Lithuania; Urteil Jasiūnienė v. Lithuania, Ziff. 38-43.

[707] S. Punkt 6 Abs. 2 der Ordnung im KMU Beschluss vom 24. Juni 1991 (N48).

[708] S. Manoilescu and Dobrescu v. Romania and Russia (60861/00)- Decision as to the Admissibility vom 3. März 2005 (inadmissible).

[709] *Doc. HRCAD(2001) 4*– December 2001, Ziff. 373.

[710] *Doc. HRCAD(2001) 4*– December 2001, Ziff. 367.

8. Probleme der Beschränkung der Rechte der Unternehmen

In der Ukraine basiert das gesellschaftliche Leben auf dem Prinzip wirtschaftlicher Freiheit.[711] Art. 13 Abs. 5 VU bestimmt, dass alle Unternehmer den Schutz des Staates genießen und alle Subjekte des Eigentumsrechtes vor dem Gesetz gleichgestellt sind.[712] Der Gesetzgeber sieht vor, dass jeder das Recht auf unternehmerische Tätigkeit hat, die nicht vom Gesetz verboten ist.[713] Der Staat verpflichtet sich, den Wettbewerb bei der unternehmerischen Tätigkeit zu sichern.[714]

Im Gegensatz zu der russischen Gesetzgebung gelten in der Ukraine zwei Gesetzbücher, die die zivilrechtlichen Verhältnisse der Bürger regeln: das Zivilgesetzbuch und das Wirtschaftsgesetzbuch der Ukraine.[715]
Im Zivilgesetzbuch der Ukraine verankerte der Gesetzgeber in Art. 3 die allgemeinen Grundprinzipien der Zivilgesetzgebung der Ukraine. Abs. 1 Punkt 4 des Artikels besagt, dass die Freiheit unternehmerischer Tätigkeit, die nicht vom Gesetz verboten ist, garantiert wird.
In der Präambel zum Wirtschaftsgesetzbuch der Ukraine[716] heißt es, dass hierin die rechtlichen Grundlagen unternehmerischer Tätigkeit in der Ukraine geregelt werden, die sich auf das Prinzip der Vielfalt der Eigentumsformen[717] stützen. Art. 5 WGBU erweitert die Verfassungsbestimmungen über unternehmerische Tätigkeit.[718] Art. 6 Abs. 7 WGBU verbietet, eine gesetzwidrige Einmischung

---

[711] Art. 15 Abs. 1 VU.
[712] Art. 13 Abs. 6 VU.
[713] Art. 42 Abs. 1 VU. Vgl. Art. 34 Abs. 1 VRF.
[714] Art. 42 Abs. 2 VU. S. das Gesetz der Ukraine „*Pro zakhyst ekonomichnoi konkurenzii* (Über den Schutz des unternehmerischen Wettbewerbs)“ vom 11. Januar 2001 (N2210-III).
[715] Vgl. Art. 2 Punkt 1 Abs. 3 ZGBRF. In der russischen Gesetzgebung gilt das Prinzip einer vereinheitlichen Regulierung zivilrechtlicher Verhältnisse.
[716] Wirtschaftsgesetzbuch der Ukraine vom 16. Januar 2003 (N436-IV).
[717] Art. 4 Abs. 2 WGBU „Peculiarities of regulation of property relationships of business entities shall be determined by this Code“.
[718] Art. 5 WGBU “Constitutional Fundamentals of Legal Order in the Sphere of Economic Activity
1. Legal economic order in Ukraine shall be secured on the basis of optimal combination of market self-regulation of economic relationships between business entities and state regulation of macroeconomic processes, pursuant to the constitutional requirement of responsibility of the state before an individual for its activity, and declaration of Ukraine as a sovereign, independent, democratic, social and constitutional state.
2. Constitutional fundamentals of legal economic order in Ukraine shall be comprised of: the ownership right of the Ukrainian people to land, its depths, atmospheric air, water and other natural resources, located within the territory of Ukraine, natural resources of its continental shelf, exclusive (sea) economic area, exercised on behalf of the Ukrainian people by bodies of

staatlicher Organe in unternehmerische Tätigkeit. Mit den Vorschriften in Art. 47 Abs. 3 Satz 1 WGBU legt der Gesetzgeber fest, dass der Staat[719] die Eigentumsinteressen eines Unternehmers garantiert.

Das Gesetz der Ukraine „*Pro pidpryemstva v Ukraini* (Über Unternehmen in der Ukraine)“[720] bestimmt Arten und Organisationsformen der Unternehmen, Regeln ihrer Entstehung, Registrierung, Reorganisierung und Liquidierung. Im Laufe der Zeit wurden seine Bestimmungen mehrmals abgeändert. Eine Abänderung[721] war zum Beispiel die Bestimmung, dass der Staat allen Unternehmern hinsichtlich aller Eigentumsformen Garantien gibt.[722] Art. 27 Punkt 2 Abs. 1 des Gesetztes verbietet staatlichen Machtorganen Rechtsakte[723] zu erlassen, denen zufolge die Subjekte einer Eigentumsform gegenüber den Subjekten anderer Eigentumsformen eine privilegierte Stellung erlangen.[724]
Art. 13 Abs. 1 Satz 1 des Gesetzes bestimmt, dass der Staat die Eigentumsinteressen des Unternehmens sichert. Nach dem Gesetz dürfen staatliche Machtorgane sich in eine unternehmerische Tätigkeit nicht einmischen.[725] Unternehmen

---

property to the detriment of a person and the society; the right of each person to possess, use and manage his/her property, results of his/her intellectual, creative activity; recognition of equality of all subjects of ownership right against the law, inviolability of private property right, nonadmission of illegal deprivation of property; economic diversity, the right of each person to entrepreneurial activity, allowed by the law, exclusive law determination of legal fundamentals and guarantees of entrepreneurship; securing by the state of protection of competition in entrepreneurial activity, nonadmission of abuse of the monopoly state at the market, illegal restriction of competition and unfair competition, establishing the rules of competition and norms of antimonopoly regulation exclusively by the law; securing by the state of ecological safety and preserving the ecological balance throughout the territory of Ukraine; securing by the state of due safe and sound labor conditions, protection of consumer rights; reciprocal partnership with other states; recognition and practicing of the principle of supremacy of law in Ukraine.
3. Business entities and other parties to business activity shall conduct their activity within the limits of the established legal economic order, in keeping with the legislative requirements”.

[719] Im Wirtschaftsgesetzbuch der Ukraine wird es bestimmt, dass der Staat, Organe staatlicher Gewalt und örtlicher Selbstverwaltung keine Subjekte unternehmerischer Tätigkeit sind (Art. 8 Abs. 1 WGBU).

[720] Gesetz der Ukraine vom 27. März 1991 mit weiteren Abänderungen (N887-XII).

[721] Abänderungsgesetz vom 12. November 1996 (N483/96-BP).

[722] S. auch Erklärungsbrief des Präsidiums des Obersten Wirtschaftsgerichts der Ukraine vom 6. August 1997 mit weiteren Abänderungen (N02-5/276), Ziff. 3 Abs. 1.

[723] Art. 27 Abs. 1 und Art. 28 Abs. 1 des Gesetzes. S. Art. 12 Abs. 1 Punkt 1 WPOU. S. auch Informationsbrief OWGU vom 29. Dezember 2000 (N01-8/795) und Urteil VGU vom 2. Juli 2002 (N13-pп), Ziff. 4 Abs. 5.

[724] S. auch Erklärungsbrief des Präsidiums des OWGU vom 6. August 1997 mit weiteren Abänderungen (N02-5/276), Ziff. 3 Abs. 3.

[725] Art. 27 Punkt. 1 Abs. 3 des Gesetzes.

haben Anspruch auf eine Entschädigung,[726] wenn ihnen durch eine staatliche rechtswidrige Handlung Schaden zugefügt[727] wurde.[728] Streitigkeiten dieser Art werden vom Gericht entschieden.[729]

Beispiel aus der Gerichtspraxis:[730]

Sachverhalt

2001 erhob Beschwerdeführer B vor Gericht Klage gegen die Aktiengesellschaft „EXIM-NAFTOPRODUKT". Er verlangte, die Entscheidung der Generalversammlung der Aktionäre für ungültig zu erklären.

Das Gericht erster Instanz verbot der Aktiengesellschaft die Hauptversammlungen durchzuführen und dem Aufsichtrat seine Befugnisse nach dem Gesetz der Ukraine über wirtschaftliche Gesellschaften[731] auszuüben. Das Gericht der Berufungsinstanz bestätigte diese Entscheidung des Gerichts erster Instanz.

Entscheidung des Gerichtes

Das Gericht der Kassationsinstanz[732] wies darauf hin, dass nach Art. 152 Abs. 3 der alten ZPOU[733] Klagen gegen staatliche Unternehmen, Behörden, Organisationen, andere Vereine zulässig sind, wenn es um ein Verbot geht, bestimmte Handlungen auszuüben.[734] Nach Art. 27 Punkt. 1 Abs. 3 des Gesetzes über Unternehmen ist eine Einmischung staatlicher Behörden in die unternehmerische Tätigkeit nicht zulässig, solange diese Tätigkeit nicht die vom Gesetz bestimmten Rechte staatlicher Behörden in der Ausübung der Kontrolle über die Tätigkeit der Unternehmen verletzt.[735]

Mit der Entscheidung, dass die Aktiengesellschaft ihre Hauptversammlungen nicht durchführen darf, obwohl die Versammlung das höchste Verwaltungsor-

---

[726] S. auch Art. 48 Abs. 4 GÜE. S. mehr zum Thema Informationsbrief OWGU vom 29. Dezember 2000 (N01-8/795).

[727] S. auch Erklärungsbrief des Präsidiums des OWGU vom 6. August 1997 mit weiteren Abänderungen (N02-5/276), Ziff. 8.

[728] Art. 27 Punkt 2 Abs. 2 des Gesetzes. S. auch Art. 147 Abs. 3 WGBU.

[729] S. Urteil VGU vom 2. Juli 2002 (N13-рп), Ziff. 4 Abs. 5. S. auch Informationsbrief des OWGU zum Urteil VGU vom 12. Juli 2002 (N01-8/822).

[730] Befund der Zivilkammer des OGU vom 22. November 2001.

[731] Gesetz der Ukraine „*Pro gospodarski tovarystva* (Über wirtschaftliche Partnerschaften)" vom 19. September 1991 (N1576-XII).

[732] Nach Art. 319 ZPOU ist das Oberste Gericht der Ukraine das Gericht der Kassationsinstanz. Vom Gesetz der Ukraine „Über das Gerichtssystem" wurde es vorgesehen, dass das Kassationsgericht in der Ukraine geschaffen werden sollte (Kapitel 6 GÜGS). Das Verfassungsgericht der Ukraine stellte aber fest, dass Kapitel 6 GÜGS verfassungswidrig ist (s. Urteil VGU vom 11. Dezember 2003 (N20-рп/2003)).

[733] Die neue Zivilprozessordnung der Ukraine ist vom 18. März 2004 (N1618-IV). Sie trat in Kraft am 1. Januar 2005 (Kapitel XI Punkt 1).

[734] S. Informationsbrief OWGU vom 31. Januar 2001, Ziff. 7 Abs. 2.

[735] S. Gesetz der Ukraine "*Pro zasady derzhavnoi reguljatornoi polityky u sferi gospodarskoi dijalnosti* (Über Grundlagen der staatlichen Regulierungspolitik im Bereich der wirtschaftlichen Tätigkeit)" vom 11. September 2003 (N1160-IV).

gan einer Aktiengesellschaft ist,[736] verstieß das Gericht erster Instanz nach Auffassung des Kassationsgerichts gegen Art. 152 Abs. 3 der alten ZPOU und Art. Art. 27 Punkt. 1 Abs. 3 des Gesetzes über Unternehmen. Das Gericht erster Instanz entschied in einer Frage, die ausschließlich eine interne Angelegenheit des Unternehmens ist.[737] Das Kassationsgericht erkannte keinen Zusammenhang zwischen den Klagebegründungen des Beschwerdeführers und den Maßnahmen, die aufgrund der Entscheidung des Gerichts erster Instanz ergriffen wurden mussten.

Der Straßburger Gerichtshof hatte ebenfalls über eine Beschwerde aus der Ukraine zu verhandeln, in der es um den Schutz der Rechte der Unternehmen in der Ukraine ging. Die Beschwerde *AGROTEHSERVICE v. Ukraine*[738] wurde vom Gericht teilweise für zulässig erklärt. Und am 5. Juli 2005 stellte der EGMR fest, dass eine Verletzung von Art. 6 Abs. 1 EMRK und eine Verletzung von Art. 1 1.ZP vorliegen.

Sachverhalt

Die Beschwerdeführerin ist eine lettische Aktiengesellschaft. 1996 klagte sie gegen Kherson Raffinerie (Ukraine), weil die Raffinerie ihre Vertragsverpflichtungen nicht erfüllt hatte. 1998 wurde die Sache zugunsten der Beschwerdeführerin entschieden. In der Zeit von 1998-1999 initiierte die Generalstaatsanwaltschaft einige Einspruchsverfahren, die zu der Aufhebung der Gerichtsentscheidung aus dem Jahr 1998 führten. Nach einigen Monaten wurde die Mehrheit des Aktienanteils der Raffinerie von einer kasachischen Gesellschaft gekauft. 2002, nach den Änderungen in der ukrainischen Gesetzgebung, wurde die Sache vom Obersten Gericht der Ukraine erneut zugunsten der Beschwerdeführerin entschieden. Seitdem bemüht sich die lettische Aktiengesellschaft erfolglos um die Vollstreckung der Gerichtsentscheidung. 2002-2003 wurde die Entscheidung zugunsten der Beschwerdeführerin auf Initiative des Beklagten zweimal revidiert des Beklagten. Schließlich aber wurde die Sache trotz aller Versuche des Beklagten endgültig zugunsten der Beschwerdeführerin entschieden. Aber bis heute wurde diese Gerichtsentscheidung nicht vollstreckt.
Bei dieser Sache wurde festgestellt, dass sich die ukrainische Exekutive mehrmals ins Gerichtsverfahren eingemischt hatte. Auf ihr Verlangen legte die Generalstaatsanwaltschaft Protest ein. Aber nicht nur die Exekutive hatte sich eingemischt sondern der Vorsitzender des ukrainischen Parlaments hatte dem Präsidenten des Obersten Wirtschaftsgerichts der Ukraine 1998 geschrieben, dass er die staatlichen Interessen vertreten solle.[739] Die lettische Seite war bemüht, mit Hilfe politischer Hebel die Einmischung der ukrainischen Exekutive zu vermei-

---

[736] S. Art. 41 Abs. 1 des Gesetzes der Ukraine „*Pro gospodarski tovarystva* (Über wirtschaftliche Partnerschaften)“ vom 19. September 1991 (N1576-XII). S. auch Art. 159 Abs. 1 ZBGU.

[737] S. Art. 248^3 Abs. 6 ZPOU.

[738] S. Agrotehservice v. Ukraine (62608/00) - Decision as to the Admissibility vom 19. Oktober 2004 (admissible, inadmissible).

[739] Vgl. Urteil Sovtransavto v. Ukraine, Ziff. 20-22.

den. Und nicht zuletzt spielte eine dritte Partei eine wichtige Rolle in dem Ausgang der Sache, nämlich die Besitzer der Mehrheit der Raffinerie aus Kasachstan.[740]
Die Beschwerdeführerin berief sich auf Art. 6 EMRK und Art. 1 1.ZP.

Entscheidung des Gerichts
Nach Auffassung des Gerichtshofs überschritt die Generalstaatsanwaltschaft in einem Eigentumsstreit zwischen zwei Privatgesellschaften ihre Kompetenzen.
„In the present case since 1998, there were numerous, deplorable attempts by non-judicial authorities to intervene in the court proceedings in the interests of both parties. In view of the importance which the independence of the courts has in a society where the rule of law prevails, the Court cannot but condemn such interference in the strongest terms."[741]

Der Gerichtshof wies darauf hin, dass die Klage viele Fragen hinsichtlich der von der Konvention geschützten Rechte aufwerfe. Besonders problematisch ist die Nichtvollstreckung der in Kraft getretenen Gerichtsentscheidung. Es ist Aufgabe des Staates, die Vollstreckung der Gerichtsurteile zu gewährleisten: „Ukrainian legislation provides the possibility to sue the Bailiffs' Service for any inadequate performance of their duties, and to claim compensation accordingly".
Die Beschwerdeführerin machte geltend, dass ihr Eigentumsrecht verletzt wurde, weil die Gerichtsentscheidung nicht vollstreckt wurde. Der Gerichtshof wies darauf hin, dass „the applicant has contributed to the delays in the enforcement proceedings seen as a whole by constantly seeking the revaluation of the original award of money." Wegen dieser Tatsache spielte die von der Beschwerdeführerin behauptete Verletzung des Eigentumsrechts keine Rolle. Die Beschwerde wurde für zulässig erklärt, aber nur was die Nichtvollstreckung der Gerichtsentscheidung zugunsten der Beschwerdeführerin betraf.

8.1. Feindliche Übernahme von Unternehmen als „Industrie" der Eigentumsneuverteilung

Für die Ukraine ist das Problem der feindlichen Übernahme von Unternehmen von großer Bedeutung. 99% aller Verschmelzungen und Aufnahmen sind feind-

---

[740] "On 9 February 2002 the Government of Kazakhstan wrote to the Prime Minister of Ukraine with the information that the "Kazakhoil" State Company had bought 60 % of the Refinery's shares in 2000…The Kazakh Government expressed the hope of "a possibility to provide assistance in obtaining a review by the Supreme Court of Ukraine of this decision in accordance with the procedure established by Ukrainian legislation" (Agrotehservice v. Ukraine (62608/00) - Decision as to the Admissibility vom 19. Oktober 2004).
[741] Ziff. 4 Abs. 5 des Entscheidungstenors.

lich. In der ukrainischen Gesetzgebung ist keine Prozedur für solche Fusionen festgelegt.[742]

Die Arten der feindlichen Übernahme in der Ukraine sind primitiver als in Russland.[743] SAMOJLENKO ist der Auffassung, dass daran einige Besonderheiten der ukrainischen Realität schuld sind:

1) Die in den Kinderschuhen steckende gesellschaftsrechtliche Entwicklung in der Ukraine;
2) Unvollkommenheit ukrainischer Gesetzgebung (Lücken und Widersprüchlichkeit);
3) Unvollendete Prozesse der Privatisierung staatliches Eigentums;
4) Starke Politisierung der Wirtschaft und administrative Einmischung des Staates in die Tätigkeit der Unternehmen:
   a) der Staat besitzt die großen Aktienpakete;
   b) breite Kompetenzen staatlicher Organe im Wirtschaftsbereich;
   c) Korruption der Amtspersonen;
5) Unvollkommenheit des Gerichtssystems:
   a) fehlende Qualifikation der Richter;
   b) fehlende Spezialisierung der Richter im korporativen Recht;
   c) Korruption;
   d) Politisierung.

In der letzten Zeit wurden der Öffentlichkeit mehrere Fälle von Übernahmen bekannt: SARMAT übernahm OBOLON; UKRENERGOSBYT bekam die Aktiva von RIVNEAZOT und AZOT; AMTEL wurde Eigentümer der Aktien der OAG ROSAVA, die dem Staat gehörten; u.s.w.. Ein fehlendes Gesetz über Aktiengesellschaften[744] und Mängel in den Zivil- und Wirtschaftsgesetzbüchern der Ukraine[745] begünstigen feindliche Übernahmen. Der Gesetzentwurf über Aktiengesellschaften wird schon seit anderthalb Jahren in erster Lesung im Parla-

---

742 S. Materialien zu der Konferenz „Praxis feindlicher Übernahmen und des Schutzes von den: Erfahrung Russlands und der Ukraine" (den 22. Oktober 2004, Kiew) (s. www.VlasnaSprava.info).

743 S. Vortrag von Herrn SAMOJLENKO Vadim (Partner der Kanzlei „Schewchenko Didkovski und Partners", Ukraine) „Ukrainische Besonderheit feindlicher Übernahmen", Konferenz „Praxis feindlicher Übernahmen und deren Schutz: Erfahrung Russlands und der Ukraine" (den 22. Oktober 2004, Kiew).

744 Gesetz der Ukraine „*Pro gospodarski tovarystva* (Über wirtschaftliche Partnerschaften)" vom 19. September 1991 (N1576-XII) ist trotz aller vorgenommenen Abänderungen nicht geeignet, die rechtlichen Verhältnisse der Aktiengesellschaften entsprechend zu regulieren.

745 S. mehr zum Thema *Schewchenko, J. M.*, 1996, S. 184-193.

ment blockiert. Nach den Angaben des Fonds staatliches Eigentums[746] sind die Vertreter mittelständischer Unternehmen gegen die Annahme dieses Gesetzes, weil gerade sie dank korrupter Vertreter der Judikative und Amtspersonen örtlicher Administrationen ihre Produktionsaktive erhöhen. Grossunternehmen hingegen bzw. ukrainische industriell-finanzielle Konzerne[747] befürworten die Idee der Revidierung der korporativen Gesetzgebung.

Mehrere Experten meinen, dass dem vorgeschlagenen Gesetzentwurf über Aktiengesellschaften die notwendigen Schutzmechanismen fehlen, die das Problem feindlicher Übernahmen in der Ukraine minimieren könnten.[748] Der größte Nachteil des Entwurfes liegt darin, dass die Besonderheit der Aktiengesellschaften, bei deren Kapital der Staat Anteile besitzt, und die in der Privatisierungszeit gegründet wurden, nicht berücksichtigt werden. Aber genau solche Aktiengesellschaften machen in der ukrainischen Wirtschaft die Mehrheit aus und bilden deswegen eine Risikogruppe. Ein gutes Beispiel dafür ist die Konsolidierung der Aktien „Nikolajever Tonerdebetrieb"[749] im März 2004. Die Verhandlung über die Klage der betroffenen Aktionäre wurde mehrere Monate lang suspendiert.[750]

9. Der Schutz des Eigentumsrechts von Aktionären[751]

In dem Bericht "*Compatibility of Ukraininan law and practice with the requirements of the European Convention on Human Rights (Articles 3, 5, 6, 10, 13 and 1 and 3 of Protocol No 1)*" wurde darauf hingewiesen, dass es in der Ukraine keine rechtlichen Grundsätze zum Schutze der Rechte von Aktionären gibt.[752]

Das Zivilgesetzbuch und das Wirtschaftsgesetzbuch der Ukraine sehen vor, dass trotz ihrer Bestimmungen über die rechtliche Stellung der Aktiengesellschaften in der Ukraine ein Spezialgesetz in dem Bereich erlassen werden soll.[753] 2003

---

746 S. Webseite des Fonds staatlichen Eigentums der Ukraine (www.spfu.gov.ua).

747 Gesetz der Ukraine „*Pro promyslovo-finansovi grupy v Ukraini* (Über die industriell- finanziellen Gruppen in der Ukraine)" vom 21. November 1995 (N437/95-BP). S. auch Art. 125 WGBU und den Informationsbrief OWGU vom 25. Juni 1996 (N01-8/234).

748 S. Webseite der Kanzlei „Arzinger Gorbunov und Partners", Büro Kiew.

749 Der Nikolajever Tonerdebetrieb ist mit dem Konzern „Russische Aluminium" affiliiert.

750 S. *Nagornaja, Natalya* „Das Gesetz über Aktiengesellschaften kann schon Anfang 2005 erlassen werden", in: *Juridicheskaja Praktika*, November, 2004.

751 Mehr zum Thema s. *Schewchenko, J. M.*, 1996, S. 46-55.

752 S. *Doc. HRCAD(2001) 4*– December 2001, Ziff. 332.3 (c). Vgl. Stellungnahme des Justizministeriums, in: ebenda, Ziff. 348.

753 Der Gesetzentwurf über Aktiengesellschaften in der Ukraine wurde zum ersten mal schon 1991 ausgearbeitet (s. Beschluss des VR der USSR vom 4. Juni 1991 (N1141-XII)), das Gesetz wurde aber nie erlassen. Zurzeit befindet sich in dem VR ein neuer Gesetzentwurf, der

wurde dem Parlament ein neuer Gesetzentwurf vorgelegt,[754] der insbesondere einen entsprechenden Schutz der Rechte der Aktionäre gewährleisten soll.
Art. 116 Abs. 1 ZGBU und Art. 88 Abs. 1 WGBU beinhalten die Auflistung der Rechte der Mitglieder wirtschaftlicher Partnerschaften (Aktiengesellschaften): "1) participate in the partnership management pursuant to the procedure specified in the constituent documents except in cases established by the law; 2) take part in the distribution of the partnership's profit and receive its part (dividends); 3) withdraw from the partnership according to the established procedure; 4) alienate the shares of the partnership's charter capital and securities, which acknowledge the participation in the partnership, according to the procedure established by the law; 5) obtain information on the partnership's activity according to the procedure specified by the constituent documents." Dieser Katalog ist jedoch nicht erschöpfend, weil Abs. 2 beider Artikel vorsieht, dass die Mitglieder wirtschaftlicher Partnerschaften (Aktiengesellschaften) andere Rechte haben können, die von dem Gründungsvertrag der wirtschaftlichen Partnerschaft oder vom Gesetz festgelegt sind. Aktionäre haften nicht für die Verpflichtungen der Gesellschaft, sie tragen das Schadenrisiko, das sich aus der Tätigkeit der Aktiengesellschaft ergibt ausschließlich in Rahmen des Wertes der ihnen gehörenden Aktien.[755] Art. 147 Abs. 1 WGBU bestimmt, dass die Vermögensrechte der Subjekte unternehmerischer Tätigkeit vom Gesetz geschützt werden.[756] Art. 20 WGBU[757] gibt diesen Subjekten das Recht, ihre Rechte und gesetzmäßigen Interesse zu schützen.

Trotz fehlender Rechtssicherheit im Bereich des Rechtsschutzes von Aktionären setzen die ukrainischen Gerichte sich ständig mit dem Problem auseinander.[758]

---

von der Regierung ausgearbeitet wurde (N8326, vom 21. Oktober 2005). Es ist aber höchstwahrscheinlich, dass dieser Gesetzentwurf nicht angenommen wird. Vgl. Bundesgesetz der RF „*Ob akzionernykh obchestvakh* (Über Aktiengesellschaften)" vom 26. Dezember 1995 (N208-Ф3).

[754] Gesetzentwurf vom 25. März 2003 (N3059).

[755] Art. 152 Punkt 2 Abs. 1 Satz 2 ZGBU. Mehr zum Thema s. *Schewchenko, J. M.*, 1996, S. 184-193.

[756] Vgl. Art. 152 Punkt 2 Abs. 3 ZGBU: "Guarantees to protect property rights of shareholders shall be established by the law".

[757] S. auch Art. 16 ZGBU.

[758] Nicht nur die Gerichte verhandeln die Klagen über die Verletzung der Rechte von Aktionären. Auch die regionalen Vertretungen der Staatskommission für Wertpapiere und Effektenmarkt entscheiden in solchen Fällen. In letzter Zeit versuchen die Gerichte die Kompetenzen der Staatskommission bei Klagen über Verletzungen der Rechte von Aktionären einzuengen. Nach dem Gesetz über die staatliche Regulierung des Wertpapiermarkts in der Ukraine (Art. 2) hat die Staatskommission für Wertpapiere und Effektenmarkt zwei Aufgaben: 1) Schutz der Teilnehmer des Effektenmarks, 2) Einhaltung der Gesetznormen von den Teilnehmer des Effektenmarkts. Nach Meinung der Verfasserin gibt auch dieser Rechtsweg den

Das Verfassungsgericht der Ukraine entschied 2004 in der Sache über die vom Gesetz geschützten Interessen der Bürger bzw. der Aktionäre.[759] Das Gericht ging davon aus, dass sich das legitime Interesse eines Unternehmens bzw. einer Aktiengesellschaft nicht unbedingt mit den Interessen ihrer Mitglieder deckt.[760] Die Interessen der Besitzer einer Aktie, der Besitzer der Aktienmehrheit, der Kleinaktienbesitzer und der gesamten Aktiengesellschaft sind nicht identisch.
In mehreren Fällen werden die legitimen Interessen einer Aktiengesellschaft durch ihre obersten Organe formuliert, und diese Interessen werden vor Gericht durch den Vorstand dieser Gesellschaft oder andere dazu berechtigte Organe vertreten.[761] Diese Organe verpflichten sich, die individuellen Interessen der Aktienbesitzer zu schützen.
Das Verfassungsgericht stellte fest, dass das Problem des Rechtsschutzes der individuellen Interessen, insbesondere der Interessen der Kleinaktienbesitzer, genau so wie das Problem der Möglichkeit des Missbrauches solcher Interessen in der heutigen ukrainischen Gesetzgebung keine effektive Lösung findet.[762] Demzufolge können die Kleinaktienbesitzer keinen Einfluss auf die Tätigkeit der Gesellschaft nehmen. Das Verfassungsgericht wirft dem Gesetzgeber vor, dass die Interessen dieser Gruppe von Aktienbesitzern vom Gesetz nicht geschützt werden.[763]
Das Verfassungsgericht formulierte den Begriff des vom Gesetz geschützten Interesses des Aktienbesitzers: „Ein Aktienbesitzer kann seine unmittelbaren Rechte und vom Gesetz geschützten Interessen vor Gericht durchsetzen, wenn sie von dieser Gesellschaft, deren Organen und anderen Aktienbesitzern nicht anerkannt werden. Wie dieser Schutz aussehen soll, der auch bei den verletzten Rechten Dritter oder bei den vom Gesetz geschützten Interessen einer Aktiengesellschaft, die mit denen ihrer Aktionäre nicht identisch ist, zur Anwendung kommt, wird vom Gesetz festgesetzt."[764]

Noch ein Urteil des Verfassungsgerichts zum Thema des Rechtsschutzes für Aktionäre.[765] Die geschlossene Aktiengesellschaft OBOLON[766] rief das Verfas-

Aktionären die Möglichkeit, ihre Rechte schneller und effektiver zu schützen. Erst wenn der Beschwerdeführer mit der Entscheidung der Staatskommission nicht zufrieden ist, wird ihm die Möglichkeit eingeräumt, das Gericht anzurufen (Art. 40 Abs. 3 des Gesetzes der Ukraine „Über Wertpapiere und Effektenbörse" vom 18. Juni 1991 (N1201-XII)). S. auch zum Thema Beschluss des Plenums des OGU vom 3. März 2004 (N15).

[759] S. Urteil VGU vom 1. Dezember 2004 (N18-pп).

[760] Ziff. 4.1 des Urteils VGU.

[761] S. Art. 1, 21, 28 WPOU und Art. 110 ZPOU.

[762] Ziff. 4.3 des Urteils.

[763] Vgl. *Doc. HRCAD(2001) 4–* December 2001, S. 146, Ziff. 332.3.

[764] S. Art. 4, 5, 40, 151 ZPOU und Art. 152, 980 ZGBU.

[765] Urteil VGU vom 11. Mai 2005 (N4-pп/2005).

sungsgericht an, um die Bestimmungen des Gesetzes „*Pro gospodarski tovarystva* (Über wirtschaftliche Partnerschaften)"[767] zu klären. Diese Bestimmungen betrafen den Verkauf von Aktien, die den Aktionären einer geschlossenen Gesellschaft gehören.

Aufgrund des Begriffes der Aktien[768] entschied das Verfassungsgericht, dass die umstrittenen Bestimmungen des Gesetzes in solcher Weise so zu verstehen sind, dass diese Anteile zwischen den Aktionären verteilt werden sollen, und mittels Aktienzeichnung, -kaufs und –verkaufs nicht verbreitet werden dürfen.[769] Es gibt keine andere Beschränkung des Kaufsrechts der Aktionäre in den gesetzlichen Bestimmungen.[770] Es wurde aber darauf hingewiesen, dass jede Aktiengesellschaft in ihren Satzungsdokumenten Einschränkungen[771] anderer Art in Rahmen der ukrainischen Gesetzgebung vorsehen kann.[772] Das Verfassungsgericht bestätigte das prioritäre Kaufrecht der Aktionäre, wenn die Aktien ihrer geschlossenen Gesellschaft verkauft werden.[773]

Nach der Auffassung des Gerichts sind die Aktien Objekte des Privateigentums und unterliegen deswegen gewissen gesetzlichen Beschränkungen.[774] Wenn aber die Satzungsdokumente einer geschlossenen Gesellschaft einen Katalog zusätzlicher Beschränkungen aufstellen, dürfen diese Beschränkungen nicht als gesetzlich betrachtet werden, weil der Aktionär bei Unterzeichnung der Satzungsdokumente die Sonderbestimmungen der Gesellschaft akzeptiert.[775] Solche Beschränkungen sind nach Auffassung des Gerichts verfassungskonform, weil sie nicht das Recht eines Eigentümers beschränken, über seine Aktien zu verfügen, sondern eine besondere Prozedur für ihre Veräußerung festsetzen.[776] Das Verfassungsgericht folgerte, dass das prioritäre Kaufrecht der Aktionäre nicht absolut ist, denn wenn die interessierten Aktionäre einen Preis bieten, der unter dem Marktwert liegt, kann der Aktieneigentümer andere Verkaufswege suchen.[777]

---

[766] Ein der größten Unternehmen der Ukraine im Bereich der Lebensmittelindustrie. Die Gesellschaft wendete sich an das Verfassungsgericht wegen ihrer Übernahme von SARMAT (s. mehr dazu im vorigen Unterkapitel).

[767] Gesetz der Ukraine vom 19. September 1991 (N1576-XII).

[768] S. Art. 4 Abs. 1 des Gesetzes der Ukraine „*Pro zinni papery ta fondovu birzhu* (Über Wertpapiere und Effektenbörse)" vom 18. Juni 1991 (N1201-XII).

[769] S. Ziff. 4.1 Abs. 3 des Urteils.

[770] S. Art. 25 Abs. 1 und Art. 28 des Gesetzes über wirtschaftliche Partnerschaften.

[771] Vgl. Art. 4 des Gesetzes über wirtschaftliche Partnerschaften.

[772] S. Ziff. 4.1 Abs. 3 des Urteils. S. Art. 11 des Gesetzes über wirtschaftliche Partnerschaften.

[773] S. Ziff. 4.1 Abs. 9 des Urteils. S. auch Art. 81 WGBU.

[774] S. Ziff. 4.2 Abs. 2 des Urteils.

[775] S. Ziff. 4.2 Abs. 7 des Urteils.

[776] S. Ziff. 4.2 Abs. 8 des Urteils.

[777] S. Ziff. 4.2 Abs. 8 des Urteils.

2001 entschied die Zivilkammer des Obersten Gerichts der Ukraine in einer Kassationsklage über die Verletzung der Rechte der Aktionäre.

Beispiel aus der Gerichtspraxis:[778]

Sachverhalt

Zwei Aktionäre der Aktiengesellschaft TATNAFTA-Kiew riefen 1999 das Gericht an, um die Entscheidungen der Hauptversammlung der Aktiengesellschaft für ungültig erklären zu lassen. Mit dieser Entscheidung waren die Satzungsurkunden der Gesellschaft geändert worden. Es ging um die 1992 stattgefundenen zwei Emissionen von Aktien der Gesellschaft.[779] Ein Beschwerdeführer besaß 17% Aktien und wurde über die geplanten Emissionen nicht informiert,[780] war also bei der Hauptversammlung nicht anwesend.[781] Die Aktionäre hatten keine Information, dass der satzungsgemäße Fonds der Gesellschaft wesentlich erhöht worden war. Beide Beschwerdeführer erfuhren erst 1998 über die durchgeführten Emissionen der Aktien. Das Gericht erster Instanz stellte fest, dass die Bestimmungen des Gesetzes über wirtschaftliche Partnerschaften,[782] des Gesetzes über Wertpapiere und Effektenbörse[783] und die Vorschriften der Satzung der Aktiengesellschaft verletzt wurden. Die Entscheidungen der Hauptversammlung der Aktiengesellschaft wurden für ungültig erklärt. Das Gericht der Berufungsinstanz bestätigte diese Entscheidung.

Entscheidung des Gerichts

Die Aktiengesellschaft wandte sich an das Oberste Gericht der Ukraine als Kassationsinstanz. Das Oberste Gericht der Ukraine wies darauf hin, dass die Entscheidungen der Hauptversammlung der Aktiengesellschaft[784] nur dann für ungültig erklärt werden können,[785] wenn die Abwesenheit der Beschwerdeführer

---

[778] Entscheidung der Zivilkammer des Obersten Gerichts der Ukraine vom 19. September 2001.

[779] S. mehr zum Thema der Verletzung der Rechte der Aktionäre bei den Emissionen der Aktien *Tarasenko, V. / Zdoronok, G.* Problemnyje aspekty dejatelnosti akzionernykh obchestv (Problemfelder der Tätigkeit der Aktiengesellschaft), in: *Yuridicheskaja Praktika*, N2, November, 2004.

[780] S. Art. 43 Abs. 1 des Gesetzes über wirtschaftliche Partnerschaften.

[781] Das Oberste Wirtschaftsgericht wies in seiner Rechsprechung darauf hin, dass die Weigerung, einen Vertreter des Aktionärs (s. Art. 159 Punkt 3 Abs. 2 ZGBU) zu registrieren, damit er in der Hauptversammlung der Aktiengesellschaft die Interesse des Aktionärs vertreten kann, ein Verstoß gegen die Gesetzgebung über Wertpapiere ist (Brief OWGU vom 24. Juli 2001 (N01-8/824), Ziff. 4).

[782] S. Art.27-30, 33, 35, 37, 38, 40, 41, 43 des Gesetzes der Ukraine vom 19. September 1991 (N1576-XII).

[783] S. Art. 6, 7, 11, 22, 23 des Gesetzes der Ukraine vom 18. Juni 1991 (N1201-XII).

[784] Vgl. Art. 106 und Art. 159 Punkt 1 Abs. 1 ZGBU, Art. 159 WGBU und Art. 41 des Gesetzes über wirtschaftliche Partnerschaften.

[785] Im Gegensatz zu Russland beinhaltet die ukrainische Gesetzgebung keine Auflistung der Gründe, aus denen die Hauptversammlung der Aktionäre und ihre Entscheidungen ungültig erklärt werden können. Diese gesetzliche Lücke wird durch die Rechsprechung und Erklärungsbriefe des Gerichts ausgefüllt. Folgende Gründe wurden genannt: 1) die Verfahrensverletzungen in der Zeit der Hauptversammlungseinberufung; 2) die Annahme der gesetzwidrigen Entscheidungen; 3) die Annahme der Entscheidungen, die den Interessen der Aktienge-

diese Entscheidungen wesentlich beeinflusst hätten.[786] Nach Art. 41 Abs. 8 des Gesetzes über wirtschaftliche Partnerschaften ist eine Hauptversammlung der Aktionären legitimiert, wenn die Aktionäre anwesend sind, die nach der Satzung der Gesellschaft mehr als 60% Stimmen besitzen. In dem Verfahren stellte das Gericht der Kassationsinstanz fest, dass diese Voraussetzungen in beiden vorherigen Instanzen nicht ausreichend geklärt wurden. Mit dieser Begründung wurde die Sache dem Gericht erster Instanz zu einer neuen Verhandlung übergeben.

Mit den Problemen im Bereich des Schutzes der Rechte der Unternehmen und der Aktionäre in der Ukraine befasste sich auch der Gerichtshof in Straßburg.[787] Am 27. September 2001 erklärte der EGMR die Beschwerde *SOVTRANSAVTO Holding v. Ukraine* für zulässig und schon am 25. Juli 2002 wurde diese Sache entschieden. Ein Beweis, dass der Angelegenheit angesichts der Aktualität der Problematik Vorrang gegeben wurde.

Sachverhalt

Die Sovtransavto Holding ist eine russische Aktiengesellschaft (mit Sitz in Moskau), die seit 1993 im Bereich der internationalen Gütertransporte tätig ist. In der Zeit von 1993 bis 1997 hatte die russische Gesellschaft 49% der Aktien der Sovtransavto–Lugansk, die eine ukrainische offene Aktiengesellschaft war. 1996 und 1997 wurde bei Sovtransavto–Lugansk eine Umstrukturierung des Unternehmensstatuts vorgenommen (mit der Zustimmung der örtlichen Behörden, d.h. des Exekutivkomitees von Lugansk[788]). Als Folge davon besaß die Sovtransavto Holding statt 49% nur noch 20,7% der Aktien der ukrainischen Gesellschaft, aus der eine geschlossene Aktiengesellschaft geworden war. Die Direktion des Sovtransavto Holding rief das Lugansker Schiedsgericht Erster Instanz an. Später wurde die Sache im Obersten Schiedsgericht der Ukraine verhandelt. Der Leiter der staatlichen Regionsadministration Lugansk (ukr.: *Oblderzhadministrazija*) informierte den Präsidenten der Ukraine, dass die nationalen Interessen der Ukraine geschützt werden sollen. Deswegen wurde nach dem vom Präsidenten erlassenen Dekret[789] das Gerichtsverfahren mit Absicht und mit verschiedenen Begründungen verschleppt. Der Beschwerdeführer wandte sich auch an die Generalstaatsanwaltschaft[790] mit dem Begehren, die Fairness des Verfahrens zu prüfen. Dies wurde abgelehnt. Im Jahr 1999 entschied die Aktionärversammlung der Sovtransavto–Lugansk, die Gesellschaft zu liquidieren, und es wurde eine neue Aktiengesellschaft Trans King gegründet. Erst im Jahr 2001 entschied das Schiedsgericht der Kiewer Region (Gericht Erster Instanz) zu Gunsten der

---

sellschaft und ihrer Aktionäre widerspricht; 4) die Entscheidungen, die Rechte und vom Gesetz geschützte Interessen der Betroffenen verletzen. S. auch zum Thema Erklärungsbrief OWGU vom 26. Januar 2000 (N02-5/35), Ziff. 1.

[786] Vgl. Entscheidung OGU vom 21. Oktober 2003 in der Sache über die Entscheidung der Hauptversammlung der OAG „Ordzhenikidze Aufbereitungsanlage".

[787] Urteil Sovtransavto Holding v. Ukraine.

[788] S. Art. 56 und 144 VU.

[789] Das Dekret des Präsidenten der Ukraine vom 28. Januar 1998 ist zur Veröffentlichung nicht zugelassen.

[790] Nach dem neuen Art. 1 des Gesetzes der Ukraine „Über die Staatsanwaltschaft" soll die Kontrolle über die Einhaltung der Gesetze nur hinsichtlich der Exekutivbehörden durch die Staatsanwaltschaft durchgeführt werden.

russischen Gesellschaft, dass ihr Teil des Vermögens durch Kompensationen der ukrainischen Gesellschaft ausgezahlt werden solle. Der Gerichtsvollzieherdienst suspendierte die Vollstreckung der Entscheidung des Gerichts.
Der Beschwerdeführer berief sich auf Art. 6, 14 EMRK und Art. 1 1.ZP.

Entscheidung des Gerichts

Der EGMR stellte fest, dass die Beschwerde drei Aspekte von Art. 6 EMRK umfasst: 1) Fehlende Unparteilichkeit und Unabhängigkeit des Gerichtes, 2) Fehlen der öffentlichen Verhandlung, 3) Verletzung des Grundsatzes der Verhandlung innerhalb einer angemessenen Frist.[791] Seiner Meinung nach beinhaltet der Sachverhalt auch wichtige Rechtsprobleme der Diskriminierung auf Grund der Staatsangehörigkeit[792] und des Eigentumsschutzes.[793]
Da der Beschwerdeführer sich auf Art. 1 1.ZP berief, wies der Gerichtshof darauf hin, dass "it does not concern a deprivation of property as such – as deprivation is undoubtedly an instantaneous act – but the loss of control of Sovtransavto-Lugansk's activity and assets following the reduction of its shareholding in that company, and the lack of adequate compensation after Sovtransavto-Lugansk was wound up".[794]
Der EGMR betonte, dass die Aktie einer Gesellschaft eine komplizierte Sache sei. Eine Aktie bestätigt, dass ihr Besitzer auch die entsprechenden Rechte hat.[795] Mit der Verminderung des Aktienanteils des Beschwerdeführers wurden auch seine Rechte verletzt, die Gesellschaft zu führen und ihr Vermögen zu kontrollieren.[796]
Nach Auffassung des Gerichtshofes hat der Staat positive Verpflichtungen das Eigentumsrecht zu schützen, sogar wenn es um Rechtstreitigkeiten zwischen natürlichen oder juristischen Personen geht.[797] Es wurde festgestellt, dass die Verletzung von Art. 6 EMRK eine direkte Wirkung auf das Eigentumsrecht des Beschwerdeführers hatte.[798]

> "Having regard to the foregoing, the Court finds that the manner in which the proceedings were conducted and ended, and the uncertainty in which the applicant

[791] Urteil Sovtransavto Holding v. Ukraine, Ziff. 61.
[792] Urteil Sovtransavto Holding v. Ukraine, Ziff. 99-101.
[793] Vgl. Committee of Ministers, *Resolution ResDH(2004)14*: „The main deficiencies found by the Court consist of: - repeated attemps by the President of Ukraine to influence domestic court decision; - application of "*protest*" procedure ("application for supervision")making it possible to quash final judicial decisions without any limitations; -the refusal by courts to examine the arguments on the merits in a public hearing and the absence of adequate motivation of judicial decisions".
[794] Urteil Sovtransavto Holding v. Ukraine, Ziff. 58.
[795] Urteil Sovtransavto Holding v. Ukraine, Ziff. 92 Abs. 2.
[796] Urteil Sovtransavto Holding v. Ukraine, Ziff. 92 Abs. 3.
[797] Urteil Sovtransavto Holding v. Ukraine, Ziff. 96 und 97 Abs. 1. S. auch Urteil López Ostra v. Spain, Ziff. 55.
[798] Urteil Sovtransavto Holding v. Ukraine, Ziff. 97 Abs. 2.

company was left, upset the "fair balance" that has to be struck between the demands of the public interest and the need to protect the applicant company's right to the peaceful enjoyment of its possessions. Consequently, the State has failed to comply with its obligation to secure to the applicant company the effective enjoyment of its right of property, as guaranteed by Article 1 of Protocol No. 1"[799]

IV. Die allgemeinen Garantien des Eigentumsrechts in der Verfassung und in der ukrainischen Gesetzgebung

1. Die verfassungsmäßigen Vorschriften zur Gewährleistung des Eigentumsrechts der Bürger

Die Vorschriften der Verfassung der Ukraine bilden den Regelungsrahmen für die Verwirklichung des Eigentumsrechts.

1.1. Die Verankerung des Prinzips der Gleichheit aller Eigentumsformen

Bis 1991 galt in der Ukraine das Prinzip der Priorität des staatlichen Eigentums und seines Schutzes. In dem alten Zivilgesetzbuch der USSR von 1963 gab es Art. 146 für die Regelung der unbegrenzten Vindikation des Staatsvermögens, des Kolchosevermögens, des Vermögens anderer kooperativen und gesellschaftlichen Organisationen. Fand eine unrechtmäßige Veräußerung dieses Vermögens auf irgendwelche Weise statt, konnte es von allen Erwerbern (unrechtmäßigen oder rechtmäßigen) zurückgefordert werden.[800] Die sowjetische Gesetzgebung kannte noch mehrere Vorrechte für staatliches Eigentum.

Das Gesetz der Ukraine „Über das Eigentum" fordert das Prinzip der Gleichstellung und der Entwicklung aller Eigentumsformen in der Ukraine.[801] Auf diesen Grundsatz hat die folgende Verfassungsnorm Bezug:
"The State ensures the protection of the rights of all subjects of the right of property and economic management, and the social orientation of the economy. All subjects of the right of property are equal before the law".[802]

Die Regierung sichert die gleichen Entwicklungsbedingungen für alle Eigentumsformen.[803]
Der Grundsatz der Gleichberechtigung aller Eigentumsformen hatte seine Berechtigung in der Frühphase des Reformprozesses, als es darum ging, das Privateigentum in den Ländern der ehemaligen UdSSR, bzw. in der Ukraine und Russland, aufzuwerten und seine Diskriminierung schrittweise abzubauen.

[799] Urteil Sovtransavto Holding v. Ukraine, Ziff. 98.
[800] *Dzera, O. V.*, 2000, S. 108.
[801] Art. 2 Abs. 4 und 5 des Gesetzes.
[802] Art. 13 Abs. 3 VU.
[803] Art. 116 Abs. 5 VU.

Wenn aber nunmehr alle Eigentumsformen dem gleichen Rechtsregime unterliegen, so muss zwischen ihnen auch nicht mehr unterschieden werden. BRUNNER ist der Meinung, dass es bei dem Verfassungsgrundsatz der „Vielfalt und Gleichberechtigung der Eigentumsformen" um das künftige Schicksal des Grundeigentums und insbesondere des landwirtschaftlichen Bodeneigentums geht.[804]

1.2. Unverletzlichkeit des Eigentumsrechts

In der Verfassung der Ukraine ist die Garantie der Unverletzlichkeit des Eigentumsrechts ausdrücklich verankert.[805]
Das Gesetz „Über das Eigentum" sieht die gleiche Garantie vor. Art. 55 Abs. 1 GÜE besagt, dass niemandem sein Recht auf Eigentum entzogen werden darf, ausgenommen in vom Gesetz vorgesehenen Fällen.
Das Zivilgesetzbuch der Ukraine in Art. 321 Abs. 1 Satz 1 beinhaltet die ausdrückliche Bestimmung, dass das Eigentumsrecht unverletzlich ist. Niemandem kann rechtswidrig sein Recht entzogen, die Ausübung seines Eigentumsrechts kann bei niemandem eingeschränkt werden.

1.3. Freiheit des Eigentümers, seine Rechte auszuüben

Laut Art. 4 Abs. 1 des Gesetzes der Ukraine „Über das Eigentum" kann der Eigentümer sein Recht auf Besitz (*ius possidendi*), Nutzung (*ius utendi et ius fruendi*) und Verfügung über Eigentum nach seinem Ermessen (*ius disponendi*) realisieren. Dieses dreifache Prinzip hat auch in der Verfassung seinen Platz. Art. 41 Abs. 1 VU sieht vor, dass

> "Everyone has the right to own, use and dispose of his or her property, and the results of his or her intellectual and creative activity."

Art. 319 ZGBU umfasst alle verfassungsmäßigen Bestimmungen über die Verwirklichung des Eigentumsrechtes.[806]

---

[804] *Brunner, Georg,* 1998, S. 35.
[805] Art. 41 Abs. 4 und 5 VU.
[806] S. Art. 319 ZGBU
"1.The owner shall possess, use and dispose of his/her property at his/her own discretion.
2. The owner shall be entitled to perform any actions to his/her property if these actions do not contradict the legislation.
In enjoying the rights and performing the obligations the owner shall be obliged to meet the moral principles of the society.
3. All owners shall be given equal conditions for implementing their rights.
4. Ownership shall make the owner be obliged.
5. The owner may not enjoy the ownership right in violation of the rights, freedoms and dignity of the citizens, interests of the society, deterioration of ecological situation and natural qualities of the land.
6. The state shall not intervene with the owner's implementation of his/her ownership rights.

In der Zeit der Marktwirtschaft erweitert man die Möglichkeiten der Bürger, ihr Privateigentum zu nutzen. Die heutige Gesetzgebung der Ukraine bestimmt eine Reihe solcher Möglichkeiten.[807]

2. Die verfassungsmäßigen Garantien des Eigentumsschutzes in der ukrainischen Gesetzgebung

Nach der menschenrechtlichen Theorie besteht eine imperative „*positive obligation*" des Staates. Ein Teil dieser „*positive obligation*" ist die Verpflichtung, das Leben des Einzelnen, seine Gesundheit, sein Eigentum gegen Gefahren und Risiken zu schützen.

> „The Court has consistently held the responsibility of a State is engaged if a violation of one of the rights and freedoms defined in the Convention is the result of the non- observance by that State of its obligation under Art. 1 to secure those rights and freedoms in its domestic law to everyone within its jusisdiction."[808]

Der ukrainische Staat seinerseits ist durch die Verfassung[809] verpflichtet, "the protection of the rights of all subjects of the right of property and economic management, and the social orientation of the economy" zu gewährleisten. Gleichzeitig besteht laut der EMRK eine negative Obligation: „to refrain from action (prohibition on any interference by any public authority that is not necessary in a democratic society) is not only related to State actions but also to State inactivity, that is, failure to protect the individual against the actual risk of harmful actions by private actors."[810]

2.1. Nichteinmischung staatlicher Behörden

In der ukrainischen Verfassung verankerte der Gesetzgeber die Bestimmungen, dass ein Bürger die rechtlichen Mittel besitzt, sich vor den willkürlichen Handlungen staatlicher Behörden zu schützen:

7. Actions of the owner towards his/her ownership may be restricted or terminated or the owner may be obliged to let other persons use his/her property only in cases and per the procedure provided in the law.
8. Specifics of exercising of the ownership right in national, cultural and historical valuables shall be established by the law."

[807] S. Gesetze der Ukraine „*Pro pidpryemnytchtvo v Ukraiini* (Über Unternehmerturm in der Ukraine)", „*Pro orendu derzhavnykh pidpryemstv* (Über das Pacht der staatlichen Unternehmen)", „*Pro gospodarchi tovarystva* (Über wirtschaftliche Partnerschaften)" u.s.w.
[808] Urteil Costello-Roberts v. the UK, Ziff. 26.
[809] Art. 13 Abs. 4 VU.
[810] *Ress, Georg,* 1999, S. 165.

"Everyone shall have a right to compensation from public or municipal bodies for losses sustained as a result of unlawful decisions, acts or omissions by public or municipal bodies or civil servants in the performance of their official duties."[811]

"Municipal bodies shall exercise their powers in accordance with the statutory rules of competence; decisions of municipal bodies shall be mandatory in the area concerned.

Execution of decisions of municipal bodies shall be stayed, in accordance with the law, if their compatibility with the constitution or the legislation in force is contested in the courts or tribunals."[812]

Das Gesetz der Ukraine „Über das Eigentum" sieht auch vor, dass eine staatliche Behörde die materielle Verantwortung übernimmt, wenn sie sich in die Ausübung der Befugnisse eines Eigentümers einmischt.[813] Das Gesetz setzt ebenfalls fest, dass diese staatliche Behörde haftet, wenn die Rechte der Eigentümer durch rechtswidrige Handlungen verletzt werden.[814] Nach dem Klageantrag des Betroffenen wird eine solche Handlung für nichtig erklärt.

Beispiel aus der Gerichtspraxis:[815]

Sachverhalt

Im Jahr 1990 erhielt der Bürger M auf Entscheidung der Bauernversammlung 0,3 Hektar großes Grundstück zur Nutzung. Die Entscheidung der Bauernversammlung wurde vom Dorfrat[816] (dem damals zuständigen Organ)[817] gebilligt. Seit 1988 hatte M mit viel Mühe Schutt und Abfall von dem Grundstück entfernt, das 20 Jahre nicht benutzt worden war. Als das Grundstück wieder in gutem Zustand war, beschloss der Nachbar von M, sich einen Teil anzueignen, um dort ein Haus für seine Tochter zu bauen. Die Tochter des Nachbarn war eine Gewerkschaftsangestellte. Ihre Bekannte war die erste stellvertretende Leiterin der Rayon Staatsadministration.[818] Das Grundstück von M befand sich in diesem Rayon. Die Tochter des Nachbarn und ihre Bekannte bemühten sich, die beiden oben erwähnten Entscheidungen der zuständigen Organe über die Zuweisung des Grundstückes an den Bürger M für rechtwidrig

[811] Art. 56 Abs. 2 VU.

[812] Art. 144 VU.

[813] Art. 56 Abs. 1, 2 GÜE.

[814] Art. 57 GÜE.

[815] Entscheidung des Kirovograder Rayongerichts vom 14. Juli 2000.

[816] Ein Organ der örtlichen Selbstverwaltung (Art. 140 Abs. 4 VU): „District and oblast councils are bodies of local self-government that represent the common interests of territorial communities of villages, settlements and cities."

[817] Art. 142 Abs. 2 VU: „The material and financial basis for local self-government is movable and immovable property, revenues of local budgets, other funds, land, natural resources owned by territorial communities of villages, settlements, cities, city districts, and also objects of their common property that are managed by district and oblast councils."

[818] Ein Organ örtlicher Exekutive (Art. 118 VU). Art. 106 Abs. 10 VU: "The President of Ukraine appoints, on the submission of the Prime Minister of Ukraine, members of the Cabinet of Ministers of Ukraine, chief officers of other central bodies of executive power, and also the heads of local state administrations, and terminates their author ity in these positions".

erklären zu lassen. Die erste stellvertretende Leiterin der Rayon Staatsadministration[819] übte mehrmals Druck[820] auf die Vorsitzende des Dorfrates aus, um die Rechtsakte über die Zuweisung des Grundstücks an den Bürger M dahingehend zu ändern und rückzudatieren, dass M nicht 0,3 sondern 0,15 Hektar bekommen habe. Diese gefälschten Dokumente wurden schließlich vorgelegt. Daraufhin annullierte der Leiter der Rayon Staatsadministration 1992 die beiden oben erwähnten Entscheidungen der zuständigen Stellen über die Zuweisung des Grundstückes an den Bürger M.[821]

Entscheidung des Gerichts

1993 wollte der Beschwerdeführer den Rechtsweg beschreiten. Der Richter der ersten Instanz (Rayon Gericht) meinte, dass die gefälschten Dokumente ohne jeden Zweifel für null und nichtig erklärt werden würden, wollte sich aber selbst nicht mit der Klage befassen, weil er befürchtete, beeinflusst zu werden. Die Klage von dem Beschwerdeführer wurde dann ans Gericht des Gebiets (Oblast) gerichtet. Die Klage wurde mehrmals auf Ebene des Rayon und des Oblast verhandelt. Erst 2000 (!)[822] wurde die Sache endgültig zugunsten des Beschwerdeführers entschieden.

Obwohl in dieser Sache anerkannt wurde, dass die Rayon Staatsadministration ihre Befugnis überschritten hatte, gibt es in der Gerichtsentscheidung keine Hinweise darauf, dass dem Beschwerdeführer Schadenersatz zusteht. In der damaligen Zeit galt das Zivilgesetzbuch der Ukraine von 1964 (mit weiteren Abänderungen). Seine Art. 441, 442[823] sahen vor, dass der Staat haftet, wenn seine Behörde oder Angestellten während der Ausübung ihrer Amtspflichten, Eigentümern Schaden zufügt.[824] Art. 319 Abs. 6[825] des neuen Zivilgesetzbuches der

---

819 Art. 119 VU: "Local state administrations on their respective territory ensure:
1) the execution of the Constitution and the laws of Ukraine, acts of the President of Ukraine, acts of the Cabinet of Ministers of Ukraine and other bodies of executive power;
2) legality and legal order; the observance of laws and freedoms of citizens;
6) interaction with bodies of local self-government."

820 Art. 118 Abs. 5 VU: „Local state administrations are accountable to and under the control of councils in the part of the authority delegated to them by the respective district or oblast councils."

821 Art. 144 VU: "Bodies of local self-government, within the limits of authority determined by law, adopt decisions that are mandatory for execution throughout the respective territory. Decisions of bodies of local self-government, for reasons of nonconformity with the Constitution or the laws of Ukraine, are suspended by the procedure established by law with a simultaneous appeal to a court." In seiner endgültigen Entscheidung wies das Gericht darauf hin, dass der Leiter der Rayon Staatsadministration seine Amtsgewalt überschritt.

822 Der Beschwerdeführer könnte den EGMR anrufen, weil das Zivilverfahren in der Sache mehr als 5 Jahre dauerte. Es konnte festgestellt werden, dass eine Verletzung von Art. 6 Abs. 1 EMRK vorliegt.

823 S. Art. 1173, 1174 des neuen Zivilgesetzbuches der Ukraine. Auch dazu Art. 48 Abs. 4 und Art. 51 Abs. 3 GÜE.

824 S. Informationsbrief OWGU vom 29. Dezember 2000 (N01-8/795).

825 S. Art.4 Abs. 4 GÜE mit der anderen Fassung, dass der Staat sich nicht unmittelbar in die Wirtschaftstätigkeit der Subjekte des Eigentumsrechts einmischt.

Ukraine besagt, dass der Staat sich nicht einmischen darf, wenn der Eigentümer seine Rechte wahrnimmt.

Der Gerichtshof für Menschenrechte verhandelte über Fälle in der Ukraine, bei denen eine Einmischung des Staates in Gerichtverfahren und in die Ausübung des Eigentumsrechts festgestellt wurde. In der Sache *Sovtransavto Holding v. Ukraine*[826] versuchten der ukrainische Präsident KUTSCHMA und der Leiter seiner staatlichen Regionsadministration, den Ausgang des Gerichtsverfahrens zu beeinflussen. Ebenfalls in der Beschwerde *Agrotehservice v. Ukraine*[827] nutzte die ukrainische Exekutive, diesmal aber in der Person des Ministerpräsidenten und des Leiters einer staatlichen Regionsverwaltung ihren administrativen Einfluss, damit die Judikative die „richtige" Entscheidung im staatlichen Interesse treffen würde.

In allen wichtigen Rechtsakten, die Eigentumsverhältnisse in der Ukraine regeln, ist das Prinzip der Nichteinmischung der Exekutive verankert. Das Problem liegt aber darin, dass diese rechtlichen Grundlagen fast immer verletzt werden.

2.2. Gerichtlicher Schutz

Nach der gesetzlichen Rekonstruierung der Justiz als unabhängige Kontrollinstanz im Gefüge der Staatsgewalten und insbesondere dem Ausbau des Rechtschutzes setzte eine bemerkenswerte Spezialisierung und territoriale Zuständigkeit der Gerichte und Rechtswege ein.

Art. 124 Abs. 3 VU sieht vor, dass die Gerichtsverfahren in der Ukraine vom Verfassungsgericht der Ukraine und den Gerichten allgemeiner Jurisdiktion durchgeführt werden.[828] Das System der Gerichte allgemeiner Jurisdiktion ist in drei Instanzen unterteilt. Nach Art. 125 VU[829] ist das Oberste Gericht der Ukraine[830] das höchste Organ[831] im System der Gerichte allgemeiner Jurisdiktion.[832]

---

[826] Urteil Sovtransavto Holding v. Ukraine, Ziff. 18, 20, 22.

[827] Agrotehservice v. Ukraine (62608/00)- Decision as to the Admissibility vom 19. Oktober 2004, Ziff. A 2 b).

[828] „Die Anrufung von Gerichten ist freilich nicht vollkommen unüblich... [allerdings] zeigen auch Unternehmen erhebliche Zurückhaltung gegenüber der Gerichtsbarkeit" (s. *Evers, Frank,* 1998, S. 48).

[829] S. auch Art. 1 Abs. 2 S. 2 GÜGS.

[830] Art. 48 Abs. 2 GÜGS sieht vor, dass das Oberste Gericht der Ukraine aus vier Gerichtskammern besteht, die für Zivil-, Straf-, Wirtschafts- bzw. Verwaltungssachen zuständig sind.

[831] Nach dem alten sowjetischen Gerichtssystem existierten auch drei Instanzen (die Gerichte erster Instanz, die Berufungs- und die Kassationsinstanz). Das Oberste Gericht der Ukraine, die Gerichtskollegien und das Plenum des Obersten Gerichts der Ukraine stellten auf der dritten Ebene die Kassationsinstanz im ukrainischen Gerichtsystem dar. Mit dem Gesetz der Ukraine „Über das Gerichtssystem" wurden von Gesetzgeber alle drei Instanzen beibehalten.

Die Gerichte allgemeiner Jurisdiktion behandeln Streitigkeiten zwischen Bürgern, zwischen Bürgern und juristischen Personen, Bürgern und Staat sowie Straf-, Verwaltungs- und andere Angelegenheiten.[833]
Am 1. September 2005[834] trat die neue Verwaltungsprozessordnung der Ukraine in Kraft.[835] Art. 4 VPOU sieht vor, dass die Gerichtsbarkeit in Verwaltungssachen bei Verwaltungsgerichten[836] ausgeübt wird. Eine Verwaltungssache[837] ist eine öffentlich-rechtliche Streitigkeit, in der mindestens eine Partei eine staatliche Behörde, eine Behörde örtlicher Selbstverwaltung oder ein Beamter ist.[838] In dieser Weise wurde das System der Verwaltungsgerichtsbarkeit in der Ukraine geschaffen.[839]

Die Fachgerichte (das Oberste Wirtschaftsgericht der Ukraine, die Kreiswirtschaftsgerichte; die Militärgerichte; das Internationale Schiedsgericht; die See –

Aber die letzte Instanz des ukrainischen Gerichtssystems unterscheidet sich von der sowjetischen auch dadurch, dass heute die Objekte des Kassationsverfahrens die Entscheidungen der Gerichte erster und zweiter Instanz sind, die schon in Kraft traten. In der Zeit der UdSSR konnten nur die Entscheidungen der Gerichte erster Instanz revidiert werden, die keine Rechtskraft erlangten (Andere Beispiele s. Art. 320 – 347 ZPOU).
Ab 1. Juni 2002 gilt das Gesetz der Ukraine „Über das Gerichtsystem". Ursprünglich sah der Gesetzgeber im Gesetz vor, dass in der Ukraine das Kassationsverfahren ein ad hoc Kassationsgericht durchführen sollte. In Kapitel 6 des Gesetzes wurden die Bestimmungen über die rechtlichen Grundlagen der Tätigkeit des Kassationsgerichts der Ukraine festgelegt. In den Übergangsbestimmungen (Kapitel 7 Abs. 3 Satz 5) wurde vorgesehen, dass sechs Monate nach Inkrafttreten des Gesetzes das Kassationsgericht der Ukraine geschaffen werden sollte. Aber 2003 entschied das Verfassungsgericht der Ukraine (Urteil VGU vom 11. Dezember 2003 (N20-рп/2003)), dass die Bildung eines zusätzlichen Kassationsgerichts im System der Gerichte allgemeiner Jurisdiktion der Ukraine verfassungswidrig sei.

[832] S. Art. 48 GÜGS. S. auch Urteil VGU vom 1.Oktober 1998 (N13-рп/98).

[833] S. Befund VGU vom 26. März 2002 (N21-y/2002), Ziff. 3.

[834] An dem Tag trat auch die Zivilprozessordnung in Kraft, weil Punkt 1 der Übergangsbestimmungen der Zivilprozessordnung vorsah, dass dies zusammen mit der Verwaltungsprozessordnung geschehen sollte.

[835] S. „*Kodeks administratyvnogo sudochynstva Ukrainy*" (Die Verwaltungsprozessordnung der Ukraine) vom 6. Juni 2005 (N2747-VI).

[836] Die Verwaltungsgerichte sind Gerichte allgemeiner Jurisdiktion (Art. 3 Abs. 1 Ziff. 3 VPOU).

[837] S. zum Thema Informationsbrief des Obersten Gerichts der Ukraine „Zhodo zastosuvannja gospodarskymy sudamy Ukrainy polozhen prozesulalnogo zakonodavstva stosovno rozmezhuvannja kompetenzii mizh spezializovanymy administratyvnymy i gospodarskymy sudamy" vom 26. Dezember 2005 (N3.2.-2005) und Informationsbrief OWGU „Zhodo zastosuvannja gospodarskymy sudamy Ukrainy polozhen prozesulalnogo zakonodavstva stosovno rozmezhuvannja kompetenzii mizh spezializovanymy administratyvnymy i gospodarskymy sudamy" vom 5. Januar 2006 (N01-8/12).

[838] S. Art. 3 Abs. 1 Ziff. 1 VPOU.

[839] S. auch Art. 22 Abs. 4 GÜGSU.

Arbitragekommission und die Schiedsgerichte[840]) sind ebenfalls Gerichte allgemeiner Jurisdiktion der Ukraine.[841]
Die Wirtschaftsgerichte[842] entscheiden über Streitigkeiten zwischen juristischen Personen - Unternehmen und Organisationen, Behörden und andere Institutionen, die bei der Unterzeichnung von Zivil- oder Wirtschaftsverträgen oder bei Insolvenzen[843] entstehen. Auch Streitigkeiten über Eigentumsrechte und Schadenersatzforderungen werden vom Wirtschaftgericht[844] behandelt.
Die Schiedsgerichte werden durch *ad hoc*- Vereinbarungen der Bürger geschaffen, um zivilrechtliche Streitigkeiten nach dem Zivilgesetzbuch und der Zivilprozessrechtsordnung zu lösen. Sie werden entsprechend der Ordnung der Schiedsgerichte ins Leben gerufen.

Der Schutz des Eigentumsrechts in der Ukraine wird durch Gerichte (Gerichte allgemeiner Jurisdiktion[845] und Schiedsgerichte) gewährleitstet.[846]
„Der Schutz des Eigentumsrechts wird in den Instanzgerichten allgemeiner Jurisdiktion wahrgenommen, weil hier keine Kompetenz des Verfassungsgerichts der Ukraine[847] vorliegt.“[848]
Art. 55 Abs. 1 VU[849] legt fest, dass Rechte und Freiheiten des Menschen und Bürgers vom Gericht geschützt werden.[850] Diese allgemeine Bestimmung wurde vom Gesetzgeber in weiteren Absätzen dieses Artikels präziser ausgelegt.[851]

---

[840] Gesetz der Ukraine *„Pro tretejsky sudy* (Über die Schiedsgerichte)“ vom 11. März 2004 (N1701-IV).
[841] Art. 18 Abs. 2 GÜGS.
[842] S. Art. 19, Art. 21 Abs. 2, Art. 22 Abs. 3, Art. 25 Abs. 3, Art. 38 Abs. 1 GÜGS vom 7. Februar 2002.
[843] S. Art. 2 WPOU.
[844] "...a system of separate economic (arbitration) courts. Such systems exist in various countries and the need for judges to specialise in various areas of commercial law to efficiently deal with commercial disputes justifies dealing with commercial cases separately. It is however more common in Western Europe to use special panels of the ordinary courts for such matters, often providing for the involvement of merchants as lay judges. By contrast, the Ukrainian solution appears problematic since it is a simple continuation of the Soviet model which was based on different legal regulations for individuals and socially owned entities. The conceptual justification for this model does not exist in a market economy in which inter-enterprise relations are governed by private law. Under these circumstances the maintenance of the old system appears excessively conservative and the transfer of these cases to economic divisions of the ordinary courts as e.g. in Poland would have given a much clearer signal of the willingness to reform" (s. Venice Commission, CDL-INF (2000) 5).
[845] Art. 124 Abs. 3 VU und auch Art. 1 Abs. 2 GÜGSU sehen vor, dass die Gerichtsbarkeit in der Ukraine von dem Verfassungsgericht und den Gerichten ordentlicher Gerichtsbarkeit ausgeübt wird.
[846] S. Urteil VGU vom 1.Oktober 1998 (N13-pп/98), Ziff. 3 Abs. 1.
[847] Art. 14 GÜVGU.
[848] Befund VGU vom 17. Juni 1997 (N26-з), Ziff. 6.
[849] Art. 15 Abs. 1 ZGBU „Each person shall be entitled to apply to the court for the protection of his/her/its private non-property or property rights and interests.“
[850] S. auch Art. 6 Abs. 1 GÜGSU.

Abs. 4 "After exhausting all domestic legal remedies, everyone has the right to appeal for the protection of his or her rights and freedoms to the relevant international judicial institutions or to the relevant bodies of international organisations of which Ukraine is a member or participant."
Abs. 5 "Everyone has the right to protect his or her rights and freedoms from violations and illegal encroachments by any means not prohibited by law."

Das Gesetz der Ukraine "Über das Eigentum" beinhaltet das Kapitel „Der Schutz des Eigentumsrechts", sein Art. 48 Abs. 3 besagt, dass der Schutz des Eigentumsrechts durch Gerichte oder Schiedsgerichte realisiert wird. Dieser Absatz wurde 2003 nach der Annahme der letzen Fassung des neuen Zivilgesetzbuches der Ukraine mit dem Abänderungsgesetz[852] umgestaltet. Auch das Zivilgesetzbuch enthält das Kapitel 3 (das erste Buch) „Der Schutz des Eigentumsrechts". Art. 15 ZGBU sieht vor, dass:

"1. Each person has a right to the protection of its civil rights in case of the infringement, disclaimer or contesting thereof.
2. Each person has a right to the protection of his/her/its interests not contradicting the general foundations of the civil legislation."

Der nächste Artikel bestimmt Art und Weise des Eigentumsschutzes. In Art. 16 Abs. 2 ZGBU ist vorgesehen, dass die folgenden Arten des zivilrechtlichen Schutzes jedem Bürger zur Verfügung stehen:[853]

1) Anerkenntnis des Rechts;
2) Nichtigkeitserklärung der Rechtshandlung;
3) Annullierung der rechtswidrigen Handlung;
4) Wiederherstellung des vor der Verletzung bestehenden Zustandes;
5) Zwangsvollstreckung der Verpflichtungen in Naturalien;
6) Änderung des Rechtsverhältnisses;
7) Annullierung des Rechtsverhältnisses;
8) Schadenersatz und andere Arten der Entschädigung für materiellen Schaden;
9) Entschädigung für immateriellen (moralischen) Schaden;
10) Erklärung der Beschlüsse, Handlungen oder der Untätigkeit der staatlichen Behörden, der Behörden der autonomen Republik Krim, der Behörden der örtlichen Selbstverwaltung, ihrer Amtspersonen und Angestellter als rechtswidrig.

In diesem Absatz schließt der Gesetzgeber nicht aus, dass auch andere von Gesetz und Verträgen vorgesehene Arten des Schutzes zur Verfügung stehen.[854]

---

[851] S. auch Urteil VGU vom 3.Oktober 2001 (N12-pп), Ziff. 4 Abs. 5; Urteil VGU vom 23. Mai 2001 (N6-pп), Ziff. 3 Abs. 2.

[852] S. Gesetz der Ukraine „*Pro vnesennja zmin do dejakykh zakonodavchykh aktiv Ukraine* (Über die Eintragung der Abänderungen von einigen Rechtsakten der Ukraine)" vom 15. Mai 2003 (N762-IV).

[853] Vgl. Informationsbrief OWGU vom 31. Januar 2001 (N01-8/98), Ziff. 5.

Schon 1995 erließ das Plenum des Obersten Gerichts der Ukraine den Beschluss „*Pro sydovu praktyku u spravakh za pozovamy pro zakhyst prava pryvatnoi vlasnosti* (Über die Gerichtspraxis in Sachen zum Schutz des Privateigentumsrechts)“,[855] in dem es um die Besonderheiten des gerichtlichen Schutzes des Privateigentums ging. Es wurde betont, dass die ukrainischen Gerichte in ihrer Gerichtspraxis die notwendigen Maßnahmen ergreifen müssen, damit die Bestimmungen des Gesetzes der Ukraine „Über das Eigentum“, des Zivilgesetzbuches der Ukraine und anderer Rechtsakte der Ukraine ihre genaue Anwendung in den Sachen zum Schutz des Privateigentums finden.[856] Die Gerichte müssen das Privateigentum als gleichberechtigte Eigentumsform betrachten.

Art. 4 Abs. 1 ZPOU[857] sieht vor, dass jeder Mensch berechtigt ist, nach der vom Gesetz vorgeschriebenen Prozedur das Gericht anzurufen, um das verletzte oder angefochtene Recht oder das vom Gesetz geschützte Interesse zu schützen. Der Kommentar zu dieser Bestimmung gibt es keine Definition des vom Gesetz geschützten Interesses.[858] Im Dezember 2004 befasste das Verfassungsgericht der Ukraine sich mit der Frage, was unter dem Begriff „das vom Gesetz geschützte Interesse“ in der ukrainischen Gesetzgebung[859] zu verstehen sei.

Beispiel aus der Gerichtspraxis:[860]

Sachverhalt

Die Abgeordnete des VR wendete sich an das Verfassungsgericht der Ukraine, weil ihrer Auffassung nach in der ukrainischen Gesetzgebung eine offizielle Auslegung des vom Gesetz geschützten Interesses fehlt. Demzufolge wenden die Gerichte allgemeiner Jurisdiktion diese Bestimmung unterschiedlich an. Am häufigsten äußern sich solche Unterschiede, wenn es um die Klagen der Angestellten von Unternehmen gegen Organe der staatlichen Macht geht, deren Entscheidungen ihre Rechte verletzen. Die Subjekte des Rechtes auf die Verfassungsvorlage vertraten die Meinung, dass eine solche Klage, das Ziel verfolge, ein gesetzmäßiges Interesse zu schützen, obwohl Organe der staatlichen Macht ihr subjektives Recht nicht verletzt haben. In dem Fall hätte das vom Gesetz geschützte Interesse zum Ziel, eine solche unter-

---

[854] S. Beschluss des Obersten Gerichts der Ukraine „*Pro sudovu praktyku u spravakh za pozovamy pro zakhyst prava pryvatnoi vlasnosti* (Über die Gerichtspraxis in den Sachen zum Schutz des Privateigentumsrechts)“ vom 22. Dezember 1995 (N20) und Beschluss des Plenums des Obersten Gerichts der Ukraine „*Pro praktyku sastosuvannja sudamy zakonodavstva, cho reguljue pravo pryvatnoi vlasnosti gromadjan na zhylyj bydynok* (Über die Gerichtspraxis in der Anwendung der Gesetzgebung im Bereich des Privateigentumsrechts der Bürger bei Wohnhäusern)“ vom 4. Oktober 1991 (N7). Auch dazu s. Informationsbrief des Obersten Wirtschaftsgerichts der Ukraine vom 31. Januar 2001 (N01-8/98), Ziff. 5.

[855] Beschluss des Plenums des Obersten Gerichts der Ukraine vom 22. Dezember 1995 (N20).

[856] Ziff. 1 des Beschlusses.

[857] S. auch Art. 1 Abs. 1 WPOU.

[858] S. *die Zivilprozessordnung der Ukraine*, 2003, S. 7-9.

[859] Vgl. den Begriff der Interessen des Staates bei den Unternehmen, in denen der Staat Aktionär ist (Urteil VGU vom 8. April 1999 (N3-pп/99), Ziff. 3 Abs. 2).

[860] Urteil VGU vom 1. Dezember 2004 (N18-pп).

nehmerische Gesellschaft zu gründen, und dieses Interesse wäre eine Grundlage für eine enge rechtliche Verbindung zwischen dem Mitglied und der Gesellschaft.

Entscheidung des Gerichts

Das Verfassungsgericht der Ukraine wies darauf hin, dass der Begriff des Interesses in weiterem Sinne in mehreren Artikeln der Verfassung der Ukraine,[861] der Zivilprozessordnung der Ukraine[862] und der Wirtschaftsprozessordnung der Ukraine[863] vorkommt. Es wurde festgestellt, dass das vom Gesetz geschützte Interesse[864] ein rechtliches Phänomen sei, das:

- nicht zum Inhalt des subjektiven Rechts gehört;
- ein unabhängiges Objekt des Gerichtsverfahrens und anderer Mittel des Rechtsschutzes ist;
- das Ziel hat, bestimmte individuelle und kollektive Bedürfnisse zu befriedigen;
- der Verfassung und den Gesetzen der Ukraine, gemeinsamen Interessen und allgemein anerkannten Rechtsprinzipien nicht widersprechen darf;
- eine Bestrebung (keine rechtliche Möglichkeit) bedeutet, im Rahmen der rechtlichen Regulierung die konkreten immateriellen und/oder materiellen Güter zu nutzen;
- eine einfache „legitime Genehmigung", die vom Gesetz nicht verboten ist.[865]

Daraus folgert das Gericht, dass der Begriff „vom Gesetz geschütztes Interesse" in allen in der ukrainischen Gesetzgebung gebrauchten Fällen in dem Zusammenhang mit dem Begriff „das Recht" ein und denselben Inhalt habe.

Ein Abgeordneter, Mitglied der Delegation der Ukraine in der Parlamentarischen Versammlung des Europarates, führte aus, dass sich weitaus weniger Bürger an die europäischen Gerichtsinstanzen wenden würden, wenn ukrainische Gerichte den Rechtsschutz entsprechend der Verfassung durchsetzen würden. Schon 1999 wurde ein Entwurf des Gesetzes der Ukraine über die Vollstreckung der Entscheidungen des EGMR[866] ausgearbeitet.[867] Zweimal hatte der ehemalige

[861] S. Art. 18, 32, 34, 35, 36, 39, 41, 44, 79, 89, 104, 121, 127, 140 VU.

[862] S. Art. 5, 14, 15-1, 79, 101, 103, 111, 243-17 ZPOU.

[863] S. Art. 1, 2, 5, 21, 22, 78, 123 WPOU.

[864] Art. 4 Abs. 1 ZPOU.

[865] Ziff. 3.6 des Urteils VGU.

[866] Gesetzentwurf vom 9. Oktober 2001 (N3116). Vgl. „13. With regard to the respect for the rule of law and protection of human rights, the Assembly calls on the Ukrainian authorities to:...13.10...adopt the law on the execution of decisions of the European Court on Human Rights..." (s. *Resolution PACE 1466 (2005)*).

[867] Da die Vollstreckung der Gerichtsentscheidungen auf nationaler Ebene in der Ukraine noch nicht zuverlässig ist, wurde ein Gesetzentwurf ausgearbeitet, der vorläufig den gesetzlichen Mechanismus der Vollstreckung der Entscheidungen des EGMR regelt. In dem Gesetzentwurf ist festgelegt, dass die ukrainischen Gerichte die Bestimmungen der EMRK unmittelbar anwenden und die Entscheidungen des EGMR umsetzen sollen. In Befolgung von Art. 46 EMRK sind nach Art. 3 Abs. 1 des Gesetzentwurfes alle Entscheidungen des EGMR die Uk-

Präsident KUTSCHMA den Gesetzentwurf[868] votiert.[869] Erst 2006 trat das Gesetz der Ukraine „*Pro vykonannja rishen' ta zastosuvannja praktyky Evropejs'kogo Sudu z prav ljudyny*“ (Über die Vollstreckung der Entscheidungen und Rechtsprechung des EGMR)[870] in Kraft. Eine der wichtigen Novellen des Gesetzes ist die Bestimmung über *restitutio in integrum*, nach der ukrainische Gerichte verpflichtet sind, die vom EGMR festgestellten Verletzungen gutzumachen.[871]

---

raine betreffend verbindlich zu befolgen. Art. 4 des Gesetzentwurfes regelt das Verfahren bezüglich der Legalisierung und Veröffentlichung der Entscheidungen. Kapitel II ist dem Ablauf der Vollstreckung der Entscheidungen des EGMR gewidmet. Es ist sehr auffällig, dass weder die Legalisierung der Entscheidung noch die Eröffnung des Vollstreckungsverfahrens abhängig sind vom schriftlichen Antrag des Beschwerdeführers hinsichtlich der Vollstreckung der Entscheidung, die zu seinen Gunsten erlassen wurde. Der Premierminister der Ukraine setzt die Frist für die Vollstreckung der Entscheidung fest, sie muss aber spätestens drei Monate, nachdem das Urteil des EGMR gefällt wurde, erfolgt sein. In Kapitel IV wird die Haftung für die Nichtvollstreckung der Entscheidungen des EGMR geregelt. Die KMU und die exekutiven Organen haften für die Nichteinhaltung der Fristen mit 15% der Summe, die der EGMR dem Beschwerdeführer zugestanden hat. Ein anderer Haftungsmodus wird für Beamte gelten. Im Falle der amtspflichtwidrigen Nichtvollstreckung der Entscheidung des EGMR tragen sie administrative, zivil- und strafrechtliche Verantwortung.

[868] Vgl. Urteil VGU vom 7. Juni 1998, Ziff. 4.

[869] S. Beschluss des VR der Ukraine vom 4. Juli 2002 (N38-IV). Nach Art. 94 VU sollte der Präsident das Gesetz unterschreiben und in 10 Tagen veröffentlichen. Das geschah aber nicht..

[870] Gesetz der Ukraine vom 23. Februar 2006 (N3477-IV).

[871] S. Art. 10 Abs. 2 a) des Gesetzes.

2.2.1. Die von der Exekutive abhängige und parteiische Justiz – das Indiz der rechtlichen Unsicherheit[872]

Bei der Reform von Justiz und Rechtsschutz steht die Ukraine wie die anderen osteuropäischen Länder vor einer doppelten Aufgabe: Es geht um die Rechts- und Unrechtsfolgen des vorangegangenen staatssozialistischen Rechts und um die Einführung und Durchsetzung eines neuen und demokratischen Gerichts- und Rechtsschutzsystems einschließlich neuer Prozessordnungen.[873]
Die Verfassung postuliert den Rechtstaat.[874] Das ist eine Bezeichnung für Staaten, in denen das Handeln der staatlichen Organe erstens dem erlassenen Recht (i.d.R. der Verfassung) untergeordnet ist, damit den Individuen bestimmte unabdingbare Grundrechte zustehen und dem staatlichen Handeln Grenzen gesetzt sind, und zweitens jedes staatliche Handeln dem (Verfassungs-) Recht und der Verwirklichung von Gerechtigkeit dient und zumeist der richterlichen Kontrolle unterliegt.[875]

In seiner Rechtsprechung[876] legte das Verfassungsgericht der Ukraine das Prinzip des Vorrangs des Rechts aus. Seiner Auffassung nach äußert sich das Prinzip des Primats des Rechts darin, dass dieses nicht nur von der Gesetzgebung son-

---

[872] „Die...Rechtssicherheit in der Ukraine folgt demgemäss nicht so sehr dem Primat des Rechts und dem Gebot der Rechtsgebundenheit des Staates. Sie ist überwiegend angebunden an tradierte Autoritäten der Behörden" (S. 43). „...wird die rechtliche Atmosphäre in der Ukraine in nicht unerheblichem Maße durch eine geringe Rechtshörigkeit und Rechtskenntnis der Allgemeinheit, durch allgemein geringes Vertrauen in die Rechtssprechung sowie durch ein traditionell wenig rechtsgebundenes Agieren der Behörden geprägt...Darüber hinaus bewegt sich eine Vielzahl wirtschaftlicher Betätigungen in der Ukraine im rechtsfreien und rechtswidrigen Raum...Sie ist zurückzuführen auf fehlende wirtschaftspolitische Konzeptionen, auf behördliche Willkür, in erster Linie jedoch auf eine fehlende rechtsstaatliche Selbstkontrolle der Behörden und eine fehlende rechtsstaatliche Beaufsichtigung der Wirtschaft...Sie fußt auf enormen Vertrauensverlusten der Wirtschaft und der Öffentlichkeit gegenüber der Behörde...Eine Lösung der Situation ist sicherlich zuvorderst in einer strikten Anbindung der öffentlichen und wirtschaftlichen Verwaltung an die durch die Verfassung begründete Rechtsordnung zu suchen" (S. 47). „Zu den Gepflogenheiten des ukrainischen Rechtsalltages gehört die häufige außergerichtliche Beilegung von im Grunde verwaltungs-, wirtschafts- oder zivilrechtlichen Fällen. Geringes Vertrauen in Gerichte und eventuell anfallende Gerichtskosten sind hierfür vermutlich nur die unbedeuterdenden Ursachen. Vielmehr sind es die behördliche Eigenmächtigkeit und die rechtliche Ungebundenheit staatlicher Institutionen, häufig widersprüchliche Rechtslagen und nicht zuletzt die Androhung und der Vollzug von physischer Gewalt, die zu dieser Zurückhaltung führen" (s. *Evers, Frank*, 1998, S. 48).

[873] *Roggemann, H.*,1998, S. 302.

[874] Art. 1 VU, Grundsatz „Rule of Law".

[875] *Schubert, K.*, 2001, S. 241.

[876] Urteil VGU vom 2. November 2004 (N15-pп/2004), Ziff. 4.1 und Urteil VGU vom 1. Dezember 2004 (N18-pп/2004), Ziff. 3.4.

dern auch von anderen sozialen Faktoren bestimmt wird. Diese Faktoren sind Moralnormen, Traditionen, Bräuche u.s.w., die von der Gesellschaft legitimiert wurden. Bei einer solchen Auslegung besteht kein Grund, dieses Prinzip mit dem Gesetz zu identifizieren.[877] Das Gesetz ist nicht immer rechtmäßig. Nach der Auffassung des Gerichts ist Gerechtigkeit einer der wichtigsten Grundsätze des Rechtes, entscheidend in seiner Funktion als Regulator der gesellschaftlichen Verhältnisse.

Nach Meinung von DICEY bestehen drei verschiedene Bedeutungen des Grundsatzes „Rule of Law":
"- first, nobody can be punished, or his or her body and *property* (Hvh.d.Verf.) lawfully injured, unless it is for the violation of well-defined provisions of law adopted pursuant to conventional procedure established by the judicial system;
- second, every person, regardless of his or her status and circumstances, falls under the effect of conventional laws within the limits of judicial jurisprudence;
- last,...standards of constitutional law, which form a part of the constitutional code in foreign countries, are the result of the rights of individuals defined and protected by the courts, rather than the source".[878]
Dementsprechend bindet die Verfassung sämtliche Funktionen der Rechtsprechung ausschließlich an die Gerichte. Deren Zuständigkeit erstreckt sich universal auf die Gesamtheit aller im Staat entstehenden Rechtsbeziehungen. Gerichtliche Entscheidungen[879] sind in ihrer Ausführung obligatorisch.[880] Richter werden im Allgemeinen unbefristet in ihre Ämter berufen und sind in ihrem Amt und in ihrer Unabhängigkeit weitgehend geschützt.[881] Ihre Einsetzung erfolgt unter Mitwirkung des Präsidenten und durch das VR.[882]

Nach der Umfrage des Fonds „Demokratische Initiativen"[883] misstrauen 35% der Befragten dem ukrainischen Gericht gänzlich, 33% vertrauen ihm teilweise, nur 16% vertrauen ihm voll und ganz.

---

[877] Vgl. Eine Doktrin der Diktatur des Gesetzes des russischen Präsidenten PUTIN. S. in: Sendschreiben zur Bundesversammlung der Russischen Föderation vom 8. Juli 2000.
[878] *Dicey, A.*, 1982, S. 102, 114, 121.
[879] S. Gesetz der Ukraine *„Pro dostup do sudovykh rishen* (Über den Zugang zu gerichtlichen Entscheidungen)" vom 22. Dezember 2005 (N3262-IV) und dazu Informationsbrief OWGU *„Pro zakon Ukrainy „Pro dostup do sudovykh rishen"* (Über das Gesetz der Ukraine „Über den Zugang zu gerichtlichen Entscheidungen")" vom 20. Januar 2006 (N01-8/195).
[880] Art. 124 VU.
[881] Art. 126 VU.
[882] Art. 128 VU.
[883] S. in: *DEN* vom 1. März 2002. Diese Umfrage wurde vom 1. bis 7. Februar 2002 durchgeführt. 1.200 Menschen im Alter von 18 Jahre nahmen daran teil.

Diskrepanzen zwischen Rechtsnormen und Rechtswirklichkeit betreffen jede Rechtsordnung. Aber für die Ukraine hat dieses Thema besondere Aktualität.[884] Die Justiz ist derjenige Bereich staatlichen Handelns, in dem die Staatsmacht unmittelbar deutlich wird. Und ohne eine unabhängige Justiz sind auch die anderen beiden staatlichen Gewalten ineffektiv.[885] Folglich bleibt das ganze staatliche System instabil.

> "Society relies upon the judiciary to protect it against the arbitrary use of power by Government and administrators, and to resolve disputes between individuals in an impartial manner. It is almost universally acknowledged that one of the most fundamental aspects of adherence to the Rule of Law is the existence and maintenance of an independent judiciary. It is the duty of governments to respect and observe the independence of the judiciary, creating an environment whereby a judge is free to decide a case without fear of reprisals, whether from the executive or wealthy corporations."[886]

Fehlende Selbstverwaltung der Gerichte, fehlende fachliche Qualifikation bei der Rechtanwendung, finanzielle und personelle Abhängigkeiten von dem Justizministerium sind Nachwirkungen einer Ordnung, die keinen Rechts- und Verfassungsvorbehalt zur Kontrolle der Politik durch die Justiz entwickelt hatte. Auch fand in der Ukraine kein Elitenwechsel mit weitgehendem Austausch von Rechtspersonal, d.h. insbesondere Richtern und Staatanwälten, statt. Vielmehr sind dieselben Justizangehörigen und Anwälte großteils nach wie vor im Amt und sprechen Recht oder nehmen Rechtsberatung unter veränderten Umständen wahr. Der Gesetzgeber hat sich zunächst auf aktuelle Eingriffe oder Teilreformen beschränkt, durch die die sozialistischen Grundsätze und Rechtsanwendungsregeln eliminiert wurden. Die bisherigen Richter und Anwälte sind damit nicht in der Lage, sich schrittweise zusammen mit den Rechtsreformen auf das neue Recht einzustellen.[887]

---

884 Am 6. Mai 2004 fand ein Gespräch der Verfasserin mit Herrn Prof. Dr. Dieter BLUMENWITZ (Inhaber des Lehrstuhls für Völkerrecht, allgemeine Staatslehre, deutsches und bayerisches Staatsrecht und politische Wissenschaften, Universität Würzburg) statt, der als Experte im Rahmen der deutschen Regierungsberatung in der Ukraine engagiert wurde. Er betonte, dass das Problem der Diskrepanzen zwischen Rechtsnormen und Rechtswirklichkeit von besonderer Bedeutung in der Ukraine sei.

885 "The lack of a strong tradition of independence and impartiality within the judiciary makes it even more imperative that the basic structures of the judicial system be strengthened to ensure a strong judicial power that would provide an effective and full guarantee for the protection of human rights and freedoms. A system which would ensure access to all citizens to impartial and independent tribunals for the determination of their civil rights and obligations as well as a fair trial with proper constitutional safeguards in criminal matters, and this within a reasonable time" (s. Venice Commission, CDL-INF (2000) 5).

886 S. Venice Commission, CDL (2001) 78.

887 *Roggemann, H.*,1998, S.306.

V. Eingriffe in Eigentumsgarantie

Im Verfassungsrecht existieren zwei miteinander kollidierende Begriffe: a) Beschränkung des Rechts auf Privateigentum[888] und b) Beschränkung der Befugnisse des Gesetzgebers, das Recht auf Privateigentum zu beschränken.[889]
Die ukrainische Verfassung sieht in ihrem Art. 13 Abs. 4 VU vor, dass "property entails responsibility. Property shall not be used to the detriment of the person and society".
Das ist eine sogenannte eigentumsgrundrechtliche Subsidiaritätsklausel.[890] In erster Linie obliegt es dem Eigentümer, durch seine Eigentumsnutzung auch die Interessen der Allgemeinheit zu wahren. Solange der Privateigentümer in diesem Sinne verantwortlich mit seinem Eigentum verfährt, besteht für staatliche Eigentumseingriffe ein besonderer Rechtsfertigungsbedarf. Die Bestimmungen der Art. 13 Abs. 4 VU; Art. 319 Abs. 2 Satz 2 und Art. 319 Abs. 5 ZGBU; Art. 4 Abs. 5 GÜE beinhalten nur einen moralischen Appell, begründen aber keine unmittelbar positiv-rechtlich wirkenden Pflichten.

> „Ohne gesetzliche Vermittlung und Konkretisierung vermag das Gebot zu sozialverträglichem Grundrechtsgebrauch schon deswegen den Einzelnen nicht zu verpflichten, weil der Inhalt des gebotenen gemeinwohlgerechten Eigentumsgebrauchs ohne Konkretisierung notwendig unbestimmt ist."[891]

Art. 13 Abs. 4 VU erweist sich somit vor allem als Leitlinie für den Gesetzgeber bei der Inhalts- und Schrankenbestimmung des Eigentums, um der Idee des gemeinwohlgerechten Eigentumsgebrauchs Rechnung zu tragen.

1. Inhalts- und Schrankenbestimmungen

In der ukrainischen Gesetzgebung gibt es keine ausdrückliche Bestimmung, dass Inhalt und Schranken des Eigentumsrechts durch die Gesetze bestimmt werden, wie z.B. in Art. 14 Abs. 2 Satz 2 des deutschen Grundgesetzes. Aber bei einem Blick auf Art. 41 VU, Art. 4 GÜE und Art. 319 ZGBU stellt man fest, dass das Recht auf Privateigentum in der Ukraine nach dem Gesetz erworben wird. Das bedeutet, dass die Eigentumsgarantie die Gewährleistung des Eigentums mit dem Auftrag an den Gesetzgeber verbindet, Inhalt und Schranken[892] des Eigen-

---

[888] Art. 41 Abs. 9 VU. Vgl. Art. 17 Abs. 3 VRF.
[889] Art. 22 Abs. 3 VU. Vgl. Art. 55 Abs. 2 VRF.
[890] *Depenheuer, Otto*, Rn. 205, in: *Mangoldt, Hermann von / Klein, Friedrich / Strack, Christian (Hrsg.)*, 2002, S. 1726.
[891] *Depenheuer, Otto*, Rn. 206, in: *Mangoldt, Hermann von / Klein, Friedrich / Strack, Christian (Hrsg.)*, 2002, S. 1727.
[892] „Umstritten ist, ob zwischen inhaltsbestimmenden und schrankeziehenden Gesetzen unterscheiden werden kann. In der neuen Literatur wird diese Frage zunehmend bejaht... Folgende

tums zu bestimmen. Das Gesetz bestimmt den Inhalt der Rechte, ordnet ihre Ausübung auch im Hinblick auf die Rechte und Interessen Dritter an und bringt die öffentlichen und sozialen Erfordernisse zur Geltung. Im Sinne der Ausgestaltung der Eigentumsordnung ist der einfache Gesetzgeber nicht frei. Er hat Zweck und Funktion der Eigentumsgarantie und ihrer Bedeutung im Gesamtgefüge der Verfassung Rechnung zu tragen.[893]

1.1. Inhaltsbestimmung

Mit dem traditionsbezogenen Garantiegehalt sichert die Eigentumsgarantie die überkommend typischen Grundformen und Grundstrukturen des Normbereichs des Art. 41 VU. Mit ihrem funktionsbezogenen Garantiegehalt fordert sie, Rechtsvorschriften zu schaffen, die den eigentumsspezifischen Freiheitsraum im vermögensrechtlichen Bereich in einer dem jeweiligen Sachgebiet und Betätigungsfeld entsprechenden Funktionstüchtigkeit sichern. Die Verfassungsvorschriften, die das Recht auf Eigentum vorsehen, sind in einer großen Anzahl der *lex specialis* detailliert. Der Gesetzgeber muss daher, bevor der Schutz der Verfassung überhaupt eingreifen kann, zunächst einmal sachgerecht bestimmen, was denn zu dem jeweiligen Eigentum gehören soll.

Als Beispiel könnte man die Inhaltsbestimmung des Rechts auf Grundeigentum betrachten. In der Ukraine sind Bodenschätze vom Inhalt des Grundeigentums ausgeschlossen.[894] Das Eigentum an Grund ist in Art. 14 Abs. 2 VU gewährleistet.

Art. 14 Abs. 2 VU sieht vor, dass "the right of property to land is guaranteed. This right is acquired and realised by citizens, legal persons and the State, exclusively in accordance with the law."

Die ukrainischen Bürger erhielten das Recht auf Privatgrundeigentum nur mit dem Inkrafttreten des Agrargesetzbuches der Ukraine. Das Gesetzbuch regelt das Verfahren des Erwerbs von Boden als Privateigentum.

Differenzierung bietet sich an: Inhaltsformen legen die Eigentumsrechte und die mit ihnen verbundenen Befugnisse generell und pflichtneutral fest. Schrankennormen haben die aus der Innehabung oder Ausübung von solcherart zuerkanntem Eigentum sich ergebenden Bürger-Bürger- und Bürger-Staat-Konflikte zum Regelungsgegenstand und erlegen dementsprechend Handlungs-, Unterlassungs- und Duldungspflichten auf" (s. *Wendt, Rudolf*, in: *Sachs, Michael (Hrsg.)*, 1999, Rn. 55).

Sieckmann weist darauf hin, dass das Bundessverfassungsgericht diese Begriffe nicht unterscheidet (BverfGE 52, 1 (27); 58, 300 (331)) (s. *Sieckmann, Jan – Reinard*, 1999, S. 42).

[893] *Depenhauer, Otto*, Rn. 224, in: *Mangoldt, Hermann von / Klein, Friedrich / Strack, Christian (Hrsg.)*, 2002, S. 1735.

[894] Art. 13 Abs. 1 VU.

Noch ein wichtiges Gesetz zur Regelung der Bodenverhältnisse, ist das Gesetz „*Pro orendu zemli* (Über die Bodenpacht)“.[895] Art. 19 des Gesetzes schreibt vor, dass die Laufzeit des Vertrages auf Bodenpacht nicht mehr als 50 Jahre betragen darf. Nach Art. 27 Abs. 1 des Gesetzes ist das Recht des Pächters gewährleistet, seinen Pachtboden zu schützen. Dieses Recht ist gesetzgemäß gleichberechtigt mit dem Recht des Grundeigentümers.

Das Gesetz der Ukraine „*Pro gospodarski tovarystva* (Über wirtschaftliche Partnerschaften)“[896] beinhaltet die Regelungsbestimmungen für solche Gesellschaften wie Aktiengesellschaften, Gesellschaften mit beschränkter Haftung, Kommanditgesellschaften u.s.w.. Nach Art. 12 dieses Gesetzes ist die Gesellschaft der Eigentümer des ihr von den Gründern und Teilnehmern übergebenen Vermögens, der von ihr hergestellten Produktion, des erhaltenen Einkommens und anderes nach dem Gesetz erworbenen Vermögens.
Ein weiteres Gesetz, das in den wirtschaftlichen Verhältnissen eine bedeutsame Rolle spielt, ist das Gesetz der Ukraine „*Pro pidpryemstva* (Über Unternehmen).“[897] Kapitel III des Gesetzes heißt „Vermögen des Unternehmen“. Art. 10 Abs. 1 definiert unter dem Vermögen des Unternehmens die Grundfonds und die Umlaufmittel aber auch andere Mittel, deren Wert in der selbstständigen Bilanz des Unternehmen angegeben ist. Laut der Gesetze der Ukraine, der Unternehmenssatzung und der geschlossenen Verträge gehört das Vermögen zu dem Unternehmen auf Grund des Eigentumsrechts, der vollständigen Wirtschaftsführung und der operativen Verwaltung.[898] Die Garantien des Schutzes der Vermögensinteressen des Unternehmens sind in Art. 13 des Gesetzes verankert.

Alles Eigentum ist grundsätzlich gleichermaßen durch die Verfassung geschützt. Der Eigentumsbegriff ist ein sehr weiter Begriff und umfasst jedes vermögenswerte Gut. Gerade deshalb besteht eine Tendenz des Staates, mit der anderen Hand einschränkend wieder zu nehmen, was er mit der einen, welche so weitgehend Eigentumsschutz in Aussicht stellt, gegeben hatte.[899]

1.2. Schrankenziehung

In der staatsrechtlichen Lehre bedeutet die Schrankenziehung, dass der Gesetzgeber in die eigentumsgrundrechtlich geschützten Interessen der Beteiligten

[895] Gesetz der Ukraine vom 2. Oktober 2003 (N1211-IV).
[896] Gesetz der Ukraine vom 19. September 1991 (N1576-XII (mit weiteren Abänderungen)).
[897] Gesetz der Ukraine vom 27. März 1991 (N887-XII (mit weiteren Abänderungen)).
[898] Art. 10 Abs. 2 des Gesetzes.
[899] *Leisner, Walter,* 1998, S. 41.

nicht ohne Grund und grundsätzlich auch nicht übermäßig eingreifen darf.[900] Überschreitet der Gesetzgeber die Grenzen zulässiger Sozialbindung, weil er den verfassungsrechtlichen Anforderungen nicht gerecht wird, so ist das entsprechende Gesetz verfassungswidrig.

Art. 41 VU, der das Eigentumsrecht regelt, befindet sich in Kapitel II der Verfassung – „Rechte, Freiheiten und Pflichten des Menschen und des Bürgers". Somit hat das Recht auf Privateigentum eine gesellschaftliche Bedeutung, und zwar nicht nur als das Recht selbst sondern auch als das Recht, das einen Menschen als Individuum erscheinen lässt. Dieses Recht auf Privateigentum gewährleistet die Unabhängigkeit eines Menschen, die Befriedigung seiner Bedürfnisse und Interessen (geistiger und materieller).

Das Recht auf Privateigentum charakterisiert sich dadurch, dass es als Grundlage für den Schutz andere Rechte und Freiheiten dient, die in der Verfassung verankert sind. Es wäre unmöglich, ohne dass der Mensch als Privatperson definiert wird, die Durchsetzung der Bestimmungen Artikel 23,[901] 29-36,[902] 42,[903] 43,[904] 45,[905] 47–49,[906] 53–54,[907] 55,[908] 56,[909] 57,[910] 60–64[911] der Verfassung zu gewährleisten.

Art. 4 Abs. 5 Satz 1 des Gesetzes „Über das Eigentum" schreibt vor, dass der Eigentümer verpflichtet ist,[912] die Rechte und die vom Gesetz geschützten Interessen der Bürger, juristischer Personen und des Staates nicht zu verletzen. Der Eigentümer muss sich bei der Ausübung seines Eigentumsrechts an die moralischen Grundsätze der Gesellschaft halten.[913] Weiter wies der Gesetzgeber darauf hin, dass in vom Gesetz vorgesehenen Fällen und nach dem festgelegten Ablauf die Tätigkeit des Eigentümers beschränkt oder beendet werden kann.[914]

---

900 *Wendt, Rudolf*, in: *Sachs, Michael (Hrsg.)*, 1999, Rn. 70 und *Depenhauer, Otto*, in: *Mangoldt, Hermann von / Klein, Friedrich / Strack, Christian (Hrsg.)*, 2002, Rn. 208.
901 Art. 23 VU – Recht auf Entwicklung eigener Persönlichkeit.
902 Art. 29-36 VU – Recht auf Unverletzlichkeit der Persönlichkeit und Nichteinmischung ins Privatleben.
903 Art. 42 VU- Recht auf Unternehmertätigkeit.
904 Art. 43 VU – Recht auf Arbeit.
905 Art. 45 VU – Recht auf Erholung.
906 Art. 27–29 VU – Recht auf Wohnung und ärztliche Hilfe.
907 Art. 53- 54 VU – Recht auf Ausbildung und schöpferische Entwicklung.
908 Art. 55 VU – Recht auf gerichtlichen Schutz.
909 Art. 56 VU – Recht auf Entschädigungsanspruch.
910 Art. 57 VU – Recht auf Transparenz der Gesetzgebung der Ukraine.
911 Art. 60-64 VU – verfahrensrechtliche Bestimmungen.
912 Vgl. Art. 14 Abs. 2 Satz 1 GG.
913 Art. 4 Abs. 5 Satz 2 GÜE.
914 Art. 4 Abs. 6 GÜE.

Art. 13 Abs. 4 Satz 2 VU bestimmt, dass für den Menschen und die Gesellschaft schädliches Eigentum nicht benutzt werden darf. Demzufolge beschränkt die Bestimmung von Art. 41 Abs. 9 VU die Nutzung des Eigentums: "The use of property shall not cause harm to the rights, freedoms and dignity of citizens, the interests of society, aggravate the ecological situation and the natural qualities of land".

Art. 319 Abs. 6 ZGBU spiegelt die in der Verfassung verankerte Bestimmung aus Art. 41 Abs. 9 VU wider. Das Wirtschaftsgesetzbuch beinhaltet dieses Prinzip in Art. 5 Abs. 2, in dem es um die verfassungsmäßigen Grundlagen im Bereich wirtschaftlicher Tätigkeit geht. Der Gesetzgeber verpflichtet ebenfalls Subjekte unternehmerischer Tätigkeit, die Interessen der Bürger, des Staates und anderer Subjekte zu achten.[915]

Im Agrargesetzbuch der Ukraine sah der Gesetzgeber auch vor, dass der Eigentümer bei der Ausübung seines Rechts auf Grundeigentum die öffentlichen Interessen in Betracht ziehen muss.[916]

Als Beispiel aus der Rechtsprechung des Verfassungsgerichts der Ukraine zur Schrankenbestimmung konnte die schon oben erwähnte Entscheidung[917] dienen. Die entschiedene Rechtsfrage war, ob die Vorschriften (Art. 7, 8) des Gesetzes der Ukraine *„Pro derzhavni garantii vidnovlennja zaoschadzhenn gromadjan Ukraiiny* (Über die staatlichen Garantien der Wiederherstellung der Sparguthaben der Bürger der Ukraine)“ verfassungswidrig sind. Nach den gesetzlichen Vorschriften werden die Sparguthaben den Bürgern abhängig von dem Alter, der Einlagesumme und anderer Faktoren im Rahmen der Budgetkosten der Ukraine für das laufende Jahr schrittweise ausgezahlt.[918] Der Gerichtshof urteilte, dass auf diese Weise das verfassungsmäßige Eigentumsrecht verletzt wird.[919]

Noch eine Entscheidung des Verfassungsgerichts der Ukraine, in der es darum geht, ob die Bestimmungen des Gesetzes *„Pro elektroenergetyku* (Über die Elektroenergie)“[920] der Verfassung der Ukraine entsprechen.

---

[915] Art. 49 Abs. 1 WGBU.

[916] Art. 1 Abs. 3 AGBU.

[917] S. Urteil VGU vom 10. Oktober 2001 (N13-рп/2001).

[918] Art. 7 des Gesetzes.

[919] Ziff. 5. 3 des Urteils VGU.

[920] Gesetz der Ukraine vom 16. Oktober 1997 (N575/97-BP). Am 22. Juni 2000 erlass das VR das Gesetz der Ukraine *„Pro vnesennja zmin do zakony Ukrainy „Pro elektroenergetyku“* (Über die Entragung der Abänderungen ins Gesetz der Ukraine „Über die Elektroenergie)“ (N1821-III). Mit diesem Gesetz wurde das Gesetz der Ukraine „Über die Elektroenergie“ mit Art. 15-1 ergänzt.

Beispiel aus der Gerichtspraxis:[921]

Sachverhalt

Es ging um die Vorschriften, und zwar Art. 15-1 des Gesetzes, die das Eigentumsrecht der Subjekte der Unternehmenstätigkeit (in dem Fall der regionalen ukrainischen Energieversorger (ukr.: *Oblenergo*)) benachteiligten. Art. 15–1 des Gesetzes schreibt den Ablauf der Kosteneinzahlung für verbrauchte Energie auf die Reservekonten der Oblenergos vor. Diese angesammelten Gebühren werden an die Akteure des Großhandelsenergiemarkts von den Banken weiterverteilt, ohne dass die Oblenergos teilnehmen. Abs. 1 des Artikels beinhaltet die Bestimmung über „den außergerichtlichen Ablauf der Konfiskation der Gebühren der Energieversorger" mittels ihrer Enteignung ins staatliche Budget wie eine Sanktion für die Verletzung des Abrechnungsablaufs für die verbrauchte Energie.[922]

Entscheidung des Gerichts

In seiner Entscheidung wies der Gerichtshof darauf hin, dass nach Art. 41 VU nicht nur die Gleichheit aller Eigentumsformen verankert wurde sondern auch der Grundsatz, dass das Eigentumsrecht nur nach dem vom Gesetz festgelegten Verfahren erworben wird. Das Eigentumsrecht entsteht nur dann, wenn die notwendigen rechtlichen Tatsachen und der entsprechende rechtliche Status des Subjekts gegeben sind.[923] Für die Realisierung des in der Verfassung gewährleisteten Eigentumsrechts braucht man die Zweiggesetze, die die konkreten Normen des Gebrauchs des Vermögens, das einem Eigentümer gehört, mit der Berücksichtigung der Interessen aller Subjekte der rechtlichen Verhältnisse bestimmen. Der Gerichtshof bezog sich auf Art. 1 1.ZP zur EMRK, im Sinne, dass es den Staaten zusteht, in der nationalen Gesetzgebung die notwendigen rechtlichen Regelungen der Nutzung der Objekte des Eigentumsrechts festzusetzen, den öffentlichen Interessen entsprechend.[924] Da die Energiewirtschaft von strategischer Bedeutung für den Staat ist, werden die Grundlagen der Organisation und Nutzung des Energiesystems ausschließlich vom Gesetz geregelt.[925] Nach der Ansicht des Gerichtshofes gründet die rechtliche Natur der Wirtschaftstätigkeitssubjekte sich auf vertragsrechtliche Verhältnisse, die im Zivilrecht geregelt werden.

Die staatliche Politik in der Energiewirtschaft stützt sich auf den Grundsatz der staatlichen Regulierung.[926] Nach Meinung des Verfassungsgerichts der Ukraine verdeutlicht die oben erwähnte Sanktion für die Verletzung der Berechnung der verbrauchten Energie die regulierende Rolle des Staates. Aber in dem fraglichen Gesetz wurde den Verlauf dieser Sanktion nicht festgesetzt, und auch die

[921] Urteil VGU vom 12. Februar 2002 (N3-рп/2002).
[922] S. Art. 15-1 Abs. 2 Satz 3 des Gesetzes.
[923] Urteil VGU vom 12. Februar 2002 (N3-рп/2002), Ziff. 3.1 Abs. 3.
[924] Urteil VGU vom 12. Februar 2002 (N3-рп/2002), Ziff. 3.1 Abs. 5.
[925] Art. 92 Abs. 1 Punkt 5 VU.
[926] Art. 5 Abs. 1 des Gesetzes der Ukraine „Über die Elektroenergie".

Rechtsanwendungspraxis fehlt in diesem Bereich nach Angaben der staatlichen exekutiven Behörden.[927] In Anbetracht dieser Argumente entschied der Gerichtshof, dass die Verhandlung über die Verfassungsmäßigkeit der Bestimmung des Art. 15-1 Abs. 2 Satz 3 des Gesetzes „Über die Elektroenergie" einzustellen sei.

2. Enteignung

In der ukrainischen Gesetzgebung ist die Garantie verankert, dass niemandem das Recht auf Eigentum entzogen werden darf.[928] Gleichzeitig ist vorgesehen, dass eine erzwungene Veräußerung der Objekte des Privateigentums nur ausnahmsweise aufgrund öffentlicher Bedürfnisse, in vom Gesetz vorgesehenen Fällen und unter der Voraussetzung einer vorläufigen und vollständigen Entschädigung des tatsächlichen Werts angewendet werden darf.[929] Eine spätere und vollständige Entschädigung ist nur in Zeiten des Notstands vorgesehen.[930] Eine Konfiskation des Vermögens kann nur dann vorgenommen werden, wenn eine Gerichtsentscheidung in den vom Gesetz vorgesehen Fällen, Umfang und Verfahren getroffen wird.[931]

In der Rechtsprechung des Verfassungsgerichts der Ukraine gibt es keine Definition der Enteignung. In seinem Kommentar zu Art. 14 GG führt WENDT die folgende Definition der Enteignung an:[932]

> „Die Enteignung ist (daher) ein rechtsmindernder oder– entziehender Zugriff auf rechtssatzmäßig ausgeformte Vermögenspositionen, bei der sich der Staat über die durch das Gebot der Verhältnismäßigkeit im engeren Sinne gesetzte Schranke hinwegsetzt, um übergeordnete Ziele des Gemeinwohls durchzusetzen. In diesem Sinne ist sie ein staatliches Instrument zur zwangsweisen Überwindung grundrechtlicher Schranken."[933]

---

[927] Urteil VGU vom 12. Februar 2002 (N3-pп/2002), Ziff. 3.2 Abs. 4.

[928] Art. 41 Abs. 4 und 5 VU, Art. 321 Abs. 1 ZGBU und Art. 55 Abs. 1 GÜE.

[929] Art. 41 Abs. 6 VU, Art. 321 Abs. 3 und Art. 353 Abs. 1 ZGBU, Art. 55 Abs. 3 Satz 2 GÜE. Auch Art. 56 VU beihaltet den Grundsatz der Verantwortlichkeit des Staates „Everyone has the right to compensation, at the expense of the State or bodies of local self-government, for material and moral damages inflicted by unlawful decisions, actions or omission of bodies of state power, bodies of local self-government, thei r officials and officers during the exercise of their authority."

[930] Art. 41 Abs. 7 VU, Art. 54, Art. 353 Abs. 2 ZGBU, Art. 55 Abs. 3 GÜE.

[931] Art. 41 Abs. 8 VU.

[932] *Wendt, Rudolf,* Rn. 78 und Rn. 148, in: *Sachs, Michael (Hrsg.),* 1999, S. 631, 651. Vgl. BVerfGE 52, 1 (27); 74, 264 (280); 79, 174 (191).

[933] Im Nassauskiesungsfall (BverfGE 52, 1, 49) versteht das Bundesverfassungsgericht der Bundesrepublik Deutschland als eine Enteignung im verfassungsrechtlichen Sinn die durch Rechtsakt erfolgende vollständige oder teilweise Entziehung konkreter subjektiver Eigentumspositionen zur Erfüllung bestimmter öffentliche Aufgaben.

Die Fälle der Aufhebung des Eigentumsrechts sind gesetzlich vorgeschrieben. Art. 346 Abs. 1 ZGBU sieht die folgenden Fälle vor:

> "1) alienation of the property by its owner;
> 2) refusal of the owner from the ownership right;
> 3) termination of the ownership right in the property that cannot be owned by this person by law;
> 4) destruction of the property;
> 5) buyout of the monuments of history and culture;
> 6) buyout of the land parcel for the public needs;[934]
> 7) buyout of the real estate related to the buyout of the land parcel where this real estate is located for the public needs;
> 8) seizure of the property upon the owner's obligations;
> 9) requisition;
> 10) confiscation;[935]
> 11) termination of a legal person or death of the owner."[936]

Bei dem Problem der Verhältnisse zwischen dem Eigentümer und dem Staat verdienen die Punkte 5), 6), 7), 9) und 10), dass man sich näher mit ihnen befasst.

Art. 350 ZGBU[937] sieht vor, dass der Rückkauf eines Grundstückes im Zusammenhang mit öffentlicher Notwendigkeit nach der Einwilligung des Eigentümers oder laut einer Gerichtsentscheidung durchgeführt wird. Die Entscheidung über den Rückkauf des Grundstücks trifft die staatliche Behörde der exekutiven Gewalt. Diese Behörde hat den Eigentümer innerhalb eines Jahres schriftlich über den beschlossenen Grundstückkauf zu informieren. Der Preis für das rückgekaufte Grundstück,[938] die Termine und andere Bedingungen werden mit dem Eigentümer vereinbart, bei Streitigkeiten entscheidet das Gericht.

Eine Novellierung des Zivilgesetzbuches ist Art. 351 ZGBU „Aufhebung des Eigentumsrechts auf unbewegliches Vermögen beim Rückkauf des Grundstückes, auf dem es sich befindet". Dieses Recht kann nach der Gerichtentscheidung mittels Rückkaufs aufgehoben werden. Die notwendige Voraussetzung ist die vorläufige völlige Entschädigung für die verursachten Schäden. Bei dem Rückkauf des unbeweglichen Vermögens stützen sich die Behörden auf Art. 350 Abs. 2 ZGBU. Die Behörden müssen nachweisen, dass die Nutzung des zu gemeinnützigen Zwecken zurückgekauften Grundstücks, unmöglich ist, ohne dass

---

[934] S. auch Art. 84 Abs. 5 a), Art. 146 und 147 AGBU.

[935] S. auch Art. 84 Abs. 5 r) AGBU.

[936] Diese Liste ist nicht erschöpfend, weil nach Abs. 2 dieses Artikels noch andere Fälle der Aufhebung des Eigentumsrechts möglich sind, wenn sie vom Gesetz bestimmt werden.

[937] S. auch Art. 143, Art. 146 und Art. 147 AGBU.

[938] S. Gesetz der Ukraine „*Pro platu za zemlju* (Über Bodengebühr)" vom 19. September 1996 (N378/96-BP).

das Eigentumsrecht auf das unbewegliche Vermögen aufgehoben wird. Das Gericht kann die Entscheidung treffen, dass das unbewegliche Vermögen abgerissen oder, so es denn technisch möglich ist, verlegt werden kann. Der Ex- Eigentümer hat einen Anspruch auf ein gleichwertiges Grundstück im selben Wohngebiet.

Art. 352 ZGBU bestimmt die Bedingungen beim Rückkauf eines historischen und kulturellen Denkmals.[939] Wenn wegen des Handelns oder Nichthandelns des Denkmalbesitzers die Gefahr besteht, dass dieses geschädigt oder vernichtet wird, hat die staatliche Behörde dem Besitzer eine Verwarnung zukommen zu lassen. Ergreift der Besitzer danach nicht die notwendigen Maßnahmen kann die staatliche Behörde das Gericht anrufen, um dieses Denkmal, das dann staatliches Eigentum würde, rückzukaufen. Der Preis für das rückgekaufte Denkmal wird mit dem Eigentümer vereinbart, bei Streitigkeiten entscheidet das Gericht.

Das Zivilgesetzbuch führt eine Definition der Requisition an (Art. 353 ZGBU): „Requisition ist eine Zwangsenteignung zu gemeinnützigen Zwecken bei Naturkatastrophen und anderen Notlagen". Das Verfahren bei einer Requisition wird vom Gesetz festgelegt unter der Bedingung der vorläufigen und vollen Entschädigung des Wertes des Vermögens. In Kriegs- oder Notstandszeiten ist die nachfolgende und volle Entschädigung für die Requisition vorgesehen. Das Requisitionsvermögen geht in staatliches Eigentum über. Eine Requisition ist in der Regel mit außerordentlichen Umständen verbunden, und deshalb in der Praxis ziemlich selten. In der Ukraine wurde sie sehr häufig aufgrund der Rechtsakte der Regierung nach der Tschernobyl-Katastrophe angewendet, als die Bevölkerung aus den verseuchten Gebieten evakuiert werden musste.

Zwischen Eigentümer und Staat kann es ferner zu einer Konfiskation kommen.[940] Eine Konfiskation ist eine Sanktion für die Rechtsverletzung in einem vom Gesetz vorgesehenen Falle. Das konfiszierte Vermögen geht ohne Entgelt in staatliches Eigentum über. Umfang und Ablauf der Konfiskation werden vom Gesetz bestimmt. Die Möglichkeit der Konfiskation ist in Art. 41 VU vorgesehen. Die Verfassung schließt eine Konfiskation anderer Eigentumsformen nicht aus. Es gibt dazu aber keine Bestimmung, weil sie keine ausdrücklichen Vorschriften über andere Eigentumsformen als Privateigentum beinhaltet.[941]

---

[939] S. den Begriff eines historischen und kulturellen Denkmals in Art. 1 des Gesetzes der Ukraine „*Pro okhoronu objektiv kulturnoj spadzhyny* (Über den Schutz der Objekte des Kulturerbes)" vom 8. Juni 2000 (N1805-III). Vgl. die rechtliche Stellung nationaler, kultureller und historischer Werte in Art. 319 Abs. 8 ZGBU.

[940] Art. 354 ZGBU. S. auch Art. 148 AGBU.

[941] *Naukovo-praktychnyj komentar do zyvilnogo zakonadavstva Ukrainy*, 2004, S. 783.

3. Verfassungsrechtliche Rechtfertigung von Eigentumseingriffen

Ein Eingriff in den Schutzbereich eines Grundrechtes erfordert die Notwendigkeit einer verfassungsrechtlichen Rechtfertigung dieses Eingriffs. Ist der Eingriff verfassungsrechtlich nicht gerechtfertigt, liegt eine Grundrechtsverletzung vor; der Eingriff ist verfassungswidrig. Eigentumseingriffe sind aufgrund verschiedener verfassungsrechtlicher Eingriffsermächtigungen möglich.[942]
In seiner Rechtsprechung führte das Bundesverfassungsgericht der Bundesrepublik Deutschland drei Kriterien der Gegenstandbeeinträchtigung des Eigentums auf.[943] Der Eingriff muss:
1) geeignet sein, also zur Realisierung des Eingriffsziels beitragen;
2) erforderlich sein, d.h. es darf kein gleich geeignetes, aber milderes Mittel geben, und
3) verhältnismäßig im engeren Sinne sein, also dem Eingriffsziel angemessen und nicht übermäßig belastend sein.[944]

Nach Art. 64 VU es ist vorgesehen, dass

> "constitutional human and citizens' rights and freedoms shall not be restricted, except in cases envisaged by the Constitution of Ukraine. Under conditions of martial law or a state of emergency, specific restrictions on rights and freedoms may be established with the indication of the period of effectiveness of these restrictions."

Art. 64 Abs. 2 Satz 2 VU beihaltet den Katalog der Rechte, die unter dieser Bedingungen nicht außer Kraft gesetzt werden dürfen. Dies betrifft aber nicht die Bestimmungen Art. 41 VU, die das Eigentumsrecht garantieren.

In keiner seiner Rechtsprechungen setzte sich das Verfassungsgericht der Ukraine mit den Kriterien der Beeinträchtigung des Eigentumsrechts auseinander. Nur einmal, nämlich in der Sache über die Sparguthaben der Bürger,[945] wies das Gericht darauf hin, dass die Beschränkungen des Eigentumsrechts verhältnismäßig sein müssen, damit das Eigentumsrecht seine Daseinsberechtigung nicht verliert.[946]

---

942 *Sieckmann, Jan – Reinard,* 1999, S. 47.
943 Vgl. *Wendt, Rudolf,* Rn. 85, in: *Sachs, Michael (Hrsg.),* 1999, S. 633.
944 S. BverfGE 21, 73 (86); 24, 267 (404); 45, 297 (335); 52, 1 (29); 70, 190 (200); 95, 64 (88).
945 Urteil VGU vom 10. Oktober 2001 (N13-pn/2001).
946 Ziff. 5.4 des Urteils.

3.1. Rechtfertigung von Inhaltsbestimmungen des Eigentums

Art. 41 Abs. 2 VU sieht vor, dass

> „The right of private property is acquired by the procedure determined by law."[947]

In Art. 92 VU verankerte der Gesetzgeber die Liste aller rechtlichen Fälle, die ausschließlich von Gesetz bestimmt werden. Abs. 1 Punkt 7 zählt zu solchen Fällen das Regime des Eigentums in der Ukraine. Und ganz oben in der Liste stehen „human and citizens' rights and freedoms, the guarantees of these rights and freedoms; the main duties of the citizen".[948] Diese Garantie ist von größter Bedeutung in der ukrainischen Gesetzgebung, weil oftmals Eigentumsverhältnisse unter der Bezugnahme auf die gesetzkonformen Rechtsakte geregelt werden, die manchmal widersprüchlich sind und keine klare Auslegung beinhalten.[949]

Im Gesetz der Ukraine „Über das Eigentum" gibt es keine ausdrücklichen Hinweise auf die Inhaltsbestimmungen des Eigentumsrechts. Im Zivilgesetzbuch der Ukraine hielt es der Gesetzgeber für notwendig, die verfassungsmäßigen Bestimmungen zu verankern. Art. 316 ZGBU sieht vor, dass
"Ownership right shall be the right of an individual in a thing (property) that he/she enjoys *in compliance with the effective legislation* (Hvh. d. V.) on his/her own will irrespective of the will of the third persons"- Inhaltsbestimmungen.

In Art. 319 Abs. 7 ZGBU wurde festgelegt, dass

> "Actions of the owner towards his/her ownership *may be restricted or terminated* (Hvh. d. V.) or the owner may be obliged to let other persons use his/her property only in cases and per the procedure provided in the law"- Schrankenbestimmungen.

Als Beispiel zu Inhaltsbestimmungen loht es sich, den Beschluss des VR[950] zu erwähnen, in dem die Arten von Vermögen aufgelistet sind, die sich nicht im Eigentum der Bürger, juristischer Personen, internationaler Organisationen anderer Staaten im ukrainischen Hoheitsgebiet befinden dürfen.[951] Außerdem

[947] Vgl. Art. 14 Abs. 1 Satz 2 GG.
[948] Art. 92 Abs. 1 Punkt 1 VU.
[949] Ein Beispiel: Am 17. Juli 1992 erließ das VR den Beschluss „*Pro pravo vlasnosti na okremi vydy majna* (Über das Eigentumsrecht auf die bestimmten Vermögensarten)" (N2471-XII). In diesem Beschluss wird die Liste der Vermögensarten genehmigt, die sich nicht im Besitz der Staatsangehörigen, gesellschaftlichen Vereinigungen, juristischen Personen anderer Länder und internationaler Organisationen in der Ukraine befinden dürfen. Diese Liste wurde durch den Beschluss bestätigt, was der Verfassung widerspricht. Diese Liste sollte durch das Gesetz verabschiedet werden.
[950] Beschluss des VR vom 17. Juni 1992 (N2471-XII).
[951] Es geht um die verschiedenen Arten von Waffen, Gift- und Sprengstoffen u.s.w..

schrieb der Gesetzgeber einen besonderen Ablauf des Erwerbs des Eigentumsrechts auf bestimmte Vermögensarten von Bürgern der Ukraine vor. Auf der Liste stehen bestimmte Arten von Waffen, historische und kulturelle Denkmäler und radioaktive Substanzen.

Wie schon erwähnt, gibt es in der ukrainischen Gesetzgebung nicht viele Inhaltbestimmungen, die Eingriffe ins Eigentumsrecht rechtfertigen. Hingegen findet man mehrere Beispiele im Agrargesetzbuch der Ukraine. Art. 81 Abs. 4 AGBU bestimmt, dass Boden zu landwirtschaftlichen Zwecken, den ausländische Bürger[952] als Erbschaft erhalten haben, innerhalb eines Jahres enteignet werden müssen. Art 111 AGBU heißt „Beschränkungen der Rechte auf Grundstücke". In Abs. 1 des Artikels verankerte der Gesetzgeber eine Liste der Beschränkungen, die nicht erschöpfend ist. Das Recht auf ein Grundstück kann vom Gesetz oder durch einen Vertrag beschränkt werden, und zwar mit den folgenden Mitteln:

1) Verbot des Verkaufs oder anderer Veräußerungen an bestimmte Personen innerhalb einer bestimmten Zeit;
2) Verbot der Weiterverpachtung;
3) Vorkaufsrecht im Falle seines Verkaufs;
4) Voraussetzung der Erbschaftsannahme von dem bestimmten Erben;
5) Voraussetzung der Bebauung oder Nutzbarmachung des Grundstückes innerhalb einer bestimmten Zeit;
6) Verbot bestimmter Tätigkeiten;
7) Verbot auf Änderung der Zweckbestimmung des Grundstückes, u.s.w..

In seiner Rechtsprechung wies das Oberste Wirtschaftsgericht der Ukraine darauf hin, dass es in der Agrargesetzgebung keine Bestimmung gibt,[953] die eine unzweckmäßige Nutzung eines Grundstückes als Anlass für die Aufhebung des Rechtes auf Grundeigentum betrachtet.[954]

3.2. Die Abwägung zwischen Eigentumsgarantie und Sozialpflichtigkeit des Eigentums

Das Recht auf Privateigentum hat bestimmte Verwirklichungsgrenzen. Art. 13[955] Abs. 1 ZGBU sieht vor, dass die Zivilrechte ausschließlich in den in einem Ver-

---

[952] Das Gleiche gilt für ausländische juristische Personen (Art. 82 Abs. 4 AGBU).
[953] Vgl. Art. 27 Abs. 5 AGBU.
[954] S. Erklärungsbrief OWGU vom 27. Juni. 2001 (N02-5-/743), Ziff. 5 Abs. 5.
[955] Art. 13 ZGBU „Grenzen der Ausübung der Zivilrechte".

trag vorgesehenen und von den Rechtsakten der Zivilgesetzgebung festgelegten Grenzen von einer Person ausgeübt werden können.[956] Ansonsten sollen diese Rechte vor willkürlichen staatlichen Eingriffen sicher geschützt sein. Es ist notwendig, dass solche Begriffe „das allgemeine Wohl", „öffentliche Interesse", „gesellschaftliche Bedürfnisse" und andere, die als Grund zur Begrenzung des Rechts auf Privateigentum dienen, klar vom Gesetzgeber festgelegt und ausführlich in der Rechtsprechung definiert werden. Der Gesetzgeber ist in seiner Gestaltungsbefugnis auch nicht völlig frei. Die Grenzen seiner Tätigkeit hängen vom personalen oder sozialen Bezug des Eigentums ab. Nach der Staatslehre sind die Eigentumsrechte umso stärker geschützt, je stärker ihr personaler Bezug ist. Und die gesetzgeberischen Gestaltungsbefugnisse gehen um so weiter, je stärker der soziale Bezug des Eigentums ist.[957]

In seiner Rechtsprechung[958] stellte das Verfassungsgericht der Ukraine fest, dass es in der ukrainischen Gesetzgebung einige Fälle gibt, in denen ein Interesse (z.B. eines Eigentümers – Anm. d. Ver.) weder vom Gesetz noch vom Recht geschützt wird. Auf solche Fälle wird vom Gesetzgeber hingewiesen. Das Zivilgesetzbuch der Ukraine beinhaltet den Begriff eines Interesse,[959] das den allgemeinen Grundsätzen der Zivilgesetzgebung,[960] den Interessen der anderen[961] und dem Interesse, das dem Gesetz konform ist, wiederspricht. Art. 16 Abs. 3 ZGBU[962] warnt, dass das Gericht den gerichtlichen Schutz des Zivilrechtes oder des Interesses einer Person ablehnen kann, wenn von ihr die Bestimmungen des Art. 13 Abs. 2-5 ZGBU[963] verletzt wurden.

---

[956] Vgl. Art. 14 Abs. 1 ZGBU.

[957] S. *Wendt, Rudolf*, Rn. 69, in: *Sachs, Michael (Hrsg.)*, 1999, S. 629; *Depenheuer, Otto*, Rn. 208, in: *Mangoldt, Hermann von / Klein, Friedrich / Strack, Christian (Hrsg.)*, 2002, S. 1728; *Sieckmann, Jan – Reinard*, 1999, S. 48.

[958] Urteil VGU vom 1. Dezember 2004 (N18-рп), Ziff. 3.6.

[959] Art. 980 ZGBU.

[960] Art. 15 ZGBU.

[961] Art. 64 ZGBU.

[962] S. auch Art. 13 Abs. 6 ZGBU.

[963] Abs. 2 „When exercising the rights, a person shall be obliged to refrain from actions, which could injure the rights of other persons and damage environment and cultural legacy".
Abs. 3 "A person's actions aimed at hurting other persons as well as abusing the right in any other way shall be not acceptable".
Abs. 4 "When exercising his/her/its civil rights, a person shall follow moral norms of the society".
Abs. 5 "Use of civil rights with the purpose of unlawful competition restriction, abusing the monopoly position on the market as well as the unfair competition shall be not acceptable".

3.3. Rechtfertigung von Konfiskationen gemäß Art. 41 Abs. 8 der Verfassung der Ukraine

Art. 41 Abs. 8 VU besagt, dass eine Konfiskation des Vermögens ausschließlich nach einer Gerichtsentscheidung stattfindet, aber in vom Gesetz vorgesehenen Fällen, Umfang und Verlauf.

Der Präsident der Ukraine als Subjekt des Rechts auf die Verfassungsvorlage (ukr.: *konstytuzijne podannja*)[964] wandte sich an das Verfassungsgericht der Ukraine, um die Bestimmungen von Art. 41 Abs. 8 VU und einiger Rechtsakte zu definieren. Das Verfassungsgericht der Ukraine lehnte das Verfassungsverfahren ab,[965] weil die Konfiskation ausschließlich nach der Gerichtsentscheidung durchgeführt werden darf.[966] In seiner früheren Rechtsprechung wies das Verfassungsgericht darauf hin, dass der Begriff „Konfiskation" im Sinne des Gesetzes über das Eigentum zu verstehen ist. Eine Konfiskation des Vermögens ist seine unentgeltliche Entziehung zugunsten des Staates nach einer Gerichtsentscheidung als eine Strafe für eine begangene Rechtsverletzung, die keinen Zusammenhang mit dem Schuldrecht hat.[967]

Am 19. September 2000 veröffentlichte das Oberste Gericht der Ukraine[968] den Bericht *„Praktyka zastosuvannja sudamy konfiskaziji majna* (Die Praxis der Anwendung der Konfiskation des Vermögens von Gerichten)".[969] Nach seinen Angaben wird die Konfiskation des Vermögens durchschnittlich bei 1/5 aller Verurteilten in der Ukraine angewendet.[970] Das Oberste Gericht der Ukraine

[964] Der Katalog der Subjekte ist im Art. 13 des Gesetzes der Ukraine „Über das Verfassungsgericht der Ukraine" zu finden.
[965] S. Befund VGU vom 20. April 1999 (N10-y/99).
[966] S. auch Urteil VGU vom 12. Februar 2002 (N3-pп/2002), Ziff. 3.2 Abs. 2; Urteil VGU vom 1. Juni 1998 (N9-pп), Ziff. 4 Abs. 7.
[967] Urteil VGU vom 1. Juni 1998 (N9-pп), Ziff. 4. Abs. 7.
[968] S. Informationsblatt des Obersten Gerichts der Ukraine 3 (19), 2000.
[969] Im Jahr 1998 wurde 53.500 Personen zur Konfiskation verurteilt. Das ist ungefähr ¼ aller Verurteilten. Aber die meisten Gerichtsentscheidungen wurden nicht vollstreckt, weil die Verurteilten kein Vermögen hatten, das entzogen werden konnte. Das staatliche Budget bekam nach dem Verkauf des konfiszierten Vermögen nur 44 Millionen Hryvnas (~ 6.875.000 Euro). Dies beträgt ungefähr 80 kopijok (~ 0,125 Euro) durchschnittlich vom jeden Verurteilten (Ziff. 4 Abs. 1 des Berichts OGU).
[970] In seinem Bericht wies das Oberste Gericht der Ukraine darauf hin, dass am 24. März 1998 das Gesetz der Ukraine *„Pro derzavnu vykonavchu sluzbu* (Über den staatlichen Vollstreckungsdienst)" erlassen wurde. Mit diesem Gesetz wurde der Staatliche Vollstreckungsdienst der Ukraine geschafft, der zum System des Justizministeriums gehört. Die Aufgabe dieses Dienstes ist die Zwangsvollstreckung der Gerichtsentscheidungen, wenn es um eine Konfiskation von Vermögen geht (Ziff. 4 Abs. 15 des Berichtes). Nach Meinung des Gerichts hat sich inzwischen die Lage bei der Vollstreckung der Urteile wesentlich verschlechtert. Früher waren die Gerichte mit ihren Gerichtvollziehern für diese Funktion verantwortlich (Ziff. 4 Abs. 16 des Berichtes).

stellte fest, dass trotz der Vorschriften in der ukrainischen Gesetzgebung, dass eine Konfiskation vollständig oder partiell (1/2, 1/3, 1/4 des Vermögens)[971] sein kann, sich die Gerichte meistens für eine vollständige Konfiskation des Vermögens.[972] Nach Auffassung des Gerichts hindert ein Hinweis in der Gerichtsentscheidung auf eine Konfiskation des konkreten Vermögens Dritte nicht, ihre Ansprüche auf dieses Vermögen vor Gericht geltend zu machen.[973] Nach der Zivilprozessordnung der Ukraine ist die in Kraft getretene Gerichtsentscheidung in einer Strafsache obligatorisch für das Gericht, das über die zivilrechtlichen Folgen dieser Strafsache verhandelt.[974]

Beispiel aus der Gerichtspraxis:[975]

Sachverhalt

1994 klagte Beschwerdeführerin P vor Gericht, um die Ausweisung von Bürger K und den Mitgliedern seiner Familie aus ihrer Wohnung zu erreichen. Sie machte geltend, dass das Präsidium des Gebietsgerichts 1991 entschieden hatte, die Bestimmung über die Konfiskation des Vermögens bzw. des Hauses ihres Ehemannes von der Gerichtsentscheidung in der Strafsache aus dem Jahr 1960 zu trennen. Das Präsidium des Gebietsgerichts stützte sich auf die Tatsache, dass die Beschwerdeführerin damals das Haus mit Recht auf Privateigentum besaß. 1991 bekam die Beschwerdeführerin ein Zertifikat, das ihr Eigentumsrecht auf das Haus bestätigte.

1994 privatisierten die Beklagten diese umstrittene Wohnung im konfiszierten Haus und bekamen auch ein Zertifikat, das ihr Eigentumsrecht auf diese Wohnung bestätigte. Die Beschwerdeführerin verlangte, das Zertifikat der Beklagten auf die umstrittene Wohnung für ungültig zu erklären. Das Gericht erster Instanz entschied die Sache zugunsten der Beklagten.

Entscheidung des Gerichtes

Auf Entscheidung des Gerichts erster Instanz wurde ein Einspruchverfahren von dem Generalstaatanwalt der Ukraine angeordnet. Die Zivilkammer des Obersten Gerichts der Ukraine setzte eine neue Verhandlung in der Sache an. Es wurde darauf hingewiesen, dass Art. 388 Abs. 2 ZGBU folgende Bestimmung beinhaltet: "Property cannot be claimed from a *bona fide* beneficiary if it was sold per the procedure established for fulfillment of the court decisions". Nach Auffassung der Zivilkammer gilt diese Vorschrift nicht, wenn es um den Fall eines konfiszierten Vermögens geht, das ins Eigentum der Behörden örtlicher Selbstverwaltung überging.

---

[971] S. Art. 59 Abs. 1 Satz 2 SGBU.

[972] Bericht „*Praktyka zastosuvannja sudamy konfiskaziji majna* (Die Praxis der Anwendung der Konfiskation des Vermögens von Gerichten)", Ziff. 4. Abs. 3.

[973] Bericht „*Praktyka zastosuvannja sudamy konfiskaziji majna* (Die Praxis der Anwendung der Konfiskation des Vermögens von Gerichten)", Ziff. 4. Abs. 4.

[974] Bericht „*Praktyka zastosuvannja sudamy konfiskaziji majna* (Die Praxis der Anwendung der Konfiskation des Vermögens von Gerichten)", Ziff. 4. Abs. 4.

[975] Entscheidung der Zivilkammer des Obersten Gerichts der Ukraine vom 25. Dezember 1996.

Zu dieser Entscheidung könnte man einige kritische Bemerkungen anführen. Erstens die Zivilkammer erwähnte nicht, dass es sich in diesem Fall um einen gerichtlichen Fehler handelt. 1960 wurde das Haus fälschlich konfisziert, und erst nach 30 Jahren wurden die Abänderungen in die Gerichtsentscheidung in der Strafsache eingetragen, die das Haus aus dem Konfiskationsregister ausgeschlossen hat. Zweitens befinden sich laut dieser Entscheidung gutgläubige Besitzer des Vermögens, das ins Eigentum der Behörden örtlicher Selbstverwaltung überging, in einer schlechteren Rechtslage als gutgläubige Besitzer des Vermögens, das nach den Schuldverschreibungen des Eigentümers erworben worden war. Eine Lösung in dieser Situation wäre, den schon erwähnten Art. 388 Abs. 2 ZGBU mit „or the realisation of the confiscated assets" zu ergänzen.

3.3.1. Konfiskation im Zivilrecht und anderen Rechtsgebieten

Art. 346 Abs. 1 Punkt 10) ZGBU sieht vor, dass einer der Gründe der Aufhebung des Eigentumsrechts eine Konfiskation ist.[976] Art. 354 Abs.1 ZGBU[977] beinhaltet die Vorschrift, dass eine Konfiskation als Sanktion für eine begangene Rechtverletzung angewendet wird.
Im Agrargesetzbuch der Ukraine verankerte der Gesetzgeber die Begründungsbestimmungen der Aufhebung des Eigentumsrechts in Art. 140. Punkt д) des Artikels sieht vor, dass eine Konfiskation des Grundstückes nach einer Gerichtsentscheidung stattfindet. Art. 143 AGBU beinhaltet die Ursachen der Zwangsaufhebung des Rechtes auf das Grundstück. Eine davon ist die Konfiskation des Grundstückes (Punkt в)). Ein Grundstück kann konfisziert werden, wenn eine Gerichtsentscheidung vorliegt und nach dem vom Gesetz festgelegten Verlauf.[978]

Die konkreten Gründe der Konfiskationsanwendung beinhalten das Strafgesetzbuch der Ukraine, das Gesetzbuch über Ordnungswidrigkeiten der Ukraine und das Zollgesetzbuch der Ukraine. Im Strafgesetzbuch der Ukraine schreibt Art. 51 Abs. 1 7) vor, dass eine der kriminalrechtlichen Strafen für die begangenen Straftaten die Konfiskation ist.[979] Nach Art. 59 des Strafgesetzbuches der Ukrai-

[976] S. auch Art. 55 Abs. 4 GÜE.
[977] Abs. 1 Satz 2 des Artikels sieht vor, dass das konfiszierte Vermögen dem Staat unentgeltlich übergeht.
[978] Art. 148 AGBU.
[979] Nach Art. 52 SGBU sieht das Strafrecht der Ukraine zwei Typen der kriminellrechtlichen Strafe vor: Grund– und Zusatzstrafe. Zur Grundstrafe gehören Besserungsarbeit, Festnahme, Freiheitsbegrenzung, Freiheitsstrafe für bestimmte Zeit und lebenslängliche Haft. Die Konfiskation als eine aus den zusätzlichen Strafen kann nicht als einzelne Strafe zugesprochen werden.

ne bedeutet Konfiskation eine entgeltungslose Zwangsenteignung ins staatliche Eigentum eines Teils oder des ganzen Vermögens, dass das Privateigentum des Verurteilten bildet. Die Konfiskation wird nur für schwere und besonders schwere Verbrechen ausgesprochen.[980]

Art. 126 der Strafprozessordnung der Ukraine schreibt das Verfahren der Gewährleistung des Zivilanspruches bei der Strafsache und möglichen Vermögenskonfiskation vor. Nach diesem Artikel ist das Vermögen, das der Ermittler mit Beschlag belegte, zu inventarisieren und zu beschlagnahmen.[981]

Im alten Strafgesetzbuch gab es keine bestimmten Begrenzungskriterien bezüglich der Enteignung des ganzen Vermögens.[982] Deswegen konnte bei einer Straftat für den zugefügten Schaden das ganze Vermögen, das der Verurteilte besaß, enteignet werden. Es wurde mehrmals vorgeschlagen, diese Konfiskationspolitik zu revidieren, um die qualitativen Begrenzungen bezüglich der Höhe des konfiszierten Vermögens festzustellen werden, oder überhaupt diese Strafe Strafausmaß abzuschaffen und das System der entsprechenden Ordnungsstrafen einzuführen.[983]

Im neuen Strafgesetzbuch[984] in Art. 59 Abs. 1 Satz 1 sah der Gesetzgeber vor, dass im Falle der Konfiskation eines Teils des Vermögens des Verurteilten das Gericht bestimmen muss, welcher Teil des Vermögens zu enteignen ist, oder die Gegenstände dieses Vermögens aufzuzählen.[985] Abs. 3 des Artikels besagt, dass der Teil des Vermögens, der nicht enteignet werden darf, vom Gesetz bestimmt wird.

Dieser Rechtsakt ist das Gesetz der Ukraine „*Pro vykonavche provadzhennja* (Über das Vollstreckungsverfahren)".[986] Mit den Abänderungsgesetzen[987] wurde

---

[980] Art. 59 Abs. 2 SGBU.

[981] Art. 126 Abs. 2 SPOU.

[982] Das Oberste Gericht der Ukraine in seinem Bericht „*Praktyka zastosuvannja sudamy konfiskaziji majna* (Die Praxis der Anwendung der Konfiskation des Vermögens von Gerichten)" vom 19. September 2000 wies darauf hin, dass bei der vollen Konfiskation das ganze Vermögen des Verurteilte in Natura zu Gunsten des Staates entzogen wird, aber auch sein Teil des Vermögens in gemeinsamem mit anderen Personen Eigentum (Ziff. 1.36). Es ist ausgeschlossen, dass die Konfiskation durch die Auszahlung des Wertes des Vermögens ersetzt wird (Ziff. 1.37).

[983] Vgl. *Doc. HRCAD(2001) 4–* December 2001, Ziff. 332.5.

[984] Das neue Strafgesetzbuch der Ukraine trat am 1. September 2001 in Kraft.

[985] S. dazu auch Bericht des Obersten Gerichts der Ukraine vom 19. September 2000 „*Praktyka zastosuvannja sudamy konfiskaziji majna* (Die Praxis der Anwendung der Konfiskation des Vermögens von Gerichten)", Ziff. 1.38-1.39.

[986] Gesetz vom 21. April 1999 (N606-XIV).

[987] Gesetze der Ukraine vom 18. Januar 2001 (N2241-III), vom 11. Juli 2001 (N2618-III), vom 13. Dezember 2001 (N2893-III), vom 07. Februar 2002 (N3057-III), vom 28. November 2002 (N327-IV), vom 20. Februar 2003 (N542-IV), vom 19. Juni 2003 (N980-IV), vom 10.

auch versucht, das Verfahren bei einer Konfiskation genau zu regeln. Art. 4 GVV sieht die Maßnahme der Zwangsvollstreckung der Entscheidung vor.[988] Diesen Maßnahmen unterliegen auch das Vermögen (Abs. 1) und der Arbeitslohn, das Einkommen, die Rechte und das Stipendium eines Schuldners (Abs. 2). Einer Enteignung untersteht das Vermögen, das in Privateigentum[989] ist, auch als Teil des gemeinsamen Eigentums, ausgenommen das Vermögen[990] nach Art. 54 GVV, das in das Spezialregister[991] eingetragen ist.
In Anlage 1 zum Gesetz führte der Gesetzgeber die Liste des unpfändbaren Vermögens auf. Die Liste enthält 7 Punkte, vier davon betreffen Kategorien von Bürgern, die auf dem Lande wohnen und eine eigene Einzelwirtschaft haben.[992]

In dem Gesetzbuch über Ordnungswidrigkeiten der Ukraine[993] und zwar in Kapitel 6 „Die Ordnungswidrigkeiten gegen das Eigentumsrecht" geht es um die Ordnungswidrigkeiten gegen staatliches Eigentum.

3.3.2. Beschlagnahme von Vermögenswerten

Eine besondere Rolle im Bereich des Eigentumsschutzes spielen die Klagen auf Ausschluss der Vermögensgegenstände aus der Pfändung (s.g. Drittwiderspruchklage). Im alten Zivilgesetzbuch von 1963 gab es keine Bestimmungen, die eine solche Möglichkeit zum Schutze des Eigentums einräumten.
Das Oberste Gericht bestimmte in seiner Rechsprechung,[994] dass eine Beschlagnahme eine wesentliche Beschränkung des Eigentumsrechts ist, deswegen ist es notwendig, dass eine solche Maßnahme dem Gesetz entsprechend durchgeführt wird, und dies betrifft ausschließlich das Vermögen des Verdächtigten, Be-

---

Juli 2003 (N1095-IV), vom 18. November 2003 (N1255-IV), vom 27. November 2003 (N1344-IV), vom 3. Februar 2004 (N1416-IV).

988 S. Art. 55 Abs. 2 und Abs. 4 GÜE.

989 Der Eigentümer hat das Recht nach Art. 56 GVV, die Reihenfolge der Enteignung seines Vermögens selbst zu entscheiden.

990 Art. 73 GVV schreibt auch vor, welche Geldmittel des Schuldners nicht enteignet werden dürfen.

991 Das Spezialregister wurde zusammen mit dem Gesetz erlassen. Er besteht aus 7 Punkten, in denen sehr detailliert vorgeschrieben wird, welche Gegenstände aus dem Vermögen des Schuldners nicht enteignet werden dürfen.

992 S. auch Richtlinie des Justizministeriums der Ukraine „*Instrukzija pro provedennja vykonavchykh dij* (Richtlinie über die Durchführung des Vollstreckungsverfahren)" vom 15. Dezember 1999 (N865/4158).

993 Es wurde vom Beschluss des VR der USSR vom 7. Dezember 1984 (N8074–10) eingesetzt. Danach folgte eine ganze Reihe von Abänderungsgesetzen.

994 Bericht des Obersten Gerichts der Ukraine „*Praktyka zastosuvannja sudamy konfiskaziji majna* (Die Praxis der Anwendung der Konfiskation des Vermögens von Gerichten)" vom 19. September 2000.

schuldigten, Angeklagten und Verurteilten.[995] Das Gericht wies darauf hin, dass man den meisten Klagen über Ausschluss der Vermögensgegenstände aus der Pfändung stattgibt.[996] Das bedeutet, dass die Untersuchungsorgane ein formelles Verhalten bei Beschlagnahme des Vermögens ausüben.

Das Gesetz der Ukraine „*Pro vykonavche provadzhennja* (Über das Vollstreckungsverfahren)"[997] bestimmt, dass eine der Maßnahmen der Zwangvollstreckung der Gerichtsurteile[998] die Beschlagnahme von Vermögenswerten, ihre Entziehung und ihr Zwangsverkauf ist.[999] Eine Beschlagnahme von Vermögenswerten wird mit den folgenden Zielen angewendet:

1) zur Sicherstellung des Vermögens des Schuldners für einen weiteren Verkauf;
2) zur Vollstreckung der Entscheidung über die Konfiskation des Vermögens;
3) zur Vollstreckung der Entscheidung des Gerichts über Beschlagnahme des Vermögens.[1000]

KUZMENKO geht davon aus, dass die Beschlagnahme des Vermögens eine Maßnahme ist, die die Interessen der Bürger, der Organisationen und des Staates in vom Gesetz vorgesehenen Fällen schützt.[1001] Seiner Auffassung nach sollte man unterscheiden zwischen einer Beschlagnahme und einer Pfändung des Vermögens.[1002] Der Unterschied zwischen diesen beiden Begriffen liegt in ihren Zielen: eine Pfändung besteht in einer Feststellung des Stands des Vermögens des Schuldners, und eine Beschlagnahme folgt der Pfändung und sieht eine Beschränkung des Eigentumsrechts vor.
Der Verlauf der Sicherstellung einer zivilrechtlichen Klage und einer möglichen Konfiskation des Vermögens wird in Art. 126 SPOU bestimmt. Drittwider-

---

995 Bericht des Obersten Gerichts der Ukraine „*Praktyka zastosuvannja sudamy konfiskaziji majna* (Die Praxis der Anwendung der Konfiskation des Vermögens von Gerichten)", Ziff. 1.30.

996 Bericht des Obersten Gerichts der Ukraine „*Praktyka zastosuvannja sudamy konfiskaziji majna* (Die Praxis der Anwendung der Konfiskation des Vermögens von Gerichten)", Ziff. 4 Abs. 8.

997 Gesetz vom 21. April 1999 (N606-XIV).

998 Art. 4 Abs. 1 GVV.

999 Art. 50 Abs. 1 GVV.

1000 S. Art. 55 Abs. 6 GVV.

1001 *Kuzmenko, S. G. / Krojtor V. A.*, 2003, S. 49.

1002 *Kuzmenko, S. G. / Krojtor V. A.*, 2003, S. 51.

spruchsklagen, in denen die Parteien juristische Personen oder Bürger-Unternehmen sind, unterstehen der Zuständigkeit[1003] des Wirtschaftsgerichts.[1004]

Im Gesetz der Ukraine über die Vollstreckungsverfahren ist festgelegt, dass ein staatlicher Vollzieher[1005] über Arten, Umfang und Frist einer Beschränkung entscheidet.[1006] Art. 85 Abs. 1 und 2 des Gesetzes räumen das Recht ein, die Handlungen eines staatlichen Vollziehers anzufechten. Aber weder dieses Gesetz noch die Zivilprozessordnung der Ukraine beinhalten eine Liste der Klagegründe, die gegen die Handlungen eines staatlichen Vollzieher erhoben werden können.[1007]

In seinem Beschluss „*Pro sudovu praktyku u spavakh pro vykljuchennja majna iz opysu* (Über die Gerichtspraxis in den Drittwiderspruchklagen)“[1008] ging das Plenum des Obersten Gerichts der Ukraine davon aus, dass Gerichte nicht immer die Begründetheit der Drittwiderspruchklagen ausführlich untersuchen, was unkorrekte Gerichtentscheidungen verursacht. Die meisten Gerichtsentscheidungen, die kontrovers in diesem Bereich sind, betreffen die Klagen über Ausschluss der Privathäuser (Wohnungen) aus der Pfändung. Art. 29 ZPOU[1009] bestimmt die Zulässigkeit des Beweises im Zivilprozess. Einige Gerichte wenden die Vorschriften aus Art. 29 ZPOU in beiden Extremen an: entweder sind sie zu streng in ihrer Forderung nach beglaubigten Dokumenten und anderen schriftli-

---

1003 S. auch Brief des Obersten Gerichts der Ukraine und des Obersten Wirtschaftsgerichts der Ukraine vom 20. Juni 1995 (N01-8/518a).

1004 Art. 24 ZPOU und Kapitel III WPOU. Vgl. Beschluss des Plenums des Obersten Gerichts der Ukraine „*Pro sudovu praktyku v spavakh pro vykljuchennja majna iz opysu* (Über die Gerichtspraxis in den Drittwiderspruchklagen)“ vom 27. August 1976 (mit weiteren Änderungen) (N6), Ziff. 7.

1005 Nach dem Gesetz der Ukraine vom 24. März 1998 „*Pro dezhavnu vykonavchu sluzhbu* (Über den staatlichen Vollstreckungsdienst)“ (N202/98-BP) wurde in der Ukraine ein solcher Dienst geschafft, der zum System des Justizministeriums der Ukraine gehört. Seit Januar 1999 führt der staatliche Vollstreckungsdienst Zwangsvollstreckung der Gerichtsentscheidungen auch der Entscheidungen über eine Konfiskation des Vermögens der Verurteilter (s. Bericht des Obersten Gericht der Ukraine „*Praktyka zastosuvannja sudamy konfiskaziji majna* (Die Praxis der Anwendung der Konfiskation des Vermögens von Gerichten)“ vom 19. September 2000, Ziff. 4.15).

1006 Art. 55 Abs. 4 Satz 3 GVV.

1007 S. auch Beschluss des Plenums des Obersten Gerichts der Ukraine „*Pro praktyku rozgljadu sudamy skarg na rishennja, dii abo bezdijalnist ograniv ta posadovykh osib derzhavnoi vakonavchoi sluzhby ta zvernen uchasnykiv vykonavchogo provadzhennja* (Über die Gerichtspraxis bei den Klagen zu Entscheidungen, Handlungen oder Nichtstun der Organen und Amtspersonen des staatlichen Vollstreckungsdienstes und den Eingaben der Teilnehmer des Vollstreckungsverfahrens)“ vom 26. Dezember 2003 (N14).

1008 Beschluss des Plenums des Obersten Gerichts der Ukraine „*Pro sudovu praktyku v spavakh pro vykljuchennja majna iz opysu* (Über die Gerichtspraxis in den Drittwiderspruchklagen)“ vom 27. August 1976 (mit weiteren Änderungen) (N6), Präambel.

1009 S. Art. 59 der neuen Zivilprozessordnung der Ukraine.

chen Beweisen und nehmen keine Rücksicht auf die besonderen Umstände in dem Fall oder sie erkennen Zeugenaussagen und andere vom Gesetz nicht zugelassenen Mittel als Beweise an.[1010]

Beispiel aus der Gerichtspraxis:[1011]
<u>Sachverhalt</u>
Beschwerdeführerin T wandte sich an das Gericht erster Instanz mit einer Drittwiderspruchklage. Sie machte geltend, dass ihr Lebensgefährte, mit dem sie lange Zeit zusammen wohnte, zu einer Strafe und der Konfiskation des Hauses verurteilt worden war. Nach Auffassung der Beschwerdeführerin sollte das Haus aus der Pfändung ausgeschlossen werden, weil sie auch einen Anspruch auf ihren Teil des Hauses hatte. Die Beschwerdeführerin behauptete, dass sie sehr aktiv an der Errichtung des Hauses teilgenommen hatte. Als Beweis verwies sie auf eine Reihe von Zeugenaussagen und legte Bescheinigungen vor, die ihre Ausgaben bestätigten. Das Gericht erster Instanz entschied zugunsten der Beschwerdeführerin, und schloss einen Teil des Hauses aus der Pfändung aus.

<u>Entscheidung des Gerichts</u>
Das Präsidium des Donezk Gebietsgerichts, das die Sache in einem Einspruchsverfahren verhandelte, hob die Entscheidung des Gerichts erster Instanz auf. Das Präsidium wies darauf hin, dass das Recht der Beschwerdeführerin auf das Haus ausschließlich mit den vom Gesetz bestimmten, notariell beglaubigten Dokumenten bewiesen werden kann.

Die Verfasserin ist der Auffassung, dass in diesem Fall das Gericht erster Instanz die Vorschrift „Entsprechend ihrer Aufgabe, Rechte und gesetzmäßige Interessen der Bürger, Unternehmen, Organisation sowie ihr Vermögen zu schützen, müssen die Gerichte derartige Fälle *streng* (Hvh. d. Verf.) entsprechend dem Gesetz verhandeln“[1012] zu buchstäblich angewendet hat. In dem Fall spielte eine falsche Auslegung des Prinzips der Zulässigkeit der Beweise in dieser Klagekategorie eine entscheidende Rolle. Die Beschwerdeführerin begründete ihr Recht auf das Haus nicht aufgrund eines Kaufvertrages sondern aufgrund ihrer faktischen Beteiligung in dem Bauprozess. Diese kann mit jedem beliebigen Beweis bestätigt werden und nicht nur durch notariell beglaubigte Dokumenten. Wenn das Gesetz keine verpflichtende Form für entsprechende Rechtsverhältnisse bestimmt, ist das Gericht berechtigt, jeden Beweis zuzulassen, der den Parteien zu Verfügung steht. Art. 58 Abs. 2 der neuen Zivilprozessordnung der Uk-

[1010] Beschluss des Plenums des Obersten Gerichts der Ukraine „*Pro sudovu praktyku v spavakh pro vykljuchennja majna iz opysu* (Über die Gerichtspraxis in den Drittwiderspruchklagen)“ vom 27. August 1976 (mit weiteren Änderungen) (N6), Präambel.
[1011] Archiv des Gornjazkij Rayongerichts (Makeevka, Donezk Gebiet) von 1991.
[1012] Beschluss des Plenums des Obersten Gerichts der Ukraine „*Pro sudovu praktyku v spavakh pro vykljuchennja majna iz opysu* (Über die Gerichtspraxis in den Drittwiderspruchklagen)“ vom 27. August 1976 (mit weiteren Änderungen) (N6), Ziff. 1 Abs. 2.

raine sieht vor, dass die Parteien das Recht haben, ihre Beweise in einer bestimmten Sache zu begründen.

VI. Entschädigungsansprüche für Eigentumsbeeinträchtigungen

Wie schon oben erwähnt, bestimmt die Verfassung der Ukraine, dass eine erzwungene Enteignung der Objekte des Privateigentumsrechts eine Ausnahme muss, ausschließlich aus den Gründen öffentliches Bedarfs, auf Grund und Verlauf, die vom Gesetzt festgelegt sind, und unter der Bedingung einer vorläufigen vollständigen Entschädigung.[1013] Eine nachfolgende und vollständige Entschädigung ist nur zu Kriegs- und Notstandszeiten möglich.[1014]

1. Das Recht auf Entschädigung

Art. 16 Abs. 2 Punkt 8 ZGBU bestimmt, dass eines der Mittel, die Zivilrechte und Interessen vor Gericht zu schützen, darin besteht, Ansprüche auf Schadenersatz und andere Arten der Entschädigung für den dem Vermögen zugefügten Schaden zu stellen. Art. 48 GÜE räumt Bürgern den Rechtsweg ein, ihre verletzten Eigentumsrechte zu schützen. Abs. 2 bestimmt, dass der Eigentümer eine Beendigung der Verletzungen seines Rechts und die entsprechende Entschädigung verlangen kann. Nach Abs. 3 entscheidet das Gericht (oder Schiedsgericht) über die Berechtigung solcher Ansprüche. Abs. 4 besagt, dass in dem Falle, wo der Staat einen Rechtsakt erlassen hat, der das Eigentumsrecht aufhebt, alle Schäden vom Staat entschädigt werden müssen. Die Schäden müssen in vollem Umfang des tatsächlichen Werts des Vermögens (von der Zeit der Aufhebung des Eigentumsrechts an) einschließlich des nicht erzielten Gewinns entschädigt werden.

Das Zivilgesetzbuch der Ukraine beinhaltet mehrere Bestimmungen, die mit dem Recht auf Entschädigung Zusammenhang haben. Art. 321 Abs. 3 ZGBU sieht die Voraussetzung einer vollständigen und vorläufigen Entschädigung bei erzwungenen Enteignungen vor.[1015]

Art. 350 ZGBU sieht vor, dass der Rückkauf eines Grundstückes durch Sozialpflichtigkeit des Eigentums nur unter der Bedingung der Bewilligung des Eigentümers oder nach der Gerichtsentscheidung durchgeführt wird (Abs. 1). Die Entscheidung über den Rückkauf des Grundstückes wird entweder von einem Organ der staatlichen Gewalt oder einem Organ der örtlichen Selbstverwaltung getroffen (Abs. 2). Das Organ, das diese Entscheidung getroffen hat, muss dies

---

[1013] Art. 41 Abs. 6 VU.
[1014] Art. 41 Abs. 7 VU.
[1015] S. auch Art. 1166 Abs. 1 ZGBU.

dem Eigentümer mindestens ein Jahr vor dem Rückkauf schriftlich mitteilen (Abs. 3). Der Rückkaufspreis ist mit dem Eigentümer abzusprechen, ist dies nicht möglich, entscheidet das Gericht (Abs. 4).
Art. 351 Abs. 1 ZGBU bestimmt, dass ein Bau, der sich auf dem Grundstück befindet, der durch Sozialpflichtigkeit rückgekauft wird, nach einer Gerichtsentscheidung mit einer vollständigen und vorläufigen Entschädigung enteignet werden kann.[1016]
Wenn der Eigentümer ein historisches oder kulturelles Denkmal[1017] besitzt, und infolge seines Tuns oder Nichtstuns die Gefahr besteht, dass dieses Denkmal geschädigt oder zerstört wird, lässt die staatliche Behörde für Denkmalschutz dem Eigentümer eine Ermahnung zukommen.[1018] Unternimmt der Eigentümer nicht die notwendigen Maßnahmen, kann das Gericht auf die Klage der staatlichen Behörde hin beschließen, dieses Denkmal, das dann in staatliches Eigentum übergeht,[1019] rückzukaufen.[1020] Der Rückkaufspreis ist mit dem Eigentümer abzusprechen, ist das nicht möglich, entscheidet das Gericht.[1021]
Art. 353 und Art. 354 ZGBU regeln die Voraussetzungen bei einer Requisition und einer Konfiskation.
Art. 386 Abs. 3 ZGBU räumt dem Eigentümer das Recht ein, bei einer Verletzung seiner Rechte Schadenersatz zu beanspruchen.
Das neue Zivilgesetzbuch der Ukraine beinhaltet in Art. 394 auch eine Vorschrift, die in früheren Zivilgesetzbüchern nicht zu finden war. In ihm wurde das Recht eingeräumt, eine Entschädigung zu verlangen, wenn der Vermögenswert wegen einer Tätigkeit gemindert wurde, die sich nachteilig auf die Umwelt[1022] und die natürlichen Eigenschaften des Bodens auswirkte oder mit Lärm verbunden war.[1023]

Im Wirtschaftsgesetzbuch der Ukraine verankerte der Gesetzgeber die Bestimmungen, die einem Subjekt unternehmerischer Tätigkeit die Möglichkeit geben, Schadenersatz in vom Gesetz vorgesehenen Fällen zu verlangen.[1024] Art. 147 Abs. 3 WGBU besagt, dass die Schäden, die einem Subjekt unternehmerischer

[1016] S. auch Art. 351 Abs. 3 ZGBU.
[1017] Vgl. Gesetz der Ukraine „*Pro tymchasovu zaboronu pryvatysazii pamjatok kulturnoi spadzhyny* (Über das vorläufige Verbot auf Privatisierung der Denkmäler aus dem Kulturerbe)“ vom 1. Februar 2005 (N2391-IV).
[1018] Art. 352 Abs. 1 ZGBU.
[1019] Art. 352 Abs. 3 ZGBU.
[1020] Art. 352 Abs. 2 ZGBU.
[1021] Art. 352 Abs. 4 ZGBU.
[1022] Vgl. Erklärungsbrief OWGU vom 27. Juni 2001 (N02-5/743), Ziff. 11.
[1023] S. auch Beschluss des Plenums des obersten Gerichts der Ukraine „*Pro praktyku zastosuvannja sudami zemelnogo zakonodavstva pry rozgljadi zyvilnykh sprav* (Über die Gerichtspraxis der Anwendung der Agrargesetzgebung bei zivilrechtlichen Klagen)“ vom 16. April 2004 (N7), Ziff. 12.
[1024] Art. 20 Abs. 2 Punkt 6 WGBU.

Tätigkeit bei seinen Vermögensrechten von Bürgern, juristischen Personen, staatlichen Behörden oder Organen örtlicher Selbstverwaltung zugefügt wurden, dem Gesetz entsprechend entschädigt werden müssen.[1025]

Art. 90 Abs. 1 r) AGBU sieht vor, dass die Eigentümer der Grundstücke das Recht haben, dass die ihnen verursachten Schäden nach den gesetzlichen Vorschriften erstattet werden. Bei einer erzwungenen Enteignung eines Grundstücks aus Gründen öffentlichen Bedarfs wird das Eigentumsrecht aufgehoben. Das kann aber nur dann geschehen, wenn eine vollständige und vorläufige Entschädigung vorliegt.[1026]

2. Recht auf Entschädigung gemäss Art. 56 der Verfassung der Ukraine

Art. 56 VU beinhaltet die Rechtsnorm der direkten Wirkung, dass:

> "Everyone has the right to compensation, at the expense of the State or bodies of local self-government, for material and moral damages inflicted by unlawful decisions, actions or omission of bodies of state power, bodies of local self-government, their officials and officers during the exercise of their authority."[1027]

In Art. 393 ZGBU verankerte der Gesetzgeber eine erweiterte Bestimmung des Rechts auf Schadenersatz vom Staat, wenn sein Rechtsakt die Rechte eines Eigentümers verletzt hat.[1028] Auch Art. 1170 ZGBU regelt, dass im Falle des Erlasses eines Gesetzes, das das Eigentumsrecht auf eine bestimmte Vermögensart aufhebt, die verursachten Schäden dem Eigentümer vom Staat vollständig er-

[1025] S. auch Art. 13 Abs. 2 des Gesetzes der Ukraine „*Pro pidpryemstva* (Über Unternehmen) vom 27. März 1991 (N887-XII).

[1026] Art. 147 Abs. 2 AGBU. S. Beschluss des Plenums des Obersten Gerichts der Ukraine "*Pro praktyku zastosuvannja sudamy zakonodavstva, zho reguljuje pravo pryvatnoi vlasnosti graomadjan na zhylyj bydunok* (Über die Gerichtspraxis in der Anwendung der Gesetzgebung, die das Recht auf Privateigentum auf Wohnhäuser regelt)" vom 4. Oktober 1991 (N7) mit weiteren Änderungen, Ziff. 16.

[1027] S. auch Art. 62 Abs. 4 VU: „In the event that a court verdict is revoked as unjust, the State compensates the material and moral damages inflicted by the groundless conviction"; Art. 152 Abs. 3 VU: „Material or moral damages, inflicted on physical and legal persons by the acts or actions deemed to be unconstitutional, are compensated by the State by the procedure established by law".

[1028] "1. Legal act of the state power body, power body of the Autonomous Republic of Crimea or local government that does not correspond to the law and violates the owner's rights shall be recognized illegal by the court and annulled upon the action brought by the owner.
2. The property owner, whose rights are violated as a result of the legal act issued by the state power body, power body of the Autonomous Republic of Crimea or local government, can demand restoration of the status quo ante. In case it is impossible to restore the status quo ante, the owner shall have the right for compensation of the proprietary and moral damage."

setzt werden müssen.[1029] Art. 147 Abs. 3 WGBU beinhaltet eine solche Bestimmung bezüglich eines Subjektes unternehmerischer Tätigkeit.
Im Agrargesetzbuch der Ukraine widmete der Gesetzgeber zwei Artikel der Verantwortung der Exekutivorgane und Organe örtlicher Selbstverwaltung bei einer Verletzung des Rechts auf Grundeigentum. Art. 154 Abs. 1 AGBU besagt, dass ohne eine Gerichtsentscheidung diese Organe sich in die Ausübung seiner Rechte durch den Eigentümer nicht einmischen dürfen. Abs. 2 des Artikels warnt vor der Verantwortung für die Schäden, die ihre Einmischung ins Eigentumsrecht verursachen kann. Nach Art. 155 AGBU tragen staatliche Behörden die Verantwortung für erlassene Rechtsakte, die das Recht auf Grundeigentum verletzten. Abs. 2 des Artikels bestimmt, dass die Schäden, die infolge eines Rechtaktes verursacht wurden, vollständig von dem Organ erstattet werden müssen, das diesen Rechtakt erlassen hat. Weiterhin führt der Gesetzgeber einen erschöpfenden Katalog der Fälle auf, bei denen staatliche Organe haften und dem Eigentümer eine Entschädigung zahlen müssen.[1030] Art. 157 AGBU setzt die Grundlagen des Verlaufs der Auszahlung der Entschädigungen an den Grundeigentümer fest. Der Verlauf selbst wird von der Regierung der Ukraine bestimmt.[1031]
Das Zivilgesetzbuch der Ukraine sieht keine Verjährungsfrist für die Klagen der Eigentümer vor, deren Eigentumsrechte infolge eines gesetzwidrigen Rechtsaktes staatlicher Behörden verletzt wurden.[1032]

In seiner Rechtsprechung[1033] verhandelte das Verfassungsgericht der Ukraine die Auslegung der Bestimmung des Art. 55 Abs. 2 VU.[1034] Das Gericht ging davon aus, dass diese Vorschrift, die auch in Art. 248-1 der alten ZPOU verankert war, die Tendenz deutlich mache, dass der Gerichtsschutz sein Geltungsbereich in dieser Weise erweitert, damit die Tätigkeit und die Handlungen staatlicher Behörden, Organen örtlicher Selbstverwaltung und ihrer Amtspersonen gerichtlich

---

[1029] Vgl. Art. 1175 ZGBU: „Damage inflicted to a physical or legal person as a result of approval by the state government, governmental body of the Autonomous Republic of Crimea or local self-government of a legal act recognized illegal and abrogated, shall be indemnified by the state, the Autonomous Republic of Crimea or the local self-government body irrespective of the guilt of their officials and employees."
[1030] Art. 156 AGBU. S. auch Beschluss des Plenums des Obersten Gerichts der Ukraine „*Pro praktyku zastosuvannja sudami zemelnogo zakonodavstva pry rozgljadi zyvilnykh sprav* (Über die Gerichtspraxis der Anwendung der Agrargesetzgebung bei den zivilrechtlichen Klagen)" vom 16. April 2004 (N7), Ziff. 11.
[1031] Art. 157 Abs. 2 AGBU.
[1032] S. Art. 256 Abs. 1 Punkt 4 ZGBU.
[1033] Urteil VGU vom 25. November 1997 (N6-pn).
[1034] "Everyone is guaranteed the right to challenge in court the decisions, actions or omission of bodies of state power, bodies of local self-government, officials and officers."

kontrolliert werden.[1035] Nach Auffassung des Gerichts wurde ein Mechanismus geschaffen, das Verfassungsrecht auf gerichtlichen Schutz zu gewährleisten.[1036]

Ein weiteres Urteil des Verfassungsgerichts der Ukraine[1037] ist hinsichtlich dieser Problematik relevant. In ihm ging es um die Auslegung der gesetzlichen Bestimmungen über einen Entschädigungsanspruch für die gesetzwidrigen Handlungen der Untersuchungs-,[1038] Prokuratura- und Gerichtsorgane.[1039] In seiner Rechtsprechung[1040] betonte das Verfassungsgericht, dass das Recht auf Entschädigungsansprüche an den Staat für die Handlungen seiner Behörden mit dem Recht auf gerichtlichen Schutz sehr eng verbunden ist.[1041] Das Gericht ging davon aus, dass es bei Rechtsverletzungen dieser Art[1042] nicht um die öffentlichrechtliche sondern um die zivilrechtliche Verantwortung der Behörden geht. Es wurde darauf hingewiesen, dass die Erstattung der Schäden zu Lasten des Staates geht und aus den Budgetkosten erfolgen muss.[1043]

3. Rechtsprechung zu Entschädigungsansprüchen

Mit Rücksicht auf die Tatsache, dass es keine ausführlichen Studien zum Thema der Entschädigung in der ukrainischen Gesetzgebung gibt, spielt die Rechtsprechung der Gerichte eine besondere Rolle. Mit der Problematik des Eigentumsrechtschutzes befassen sich das Verfassungsgericht, das Oberste Gericht, das Oberste Wirtschaftsgericht und Gerichte erster Instanz der Ukraine.

[1035] S. Urteil VGU vom 25. November 1997 (N6-pп), Ziff. 2 Abs. 7.

[1036] S. Urteil VGU vom 25. November 1997 (N6-pп), Ziff. 2 Abs. 9.

[1037] Urteil VGU vom 3. Oktober 2001 (N12-pп).

[1038] S. Gesetz der Ukraine *„Pro vnesennja zmin do dejakykh zakonodavchykh aktiv Ukraine* (Über die Eintragung der Abänderungen zu einigen Rechtsakten der Ukraine)" vom 12. Januar 2005 (N2322-IV), Ziff. 3.

[1039] S. Art. 1176 ZGBU und Gesetz der Ukraine *„Pro porjadok vidshkoduvannja shkody, zavdanoi gromadjanynovi nezakonnymy dijamy organiv diznannja, poperednjogo slidstva, prokuratury ta sudu* (Über den Verlauf der Erstattung der Schäden, die einem Bürger infolge der Handlungen der Ermittlungs-, Untersuchungs-, Prokuratura- und Gerichtsorganen zugefügt wurden)" vom 1. Dezember 1994 (N266/94-BP).

[1040] Vgl. Befund VGU vom 6. Juni 2002 (N38-y/2002).

[1041] S. Urteil VGU vom 3. Oktober 2001 (N12-pп), Ziff. 4 Abs. 5.

[1042] Vgl. Urteil VGU über die Verfassungsmäßigkeit der Bestimmungen des Art. 248-3 Abs. 3-5 ZPOU vom 23. Mai 2001 (N6-pп/2001). Das Verfassungsgericht stellte fest, dass diese Bestimmungen verfassungswidrig sind, weil sie die Zuständigkeit der Gerichte ausschließen, wenn es um die staatlichen Rechtakte geht, die die nationale Sicherheit und des staatlichen Geheimnisses betreffen.

[1043] S. Urteil VGU vom 3. Oktober 2001 (N12-pп), Ziff. 5 Abs. 5.

3.1. Das Verfassungsgericht der Ukraine

In der Rechtsprechung des Verfassungsgerichts der Ukraine findet man keine ausdrückliche Auslegung der Verfassungsbestimmungen, die das Recht auf Entschädigung bei Eigentumsverletzungen betreffen.[1044]

3.2. Das Oberste Gericht der Ukraine

In seinem Beschluss „*Pro praktyku rozgljadu sudamy zyvilvykh sprav za pozovamy pro vidshkoduvannja shkody* (Über die Gerichtspraxis bei zivilrechtlichen Klagen auf Schadenersatz)“[1045] fasste das Plenum des Obersten Gerichts der Ukraine alle Problemfelder der Anwendung der gesetzlichen Bestimmungen in dem Bereich zusammen.[1046] Das Gericht ging davon aus, dass die Gerichte Klagen solcher Art im Großen und Ganzen richtig verhandeln. Aber es bestehen einige Probleme bei der Anwendung der Gesetzgebung in diesem Bereich:

1) nichtvollständiger Nachweis der vom Gesetz vorgesehenen Gründe zur Anwendung der Vermögensverantwortung;
2) falsche Ansetzung der Höhe des Schadensersatzes;
3) andere Fehler bei der Anwendung der Rechtsnormen, die die Verpflichtungen regeln, die infolge einer Schadenszufügung entstehen.[1047]

Das Gericht wies darauf hin, dass eine richtige Gerichtsentscheidung von großer Bedeutung für den Schutz der Rechte und gesetzlichen Interesse natürlicher und juristischer Personen sei.[1048] Es betonte, dass die einem Bürger oder seinem Vermögen oder dem Vermögen einer juristischen Person zugefügten Schäden in vollem Umfang von der Person entschädigt werden müssen, die diese Schäden verursacht hat, vorausgesetzt, dass die Handlungen des Letzten gesetzwidrig waren. Es besteht also ein kausaler Zusammenhang[1049] zwischen den Handlungen und den Schäden und der Schuld der bezeichneten Person.[1050]

[1044] Vgl. Urteil VGU vom 10. Juni 2003 (N11-pп), Ziff. 3.5.

[1045] Beschluss des Plenums des Obersten Gerichts der Ukraine vom 27. März 1992 (N6) mit weiteren Abänderungen vom 8. Juli 1994 (N7), vom 30. September 1994 (N11), vom 25. Mai 1998 (N15), vom 24. Oktober 2003 (N9).

[1046] S. auch Beschlusse OGU vom 18. März 2002 (N9/100), vom 11. März 2002 (N04-1/11-1-8/1), vom 4. Juni 2002 (N1/127), vom 2. September 2003 (N3/437).

[1047] S. der Präambel des Beschlusses.

[1048] Ziff. 1 Abs. 2 des Beschlusses.

[1049] S. auch Beschluss der Zivilkammer des Obersten Gerichts der Ukraine vom 11. März 2002 in der Kassationsklage des landwirtschaftlichen Unternehmens „NIVA“ zum staatlichen Zweigunternehmen der Ukraine Bahn über den Schadenersatz, Abs. 17.

[1050] Ziff. 2 Abs. 1 des Beschlusses.

Bezüglich der Höhe der Entschädigung müssen sich die Gerichte von den Bestimmungen in Art. 48, 51, 52, 54, 56, 57 GÜE leiten lassen. Das bedeutet, dass die Schäden *in natura* erstattet werden müssen.[1051] Ist dies nicht möglich, müssen dem Betroffenen die Schäden nach dem Wert am Tag der Verhandlung der Sache ersetzt oder die Kosten zur Durchführung notwendiger Leistungen zur Wiederherstellung des Zustandes oder Beseitigung negativer Einwirkungen gezahlt werden.[1052] Auf Verlangen des Betroffenen kann auch ein nicht erhaltenes Einkommen erstattet werden.[1053]
In ihren Entscheidungen müssen die Gerichte eine ausführliche Berechnung der zugesprochenen Zahlungen für die verursachten Schäden und die gewährte Zahlungsfrist aufführen.[1054]

Noch ein wichtiger Beschluss des Plenums des Obersten Gerichts der Ukraine *„Pro praktyku zastosuvannja sudamy zemelnogo zakonodavstva pry rozgljadi zyvilnykh sprav* (Über die Gerichtspraxis der Anwendung der Agrargesetzgebung bei zivilrechtlichen Klagen)".[1055] In der Präambel zum Beschluss ging das Gericht davon aus, dass eines der Problemfelder bei der Anwendung der Agrargesetzgebung die Klagen über Enteignung der Gründstücke und die Entschädigung dafür sind. In seinem Beschluss betonte das Gericht noch einmal, dass die Gerichte sich bei der Handlung von Klagen über die Verletzung der Agrargesetzgebung von dem Prinzip einer vollständigen Entschädigung leiten lassen sollen.[1056] Der Umfang der Schäden wird von den Sonderkommissionen festgestellt, die von den örtlichen Exekutivbehörden und den Behörden örtlicher Selbstverwaltung geschaffen werden.[1057] Das Gericht schließt aber nicht aus, dass die Höhe der Entschädigung verringert werden kann. Das geschieht dann, wenn grobe Fahrlässigkeit des Betroffenen die Entstehung oder die Steigerung

[1051] S. Art. 1192 ZGBU: "Considering the circumstances of the case, the court, at the victim's discretion, may assign a person that damaged the property to indemnify for the damage in kind (to transfer a thing of the same kind and quality, to repair a damaged object, etc) or to cover for the losses in full.
Amount of the losses subject to compensation to a victim shall be determined according to the real value of the lost property at the moment of the case consideration or fulfillment of the work necessary for restoration of a damaged object."
[1052] S. auch Beschluss des Obersten Gerichts der Ukraine vom 8. April 2002 (N 2/1604(02/095)) in der Kassationsklage des staatlichen Unternehmen „TVEL" zu AG geschlossener Art „UKRAINE" über den Schadenersatz, Abs. 16.
[1053] Ziff. 9 Abs. 2 des Beschlusses.
[1054] Ziff. 22 Abs. 1 des Beschlusses.
[1055] Beschluss vom 16. April 2004 (N7).
[1056] Ziff. 16 Abs. 1 des Beschlusses.
[1057] S. KMU Beschluss vom 19. April 1993 (N284).

der Schäden verursachte.[1058] Deswegen muss das Gericht in jedem konkreten Fall prüfen, ob solche Umstände vorliegen.
In einer Kassationsklage[1059] definierte das Oberste Gericht den Begriff „Schaden“ in einem konkreten Gebiet rechtlicher Verhältnisse.[1060] Nach seiner Auffassung sind Schäden die Ausgaben (Kosten), die vom Kreditor gemacht wurden, Verlust oder Schädigung seines Vermögens sowie die vom Kreditor wegen der Versäumnisse des Schuldners nicht erhaltenen Einkommen.[1061]

3.3. Das Oberste Wirtschaftsgericht der Ukraine

In seiner Gerichtspraxis orientiert das Oberste Wirtschaftsgericht der Ukraine sich an der Rechsprechung des Obersten Gerichts der Ukraine,[1062] damit eine identische und richtige Anwendung der Gesetzgebung bei den Klagen gewährleistet wird, die die Problematik der Entschädigungsansprüche betreffen.[1063]
Dem Eigentümer wird das Recht eingeräumt, für sein geschädigtes Vermögen, eine Entschädigung zu verlangen. Zuerst soll versucht werden, eine Entschädigung *in natura* zu bekommen oder das geschädigte Vermögen auf Kosten des Schuldners zu reparieren oder mit anderen Mittel die frühere Qualität des Vermögens wiederherzustellen.[1064] Wenn diese Voraussetzungen nicht zu erfüllen sind, muss der Schuldige Schadenersatz für den realen Preis des geschädigten Vermögens oder die Kosten für die notwendigen Arbeitsleistungen zur Wiederherstellung des *status quo* des geschädigten Vermögens zahlen. Wenn sich aber nach der Gerichtsentscheidung die Höhe des Schadens wegen des Preisanstieges des Vermögens oder der notwendigen Arbeitsleistungen ändert, hat der Kreditor das Recht, noch zusätzliche Forderungen auf Schadenersatz zu erheben.
Eine Annahme der Entschädigung nimmt dem Betroffenen nicht das Recht, eine Kompensation für die wegen der verursachten Schäden nicht erhaltenen Einkommen zu verlangen.[1065]

[1058] Ziff. 17 Abs. 1 des Beschlusses.
[1059] S. Beschluss des Obersten Gerichts der Ukraine vom 8. April 2002 (N2/1604(02/095)) in der Kassationsklage des staatlichen Unternehmen „TVEL“ zu AG geschlossener Art „UKRAINE“ über den Schadenersatz, Abs. 15.
[1060] S. auch Art. 22 Abs. 2 ZGBU.
[1061] Vgl. Informationsbrief OWGU vom 31. Januar 2001 (N01-8/98), Ziff. 6.5 Abs. 3-5.
[1062] S. Informationsbrief OWGU vom 18. Juni 2004 (N01-8/1173).
[1063] S. auch zum Thema Erklärungsbriefe des Präsidiums OWGU vom 12. Oktober 1993 (N01-6/1106), vom 12. November 1993 (N01-6/1205), vom 1. April 94 (N02-5/215), vom 29. April 1994 (N02-5/293).
[1064] S. Informationsbrief OWGU vom 31. Januar 2001 (N01-8/98), Ziff. 6.7.
[1065] S. Informationsbrief OWGU vom 31. Januar 2001 (N01-8/98), Ziff. 6.8.

In seinem Erklärungsbrief „*Pro dejaki pytannja praktyky vyrishennja sporiv, povjazannykh iz zakhystom prava vlasnosti na zemlju i zemlekorystuvannja* (Über einige Fragen der Gerichtspraxis in Streitigkeiten, die den Schutz des Rechts auf Grundeigentum und Bodennutzung betreffen)“[1066] wies das Oberste Wirtschaftsgericht der Ukraine darauf hin, dass die Schäden an landwirtschaftlichem und forstwirtschaftlichem Boden infolge negativer Auswirkung der Tätigkeit der Unternehmen (Betriebe), Behörden, Organisationen, zu den Schäden gehören,[1067] bei denen die Eigentümer der Grundstücke und Bodennutzer keine Entschädigungsansprüche haben.[1068] Die Schäden solcher Art werden den Organen örtlicher Selbstverwaltung ebenso wie den Grundeigentümern und Bodennutzern vergütet. Der Umfang und der Verlauf der Entschädigung aber auch die Fälle, in denen die beschuldigten Unternehmen (Betriebe), Behörden, Organisationen von der Entschädigung befreit werden können, werden durch Beschluss des Ministerkabinetts geregelt.[1069]
Genau wie das Oberste Gericht der Ukraine, verlangte das Oberste Wirtschaftsgericht, dass der Umfang der Schäden von den Sonderkommissionen[1070] festgestellt wird, die von den örtlichen Exekutivbehörden und den Behörden örtlicher Selbstverwaltung geschaffen werden.[1071] Die Akte dieser Sonderkommission kann der Betroffene vor Gericht anfechten.

Ein weiterer wichtiger Rechtsakt des Obersten Wirtschaftsgerichts der Ukraine ist sein Informationsbrief „*Pro dejaki prypysy zakonodavstva pro vidshkoduvannja shkody, zapodijanoi nezakonnymy dijamy derzhavnykh i gromads'kykh organisazij* (Über einige Bestimmungen der Gesetzgebung über die Entschädigung, die infolge gesetzwidriger Handlungen staatlicher und gesellschaftlicher Organisationen entstanden sind)“.[1072]
Die Verantwortung für die von staatlichen und gesellschaftlichen Organisationen verursachten Schäden ist außervertraglicher Art.[1073] Sie entsteht also aus der Schadenszufügung gemäss Art. 11 Abs. 2 Punkt 3 ZGBU.[1074] Die Schäden, die infolge rechtmäßiger Handlungen staatlicher Behörden verursachte werden, unterliegen keiner Entschädigung. So wird in einem konkreten Fall eine Schadens-

---

[1066] Erklärungsbrief OWGU vom 27. Juni 2001 (N02-5/743). S. auch Erklärungsbrief OWGU vom 31. Mai 2002 (N04-5/609).
[1067] S. Art. 156 Abs. 1 a) AGBU.
[1068] S. Erklärungsbrief OWGU vom 27. Juni 2001 (N02-5/743), Ziff. 11.
[1069] S. KMU Beschluss vom 17. November 1997 (N1279).
[1070] S. KMU Beschluss vom 19. April 1993 (N284).
[1071] S. Erklärungsbrief OWGU vom 27. Juni 2001 (N02-5/743), Ziff. 12.
[1072] S. Informationsbrief OWGU vom 29. Dezember 2000 (N01-8/795).
[1073] Vgl. Art. 22 Abs. 3 Satz 1 ZGBU: „Damages shall be indemnified in full unless any other extent of indemnification is provided by the agreement or the law“.
[1074] Vgl. Art. 11 Abs. 2 Punkt 1 ZGBU und Art. 611 Abs. 1 Punkt 4 ZGBU.

zufügung für rechtmäßig betrachtet, wenn es um einen Notfall[1075] geht.[1076] Das Oberste Wirtschaftsgericht der Ukraine wies darauf hin, dass die Gerichte bei einer Verhandlung der Schadenersatzklagen einen unmittelbaren kausalen Zusammenhang zwischen den Handlungen und den verursachten Schäden und der Schuld des Beklagten unbedingt in Betracht ziehen müssen.[1077] Die Schuld des Beklagten resultiert aus der Schuld der Amtspersonen aus, die die rechtwidrigen Handlungen begangen haben.
Der Umfang des Schadenersatzes, der von staatlichen Behörden den Unternehmen, Organisationen gewährt wird,[1078] wird nach den Sonderbestimmungen der Gesetzgebung geregelt, die die Möglichkeit eines solchen Schadenersatzes vorschreiben.[1079] Das Ausmaß der Schäden kann sich im Laufe der Zeit erhöhen. In diesem Fall müssen die verursachten Schäden für eine entsprechende Zeitperiode entschädigt werden.[1080] Das Gericht räumt einer staatlichen Behörde nicht die Möglichkeit ein, keinen Schadenersatz zu zahlen, weil die Klage des Betroffenen nicht fristgemäß einging. Nach Auffassung des Gerichts müssen staatliche Behörden selbst die Initiative ergreifen, die Verletzung der Vermögensrechte des Klägers zu beseitigen und nicht warten, bis der Betroffene Klage erhebt.[1081]

Wenn die einem Unternehmen oder einer Organisation verursachten Schäden infolge des Erlasses eines Rechtsaktes entstanden sind,[1082] muss das Gericht bei der Verhandlung der Klage diesen Rechtakt dahingehend prüfen, ob seine Bestimmungen dem Gesetz entsprechen. Dies auch wenn der Kläger nicht verlangt hat, den Rechtsakt für ungültig zu erklären.[1083] Eine fehlende Zahlungsfähigkeit der staatlichen Behörde ist keine Ausrede, die zugesprochene Entschädigung nicht zu zahlen.[1084] Bei jedem Entschädigungsanspruch müssen die Gerichte die Ursachen der Verletzung gründlich klären und mit entsprechenden Beschlüssen reagieren, damit die schuldigen Amtspersonen zur Verantwortung gezogen werden.[1085]

1075 S. Art. 1171 ZGBU.
1076 Informationsbrief OWGU vom 29. Dezember 2000 (N01-8/795), Ziff. 1 Abs. 2.
1077 Informationsbrief OWGU vom 29. Dezember 2000 (N01-8/795), Ziff. 5 Abs. 1.
1078 Informationsbrief OWGU vom 29. Dezember 2000 (N01-8/795), Ziff. 6 Abs. 1.
1079 S. zum Beispiel Gesetz der Ukraine über Unternehmen vom 27. März 1991 (N887-XII), Art. 27 Punkt 2 Abs. 2. S. auch das Abänderungsgesetz der Ukraine vom 15. Mai 2003 (N762-IV).
1080 Informationsbrief OWGU vom 29. Dezember 2000 (N01-8/795), Ziff. 7 Abs. 1.
1081 Informationsbrief OWGU vom 29. Dezember 2000 (N01-8/795), Ziff. 7 Abs. 1.
1082 S. Art. 1173 ZGBU.
1083 Informationsbrief OWGU vom 29. Dezember 2000 (N01-8/795), Ziff. 10.
1084 Informationsbrief OWGU vom 29. Dezember 2000 (N01-8/795), Ziff. 11. Vgl. die Rechsprechung des EGMR bzgl. der Ukraine und Russland.
1085 Informationsbrief OWGU vom 29. Dezember 2000 (N01-8/795), Ziff. 12.

3.4. Gerichte erster Instanz

Zu dem Thema findet man in der Rechsprechung der Gerichte erster Instanz mehrere Beispiele. Diese sollen sich bei ihrer Rechtsprechung von den Informations- und Erklärungsbriefe der Obersten Gerichte der Ukraine leiten lassen.

Beispiel aus der Gerichtspraxis:[1086]

Sachverhalt

1968-1971 bauten der Bürger P und seine Mutter im Dorf ein Privathaus. 1972 bekamen sie das Eigentumszertifikat auf das erbaute Haus. Im selben Jahr erhob der Staatsanwalt der Rayon Staatanwaltschaft Klage gegen die Mutter von P mit der Begründung, dass das Haus ohne Genehmigung erbaut worden war. 1973 gab das Rayon Gericht der Klage des Staatsanwalts statt. Das Haus wurde ohne Entgelt enteignet und dem Fonds des Dorfrates übergeben. 1981 wurde das Haus an G verkauft.

Der Bürger P legte bei verschiedenen Gerichtsinstanzen Berufung ein. 1992 schließlich wurde die Klage des Staatsanwalts abgewiesen. Sein Eigentumsrecht auf das Haus konnte P nicht erneuern, weil es an eine andere Person verkauft worden war. P verlangte vom Staat eine Entschädigung für den Hauswert und den moralischen Schaden. Alle Vertreter der staatlichen Gewalt und örtlichen Selbstverwaltung, die an dem Gerichtsverfahren teilnahmen, wiesen darauf hin, dass die aktuellen Behörden nicht für den begangenen gerichtlichen Fehler verantwortlich waren, weil keine Rechtsnachfolge bestand. Außerdem war unmöglich festzustellen, wo das Geld für das verkaufte Haus geblieben war, auf jeden Fall aber hatte man es für staatliche Bedürfnisse ausgegeben.

Entscheidung des Gerichts

1999 entschied das Gericht, dass der Eigentümer P für den Wert[1087] seines Hauses entschädigt werden muss, da ihm das auf Grund der rechtswidrigen Gerichtsentscheidung enteignete Vermögen nicht zurückgegeben werden kann.[1088] Das Gericht verpflichtete den Staat in der Person des staatlichen Gebiets-

[1086] Entscheidung des Tscherkassyer Kassationsgerichts vom 22. Oktober 1999.

[1087] Im Punkt 18 der Verordnung des Ministerkabinetts der Ukraine vom 25. August 1998 (N1340) „*Pro porjadok obliku, zberigannja, ozinky konfiskovannogo ta inshogo majna, tcho perekhodyt u vlasnist derzhavy, i rozporjadzhennja nym* (Über den Ablauf der Registrierung, Erhaltung, Bewertung des konfiszierten oder anderen Vermögens, das in staatliches Eigentum übergegangen ist und seine Verwaltung)“ wird bestimmt, dass im Falle der Aufhebung der Gerichtsentscheidung in der Sache der Vermögenskonfiskation das Organ, dem dieses Vermögen zugeschrieben wurde, das Vermögen zurückgeben oder eine Entschädigung zahlen muss. Die Zurückgabe und die Entschädigung werden nach dem vom Gesetz vorgesehen Ablauf durchgeführt.

[1088] Im Punkt 9 des Beschlusses des Plenums des Obersten Gerichts der Ukraine vom 27. März 1992 „*Pro praktyku rozgljadu sudamy zyvilnykh sprav za pozovamy pro vidshkodyvannja shkody* (Über die Gerichtspraxis in den Zivilsachen betr. der Ansprüche auf Schadenentschädigung)“ wurde darauf hingewiesen, dass, wenn die Entschädigung in natura nicht möglich ist, dem Geschädigten die Schäden im vollem Umfang gemäß des tatsächlichen Wertes seines Vermögens zur Zeit der Verhandlung der Sache bei dem Gericht zu ersetzen sind.

Schatzamtes.[1089] Am 16. Februar 2000 wies die Zivilkammer des Obersten Gerichts der Ukraine die Kassationsklage des staatlichen Gebietsschatzamtes ab.

Noch ein Beispiel aus der Gerichtspraxis:[1090]
Sachverhalt
1965–1970 baute der Bürger S in der Stadt Kirovograd ein Privathaus. 1970 bekamen sie das Eigentumszertifikat auf das erbaute Haus. Im selben Jahr erhob der Staatsanwalt der Rayon Staatanwaltschaft Klage gegen S mit der Behauptung, dass das Haus ohne Genehmigung erbaut wurde. 1971 gab das Rayon Gericht der Klage des Staatsanwalts statt. Das Haus wurde ohne Entgelt enteignet. In dem Haus wurde ein Kindergarten untergebracht, weil es in der Stadtmitte lag.

Entscheidung des Gerichts
Nach dem Erlass des Gesetzes der Ukraine „Über das Eigentum" erhob S 1991 Klage, um das enteignete Haus zurückzubekommen. Der Kläger brachte seinen Anspruch im Nachbargebiet vor, damit das Gericht unparteiisch und unabhängig von örtlichen Behörden verhandeln konnte. Das Gericht der ersten Instanz im Nachbargebiet entschied, dass das Haus dem ursprünglichen Eigentümer S zurückzugeben sei. Das Haus war zwischen 1971-1992 keinem neuen Privatbesitzer verkauft oder übergeben worden, deswegen bekam der Eigentümer S sein Haus *in natura* zurück. 1993 bestätigt die Berufungsinstanz die Entscheidung des Gerichts der ersten Instanz zu Gunsten von S. Im dieselben Jahr wurde das Haus dem Eigentümer zurückgegeben. Später verkaufte S sein Haus und emigrierte nach Israel.

D. Zusammenfassung

In diesem Kapitel versuchte die Verfasserin einen weiteren Überblick über die rechtliche Stellung des Eigentums in der ukrainischen Gesetzgebung zu geben. Die wichtigsten Meilensteine im Werden des Eigentumsrechts in der Ukraine sind die Annahme des Gesetzes über das Eigentum (1991) und der Verfassung (1996), die Ratifizierung der EMRK (1997) und das Inkrafttreten des Zivilgesetzbuches der Ukraine (2004). Das Gesetz der Ukraine „Über das Eigentum" sah drei Formen des Eigentums vor: individuelles, kollektives und staatliches. Alle diese Formen bekamen einen gleichberechtigten Status. In der neuen Verfassung der Ukraine wurde das Recht auf Privateigentum auf Verfassungsebene verankert, demzufolge ist das Recht auf Privateigentum unverletzlich. Die Verfassung der Ukraine beinhaltet drei Artikel (Art. 41, 13 und 14), die unmittelbar

[1089] S. Art. 56 VU.
[1090] Entscheidung des Tscherkassyer Kassationsgerichts vom 6. September 1993.

die rechtliche Stellung des Eigentumsrechts bestimmen. Das Erbrecht wird im Gegensatz zur deutschen und russischen Verfassung nicht erwähnt.
1997 wurde die Gesamtheit der EMRK mit einer weiteren Auslegung des Begriffes des Eigentums vom EGMR in der Ukraine anerkannt. Bedauerlicherweise fehlt bis heute eine ausdrückliche Formulierung des Eigentumsbegriffes vom Verfassungsgericht der Ukraine.
Das Zivilgesetzbuch der Ukraine bestimmt, dass das Eigentumsrecht das Vollrecht an einer Sache (einem Vermögen) ist, d.h. das Recht, mit der Sache nach Belieben zu verfahren und andere von jeder Einwirkung auszuschließen, soweit das Gesetz oder Rechte Dritter entgegenstehen. In dem neuen Zivilgesetzbuch der Ukraine werden drei Eigentumsformen verankert: privates, staatliches und kommunales Eigentum.
Art. 1 1.ZP ist der einzige Artikel in der Gesamtheit der EMRK, in dem die juristische Person ausdrücklich erwähnt wird. Auch Art. 325 ZGBU bestimmt, dass die Subjekte des Privateigentums natürliche und juristische Personen sind.
Die Problemfelder des Eigentumsschutzes beweisen, dass in heutigen Zeiten die Ukraine keine ständige Gesetzgebung hat, sie befindet sich noch in einem Entwicklungsprozess. Und eine zentrale Stelle bei dem Aufbau des rechtlichen Systems besitzt das Institut des Eigentumsrechts.
Im Gegensatz zu Russland gab es keinen wesentlichen zeitlichen Unterschied zwischen dem Prozess der Privatisierung des staatlichen Eigentums und der gesetzgebenden Tätigkeit in der Ukraine. Die ukrainische Gesetzgebung gibt eine ausdrückliche Definition der Privatisierung des staatlichen Eigentums, aber keinen Begriff der Nationalisierung.
Eine Sonderstellung in dem Eigentumsschutz wird dem Recht auf Grundeigentum zugewiesen. Das Agrargesetzbuch bestimmt den Erwerb des Rechts auf die Grundstücke und die Verwirklichung der Rechte des Eigentümers. Hierbei haben Ausländer und ausländische juristische Personen kein Recht auf Erwerb von Grundstücken in der Ukraine. Auch für ukrainische Bürger sieht die Agrargesetzgebung der Ukraine eine Reihe der Beschränkungen bei dem Erwerb des Rechts auf Grundeigentum vor.
Alle Streitigkeiten in Fragen des Grundeigentums werden vom Gericht, den Organen der örtlichen Selbstverwaltung und staatlichen Organen beigelegt. Aber wenn es um die Befugnisse des Eigentümers zum Besitz, zur Nutzung und Verfügung seines Grundstückes geht, dürfen diese Streitigkeiten ausschließlich von dem Gericht beigelegt werden.
Das ukrainische Gesetzbuch ist radikaler als das russische, weil es landwirtschaftliche Nutzfläche zum Verkauf frei gibt. Allerdings wurde die Prozedur des Kaufs landwirtschaftlicher Nutzfläche durch natürliche und juristische Personen

auf 2007 verschoben, weil die ukrainische Gesellschaft auf ein solches Rechtinstitut gesetzlich, politisch und psychologisch noch nicht vorbereitet ist.

In beiden Ländern begann die Agrarreform ohne einen weiten sozial-politischen Konsensus, den eine solche Umwandlung gebraucht hätte. Sie war lediglich ein Ergebnis der politischen und administrativen Prozesse, deshalb sind die bis heute erreichten Ziele der Reform unbeständig und reversibel.

Der nächste „*problem shifter*“ für die Gewährleistung des Rechts auf Eigentum in der Ukraine ist die Rückgabe (Auszahlung) der Sparguthaben der Bürger der Ukraine. Dem EGMR und dem Verfassungsgericht der Ukraine ist die Aktualität dieser Problematik für die ukrainischen Bürger bewusst. Zu dieser Problematik entschied der EGMR im Gegensatz zu dem Urteil des Verfassungsgerichts der Ukraine, das anerkannte, dass die indexierten Kontos der Bürger auch unter den Schutz des Eigentumsrechts stehen. Mit Rücksicht auf das Präjudizyenrecht des Straßburger Gerichtshofes besteht keine Möglichkeit für andere Beschwerdeführer, über die Nichtauszahlung ihrer Sparguthaben in Straßburg zu klagen.

Sehr bemerkenswert ist die Rolle der Rechtsprechung des EGMR in der Lösung des Problems der Einführung des Moratoriums auf Zwangsverkauf des Vermögens der Untenehmen, in denen 25% des Satzungskapitals dem Staat gehörten. Das entsprechende Gesetz sah vor, dass solch ein Vermögen nicht zwangsverkauft werden darf, auch nicht wenn eine Gerichtsentscheidung vorliegt. In seinem widersprüchlichen Urteil zur Problematik fand das Verfassungsgericht der Ukraine keine Verletzung des verfassungsmäßigen Eigentumsrechts. Erst 2004 wurde das Moratorium abgeschafft.

Die Zahl der Beschwerden, die in Straßburg eingegangen sind und die sich auf die Nichtzahlung der sozialstaatlichen Leistungen bezogen, beweist die Aktualität der Problematik im Bereich des Eigentumsschutzes in der Ukraine. Der Gerichtshof stellte fest, dass ein Mangel der Geldmittel keine Ausrede für den Staat ist, die sozialstaatlichen Leistungen bzw. Löhne nicht zu zahlen. In diesem Fall entschieden auch ukrainische Gerichte zugunsten der Beschwerdeführer aber fast alle Gerichtsentscheidungen blieben unvollstreckt, weil die Staatskasse und die Unternehmenskonten keine ausreichenden Mittel erhalten.

Obwohl das Eigentumsrecht auf Wohnung nicht sehr auffällig ist, bestehen viele rechtliche Probleme auch in diesem Bereich des Eigentumsschutzes. Das Recht auf Wohnung wurde schon im Gesetz der Ukraine über das Eigentum verankert, und trotzdem erschien die Privatisierung der Wohnungen (Häuser) aus dem staatlichem Wohnungsfonds sehr widersprüchlich zu sein.

Die Restitutionsfrage spielt keine wesentliche Rolle in der Ukraine. Dazu fehlen auch die entsprechende Rechtsprechung ukrainischer Gerichte sowie die Aufsätze, die sich mit dieser Problematik auseinandersetzen.

Der Schutz des unternehmerischen Eigentums wird von zwei Gesetzbüchern, dem Zivil- und Wirtschaftsgesetzbuch der Ukraine, und anderen Rechtsakten gewährleistet. Trotz der großen Anzahl an Rechtsakten ist die Lage des Eigentumsrechts der Unternehmen sehr widersprüchlich. Die in dieser Studie angegebene Rechtsprechung des EGMR und ukrainischer Gerichte beweist die Aktualität der Frage.

Noch ein Problemfeld, das sehr eng mit dem Schutz des unternehmerischen Eigentumsrechts verbunden ist, ist der Eigentumsschutz der Aktionäre. In der Ukraine fehlt bis heute ein Gesetz über Aktiengesellschaften. Eine rechtliche Regulierung der Verhältnisse in dem Bereich wird durch zwei Gesetzbücher durchgeführt, deren Bestimmungen manchmal einander widersprechen. Trotz fehlender Rechtsicherheit in dem Bereich des Schutzes der Rechte der Aktionäre setzen die ukrainischen Gerichte sich ständig mit dem Problem auseinander.

Nicht nur die Judikative sondern auch die Legislative bemüht sich, die Lage des Eigentumsschutzes in der Ukraine zu verbessern. Auf Verfassungsebene werden folgende Prinzipien verankert: Gleichheit aller Eigentumsformen, Unverletzlichkeit des Eigentumsrechts, Freiheit des Eigentümers, seine Rechte auszuüben. Nach der EMRK besteht eine negative Obligation des Staates d.h. Nichteinmischung der staatlichen Behörden in die Ausübung der Rechte und Freiheiten der Bürger. Die ukrainische Gesetzgebung sieht vor, dass eine staatliche Behörde die materielle Verantwortlichkeit übernimmt, wenn sie sich in die Ausübung der Befugnisse eines Eigentümers einmischt. Diese staatliche Behörde haftet, wenn sie die rechtswidrigen Akte erlässt, infolge derer die Rechte der Eigentümer verletzt werden. Nach dem Klageantrag des Betroffenen wird ein solcher Akt für nichtig erklärt.

Gerichtlicher Schutz in der Ukraine zeichnet sich durch Spezialisierung und Territorialität der Gerichte und Rechtswege aus. Wenn aber in einem Gerichtsverfahren der Staat eine Partei ist, hat die natürliche oder juristische Person sehr wenige Chancen, den Prozess zu gewinnen. 2005 trat die neue Verwaltungsprozessordnung der Ukraine in Kraft. Sie bestimmt, dass die Gerichtsbarkeit in Verwaltungssachen von Verwaltungsgerichten ausgeübt wird. Eine Verwaltungssache ist eine öffentlich-rechtliche Streitigkeit, in der mindestens eine Partei eine staatliche Behörde, eine Behörde örtlicher Selbstverwaltung oder ein Beamter ist. In dieser Weise wurde das System der Verwaltungsgerichtsbarkeit in der Ukraine geschafft. Man braucht viele Jahre, damit dieses System die Rechte und Freiheiten der Bürger gegen den Staat effektiv schützen kann.

Immer noch bleibt die ukrainische Justiz abhängig vom Staat. Aus diesem Grund muss der ukrainische Staat das Prinzip des Vorranges des Rechts anstreben. Das Verfassungsgericht der Ukraine stellte fest, dass dieses Prinzip mit dem Gesetz nicht zu identifizieren ist. Fehlende Selbstverwaltung der Gerichte,

fehlende fachliche Qualifikation bei der Rechtanwendung, finanzielle und persönliche Abhängigkeiten vom Justizministerium sind Nachwirkungen einer Ordnung, die keinen Rechts- und Verfassungsvorbehalt zur Kontrolle der Politik durch die Justiz entwickelt hatte.
Eine wichtige Frage bei der Gewährleistung des Eigentumsrechts ist der Eingriffe in die Eigentumsgarantie. In der ukrainischen Gesetzgebung gibt es keine ausdrückliche Bestimmung, dass Inhalt und Schranken des Eigentums durch die Gesetze bestimmt werden. In der Verfassung der Ukraine verankerte der Gesetzgeber die Bestimmung, dass das Eigentum verpflichtet. Genau diese Bestimmung ist eine Grundlage, in den Rechtsakten Inhalt und Schranken in die Eigentumsgarantie einzusetzen.
Die Verfassung der Ukraine schreibt vor, dass niemandem das Recht auf Eigentum entzogen werden darf. Eine Enteignung darf ausnahmsweise aufgrund öffentlicher Bedürfnisse, in vom Gesetz vorgesehenen Fällen und unter der Voraussetzung einer vorläufigen und vollständigen Entschädigung des tatsächlichen Werts angewendet werden. Rechtsfolge eines Eingriffes in den Schutzbereich eines Grundrechtes ist die Notwendigkeit einer verfassungsrechtlichen Rechtsfertigung dieses Eingriffs. Ist der Eingriff verfassungsrechtlich nicht gerechtfertigt, liegt eine Grundrechtsverletzung vor; der Eingriff ist verfassungswidrig.
Das Zivilgesetzbuch verbreitet die Verfassungsvorschrift über eine Entschädigung im Falle einer gesetzwidrigen Enteignung, die eines der Mittel ist, die Zivilrechte und Interessen vor Gericht zu schützen, Ansprüche auf Schadenersatz und andere Arten der Entschädigung der dem Vermögen zugefügten Schäden zu stellen. Auch im Wirtschaftsgesetzbuch sah der Gesetzgeber vor, dass ein Subjekt unternehmerischer Tätigkeit berechtigt ist, Schadenersatz in vom Gesetz vorgesehenen Fällen zu verlangen. In seiner Rechtsprechung weist das Verfassungsgericht der Ukraine mehrmals darauf hin, dass das Recht auf Entschädigungsansprüche an den Staat für die Handlungen seiner Behörde mit dem Recht auf gerichtlichen Schutz sehr eng verbunden ist.
Zum Schluss schildert die Verfasserin einige Beispiele aus der Rechtsprechung ukrainischer Gerichte zur Entschädigungsproblematik.

Kapitel IV. Der Eigentumsschutz in der Rechtsordnung der Russischen Föderation

A. Einführung

Die Europäische Konvention zum Schutze der Menschenrechte und Grundfreiheiten wurde durch das Bundesgesetz der RF vom 13. März 1998[1091] ratifiziert und trat in Kraft am 5. Mai 1998.[1092] Die Russische Föderation[1093] erkannte die Jurisdiktion des Europäischen Gerichtshofes für Menschenrechte als obligatorisch bei der Auslegung und Anwendung der EMRK und ihrer Protokolls an, wenn die Russische Föderation die von der EMRK garantierten Rechte und Freiheiten nach dem Inkrafttreten der Konvention verletzt hat.[1094] In seinem Beschluss wies das Plenum des Obersten Gerichts der RF[1095] darauf hin, dass die Anwendung der Bestimmungen der EMRK von den Gerichten der allgemeinen Jurisdiktion mit der Rechtsprechung des EGMR übereinstimmen muss. Nur so können Verletzungen der von der Konvention garantierten Rechte und Freiheiten vermieden werden.[1096]

Die Anwendung der Rechsprechung des EGMR von den Gerichten der RF ist nur unter der Bedingung möglich, dass die wichtigsten Urteile des Gerichtshofes, besonders solche, in denen Russland eine Partei ist, ins Russische übersetzt werden. Damit hätte auch die weite Öffentlichkeit Zugang zu der Rechtssprechung des EGMR. Am 23. Mai 2003 lehnte die Staatsduma den Gesetzentwurf[1097] *„O porjadke opublikovanija v Rossijskoj Federazii reshenij Evro-*

[1091] S. Bundesgesetz der RF *„O ratifikazii Konvenzii o zachite prav cheloveka i osnovnykh svobod i Protokolov k nej* (Über die Ratifikation der Konvention zum Schutz der Menschenrechte und Grundfreiheiten und der dazugehörenden Protokolle)“ vom 13. März 1998 (N54-ФЗ).

[1092] An dem Tag wurde dem Generalsekretär des Europarates nach Art. 59 EMRK die Ratifikationsurkunde übergeben.

[1093] „The Russian Federation was born as the successor of the collapsed Soviet Union. The collapse was finalized with an agreement between the Presidents of Russia, Ukraine and Belorussia on 8 December 1991 (The Minsk Treaty). The Russian Socialist Federal Soviet Republic (RSFSR), a former part of the Soviet Union, continued its existence from 1 January 1992 as a new independent state called the Russian Federation and as the State Successor of the Soviet Union responsible for the commitments of the Soviet Union. The Russian Federation carries on all the international treaties that were signed and ratified by the Soviet Union“ (*Nysten-Haarala, Soili,* 2000, S. 7).

[1094] S. Art.1 des Bundesgesetzes.

[1095] Beschluss des Plenums des Obersten Gerichts der RF *„O primenenii sudami obchej jurisdikzii obchepriznannykh prinzipov i norm mezhdunarodnogo prava i mezhdunarodnykh dogovorov Rossijskoj Federazii* (Über die Anwendung von den Gerichten der allgemeinen Jurisdiktion der anerkannten Grundsätze und Normen des Völkerrechts und der völkerrechtlichen Verträge der RF)“vom 10. Oktober 2003 (N5).

[1096] S. Beschluss, Ziff. 10.

[1097] Gesetzentwurf (N166294).

pejskogo Suda po pravam cheloveka (Über die Prozedur der Veröffentlichung der Entscheidungen des EGMR in der RF)" ab, der nach den Bestimmungen von Art. 46 Abs. 3[1098] und Art. 15 der Verfassung der RF ausgearbeitet worden war. Art. 15 Abs. 3 Satz 3 der Verfassung der RF sieht vor, dass

> "No regulatory legal act affecting the rights, liberties or duties of the human being and citizen may apply unless it has been published officially for general knowledge."

Der Gesetzentwurf sah vor, dass alle Entscheidungen des EGMR, in denen Russland eine Partei war, ins Russische[1099] übersetzt werden müssen (Art. 2 Abs. 1 des Gesetzentwurfes). Nach den Angaben des Informationsdienstes der Duma[1100] wurde der Gesetzentwurf abgelehnt, weil sich die zentristischen Fraktionen, die von der Regierung unterstützt wurden, dagegen aussprachen.

B. Der historische Überblick über die Zeit nach dem Zerfall der UdSSR

1990 bezeichnet den Beginn der Reform der Eigentumsverhältnisse und der Marktumwandlungen in der russischen Wirtschaft. Am 12. Juni 1990 nahm die erste Versammlung der Volksabgeordnete der RSFSR die Deklaration über die staatliche Souveränität der Russischen Sowjetischen Föderalen Sozialistischen Republik an, in der die Hauptgrundsätze des Aufbaus des neuen Staates festgelegt wurden. Die Annahme der Deklaration wurde Grundstein der zukünftigen Verfassung der RF.

Bis zum Erlass der neuen Verfassung wurden der alten fast 300 Änderungen in zugefügt. Damit versuchte der Gesetzgeber, die Verfassungsvorschriften den Herausforderungen der schnellen wirtschaftlichen Transformationen anzupassen. Aber diese Anpassungen machten die Notwendigkeit eines neuen Grundgesetzes nur noch deutlicher.

Das Gesetz der Russischen Sowjetischen Föderalistischen Sozialistischen Republik „*O sobstvennosti v RSFSR* (Über das Eigentum in der RSFSR)" erschien am 24. Dezember 1990, es war ein der ersten Rechtsakte des neuen Staats. Der Gesetzgeber, damals das Oberste Rat der RSFSR (russ.: *Verkhovnyj Sowjet*), wollte möglichen Missbräuchen bei der Transformation der Struktur des Eigentums in Russland vorgreifen. Deshalb ist auffällig, dass Art. 1 Abs. 1 Satz 1 des Gesetzes alle Handlungen der staatlichen Behörden, der wirtschaftlichen Akteure und

[1098] Art. 46 Abs. 3 VRF: "In conformity with the international treaties of the Russian Federation, everyone shall have the right to turn to interstate organs concerned with the protection of human rights and liberties when all the means of legal protection available within the state have been exhausted."

[1099] Nach Art. 68 Abs. 1 VRF ist Russisch die Staatssprache der RF.

[1100] S. Webseite www.duma.hro.org/2003/05/23.htm.

anderer Personen, die im Widerspruch zu der staatlichen Souveränität und den wirtschaftlichen Interessen des Staates standen, ausdrücklich verbot.

> "“Property law,” in contrast to property rights, is a system codifying the aforementioned rights, as well as establishing the responsibilities of owners and users of property. In this respect, property law is an amalgam of legislation, administrative rules, regulations, zoning, land-use restrictions, and the like, all of which serve to limit property rights (since even the requirement to register a title, for example, imposes a cost and is, in that sense, a limit to full and free enjoyment). While Russian property law seeks to give force to a concept of property rights, it has thus far failed in certain respects to develop a comprehensive lexicon or even an understanding of those concepts."[1101]

I. Das Prozess der Privatisierung- die erste Erscheinungsform der Transformation des Eigentums

Der Transformationsprozess des Eigentums in der Russischen Föderation begann sofort nach dem Zerfall der Sowjetunion. Bei politischen Krisen und Machtwechseln sind größere Veränderungen in den Eigentumsverhältnissen praktisch unvermeidlich.

> „1990 und 1991 fand bei uns zweifellos eine globale geopolitische Katastrophe statt, unanhängig davon, wie man sie einschätzt und ob man sie mit einem Plus- oder Minuszeichen versieht.“[1102]

Die Transformation des Eigentums in Russland wird öfter mit der Privatisierung assoziiert.[1103] Die Entstaatlichung und Privatisierung des öffentlichen Eigentums ist das Kernstück des marktwirtschaftlichen Transformationsprozesses in der RF.[1104] Inhalt dieses Prozesses sind Veränderungen sowohl in den gesetzlich begründeten Eigentums- und Rechtsverhältnissen als auch in der realen Verfügungsgewalt einzelner Personen oder Personengruppen über das Produktivvermögen des Landes. Die Privatisierung in der Russischen Föderation wurde nach ihrer Charakter,[1105] Maßstab, Tempo,[1106] Fristen und Methoden radikal durchgeführt.[1107]

[1101] *Breeze, Colin McC.*, 1998.

[1102] *Gajdar, Jegor*, 1995, S. 102.

[1103] Vgl. *Brabant, Jozef M., van*, 1991: "One of the pillars of the current sentiment for comprehensive economic and outlet of reforms in Central and Eastern Europe is privatisation. It is usaully lumped together with property right's reform, although the two may be quite distinct".

[1104] *Rüster, Lothar*, 1997, S. 237.

[1105] S. mehr dazu *Evers, Frank*, 1994, S. 137-141.

[1106] S. Tabelle 1 „Hauptkennziffern des Privatisierungsprozess in Russland“, in: *Rüster, Lothar*, 1997, S. 238.

[1107] *Khubiev, K. A.*, S. 482, in: Sobstvennost v XX stoletii, 2001. S. auch dazu *Nysten-Haarala, Soili*, 2001, S. 10; *Radygin, A. D. / Entov, R. M.*, 2001, S. 16; *Koshkin, V. I.*, 2002, S. 250.

Zwei Gesetze der RF dienten als Grundlage für die Ausarbeitung und Realisierung der praktischen Programme der Privatisierung: das Gesetz „*Ob osnovnykh prinzipakh razgosudarstvlenija i privatisazii predptijatij* (Über die Hauptgrundsätze der Entstaatlichung und Privatisierung der Unternehmen)" erschien am 1. Juli 1991 und das Gesetz „*O privatisazii gosudarstvennykh i munizypalnykh predprijatij v RSFSR* (Über die Privatisierung der staatlichen und munizipalen Unternehmen in der RSFSR)" wurde am 3. Juli 1991[1108] erlassen. Die Privatisierung wurde als Erwerb von staatlichen und kommunalen Unternehmen oder einzelnen Teilen davon durch Bürger und Wirtschaftsunternehmen als Privateigentum definiert.[1109]

> "This law was inadequate because it was quite general in character and was actually largely superseded by subsequent presidential decrees. According to the law, the government should present a privatization program that includes the aims, priorities and the limitations of privatization. The program is then accepted by Parliament. In practice, however, presidential decrees played the most important role in the privatization process.
> Privatization programs were given through presidential decrees[1110] and the choice of the methods of privatization was decided upon at the governmental level.[1111]
> The President had a good reason to press forward legal regulations of privatiza-

[1108] In Jahren 1997 und 2001 wurden die neuen Fassungen des Gesetzes angenommen. Am 29. Januar 1992 erschien der Dekret des Präsidenten „*Ob uskorennoj privatisazii gosudarstvennykh i munizipalnykh predprijatij* (Über die beschleunigte Privatisierung der staatlichen und munizipalen Unternehmen)". Am 1. Juli 1992 wurde mit dem Dekret des Präsidenten das Prozess der Privatisierung „technisch" vorgeschrieben.

[1109] S. Art. 1 Abs. 1 des Gesetzes.

[1110] Erlass des Präsidenten der RF "Über die Beschleunigung der Privatisierung staatlicher und munizipaler Unternehmen" vom 29. Dezember 1991; Erlass des Präsidenten der RF "Über die Beschleunigung der Privatisierung staatlicher und munizipaler Unternehmen" vom 29. Januar 1992 und dessen Anlagen; Erlass des Präsidenten der RF „Über den Verkauf von Grundstücken an Bürger und juristische Personen bei der Privatisierung von staatlichen und munizipalen Unternehmen" vom 25. März 1992; Erlass des Präsidenten der RF „Über die Inkraftsetzung eines Systems der Privatisierungsschecks in der RF" vom 14. August 1992; Erlass des Präsidenten der RF „Über die Entwicklung des Systems der Privatisierungsschecks in der RF" vom 14. Oktober 1992; Erlass des Präsidenten der RF „Über den Verkauf des Wohnraumfonds, von Grundstücken und von munizipalem Eigentum für Privatisierungsschecks" vom 14. Oktober 1992; Erlass des Präsidenten der RF „Über die Erweiterung der Teilnahmemöglichkeiten der Bevölkerung an spezialisierten Scheckauktionen" vom 31. Dezember 1992 u.s.w..

[1111] Beschluss der Regierung der RF „Über die Ordnung der Registrierung der Emission von Aktien offener, im Prozess der Privatisierung gegründeter Aktiengesellschaften" vom 4. August 1992; Beschluss der Regierung der RF „Über die geschlossene Subskription von Aktien bei der Privatisierung staatlicher und munizipaler Unternehmen" vom 4. August 1992; Verordnung der Regierung der RF „Über die Bestätigung des Modus der Bildung des Aktionierungsfonds der Mitarbeiter eines Unternehmens" vom 9. März 1993; Verordnung der Regierung der RF „Über die Realisierung von Maßnahmen zum Schutz des Rechts der Bürger Russlands auf Teilnahme an der Privatisierung" vom 10. August 1993 u.s.w..

tion, since illegal spontaneous privatization was going on while the Supreme Soviet disputed the legal contents of privatization.[1112] On the other hand, privatization would have required a lot of preparatory work to find buyers, ensure restructuring of the enterprises, ensure profitability, and arrange proper monitoring of the program."[1113]

Nach herrschender Meinung begann die Privatisierung in der Russischen Föderation 1991-1992.[1114] Angesichts der Besonderheiten der Lage, nämlich der geringen Zahlungsfähigkeit der Bevölkerung und dem fehlende Interesse ausländischer Investoren an russischem Staatseigentum bei ausländischen Investoren, war der Staat gezwungen, die Finanzierungsquellen innerhalb der großen staatlichen Unternehmen zu suchen.[1115] Als ökonomische Hauptaufgaben der Privatisierung werden die Erhöhung der Effektivität der Tätigkeit der Betriebe, die Schaffung eines Wettbewerbsklimas und die Heranziehung von Investitionen bezeichnet.[1116] Es ist höchst umstritten,[1117] ob der Prozess der Privatisierung in der Russischen Föderation erfolgreich war. Kritiker machen für die Mängel oftmals die Tatsache verantwortlich, dass die Prozesse der Privatisierung und des Schaffens der Gesetzgebung parallel liefen,[1118] aber gerade in dieser Zeit der Unklarheit in der Gesetzgebung (zwischen 1991-1994) wurden 75 Prozent der staatlichen Unternehmen privatisiert,[1119] 35 Prozent der größten Unternehmen wurden als Aktiengesellschaften registriert.[1120]

„Das Eigentum ist schließlich nur ein Attribut der Macht. Wer die Macht errungen hat, verschafft sich schnellstens Eigentum, das seinem „Rang entspricht". Wenn man Eigentum nicht erwerben kann, ohne bedeutende Machtpositionen innezuhaben, stimuliert gerade der Geruch des Eigentums politische Kataklysmen. Immer neue mächtige Gruppen und einzelne Führer sind bereit, die Macht –auch über

1112 „Der Präsident erließ in der jüngsten Vergangenheit wichtige wirtschaftspolitische normative Akte. Präsidialakte wurden zu einer der primären Quellen des russischen Wirtschaftsrechts, auch wenn sie nicht selten verfassungsmäßig nicht abgesichert waren und sich stellenweise sogar außerhalb der Verfassung bewegten. Der Präsident griff im Bestreben, die Reformen voranzutreiben, häufig parlamentarischen Entscheidungen vor. Er schuf normative und infolge dessen auch realwirtschaftliche Sachverhalte. Dem Parlament legte er somit häufig den Zwang zur Entscheidung auf. Freilich rief diese Praxis auch eine zusätzliche Rechtunsicherheit hervor, vor allem in jenen Belangen, in denen sich langfristig keine parlamentarischen Einigungen erzielen ließen" (*Evers, Frank*, 1996, S. 161).

1113 *Nysten-Haarala, Soili*, 2001, S. 11.

1114 *Rüster, Lothar*, 1997, S.237; *Evers, Frank*, 1996, S.197, 201. Vgl. *Zimina, T. V.*;S. 879-887, in: Sobstvennost v XX stoletii, 2001. ZIMINA ist der Auffassung, dass die Privatisierung in der RF auf 6 Etappen aufgeteilt werden kann. Die erste Etappe war bereits 1986-1988.

1115 Mehr dazu *Koshkin, V. I.*, 2002, S. 250-259.

1116 *Rüster, Lothar*, 1997, S. 237.

1117 S. *Aslund, A.*, 1995; *Stiglitz, J.*, 1999; *Rüster, Lothar*, 1997.

1118 Mehr zur Geschichte der Privatisierung in Russland s. *Nysten-Haarala, Soili*, 2001 und *Gajdar, Egor*, 1995, S. 149-169.

1119 *Nysten-Haarala, Soili*, 2001, S. 10. S. auch *Earle, S. John / Estrin, Saul*, 1996, S. 3.

1120 *Levin, M. I. / Levina, E. M.*, 2004, S. 3.

Leichenberge – zu erobern. Sie verfolgen dabei weniger politische und staatliche Ziele als vor allem rein merkantile, die sie mit der einen anderen Form von Demagogie verschleiern...Die alltägliche Korruption[1121] führt schnell zur Bildung beträchtlicher Vermögen. Die Beamten sind instinktiv bemüht, sich ihre Stellung zu sichern und „dauerhaftes" Eigentum zu erwerben, ihre Macht in Eigentum zu konvertieren."[1122]

Erst nach fast 10 Jahren der aktiven Transformationen im Bereich der Privatisierung wurde das neue Bundesgesetz *„O privatisazii gosudarstvennogo i munizypalnogo immuschestva* (Über die Privatisierung des staatlichen und munizipalen Vermögens)" erlassen.[1123] In dem Bundesgesetz reglementierte der Gesetzgeber deutlich die Kompetenzen der Machtzweige im Privatisierungsprozess. Das Bundesvermögen wurde auf zwei Gruppen verteilt,[1124] und jede Gruppe hat eigene vorgeschriebene Regelungen der Privatisierung. Das neue Bundesgesetz sieht das Verfahren der Privatisierung der Grundstücke zusammen mit dem Vermögen der unitären Unternehmen vor. Besonderheiten bei der Privatisierung von Objekten des historisch-kulturellen Nachlasses wurden zu ersten Mal festgelegt.

Art. 8 VRF schützt in gleichem Maße alle Arten von Eigentum, sei es privates, staatliches, munizipales Eigentum oder Eigentum in einer anderen Form. Das zu privatisierenden Vermögen ist entweder staatliches oder munizipales Eigentum,[1125] also auch von Art. 8 VRF geschützt. Daneben steht aber das Recht auf Privateigentum, das jedem das Recht gibt, Vermögen in Eigentum zu haben. Im Zusammenhang mit dem Recht auf den freien Einsatz von Fähigkeiten und Vermögen aus Art. 34 VRF, das nur dann seine Wirkung entfalten kann, wenn auch privates Eigentum besteht, entwickelt das Verfassungsgericht der RF einen Anspruch des Bürgers auf Privatisierung, der durch die öffentliche Gewalt „eingeräumt" werde, die Verankerung erfolge dabei im Gesetz. Gleichzeitig mit der Einräumung dieses Rechts entstehe auch die Pflicht des Staates, die Verwirklichung des Rechts auf Privatisierung zu gewährleisten. Für die Geltendmachung des Anspruchs ist damit auch Art. 19 Abs. 1 VRF von Bedeutung, da er die formale Gleichheit der Bürger vor dem Gesetz normiert. Damit ist ausgeschlossen, das ungleiche Rechte und Pflichten der Bürger gesetzlich bestimmt werden. „Eine ungleiche Behandlung der Bürger durch das Gesetz ist nur bei Vorliegen objektiver rechtlicher Unterschiede gerechtfertigt. Da aber alle Bürger in gleichem Masse das Recht auf Privatisierung haben, kann es keine objektiven recht-

---

1121 S. auch *Malfiliet, Katlijn,* 2002, S. 177.

1122 *Gajdar, Egor,* 1995, S. 23-24.

1123 Bundesgesetz der RF vom 21. Dezember 2001 (N178-фз).

1124 Mehr dazu *Koshkin, V. I.,* 2002, S. 256-257.

1125 S. auch Urteil des Verfassungsgerichts der RF vom 25. Juli 2001 (N12-П) über die Prüfung der Verfassungsmäßigkeit Art. 21 Abs. 7 des Bundesgesetzes der RF „Über die Privatisierung staatliches Eigentums und die Grundlagen der Privatisierung munizipales Eigentums in der RF" nach der Anfrage des Obersten Arbitragegerichts der RF.

lichen Unterschiede geben und ein Verbot der Privatisierung...ist nicht zu rechtfertigen."[1126]
GAJDAR[1127] vertritt die herrschende Meinung, dass es in Russland keine allgemeine Gleichheit im Hinblick auf die Eigentumsrechte und ihren Schutz gäbe. Es sei vielmehr umgekehrt: Das Eigentum sei abhängig von der Position seines Besitzers auf der hierarchischen Stufenleiter.[1128] Das heißt, dass es für einen ehrlichen, energischen Menschen keine Hoffnung gäbe, auf einem Markt mit gleichen Möglichkeiten für alle, vorwärts zu kommen.[1129]
So wurde staatliches Eigentum in Russland privatisiert, ohne die Rechte der Bürger und das Gleichheitsprinzip[1130] zu achten.[1131] Und dennoch änderte die Privatisierung die Eigentumsverhältnisse in der Russischen Föderation. Während der Zeit der spontanen Privatisierung wurden umfangreiche Gesetze und Rechtsakte erlassen. Zurzeit benötigen mehrere von ihnen eine gründliche Novellierung, weil sie den modernen Herausforderungen nicht entsprechen.[1132]

[1126] S. Urteil VGRF vom 3. November 1998 (N25-П).
[1127] „Wohl kaum überraschend hat sich die reformpolitische Diskussion im Zeitpunkt der Einleitung der „Schocktherapie" Gajdars im wesentlichen im Fahrwasser der weitverbreiteten Einschätzung bewegt, der Schaffung klar definierter Eigentumsrechte und der Bewältigung des angeblich hohen Konzentrationsgrades der russischen Wirtschaft komme eindeutiger Vorrang zu" (*Krüßmann, Thomas M.*, 1998, S. 175).
[1128] S. mehr zum Thema *Appel, Hilary,* 1997.
[1129] *Gajdar, Egor,* 1995, S. 183.
[1130] „Property rights are a source of inequality...In the market economies, we are familiar with property as one of the primary sources of inequality. Property rights are equally protected, but property in itself is unequally distributed" (*Banning, Theo R. G., van,* 2002, S. 177).
[1131] Vgl. Erlass des Präsidenten der RF "Über die staatliche Garantien des Rechts der Bürger auf Teilnahme an der Privatisierung" vom 8. Mai 1993; Erlass des Präsidenten der RF „Über zusätzliche Maßnahmen zum Schutz des Rechts der Bürger Russlands auf Teilnahme an der Privatisierung" vom 26. Juli 1993; Erlass des Präsidenten der RF „Über den Schutz des Rechts der Bürger Russlands auf Teilnahme an der Privatisierung" vom 10. August 1993; Verordnung der Regierung der RF „Über die Realisierung von Maßnahmen zum Schutz des Rechts der Bürger Russlands auf Teilnahme an der Privatisierung" vom 10. August 1993.
[1132] Am 21. April 2004 betonte der Minister für wirtschaftliche Entwicklung und Handel der RF die dringende Notwendigkeit, dass 60 Bundesgesetze und 16 Erlasse des Präsidenten im Privatisierungsbereich revidiert werden müssten. Die Divergenzen in den Rechtsnormen begünstigen die Tatsache, dass 10 Prozent der staatlichen Unternehmen, die zum Verkauf angeboten werden, mittels „verdeckter Privatisierung" privatisiert werden (s. http://www.utro.ru/articles/2004/04/21/300654.shtml).

II. Annahme der Verfassung der Russischen Föderation

Die Verfassung der RF wurde am 12. Dezember 1993 angenommen.[1133] Nach Art. 1 Abs. 1 VRF ist die Russische Föderation ein föderaler demokratischer Rechtsstaat. Russland besteht aus den Subjekten der Föderation.[1134] Die Russische Föderation leitet ihre staatliche Gewalt nicht von ihren Subjekten ab. Die Verfassung postulierte lediglich die Souveränität der Föderation (Art. 4 Abs.1 VRF), den Vorrang der föderalen Verfassung und föderalen Gesetzgebung auf dem gesamten Hoheitsgebiet der Russischen Föderation (Art. 4 Abs. 2 VRF und Art. 15 Abs. 1 und Abs. 2 VRF). Durch sie wurden die staatliche Integrität, das einheitliche System der staatlichen Gewalt, ihre Aufteilung zwischen der Föderation und den Subjekten der Föderation und die Einheitlichkeit der Staatsangehörigkeit der russischen Bürger herausgestellt (Art. 4 Abs. 3; Art. 5 Abs. 3; Art. 11 Abs. 2 und 3; Art. 6 Abs. 1 VRF).

Das föderale System Russlands spielt eine wichtige Rolle in der Aufteilung der Kompetenzen zwischen der Föderation und den Subjekten der Föderation. Dies ist besonders relevant, wenn es um die Kompetenzen im Bereich der Eigentumsverhältnisse geht. In einer Reihe der Rechtsnormen der Verfassung setzte

---

[1133] „The constitution, which had been drafted under the Presidential Administration, was accepted in a referendum on 12 December 1993. The citizens were asked whether they accepted the constitution or not. Textbooks of constitutional law explain that the referendum was considered to be the most democratic way to accept the constitution. The reason for using a referendum was, however, that President Yeltsin could not push his constitution through in the Supreme Soviet in a parliamentary procedure“ (*Nysten-Haarala, Soili,* 2000, S. 11).

[1134] Art. 5 VRF: "The Russian Federation shall consist of republics, territories, regions, federal cities, an autonomous region and autonomous areas, which shall be equal subjects of the Russian Federation.

The republic (state) shall have its own constitution and legislation. A territory, region, federal city, autonomous region and autonomous area shall have its own charter and legislation.

The federated structure of the Russian Federation shall be based on its state integrity, the uniform system of state power, delimitation of scopes of authority and powers between the bodies of state power of the Russian Federation and the bodies of state power of the subjects of the Russian Federation, equality and self-determination of the peoples in the Russian Federation.

All the subjects of the Russian Federation shall be equal among themselves in relations with the Federal bodies of state power."

„According to the Article 65 of the Constitution of 1993, the Russian Federation consists of 89 so-called subjects of the federation. The concept "subject of the federation" dates back to Soviet times and was invented to cover all kinds of different regions of the federation. There are 21 republics (russ.: *respublika*), 6 territories (russ.: *kraj*), 49 regions (russ.: *oblast'*), 2 cities of federal importance, namely Moscow and St. Petersburg, one autonomous region (russ.: *avtonomnaya oblast'*), and 10 autonomous areas (russ.: *avtonomnyi okrug*). The boarders of the areas of these different subjects of the federation are the same as in the former Soviet Russian Federation. The three different groups of regions were preserved as such, which they were in the Federal Treaty of 1992“ (*Nysten-Haarala, Soili,* 2000, S. 43).

der Gesetzgeber die grundlegenden Rechtsvorschriften der Regulierung der Eigentumsverhältnisse fest.[1135]

Die Hauptvorschriften im Bereich des Eigentumsrechts befinden sich in Art. 35 VRF:

> "The right of private property shall be protected by law.
> Everyone shall have the right to have property in his or her ownership, to possess, use and manage it either individually or jointly with other persons.
> No one may be arbitrarily deprived of his or her property unless on the basis of decision by a court of law. Property can be forcibly alienated for state needs only on condition of a preliminary and equal compensation.
> The right of inheritance[1136] shall be guaranteed."[1137]

Das Recht auf Privateigentum ist vom Gesetz geschützt. Diese Norm hat zwei inhaltliche Bedeutungen. Erstens das Recht auf Privateigentum als eine Abart der Rechte und Freiheiten des Menschen und Bürgers kann nur mittels des Erlasses eines Gesetzes ins System des russischen Rechts eingeführt werden. Zweitens der Schutz des Rechtes auf Privateigentum wurde gewährleistet. Alle Rechtsakte, die dem Schutz des Privateigentums dienen, müssen dem Gesetz entsprechen (Bundesgesetze und Gesetze der Subjekte der RF). In den Gesetzen der Subjekte der Föderation dürfen die keine Bestimmungen enthalten sein, die das vom Bundesgesetz garantierte Recht auf Privateigentum[1138] begrenzen.
Nach Abs. 2 des Artikels hat jeder das Eigentumsrecht auf Vermögen. „Jeder" bedeutet die Bürger Russlands, Ausländer und Staatslose.[1139]
Der Berechtigte kann dieses Recht allein ausüben (ein Eigentümer als physische Person) oder gemeinsam mit Anderen. Dann wird er als ein Teilnehmer des gemeinsamen Eigentums oder ein Bestand der Organisation (s.g. juristische Person). Art. 35 Abs. 3 VRF sieht die Hauptbefugnisse vor, die den Inhalt des Eigentumsrechts bilden.

[1135] Mehr dazu s. *Evers, Frank*, 1994, S. 84-86.

[1136] S. Urteil VGRF vom 16. Januar 1996 (N1-П) über die verfassungsrechtliche Auslegung des Institutes des Erbrechtes in der RF. Mehr zum Thema auch s. *Tolcheev, N. K.*, 2004, S. 134-156.

[1137] In der ukrainischen Verfassung gib es keine Bestimmung über die Gewährleistung des Erbrechts in der Ukraine (mehr dazu s. die Einführung zu dieser Studie). Vgl. Art. 14 Abs. 1 Satz 1 GG der Bundesrepublik Deutschland.

[1138] "Legislative power on certain branches of jurisdiction belongs completely to the Federation. Financial, currency and customs legislation can be passed only on the federal level, which means that economic policy is almost totally in the control of the federation. The Constitution declares that the legal basis of "the single market" of Russia is regulated by federal legislation" (*Nysten-Haarala, Soili*, 2000, S. 51).

[1139] Konstituzija Rossijskoj Federazii, Nauchno-prakticheskij kommentarij, Kommentierung zu Art. 35, S. 300.

NYSTEN-HAARLA vertritt die bei westlichen Wissenschaftlern und Praktikern herrschende Meinung, dass:

> "Drafting a Constitution in such a short time is a remarkable achievement by Russian constitutional specialists. However, such a Constitution does not necessarily reflect either widely shared values of the population or an agreement of the political elite on the division of political power and economic resources in the huge multicultural and multiethnic State. It is a typical constitution of a young and still shaky democracy with a fierce power struggle. Political power was more important than legality, but this fact has not been openly admitted. Rather, it has been disguised in a pretended rule of law and pretended democracy. The word democracy suffered a serious inflation in the power struggle between the legislature and the executive. Democracy is understood cynically as a slogan covering autocratic rule."[1140]

III. Das neue Zivilgesetzbuch der Russischen Föderation

1994 erschien der erste Teil des Zivilgesetzbuches der RF.[1141] Dieser Teil, der für die Regulierung der Eigentumsverhältnisse relevant ist, wurde am 2. Oktober 1994 von der Staatsduma angenommen.[1142] Am 1. Januar 1995 trat er in Kraft.[1143] Der erste Teil des Zivilgesetzbuches der RF besteht aus drei Abschnitten:

1. Allgemeine Bestimmungen.
2. Eigentumsrecht und andere dingliche Rechte.
3. Schuldrecht.

Die Bedeutung des ersten Teils des Zivilgesetzbuches ist in zivilrechtlicher Beziehung nicht zu unterschätzen.[1144] Zum ersten Mal wurden in Art. 1 Abs. 1 ZGBRF die grundlegenden Prinzipien des Zivilgesetzgebung verankert: Unverletzlichkeit des Eigentums, Gleichstellung aller Beteiligten in Zivilverhältnissen, Unzulässigkeit der Einmischung in private Angelegenheiten, ungehinderte Realisierung der Zivilrechte und ihr gerichtlicher Schutz. Die Begrenzung der Zivilrechte ist ausschließlich auf Grund des Bundesgesetzes möglich (Art. 1 Abs. 2 Satz 2 ZGBRF). Die rechtliche Grundlage des Schutzes der Bürger und juristi-

---

[1140] *Nysten-Haarala, Soili,* 2000, S. 12-13.

[1141] Es trat am 1. Januar 1995 in Kraft.

[1142] Danach wurde es von der Obersten Kammer des russischen Parlaments (russ.: *Sovjet Federazii*) bewilligt und vom Präsident der RF am 30. November 1994 unterzeichnet.

[1143] S. Art. 1 des Einführungsbundesgesetzes der RF vom 30. November 1994 (N52-ФЗ).

[1144] Der Gesetzgeber machte den Vorbehalt in dem Einführungsbundesgesetz „*O vvedenii v dejstvije chasti pervoj Grazdanskogo kodeksa Rossijskoj Federazii* (Über die Einführung des ersten Teils des Zivilgesetzbuches der RF)" (Das Einführungsbundesgesetz der RF vom 30. November 1994 (N52-ФЗ)), dass dieser Teil sich ausschließlich nach den zivilrechtlichen Verhältnissen richtet, die sich nach dem Inkrafttreten des ersten Teils ergeben (Art. 5 des Gesetzes).

scher Personen unterliegt nicht länger der Willkür der öffentlichen Macht. Natürlich kann die staatliche Einmischung in die Wirtschaft im Zusammenhang mit der Entwicklung des Privatrechts nicht völlig ausgeschlossen werden, aber man will solche Einmischung beschränken.
Art. 7 ZGBRF bestimmt den Zusammenhang zwischen den völkerrechtlichen Normen und den zivilrechtlichen Vorschriften der russischen Gesetzgebung. In dieser Weise spiegelt Art. 7 Abs. 1 ZGBRF die Verfassungsbestimmung wider, nämlich:

> "The commonly recognized principles and norms of the international law and the international treaties of the Russian Federation shall be a component part of its legal system. If an international treaty of the Russian Federation stipulates other rules than those stipulated by the law, the rules of the international treaty shall apply."[1145]

Dem in der Verfassung verankerten Prinzip der Gleichheit aller Eigentumsformen in Russland folgend sah der Gesetzgeber vor, dass der russische Staat alle Teilnehmer in den zivilrechtlichen Verhältnissen mit anderen Subjekten dieser Verhältnisse bzw. natürlicher und juristischer Personen gleichberechtigt.[1146]

C. Der Eigentumsschutz in Russland

I. Gesetzlicher Begriff des Eigentumsrechts in der Russischen Föderation

In der Verfassung Russlands gibt es keine Definition des Eigentumsrechts. Diese Lücke wird auch vom Zivilgesetzbuch der RF nicht ausgefüllt.
Der sozialistischen Terminologie zufolge waren dem Vermögens- und Eigentumsbegriff in der Vergangenheit eigenständige Gesetze gewidmet, die die existierenden Eigentumsformen voneinander abgrenzten. Dieser Eigentumsbegriff wurde mit dem Systemwandel in jüngster Vergangenheit durch entsprechende Verfassungsänderungen entideologisiert. So hat das Eigentum seinen Charakter als politökonomische Kategorie verloren und die Funktion konkret individueller Sachherrschaft zurückgewonnen.[1147]
Das Gesetz der RSFSR „*O sobstvennosti v RSFSR* (Über das Eigentum in der RSFSR)"[1148] beinhaltete[1149] Art. 2 unter dem Titel „Das Eigentumsrecht". In

[1145] S. Art. 15 Abs. 4 VRF.
[1146] Art. 124 ZGBRF.
[1147] *Thiel, Matthias,* 1998, S. 58.
[1148] Gesetz der RSFSR vom 24. Dezember 1990.
[1149] Das Gesetz wurde mit den Bestimmungen von Art. 2 des Einführungsgesetzes zum Zivilgesetzbuch der RF vom 30. November 1994 (N52-ФЗ) außer Kraft gesetzt. Aber die Verfasserin ist der Meinung, dass es sich lohnt, trotzdem seine Bestimmungen zu berücksichtigen, um die Entwicklung in der Eigentumsgesetzgebung in Russland zu verfolgen.

dem Artikel wurden die allgemeinen Vorschriften über das Recht auf Eigentum verankert. Diese wurden später zur Gänze in die Verfassung der RF übernommen. Im Gesetz wird man den Begriff des Eigentumsrechts vergeblich suchen. Aber der Gesetzgeber schlug den Ersatz im Sinne von Art. 10 vor, in dem in Abs. 1 die Objekte des Eigentums aufgelistet wurden.

In der russischen Rechtsordnung beziehen dingliche Rechte sich nicht eigentlich auf Sachen, sondern auf Vermögenswerte (russ.: *imustschestvo*), obwohl der Begriff „dingliche Rechte" (russ.: *vestschnyje prava*) sprachlich von „Sache" (russ.: *vestsch*) abgeleitet ist. Vermögenswerte sind ein sehr vielschichtiger Begriff, der im russischen Zivilgesetzbuch zudem in verschiedenen Bedeutungen gebraucht wird. Der Begriff Vermögenswerte kann sowohl körperliche Sachen als auch Vermögenswerte aller Art und Vermögensgesamtheiten bezeichnen.[1150]

In seiner Rechtsprechung legte das Verfassungsgericht der RF[1151] den Begriff „Vermögen" so aus, dass dieser Begriff die Sachen- und Forderungsrechte umfasst.[1152] Nach Auffassung des Gerichts entspricht solch eine Auslegung dem Sinn von Art. 35 VRF und der Rechtsprechung des Europäischen Gerichtshofes für Menschenrechte zu Art. 1 1.ZP.[1153]

In der Gesetzgebung der RF findet man heute zwei Rechtsbegriffe des Eigentumsrechts vor:
- das Eigentumsrecht im Sinne von Art. 35 VRF als Inbegriff aller subjektiven Rechte (verfassungsrechtlicher Eigentumsschutz);
- und das Eigentumsrecht im Sinne des ZGBRF als die umfassende Berechtigung an einer Sache (zivilrechtlicher Eigentumsschutz).[1154]

Der Inhalt des Eigentums wird durch die Triade[1155] von Besitz (*ius possidendi*), Nutzung (*ius utendi*) und Verfügung (*ius disponendi*),[1156] zu denen der Eigentü-

---

[1150] S. auch *Lapach, L.*, Ponjatie „imuchestva" v Rossijskom prave iv Konvenzii o zazhite prav cheloveka i osnovnykh svobod (Der Begriff des Vermögens im Russischen Recht und in der EMRK), in: Rossijskaja justizija, N1, 2003.
[1151] Urteil VGRF vom 16. Mai 2000 (N8-П), Ziff. 3. Abs. 2.
[1152] S. auch Urteil VGRF vom 17. Dezember 1996 (N20-П).
[1153] Urteil VGRF vom 16. Mai 2000 (N8-П), Ziff. 3. Abs. 2.
[1154] STARZHENECKIJ ist der Auffassung, dass die verschiedenen Begriffsebenen bei den Eigentumsverhältnissen die Effektivität ihrer rechtlichen Regulierung nicht begünstigen (*Starzheneckij, V. V.*, 2004, S. 99-101).
[1155] Art. 209 Abs. 1 ZGBRF.
[1156] Mehr zum Thema der Triade in dem russischen Rechtsystem s. *Sklovskij, K. I.*, 2000, S. 118-131.

mer berechtigt ist, gekennzeichnet.[1157] Das gleiche Recht wird einem Eigentümer an Grund und Boden und anderen Naturressourcen vom Gesetzgeber eingeräumt.[1158] Ein Eigentümer ist berechtigt, mit seinem Vermögensgegenstand nach Belieben zu verfahren, sofern er nicht gegen das Gesetz oder sonstige Rechtsvorschriften verstößt oder gesetzlich geschützte Interessen anderer verletzt.[1159]

In der Rechtsprechung hat sich die russische Judikative mit dem Begriff des Eigentums bzw. Eigentumsrechts absichtlich nicht auseinandergesetzt.[1160]

> "To find a common definition of private property in Europe, however, is not easy as it seems. Despite the familiarity and ubiquity of the concept of property in lay discourse, it is surprisingly difficult to define it in legal and political discourse."[1161]

STARZHENECKIJ behauptet, dass die internationalen Standards im Bereich des Eigentumsrechts einen weiteren Kreis der Objekte des Eigentumsrechts anerkennen als im russischen Zivilrecht.[1162] Obwohl eine Reihe der Objekte der zivilrechtlichen Befugnisse, die Wareneigenschaft besitzen, zu den wirtschaftlichen Aktiva gehören, befinden sie sich außerhalb des zivilrechtlichen Geltungsbereichs (z.B. geistiges Eigentum, Information, Obligationenrecht).[1163] Im Staatsrecht der RF entspricht der Begriff „Eigentumsrecht" seinem europäischen

---

[1157] „Diese Formel soll ihren Ursprung im römischen Recht haben und ist wohl auch die russische Variante des überlieferten *uti, frui, abuti*, erweitert um ein ebenfalls aus römischrechtlicher Tradition hergeleitetes *jus possidendi*, den Besitz als tatsächliche Sachherrschaft. Die Nutzung umfasst sowohl den Sachgebrauch als auch die Fruchtziehung. Beschluss bedeutete dazumal und heute wieder den rechtlichen und auch den tatsächlichen Beschluss über die Sache. Sicher ist hier auch Art. 544 Code civil nicht ohne Einfluss auf das russische Recht geblieben" (*Roggemann, Herwig*, 1997b, S. 52).

[1158] Art. 209 Abs. 3 ZGBRF.

[1159] Art. 209 Abs. 2 und Abs. 3 ZGBRF.

[1160] Das Verfassungsgericht der RF: Urteil (russ.: *postanovlenije*) vom 5. Februar 1993 (N2-П); Urteil vom 31. Mai 1993 (N12-П); Urteil vom 1. Dezember 1997 (N18-П); Urteil vom 9. Januar 1998 (N1-П); Urteil vom 3. Februar 1998 (N5-П); Urteil vom 15. Juni 1998 (N18-П); Urteil vom 14. Mai 1999 (N8-П); Urteil vom 19. Juni 2002 (N11-П); Urteil vom 25. Juli 2001 (N12-П); Urteil vom 30. Juli 2001 (N13-П).
Das Oberste Gericht der RF: Entscheidung vom 16. November 2000 (N ГКПИ 00-1224); Entscheidung vom 14. März 2001(N31пв-01пр); Entscheidung vom 10. Oktober 2003 (N5); Entscheidung vom 19. Dezember 2003 (N23).
Das Oberste Arbitragegericht der RF: Brief vom14. Juni 2000 (N C5-7/93-668); Informationsbrief des Präsidiums vom 27. Februar 2001 (N61); Informationsbrief des Präsidiums vom 28. April 1997 (N13); Beschluss des Präsidiums vom 7. April 1998 (N381/98), Beschluss des Präsidiums vom 2. März 2004 (N11994/03); Beschluss des Präsidiums vom 18. Juni 1996 (N3532/95); Beschluss des Präsidiums vom 25. Februar 1998 (N8); Beschluss des Präsidiums vom 3. September 2002 (N4544/02); Brief vom 31. Juli 1992 (N C-13/ОП-171).

[1161] *Coban, Ali Riza*, 2004, S. 11.

[1162] Vgl. *Doc. H(98) 7*- 1998, S. 166.

[1163] *Starzheneckij, V. V.*, 2004, S.100.

Analog.[1164] Seiner Meinung nach ist es notwendig, eine einheitliche Konzeption des Eigentumsrechts in der russischen Gesetzgebung (in allen Rechtsbereichen: völkerrechtliches, staatsrechtliches und zivilrechtliches) auszuarbeiten, damit die Russische Föderation ihre internationale Verpflichtungen nicht verletzt (vor allem geht es um die EMRK Bestimmungen).[1165]
Die Verfasserin vertritt hinsichtlich dieser Problematik eine andere Meinung. Der Unterschied zwischen dem Eigentum im Privatrecht und Staatsrecht liegt darin, dass das Eigentum in jedem Rechtsbereich eine unterschiedliche Funktion hat. Im Privatrecht werden die Eigentumsinteressen des Eigentümers gegen die Eingriffe eines Dritten geschützt. Das Ziel des Eigentums als ein Grundrecht ist, die Eigentümer gegen staatliche Eingriffe zu schützen und die Umstände festzulegen, unter denen sich solche Eingriffe rechtfertigen lassen.

> „Property protection under the constitution[1166] has to be distinguished from property protection in the sphere of private law.“[1167]

II. Die Formen des Eigentums in der russischen Gesetzgebung

Für das wirtschaftliche System Russlands[1168] ist die Vielfalt der Eigentumsformen charakteristisch.[1169] Art. 8 Abs. 2 VRF besagt, dass in Russland in gleicher Weiser private, staatliche, munizipale und andere Eigentumsformen[1170] aner-

---

[1164] *Starzheneckij, V. V.*, 2004, S.99. S. auch *Gadzhiev, G. A.*, Kommentarij k Konvenzii o zaschite prav cheloveka i osnovnykh svobod i praktike ee primenenija/ Pod obschej redakzijej *V. A. Tumanova, L. M. Entina*, Moskau 2002, S. 283-285.

[1165] *Starzheneckij, V. V.*, 2004, S.100-101.

[1166] Das deutsche Bundesverfassungsgericht wies in seiner berühmten Entscheidung *Nassauskiesung* darauf hin, dass die Verfassungskonzeption des Eigentums sich aus dem Inhalt der Verfassung ergibt und sich von der Vermögenskonzeption im Privatrecht und durch die einfache Gesetzgebung unterscheidet (s. BverfGE 59, 300).

[1167] *Mostert, Hanri*, 2002, S. 241.

[1168] Art. 1 Abs. 2 VRF „The names "Russian Federation" and "Russia" shall be equivalent".

[1169] S. die Materialien des Rundtisches „Verfassungsrechtliche Probleme der rechtlichen Regulierung des Privateigentums in Russland" (den 8. Juni 2001, Moskau, Moskauer Zentrum Carnegie Corporation).

[1170] For the first time in history, the Russian Orthodox Church adopted its „Social Concept" at the Sacred Bishops' Council of 13-16 August 2000 in Moscow. In its chapter VII on property, the "Social Concept" defines property as a "socially recognised form of people's relation to the fruits of labour and to national resources. The church is not the one who defines the rights to property, however the material side of human life is not outside her field of vision...[The church] believes that everyone should have the resources sufficient for life in dignity."
The church recognises the existence of various forms of ownership. "Public, corporate, private and mixed forms of property have taken different roots in the course of historical development in various forms. The church does not give preference to any of these forms...In general the church cannot approve the alienation and redistribution of property with violation of the rights of its legitimate owners...However, the repudiation of private property in the early apostolic community and later in coenobite monasteries was exclusively a voluntary affair and a personal spiritual option." S. in Jubilee Bishops' Council of the Russian Orthodox

kannt und geschützt werden.[1171] Auch im Zivilgesetzbuch der RF spiegeln sich diese Formen in Art. 112 Abs. 1 wider.[1172]
SUKHANOV vertritt die Meinung,[1173] dass der Begriff „Eigentumsform" nicht juristisch sondern politökonomisch ist.[1174] Seiner Meinung nach kann keine Gleichheit der Eigentumsformen vorliegen, weil sich die rechtlichen Regime des Vermögens, das sich in privatem oder öffentlichem Eigentum befindet, zwangsläufig unterscheiden: z.B. nach den Objekten, nach den Entstehungsformen, nach dem Umfang und der Art der Verantwortung u. s. w..[1175] Weiterhin betont er, dass es nur zwei Eigentumsformen gibt: private und öffentliche. Daraus folgert SUKHANOV, dass es keine Eigentumsformen gibt sondern nur ein einziges Eigentumsrecht mit den typisierten einheitlichen Ermächtigungen, in dem es verschiedene Subjekte nämlich natürliche Personen, juristische Personen, den Staat und andere öffentlich- rechtliche Einheiten gibt.[1176]
SKLOVSKIJ weist darauf hin, dass die Probleme der Eigentumsformen nicht im Eigentum selbst, sondern in dem Rechtssubjekt liegen. Nicht zuletzt heißt Art. 212 ZGBRF „Subjekte des Eigentumsrechts". Seiner Meinung nach muss man die Existenzgebiete der Eigentumsformen klar und deutlich festlegen, damit die Eigentumsformen ausschließlich als die Bestimmungsweise der Zuordnung des Vermögens diesem oder jenem Subjekt betrachtet werden.[1177]

1. Privateigentum

Privateigentum bedeutet, dass jeder berechtigt ist, das Vermögen im Eigentum zu haben, zu besitzen, zu nutzen und darüber zu verfügen,[1178] sowohl allein wie zusammen mit anderen Personen.[1179] Bürger und juristische Personen verwirklichen ihre zivilrechtlichen Befugnisse nach ihrem Ermessen.[1180] Die Subjekte des Eigentumsrechts sind natürliche und juristische Personen, die Russische Födera-

---

Church, 13-16 August 2000, Moscow, "Bases of the Social Concept of the Russian Orthodox Church" (www.russian-orthodox-church.org.ru, retrieved 20 January 2002).
[1171] Vgl. Art. 10 der alten Verfassung.
[1172] S. Art. 2 Abs. 3 des Gesetzes der RSFSR „Über das Eigentum", in dem der Gesetzgeber die folgenden Formen des Eigentums verankert hat: privates, staatliches und munizipales Eigentum, und das Eigentum der öffentlichen Organisationen.
[1173] Vgl. *Sklovskij, K. I.*, 2000, S. 160.
[1174] Vgl. „Das Recht bildet nicht nur den unentbehrlichen Rahmen für Markt- und Wettbewerbswirtschaft und deren Rekonstruktion in Osteuropa sondern auch die Grundlage und den Ausgangspunkt für daran anknüpfende ökonomische Kategorien..." (*Roggemann, Herwig*, 1997a, S. 225).
[1175] *Sukhanov, E. A.*, 2001, S. 771.
[1176] *Sukhanov, E. A.*, 2001, S. 772.
[1177] *Sklovskij, K. I., 2000*, S. 164.
[1178] Vgl. *Sukhanov, E. A.*, 2001, S. 768.
[1179] S. Konstituzija Rossijskoj Federazii, Nauchno-prakticheskij kommentarij, Art. 8, S. 135.
[1180] Art. 9 Abs. 1 ZGBRF.

tion, ihre Subjekte und munizipale Körperschaften.[1181] Die Subjekte des Privateigentums sind Bürger, ihre Vereinigungen und juristische Personen.[1182]

1.1. Privateigentum natürlicher Person

Das Gesetz der RSFSR „Über das Eigentum“ beinhaltete die Auflistung der Objekte des Privateigentums. Nach Art. 10 Abs. 1 GÜERF konnte ein Bürger die folgenden Objekte in seinem Privateigentum haben:

- Grundstücke;[1183]
- Wohnhäuser, Wohnungen, Datscha, Garage u.s.w.;
- Geldmittel;
- Aktien, Obligationen und andere Wertpapiere;
- die Massenmedien;
- Unternehmen und Vermögenskomplex;
- anderes Vermögen, das nach dem Gesetz nicht den Bürgern gehören kann (staatliche und öffentliche Sicherheit und völkerrechtliche Verpflichtungen werden berücksichtigt).

Menge und Wert des Privateigentums sind vom Gesetzgeber nicht beschränkt.[1184] Im Zivilgesetzbuch Russlands vermeidet der Gesetzgeber den Begriff Privateigentum.[1185] Er benutzt den Begriff des Eigentumsrechts der Bürger und juristischer Personen, um die rechtlichen Grenzen des Privateigentums zu ziehen.

Kapitel 3 des ersten Buches des Zivilgesetzbuches der RF regelt die Stellung natürlicher Personen. Art. 18 ZGBRF bestimmt den Inhalt der Rechtsfähigkeit natürlicher Personen. Bürger dürfen das Vermögen nach dem Eigentumsrecht haben, das Vermögen erben und vermachen, eine unternehmerische Tätigkeit und andere nicht vom Gesetz verbotene Tätigkeit ausüben, juristische Personen selbständig oder in Verein mit anderen Bürgern und juristischen Personen schaffen, andere materielle und immaterielle Rechte haben.

Nach Art. 213 Abs. 1 ZGBRF ist vorgesehen, dass sich im Eigentum der Bürger und juristischen Personen jedes Vermögen (keine Auflistung) befinden kann, ausgenommen ein bestimmtes vom Gesetz ausgeschlossenes Vermögen. Die Menge und der Wert des Vermögens sind nicht beschränkt, außer in den von Art. 1 Abs. 2 Satz 2 ZGBRF bestimmten Fällen, wenn es um den Schutz der ver-

---

1181 Art. 212 Abs. 3 ZGBRF.

1182 Art. 213 Abs. 1 ZGBRF.

1183 S. Gesetz der RSFSR „*O prave grazhdan Rossijskoj Federazii na poluchinije v chastnuju sobstvennost i na prodazhe zemelnykh uchastkov dlja vedenija lichnogo podsobnogo i datschnogo khozjajstva, sadovodstva i individualnogo zhilichnogo stroitelstva* (Über das Recht der Bürger der RF auf Privateigentum der Grundstücke für individuelle Nebenwirtschaft, Gärtnerei und individuellen Wohnbau)“ vom 23. Dezember 1992 (N4196-I).

1184 Art. 10 Abs. 2 GÜERF.

1185 Vgl. Art. 15 Abs. 1 AGBRF.

fassungsmäßigen Ordnung, die Moral, die Gesundheit, die Rechte und die gesetzmäßigen Interessen anderer Personen, die Staatsverteidigung und –sicherheit geht.[1186]

Art. 9 Abs. 2 VRF sieht vor, dass sich auch Boden und andere Naturressourcen in Privateigentum befinden können.[1187] Noch einmal verankert der Gesetzgeber das Recht auf Privatgrundeigentum in Art. 36 Abs. 1 VRF:

> "Citizens and their associations shall have the right to have land in their private ownership."

Im Zivilgesetzbuch der RF wird Kapitel 17 den Eigentums- und anderen sachlichen Rechten auf Boden gewidmet. Die Geltung des Kapitels beginnt am Tag der Annahme des Agrargesetzbuches der RF.

1.2. Privateigentum juristischer Personen

Der russische Gesetzgeber räumt juristischen Personen[1188] ein Eigentumsrecht ein. Schon 1990 wurden die Bestimmungen im Gesetz über das Eigentum verankert, dass juristische genauso wie natürliche Personen das Recht auf Eigentum haben. Dieses Eigentum bestand aus dem Vermögen, das ihnen in der Form von Einlagen und Beiträgen zuging, das Ergebnis ihrer Unternehmenstätigkeit war oder auf andere vom Gesetz zugelassene Art und Weise erworben wurde.[1189]

1990 erschien ebenfalls das Gesetz der RSFSR "*O predprijatijakh i predprinimatel'skoj dejatel'nosti* (Über die Unternehmen und unternehmerische Tätigkeit)".[1190] In dem Gesetz wurde versucht, die wichtigsten Begriffe in dem Bereich festzulegen: den Begriff der unternehmerischen Tätigkeit,[1191] des Unternehmens,[1192] u.s.w.. Die Überschrift zu Art. 5 des Gesetzes, in dem der Gesetzgeber alle Eigentumsformen bestimmte, lautete „Eigentümer des Unternehmens“. Das Gesetz wurde 1994 außer Kraft gesetzt (gemäß Art. 2 Abs. 5 des

[1186] Diese Rechte dürfen nur auf Grund des Bundesgesetzes beschränkt werden (Art. 1 Abs.2 Satz 2 ZGBRF).

[1187] Gesetz der RSFSR „Über das Eigentum“ sah nicht vor, dass Boden und Naturressourcen im Privateigentum sein können. In diesem Sinne anerkannte das Gesetzt nur das Recht auf Besitz (Art 12 Abs. 1 GÜERF).

[1188] S. den gesetzlichen Begriff juristischer Person in Art. 48 Abs. 1 ZGBRF. KOSJAKOVA sondert vier Hauptmerkmahle juristischer Person ab: organisatorische Einheit; Aussonderung von Vermögen; unabhängige zivilrechtliche Verantwortung; Auftritt im eigenen Namen im zivilrechtlichen Verkehr (*Kosjakova, N. I.*, 2000). S. auch dazu *Vitrianski, V. V.*, 1995 und *Stampe, Volker*, 2000, S. 59-65.

[1189] Art. 14 GÜERF.

[1190] Gesetz der RSFSR vom 25. Dezember 1990 (N445-I).

[1191] Art. 1 Abs. 1 des Gesetzes. S. zum Thema *Stampe, Volker*, 2000, S. 69-73.

[1192] Art. 4 Abs. 1 des Gesetzes.

Einführungsgesetzes zum Zivilgesetzbuch der RF (Art. 34 und 35 galten weiter)).[1193]

Im Zivilgesetzbuch der RF beinhaltet Kapitel 4 des ersten Buches die Bestimmungen über die rechtliche Stellung juristischer Person in der Gesetzgebung Russlands.[1194] Eine juristische Person ist eine Organisation, die als Eigentum, in wirtschaftlicher Zuständigkeit oder operativer Verwaltung das Vermögen hat und mit diesem für ihre Verpflichtungen haftet. Sie kann in ihrem Namen materielle und immaterielle Rechte erwerben und ausüben, Verpflichtungen haben, Kläger und Beklagte sein.[1195] Eine juristische Person kann in ihrem Recht nur nach den vom Gesetz vorgesehen Fällen und Ablauf beschränkt werden. Die Entscheidung über eine solche Beschränkung kann vor Gericht angefochten werden.[1196] Juristische Personen (außer den juristischen Personen, die vom Eigentümer finanziert werden) haften für ihre Verpflichtungen mit ihrem gesamten Eigentum.[1197]
Wie oben erwähnt, räumen die Bestimmungen von Art. 213 Abs. 1 ZGBRF juristischen Personen das Recht auf Eigentum ein. Kommerzielle und nicht kommerzielle Organisationen (außer staatlichen und munizipalen Unternehmen sowie Unternehmen, die vom Eigentümer finanziert werden) sind Eigentümer des Vermögens, das ihnen in Form von Investitionen ihrer Gründer (Teilnehmern, Einlegern) zur Verfügung gestellt wurde,[1198] und des Vermögens, das sie unter anderen Umständen erworben haben.[1199]

Art. 8 Abs. 1 VRF bestimmt die Freiheit der Wirtschaftstätigkeit in der RF. Diese Freiheit bedeutet, dass jeder berechtigt ist, seine Fähigkeiten und sein Vermögen für eine unternehmerische Tätigkeit benutzen.[1200] Die beiden Bestimmungen stehen in engerem Zusammenhang mit Art. 35 Abs. 2 VRF. In seiner Rechtsprechung wies das Verfassungsgericht der RF mehrmals auf diese Verfassungsbestimmungen hin.[1201] Seiner Auffassung nach sind das Recht auf Besitz, Nutzung und Verfügung des Vermögens, Freiheit unternehmerischer Tätigkeit und Freiheit der Subjekte zivilrechtlichen Verkehrs, Verträge zu schließen, Rechte und Pflichten der Subjekte zivilrechtlicher Verhältnisse (natürliche und juristische Personen, einschließlich kommerzielle Organisationen), die unter-

[1193] Einführungsbundesgesetz der RF vom 30. November 1994 (N52-ФЗ).
[1194] S. Beschluss des Plenums des Obersten Gerichts und des Plenums des Obersten Arbitragegerichts der RF vom 1. Juli 1996 (N6/8), Ziff. 13-33.
[1195] Art. 48 Abs. 1 ZGBRF.
[1196] Art. 49 Abs. 2 ZGBRF.
[1197] Art. 56 Abs.1 ZGBRF.
[1198] Art. 213 Abs. 3 ZGBRF.
[1199] Das Eigentumsrecht gesellschaftlicher und religiöser Organisationen wird in Art. 213 Abs. 4 ZGBRF geregelt.
[1200] Art. 34 Abs. 1 VRF.
[1201] S. z.B.: Urteil VGRF vom 3. Juli 2001 (N10-П), Ziff. 2 Abs. 3; Urteil VGRF vom 1. April 2003 (N4-П), Ziff. 2 Abs. 1; Urteil VGRF vom 24. Februar 2004 (N3-П), Ziff. 3.

nehmerische Tätigkeit auszuüben, nach Art. 71 Punkt „b" und „o" und Art. 76 Abs. 1 VRF vom Gesetz zu regeln.[1202]

In seiner Rechsprechung setzte das Verfassungsgericht der RF sich mit der Stellung juristischer Personen in den Eigentumsverhältnissen auseinander.[1203] Es wurde darauf hingewiesen, dass juristischen Personen gerichtlicher Schutz ihrer Eigentumsrechte gewährleistet wird. Der Unterschied eines solchen Gerichtsschutzes liegt in den Besonderheiten der Gerichtskontrolle. Bei juristischen Personen wird eine nachfolgende Gerichtskontrolle ausgeübt, bei natürlichen Personen – eine vorläufige. Dies ist nicht durch die Eigentumsform bedingt sondern durch die Besonderheiten juristischer Personen als Subjekt der Steuerverpflichtungen. Nach Auffassung des Gerichts betreffen diese Unterschiede die gleiche Eigentumsform bzw. das Privateigentum, weil seine Subjekte sowohl natürliche als auch juristische Personen sind.[1204]

In einigen Fällen des Vermögensverkehrs unterscheidet sich die Lage juristischer von der Lage natürlicher Personen.[1205] STARZHENECKIJ vertritt die Meinung, dass in der russischen Gesetzgebung strengere Rechtsnormen in bezug auf juristische als auch auf natürliche Personen gelten.[1206] Für das russische Rechtssystem ist eine differenzierte Haltung kennzeichnend. Eine solche Haltung wurde vom Verfassungsgericht der RF bestimmt. Das Gericht meinte, dass juristische Personen mehr Verantwortung tragen, weil sie im Wirtschaftsverkehr tätig sind.[1207] Das gibt dem Gesetzgeber die Gelegenheit, die Subjekte der Eigentumsverhältnisse differenziert zu betrachten, bzw. unterschiedliche Voraussetzungen bei der Verantwortung dieser Subjekte vorzusehen.[1208]
Richter KOVLER ist der Auffassung,[1209] dass es nicht produktiv ist, solche Grenzen zwischen den Subjekten des Eigentumsrechts zu ziehen.[1210] Er untermauerte seine Meinung mit dem Urteil des EGMR in der Sache *Comingersoll S. A. v. Portugal.* Der EGMR wies darauf hin, dass "the Convention must be interpreted and applied in such a way as to guarantee rights that are practical and effective."[1211] Mit dieser Begründung stellte der Gerichtshof fest, dass juristische und natürliche Personen in ihren von der Konvention gewährleisteten Rechten gleich behandelt werden müssen.[1212]

1202 Urteil VGRF vom 1. April 2003 (N4-П), Ziff. 2 Abs. 2.
1203 S. Urteil VGRF vom 17. Dezember 1996 (N20- П).
1204 Urteil VGRF vom 17. Dezember 1996 (N20- П), Ziff. 3 Abs. 7.
1205 S. auch zum Thema *Alisievich, E. S.,* 2003.
1206 *Starzheneckij, V. V.,* 2004, S. 94-96.
1207 Urteil VGRF vom 27. April 2001 (N7-П).
1208 Als Beispiel dazu s. auch Art. 247 des Zollgesetzbuches der RF.
1209 Das erste Gespräch der Verfasserin mit dem russischen Richter am EGMR Prof. Dr. Anatoli KOVLER fand am 17. November 2004 statt.
1210 Vgl. Urteil VGRF vom 17. Dezember 1996 (N20-П), Ziff. 4 Abs. 2.
1211 Urteil Comingersoll S.A. v. Portugal, Ziff. 35 Abs. 2.
1212 Urteil Comingersoll S.A. v. Portugal, Ziff. 35-36.

2. Gemeinsames Eigentum

Die russische Zivilgesetzgebung kennt noch eine Eigentumsform als eine Abart des Privateigentum, nämlich das gemeinsame Eigentum,[1213] dessen Inhalt in Kapitel 16 des Zivilgesetzbuches der RF geregelt wird. Nach Art. 244 Abs. 1 ZGBRF gehört das Vermögen zweier oder mehrerer Eigentümer ihnen nach dem Recht des gemeinsamen Eigentums. Dieses Vermögen kann nicht geteilt werden.[1214] Es wird in zwei Kategorien[1215] unterteilt: Miteigentum zu Bruchteilen[1216] und Miteigentum[1217] zur gesamten Hand.[1218]

3. Staatliches und munizipales (kommunales) Eigentum

Nach Art. 72 Abs. 1 VRF fallen die Abgrenzung staatlichen Eigentums (г) und die Fragen des Besitzes, der Nutzung und Verfügung des Bodens (в) in die gemeinsame Verwaltung der RF und der Subjekte der Föderation. Das föderale staatliche Eigentum und seine Verwaltung fällt in den Zuständigkeitsbereich der RF (Art. 71 (д) VRF).

Staatliches und munizipales Eigentum kann in drei Gruppen offiziell unterteilt werden:[1219]

- staatliches föderales Eigentum (Eigentum der Föderation);[1220]
- staatliches Eigentum der Subjekte der Föderation (subföderales Eigentum);
- munizipales Eigentum in der Verwaltung der Behörden örtlicher Selbstverwaltung.

1213 „While the European Convention does not include an explicit reference to common property, common property is accepted in case law as being subject to protection under the European Convention" (*Banning, Theo R. G., van,* 2002, S. 305). S. Urteil Könkämä and 38 other villages v. Sweden.

1214 Art. 244 Abs. 4 ZGBRF.

1215 Art. 244 Abs. 3 ZGBRF.

1216 Die Grundlagen der Entstehung des Miteigentums zu Bruchteilen sind nicht erschöpfend im Gesetz festgelegt. Sie können sowohl aufgrund vom Gesetz vorgeschriebener Bestimmungen als auch infolge der im Vertrag bei Parteien vorgesehenen Fälle, der Gerichtsentscheidung u.s.w. entstehen. Der Kreis der Teilnehmer dieser Art des Eigentums ist vom Gesetz nicht bestimmt.

1217 Art. 244 Abs. 2 ZGBRF.

1218 Die Grundlagen der Entstehung dieser Art des Miteigentums sind ausschließlich die vom Gesetz vorgeschrieben Bestimmungen. Der Kreis der Teilnehmer ist streng limitiert: die Teilnehmer des Miteigentums zur gesamten Hand sind ausschließlich Bürger. Mehr zum Thema s. *Sklovskij, K. I.,* 2000, S. 167-180.

1219 S. auch *Evers, Frank,* 1996, S. 174-175.

1220 Die Abgrenzung des staatlichen Eigentums erfuhr ihren Wandel in drei Etappen: 1) 1992-1995; 2) 1996-1999; 3) nach 2000 (Mehr dazu s. *Najdenov N. D.*, Vydelenije institutov gosudarstvennoj sobstvennosti kak fundamentalnaja problema perekhodnogo perioda, in: Sobstvennost v XX stoletii, 2001, S. 602).

Die Zuordnung des staatlichen Eigentums[1221] auf verschiedene Ebenen der Föderation wird von einem speziellen Gesetz festgesetzt, das noch nicht erlassen wurde. In der Übergangszeit gilt der Beschluss des Obersten Rates der RSFSR „*O razgranichenii gosudarstvennoj sobstvennosti v Rossijskoj Federazii na federalnuju sobstvennost, gosudarstvennuju sobstvennost respublik v sostave Rossijskoj Federazii, kraev, oblastej, avtonomnoj oblasti, avtonomnykh okrugov, gorodov Moskvy i Sankt-Peterburga i munizypalnuju sobstvennost* (Über die Aufteilung des staatlichen Eigentums in der RF in föderales Eigentum, staatliches Eigentum der Republiken der RF, Regionen, Gebiete, des Autonomiegebiets, der autonomen Bezirke, der Städte Moskau und St. Peterburg und munizipales Eigentum)“.[1222] Die Objekte, die ausschließlich zum föderalen Eigentum gehören, wurden in dem Beschluss in fünf Gruppen aufgeteilt:

1. Objekte, die die Grundlage des nationalen Reichtums bilden;
2. Objekte, die die Funktionen der föderalen Machtorgane sicherstellen;
3. Objekte der Verteidigungsindustrie;
4. Objekte der Branchen, die die Funktionen der Marktwirtschaft Russlands insgesamt gewährleisten;
5. andere Objekte: z.B. Pharmazie und Schnapsbrennereien.

Der Status des Bodens, des Gewässer und anderer Naturressourcen wird nach der Vereinbarung der Machtorgane der Föderation und der Subjekte der Föderation bestimmt.

Im Zivilgesetzbuch der RF werden staatliches und munizipales Eigentum separat geregelt. Art. 214 Abs. 1 ZGBRF beinhaltet den Begriff des staatlichen Eigentums. Staatliches Eigentum ist das Eigentum an Vermögen, dessen Eigentümer die RF oder ein Subjekt der RF ist (entsprechend föderales Eigentum oder Eigentum eines Subjekts der RF). Auch Grund und Boden sowie andere Naturressourcen, bei denen kein Eigentum von Bürgern, juristischen Personen oder kommunalen Körperschaften besteht, sind staatliches Eigentum (Abs. 2). Das Vermögen, das sich im föderalen Eigentum befindet, wird den staatlichen Unternehmen und Organisationen zu Recht zum Zweck der wirtschaftlichen Führung oder operativen Verwaltung zugesprochen.[1223]

[1221] S. Zu der historischen Entwicklung des staatlichen Eigentums in Russland *Lapina; S. N. / Leljukhina N. D.*, 2001, Gosudarstvennaja sobstvennost v Rossii: nekotoryje istoricheskije uroki (Staatliches Eigentum in Russland: einige historischen Lehren), in: Sobstvennost v XX stoletii, 2001, S. 216-223.

[1222] Beschluss vom 27. Dezember 1991.

[1223] Art. 214 Abs. 3, Art. 294 und 296 ZGBRF.

Das Vermögen,[1224] dessen Eigentümer städtische oder ländliche Siedlungen sowie sonstige kommunale Körperschaften sind, gilt als kommunales Eigentum.[1225] Der Gesetzgeber teilt munizipales Eigentum in zwei Kategorien:

1. Vermögen, dessen Eigentümer städtische oder ländliche Siedlungen sowie sonstige kommunale Körperschaften sind, das aber kommunalen Unternehmen und Einrichtungen entsprechend Art. 294, 296 ZGBRF zu Besitz, Nutzung und Verfügung zugeteilt wird.
2. die Gelder des lokalen Haushalts und sonstiges kommunales Vermögen, das keinem kommunalen Unternehmen und keiner Einrichtung zugeteilt ist.[1226]

KATIKHIN vertritt die Meinung,[1227] dass die gesetzliche Absonderung des munizipalen Eigentums in der Verteilung der Eigentumsformen in Russland wichtig ist.[1228] Der Hauptunterschied zum privaten Eigentum liegt darin, dass munizipales Eigentum eine Abart des kollektiven bzw. Gemeindeeigentums ist. Es besitzt Elemente „der realen Subjektivierung", erfordert die Bewältigung der Entfremdung der Bürger von Eigentum, aber nicht durch Individualisierung wie bei Privateigentum sondern durch Kollektivierung. Um diese Aufgabe zu verwirklichen, führt KATIKHIN fünf Funktionen des munizipalen Eigentums auf:

1. die materielle Grundlage der Entstehung und Entwicklung des Systems der Selbstverwaltung;
2. die Gewährleistung der Komplexentwicklung der Gebiete;
3. die Bereitstellung der Dienstleitungen und soziokulturellen Maßnahmen;
4. die Hilfeleistung für Bedürftige;
5. die Sicherung des Minimumniveaus des Umweltschutzes.

Als Ergebnis könnte man sagen, dass kommunalem Eigentum in der Struktur des Eigentums in Russland die wichtigsten Aufgaben zukommen. Nach allge

[1224] Die Auflistung der Objekte des munizipalen Eigentums findet man in Art. 29 des Bundesgesetzes der RF *„Ob obchikh prinzypakh organizazii mestnogo samoupravlenija v Rossijskoj Federazii* (Über die allgemeinen Grundsätze der Organisierung der örtlichen Selbstverwaltung in der RF)" vom 28. August 1995 (N154-ФЗ).

[1225] Art. 215 Abs.1 ZGBRF.

[1226] Art. 215 Abs. 3 Satz 2 ZGBRF.

[1227] *Katikhin, O. V.*, 2001, S. 842.

[1228] S. zu der historischen Entwicklung des munizipalen Eigentums in Russland *Pisar'kova, L. F.*, 2001, Munizipalnaja sobstvennost v Rossii (Munizipales Eigentum in Russland), in: Sobstvennost v XX stoletii, 2001, S. 238-250.

meiner Meinung aber ist der Prozess der Formierung des munizipalen Eigentums noch nicht abgeschlossen.[1229]
Der Gesetzgeber sah vor, dass staatliches und munizipales Eigentum privatisiert werden kann.[1230] Art. 217 Abs. 1 ZGBRF besagt, dass Vermögen, an dem staatliches oder kommunales Eigentum besteht, vom Eigentümer entsprechend den Regelungen der Gesetze zur Privatisierung staatlichen und kommunalen Vermögens an Bürger oder juristische Personen übereignet werden kann.

III. Problemfälle des Eigentumsschutzes in der Russischen Föderation

1. Restitution - das politische und rechtliche Problem

Der Begriff der Restitution[1231] bedeutet die Rückerstattung des vom Staat entzogenen Vermögens an die Eigentümer oder ihre Erben. SKLOVSKIJ[1232] ist der Meinung, dass Restitution ein universelles aber auch ein oberflächliches Rechtsmittel ist. Seiner Auffassung muss eine Entwicklung des Rechtes zur Verminderung der Restitution beitragen.[1233]
Das Problem der Restitution ist angesichts der historischen Ereignisse nach der Revolution 1917 in Russland von höchster Bedeutung.[1234] Bis 1917 war das Russische Imperium ein Land der Eigentümer (92% der Bevölkerung waren Eigentümer),[1235] danach wurde das Privateigentum als solches abgeschafft.

[1229] *Katikhin, O. V.*, 2001, S. 849; Konstituzija Rossijskoj Federazii, Nauchno-prakticheskij kommentarij, S. 135; *Levina L. I.*, Mnogoukladnaja sozialnaja infrastruktura: moment stanovlenija, in: Sobstvennost v XX stoletii, 2001, S. 543.
[1230] Vgl. *Kolpakova, A. V.*, 2000, S. 142-143.
[1231] *Restitution, Wiederherstellung, Rückerstattung*: 1) in Zivil- und Strafprozess die Beseitigung der prozessualen Folgen einer unverschuld. Termin- oder Fristversäumnis durch Wiedereinsetzung in den vorigen Stand; 2) bei rechtskräftigen Zivil- und Strafurteilen die Wiederaufnahme des Verfahrens durch die Erhebung der Restitutionsklage; 3) im innerstaatlichen Wiedergutmachungsrecht die Herausgabe der unter nationalsozialistischer Herrschaft durch rassische, religiöse oder politische Verfolgung entzogene Gegenstände; 4) im Völkerrecht die Herausgabe der während eines Krieges unter Verletzung der „Gesetze und Gebräuche des Landkrieges" konfiszierten Gegenstände (s. Der kleine Brockhaus, 2. Band, Eberhard Brockhaus, Wiesbaden, 1952).
[1232] *Sklovskij, K. I.*, 2000, S. 495.
[1233] Vgl. *Avtonomov, Aleksej*, 2002, S. 131.
[1234] S. die Materialien zum internationalen Expertenseminar „Das Eigentumsrecht und seine Restitution: die Erfahrung im postkommunistischen Europa und die Bedeutung dieser Erfahrung für Russland". Das Seminar fand am 28.-29. November 2003 in Moskau statt, und wurde auf Initiative der Konrad- Adenauer- Stiftung organisiert (http://www.adenauer.ru/news.php?lang=2).
[1235] Die Information auf Webseite http://www.svoboda.org/programs/law/2002 /law.110402.asp.

Anfang der 90er Jahre begannen mehrere Staaten Osteuropas[1236] (z.B. Tschechien,[1237] Slowakei,[1238] Bulgarien,[1239] Baltische Staaten,[1240] Ungarn,[1241] ehemali-

---

[1236] „In the past, the countries of Central and Eastern Europe have experienced several waves of exproproations which included:
- confiscation of Jewish property by the German occupation administration in the occupied countires (Poland, Czech Republic), or by the local fascist regimes (Hungary, Rumania, Slovakia, and Germany itself);
- nationalization inintiated by special legislation which affected specific sectors or industries ahich for example in Bulgaria included tobacco, wines and spirits, dictribution of foodstuffs, mining, apartment buildings, and others, or which was "general" as in the case of the 1946 nationalization act in Poland which called for the expropriation of enterprises employing more than 50 workers;
- "spontaneous nationalizations" by the local communist party officials which quite often proceed the official expropriation legislation;
-"penal" confiscation of property owned by the Germans (especially important in the pre-war German territories incorporated after the war into Poland and Czechoslovakia), supporters of the German occupation administration, and members of local military or apra-military or police formations cooperating with German occupation forces;
- expropriation of property owned by the churches and the religious orders, often as part of anti-religious campaigns;
- unlawful (even in the context of the communist legal system) expropriations of private property and artwork (houses, furniture, and art beloning to the landed gentry and aristocracy), as well as violations of property rights (including intellectual property, brand names, goodwill etc.)" (*Kozminski, A. K.*, 1997, S. 96-97).

[1237] Mehr zum Thema s. *Kessler, Zdenek*, Das Eigentumsrecht in der geltenden Gesetzgebung der postkommunistischen Länder nach dem Beispiel der Tschechischen Republik, in: Rol' konstituzionnykh sudov v obespechenii prava sobstvennosti, 2001, S. 15-21. S. auch *Kozminski, A. K.*, 1997, S. 99.

[1238] Schon 1990-1991 wurden in der Tschechoslowakei drei Restitutionsgesetze zur umfassenden Wiedergutmachung des Unrechts in den sozialistischen Zeiten erlassen (Mehr dazu s. *Brunner, Georg*, 1998, S. 53-54).

[1239] In Bulgarien erhielten 90% der Landeigentümer die Restitution ihres Eigentums und 70 % der Stadteigentümer (s. Materialien der Konrad Adenauer Stiftung). S. auch *Stalev, St.*, Die Bewältigung des kommunistischen Unrechts in Bulgarien, in: *Brunner, Georg*, 1995, S. 117. S. auch *Kozminski, A. K.*, 1997, S. 100-101.

[1240] In Lettland wurden nach dem Gesetz „Über die Konversion des staatlichen Eigentums" 54.000 Bauernfamilien ihre Eigentumsrechte zurückerstattet. Vgl. Art. 2 des Gesetzes „Über die Europäische Konvention zum Schutz der Menschenrechte und Grundfreiheiten vom 4. November 1950 und ihre Protokolle N 1, 2, 4, 7 und 11" vom 4. Juni 1997. S. auch mehr zum Thema *Slajdinja, Velga*, Rechtliche Regulierung des Eigentums in Lettland und des Eigentumsrechts auf Waldparzellen, in: Rol' konstituzionnykh sudov v obespechenii prava sobstvennosti, 2001, S. 11-116.
In Litauen wurde 1991 die Verfassung (in ihrer Fassung der 30-er Jahre) verkündet. Zwei wichtige Gesetze „Über die Restitution" und „Über die Bodenreform" wurden vom Parlament erlassen (s. Materialien der Konrad Adenauer Stiftung). Mehr zum Thema s. *Brunner, Georg*, 1998, S. 56-57.

[1241] S. *Pajor-Bytomski, M.*, Das ungarische Entschädigungsgesetz unter besonderer Berücksichtigung der Ansprüche der Auslandsungarn, Jahrbuch für Ostrecht 1992 (XXXIII/1), S. 55, *Brunner, G. / Halmai G.*, Die juristische Bewältigung des kommunistischen Unrechts in Ungarn, in: Brunner, Georg, 1995, S. 9. S. auch *Kozminski, A. K.*, 1997, S. 100.

ge DDR[1242]) mit der Restitution des Eigentums.[1243] Zumindest wurde in Form von Gesetzen oder Rechtsakten eine rechtliche Grundlage in den nationalen Gesetzgebungen geschaffen. Zur Lösung der „offenen Vermögensfragen" kommen theoretisch zwei Modelle in Betracht:

- die Rückgabe (Restitution, Reprivatisierung);
- die Entschädigung.

Die meisten Gesetzgeber in den osteuropäischen Ländern haben sich für die Restitution als Grundsatz entschieden.[1244] BRUNNER meint, dass das Hauptproblem der Restitutionslösung darin bestehe, dass sie nur als Grundsatz, nicht aber ausnahmslos praktiziert werden könne, was zwangsläufig zu einer Ungleichbehandlung führe.[1245] Selbstverständlich kann ein enteigneter Vermögensgegenstand, der nicht mehr vorhanden ist, nicht *in natura* zurückgegeben werden. Die Rückgabe kann nicht auf Kosten des Staates erfolgen sondern stößt auf privates Gegeninteresse, wenn ein Wohnhaus in der Zwischenzeit von einem Dritten gutgläubig oder auch nicht erworben oder mit Mietern gefüllt wurde. Die Restitutionslösung kann daher nicht oder nur mit Korrektiven funktionieren. Als Korrektiv kommen Eigentumsbeschränkungen[1246] in Betracht, die den Berechtigten so schwer belasten können, dass er jegliches Interesse an einer Rückgabe verliert. Dann aber ist es nur recht und billig, dass ihm wahlweise ein Entschädigungsanspruch (wie in Ungarn,[1247] Kroatien[1248] und Polen[1249]) eingeräumt wird. Bei der Entschädigung aber macht sich neben allen Schwierigkeiten der

---

[1242] S. Urteile Jahn v. Germany vom 22. Januar 2004 und vom 26. Januar 2005. Auch dazu *Stefan Berg, Dietmar Hipp, Dirk Kurbjuweit, Irina Repke, Caroline Schmidt, Steffen Winter*, Später Sieg des Ostens, in: Spiegel, 5/2000, S. 20-23. S. zum Thema *Papier, H.-J.*, Die Restitution konfiszierten Eigentums in der Bundesrepublik Deutschland, in: *Tomuschat, Christian (Hrsg.)*, 1996, S. 45. S. auch *Kozminski, A. K., 1997*, S. 98-99

[1243] „In Poland the re-privatization debate are still continues and despite several attempts the parliament has not been able to seal a compromise on this issue" (*Kozminski, A. K.*, 1997, S. 101). Vgl. Urteil Broniowski v. Poland.

[1244] Albanien, Bulgarien, Estland, Lettland, Litauen, die Slowakei, Slowenien, Tschechien.

[1245] *Brunner, Georg*, 1998, S. 58-59.

[1246] Z.B. Ausgleichzahlungen, Mieterschutz, zeitlich begrenzte Veräußerungsverbote, Nutzungsgebote u.s.w..

[1247] *Pajor-Bytomski, M.*, Das ungarische Entschädigungsgesetz unter besonderer Berücksichtigung der Ansprüche der Auslandsungarn, Jahrbuch für Ostrecht 1992 (XXXIII/1), S. 55; *Brunner, G. / Halmai, G.*, Die juristische Bewältigung des kommunistischen Unrechts in Ungarn, in: Brunner, Georg, 1995, S. 9.

[1248] Das Gesetz über die Entschädigung für das während der jugoslawischen kommunistischen Herrschaft entzogene Vermögen vom 11. Oktober 1996.

[1249] Im Falle Polens spricht man eher um „Untätigkeitslösung". Die Untätigkeit des polnischen Parlaments (Sejm) hat dazu geführt, dass die polnischen Gerichte sich anlässlich einer Flut von Restitutionsklagen des Problems annehmen und ein einschlägiges Richterrecht entwickeln mussten (*Brunner, Georg,* 1998, S. 64). Zum Thema auch s. Urteil Broniowski v. Poland, Ziff. 79-87.

Bewertung das Problem der leeren Staatskassen bemerkbar, das den Gesetzgeber dazu veranlasst, die Höhe der Entschädigung erheblich unter dem Marktwert auszusiedeln, die Auszahlung in die Länge zu ziehen, vorerst Schuldverschreibungen auszugeben oder nach sonstigen Ersatzlösungen zu suchen. Diese Bestrebungen sind durchaus verständlich, aber die jeweilige Ungleichbehandlung von Restitutions- und Entschädigungsberechtigten dürfte sich kaum mit dem allgemeinen Gleichheitssatz, der den neuen, demokratischen Gesetzgeber eindeutig bindet, vereinen lassen.[1250]
BRUNNER schließt, dass die Justiz nicht dazu da sei, die Versäumnisse des Gesetzgebers gutzumachen. Wird dieses Gebot verletzt, verliere der Rechtsstaat zwangsläufig an Glaubwürdigkeit. Seiner Meinung nach handelt es sich, wenn der Gesetzgeber eine falsche Entscheidung trifft, um eine Zweckmäßigkeitsentscheidung, für die er die politische Verantwortung trägt. Wenn aber ein Gericht, das das Recht anzuwenden habe, bewusst eine falsche Entscheidung treffe –und sei der Zweck noch so lobenswert-, so gerät das Ansehen des Rechtsstaats in Gefahr. Und vor dieser Gefahr sollten die Politiker ihre Bürger bewahren.[1251]

Gegenwärtig sind in Russland keine Gesetze gültig, die bis 1917 im Russischen Imperium galten. Aber die Gesetze, die nach 1917 erlassen wurden, wurden nicht außer Kraft gesetzt, wenn sie von der Duma nicht abgeändert oder abgeschafft wurden. Das zeigt, dass keine Rechtskontinuität seit der Zeit des Russischen Imperiums vorliegt.

Beispiel aus der Gerichtspraxis:
Sachverhalt
Herr Filatov, Maler mit Wohnsitz in Moskau, kämpft schon seit mehr als 40 Jahren in den Gerichtsinstanzen um ein zweistöckiges Holzhaus im Zentrum von Moskau. Dieses Haus wurde im Jahr 1824 erbaut. Nach der Revolution emigrierte der Eigentümer des Hauses, der zum Russen gewordene Deutsche, Siegfried Tal, ins Ausland, wo er starb. Seine Erben bewohnten das Haus weiterhin. 1964 bekamen sie den Beschluss der Moskauer Administration, dass sie das Haus verlassen müssten, weil es zum Abbruch bestimmt war. Mehrere Jahre wurde versucht, Herrn Filatov aus dem Haus auszuweisen.

Entscheidung des Gerichts
1998 erhob der Beschwerdeführer gegen die Moskauer Administration eine Klage beim Moskauer Gericht. Die Klage wurde mit der Begründung abgelehnt, dass das Haus nach dem Dekret 1918 über die Nationalisierung der Immobilien enteignet worden war.

[1250] S. Art. 13 Abs. 7 der Verfassung der Ukraine und Art. 19 Abs. 1 der Verfassung der RF.
[1251] S. *Brunner, Georg,* 1998, S. 68.

Ein bedeutendes juristisches Hindernis bei der Restitution liegt darin, dass die Dekrete, Beschlüsse und andere Rechtsakte des Rates der Volkskommissare in der Zeit vom 7. November[1252] 1917 bis 5. Dezember 1936 nicht aufgehoben wurden.[1253]

In Archiven gibt es keine Nachweise,[1254] dass z.B. das Dekret „Über die Aufhebung des Privateigentums an Immobilien in Städten" vom 20. August 1918 genau vom VZIK[1255] erlassen wurde. Es wurden Beweise gefunden, dass dieses Dekret von dem Präsidium des VZIK (acht Mitglieder) ausgearbeitet wurde, um später dem Plenum von VZIK vorgelegt zu werden. Dies aber geschah nicht. Das würde bedeuten, dass das Dekret nie Rechtskraft bekommen hat. Daher hat keine Nationalisierung stattgefunden: Es gibt keine Liste der enteigneten Gebäude und keine Hinweise auf die konkreten Besitzer. Als Ergebnis könnte man behaupten, dass alle ehemaligen Eigentümer ihr Recht auf Eigentum immer noch haben, weil dieses Recht alle diese Jahrzehnte vererbt wurde.

Im Jahr 1998 versuchte die Bürgerin Firsanova, das Verfassungsgericht der RF anzurufen. Die Beschwerdeführerin machte geltend, dass die Bestimmungen des Dekretes „Über die Aufhebung des Privateigentums an Immobilien in Städten" vom 20. August 1918 ihr verfassungsmäßiges Eigentumsrecht verletzen. Am 25. Oktober 1995 lehnte das Moskauer Mezhanskiy Gericht ihre Klage über die Erklärung ihres Eigentumsrechts auf das Haus ab. Bis Oktober 1917 gehörte das Haus dem Vater der Beschwerdeführerin, und nach der Revolution wurde es nach Art. 1-5 des Dekretes enteignet.

In seinem Beschluss[1256] wies das Verfassungsgericht darauf hin, dass heutzutage das enteignete Haus sich in munizipalem Eigentum befindet. Und munizipales Eigentum wird unter gleichen Bedingungen wie Privat- und Staatseigentum geschützt.[1257] Die Fälle, in denen das Eigentumsrecht aufgehoben wird, sind in Art. 235 Abs. 1 ZGBRF aufgelistet. Das bedeutet aber, dass solche Klagen den Gerichten allgemeiner Gerichtsbarkeit unterliegen. Das Verfassungsgericht folgerte, dass eine solche Beschwerde außerhalb seiner Kompetenz ist, weil es nicht berechtigt ist, die Rechtmäßigkeit und die Begründetheit der Entscheidungen der Gerichte allgemeiner Gerichtsbarkeit zu prüfen.[1258]

Am 16. März 1922 erließ der Rat der Volkskommissare der RSFSR das Dekret *„Ob istrebovanii predmetov domashnego obikhoda byvshimi sobstvennikami ot*

1252 Vom 25. Oktober 1917 nach dem alten Kalender.

1253 *Kleandrov, M. I.*, 2001, S.784-785.

1254 Die Information auf Webseite http://www.restoratio1917.ru/pub.php?id=31.

1255 In der Zeit hatte das Komitee eine gesetzgebende Funktion.

1256 Beschluss VGRF vom 19. Mai 1998 (N68-O).

1257 Ziff. 2 Abs. 2 des Beschlusses.

1258 Ziff. 2 Abs. 3 des Beschlusses.

ikh fakticheskikh vladelzev (Über Rückforderung der Hauseinrichtungen bei den früheren Eigentümern von ihren faktischen Besitzern)". Das Dekret erlaubte den Entzug des Vermögens bei den böswilligen Besitzern und seine Übergabe dem Eigentümer. Nach dem Dekret waren die Gerichte berechtigt, die Klage über Rückforderung zu entscheiden. Die Zahl der Klagen nahm schell zu.

„Unsere Volksgerichte sind aufgrund ihrer Berufsethik verpflichtet, dieses Vermögen den Arbeitern zu entziehen und die Eigentumsrechte der vormaligen Eigentümer wiederherzustellen." Diese Meinung wurde von den Delegierten zur IV. Session VZIK (IX. Einberufung) mehrfach betont. Mit der Annahme des Zivilgesetzbuches im Jahre 1922 wurde das Dekret abgeschafft.

Nach dem Zivilgesetzbuch der RSFSR vom Jahr 1922 durfte man jedes Eigentum vererben. Aber dafür musste man eine hohe staatliche Verwaltungsgebühr in Höhe von fast 90 Prozent des Gesamtwertes des vererbten Eigentums zahlen. Selbstverständlich hätte- wenn das Eigentum vom Staat nicht schon vorher „entzogen" worden wäre- mancher Eigentümer rechtmäßig auf sein Eigentum verzichtet. In diesem Fall wäre das Eigentum dem Staat übereignet worden und heute könnte von einer Restitution nicht die Rede sein. Niemand richtete diesen Verzicht an den Staat. Aber das bedeutet nicht, dass aufgrund dessen kein Eigentum vererbt worden wäre. Das Zivilgesetzbuch schrieb vor, dass- wenn kein schriftlicher Verzicht in einer bestimmten Zeit vorlag- der Erbe das Erbe angenommen hatte, ohne eine staatliche Verwaltungsgebühr zu bezahlen. Nach dem Zivilgesetzbuch sollte man diese erst nach dem Eintreten in den Erbstand bezahlen. Das bedeutete aber, dass man nach dem Gesetz das Recht auf Eigentum bekam, ohne es benutzen zu dürfen.[1259]

Der Staat hätte jedoch auch diese Lage ausgenutzt. Hätte sich kein Eigentümer an den Staat gewandt, um die Eigentumsurkunde zu bekommen, hätte der Staat das ganze Eigentum zu „Eigentum ohne Eigentümer" erklären lassen und nach dem Gesetz wäre es auf den Staat übergegangen. Aber auch das wurde nicht getan.

Man kann daraus also folgern, dass alle ursprünglichen Eigentümer immer noch juristisch als Eigentümer betrachtet werden müssen.

Beispiel aus der Gerichtspraxis:[1260]

<u>Sachverhalt</u>

Frau Tamara Blizinskaja (89 Jahre alt) mit Wohnsitz in Moskau bekam nach der Gerichtsentscheidung das 2.400 Quadratmeter große städtische Grundstück, auf dem sie geboren war. Dieses Grundstück erwarb ihr Ururgroßvater vor 200 Jahren.

[1259] Vgl. Art. 59 I des Zivilgesetzbuches der USSR (1948). Nach diesen Bestimmungen hatten die Eigentümer, deren Vermögen nach dem Revolutionsrecht vor dem 22. Mai 1922 expropriiert wurde, keinen Anspruch auf Rückgabe ihres Vermögens.

[1260] S. Urteil VGRF vom 13. Dezember 2001 (N16-П).

Entscheidung des Gerichts

Das Gericht erkannte das Recht der Bürgerin auf dieses Grundstück nicht im Sinne der Restitution an, weil sie dieses Grundstück lange Zeit benutzte, noch bis zum 6. März 1990.[1261] Das neue Agrargesetzbuch der RF setzte dieses Datum für die unentgeltliche Übergabe an die Besitzer fest. Art. 234 ZGBRF besagt ebenfalls, dass, wenn eine Person Immobilien offen, gutgläubig und kontinuierlich 15 Jahre lang besaß, sie das Recht hat, diese Immobilien als Eigentum zu bekommen. Die Entscheidung wird ausschließlich vom Gericht getroffen.[1262]

Einige Abgeordnete der Staatsduma arbeiteten den Gesetzentwurf „*O vosstanovlenii prav phizicheskikh liz na nedvizimoje imuchestvo otchuzdennoje organami vlasti RSFSR, SSSR i inymi organami vlasti vo vnesudebnom porjadke posle 7 nojabrja 1917, nakhodjatscheesja v nenadlezhachem khozjajstvennom sostojanii, k rekonstrukchii kotorogo gosudarstvo ne pristupalo* (Über die Wiederherstellung der Rechte natürlicher Personen auf unbewegliches Vermögen, das von den Machtorganen der RSFSR, der UdSSR und anderen Machtorganen außergerichtlich nach dem 7. November 1917 enteignet wurde, das sich in schlechtem wirtschaftlichen Zustand befindet und mit dessen Rekonstruktion der Staat noch nicht begonnen hat)"[1263] aus.[1264] Dieser Gesetzentwurf wurde für die erste Lesung in der Duma vorbereitet und wartet auf seine Verabschiedung.[1265]

Die Regierung der RF versuchte, die öffentliche Meinung für die Annahme der Gesetzgebung zum Eigentumsschutz in Russland zu gewinnen. 1994 erschien der Beschluss der Regierung der RF[1266] „*Ob utverzhdenii polozhenija o porjadke*

[1261] S. Art. 3 Abs. 4 des Bundesgesetzes der RF über die Einführung des Agrargesetzbuches der RF vom 25. Oktober 2001 (N137-ФЗ).

[1262] Obwohl die Beschwerdeführerin den Prozess gewonnen hatte, wurde die Entscheidung des Verfassungsgerichts nur soweit vollstreckt wie die Bestimmungen des Gesetzes von Moskau abgeändert wurden. Die Klage von Frau Blizinskaja wurde zur Sache bis 2003 nicht entschieden (s. www.rg.ru/Anons/arc_2003/0807/1.shtm).

[1263] Es wurde insgesamt vier Gesetzentwürfen ausgearbeitet, die sich richteten, die Restitution in Russland zu ermöglichen.

[1264] Vgl. Entwurf des Bundesgesetzes „*O vosstanovalenii prav sobstvennosti i drugikh imuzhestvennykh prav kazachjikh obchin Rossijskoj Federazii, narushennykh v period s 7 nojabrja 1917 po 12 dekabrja 1993* (Über die Wiederherstellung der Eigentums- und andere Vermögensrechte der Kasakenvereine der RF, die in der Zeit vom 7. November 1917 bis zum 12. Dezember 1993 verletzt wurden)" (s. Auszug aus dem Protokoll des Rates der Staatsduma vom 4. Juli 1995 (NXVI)). S. auch zum Thema *Kolpakova, A. V.*, 2000, S. 126-127.

[1265] Der Direktor der Beratungsabteilung der Kanzlei „Deloitte & Touche", Herr BEREZHNOJ, meint, dass die Restitution in Russland nicht in naher Zukunft erfolgen wird. Seiner Meinung nach gleichen ihren positiven Wirkungen nicht die negativen politischen Folgen aus (s. in: „ITOGI (Endergebnisse)" vom 8. Juli 1997).

[1266] Beschluss der Regierung der RF vom 12. August 1994 (N926).

vozvrata grazhdanam nezakonno konfiskovannogo, izjatogo ili vyshedshego i-nym putem iz vladenija v svjazi s politicheskimi repressijami imuchestva, voz-mechenija ego stoimosti ili vyplaty deneznoj kompensazii (Über die Bewilligung der Ordnung über die Rückgabe von rechtswidrig konfiszierten, entzogenen oder mittels anderer Wege aufgehobenen Vermögens im Zusammenhang mit den politischen Repressionen an die Bürger, die Erstattung seines Wertes oder die Auszahlung der Entschädigung in Geld)".
Dieser Beschluss wurde nach dem Gesetz der RF „*O reabilitaziji zhertv politicheskikh repressij* (Über die Rehabilitierung der Opfer politischer Repressionen)"[1267] erlassen. In der Präambel zu dem Gesetz wies der Gesetzgeber darauf hin, dass sein Ziel die Rehabilitierung aller Opfer politischer Repressionen sei, nicht zuletzt aber die Wiederherstellung ihrer Zivilrechte, die Beseitigung anderer Folgen der Willkür und die Gewährleistung der Entschädigung[1268] für die moralischen und materiellen Schaden entsprechend den Möglichkeiten des Staates.[1269]

Die vom Beschluss bewilligte Ordnung beinhaltet die Begriffe des konfiszierten, entzogenen oder mittels anderer Wege aufgehobenen Vermögens.
Man spricht von *konfisziertem Vermögen*, wenn Entscheidungen der Gerichte oder außergerichtlicher Organe darüber vorliegen.
Entzogenes Vermögen bedeutet, dass dieses von den Ermittlungsorganen entzogen wurde und keine Entscheidungen der Gerichte oder außergerichtlicher Organe darüber vorliegen.
Zum *mittels anderer Wege aufgehobenen Vermögen* gehören herrenlosen Objekte, die wegen politischer Repressionen gegen ihre Eigentümer eingezogen wurden. Zu diesem Vermögen gab es keine Entscheidung über die Konfiszierung oder Entziehung.[1270]
Die Geltung der Ordnung erstreckt sich auf die Opfer politischer Repressionen und zwangsumgesiedelte Völker, aber nur wenn diese später rehabilitiert wurden.[1271] Ferner besteht die Einschränkung, dass– sollte der Berechtigte gestorben sein, nur die Erben der nachfolgenden Generation Anspruch auf Entschädigung haben.[1272] Den Berechtigten wurde eine dreijährige Frist eingeräumt, um ihre

[1267] Gesetz der RSFSR vom 18. Oktober 1991 (N1761-1).
[1268] Vgl. Beschluss VGRF vom 9. April 1998 (N57-O), Ziff. 2.
[1269] S. zum Thema die Entscheidung der Zivilkammer des Obersten Gerichts der RF vom 20. April 1998 in der Sache KULAEV. Mehr dazu s. *Tolcheev, N. K.*, 2001, S. 84-86.
[1270] S. Abs. 1 der Ordnung zum Beschluss (N926).
[1271] Nach dem Gesetz der RF „Über die Rehabilitierung der Opfer politischer Repressionen" und dem Gesetz der RF „Über die Rehabilitierung der unterdrückten Völker".
[1272] Abs. 2 Satz 3 der Ordnung.

Ansprüche den *ad hoc* geschaffenen Kommissionen vorzulegen.[1273] Wenn Beweise für die Konfiskation des Eigentums fehlen, ist es möglich auf dem Rechtswege zu entscheiden.[1274]

Der Verfasserin ist es nicht gelungen, genauere Angaben über die praktische Umsetzung dieses Beschlusses zu finden.[1275] Aber in den Medien wurde der Beschluss stark kritisiert,[1276] und zwar insbesondere die Reihe der schon erwähnten Begrenzungen und besonders die Vorschrift, dass die Größe der Entschädigung (für das Vermögen zusammen mit den Immobilien) nicht mehr als das Hundertfache des vom Gesetz festgesetzten Mindestarbeitslohn betragen kann. Das waren damals ungefähr 3 Millionen Rubels (~ USD 1.000).[1277]
KLEANDROV weist darauf hin,[1278] dass in der Zeit der umfangsreichen Enteignungsmaßnahmen (1929–1937) allein 3 Millionen Großbauernfamilien, s.g. *Kulaken,*[1279] ihr Eigentum entzogen wurden. Wenn man ihre Nachkommen berücksichtigt, steigt die Zahl der Entschädigungsberechtigten auf mehrere Millionen Personen. Das Bundesbudget der RF jährlich vorgesehenen Mittel (1999–250 Mil. Rubel, 2000–940 Mil. Rubel), sind nur ein Tropfen auf den heißen Stein. Und diese Ausgaben berücksichtigen nicht die Nachkommen der Adelsfamilien.[1280]

[1273] Abs. 4 Satz 4 der Ordnung.
[1274] Abs. 5 Satz 3 der Ordnung.
[1275] Seit Jahr 1992 wurden mehr als 1,5 Millionen Anträge der betroffenen Personen verhandelt, in denen es um die Vermögensansprüche des Rehabilitierten ging (s. Information der Generalstaatsanwaltschaft der RF am 25. Juli 2005 www.forUm.ru).
[1276] S. "KURANTY (Turmuhr)", №169 (936) vom 7. September 1994; "ITOGI (Endergebnisse)" vom 8. Juli 1997.
[1277] S. auch zum Thema „Property Compensation in Russia" (The Wall Street Journal (1996), August 23) und *Kozminski, A. K.*, 1997, S. 97.
[1278] *Kleandrov, M. I.*, 2001, S. 787
[1279] S. den Begriff in Kapitel II dieser Studie.
[1280] Das Verfassungsgericht der RF beschäftigte sich mit einem weiteren Gesichtspunkt dieser Problematik. In dem Urteil VGRF vom 23. Mai 1995 (N6-П) prüfte der Gerichtshof die Verfassungsmäßigkeit von Art. 2 und 16 des Gesetzes der RSFSR vom 18. Oktober 1991 „Über die Rehabilitierung der Opfer politischer Repressionen" in der Fassung vom 3. September 1993. Es ging um die Anerkennung der Kinder der Opfer politischer Repressionen als Opfer politischer Repressionen. Der Gerichtshof entschied, dass alle vom Gesetz vorgesehenen Unterschiede in dem rechtlichen Status der Opfer politischer Repressionen und ihrer Kinder, die zusammen mit ihren Eltern unter Zwangsmaßnahmen gestellt worden waren, verfassungswidrig seien (Ziff. 5 des Urteils).

Die Russische Föderation erklärte sich zur Rechtsnachfolgerin[1281] der UdSSR[1282] aber über den politischen Willen, auch Rechtsnachfolgerin des Russischen Imperiums zu sein, gibt es bis heute keine Hinweise.[1283]
AVTONOMOV[1284] vertritt die bei den russischen Rechtswissenschaftlern verbreitete Meinung,[1285] dass alle in letzter Zeit laut werdenden Forderungen, auf Restitution eines Vermögens, das vor mehr als 100 Jahren entzogen wurde, nicht

---

1281 „Angesichts des Zerfalls der Sowjetunion stellt sich zunächst die Frage, ob deren völkerrechtliche Abkommen in Bezug auf Russland weiter gelten. Dies ist im Ergebnis unstrittig zu bejahen, nicht völlig klar ist dagegen, ob es sich um einen Fall der Staatensukzession oder um Subjektidentität handelt. Gegen eine Subjektidentität Russlands mit der ehemaligen Sowjetunion spricht, dass Russland in Form der RSFSR nur eine unter mehreren Unionsrepubliken bildete. Ferner proklamierten die ehemaligen Sowjetrepubliken in der Erklärung von Alma-Ata nicht etwa die Sezession von Russland, sondern die Auflösung der UdSSR. Für die Subjektidentität de Sowjetunion mit Russland spricht allerdings, dass diese aus dem Russischen Reich hervorging und dass die RSFSR nicht nur den mit Abstand größten Teil der UdSSR bildete, sondern diese auch politisch, militärisch, wirtschaftlich und kulturell dominierte. Im internationalen Verkehr wird Russland teilweise als Nachfolgestaat, teilweise als Fortsetzstaat der UdSSR bezeichnet" (*Steinbach, Johannes*, 2003, S. 38-39).
Vgl. „Ukraine had been a source of difficulties concerning succession since the beginning. Ukraine had resisted any agreement to join and several liabilities, and had resisted in particular any concentration of the handling of debt payments of Moscow. Later, the Ukrainian government had also criticized the general mode of settlement that Russia imposed on the other republics. The mode of reallocation of benefits and burdens in particular was criticized heavily, since Russia seized exclusive control and ownership of most of the asserts of the former Soviet Union without granting the other republics adequate compensation (according to the Ukrainian viewpoint). Ukraine also claimed to participate in the distribution of Soviet asserts, and demanded a share corresponding to its general quota concerning the distribution of gold and currency reserves, of all military equipment of the Soviet military forces and of the premises of foreign representations of the USSR. General apportionment of asserts and liabilities, together with a synchronism in the redistributionof asserts and liabilities was the general idea behind the Ukrainian claims. In the result, Ukraine has been successful at least partially, and at least in principle. The Russian gevernment had to admit that successor States like Ukraine-when accepting a share of the liabilities of the predecessor- have a general right also to participate in the asserts of the predecessor" (*Oeter, Stefan*, 1996, S. 82-83).

1282 S. die Vereinbarung über die Aufteilung des gesamten Eigentums der ehemaligen UdSSR im Ausland vom 6. Februar 1992 und den Erlass des Präsidenten der RF „*O gosudarstvennoj sobstvennosti byvshego Sojuza SSR za rubezhom* (Über staatliches Eigentum der ehemaligen Sowjet Union im Ausland)" vom 8. Februar 1993 (N201). Mehr zum Thema s. *Oeter, Stefan,* 1996, S. 77-83.

1283 In Frankreich beifinden sich zur Zeit 3, 82 Mil. Russischer Anteilsscheine der s.g. „Zaren-Anleihe". Die Anzahl der Besitzer beträgt 135 620 Menschen (s. Rossijskaja Gazeta (Die Russische Zeitung) von 15. April 1999). Ein Beweis dafür, dass sich die Vermögensverhältnisse in der Zeit des Zaren Russlands sich direkt auf die Wirtschaft des heutigen Russlands auswirken. Wenn die Auslandsverschuldungen des russischen Zaren heute durchaus real sind, sind es die staatlichen Verschuldungen jener Zeit nicht weniger.

1284 *Avtonomov, Aleksej*, 2002, S. 131.

1285 Russischer Richter am EGMR Prof. Dr. Anatoli KOVLER unterstützt diese Meinung auch.

realistisch sind.[1286] Seiner Auffassung nach könnte die Restitution zu einer völligen Desorganisation des zivilrechtlichen Verkehrs in Russland führen, der sowieso nicht stabil sei. Ein weiterer Grund gegen die Restitution sei, dass die Frist der Verjährung nach dem Kanon jedes beliebigen Rechtes schon lange abgelaufen sei. Wenn die Verjährungsfristen in diesem Fall missachtet werden, ist es möglich, dass ein anderes Mal andere Rechtsnormen auf Grund politischer Ambitionen mit Füssen getreten werden.

Obwohl die offiziellen Instanzen in Russland vermeiden das Thema der Restitution weiter zu diskutieren, kann man nur annehmen, wie viele von den mehr als 2.000 Beschwerden, die im EGMR gelandet sind, das Problem der Restitution betreffen.
Schon jetzt kann man vermuten, welches Schicksal diese Beschwerde am EGMR erwartet, denn der Gerichtshof wird sie aus drei Gründen ablehnen:[1287]
- es fehlt die Voraussetzung *ratione temporis*,[1288] auf die in der Rechtsprechung ständig hingewiesen wird. Die EMRK greift nicht bei Verletzungen, die zeitlich vor ihrer Ratifikation liegen;
- die Hoffnungen der ehemaligen Eigentümer, ihr Eigentum zurückzubekommen, sind keine substanzielle Eigentumsrechtsposition;
- in Russland gibt es kein Gesetz über die Restitution, auf das man sich berufen könnte.[1289] Die Voraussetzung der Gesetzmäßigkeit aus Art. 1 Abs. 1 Satz 2 1.ZP wird nicht erfüllt.[1290]

Am 23. September 2004 entschied der Straßburger Gerichtshof in der Sache *Yemanakova v. Russia*.[1291] Die Beschwerdeführerin machte geltend, dass ihr Recht aus Art. 6 Abs. 1 EMRK verletzt wurde. Für die Restitutionsproblematik ist die Ursache dieser Verletzung von Bedeutung.

[1286] S. seine Rede bei dem Rundtisch „Verfassungsrechtliche Probleme der rechtlichen Regulierung des Privateigentums in Russland“ (den 8. Juni 2001, Moskau, Moskauer Zentrum Carnegie Corporation). Vgl. die Reden von PRIKHODKO und von SHIBANOVA.

[1287] Vgl. Manoilescu et Dobrescu c. la Roumanie et la Russie (60861/00)-Decision as to the Admissibility vom 3. März 2005 (inadmissible).

[1288] Am meisten bei Beschwerden aus osteuropäischen Staaten.

[1289] Vgl. Malhous v. the Czech Republic (33071/96)- Decision as to the Admissibility vom 13. Dezember 2000 (admissible, inadmissible) und Českomoravská myslivecká jednota v. the Czech Republic (33091/96)– Decision as to the Admissibility vom 23. März 1999 (inadmissible).

[1290] S. Urteil Broniowski v. Poland, Ziff. 126; Urteil Valová, Slezák and Slezák v. Slovakia, Ziff. 46.

[1291] Yemanakova v. Russia (60408/00) - Decisison as to the Admissibility vom 6. November 2003 (partly admissible).

Sachverhalt

Die Beschwerdeführerin hat die ukrainische Staatsangehörigkeit und wohnt in der Ukraine. Ihr Vater wurde in der Zeit 1929–1930 gemaßregelt, weil er ein Großbauer (s.g. *Kulak*) war. 1930 wurde das Familieneigentum enteignet, darunter ein zweistöckiges Haus, das sich heute in Russland befindet und als Wohnhaus der Mitarbeiter der Tierärzteschule benutzt wird. 1989 wurde der Vater *post mortem* rehabilitiert und bereits 1990 erhob die Beschwerdeführerin Klage auf Anerkennung ihres Eigentumsrechts auf das zweistöckige Haus. Diese Klage wurde vom Gericht abgewiesen mit dem Hinweis, dass sie einen Entschädigungsanspruch bei der örtlichen Finanzbehörde einreichen könnte. Die Behörde lehnte den Anspruch ab, weil keine rechtlichen Grundlagen in der nationalen Gesetzgebung bestehen. Die Beschwerdeführerin erhob zwei Klagen: gegen die örtliche Finanzbehörde und eine Zivilklage über die Anerkennung des Eigentumsrechts. Die örtlichen Gerichte leiteten die Klage weiter, ohne darüber zu entscheiden. Die Stadtadministration wies die Tierärzteschule an, der Beschwerdeführerin eine maximale Entschädigung zu zahlen. Die Anweisung wurde nie erfüllt.

Die Sache wurde mehrmals abgewiesen und neu aufgerollt, mit der Begründung, dass es keine rechtlichen Grundlagen zur Rückgabe des Hauses in der nationalen Gesetzgebung gäbe, und die maximale Entschädigung schon angeordnet worden sei. Schließlich entschied das Regionalgericht 1998, dass die Klage gegen die Finanzbehörde abzuweisen und die Rückgabe des Hauses *in natura* nicht durchzuführen sei. Aber der Beschwerdeführerin wurde eine Entschädigung zuerkannt, die sie nie bekommen hat.

Bis 2002 wandte die Beschwerdeführerin sich an verschiedene Gerichtsinstanzen, staatliche Behörden und die Staatsanwaltschaft, aber ohne Reaktion. 2002 bekam sie ein Schreiben vom Stadtgericht, dass das Verfahren in ihrer Sache neu aufgerollt werden könne. Die Beschwerdeführerin beantragte die Einstellung des Verfahrens.

Entscheidung des Gerichts

Der Gerichthof stellte fest, dass in der Sache zwei rechtliche Probleme bestehen. Einerseits, die Anerkennung des Eigentumsrechts und, zweitens, die Dauer des Zivilverfahrens. In der Entscheidung über die Zulässigkeit der Beschwerde wies der Gerichtshof darauf hin, dass nur das zweite Problem mit der Verfahrensdauer verhandelt wird. Das Problem mit dem Eigentumsrecht wurde als nicht relevant zu diesem Fall erklärt: "The preliminary objections raised by the Government, that the application should be struck out and that it is premature, relate to this set of proceedings and, therefore, are not relevant for the Court's examination of the case." In dem Urteil erkannte der Gerichtshof an, dass Art. 6 Abs. 1 EMRK von Russland verletzt wurde.

Obwohl es kein Gesetz in der RF gibt, das die rechtlichen Grundlagen zur Restitution festlegte, meinen die Eigentümer oder ihre Erben,[1292] dass Vorschriften in

1292 Seit 22. April 1994 funktioniert die offiziell registrierte Liga zum Schutze der Rechte der Eigentümer in Moskau (http://www.restoratio1917.ru). Ihre Mitglieder sind die Nachkommenschaft der Eigentümer des Russischen Imperiums. Die Aufgaben ihrer Tätigkeit sind:

1. Die Anerkennung aller Eigentümer, deren Eigentum entzogen worden war als Opfer politischer Repressionen.
2. Die Anerkennung ihrer Nachkommen als Rechtsnachfolger und Erben.

der Gesetzgebung der RF bestehen, auf welche man sich berufen könnte: erstens die Bestimmungen des Gesetzes über das Eigentum und zweitens die Normen aus Art. 35 und Art. 52, 53[1293] der Verfassung der RF.

1.1. Restitution der nach dem Zweiten Weltkrieg in die UdSSR verschleppten Kulturgüter

Die Verfasserin maß sich nicht an, das Problem der Restitution verschleppter Kulturgüter gründlich zu behandeln. Es ist unmöglich, im Rahmen dieser Studie alle umstrittenen und widersprüchlichen Aspekte dieses Problems aufzuzeigen. Aber die Verfasserin erlaubt sich, einen kurzen Überblick über die Rechtsprechung der russischen Gerichte hinsichtlich des Problems der Restitution der verschleppten Kulturgüter zu geben.[1294]

Bei den verschleppten Kulturgütern[1295] wäre die Voraussetzung der Gesetzmäßigkeit erfüllt, denn im Jahre 1998 erschien das Bundesgesetz der RF[1296] *„O kulturnykh chennostjakh, peremechennykh v Sojuz SSR v resultate Vtoroj mirovoj vojny i nakhodjachikhsja na territorii Rossijskoj Federazii* (Über die Kulturgüter, die in der Folge des Zweiten Weltkrieges in die UdSSR verbracht wurden sind und die sich auf dem Territorium der Russischen Föderation befinden)".[1297] Dieses Gesetz untersagte die Rückgabe von Kulturgütern an die ehemaligen Kriegsgegner mit der Begründung, dass diese Kunstschätze eine Kompensation für die eigenen erlittenen Verluste darstellte (Art. 6 des Gesetzes). Bei dem Erlass dieses Gesetzes kam es zu einer Konfrontation zwischen dem Präsidenten und der Staatsduma der RF. Nach Ansicht des Präsidenten war die Annahme des Bundesgesetzes der RF nicht legal. Nach Art. 107 VRF ist der Präsident verpflichtet, das am 4. April 1997 von der Duma angenommene Gesetz zu unterzeichnen. Die Streitigkeit dauerte lange Zeit und verursachte einen Stillstand in der gesetzgebenden Tätigkeit. Das Verfassungsgericht der RF wurde von der Duma und der Oberen Kammer nach Art. 94 des Bundesgesetzes der RF „Über

---

3. Die Rückgabe des enteigneten Eigentums an die Erben.

Die Mitglieder der Liga suchen nach Archivdokumenten, die die Eigentumsrechte ihrer Ahnen nachweisen, und rufen die Gerichte an, um die verletzte Rechte zu wiederherstellen.

[1293] Article 52

The rights of persons who have sustained harm from crimes and abuses of power shall be protected by the law. The state shall guarantee the victims access to justice and compensation for damage.

Article 53

Everyone shall have the right to compensation by the state for the damage caused by unlawful actions (or inaction) of state organs, or their officials.

[1294] Mehr zum Thema s. *Gattini, Andrea*, 1996 und *Dolzer, Rudolf*, 2000.

[1295] S. mehr zum Thema *Siehr, Kurt*, 2004.

[1296] Bundesgesetz der RF vom 15. April 1998 (N64-ФЗ).

[1297] S. Opinion PACE 193 (1996) on Russia's request for membership of the Council of Europe, Ziff. 10, xii.

das Verfassungsgericht“ angerufen. Am 6. April 1998 erließ das Verfassungsgericht sein Urteil,[1298] in dem der Präsident aufgefordert wurde, das Gesetz zu unterzeichnen.[1299]

Ein Jahr später wurde das Verfassungsgericht diesmal vom Präsidenten der RF[1300] angerufen.

Beispiel aus der Gerichtspraxis:[1301]

<u>Sachverhalt</u>

Nach Auffassung des Präsidenten sind eine Reihe der Artikel des Bundesgesetzes „Über die Kulturgüter, die in der Folge des Zweiten Weltkrieges in die UdSSR verbracht wurden und die sich auf dem Territorium der RF befinden“ verfassungswidrig, und zwar:

Art. 3, 5, 6 des Gesetzes: alle vormals einem feindlichen Staat gehörenden Kulturgüter, die, in die UdSSR verbracht wurden und sich auf dem Territorium der RF befinden, sind das Eigentum der RF.

Art. 7 Punkt 1 des Gesetzes “Die Eigentumsgarantien der Republik Belarus, der Republik Lettland, der Republik Litauen, der Republik Moldau, der Ukraine und der Republik Estland“.

Art. 8 Abs. 1 des Gesetzes im Zusammenhang mit Art. 3, Art. 5 Abs. 3, Art. 6, Art. 9 Abs. 1 Punkt 1 des Gesetzes: die betroffenen Staaten verlieren ihr Eigentumsrecht auf die verschleppten Kulturgüter und haben keinen Anspruch auf ihre Rückgabe, wenn sie nicht innerhalb der festgesetzten Fristen die Rückgabe dieser Kulturgüter beantragten.

Art. 9, Art. 10 des Gesetzes: die Frist nach dem Inkrafttreten des Gesetzes, wann die Ansprüche über die Rückgabe erhoben werden können.

Art.18 Punkt 1 des Gesetzes: die Ansprüche können ausschließlich von den Regierungen der Staaten an die Regierung der RF gestellt werden.

Art. 1 Punkten 2, 3 des Gesetzes: die Rückgabe wird nur auf Grund des Bundesgesetzes durchgeführt.

Der Präsident machte geltend, dass die verschleppten Kulturgüter sich nicht nur in föderalen Eigentum befinden, sondern auch im Privateigentum natürlicher und juristischer Personen, der Subjekte der RF, munizipaler Einheiten und anderer Organisationen. Die Bestimmungen der Art. 3, 5, 6 des Gesetzes verstoßen somit gegen die von der Verfassung der RF festgelegten Eigentumsgarantien und die ausschließliche Kompetenz der Judikative, die Frage über die Eigentumsentziehung zu entscheiden. Auch die Rechte und Freiheiten der Bürger (Art. 8 Abs. 2; Art. 10; Art. 35 Abs. 1, 2, 3; Art. 55 Abs. 2, 3; Art. 130 Abs.1 VRF) werden nicht angemessen bzw. verfassungswidrig begrenzt.

Das in Art. 18 Punkt 1 des Gesetzes vorgesehenen Verfahren über die Rückgabe der verschleppten Kulturgüter beraubt die ausländischen natürlichen und juristischen Personen, die munizipalen Einheiten grundlos ihrer Rechte auf Wiederherstellung und Schutz des Eigentumsrecht auf die Kulturgüter. Es widerspricht Art. 55 Abs. 3 und Art. 62 Abs. 3 VRF.

Der Präsident vertrat die Meinung, dass die Bestimmungen der Art. 5-10, 18 des Gesetzes gegen eine Reihe der anerkannten Grundsätze und Normen des Völkerrechts und einige völkerrechtliche Vertragsverpflichtungen der RF verstießen und folglich die Vorschriften von Art. 15 Abs. 4 VRF verletzten.

[1298] Urteil VGRF vom 6. April 1998 (N11-П).

[1299] Mehr dazu s. *Hartwig, Matthias*, 1998, S. 369-370.

[1300] Urteil VGRF vom 20. Juli 1999 (N12-П).

[1301] Eine deutsche Übersetzung des Urteils des Verfassungsgerichts der RF s. in: EuGRZ 1999, S. 589.

Entscheidung des Gerichts

Nach Art. 2-4, 6 des Gesetzes werden nicht alle Kulturgüter als Objekte dieses Rechtaktes betrachtet. Seinem Geltungsbereich unterliegen ausschließlich die Wertsachen, die im Rahmen von der kompensatorischen Restitution aus den Hoheitsgebieten der Feindstaaten (Deutschland und seine Alliierten: Bulgarien, Ungarn, Italien, Rumänien und Finnland) verbracht wurden. Die Kulturgüter, die aus anderen Staaten eingeführt wurden, sind von diesem Gesetz nicht betroffen.[1302]

Der Gesetzgeber muss die rechtlichen Grundlagen des Eigentumsrechts in der RF berücksichtigen, auch wenn es um die verschleppten Kulturgüter geht.[1303]

Die Verschleppung der Kulturgüter in Rahmen der kompensatorischen Restitution[1304] basierte auf völkerrechtlichen und anderen Akten,[1305] die während des Zweiten Weltkrieges und nachher erlassen wurden und bis heute gültig sind. Russland als Rechtsnachfolgerin der UdSSR übernahm die Eigentumsrechte auf die Kulturgüter von der UdSSR.[1306] Die ehemaligen Feindstaaten verzichteten auf ihre Ansprüche nach den Friedensverträgen von 1947. Deswegen kann die Rückgabe dieser Kulturgüter entweder im Rahmen der völkerrechtlichen Zusammenarbeit und des Austausches zu beiderseitigem Nutzen oder als freundschaftliche Handlung von russischer Seite durchgeführt werden.[1307] Demzufolge sind Art. 3, 5, 6 des Gesetzes verfassungskonform.[1308]

Der Gesetzgeber setzte für alle Feindstaaten entsprechend den Bestimmungen der Friedensverträge von 1947 die Fristen fest,[1309] um ihre Ansprüche betreffs der Kulturgüter geltend zu machen. Aber diese Verträge sahen nicht vor, dass die Restitution des Eigentums nicht nur im Rahmen der einfachen Rückgabepro-

---

1302 Ziff. 2 des Urteils VGRF.

1303 Ziff. 3 des Urteils VGRF.

1304 Die juristische Begründung der von der UdSSR durchgeführten Maßnahmen zur kompensatorischen Restitution sind in Art. 107 der UNO Satzung zu finden. S. dazu *Hartwig, Matthias*, 1999a, S. 555 und *Ress, Georg*, in: Simma (Hrsg.), Die Charta der Vereinigten Nationen, Kommentar, Art. 107 Rn. 5. Vgl. *Andrianov, Valerij*, 1999, S. 250.

1305 Die Auflistung der völkerrechtlichen Vereinbarungen s. in: Ziff. 4 des Urteils VGRF.

1306 „...bis zu dem Kulturgütergesetz sich kein Rechtsakt der Sowjetunion oder der RF finden lässt – und dementsprechend ist bis zum gegenwärtigen Zeitpunkt ein solcher auch nicht von russischen Seite vorgetragen worden, - demzufolge verbrachte Kulturgüter aufgrund einer kompensatorischen Restitution als russisches Eigentum qualifiziert worden sind“ (S. 557). „Das Verhalten der RF bzw. der Sowjetunion bei Vertragsschluss (Abkommen zwischen der Bundesrepublik Deutschland und der Sowjetunion 1990 bzw. zwischen der Bundesrepublik Deutschland und der RF 1992 – Anm. d. Ver.) liegt ganz in der Linie der oben geschilderten Behandlung der verschleppten Kulturgüter durch die Sowjetunion, die nämlich die Kulturgüter zu keinem Zeitpunkt nach außen als ihr rechtmäßiges Eigentum beansprucht hat“ (S. 558) (*Hartwig, Matthias*, 1999a).

1307 Ziff. 4 des Urteils VGRF.

1308 Ziff. 4 des Urteils VGRF.

1309 Bis zum 15. März 1948 für Bulgarien, Ungarn, Italien und Rumänien; bis zum 15. September 1948 für Finnland; bis zum 1. Februar 1950 für Deutschland (s. Ziff. 5 des Urteils VGRF).

zedur auf Regierungsebene sondern auch in Gerichtsinstanzen durchgeführt werden kann. Das Gericht sah darin einen Verstoß gegen die Eigentumsgarantie wie sie sich aus der Verfassung, aber auch etwa aus der Europäischen Menschenrechtskonvention ergibt. Das Eigentumsrecht hat also nach der Auffassung des Verfassungsgerichts auch eine verfahrensrechtliche Komponente. Und das Verfahrensrecht muss so ausgestaltet sein, dass es dem Eigentümer nicht unverhältnismäßig schwer gemacht wird, sein Recht durchzusetzen.
Nach der russischen Gesetzgebung besteht das Recht auf eine Vindikationsklage in den Gerichtsinstanzen der RF. Die ehemaligen Eigentümer konnten ihre Rechte nicht nur deswegen verlieren, weil sie ihre Ansprüche nicht rechtzeitig nach der öffentlich-rechtlichen Prozedur anmeldeten. Das Verfassungsgericht verlangte daher Vorkehrungen zum Schutz der potentiellen Eigentümer.
Die kompensatorische Restitution richtete sich auf die verschleppten Kulturgüter, die rechtsmäßiges Eigentum der Feindstaaten waren. Der Gerichtshof folgerte, dass Russland im Rahmen der kompensatorischen Restitution keinen Eigentumsanspruch auf die Kulturgüter der betreffenden Staaten anmelden könne.[1310]
Es wurde darauf hingewiesen, dass das Eigentumsrecht von Ausländern, Staatenlosen und ausländischen juristischen Personen nur aufgrund eines völkerrechtlichen Vertrages oder des Bundesgesetzes der RF begrenzt werden darf. Solche Begrenzungen werden vom Gesetzgeber nicht willkürlich sondern nach Art. 55 Abs. 3 VRF[1311] angenommen.[1312]
Die Vorschriften der Art. 8 Abs. 1 des Gesetzes im Zusammenhang mit Art. 3, Art. 5 Abs. 3, Art. 6, Art. 9 Abs. 1 Punkt 1 des Gesetzes sind verfassungswidrig.[1313]
Die Bestimmungen des Gesetzes besagen, dass die Eigentumsrechte der Republik Belarus, der Republik Lettland, der Republik Litauen, der Republik Moldau, der Unkraine und der Republik Estland nach dem Inkrafttreten des Gesetzes unberührt bleiben. Mehrere der verschleppten Kulturgüter können sich auf den Hoheitsgebieten der ehemaligen Sowjetrepubliken[1314] befinden. Mit dem Inkrafttreten dieses Gesetzes verlieren diese Staaten ihre Eigentumsrechte bezüglich der verschleppten Kulturgüter nicht. Art. 7 räumt den unabhängigen Staaten die Möglichkeit ein, die Rechtsverletzung aufgrund des Prinzips der Gegenseitigkeit wieder gutzumachen. Darüber hinaus entspricht Art. 7 Punkt 1 des Gesetzes der Verfassung der RF.

1310 Ziff. 5 des Urteils VGRF.

1311 Art. 55 Abs. 3 VRF: "Human and civil rights and liberties may be restricted by the federal law only to the extent required for the protection of the fundamentals of the constitutional system, morality, health, rights and lawful interests of other persons, for ensuring the defense of the country and the security of the state."

1312 Ziff. 6 des Urteils VGRF.

1313 Ziff. 6 des Urteils VGRF.

1314 Man muss die historischen Besonderheiten in Betracht nehmen. In der UdSSR existierte faktisch einhaltlicht einheitlich zentralisiert verwaltendes verwaltetes staatliches Eigentums, es setzte den freien Verkehr der Kulturgüter voraus (Ziff. 8 des Urteils VGRF).

Die Bestimmungen der Art. 9 und 10 des Gesetzes besagen, dass die Rückgabe der verschleppten Kulturgüter nur aufgrund des Bundesgesetzes durchgeführt werden darf. Nach der Verfassung der RF ist die Regierung dafür zuständig, föderales staatliches Eigentum zu verwalten. Das gesetzgebende Organ ist berechtigt, z.B. die Verwaltungsordnung des staatlichen Eigentums, die Gründe und den Verlauf der Rückgabe der Kulturgüter an den ausländischen Staat zu bestimmen. In dieser Weise griff der Gesetzgeber in die Tätigkeit der Exekutive, der die Verwaltung des staatlichen Eigentums zusteht, ein. Es ist unvernünftig zu jeder Rückgabe der Kulturgüter, ein Bundesgesetz zu erlassen. Das Bundesgesetz wird angenommen, wenn es um die Rückgabe auf die Regierungsebene (außergerichtliche Prozedur) geht.

Art. 18 Abs. 2 und Abs. 3 des Gesetzes entsprechen nicht der Verfassung der RF.[1315]

Laut des Gesetzes können die Ansprüche gegen die Regierung der RF von den Regierungen des entsprechenden Staates erhoben werden, nicht aber von natürlichen und juristischen Personen, munizipalen Einheiten und anderen Organisationen. Das heißt, es wird eine außergerichtliche Prozedur auf Regierungsebene vorgesehen. Dem Gesetzgeber wurde das Rechts eingeräumt, die geeignete Prozedur zu bestimmen, der zufolge die Regierung des entsprechenden Staates im Namen aller Eigentümer, deren Rechte verletzt wurden, den Anspruch auf die Rückgabe der verschleppten Kulturgüter bei der russischen Regierung anzumelden. Aber diese Bestimmung darf nicht so ausgelegt werden, dass der Rechtsweg und der gerichtliche Schutz ausgeschlossen sind.[1316] Nach Art. 45, 46, 55 Abs. 3 und 62 Abs. 3 VRF soll der Zugang zum Gericht gewährleistet werden.[1317]

Die Bestimmungen der Art. 9 und 10 des Gesetzes sehen eine 18 monatliche Frist nach dem Inkrafttreten des Gesetzes vor, innerhalb derer die Eigentümer ihre Ansprüche anmelden können. Wenn nach Verlauf dieser Frist keine Ansprüche erhoben wurden, werden die nicht angeforderten Kulturgüter zum föderalen Eigentum der RF. Diese Frist gilt gleichermaßen für die außergerichtliche Prozedur wie für den Rechtsweg.

Dem Gesetzgeber[1318] wurde das Recht eingeräumt, die Prozedurfristen zu bestimmen, damit die Stabilität der öffentlichen Beziehungen im Bereich des zivilen Rechtsverkehrs gesichert wird. Die Dauer der Frist muss angemessen sein, damit der Inhalt des Rechts auf einen Anspruch und die Verhandlungspro-

1315 Ziff. 11 des Urteils VGRF.

1316 Dies betrifft nicht nur die verschleppten Kulturgüter, die im Rahmen der kompensatorischen Restitution in die UdSSR verbracht wurden. Der gerichtliche Schutz steht auch den Eigentümern zur Verfügung, die ihre Kulturgüter außerhalb der Entschädigungsrestitution verloren haben (Ziff. 9 des Urteils VGRF).

1317 Ziff. 9 des Urteils VGRF.

1318 S. Art. 35, Art. 17 Abs.1 und 3, Art. 46 Abs. 1 und Art. 55 Abs. 3 VRF.

zedur nicht verletzt werden. Eine achtzehnmonatige Frist ist kürzer[1319] als die allgemeine Frist der Anspruchverjährung in der russischen Gesetzgebung, aber der Gerichtshof fand die Frist vernünftig, um den Rechtsweg effektiv zu benutzen. Nun stellt sich die Frage, ab wann diese Frist läuft. Nach Meinung des Gerichtshofes beginnt sie in dem Augenblick, als die berechtigte Person erfuhr oder die Möglichkeit hatte, zu erfahren, dass ihre Kulturgüter sich auf dem Territorium der RF befinden. Nicht alle Angaben über die verschleppten Kulturgüter sind zugänglich. Wegen dieses Informationsmangels können viele betroffene Personen ihre Rechte in Anspruch nicht nehmen. Auch hier sah das Verfassungsgericht eine Verletzung der verfassungsrechtlichen Garantie der Möglichkeit, das Eigentumsrecht durchzusetzen. Das Verfassungsgericht stellte ebenfalls fest, dass die Fristen für die Geltendmachung der Ansprüche, welche im Gesetz nur für das intergouvernementale Verfahren bestimmt wurden, nunmehr auch auf die Klage einzelner ausgedehnt werden.[1320] Demzufolge sind Art. 18 Punkt 1 des Gesetzes und Art. 9, 10 verfassungswidrig.[1321]

In seinen wesentlichen Bestimmungen hat das Verfassungsgericht das Gesetz über die verschleppten Kulturgüter aufrechterhalten. Dieses Urteil des Verfassungsgerichts stieß bei westlichen Rechtswissenschaftlern auf harte Kritik.[1322] HARTWIG vertritt die Meinung, dass, obwohl die Verfassung der RF den Völkerrechtsnormen Priorität über die einfachen Gesetze gibt,[1323] sich im Gesetz über das Verfassungsgericht der RF das Völkerrecht[1324] nicht unter den Kriterien befindet, anhand derer das Verfassungsgericht die Gesetze überprüfen kann. Und in dem Urteil beansprucht das Verfassungsgericht eine solche Kompetenz zu haben.[1325] Seiner Meinung stützt sich das Urteil des Verfassungsgerichts auf

---

1319 Art. 196 ZGBRF sieht vor, dass das Dauer der allgemeinen Verjährung drei Jahre beträgt. Gleichzeitig beinhaltet Art. 197 Abs. 1 ZGBRF die Bestimmung, dass die Verjährungsfrist für die bestimmten Anspruchsarten entweder verkürzt oder verlängert werden kann.

1320 "Dass mit der Beschränkung des Gesetzes (dem Fristerfordernis –Anm.d.Verf.) auch dem einzelnen gedient ist, hat zweierlei Gründe – einen förmlichen und einen faktischen. Einerseits entfällt mit dem Gebot einer gesetzlichen Regelungen ein weiteres förmliches Hindernis bei der Durchführung einer Eigentumsübertragung. Es reicht also ein entsprechender Wille der exekutiven Gewalt , und ein darüber hinausgehendes *Placet* der Legislative ist nicht erforderlich. Zum anderen ist bei den derzeitigen Machtverteilungen die Bereitschaft, verbrachte Kulturgüter in ihre Ursprungsländer zurückzugeben wenn überhaupt, dann bei der russischen Exekutive vorhanden, während das Parlament, wofür nicht zuletzt auch der Erlass des Gesetzes spricht, welches Gegenstand der verfassungsgerichtlichen Entscheidung war, gegenüber derartigen Maßnahmen ablehnend eingestellt ist"(*Hartwig, Matthias*, 1999a, S. 562).

1321 Ziff. 10 des Urteils VGRF.

1322 *Hartwig, Matthias,* 1999a, S. 558 und 563.

1323 Art. 15 Abs. 4 VRF.

1324 Vgl. Art. 3 Punkt 1 (d) des Gesetzes.

1325 Vgl. "Das Verfassungsgericht kann eine Frage der Verfassungsmäßigkeit einer Norm nicht entscheiden, wenn ausschließlich die Bestimmungen des Völkerrechts in der Sache angewendet werden. Das Verfassungsgericht ist nicht berechtigt, ein Urteil zu erlassen, in dem es um die Übereinstimmung der bestimmten Norm des nationalen Rechts mit den Normen

Kriterien, welche im Wesentlichen in der überkommenen Völkerrechtsdoktrin der sozialistischen Zeit wurzeln:

> „Dem russischen Verfassungsgericht gelingt es in seiner sehr mangelhaften Auseinandersetzung mit dem Völkerecht nicht, einen überzeugenden Nachweis zu führen, dass die kompensatorische Restitution ein völkerrechtlich zulässiges Mittel der Wiedergutmachung für Kriegsschäden an Kulturgütern ist...Aus völkerrechtlicher Sicht kann nur festgehalten werden, dass die russische Position, die sich im Gesetz und in der Entscheidung niedergeschlagen hat, unbegründet bleibt.“ [1326]

In den meisten Fällen weist HARTWIG darauf hin, dass alle im Urteil erwähnten völkerrechtlichen Verträge keine eindeutigen Hinweise auf die kompensatorische Restitution beinhalteten. Er betonte die zentrale Bestimmung von Art. 6 des Gesetzes, dass alle zum Zweck der kompensatorischen Restitution in die UdSSR verschleppten und sich auf dem Territorium der RF befindlichen Kulturgüter russisches Eigentum sind. Nach der Logik des Gesetzes hat diese Bestimmung einen deklaratorischen Charakter, denn hier wurde zum ersten Mal von der Seite Russlands ein Eigentumsanspruch an diesen Kulturgüter geltend gemacht. Seiner Auffassung nach sind die in dem Gesetz geregelten Verfahren und insbesondere auch die festgelegten Klagefristen für die völkerrechtlichen Ansprüche irrelevant.

> „Mit einer immanenten Kritik, entwickelt allein aus der Auffassung des Verhandlungspartners, könnte gezeigt werden, dass die russische Regierung auch durch das Kulturgütergesetz nicht gehindert ist, die verbrachten Kulturgüter an die Eigentümer zurückzugeben und damit die Verpflichtungen zu erfüllen, die sich aus dem Völkerrecht, insbesondere den entsprechenden Verträgen ergeben.“[1327]

Im Gegensatz zu ihren westlichen Kollegen waren die russischen Rechtswissenschaftler mit dem Urteil des Verfassungsgerichts einverstanden. ANDRIANOV ist der Auffassung, dass das Verfassungsgericht die kompensatorische Restitution anerkannt und sie als eine subsidiäre Norm zum Prinzip der Verantwortung des Aggressorstaates bestimmt hat, nicht aber als ein unabhängiges und selbstständiges Prinzip des Völkerrechts.[1328] Die Feststellung des Begriffes der kompensatorischen Restituton hilft dem Gericht, die Bestimmungen des Gesetzes für verfassungswidrig zu erklären. Dies betrifft die Bestimmungen über die verschleppten Kulturgüter, die zum Eigentum der betroffenen Staaten gehören oder deren Zugehörigkeit nicht festgestellt werden konnte.[1329] Der russische Recht-

---

des Völkerrechts geht. Auch ist es nicht berechtigt, die Normen des Völkerrechts zu benutzen, ohne sich auf die entsprechende Verfassungsnorm zu stützen” (*Tiunov, Oleg*, 2000, S. 117).

[1326] *Hartwig, Matthias*, 1999a, S. 558.

[1327] *Hartwig, Matthias*, 1999a, S. 563.

[1328] *Andrianov, Valerij*, 1999, S. 252.

[1329] *Andrianov, Valerij*, 1999, S. 250.

wissenschaftler betonte, dass die Anerkennung der Legitimität und Gesetzmäßigkeit der während des Zweiten Weltkrieges durchgeführten Eigentumsentzugmaßnahmen, die Nichtkonvertibilität und die Ausschließung von deren Überprüfung oder Revision durch die deutschen Gerichte oder andere staatliche Behörden, d.h. die Ausschließung der Restitution als solcher, die Forderung der Bundesrepublik Deutschland war, als die UdSSR ihre Zustimmung zur Wiedervereinigung Deutschlands gab.[1330] Zurzeit sei diese Voraussetzung verpflichtend für die Bundesrepublik Deutschland und für die Russische Föderation als Rechtsnachfolgerin der UdSSR.
ANDRIANOV maß dem Urteil des Verfassungsgerichts viel Bedeutung bei. Seiner Auffassung nach entspricht das Gesetz über die verschleppten Kulturgüter eher dem Völkerrecht.[1331] Ein weiterer russischer Rechtswissenschaftler, TIUNOV, vertritt die auch Meinung, dass dieses Urteil des Verfassungsgerichts sich auf die entsprechenden völkerrechtlichen Normen stützte.[1332]

Zwei Jahre später setzte sich das Präsidium des Obersten Gerichts der RF mit dem Thema der Restitution der verschleppten Kulturgüter auseinander. Nach der Verhandlung erließ das Gericht seinen Beschluss,[1333] in dem die Kontinuität mit der Rechtsprechung des Verfassungsgerichts auffällig ist.

Beispiel aus der Gerichtspraxis:[1334]
Sachverhalt
Die USA-Amerikanerin N erhob Klage gegen die Regierung der RF auf Anerkennung ihres Eigentumsrechtes auf die Sammlung der Bilder, die ihrer Mutter gehörten und 1944 von der ungarischen Regierung beschlagnahmt und nach Deutschland verschleppt wurden. Die Klägerin erfuhr, dass sich die Bilder zurzeit in russischen Museen befinden. Sie verlangte als Erbin ihrer Mutter die Rückgabe dieser Sammlung.
1999 ließ das Gericht der ersten Instanz die Klage fallen, weil die Klägerin nicht die staatliche Gebühr (in Höhe von 1 Milliarde Rubels) bezahlt hatte.

Entscheidung des Gerichts
Das Oberste Gericht wies darauf hin, dass der Zugang zum Gericht mittels der staatlichen Gebühren oder anderer Ausgaben nicht verhindert werden darf. Von

[1330] S. Abkommen zwischen der Sowjetunion und der Bundesrepublik Deutschland vom 12. September 1990.
[1331] *Andrianov, Valerij,* 1999, S. 253.
[1332] *Tiunov, Oleg*, 2000, S. 118.
[1333] Beschluss des Präsidiums OGRF vom 14. März 2001 (N31пв-01пр).
[1334] "Da aber aufgrund der russischen Politik, die Kulturgüterfrage im stillen behandelt worden ist und nicht nur auch bedeutende Kunstgegenstände erst seit Beginn der neunziger Jahre wieder öffentlich gezeigt werden, sondern bis zum gegenwärtigen Zeitpunkt eine Inventarisierung der verschleppten Kulturgüter nicht erfolgt ist, ist es vielfach den Eigentümern nicht möglich, ihre Ansprüche geltend zu machen" (*Hartwig, Matthias,* 1999a, S. 561).

der Klägerin wurde eine staatliche Gebühr in Höhe von 1 Milliarde Rubel verlangt, obwohl niemand den genauen Wert der Sammlung kannte. Nach Meinung des Gerichts war die Klägerin nicht in der Lage, diese Summe zu zahlen. Kläger werden von der staatlichen Gebühr befreit, wenn es um Kultur-, Kunst- und anderen Wertsachen geht (Art. 5 Abs. 2 Punkt 15 des Bundesgesetztes der RF[1335] „*O gosudarstvennoj poshline* (Über die staatliche Gebühr)"). Aufgrund dieser Vorschrift wird die Klägerin von der Zahlung der staatlichen Gebühr befreit. Alle Beweise über den Wert der Sammlung und die Umstände müssen ausschließlich vom Gericht entschieden werden.

Die Bestimmungen der Art. 9, Art. 10 und Art. 18[1336] des Bundesgesetzes „Über die Kulturgüter, die in der Folge des Zweiten Weltkrieges in die UdSSR verbracht wurden und die sich auf dem Territorium der RF befinden" sehen vor, dass zunächst der Gegnerstaat seine Ansprüche auf die verschleppten Kulturgüter anmelden muss. Nur wenn die Regierung des Gegnerstaates innerhalb der festgesetzten Frist keinen Gebrauch von diesem Recht machte, können natürliche und juristische Personen dieses Staates den Gerichtschutz für ihre Eigentumsrechte in Anspruch nehmen.

Der Gerichtshof wies darauf hin, dass der gerichtliche Schutz des Eigentumsrechts auf die verschleppten Kulturgüter nicht ausgeschlossen ist. Eine Vindikationsklage nach Art. 301 ZGBRF muss von dem Gericht verhandelt werden.[1337]

> „Member States (of the Council of Europe - Anm. d. Verf.) whose laws or regulations limit restitution or compensation for wrongfully expropriated properties to a specific period of time and thus excluding a specific group of victims or to persons who reside in, or are citizens of the country from which restitution or compensation is sought, are obligated to remove such restrictions."[1338]

2. Recht auf Grundeigentum

Das durchweg private Grundeigentum der Gutsbesitzer wurde in Russland nie als gänzlich legitim betrachtet.[1339] Bis zum 20. Jahrhundert sind im Übrigen die Begriffe „Grundeigentum" und „Eigentum" praktisch gleichzusetzen.

> „Die fehlende Tradition einer grundlegenden Legitimität des Eigentums ist es, was Russland in tragischer Weise von Europa unterschied. Es fehlte der entscheidende psychologisch-kulturelle Angelpunkt, an dem das ganze Gebäude des europäischen Kapitalismus befestigt war."[1340]

[1335] Bundesgesetz der RF vom 9. Dezember 1991 (N2005-1).

[1336] Die Bestimmungen über die außergerichtliche Verhandlung und die Lösung der Streitigkeit auf Interregierungsebene der Ansprüche auf Rückgabe der verschleppten Kulturgüter.

[1337] S. auch Urteil VGRF vom 20. Juli 1999 (N12-П), Ziff. 9.

[1338] *Blumenwitz, Dieter*, 2001a, S. 203-204.

[1339] *Gajdar, Egor*, 1995, S. 65.

[1340] *Gajdar, Egor*, 1995, S. 65.

Art. 9 Abs. 2 VRF bestimmt, dass Boden und andere Naturressourcen sich in privaten, staatlichen, munizipalen und anderen Formen des Eigentums befinden können. Das Privatgrundeigentum bedeutet, dass seine Subjekte Bürger und juristische Personen sind (Art. 213 Abs. 1 ZGBRF).

Art. 36 VRF erweitert das Recht auf Privatgrundeigentum:

> "1. Citizens and their associations shall have the right to have land in their private ownership.
> 2. The possession, use and management of the land and other natural resources shall be freely exercised by their owners provided this does not cause damage to the environment or infringe upon the rights and interests of other persons.
> 3. The terms and procedures for the use of land shall be determined on the basis of federal laws.[1341]"

Schon 1990 sah der Gesetzgeber in den Gesetzen der Russischen Sozialistischen Föderativen Sowjetrepublik „*O sobstvennosti v RSFSR* (Über das Eigentum in der RSFSR)" und „*O zemelnoj reforme* (Über die Bodenreform)"[1342] die Bestimmungen über die Verhältnisse des Grundeigentums vor. Eine Reihe von Artikeln beinhaltete die Vorschriften, nach denen das Recht auf privates Grundeigentum ermöglicht wurde. Art. 2 Abs. 4 Satz 1 des Gesetzes über das Eigentum bestimmte, dass Grundstücke als Objekt des Eigentums betrachtet werden sollten. Die Norm von Art. 6 Abs. 2 GÜERF besagte, dass sich Grundstücke in privatem, staatlichem oder munizipalem Eigentum befinden könnten. Art. 10 Abs. 1 GÜERF konkretisierte, dass zu den Objekten des Eigentumsrechtes der Bürger auch Grundstücke gehören.[1343] Art. 12 GÜERF hieß „Grundeigentumsrecht und Recht auf Besitz der Grundstücke" und in ihm bestimmte der Gesetzgeber die Zwecke des Grundeigentums. Es war vorgesehen, dass ein Bürger das Recht hatte, ein Grundstück zu landwirtschaftlichen Zwecken, zum Bau eines Eigenheims oder als Gärtnerei besitzen oder als Eigentum haben kann (Abs. 1).

Die Bestimmungen von Art. 12 GÜERF wurden im Bundesgesetz der RF „*O prave grazhdan Rossijskoj Federazii na poluchenije v chastnuju sobstvennost i na prodazhu zemelnykh uchastkov dlja vedenija lichnogo podsobnogo i dachnogo khozjajstva, sadovodstva i individualnogo zhilichnogo stroitelstva* (Über das Recht der Bürger der RF auf Erwerb als Privateigentum und für den Verkaufs-

---

[1341] Gleichzeitig bestimmt die Verfassung nicht, was unter dem Begriff „Bedingungen und Verfahren" zu verstehen ist. Mehr zum Thema s. *Skyner, Luis*, 2001, S. 151.

[1342] Gesetz der RSFSR vom 23. November 1990 (N374-I). Das Gesetz trat außer Kraft mit Art. 4 Abs. 1 Punkt 3 des Einführungsgesetzes zum Agrargesetzbuch der RF vom 25. Oktober 2001 (N137-Ф3).

[1343] Das Gesetz schließt Ausländer und Staatenlose aus den Grundverhältnissen in Russland nicht aus. S. Teil V des Gesetzes.

zweck von Grundstücken für individuelle Neben- und Datschenwirtschaft, Gärtnerei und individuellen Wohnungsbau)“[1344] erweitert.

Die Verhältnisse des Grundeigentums spielten eine große Rolle im Reformprozess der Eigentumsgesetzgebung der Russischen Föderation insgesamt.[1345] Daher war die Durchführung der Agrarreform wichtig. 1993 erschien der Erlass des Präsidenten[1346] „*O regulirovanii zemelnykh otnoshenij i razvitii agrarnoj reformy v Rossii* (Über die Regulierung der Grundverhältnisse und die Entwicklung der Agrarreform in Russland)“.[1347] Ein weiterer Rechtsakt, der zu den wichtigsten Versuchen gehört, die Verhältnisse des Grundeigentums zu regeln, war der Erlass des Präsidenten[1348] „*O realizachii konstituchionnykh prav grazdan na zemlju* (Über die Verwirklichung der verfassungsmäßigen Rechte der Bürger am Boden)“. In der Präambel zu diesem Rechtsakt wurde darauf hingewiesen, dass seit Anfang der Agrarreform 1991 in Russland 40 Millionen Bürger der Russischen Föderation Grundstücke zum Eigentum und 12 Millionen Bauern Grundstücksanteile (russ.: *paj*) bekommen hatten. Aber viele Fragen der rechtlichen Regulierung der Grundverhältnisse blieben ungelöst. Deswegen ist das Hauptziel des Erlasses diese Verhältnisse bis zur Annahme des Agrargesetzbuches der Russischen Föderation präziser zu regeln. Das zeigt aber ganz deutlich, dass die Agrarreform in Russland ohne deutliche gesetzliche Vorschriften in dem Bereich eingesetzt wurde.[1349]
Der 4. Abschnitt des Erlasses lautete:
„Der Eigentümer eines Bodenanteils hat ohne Zustimmung anderer Eigentümer von Bodenanteilen das Recht, den Bodenanteil:
- zu vererben;

1344 S. Bundesgesetz der RF vom 23. Dezember 1992 (N4196-I). Das Gesetz trat außer Kraft mit Art. 4 Abs. 1 Punkt 8 des Einführungsgesetzes zum Agrargesetzbuch der RF vom 25. Oktober 2001 (N137-ФЗ).

1345 S. mehr dazu *Evers, Frank*, 1993.

1346 Erlass des Präsidenten der RF vom 27. Oktober 1993 (N1767).

1347 Gemäß des Erlasses wurde das Moratorium auf Grundverkauf abgeschafft, deswegen wurde er in politischen Kreisen sehr stark kritisiert (mehr dazu s. *Ajackov, D. F.*, 2002, S. 451).

1348 Erlass des Präsidenten der RF vom 7. März 1996 (N337).

1349 “Bodenprivatisierung soll als Mittel zu dem Zweck dienen, durch das Eigentum die wirtschaftliche Aktivität zu stimulieren. Im westlichen Sinn verstehen (und an dem orientieren sich ja die Reformer) wird mit dem Begriff Eigentum schließlich auch Privatinitiative verbunden. Demhingegen war und ist in Russland das Eigentum in entscheidendem Maße an behördliche Instanzen gebunden... Die sich mit der landwirtschaftlichen Reform befassenden Erlasse und Beschlüssen des russischen Präsidenten und der Regierung gehen selbstverständlich ebenfalls von der Zulässigkeit privaten Eigentums an Grund und Boden aus, regeln jedoch nicht deren Verwirklichung” (*Evers, Frank*, 1993, S. 167).

- *in natura* für die Führung einer Bauernwirtschaft oder persönlichen Nebenwirtschaft zu nutzen;
- zu verkaufen;
- zu verschenken;
- gegen einen Vermögensanteil oder einen Bodenanteil in einer anderen Wirtschaft zu tauschen;
- *in natura* an Bauernwirtschaften, landwirtschaftliche Organisationen sowie Bürger zur Führung persönlicher Nebenwirtschaften zu verpachten;
- auf der Grundlage eines Rentenvertrages zur Sicherung des lebenslangen Unterhalts zu übertragen sowie;
- in das Geschäftskapital oder den Bodenanteilfonds einer landwirtschaftlichen Organisation zu übertragen.

Da laut der russischen Verfassung jedoch nur die Staatsduma Gesetze erlassen kann, ist dieser Erlass nicht rechtskräftig. Die Mehrheit der Mitglieder der Staatsduma lehnt jedoch einen Verkauf des Bodens[1350] ab.[1351]

1350 "The Land Code has avoided the issue of agricultural land market development by stating that this will be dealt with through separate legislation. In the summer of 2002 the State Duma passed the Law on the Transfer of Agricultural Land, allowing private individuals or legal persons to legally buy or sell agricultural land from the beginning of 2003. However, many obstacles must be overcome before a practical and functional market of agricultural properties can emerge" (Ziff. 9 HBP/2003/7 HBP/WP.7/2003/7, in: Economic Commission for Europe Woking Party on Land Administration Third session (Geneva, 17-18 November 2003) Item 4 (b) of the provisional agenda Land Administration Review Russian Federation).

1351 Dabei nennen sie insbesondere folgende Gründe:
- Das Privateigentum am Boden ist der russischen Bauernschaft fremd;
- Inflation und Wirtschaftskrise haben zur Verarmung der Dorfbewohner geführt. Sie können sich deshalb am Kauf von Boden kaum beteiligen, der deshalb vor allem in die Hände reicher Städter gelangen würde;
- Länder wie China, Vietnam, Israel, Holland und Belgien beweisen, dass auch bei staatlichem Eigentum eine hochentwickelte Landwirtschaft möglich ist, wenn der Boden verpachtet wird;
- Die südlich Russlands gelegenen Länder haben ein starkes Bevölkerungswachstum. Es darf keine Möglichkeit geben, dass Ausländer aus diesen Ländern sich im dünn besiedelten Russland, insbesondere in Sibirien, durch Kauf von Boden aus Privathand dort ansiedeln können. Die Kontrolle über den Boden muss der russische Staat haben;
- Die von westlichen Beratern vertretene Auffassung sei falsch, dass eine Kreditierung der landwirtschaftlichen Unternehmen nur erfolgt, wenn der Boden belastet werden kann.
„Das Beispiel der neuen Bundesländer, in denen ca. 90 % des Bodens auf Pachtbasis bewirtschaftete werden, zeigt, dass diesem Standpunkt zugestimmt werden muss. Allerdings ist der Kreditrahmen gegenüber einem Unternehmen mit hohem Bodeneigentum, das beliehen werden kann, eingeschränkt" (*Schulze, Eberhard / Tillack, Peter / Dolud, Olena / Bukin, Sergej*, 1999, S. 15).

Alles, was in der russischen Gesetzgebung getan wurde, diente als Vorbereitung zur Hauptetappe der Reform der Agrargesetzgebung. Entscheidende Bedeutung in der Regulierung der Verhältnisse des Grundeigentums hat das Jahr 2001. Der erste Schritt war die Annahme des Bundesgesetzes der Russischen Föderation[1352] „*O zemleustrojstve* (Über die Neuordnung[1353] der Bodenverhältnisse des ländlichen Grundbesitzes)". Das Gesetz legt die rechtlichen Grundlagen für die Durchführung der Neuordnung der Bodenverhältnisse fest.
Ein weiterer notwendiger Rechtsakt im Bereich der Regulierung der Bodenverhältnisse war das Bundesgesetz der RF[1354] „*O razgranichenii gosudarstvennoj sobstvennosti na zemlju* (Über die Abgrenzung des staatlichen Eigentums auf Boden)". Im Gesetz wurde die deutliche Abgrenzung zwischen dem Föderaleigentum,[1355] dem Eigentum der Subjekte der RF[1356] und dem munizipalen Eigentum verankert.[1357]
Die ganze Vorbereitungsarbeit wurde 2001 mit der Annahme des Agrargesetzbuches der Russischen Föderation gekrönt.[1358] Mittels des Bundesgesetzes der RF[1359] „*O vvedenii v dejstvije Zemelnogo kodeksa Rossijskoj Federazii* (Über die Einführung des Agrargesetzbuches der RF)" sieht der Gesetzgeber viele Vorbehalte zu den Bestimmungen des Agrargesetzbuches vor.[1360]

Im Zivilgesetzbuch der RF sind die Grundprinzipien der Anerkennung des Rechts der Bürger auf Privateigentum an Grund und Boden sowie der Anerkennung von Besitz-, Nutzungs- und Verfügungsfreiheiten für Grundeigentümer umfassend untersetzt worden.[1361] Somit gaben die Postulate von der Verfassung und dem Zivilgesetzbuch der Bodengesetzgebung eine privatrechtliche Richtung vor.
Kapitel 17 des Zivilgesetzbuches beinhaltet die Bestimmungen, die die Bodenverhältnisse regeln. Der Gesetzgeber sah im Einführungsgesetz zum Zivilgesetzbuch vor, dass diese Bestimmungen nur mit der Annahme des neuen Agrar-

1352 Bundesgesetzt der RF vom 18. Juni 2001(N78-Ф3).
1353 Der Begriff der Neuordnung der Bodenverhältnisse wird in Art. 1 des Gesetzes bestimmt.
1354 Bundesgesetz der RF vom 17. Juli 2001 (N101-Ф3).
1355 Art. 3 des Gesetzes.
1356 Art. 4 des Gesetzes.
1357 Art. 5 des Gesetzes.
1358 Nach offiziellen Angaben gab es im Jahr 2001 45 Millionen Grundeigentümer in der RF. 130 Millionen Hektar wurden Eigentum von Bürgern und Organisationen (s. Webseite http://www.forest.ru/rus/legislation/landcode.html). S. auch Ziff. 8 HBP/2003/7 HBP/WP. 7/2003/7, in: Economic Commission for Europe Woking Party on Land Administration Third session (Geneva, 17-18 November 2003) Item 4 (b) of the provisional agenda Land Administration Review Russian Federation.
1359 Bundesgesetz der RF vom 25. Oktober 2001 (N137-Ф3).
1360 S. Art. 3 Abs. 2 Satz 1; Art. 3 Abs. 3, Abs. 4, Abs. 8; Art. 7; Art. 8 des Bundesgesetzes.
1361 S. Art. 260-287 ZGBRF. Kapitel 17 (Art. 260-287) ZGBRF wird an dem Tag des Inkrafttretens des Agrargesetzbuches der RF eingesetzt.

gesetzbuches der RF in Kraft treten sollen.[1362] Nach der Verfassung gehört die Zivilgesetzgebung zur Kompetenz des Bundes,[1363] und Boden-, Berg-, Forst und Wassergesetzgebung zur gemeinsamen Kompetenz des Bundes und der Subjekte der RF.[1364] Das Eigentumsrecht auf Boden wird in Art. 72 Abs. 1 в) VRF geregelt. Der Artikel bestimmt die gemeinsamen Kompetenzen des Bundes und der Subjekte der RF. Damit wird es bestätigt, dass man kein Kompromiss zwischen verschiedenen Machtebenen gefunden hat. Obwohl das Privateigentum auf Boden von der Verfassung gewährleistet wird, erkannten 10 Subjekte der RF es nicht an. Mit der Annahme des neuen Agrargesetzbuches wurden die umfangreichen und manchmal widersprüchlichen Rechtsnormen in dem Bereich kodifiziert. Dies ist die Voraussetzung dafür, dass der rechtlichen Willkür der Regionen, die die Frage des Grundeigentums nach eigenem Ermessen regeln, ein Ende gemacht wird.[1365]

EVERS wies auf die Widersprüche zu Verfassung und Zivilgesetzbuch hin, in:
- der Begrenzung des freien Bodenerwerbs durch die Kopplung von Eigentumsübergaben an die Zweckbestimmung der Grundstücke;
- die Normierung von Obergrenzen für privates Bodeneigentum;
- der Festbindung des überwiegenden Teils der Böden in Miteigentum zur gesamten Hand oder zu Bruchteilen in den alten Unternehmen;
- der Beschränkung oder dem Ausschluss der Bodenerwerbsrechte für Ausländer;[1366]
- der Ablehnung von Altansprüche;
- der vorbehaltlich oder nur unzureichend normativaktlich gesicherten Gewährung des Eigentumserwerbs von Grundstücken im Zuge der Privatisierung.[1367]

Die ganze Geschichte Russlands zeigt, dass die Bodenverhältnisse nicht lediglich von rechtlicher und wirtschaftlicher Bedeutung sind sondern hauptsächlich von politischer.[1368] In der Diskussion über das neue Agrargesetzbuch der RF wurden die historischen und kulturellen Aspekte in der Entwicklung der Bodenverhältnisse in Russland in Betracht genommen. Der Boden ist nicht allein als ein Objekt der Kapitalanwendung, sondern auch der Lebensraum der Menschen.[1369] Art. 1 Abs. 1 Ziff. 2 AGBRF bestimmt die Priorität des Schutzes des Bodens als Bestandteil des Umweltschutzes vor der Nutzung des Bodens als ein

[1362] Bundesgesetz der RF vom 30. November 1994 (N52-ФЗ), Art. 13.
[1363] Art. 71 VRF.
[1364] Art. 72 VRF.
[1365] Mehr zum Thema s. *Skyner, Luis*, 2001, S. 152-153 und *Medushevskij, Andrej*, 2002, S. 3-5.
[1366] Vgl. *Doc. H(98) 7*- 1998, S. 171.
[1367] *Evers, Frank*, 1996, S. 324.
[1368] Mehr dazu *Koznova, I. E.*, 2001, S. 667 und *Gusejnov, R.. M.*, 2001, S. 647.
[1369] S. Ziff. 39, HBP/2003/7 HBP/WP.7/2003/7, in: Economic Commission for Europe Woking Party on Land Administration Third session (Geneva, 17-18 November 2003) Item 4 (b) of the provisional agenda Land Administration Review Russian Federation.

Immobilieneigentum. Ein weiteres grundlegendes Prinzip der Agrargesetzgebung der RF ist Art. 1 Abs. 1 Ziff. 11 AGBRF zu entnehmen. Es geht um die Achtung der gemeinschaftlichen Interessen bei der Bodennutzung.[1370]
Art. 15 AGBRF beinhaltet die Vorschriften, die Grundeigentum der Bürger und juristischer Personen bestimmen. Zu dem Grundeigentum der Bürger und juristischer Personen (Privateigentum) gehören die Grundstücke, die rechtmäßig erworben wurden.[1371] Der Gesetzgeber räumte diesen Rechtssubjekten die gleiche Stellung im Zugang zu Grundstücken ein.[1372] Der Artikel beschränkt die Rechte der Ausländer[1373] in solcher Weise, dass es für sie ausgeschlossen ist, Grundstücke in Grenzgebieten als Eigentum zu erwerben.[1374]

Beispiel aus der Gerichtspraxis:[1375]
Sachverhalt
Das Verfassungsgericht der RF wurde angerufen, um die Verfassungsmäßigkeit des Agrargesetzbuches der RF zu prüfen. Es ging um die Bestimmungen, die die Gewährung des Eigentumsrechtes auf Grundstücke für Ausländer, Staatenlose und ausländische juristische Personen regeln.[1376] Die Beschwerdeführerin[1377] ist der Meinung, dass Subjekte des Grundeigentums ausschließlich russische Staatsangehörige und ihre Vereine sein können. Die Gewährung des Eigentumsrechtes auf Grundstücke für Ausländer, Staatenlose und ausländische juristische Personen beeinträchtigt die territoriale Grundlage des Lebens der Völker der RF. Sie räumt die Möglichkeit ein, dass in dieser Weise ausländische Staaten Boden in Russland erwerben können und später territoriale Ansprüche stellen. Nach der Auffassung der Beschwerdeführerin ist das Agrargesetzbuch der RF insgesamt verfassungswidrig, weil die Prozedur seiner Annahme von der Staatsduma nicht dem Gesetz entsprach.

Entscheidung des Gerichts
Das Verfassungsgericht wies darauf hin, dass im Sinne von Art. 55 Abs. 3 VRF im Zusammenhang mit den Art. 8, 17, 34 und 35 VRF das Eigentumsrecht den Forderungen der Gerechtigkeit, der Gleichheit und der Proportionalität[1378] entsprechen soll.[1379] Bei der Gewährung des Bodens zum Privateigentum bedeutet es nicht, dass ein Teil des staatlichen Territoriums übergeben wird sondern bloß ein Grundstück wie ein Objekt der Zivilrechte. Folglich verletzt es nicht die staatliche Souveränität der Russischen Föderation.[1380] Art. 62 Abs. 3 VRF[1381]

[1370] S. Art. 209 Abs. 3 ZGBRF.
[1371] Art. 15 Abs. 1 AGBRF.
[1372] Art. 15 Abs. 2 AGBRF.
[1373] Vgl. *Thiel, Matthias*, 1998, S. 72-73.
[1374] Art. 15 Abs. 3 AGBRF. S. auch Art. 8 des Einführungsbundesgesetzes, in dem ausdrücklich vorgeschrieben ist, dass Ausländer Grundstücke zu landwirtschaftlichen Zwecken ausschließlich pachten können.
[1375] Urteil VGRF vom 23. April 2004 (N8-П).
[1376] Art. 15 Abs. 3, Art. 30 Abs. 12, Art. 35 Abs. 5, Art. 38 und Art. 52 AGBRF.
[1377] In der Sache war die Beschwerdeführerin die Oblastnaja Duma des Murmansker Gebiets.
[1378] S. auch Urteil VGRF vom 1. April 2003 (N4-П), Ziff. 2 Abs. 5.
[1379] Ziff. 2.1 Abs. 3 des Urteils VGRF.
[1380] Ziff. 2.2 Abs. 2 des Urteils VGRF.

bestimmt „ein nationales Regime“ für Ausländer und Staatenlose.[1382] Das bedeutet, dass diese Kategorien von Menschen ebenfalls das Recht haben, Grundstücke zum Eigentum zu erwerben.[1383] Nach der Auffassung des Gerichtes widerspricht ein solches Recht dem verfassungsrechtlichen Status des Bodens nicht.[1384] Es wurde darauf hingewiesen, dass nach Art. 55 Abs. 3 VRF der Gesetzgeber verpflichtet ist, den Schutz der Rechte und Freiheiten zu gewährleisten. Es soll aber im Zusammenhang mit Art. 9 Abs. 1[1385] und Art. 36 Abs. 1 VRF durchgesetzt werden. Das heißt, dass die Bürger der RF beim Grundstückskauf Priorität haben.[1386] Deswegen bestimmt der Gesetzgeber die Schranken für Ausländer und Staatenlose.[1387] Auch nach Art. 8 des Einführungsgesetzes[1388] zum Agrargesetzbuch ist vorgesehen, dass Ausländer und Staatenlose Boden zur landwirtschaftlichen Nutzung ausschließlich zur Pacht[1389] erhalten dürfen.[1390] Alle solchen Schranken gewährleisten die souveränen Rechte der Russischen Föderation.[1391]

Mit Rücksicht auf alle Argumente schloss das Verfassungsgericht, dass die verfochtenen Bestimmungen des Agrargesetzbuches der RF verfassungskonform

---

[1381] Art. 62 Abs. 3 VRF: “Foreign citizens and stateless persons shall enjoy in the Russian Federation the rights of its citizens and bear their duties with the exception of cases stipulated by the federal law or international treaty of the Russian Federation.”

[1382] S. auch Urteil VGRF vom 17. Februar 1998 (N6-П), Ziff. 4.

[1383] Ziff. 2.3 Abs. 2 des Urteils VGRF.

[1384] Ziff. 2.3 Abs. 3 des Urteils VGRF.

[1385] Art. 9 Abs. 1 VRF: “The land and other natural resources shall be used and protected in the Russian Federation as the basis of the life and activity of the peoples living on their respective territories.”

[1386] Ziff. 2.3 Abs. 4 des Urteils VGRF.

[1387] Art. 15 und Art. 28 Abs. 15 AGBRF.

[1388] Bundesgesetz der RF vom 25. Oktober 2001 (N137-ФЗ).

[1389] S. auch Art. 3 des Bundesgesetzes vom 24. Juli 2002 (N101-ФЗ) „*Ob oborote zemel selskokhozjajstvennogo naznachenija* (Über den Verkehr von Boden zur landwirtschaftlichen Nutzung)“.

[1390] Noch weitere Rechtsakte bestimmen den Status der Ausländer in der RF: das Bundesgesetz „*Ob oborote zemel selskokhozjajstvennogo naznachenija* (Über den Verkehr von Boden zur landwirtschaftlichen Nutzung)“ vom 24. Juli 2002 (N101-ФЗ), Art. 3; das Bundesgesetz „*O kontinentalnom shelfe Rossijskoj Federazii* (Über den Festlandsockel der RF)“ vom 30. November 1995 (N187-ФЗ); das Bundesgesetz „*O nedrakh* (Über die Bodenschätze)“ vom 21. Februar 1992 (N2395-1); das Bundesgesetz „*O pravovom polzhenii inostrannykh grazhdan v Rossijskoj Federazii* (Über die rechtliche Stellung der Ausländer in der RF)“ vom 25. Juli 2002 (N115-ФЗ); Bundesgesetz der RF „*O vnesenii izmenenij v Federalnyj zakon „Ob oborote zemel selskokhozjajstvennogo naznachenija“ i Federalnyj zakon „O zemleustrojstve*“ (Über die Eintragung der Änderungen im Bundesgesetz „Über den Verkehr von Boden zur landwirtschaftlichen Nutzung“ und das Bundesgesetz „Über die Flurbereinigung“)“ vom 18. Juli 2005 (N87-ФЗ).

[1391] Ziff. 2.3 Abs. 8 des Urteils VGRF.

sind.[1392] Ferner bestimmte das Verfassungsgericht, dass keine Verletzung der Annahmeprozedur des Agrargesetzbuches der RF festgestellt wurde, weil die Kompetenzen aller beteiligten Subjekte beibehalten wurden.[1393]

Dieses Urteil des Verfassungsgerichts wurde mehrmals in den Medien kritisiert. Die Kritiker stützten sich darauf, dass Art. 36 Abs. 1 VRF die Bürger der RF und seine Vereine als Subjekte des Grundeigentums ausdrücklich bestimmt. Sie betrachteten dieses Recht als ein Recht der Bürger nicht aber als ein Menschenrecht. Nach ihrer Auffassung dürfen Ausländer kein Recht haben, Grundstücke in der Russischen Föderation zu erwerben.[1394]

In dem Bericht des Europarates wurde darauf hingewiesen, dass Boden in der RF kein Schutzobjekt der Rechte der Ausländer im Sinne von Art. 1 1.ZP ist. Nach der Auffassung der Autoren des Berichts soll das Recht auf Grundeigentum erst entstehen, bevor man einen Schutzanspruch haben kann. Die russische Gesetzgebung räumt Ausländern kein Recht auf Grundeigentum ein, demzufolge besteht kein Grund, von einer Verletzung von Art. 1 1.ZP zu sprechen.[1395]

Die Agrargesetzgebung der RF macht eine Reihe von Vorbehalten auch für die Bürger der RF bei dem Erwerb des Grundeigentums. Laut Art. 20 Abs. 4 Satz 2 AGBRF[1396] müssen Bürger, die auf ihren Grundstücken Wohnhäuser erbaut haben und deren Grundstücke durch Vertragsabschluss vor dem Inkrafttreten des Gesetzes der UdSSR über das Eigentum[1397] erworben, aber nicht ordnungsgemäß registriert wurden, ihre Rechte auf Grundeigentum nach der in dem Agrargesetzbuch festgelegten Ordnung neu registrieren lassen. Den Bürgern, die ihre Grundstücke in der lebenslänglichen Erbnutzung haben, wurde das Recht eingeräumt, diese Grundstücke zum Eigentum zu bekommen.[1398] Dieses Recht aber darf ein Bürger nur einmal ohne Entgelt in Gebrauch nehmen (Satz 2).

Die in Punkt 1 dieses Kapitels schon erwähnte Bürgerin BLIZINSKAJA rief das Verfassungsgericht der RF an mit der Begründung, dass die Bestimmungen des Art. 16 des Gesetzes von Moskau „*Ob osnovakh platnogo zemlepolzovanija v gorode Moskva* (Über die Grundlagen der kostenpflichtigen Bodennutzung in

---

[1392] Ziff. 2.4 des Urteils VGRF.
[1393] Ziff. 3 Abs. 10 des Urteils VGRF.
[1394] S. mehr zum Thema *Medushevskij, Andrej*, 2002, S. 6-7.
[1395] *Doc. H(98)* 7- 1998, S. 172.
[1396] S. auch Art. 3 Abs. 4 des Einführungsbundesgesetzes.
[1397] Gesetz der UdSSR vom 6. März 1990 (N1305-I).
[1398] Art. 21 Abs. 3 Satz 1 AGBRF.

der Stadt Moskau)“[1399] verfassungswidrig seien, weil sie ihr Eigentumsrecht auf das Grundstück verletzten. Nach den Bestimmungen sind die Eigentümer der Häuser, die sich auf den Grundstücken befinden, nur Anspruch auf 0,06 Ha im Weichbild der Stadt und 0,12 Ha außerhalb des Weichbildes. Alle Grundstücke, deren Fläche darüber hinausgeht, werden in Pacht gegeben.

Sachverhalt

Die Beschwerdeführerin, Frau Blizinskaja, wohnt im Haus im Weichbild, das sich auf 0,2291 Ha befindet. 1963 vererbt sie das Eigentumsrecht auf ihr Haus und das Recht auf eine unbefristete Nutzung des Grundstückes. Die Moskauer Administration entschied am 6. Juni 1996, dass die Beschwerdeführerin nur 0,06 Ha zur unbefristeten Nutzung hat. Die darüber hinausgehende Fläche soll auf 49 Jahre verpachtet und bezahlt werden.
Die Beschwerdeführerin erhob Klage auf Anerkennung des Rechts auf eine unbefristete Nutzung des gesamten Grundstückes. Am 9. September 1997 wies das Gericht ihre Klage zurück und bezog sich dabei auf die Bestimmungen des Gesetzes von Moskau. Die Gerichte der Berufungs- und Kassationsinstanz bestätigten die Entscheidung des Gerichts erster Instanz.

Entscheidung des Gerichts

In seinem Urteil[1400] wies das Gericht darauf hin, dass nach den Bestimmungen des Gesetzes „*O prave grazhdan Rossijskoj Federazii na poluchenije v chastnuju sobstvennost i na prodazhu zemelnykh uchastkov dlja vedenija lichnogo podsobnogo i dachnogo khozjajstva, sadovodstva i individualnogo zhilichnogo stroitelstva* (Über das Recht der Bürger der RF auf den Erwerb als Privateigentum und für den Verkaufszweck von Grundstücken für individuelle Neben- und Datschenwirtschaft, Gärtnerei und individuellen Wohnungsbau)“[1401] und dem Erlass des Präsidenten[1402] „*O realizachii konstituchionnykh prav grazdan na zemlju* (Über die Verwirklichung der verfassungsmäßigen Rechte der Bürger am Boden)“ die Bürger, die bis zum 1. Januar 1991 ihre Grundstücke zu einer unbefristeten Nutzung hatten, einen Anspruch auf das gesamte Grundstück behalten. Die Bestimmungen verboten, die Bürger zu zwingen, ihre Grundstücke zu verpachten oder zu kaufen.[1403] Nach dem Einführungsgesetz zum Agrargesetzbuch[1404] sind diese Bürger berechtigt, ihre Grundstücke, die sie zu einer unbefristeten Nutzung haben, einmal kostenfrei zum Eigentum bekommen. Und dieses Recht darf nicht durch eine Frist beschränkt werden.

[1399] Gesetz vom 16. Juli 1997 (N 34).
[1400] Urteil VGRF vom 13. Dezember 2001 (N16-П).
[1401] S. Bundesgesetz der RF vom 23. Dezember 1992 (N4196-I). Das Gesetz trat außer Kraft mit Art. 4 Abs. 1 Punkt 8 des Einführungsgesetzes zum Agrargesetzbuch der RF vom 25. Oktober 2001 (N137-ФЗ).
[1402] Erlass des Präsidenten der RF vom 7. März 1996 (N337).
[1403] Ziff. 2 Abs. 2 des Urteils VGRF.
[1404] Bundesgesetz der RF „*O vvedenii v dejstvije Zemelnogo kodeksa Rossijskoj Federazii* (Über die Einführung des Agrargesetzbuches der RF)“ vom 25. Oktober 2001 (N137-ФЗ).

Das Verfassungsgericht wies darauf hin, dass Art. 35 Abs. 3 VRF nicht nur das Eigentumsrecht schützt sondern auch andere Vermögensrechte,[1405] wie zum Beispiel das Recht auf eine unbefristete Nutzung oder auf einen lebenslang vererbten Besitz des Grundstückes.[1406]

Art. 55 VRF besagt, dass "no laws denying or belittling human and civil rights and liberties may be issued in the Russian Federation. Human and civil rights and liberties may be restricted by the federal law only to the extent required for the protection of the fundamentals of the constitutional system, morality, health, rights and lawful interests of other persons, for ensuring the defense of the country and the security of the state". Das Verfassungsgericht befand, dass wegen der Bestimmungen von Art. 16 des Moskauer Gesetzes die Bürger, deren Grundstücke die von dem Gesetz vorgeschrieben Fläche übersteigen, schlechter behandelt werden.[1407] Außerdem werden diese Bürger gezwungen, die Pachtkosten zu bezahlen.

Das Verfassungsgericht schloss, dass das Gesetz einem Subjekt der RF nicht nur das Recht auf Nutzung und Besitz beschränkt, sondern auch das Recht auf Freiheit der Vertragsschließung. Seine Bestimmungen[1408] widersprechen somit den Art. 55 Abs. 2 und 3 VRF.[1409]

Im Agrargesetzbuch der RF bestimmt der Gesetzgeber, dass das Recht auf Grundeigentum beschränkt werden kann. Art. 56 AGBRF beinhaltet den Katalog solcher Fälle, der aber nicht erschöpfend ist.[1410] Der betroffenen Person wird das Recht gegeben, die Beschränkungen vor Gericht anzufechten.[1411] Und generell wird gesetzlich vorgesehen, dass alle strittigen Angelegenheiten über die Grundeigentumverhältnisse vom Gericht entschieden werden.[1412]

[1405] S. Art. 216, 279, 283, 304 und 305 ZGBRF.

[1406] Vgl. Urteil VGRF vom 16. Mai 2000 (N8-П), Ziff. 5 Abs. 5.

[1407] Ziff. 4 Abs. 2 des Urteils VGRF.

[1408] Ziff. 4 Abs. 2 des Urteils VGRF.

[1409] Nicht nur natürliche Personen werden vom Gesetz von Moskau „*Ob osnovakh platnogo zemlepolzovanija v gorode Moskva* (Über die Grundlagen der kostenpflichtigen Bodennutzung in der Stadt Moskau)" betroffen. Auch juristische Personen erhoben viele Klagen, um ihre Eigentums- und Nutzungsrechte zu schützen. In seiner Publikation führt der Direktor des Jurakollegiums als Beispiel die Klage der AG „Camping Butovo" an. Die AG wurde von den Finanzbehörden gezwungen, rückwirkend die Kosten für die Pacht zu bezahlen, obwohl der Status des Grundstückes lange Zeit ungewiss war und man nicht wusste, ob es zu städtischem oder forstwirtschaftlichem Boden gehörte (s. in www.urcollegia.ru/publ_2.php).

[1410] S. Art. 56 Abs. 2 Ziff. 4 AGBRF.

[1411] Art. 56 Abs. 7 AGBRF.

[1412] Art. 64 Abs. 1 AGBRF.

Beispiel aus der Gerichtpraxis:[1413]

Sachverhalt

Eine GmbH (der Immobilienkäufer) erhob Klage beim Arbitragegericht mit der Begründung, dass die Stadtadministration ihr das Grundstück rechtswidrig nur als gepachtet anerkannt hat, obwohl sie es von dem ehemaligen Besitzer des Grundstückes mit dem Aufbau gekauft hatte. Der ehemalige Besitzer hatte das Grundstück zur ständigen (unbefristeten) Nutzung. Die GmbH stützte sich auf Art. 552 ZGBRF und Art. 37 AGBRF[1414].

Entscheidung des Gerichts

Das Gericht wies darauf hin,[1415] dass nach Art. 216 ZGBRF zu den dinglichen Rechten der Personen, die keine Eigentümer sind, neben dem Eigentumsrecht auch das Recht auf ständige (unbefristete) Nutzung des Grundstückes[1416] gehört. Dieses Recht wird vom Gesetz gleichberechtigt geschützt,[1417] und kann ausschließlich durch den Erlass eines Bundesgesetzes beschränkt werden.[1418] Art. 271 Abs. 2 ZGBRF[1419] bestimmt, dass bei dem Eigentumsübergang eines Baus auch das Recht zur Nutzung des Grundstückes, auf dem er steht, an den neuen Besitzer übergeht. Nach Art. 552 ZGBRF erwirbt der Käufer das Nutzungsrecht nicht auf das ganze Grundstück sondern nur auf den Teil, wo der Bau steht und der zu dessen Nutzung notwendig ist. Eine Gewährung der restlichen Teile des Grundstückes kann nach dem vom Gesetz vorgeschrieben Verfahren durchgeführt werden. Die Entscheidung der Stadtadministration über den Pachtvertrag wurde als rechtwidrig erklärt.

Nach Meinung der Schöpfer des Agrargesetzbuches der RF liegt sein Hauptverdienst darin, dass es ein einheitliches Regime des Eigentums und der marktwirtschaftlichen Beziehungen in allen Bereichen der Wirtschaft festgelegt habe.[1420] MEDUSHEVSKIJ[1421] vertritt eine gegenteilige Meinung. Er hält für den Hauptmangel des neuen Agrargesetzbuches das Bemühen um eine rechtliche Vereinheitlichung der Eigentumsverhältnisse. Die realen Eigentumsverhältnisse eignen sich nicht für eine strenge Klassifizierung von dem Standpunkt des öffentlichen und privaten Rechts aus. Einerseits spielt das Agrargesetzbuch die Rolle „eines Quasiverfassungsgesetzes", weil es ungeachtet der Verfassung eine Priorität der Normen eines Bundesgesetzes über die Normen anderer Bundesgesetze (Zivil-, Steuer- und Budgetgesetzbücher) bestimmt. Andererseits gewähr-

---

[1413] Ziff. 1 des Informationsbriefes des Präsidiums des OAGRF vom 27. Februar 2001 (N61).

[1414] Art. 37 des alten Agrargesetzbuches der RSFSR.

[1415] Die Gerichtentscheidung wurde 2001 vor dem Inkrafttreten des neuen Agrargesetzbuches der RF verkündet.

[1416] Art. 268 ZGBRF.

[1417] Art. 305 ZGBRF.

[1418] Art. 1 ZGBRF.

[1419] Art. 37 des alten Agrargesetzbuches.

[1420] S. das Stenogramm der Diskussionen zur Annahme des Agrargesetzbuches in der Staatsduma (auf der Webseite der russischen Duma).

[1421] *Medushevskij, Andrej*, 2002, S. 5.

leistet das Gesetzbuch nicht vollständig die rechtlichen Regulierungen der Bedingungen und des Verfahrens der Bodennutzung.[1422]

Der Gerichtshof für Menschenrechte hatte sich ebenfalls mit dieser Problematik zu befassen. In der Sache *Zhigalev v. Russia*[1423] musste entschieden werden, ob die Rechte des Beschwerdeführers gemäss Art. 6 Abs. 1 EMRK und Art. 1 1.ZP verletzt wurden. Der Beschwerdeführer ist Landwirt. In der Zeit der Privatisierung gründete er einen landwirtschaftlichen Betrieb, Farmbetrieb. Nach der Entscheidung des örtlichen Rats[1424] wurden ihm 31 ha für seinen Bauernhof zugeteilt und weitere 315 ha an ihn verpachtet. 31 ha erhielt er als Eigentum und 315 ha als lebenslangen erblichen Besitz (engl.: *lifetime inheritable possession*).[1425] 1997 wurde das Bodenzertifikat des Beschwerdeführers vom örtlichen Rat für ungültig erklärt, und zwar mit der Begründung, dass seine Rechte auf die Grundstücke gesetzwidrig seien und die Interessen von fünf anderen Landwirten verletzen. Der Beschwerdeführer rief das Gericht an, das zu seinen Gunsten entschied. Das Gericht wies darauf hin, dass der örtliche Rat nicht berechtigt war, das Bodenzertifikat des Beschwerdeführers zu annullieren. Es sei die ausschließliche Kompetenz des Gerichts, solche Entscheidungen zu treffen. 1999 initiierte die regionale Staatsanwaltschaft ein Einspruchsverfahren, um die ursprüngliche Entscheidung des örtlichen Rates und das Bodenzertifikat für ungültig zu erklären. Der Beschwerdeführer versuchte, gegen die Staatsanwaltschaft vorzugehen. Aber seine Klage wurde nicht vor dem Gericht verhandelt, weil er im Verfahren den Status einer dritten Partei hatte. Das nationale Gericht annullierte das Bodenzertifikat des Beschwerdeführers. Ein neues Bodenzertifikat wurde ausgestellt, nachdem das Grundstück zwischen sechs Landwirten[1426] geteilt worden war. Dem Beschwerdeführer wurde aber keine Entschädigung für das enteignete Grundstück zuerkannt.
Der Beschwerdeführer machte geltend, dass in seinem Fall eine Verletzung von Art. 6 Abs. 1 EMRK und Art. 1 1.ZP vorliegt. Der Gerichtshof erklärte diese Beschwerde für zulässig, weil ihr Sachverhalt sich auf viele rechtliche Probleme bezieht. Und in Betracht des Straßburger *Case Law* kann man schon jetzt sicher vorhersagen, dass der Beschwerdeführer seine Sache gewinnen wird.

[1422] S. das Gutachten zum Agrargesetzbuch der RF des Komitees des Bundesrates für die Verfassungsgesetzgebung und gerichtliche Angelegenheiten vom 9. Oktober 2001.

[1423] Zhigalev v. Russia (54891/00)- Decision as to the Admissibility vom 20. Januar 2005 (admissible).

[1424] Das Organ der örtlichen Selbstverwaltung.

[1425] "According to the Land Code of 1991 certain categories of land can only be owned as a "lifetime inheritable possession" (*«право пожизненного наследуемого владения»*), which means that the land can be possessed, used and left for the succession, but cannot be sold to anyone, except the State" (s. Zhigalev v. Russia (54891/00)- Decision as to the Admissibility vom 20. Januar 2005 (admissible), Ziff. B, 3).

[1426] Zwischen dem Beschwerdeführer und seinen fünf Nachbarn.

Der Anfang der Reform der Bodenverhältnisse in der Russischen Föderation fiel mit dem Anfang des Prozesses der Aufteilung des Eigentums zusammen. Aber Eile und Druck „von oben“, Unorganisiertheit und überstürzte Entscheidungen, geringe Information der Bevölkerung, Fehlen der notwendigen Kenntnisse und qualifizierter Arbeitskräfte zusammen mit der instabilen sozial-wirtschaftlichen Lage sind die Faktoren, die bei der Bevölkerung Widerstand gegen die Agrarreform hervorriefen.[1427] Bis heute[1428] bleibt die kollektive Bodennutzung die verbreitetste Form in Russland.[1429] Nach der herrschenden Meinung hob die moderne Agrarreform in Russland allein das staatliche Monopol auf Grundeigentum auf.[1430]
SKYNER vertritt die Meinung, dass das rechtliche System insgesamt, das Zivilgesetzbuch und andere Rechtsakte der neuen Gesetzgebung Russlands die rechtlichen Prinzipien beibehalten, die ein schwerwiegendes Hindernis bei den Garantien des Eigentumsrechts und Besitzes darstellen. Die öffentliche Macht in Russland hat nicht ausdrücklich anerkannt, dass das Privateigentum den Verzicht auf jede beliebige Einmischung des Staates in die Bodenverhältnisse bedeutet.[1431]

In dem Bericht der UNO Wirtschaftskommission für Europa (eng.: *UN European Commission for Europe*) „Land Administration Review Russian Federation“ wurden die folgenden Empfehlungen über die Agrarreform in der Russischen Föderation gemacht:
- The implementation of land reform has to continue with the focus on improving existing laws and regulations (instead of creating a myriad of new laws). Attention should be given to streamlining institutional responsibilities (instead of new experiments and shuffling responsibilities around) and to cutting red tape in land and real property transactions;[1432]

[1427] *Koznova, I. E.,* Krestjanskije predstavlenija o zemelnoj sobstvennosti: istorija i sovremennost, in: Sobstvennost v XX stoletii, 2001, S. 675.
[1428] Nach den Angaben der Volksumfrage in der RF äußerte bloß 7 Prozent der Bevölkerung sich für den Verkauf der Boden. 47 Prozent waren ohne Vorbehalte dagegen, dass man Boden zum freien kommerziellen Verkehr zulassen soll (s. *Ajackov, D. F.*, 2002, S. 513).
[1429] In Russland wurde eine Umfrage der öffentlichen Meinung durchgeführt. Auf die Frage, ob das Grundeigentum als Zeichen des Reichtums ist, stimmten nur 5 Prozent der Bevölkerung zu. Auf die Frage „Was bedeutet für Sie, den Grundeigentümer zu sein?“ antworteten fast 60 Prozent der Befragten entweder „Nichts“ oder „Wir fühlen uns wie keine Bodeneigentümer“ (*Kalugina, Z. I.*, Paradoxy agrarnoj reformy v Rossii, Novosibirsk, 2000, S. 46-48).
[1430] Vgl. *Medushevskij, Andrej*, 2002 und *Skyner, Luis*, 2001.
[1431] *Skyner, Luis*, 2001, S. 155.
[1432] Ziff. 60, HBP/2003/7 HBP/WP.7/2003/7, in: Economic Commission for Europe Woking Party on Land Administration Third session (Geneva, 17-18 November 2003) Item 4 (b) of the provisional agenda Land Administration Review Russian Federation.

- The unity of land and buildings (ownership rights to be based on the land parcel, known as the principle of "*superficies solo cedit*") has to be introduced.[1433]

Die Garantien der Grundeigentümer werden in den folgenden Kapiteln zusammen mit den allgemeinen Garantien des Eigentumsschutzes behandelt werden.[1434] Eine detaillierte Analyse der Grundeigentumsverhältnisse in der Russischen Föderation liegt außerhalb des Rahmens dieser Studie.[1435]

3. Rechtsprobleme bei der Zahlung staatlicher Sozialhilfe

3.1. Die Folgen der Tschernobyl- Katastrophe

1992 wurde das Sondergesetz der RF „*O sozialnoj zaschite grazhdan, podvergshikhsja vozdejsviju radiazii vsledstvije katastrophy na Tschernobylskoj AES* (Über die soziale Absicherung der Bürger, die durch die Katastrophe im KKW Tschernobyl radioaktiver Strahlung ausgesetzt waren)"[1436] erlassen. In Art. 1 des Gesetzes wurde darauf hingewiesen, dass sein Ziel ist, die Rechte und Interessen der Bürger zu schützen, die infolge der Katastrophe zu Schaden gekommen sind. Infolge dieses globalen Unglücks waren die Grundrechte der Bürger verletzt worden, die mit dem Schutz des Lebens, der Gesundheit, des Eigentums u.s.w. verbunden sind. Der Staat erkannte seine Verantwortung bei der Entschädigung der Bürger an. Diese Entschädigungen konnten nicht nach der Zivil-, Verwaltungs-, Straf- oder einer anderer Gesetzgebung erfolgen und deswegen wurde das Sondergesetz der RF in einer erweiterten Fassung angenommen.[1437]

Das Verfassungsgericht der RF prüfte die Verfassungsmäßigkeit des Gesetzes bereits dreimal.[1438]

[1433] Ziff. 64, HBP/2003/7 HBP/WP.7/2003/7, in: Economic Commission for Europe Woking Party on Land Administration Third session (Geneva, 17-18 November 2003) Item 4 (b) of the provisional agenda Land Administration Review Russian Federation.

[1434] Vgl. *Doc. H(98) 7*- 1998, S. 172.

[1435] Mehr zum Thema s. *Ajackov, D. F.*, 2002 und *Krassov, Oleg I.*, 1995.

[1436] Gesetz der RF vom 18. Juni 1992 (N3061-1).

[1437] S. die Abänderungsgesetze der RF zum Gesetz „Über die soziale Absicherung der Bürger, die durch die Katastrophe im KKW Tschernobyl radioaktiver Strahlung ausgesetzt waren" vom 24. November 1995 und 12. Februar 2001.

[1438] S. auch zum Thema die Rechtsprechung der russischen Gerichte:
Entscheidungen des Verfassungsgerichts der RF: Beschluss vom 21. April 2005 (N121-0); Urteil vom 23.April 2004 (N9-П); Beschluss vom 4. Dezember 2003 (N423-O); Beschluss vom 5. Dezember 2003 (N419-O); Beschluss vom 15.Juli 2003 (N251-O); Beschluss vom 5. Juni 2003 (N275-O); Beschluss vom 29. Mai 2003 (N189-O); Beschluss vom 6. März 2003 (N107-O); Beschluss vom 25. März 2003 (N49-O); Beschluss vom 7. Februar 2002 (N15-O); Urteil vom 19. Juni 2002 (N11-П); Beschluss vom 11. Oktober 2002 (N265-O); Beschluss vom 14. Dezember 1999 (N197-O); Urteil vom 1. Dezember 1997 (N18-П).
Entscheidungen des Obersten Gerichts der RF: Entscheidung vom 18. März 2004 (N ГКПИ 2004-48); Entscheidung vom 19. Februar 2004 (N ГКПИ 03-1519); Entscheidung vom 26.

Beispiel aus der Gerichtspraxis:[1439]

Sachverhalt

1997 legte der Präsident seine Anfrage vor, ob die Bestimmungen von Art. 1 des Abänderungsgesetzes vom 24. November 1995 verfassungsmäßig seien. Dabei ging es um die Verpflichtung des Staates, die Entschädigungen auszuzahlen.[1440]

Entscheidung des Gerichts

Das Gericht betonte, dass sämtliche Formen der Entschädigung (Vergünstigungen, Geldauszahlung, u.s.w.) Bestandteile der staatlichen Entschädigung sind. Der Staat gewährleistet diese Entschädigung nach dem Grundsatz der maximalen Nutzung der staatlichen Kapazitäten, den Bürgern eine genügende Entschädigung zur Verfügung zu stellen.[1441] Das Abänderungsgesetz führte eine Reihe von Beschränkungen zur Höhe der Entschädigung für bestimmte Kategorien von Bürgern ein. Das Gericht ist der Meinung, dass die verhältnismäßigen Beschränkungen bei den Entschädigungen zulässig sind.[1442]

Das Gericht betonte, dass die vom Gesetzgeber zusätzlich von Opfern der Tschernobyl-Katastrophe verlangten Voraussetzungen, um eine neue Wohnung zu bekommen, verfassungswidrig seien.[1443]

November 2003 (N ГКПИ 03-655); Entscheidung vom 16. Oktober 2003 (N ГКПИ 03-702); Beschluss vom 15. Juli 2003 (N KAC 03-312); Beschluss vom 7. Oktober 2003 (N6-B03-8); Beschluss vom 27. Oktober 2003 (N10ф03-115); Beschluss vom 22. Mai 2003 (N49-Г03-39); Beschluss vom 8. April 2003 (N KAC 03-132); Entscheidung vom 17. Oktober 2002 (N ГКПИ 02-732); Beschluss vom 5. November 2002 (N ГКПИ02-122); Beschluss vom 4. November 2002 (N42-B02пр-06); Beschluss vom 29. Oktober 2002 (N ГКПИ2002-1273); Beschluss vom 6. August 2002 (N ГКПИ 2002-904); Beschluss vom 12. August 2002 (N41-Г01-1); Entscheidung vom 5. Juli 2002 (N ГКПИ02-122); Beschluss vom 26. April 2002 (N ГКПИ2002-281); Entscheidung vom 11. März 2002 (N ГКПИ2001-1864); Beschluss vom 31. Januar 2002 (N KAC02-13); Entscheidung vom 23. Oktober 2001 (N ГКПИ2001-1514); Entscheidung vom 11. Oktober 2001 (N ГКПИ2001-1184, 1467); Entscheidung vom 17. Juli 2001 (N ГКПИ01-1139/1208); Entscheidung vom 30. März 2001 (N ГКПИ 01-331, 527); Entscheidung vom 12. Februar 2001 (N ГКПИ 00-1168); Entscheidung vom 27. September 2000 (N ГКПИ 2000-984); Entscheidung vom 27. Juli 2000 (N ГКПИ 2000-697); Entscheidung vom 7. Dezember 1999 (N ГКПИ 99-848); Entscheidung vom 22. September 1999 (N ГКПИ 99-630).

1439 Urteil VGRF vom 1. Dezember 1997 (N18-П).

1440 Vgl. Urteil VGRF vom 11. März 1996 (N7-П): Prüfung der Verfassungsmäßigkeit von Art. 1 Abs. 3 des Gesetzes der RF vom 20. Mai 1993 „Über den sozialen Schutz der Bürger, die radioaktiver Strahlung in Folge des Unfalls im Unternehmenskomplex Majak im Jahr 1957 und aufgrund der Ablagerung radioaktiver Abfälle im Fluss Tetscha ausgesetzt waren".

1441 S. Urteil VGRF vom 1. Dezember 1997 (N18-П), Ziff. 3.

1442 S. das Sondevotum des Richters VITRUK zum Urteil VGRF vom 1. Dezember 1997 (N18-П).

1443 S. Urteil VGRF vom 1. Dezember 1997 (N18- П), Ziff. 4. Vgl. das Sondervotum der Richterin MORSCAKOVA zum Urteil VGRF.

Nach dem Erscheinen der Entscheidung des Verfassungsgericht der RF erließ das Plenum des Obersten Gerichts den Beschluss,[1444] das den Gerichten der allgemeinen Jurisdiktion vorschrieb, sich an diese Entscheidung zu halten.
Nach Meinung des Gerichts benachteiligen die Verzögerungen bei der Auszahlung der sozialstaatlichen Leistung staatlichen Sozialleistungen an die Tschernobyl-Opfer ebenfalls ihre Vermögensrechte. Deswegen wird dem Gericht die Befugnis eingeräumt, über die Indexierung dieser Beträge zu entscheiden.[1445] Im Interesse der Bürger, die von dieser Katastrophe betroffen sind, müssen sich die Gerichte aller Instanzen genau an die gesetzlich festgesetzten Fristen bei Verhandlungen der Sachen, die diese Opfer betreffen, halten.[1446]
Das Gericht beschloss,[1447] sich an das Verfassungsgericht der RF zu wenden,[1448] um noch einige Unklarheiten mit der Verfassungsmäßigkeit der Bestimmungen des Abänderungsgesetzes zu klären. So kam das Verfassungsgericht der RF schon nach fünf Jahren auf diese Problematik zurück.

Noch ein Beispiel aus der Gerichtspraxis:[1449]

Sachverhalt

Nach der Anfrage des Obersten Gerichts der RF und der Bürger musste das Gericht entscheiden, ob die neu mit dem Abänderungsgesetz eingeführten Kriterien bei der Festsetzung der Entschädigungen die sozialen Garantien der Bürger mindern.

Entscheidung des Gerichts

Die Entschädigung für Tschernobyl-Opfer kann nicht mit den obligatorischen sozialen Zahlungen[1450] gleichgesetzt werden. Sondern man muss die Besonderheiten ihres rechtlichen Status berücksichtigen.[1451] Das Gericht bestätigte seine früheren Argumente,[1452] dass das maximale Entschädigungsniveau nicht niedriger sein darf, als in anderen Bereichen der rechtlichen Verhältnisse.[1453] Der Gesetzgeber darf das vom Staat festegelegte Entschädigungsniveau nicht mindern.[1454] Die in der Verfassung verankerten Garantien des Schutzes des Lebens,

---

1444 Beschluss des Plenums OGRF vom 14. Dezember 2000 (N35).
1445 Beschluss des Plenums OGRF vom 14. Dezember 2000 (N35), Ziff. 3.
1446 Beschluss des Plenums OGRF vom 14. Dezember 2000 (N35), Ziff. 8.
1447 Beschluss des Plenums OGRF vom 14. Dezember 2000 (N35), Ziff. 9.
1448 Anfrage OGRF vom 7. April 2001 (N4/общ-64).
1449 S. Urteil VGRF vom 19. Juni 2002 (N11-П). Vgl. Urteil VGRF vom 4. Oktober 2005 (N364-O).
1450 S. Ziff. 5.2 des Urteils VGRF.
1451 Ziff. 2 des Urteils VGRF.
1452 S. Urteil VGRF vom 1. Dezember 1997 (N18-П).
1453 Ziff. 3.2 Abs. 4 des Urteils VGRF.
1454 Ziff. 4 des Urteils VGRF.

der Gesundheit und des Eigentums werden mit dem Zugang zum Gericht gewährleistet, das verlangt die Existenz konkreter Bestimmungen, die das eingeräumte Recht im gesamten Umfang zu verwirklichen suchen. Der Staat muss seinerseits die Vollstreckung dieser gerichtlichen Entscheidung sicherstellen, weil die vom Gericht anerkannten Entschädigungen aus dem Staatsbudget ausgezahlt werden.[1455]

In dieser Entscheidung stütze das Verfassungsgericht der RF sich auf die Rechtsprechung des Straßburger Gerichtshofes im Fall *Burdov v. Russia.* In diesem Fall ging es um die Ansprüche des Beschwerdeführers auf Entschädigungen (Kompensationen), weil er infolge der Tschernobyl Katastrophe gesundheitliche Schäden erlitt.[1456] Er wurde während seines Militärdienstes am Katastrophenort eingesetzt und leidet heute an „extensive exposure to radioactive emissions“. Das Gericht erster Instanz erkannte seinen Anspruch auf die Zahlung der Entschädigung an.[1457] Das Vollstreckungsverfahren wurde begonnen, aber die staatliche Behörde, die solche Auszahlungen durchführen soll, weigerte sich, die Gerichtsentscheidung zu vollstrecken, mit der Begründung, dass die örtlichen Budgetmittel für diese Ausgaben nicht ausreichend waren. Zahlungen solcher Art müssten aus dem Bundesbudget finanziert werden.

Zu dem Fall stellte der Gerichtshof fest, dass

> “it is not open to a State authority to cite lack of funds as an excuse for not honouring a judgment debt. Admittedly, a delay in the execution of a judgment may be justified in particular circumstances.[1458] But the delay may not be such as to impair the essence of the right protected under Article 6 § 1”.[1459]

[1455] Ziff. 5.4 des Urteils VGRF.

[1456] Vgl. Urteil Svetlana Naumenko v. Ukraine.

[1457] S. auch Aleksentseva and others v. Russia (75025/01, 75026/01, 75027/01, 75028/01, 75029/01, 75030/01,75031/01, 75032/01, 75033/01, 75034/01, 75035/01, 75036/01, 75037/01, 75038/01, 75136/01, 76386/01, 76542/01, 76736/01, 77049/01, 77051/01,77052/01, 77053/01, 3999/02, 5314/02, 5384/02, 5388/02, 5419/02,8190/02 and 8192/02) - Decisison as to the Admissibility vom 4. September 2003 (struck off the list); Andreeva v. Russia (76737/01) - Decisison as to the Admissibility vom 16. Oktober 2003 (struck off the list); Androsov v. Russia (63973/00) – Decisison as to the Admissibility vom 16. Dezember 2003 (admissible); Bochkov v. Russia (58826/00) –Decisison as to the Admissibility vom 10. Februar 2004 (struck off the list); Grischenko v. Russia (75907/01)- Decision as to the Admissibility vom 8. Juli 2004 (admissible). Vgl. Burkov v. Russia (46671/99) - Decisison as to the Admissibility vom 30. Januar 2001 (inadmissible).

[1458] S. Urteil Immobiliare Saffi v. Italy, Ziff. 74; Urteil Holy Monasteries v. Greece, Ziff. 71; Urteil the Former King of Greece and others v. Greece, Ziff. 89; Urteil Broniowski v. Poland, Ziff. 176.

[1459] S. Urteil Burdov v. Russia, Ziff. 35. Vgl. Urteil Broniowski v. Poland, Ziff. 193.

Der Gerichtshof wies darauf hin, dass ein Anspruch (engl.: *claim*) als Eigentum im Sinne des Art. 1 1.ZP ausgelegt werden kann, wenn diesem Anspruch ausreichende Vollstreckungsverfahren in der nationalen Gesetzgebung zugeschrieben sind, aber nicht bloß ein allgemeines Recht, Hilfe vom Staat zu bekommen.[1460]

> "The national authorities prevented the applicant from receiving the money he could reasonably have expected to receive. The Government have not advanced any justification for this interference and the Court considers that a lack of funds cannot justify such an omission".[1461]

Der Gerichtshof erkannte an, dass das Recht des Beschwerdeführers auf Eigentum im Sinne des Art. 1 1.ZP verletzt worden war.[1462]

3.2. Nichtauszahlung sozialstaatlicher Leistungen (Löhne und Renten)

Das Recht auf sozialstaatliche Leistungen (Löhne und Renten) ist in der Verfassung der RF verankert. Art. 37 Abs. 3 VRF bestimmt, dass "everyone shall have the right to...remuneration for work without any discrimination whatsoever and not below the statutory minimum wage". Aus den Vorschriften von Art. 39 Abs. 1 VRF ergibt sich, dass jedem eine Sozialleistung im Alter, im Falle einer Krankheit oder Behinderung und anderer vom Gesetz festgelegter Fälle garantiert wird.

Im Arbeitsgesetzbuch der RF bestimmt der Gesetzgeber, dass der Staat einige Hauptgarantien im Bereich der Auszahlung der Löhne sichert.[1463] Außerdem wird einem Mitarbeiter sein Lohn im Fall der Auflösung eines Unternehmens und seiner Zahlungsunfähigkeit nach den Bundesgesetzen garantiert. Der Staat verpflichtet sich ferner, eine Kontrolle auszuüben, damit die vollen Löhne rechtzeitig ausgezahlt werden.

Die Garantien und der Verlauf der Auszahlung der Renten werden in den Bundesgesetzen „*O trudovykh pensijakh v Rossijskoj Federazii* (Über die erarbeiteten Renten)"[1464] und „*O gosudarstvennom pensionnom obespechenii v Rossijskoj Federazii* (Über staatliche Rentenleistungen)"[1465] geregelt. Wie schon erwähnt wurde, wird das Recht auf Auszahlung der Löhne vom Gesetzgeber auch dann

---

[1460] S. Urteil Burdov v. Russia, Ziff. 40. S. auch Urteile Gasan v. Russia, Koltsov v. Russia, Petrushko v. Russia, Gorokhov and Rusyayev v. Russia.

[1461] S. Urteil Burdov v. Russia, Ziff. 41.

[1462] S. auch Bochkov v. Russia (58826/00)- Decision as to the Admissibility vom 10. Februar 2004 (struck off the list). Auch zum Thema Sardin v. Russia (69582/01) - Decision as to the Admissibility vom 12. Februar 2004 (inadmissible).

[1463] Art 130 ArGBRF.

[1464] Bundesgesetz der RF vom 17. Dezember 2001 (N173-Ф3).

[1465] Bundesgesetz der RF vom 15. Dezember 2001 (N166-Ф3).

garantiert, wenn es sich um eine solche Auszahlung bei einem Unternehmenskonkurs handelt.[1466]

Beispiel aus der Gerichtspraxis:[1467]

Sachverhalt

Die AG „Russische Immobilien“ meldete 1997 Konkurs an. Ein Konkursverwalter wurde ernannt. Die Mitarbeiterin K wandte sich an das Gericht allgemeiner Jurisdiktion in Volgograd, damit ihr Lohn von ihrem bankrotten Arbeitsgeber ausgezahlt wird.

Entscheidung des Gerichtes

Das Gericht erster Instanz entschied zu Gunsten der Klägerin. Das Präsidium des Gebietsgerichts hob diese Entscheidung mit der Begründung auf, dass nach Art. 18, 27 des in der Zeit geltenden Gesetzes[1468] „*O nesostojatelnosti (bankrotstve) predprijatij* (Über die Zahlungsunfähigkeit (Bankrott) der Unternehmen)“ man alle Vermögensansprüche an ein in Konkurs gegangenes Unternehmen ausschließlich im Rahmen des Konkursverfahrens geltend machen kann. Daraus folgerte das Gericht, dass ein Gericht allgemeiner Jurisdiktion nicht berechtigt ist, eine solche Klage zu verhandeln, weil die Handlungen des Konkursverwalters vor dem Arbitragegericht angefochten werden müssen.
In seiner Entscheidung[1469] wies das Oberste Gericht der RF darauf hin, dass die oben erwähnten Bestimmungen in dem neuen Gesetz beibehalten wurden.[1470] Laut dieser Bestimmungen betrachtete das Präsidium des Gebietsgerichts die Klägerin als Insolvenzverwalter. Nach der Präambel des alten Gesetzes war ein Insolvenzverwalter eine physische oder eine juristische Person, die Vermögensansprüche bei einer Insolvenz hatte, sie durfte aber kein Inhaber eines Grundpfandrechts sein. Nach Art. 2 des Gesetzes ist ein Insolvenzverwalter ein unabhängiger Verwalter für Geldverbindlichkeiten: er darf in der Insolvenz keine anderen Rechte oder Pflichten haben. Eine Verpflichtung, den Lohn auszuzahlen, entstand aus den Arbeitsrechtsverhältnissen, deswegen bezog das Oberste Gericht sich auf Art. 22 Abs. ZPORF[1471], nach dessen Bestimmungen diese Art der Rechtsverhältnisse den Gerichten allgemeiner Jurisdiktion unterliegen.

Schließlich wurde die Sache zu einer neuen Verhandlung an das Gericht allgemeiner Jurisdiktion verwiesen.

[1466] S. Informationsbrief des Präsidiums OAGRF vom 14. Juni 2001 (N64), Ziff. 5.

[1467] S. Bulletin OGRF vom 17. Februar 2000 (N2), Punkt 3.

[1468] Gesetz der RF vom 19. November 1992. Das folgende Bundesgesetz der RF über die Zahlungsunfähigkeit vom 8. Januar 1998 (N6-ФЗ). Am 26. Oktober 2002 wurde ein neues Bundesgesetz der RF „*O nesostojatelnosti (bankrotstve)* (Über die Zahlungsunfähigkeit (Bankrott))“ erlassen (N127-ФЗ).

[1469] Entscheidung der Gerichtskammer für Zivilsachen OGRF vom 4. Oktober 1999.

[1470] S. Art. 98 und 114 des Bundesgesetzes der RF „*O nesostojatelnosti (bankrotstve)* (Über die Zahlungsunfähigkeit (Bankrott))“ vom 8. Januar 1998 (N6-ФЗ).

[1471] Die Bestimmungen über die sachliche Zuständigkeit (Gerichtsbarkeit). In der alten Zivilprozessordnung RF – Art. 25 Abs. 1 und Art. 113.

Das Verfassungsgericht der RF wurde ebenfalls angerufen, um einen anderen Aspekt dieser Problematik zu behandeln. Es musste über die Rentenzahlungen an russische Bürger entscheiden, die sich im Ausland befinden.

Beispiel aus der Gerichtspraxis:[1472]
<u>Sachverhalt</u>
Einige Bürger der RF erhoben eine Verfassungsklage wegen der Nichtauszahlung der erarbeiteten Renten für die Bürger, die ins Ausland ausgesiedelt sind.[1473] Sie machten geltend, dass ihr Verfassungsrecht auf erarbeitete Renten nicht von bestimmten Umständen, bzw. von dem Datum der Ausreise, abhängig gemacht werden kann, wie es im Gesetz über die Auszahlung der Renten den Bürgern, die ins Ausland emigrieren, geregelt ist. Sie beriefen sich auf Art. 39 Abs. 1 und Art. 55 Abs. 3 VRF.

<u>Entscheidung des Gerichtes</u>
Das Verfassungsgericht erkannte an, dass

> "uncertainty over the content of the contested provisions with regard to the category of persons to which the law is applied, and hence the possibility that it might be interpreted and enforced in an arbitrary manner, is tantamount to a violation of the equality before the law and the courts guaranteed by Article 19. 1 of the Constitution, because unjustified and unfair distinctions are in fact made between retired persons living in the Russian Federation and those residing permanently abroad, as well as between retired persons who left Russia at different periods to live abroad. These distinctions are based solely on the permanent place of residence of the retired persons and the date of their departure abroad; this is not in conformity with Article 19.2 of the Constitution, according to which the state must guarantee equality of human and civil rights and freedoms."

Mit dieser Begründung erklärte das Verfassungsgericht, dass die Bestimmungen des Gesetzes verfassungswidrig sind. In dieser Sache berief keiner der Beschwerdeführer sich auf sein Eigentumsrecht aus Art. 35 VRF. Das kann man so auslegen, dass keiner der Berechtigten die Rente als sein Eigentumsrecht betrachtet hat.[1474]

Die Zahl der Beschwerden, die das Thema der Nichtauszahlung der sozialstaatlichen Leistungen betreffen, hat in Straßburg zugenommen.[1475] In der Sache *Giz-*

[1472] Urteil VGRF vom 15. Juni 1998 (N18-П).
[1473] Der Aufenthalt eines Bürgers der RF im Ausland zieht keine Aufhebung der russischen Staatsangehörigkeit nach sich (Art. 19 Abs. 2 des Bundesgesetzes der RF „*O grazhdanstve Rossijskoj Federazii* (Über die Staatsangehörigkeit der RF)" vom 31. Mai 2002 (N62-ФЗ)).
[1474] S. auch Urteil VGRF vom 29. Januar 2004 (N2-П), Ziff. 1 Abs. 3.
[1475] Tumilovich v. Russia (47033/99) - Decision as to the Admissibility vom 22. Juni 1999 (inadmissible); Larioshina v. Russia (56869/00) - Decision as to the Admissibility vom 23. April 2002 (inadmissible); Gerasimova v. Russia (24669/02) - Decision as to the Admissibility vom 13. November 2003 (to adjourn the examination, inadmissible); Pravednaya v. Russia (69529/01) - Decision as to the Admissibility vom 25. September 2003 (admissible, inadmis-

zatova v. Russia verhandelte der Gerichtshof über die Problematik der Nichtauszahlung der vom Gericht allgemeiner Jurisdiktion anerkannten Entschädigung für eine Berufskrankheit der Beschwerdeführerin.

> "The Court recalls that a delay in the execution of a judgment may be justified in particular circumstances, but the delay may not be such as to impair the essence of the right protected under Article 6 § 1.[1476] Accordingly, by failing for such a substantial period of time to take the necessary measures to comply with the final judicial decision in the present case, the Russian authorities deprived the provisions of Article 6 § 1 of all useful effect.[1477] By failing to comply with the final and enforceable judgments in the applicant's favour the national authorities prevented the applicant from receiving the money she could reasonably have expected to receive.[1478]"

Der Gerichtshof stellte eine Verletzung von Art. 6 Abs. 1 EMRK und Art. 1 1.ZP fest.[1479]

Hinsichtlich der Rechtsprechung im Bereich der Nichtauszahlung der sozialstaatlichen Leistungen kann man feststellen, dass die Rechte der Kläger vom Gericht in den meisten Fällen anerkannt werden. Das Problem liegt darin, dass viele Gerichtsentscheidungen auf dem Papier bleiben, das heißt, dass sie nicht vollstreckt werden. Das Problem der Nichtvollstreckung der Gerichtsentscheidungen wird in Kapitel V behandelt.

4. Probleme des Eigentumsrechts auf Wohnungen

Art. 40 Abs. 1 VRF sieht vor, dass jeder das Recht auf eine Wohnstätte hat. Niemandem kann seine Wohnstätte willkürlich entzogen werden.[1480] Noch in der Zeit der Sowjetunion trat am 1. Januar 1984 das Gesetzbuch der Wohnungswirtschaft RSFSR in Kraft.[1481] 1991 wurden einige Abänderungen eingetragen, um den neuen Anforderungen der veränderten Lage zu entsprechen. Ferner wurde

---

sible); Vasilyev v. Russia (66543/01) - Decision as to the Admissibility vom 1. April 2004 (admissible); Yavorivskaya v. Russia (34687/02) - Decision as to the Admissibility vom 13. Mai 2004 (admissible, inadmissible); Makarova and others v. Russia (7023/03)- Decision as to the Admissibility vom 24. Februar 2005 (admissible); Petrushko v. Russia (36494/02)- Decision as to the Admissibility vom 24. Februar 2005 (admissible); Koltsov v. Russia (41304/02)- Decision as to the Admissibility vom 24. Februar 2005 (admissible); Gasan v. Russia (43402/02)- Decision as to the Admissibility vom 24. Februar 2005 (admissible); Plotnikovy v. Russia (43883/02) – Decision as to the Admissibility vom 24. Februar 2005 (admissible), u.s.w.. Vgl. Urteil Kormacheva v. Russia.

[1476] S. auch Urteil Burdov v. Russia, Ziff. 35.

[1477] Urteil Gizzatova v. Russia, Ziff. 20.

[1478] Urteil Gizzatova v. Russia, Ziff. 23.

[1479] S. auch zum Thema Urteile Makarova v. Russia, Plotnikovy v. Russia und Poznakhirina v. Russia.

[1480] S. auch Art. 3 Abs. 4 des neuen GBWWRF.

[1481] S. Beschluss des Obersten Rates RSFSR von 24. Juni 1983.

eine Reihe von Rechtsakten[1482] erlassen, um die Vorschriften in dem Bereich deutlich und präzise zu definieren. Aber die schnelle Entwicklung des wirtschaftlichen Lebens in der Russischen Föderation verlangte die Ausarbeitung eines neuen Gesetzbuches für die Wohnwirtschaft.

Das Verfassungsgericht der RF setzte sich einige Male mit dieser Problematik auseinander.[1483] In einer Sache[1484] ging es um die eigenmächtige Inbesitznahme einer Wohnung. Das Gericht wies darauf hin, dass der Einzug in eine Wohnung ohne jede Vollmacht (weder Mietvertrag noch Wohnungszuweisung) als eigenmächtige Inbesitznahme gilt.[1485] Seines Erachtens ist eine Gerichtsentscheidung keine gesetzmäßige Begründung für eine eigenmächtige Inbesitznahme einer Wohnung,[1486] weil sie ohne eine Wohnungszuweisung kein subjektives Recht auf eine Wohnung nach sich ziehen kann.
Die eigenmächtige Inbesitznahme einer Wohnung verletzt auch die Rechte anderer Bürger auf diese Wohnstätte. Deswegen ist die administrative Zwangsräumung einer solchen Wohnung nicht gesetzwidrig.[1487] In dem Fall betonte das Gericht aber die Notwendigkeit der Gewährleistung des Rechtes auf gerichtlichen Schutz, damit der Betroffene diese administrative Maßnahme nach dem Beschluss der Staatsanwaltschaft vor Gericht anfechten kann.
Das Gericht stellt mehrere Divergenzen in den Rechtakten fest, die den Ablauf einer Zwangsräumung regeln.[1488] Nach dem Bundesgesetz der RF „Über das Verfassungsgericht der RF"[1489] kann das Verfassungsgericht seine gesetzgebende Initiative in Anspruch nehmen, wenn es feststellt, dass in der Gesetzgebung ein Gesetz fehlt, das die Durchsetzung der bestimmten Verfassungsvorschriften regelt. Damals wandte sich das Gericht an die Staatsduma, damit ein Änderungsgesetz zu dem alten Gesetzbuch der Wohnungswirtschaft bzw. seinem Art. 90 erlassen würde.

1482 S. Gesetz RF "*Ob osnovakh federalnoj zhilischnoj politiki* (Über die Grundlagen der föderalen Politik in der Wohnungswirtschaft)" vom 24. Dezember 1992 (N4218-1); Beschluss der Regierung RF „*O Gosudarstvennoj zelevoj programme „Zhilische*" (Über das staatliche Zielprogramm „Wohnstätte")" vom 20. Juni 1993 (N595); Erlass des Präsidenten RF „*Ob odobrenii konzepzii reformy zhilischno-kommunalnogo khosjajstva v Rossijskoj Federazii* (Über die Bewilligung der Auffassung der Reformierung der Wohnung- und Kommunalwirtschaft der RF)" vom 28. April 1997 (N425) u.s.w.. S. auch Art. 2 und 3 des Einführungsgesetzes der RF zum Gesetzbuch der Wohnungswirtschaft der RF vom 29. Dezember 2004 (N189-ФЗ).

1483 S. zum Beispiel Urteil VGRF vom 3. April 1998 (N10-П), Urteil VGRF vom 3. April 1998 (N25-П), Beschluss VGRF vom 24. März 2005 (N112-O).

1484 Urteil VGRF vom 5. Februar 1993 (N2-П).

1485 Urteil VGRF vom 5. Februar 1993 (N2-П), Ziff. 3 Abs. 2.

1486 Urteil VGRF vom 5. Februar 1993 (N2-П), Ziff. 3 Abs. 3.

1487 Urteil VGRF vom 5. Februar 1993 (N2-П), Ziff. 3 Abs. 4.

1488 Urteil VGRF vom 5. Februar 1993 (N2-П), Ziff. 4 Abs. 5.

1489 Art. 9 Abs. 2 BGVG.

Das Oberste Gericht der RF veröffentlichte 2001 eine Übersicht über die Gerichtspraxis in zivilrechtlichen Sachen[1490] bzw. in Wohnungsangelegenheiten.[1491]

Beispiel aus der Gerichtspraxis:[1492]

Sachverhalt

Eine Wohnungsverwaltung (russ.: *zhilischnoje upravlenije*) rief das Gericht an und verlangte die Ausweisung der Bürgerin A und ihrer Familie aus ihrer Wohnung, weil diese[1493] aufgrund des Beschlusses der Moskauer Regierung vom 2. April 1996 saniert werden sollte „*O programme kapitalnogo remonta, rekonstrukzii i stroitelstva zdanij v zentre Moskvy na 1996-1997 gody* (Über das Programm der Generalrenovierung, der Rekonstruierung und der Errichtung von Gebäuden im Zentrum von Moskau 1996-1997)". Das Gericht erster Instanz gab der Klage statt. Das Stadtgericht bestätigte das Urteil. Der Stellvertretende Präsident des Obersten Gerichts der RF erhob Einspruch, dem vom Moskauer Stadtgericht stattgegeben wurde.

Entscheidung des Gerichts

Das Gericht wies darauf hin, dass nach Art. 82 des alten GBWWRF im Falle einer geplanten Generalrenovierung der Vermieter dem Mieter eine andere Wohnstätte zur Verfügung stellen muss. Dabei darf der Vermieter den schon bestehenden Mietvertrag nicht auflösen.[1494] Lehnt der Mieter eine Räumung ab, kann sich der Vermieter an das Gericht wenden. Anstelle der zu sanierenden Wohnung muss der Vermieter dem Mieter eine gleichwertige Unterkunft zur Verfügung stellen. In diesem Fall wird den Mietvertrag gekündigt.[1495] In den Materialen zur Sache fehlen Angaben darüber, was mit dieser Wohnung nach der Renovierung geschehen wird. Der Kläger ging nicht auf die Garantien der Verklagten ein, in ihre Wohnung zurückzuziehen oder eine andere entsprechende Wohnung zu bekommen.

Probleme in Wohnungsangelegenheiten spielen eine wichtige Rolle in den in Straßburg eingehenden Beschwerden russischer Bürger.[1496] In der Beschwerde

---

1490 Übersicht der Zivilgerichtskammer OGRF vom 1. Januar 2001.

1491 Vgl. Beschluss des Plenums des Obersten Gerichts RSFSR vom 10. Juni 1980 (N4), vom 20. Dezember 1993 (N11) und vom 21. Dezember 1993 (N11).

1492 S. Punkt 2 der Übersicht der Zivilgerichtskammer OGRF vom 1. Januar 2001.

1493 Nach dem Beschluss der Moskauer Regierung stand das Wohnhaus, in dem die Verklagte wohnte, auf der Liste der zu sanierenden Gebäude.

1494 Art. 82 Abs. 1 Satz 1 des alten GBWWRF. S. Art. 88 Abs. 1 des neuen GBWWRF.

1495 Art. 82 Abs. 5 des alten GBWWRF. S. Art. 88 Abs. 2 des neuen GBWWRF.

1496 Volkova and others v. Russia (48758/99)- Decision as to the Admissibility vom 25. September 2001 (admissible); Prokopovich v. Russia (58255/00) –Decision as to the Admissibility vom 8. April 2004 (inadmissible); Gerasimova v. Russia (24077/02)- Decision as to the Admissibility vom 25. März 2004 (admissible, inadmissible); Sultanov v. Russia (59344/00)-Decision as to the Admissibility vom 18. Januar 2005 (inadmissible); Kurakin v. Russia (70542/01)-Decision as to the Admissibility vom 1. Februar 2005 (struck off the list) u.s.w..

Konovalov v. Russia[1497] befasste sich der EGMR mit der Problematik der Kompensation für eine Wohnung, die nicht, wie gesetzlich vorgeschrieben, zur Verfügung gestellt wurde.

Sachverhalt

Der Beschwerdeführer war 32 Jahre im Militärdienst. Als er aus dem Dienst ausschied, kehrte er 1993 in seine Heimatstadt zurück. Nach der russischen Gesetzgebung haben in den Ruhestand getretene Militärs Anspruch auf eine Wohnung auf Staatskosten. Die örtlichen Behörden weigerten sich aber, dem Beschwerdeführer eine solche Wohnung zur Verfügung zu stellen. 1996 klagte er vor Gericht und verlangte eine Kompensation, um eine Wohnung zu kaufen. Das Gericht erster Instanz gab seiner Klage statt. Obwohl die Gerichtsentscheidung in Kraft trat, wurde sie lange Zeit nicht vollstreckt. Er musste eine weitere Klage erheben, weil sich die Immobilienpreise im Laufe der Zeit erheblich erhöht hatten und die ihm zugesprochene Kompensation nicht mehr ausreichend war. 2000 bestätigte das Gericht den Anspruch des Beschwerdeführers, und die Summe der Kompensation wurde verdreifacht. Die Entscheidung wurde von den örtlichen Behörden nicht vollstreckt. Der Grund war, dass im Regionalbudget die entsprechenden Mittel fehlen.

Kurze Zeit später initiierte die Staatsanwaltschaft ein Einspruchsverfahren in der Berufungsinstanz. Dem Protest der Staatsanwaltschaft wurde stattgegeben, mit der Begründung, dass diese Sache dem materiellen und prozessualen Recht widersprach. Es wurde entschieden, ein neues Verfahren in der Sache durchzuführen. Der Beschwerdeführer erhob eine Kassationsklage am Obersten Gericht der RF, aber ohne Erfolg.[1498]

2001 zog der Beschwerdeführer seine Klage in einem neuen Verfahren zurück, weil der Bürgermeister ihm zusicherte, dass die Stadt ihm eine Wohnung zur Verfügung stellen würde. Später wurde ihm aber bekannt, dass sich die Stadt nicht an ihre Verpflichtung halten wollte.

Entscheidung des Gerichts

Es wurde zur Kenntnis genommen, dass bei den Wohnungsangelegenheiten des Beschwerdeführers versucht wurde, sie „alternative and mutually exclusive" zu lösen. Das wichtigste Element für den Gerichtshof aber war die Nichtvollstreckung einer bindenden Gerichtsentscheidung und die Verletzung von Art. 6 Abs. 1 EMRK. Zum Thema der Verletzung des Eigentumsrechts im Sinne von Art. 1 1.ZP äußerte der EGMR sich, „that the complaint raises serious issues of fact and law under the Convention, the determination of which requires an examination of the merits".[1499]

Am 1. März 2005 trat das neue Gesetzbuch der Wohnwirtschaft der RF[1500] in Kraft.[1501] Dieser Rechtakt ist einigermaßen widersprüchlich, obwohl lange Zeit

---

1497 Konovalov v. Russia (63501/00)- Decision as to the Admissibility vom 27. Mai 2004 (admissible).

1498 S. die Briefe vom 17. Januar und 19. März 2001.

1499 S. auch Urteil Teteriny v. Russia.

1500 Gesetzbuch der Wohnungswirtschaft der RF vom 29. Dezember 2004 (N188-ФЗ).

1501 S. Art. 1 des Einführungsgesetzes der RF zum Gesetzbuch der Wohnungswirtschaft der RF vom 29. Dezember 2004 (N189-ФЗ).

daran gearbeitet wurde. Seine Annahme stieß bei verschiedenen Duma-Abgeordneten und Fachleuten auf herbe Kritik.[1502]
Das Hauptproblem, das die Bürger beunruhigt, ist die Aufhebung der kostenfreien Privatisierung der Wohnungen,[1503] die sie schon vom Staat bekommen haben. Der Gesetzgeber zog die Besonderheiten der Wohnungslage in der Russischen Föderation in Betracht. Im Einführungsgesetz zum Gesetzbuch der Wohnungswirtschaft wurde den Bürgern eine zweijährige Frist (bis zum 1. Januar 2007) eingeräumt, damit sie ihre Wohnungen privatisieren können.[1504] Bis zu diesem Datum haben die Bürger ebenfalls das Recht, ihre Wohnungsprivatisierungen rückgängig zu machen.[1505] Dieses Recht spielt eine bedeutende Rolle für die Familien, die nach russischem Recht unvermögend[1506] sind. Der Staat hat vor, die Vermögensabgaben der Wohnungseigentümer deutlich zu erhöhen. Der Gesetzentwurf wird schon im Parlament bearbeitet. Es ist nur eine Zeitsache, wann dieses Gesetz verabschiedet wird. Wenn die unvermögenden Familien sich für einen anderen Status ihrer Wohnungen entscheiden (z.B. eine Munizipalwohnung mit einem Sozialmietvertrag), könnten sie ihre Kosten wesentlich verringen.
Eine der wichtigsten Novellen des neuen Gesetzbuches für den Schutz der Eigentümerrechte ist Art. 32 GBWWRF. Der Artikel heißt „Gewährleistung der Wohnungsrechte des Eigentümers der Wohnstätte bei Inanspruchnahme von dem Grundstuck für staatliche oder munizipale Bedürfnisse". In dem alten Gesetzbuch fehlte eine solche Vorschrift. Diesmal entsprechen die Garantien bei dem Grundstückentzug auch den Bestimmungen des Agrargesetzbuches und des Zivilgesetzbuches der RF.
Art. 32 Abs. 1 Satz 1 GBWWRF sieht vor, dass eine Wohnstätte von ihrem Eigentümer rückgekauft werden kann, wenn das entsprechende Grundstück für staatliche oder munizipale Bedürfnisse enteignet wird. Dem Eigentümer wird mindestens ein Jahr vorher mitgeteilt, dass seine Wohnstätte einer Enteignung unterliegt (Art. 32 Abs. 4 Satz 1 GBWWRF). Eine solche Enteignung ist unter zwei Bedingungen möglich: entweder ist der Eigentümer einverstanden, dass seine Wohnstätte rückgekauft wird (Art. 32 Abs. 4 Satz 2 GBWWRF), oder es liegt eine Gerichtentscheidung vor, falls der Eigentümer mit den Bedingungen der Enteignung nicht einverstanden ist (Art. 32 Abs. 9 Satz 1 GBWWRF). Ein Rückkaufspreis für die enteignete Wohnstätte, Fristen und andere Bedingungen des Rückkaufs werden mit dem Eigentümer ausgehandelt (Art. 32 Abs. 6 und Abs. 7 GBWWRF).

[1502] S. die Publikationen in *Rossijskaja Gazeta* (2004-2005).
[1503] Vgl. Art. 49-1 und 54-1 des alten GBWWRF. S. auch das Gesetz RSFSR vom 6. Juli 1991 (N1552-1).
[1504] S. Art. 14 des Einführungsgesetzes zum GBWWRF.
[1505] S. Art. 20 des Einführungsgesetzes zum GBWWRF.
[1506] S. Art. 49 Abs. 1 und 2 GBWWRF.

Im Großen und Ganzen unterscheidet das neue Gesetzbuch der Wohnungswirtschaft der RF sich positiv von seinem Vorgänger.[1507] Es besteht aber kein Zweifel, dass noch mehrere Abänderungen notwendig sind, damit alle Rechtsprobleme in dem Bereich ihre Regulierung in der Gesetzgebung finden.

4.1. Wohnungsprobleme der Bürger, die im hohen Norden Russlands gearbeitet haben

Ein weiteres großes Problem, das die Russische Föderation ebenfalls von der ehemaligen UdSSR „erbte", ist der Mangel an Unterkünften für die Menschen, die im hohen Norden Russlands gearbeitet haben. In der Zeit der UdSSR zogen viele Menschen aus verschiedenen Sowjetischen Republiken dorthin, weil das Lebensniveau und die Arbeitslöhne weit über dem Durchschnitt in der Sowjetunion lagen. Der Staat brauchte Arbeitskräfte für diese Regionen. Nach dem Zerfall der UdSSR kehrten manche Leute entweder in die neuen unabhängigen Staaten zurück, woher sie gekommen waren oder sie zogen in verschiedene Regionen Russlands, wenn es ihnen gelungen war, in der Übergangszeit die russische Staatsbürgerschaft zu bekommen. Die Leute ließen ihre Wohnungen zurück, ohne sie zu verkaufen, denn damals gab es keine Nachfrage, viele wollten einfach weg.

Die Russische Föderation musste sich mit diesem Problem befassen und erließ deshalb 1998 das Bundesgesetz „*O zhilichnykh subsidijakh grazhdanam, vyezshajuschikh iz rajonov Krajnego Severa* (Über die Wohnungsbeihilfe für Bürger, die Regionen im hohen Norden verlassen)" .[1508] In diesem Gesetz wurde versucht, alle schon existierenden Rechtakte in diesem Bereich zu vereinheitlichen. Aber der Gesetzgeber verringerte die Höhe der Wohnungsbeihilfe und verschärfte die Voraussetzungen zu dieser Beihilfe (Kompensation). Viele Aussiedler klagten vor Gericht, deswegen beschäftigte sich auch das Verfassungsgericht der RF mit dieser Problematik.[1509] In seiner Entscheidung[1510] bestätigte das Verfassungsgericht, dass der Staat seine Verpflichtungen aus Art. 7 Abs. 1 VRF erfüllen muss:
"The Russian Federation shall be a social state, whose policies shall be aimed at creating conditions which ensure a dignified life and free development of man."

[1507] Abschnitt II des GBWWRF regelt das Eigentumsrecht und andere Sachrechte auf Wohnstätten. Art. 30 GBWWRF sieht vor, dass ein Wohnungseigentümer bestimmte Rechte und Pflichten hat.

[1508] Bundesgesetz der RF vom 25. Juli 1998 (N131-ФЗ). Die Geltung des Gesetzes wurde ab 1. Januar 2003 mit dem Bundesgesetz vom 25. Oktober 2002 (N125-ФЗ) Art. 11 abgeschafft. Das neue Gesetz wurde dem Urteil des Verfassungsgerichts der RF entsprechend erlassen.

[1509] S. auch zum Thema Punkt 4 der Übersicht der Zivilgerichtskammer OGRF vom 1. Januar 2001.

[1510] Urteil VGRF vom 24. Mai 2001 (N8-П).

Die Rechte der Bürger auf eine staatliche Wohnungsbeihilfe aus dem Staatsbudget sind mit einer Reihe der Verfassungsgarantien verbunden.[1511] Das Gericht erklärte die Vorschriften, die die verfassungsmäßigen Garantien der Bürger mindern, für verfassungswidrig. Denn der Gesetzgeber habe das Verhältnismäßigkeitsprinzip zu beachten, wenn er den Inhalt der rechtlichen Garantien mindern wolle, weil die Bürger, die sich entschieden haben, die Regionen zu verlassen, sich nach den früheren rechtlichen Vorschriften richteten.

Das Problem der langfristigen Aufenthalte im hohen Norden zog noch andere rechtliche Folgen nach sich, mit denen sich auch der EGMR in der Beschwerde *Yavorivkaya v. Russia* auseinandergesetzt hat.[1512] Die Beschwerdeführerin ist eine ukrainische Bürgerin. In der Zeit von 1996-2000 arbeitete sie in der RF (Chukotka). Die Beschwerdeführerin wurde dort krank und aufgrund der schlechten medizinischen Versorgung im Krankenhaus erlitt sie erhebliche gesundheitliche Schäden. Sie reichte eine Zivilklage ein. Das Gericht sprach ihr Schadenersatz zu. Aber die Gerichtsentscheidung wurde nicht vollstreckt worden, weil das Krankenhaus keine Mittel hatte. Die Beschwerdeführerin erhielt ein Schreiben[1513] von der regionalen Vertretung des Justizministeriums, das die Unmöglichkeit der Vollstreckung begründete. Das Vollstreckungsverfahren wurde gestoppt, aber die Beschwerdeführerin darauf hingewiesen, dass sie berechtigt sei, ein neues Vollstreckungsverfahren zu initiieren. Sie rief daraufhin den EGMR an,[1514] der ihre Beschwerde entsprechend Art. 6 Abs. 1 EMRK für zulässig erklärte.

[1511] Eine davon ist die Eigentumsgarantie in Art. 35 Abs. 1 und 2 VRF.

[1512] S. Yavorivkaya v. Russia (34687/02) – Decisison as to the Admissibility vom 13. May 2004 (admissible).

[1513] "...it was established that the debtor had no cash funds in its accounts. According to its founding documents, the debtor is an institution and, pursuant to Article 120 of the Civil Code, an institution is only liable to the extent of its cash funds. Article 298 § 1 of the Civil Code provides that an institution may not alienate or otherwise dispose of the property attached to it or of the property acquired at the expense [of its owner].
In accordance with Information Letter no. 43 of the Presidium of the Supreme Commercial Court of the Russian Federation of 14 July 1999 "On the recovery out of the property of an institution", if the debtor, who is an institution, lacks cash funds, then recovery is not possible out of other property assigned to the institution by its owner..." (s. Yavorivkaya v. Russia (34687/02) – Decisison as to the Admissibility vom 13. May 2004, Punkt A).

[1514] Die Beschwerdeführerin rief den EGMR an , ohne sich auf Art. 6 Abs. 1 und Art.1 1.ZP EMRK zu beziehen. Sie stützte sich nur auf die Verletzung ihres Beschwerderechts aus Art. 13 EMRK. Hier sieht die Verfasserin eine fehlende Qualifikation des Rechtsanwaltes (Vertreters) der Beschwerdeführerin, weil Art. 13 EMRK eine Verfahrensgarantie ist. Da sie zu den Bestimmungen in Abschnitt I der EMRK gehört, kann die Verletzung dieser Garantie mit der Beschwerde nach Art. 25 EMRK gerügt werden. „Die Verfahrensgarantie ist akzessorisch und bezieht sich nur auf die in dem Abschnitt I und den ZPen gewährleisteten Konventionsrechte" (*Frowein, J.A. / Peukert, W.*, 1996, S. 426). Deswegen änderte der Gerichtshof die rechtlichen Grundlage dieser Beschwerde, beziehungsweise Art. 6 Abs. 1 EMRK und Art. 1 1.ZP.

5. Die gesetzliche Regulierung der Entschädigungsauszahlen für die aus Tschetschenien geflüchteten Bevölkerung

Die Lage in Tschetschenien verursacht erhebliche politische, wirtschaftliche und rechtliche Probleme. Wegen der Kämpfe in Tschetschenien mussten bis heute rund 300.000 Menschen fliehen.[1515] Alle diese Menschen verließen ihre Wohnungen und Häuser, verloren ihr Vermögen.[1516]
1995 erschien das Abänderungsgesetz der RF[1517] zum Gesetz *„O vynuzhdennykh pereselenzakh* (Über die Zwangsaussiedler)",[1518] das den Status der Personen,[1519] die von der Lage in Tschetschenien betroffen sind, neu regelte. Im selben Jahr unterzeichnete der Präsident der RF den Erlass[1520] *„O dopolnitelnykh kompensazionnykh vyplatakh lizam, postradavshim v resultate razreshenija krisisa v Chechenskoj Respublike* (Über zusätzliche Kompensationszahlungen an Personen, die infolge der Beilegung der Krise in der Tschetschenischen Republik zu Schaden gekommen sind)". In demselben Erlass wurde vorgeschrieben, dass die Regierung der RF den Mechanismus der Kompensationsauszahlung für verlassene Wohnungen und anderes Vermögen ausarbeiten sollte. 1997 erschien der Beschluss der Regierung der RF,[1521] der diesen Mechanismus definierte.[1522]

Die Judikative der RF setzte sich mit vielen rechtlichen Problemen in dem Bereich auseinander, die sich in den Klagen der Bürger widerspiegelten. 2000 musste das Oberste Gericht der RF[1523] entscheiden, ob die Beschränkungen in den Kompensationsauszahlungen für die in Tschetschenien aufgegebenen Woh-

---

1515 Vor allem handelt es sich um Frauen und Kinder. Mitte 2002 befanden sich etwa 160.000 Menschen in überfüllten Notunterkünften und in Flüchtlingslagern, wo sie mit harten Lebensbedingungen zu kämpfen haben. Oftmals werden sie zudem von den russischen Behörden unter Druck gesetzt, in ihre Heimat zurückzukehren, obwohl sich die Lage dort noch immer nicht beruhigt hat (Information auf der Webseite der Amnesty International Deutschland).

1516 Mehr zum Thema s. „Chechens Fight for Compensation", in: Institute for War and Peace Reporting (www.iwpr.net/index.pl?archive/cau/cau_200052_275_4_eng.txt).

1517 Abänderungsgesetz der RF vom 20. Dezember 1995 (N202-ФЗ).

1518 Gesetz RSFSR vom 19. Februar 1993 (N4530-1).

1519 Ein Zwangsaussiedler ist ein Bürger der RF, der infolge der in bezug auf ihn oder seine Familie ausgeübte Gewalt oder Verfolgung seinen Wohnort verlassen musste. Den erweiterten Begriff des Zwangsaussiedlers kann man in Art. 1 des Gesetzes finden. S. auch Ziff. 3 des Urteils VGRF vom 21. November 2002 (N15-П).

1520 Erlass des Präsidenten der RF vom 5. September 1995 (N898).

1521 Beschluss der Regierung der RF vom 30. April 1997 (N510). Später erließ die Regierung den Abänderungsbeschluss vom 28. Mai 2001 (N418), aber in seiner Entscheidung vom 26. September 2001 (N ГКПИ2001-1347) erklärte das Oberste Gericht der RF die Bestimmungen des Abänderungsbeschlusses für ungültig, weil die Regierung ihre Befugnisse überschritten hatte.

1522 Seitdem haben 29709 Familien Kompensationsanträge eingereicht. Bis 2000 wurden die Kompensationszahlungen an 15300 Familien geleistet (Angaben aus der Entscheidung des Obersten Gericht der RF vom 16. November 2000 (N ГКПИ 00-1224).

1523 S. Entscheidung OGRF vom 16. November 2000 (N ГКПИ 00-1224).

nungen verfassungsmäßig sind. Der Gerichtshof wies darauf hin, dass die vom Gesetz vorgesehen Kompensationsauszahlungen ein zusätzlicher rechtlicher Schutz der Bürger der RF sind, und „they do not provide for compensation for lost dwellings and property in the full amount." Der Gesetzgeber sei berechtigt, die notwendigen Begrenzungen vorzusehen.
Zwei Jahre später (!) erließ das Verfassungsgericht der RF sein Urteil zum Thema der Wohnungsgewährung den Betroffenen infolge der Lage in Tschetschenien.

Beispiel aus der Gerichtspraxis:[1524]
<u>Sachverhalt</u>
Bürger M, der den Status des Zwangsaussiedlers aus Tschetschenien besitzt, bekam 1998 eine Entschädigung für die in Grozny[1525] aufgegebene Wohnung und sein Vermögen. 1999 wurde der Beschwerdeführer für eine Straftat zu einer einjährigen Freiheitsstrafe verurteilt. Die örtliche Kommission des Migrationdienstes verweigerte dem Beschwerdeführer seinen Status als Zwangsaussiedler und er wurde aus der von ihm bewohnten Unterkunft ausgewiesen. Der Beschwerdeführer machte geltend, dass Art. 9 Abs. 3 Satz 1[1526] und Art. 9 Abs. 6 Satz 1[1527] des Gesetzes „Über die Zwangsaussiedler" verfassungswidrig sind.

<u>Entscheidung des Gerichts</u>
Wenn in einem Subjekt der RF außerordentliche Situationen stattfinden, die mit rechtlichen Unsicherheiten verbunden sind, liegt die Verfassungspflicht des Staates darin, zusätzliche Maßnahmen zu ergreifen, um die Resozialisierung und Wiederherstellung der verletzten Rechte zu gewährleisten. Bürger mit dem Sonderstatus „Zwangsaussiedler" brauchen die zusätzliche Hilfe vom Staat. Die Gewährung dieses Status ist gleichbedeutend mit einem besonderen Verhältnis zwischen Bürger und Staat und folglich hat dieser Status einen speziellen, zweckbestimmten und befristeten Charakter. Der Gesetzgeber ist berechtigt, Sondermaßnahmen für die juristische Verantwortung bei der Verletzung gesetzlicher Vorschriften in dem Bereich zu bestimmen. Nach Art 17 Abs. 3[1528] und Art. 55 Abs. 3[1529] VRF können die Begrenzungen der Rechte eingeführt werden,

---

[1524] Urteil VGRF vom 21. November 2002 (N15-П).
[1525] Die Hauptstadt Tschetscheniens.
[1526] Die Bestimmung sieht vor, dass der örtliche oder der Bundesmigrationdienst dem Bürger seinen Status als Zwangsaussiedler verweigert, wenn er für die Begehung einer Straftat verurteilt wurde und das Urteil in Kraft trat.
[1527] Die Bestimmung sieht vor, dass wenn dem Bürger seinen Status des erzwungenen Aussiedlers verweigert wurde, soll er aus der von ihm besetzten Wohnung geräumt werden.
[1528] Art. 17 Abs. 3 VRF: "The exercise of rights and liberties of a human being and citizen may not violate the rights and liberties of other persons."
[1529] Art. 55 Abs. 3 VRF: "Human and civil rights and liberties may be restricted by the federal law only to the extent required for the protection of the fundamentals of the constitutional system, morality, health, rights and lawful interests of other persons, for ensuring the defense of the country and the security of the state."

wenn es notwendig ist, die Sicherheit des Staates, die öffentliche Ordnung und die gesetzlichen Interessen anderer zu sichern.
Im Falle der Begehung einer Straftat tritt der Staat einseitig von seinen Verpflichtungen zurück. Die Aberkennung des Status des Zwangsaussiedlers ist ein Verwaltungsakt und wird als Nebenstrafe angewendet. Nach Meinung des Gerichts entspricht eine solche Entscheidung nicht den Strafrechtsprinzipien, weil hier eine übermäßige Beeinträchtigung der Rechte der Bürger vorliegt.[1530] Das Gericht urteilte daher, dass die Bestimmung Art. 9 Abs. 3 Satz 1 des Gesetzes verfassungswidrig ist.
Im Verlauf des Verfahrens wurde festgestellt, dass der Beschwerdeführer nach Erhalten der entsprechenden vom Gesetz vorgesehenen Kompensationsauszahlung noch eine Wohnung gekauft hatte. Deswegen wurde er aus der ihm vom Staat zur Verfügung gestellten Wohnung (eine einstweilige Wohnung) ausgewiesen, denn laut Art. 6 Abs. 3 des Gesetzes verliert ein Zwangsaussiedler sein Recht auf eine einstweilige Wohnung, wenn er eine Wohnung bekommt oder kauft. Das Gericht stellte keine Divergenz zwischen dem Recht des Beschwerdeführers auf Eigentum und der Räumung seiner einstweiligen Wohnung fest.

Der Straßburger Gerichtshof musste sich natürlich auch mit dieser Problematik befassen.[1531] Die Verletzungen der Menschenrechte in Tschetschenien erlangen ein Ausmaß an Rechtsverletzungen, das eine große Zahl an Beschwerden hervorruft. Nicht zuletzt betreffen die Beschwerden Verletzungen von Art. 2 und 3 EMRK.[1532] Am häufigsten aber beschweren sich die Betroffenen über grobe Verstöße gegen ihr Eigentum.

In der Beschwerde *Timishev v. Russia*[1533] spielte der Schutz des Eigentums eine bedeutende Rolle, obwohl der EGMR in seinem Urteil keine Verletzung von Art. 1 1.ZP feststellte.

<u>Sachverhalt</u>
1994 wurde das Eigentum des Beschwerdeführers in Grozny bei einer militärischen Operation zerstört. 1996 erhielt der Beschwerdeführer in einer anderen Republik der RF den Status des Zwangsaussiedlers. 1999 wurde die Kompensationszahlung für sein verlorenes Vermögen

---

[1530] S. Ziff. 3 des Urteils VGRF.
[1531] Anfang 2004 waren in Straßburg mehr als 18 000 Beschwerden aus Tschetschenien eingegangen (Angaben nach BBC News vom 13. Oktober 2004).
[1532] S. Isaeva and others v. Russia (57947/00; 57948/00; 57949/00)- Decision as to the Admissibility vom 19. Dezember 2002 (admissible); Isaeva v. Russia (57950/00)- Decision as to the Admissibility vom 19. Dezember 2002 (admissible); Gartukaev v. Russia (71933/01)– Decision as to the Admissibility vom 30. März 2004 (admissible).
[1533] Timishev v. Russia (55762/00 and 55974/00)– Decision as to the Admissibility vom 30. März 2004 (admissible, inadmissible).

geleistet. Entsprechend den Bestimmungen des Beschlusses der Regierung der RF handelte es sich um die Höchstzahlung.[1534] Der Beschwerdeführer klagte beim Obersten Gericht der RF, weil die Begrenzung in der Kompensationsauszahlung sein Recht auf eine volle Entschädigung verletzte. Das Oberste Gericht übergab 1998 die Sache dem Gericht der allgemeinen Jurisdiktion.
Das Moskauer Bezirkgericht wies darauf hin, dass „...[T]he Constitutional Court of the Russian Federation ruled that, pending the adoption of the [special] constitutional law, courts cannot review compliance of regulations of the Government of the Russian Federation with any hierarchically superior legal acts (excluding the Russian Constitution)..." Mit dieser Begründung wurde die Klage abgelehnt.[1535] Der Beschwerdeführer machte geltend, dass seine Rechte auf ein faires Verfahren (Art. 6 Abs. 1 EMRK) und auf Eigentum (Art. 1 1.ZP) verletzt worden waren.

Entscheidung des Gerichts
Der Gerichtshof stellte fest, dass anstatt eines Zivilverfahrens, um eine vollständige Kompensationsauszahlung zu bekommen, der Beschwerdeführer die Klage gegen den Beschluss der Regierung erhoben hatte. Es wurde darauf hingewiesen, dass „Article 6 in its civil limb applies only where "civil rights and obligations" are "determined" within the meaning of the Court's case-law".[1536] Der Beschwerdeführer legte seine Beschwerde gegen den Beschluss der Regierung ein, sagte aber nicht, welche Höhe der Kompensation er beanspruchte. Dieser Teil der Beschwerde wurde für unzulässig erklärt. Auch bei seinem Recht auf den Schutz des Eigentums nutzte der Beschwerdeführer nicht den nationalen Rechtsweg im Zivilverfahren. Deswegen wurde hier die Beschwerde abgelehnt mit der Begründung „non-exhaustion of domestic remedies".[1537]

6. Probleme der Gewährleistung des Eigentumsschutzes der Unternehmen

Privateigentümer wegen fehlender Bestimmungen über ihre sozialen Pflichten und die Möglichkeiten der Eigentumsnationalisierung große Unabhängigkeit genießen. Das Recht auf Privateigentum scheint einen fast absoluten Charakter zu haben.[1538] Es erinnert an die zivilrechtlichen Konstruktionen des 19. Jahrhunderts über die volle Herrschaft des Menschen über eine Sache. Einige Wissenschaftler halten diese Einstellung für gerechtfertigt.[1539] Sie meinen, dass die Judikative und die Rechtsanwälte der osteuropäischen Länder die Verfassungsbe-

---

[1534] S. den oben erwähnten Beschluss der Regierung vom 30. April 1997 (N510).
[1535] Der Beschwerdeführer machte noch geltend, dass sein Recht auf Freizügigkeit (Art. 2 Abs. 2 4.ZP) verletzt wurde.
[1536] S. auch Urteile Le Compte, Van Leuven and De Meyere v. Belgium, Ziff. 46 und Ringeisen v. Austria, Ziff. 94.
[1537] S. auch Timishev v. Russia (55762/00 and 55974/00) - Final Decision as to the Admissibilty vom 30. März 2004 (admissible, inadmissible). Die Behauptung des Beschwerdeführers, dass sein Recht auf Freizügigkeit verletzt worden war, wurde für zulässig erklärt.
[1538] Art. 35 VRF. Vgl. Art. 13 Abs. 4 VU.
[1539] *Gadzhiev, Gadis*, 2000, S. 89.

stimmungen, die das Eigentumsrecht und die Rechte des freien Unternehmertums schützen, nutzen sollten, um die Dimension der Tätigkeit der Zivilgesellschaft und Marktwirtschaft zu erweitern.[1540]

Art. 8 Abs. 1 VRF garantiert die Freiheit unternehmerischer Tätigkeit. Mit dem Prinzip der unternehmerischen Tätigkeit werden die von der Verfassung garantierten Rechte aus Art. 34 VRF definiert. Art. 34 Abs. 1 VRF sieht vor, dass "everyone shall have the right to freely use his or her abilities and property for entrepreneurial or any other economic activity not prohibited by the law."[1541] Diese Befugnis hat einen Zusammenhang mit Art. 35 Abs. 2 VRF und Art. 34 Abs. 2 VRF.[1542]
Einerseits bezieht die Verfassung der RF das Recht auf unternehmerische Tätigkeit auf Grundrechte und Freiheiten. Anderseits hat ein Unternehmer verschiedene Rechte, die man wie folgt unterteilen kann:

1) die Rechte, die aus der zivilrechtlichen Regulierung der wirtschaftlichen Verhältnissen stammen: z.B. das Recht, Verträge zu schließen, und selber die Verantwortung zu tragen; als Kläger an zivilrechtlichen Verfahren teilzunehmen u.s.w.;
2) Die Rechte im Bereich der unternehmerischen Organisation und Tätigkeit: z.B. das Recht auf jede beliebige vom Gesetz nicht verbotene wirtschaftliche Tätigkeit; das Recht auf Gewinn aus der Nutzung seines Vermögens u.s.w.;
3) Die Rechte im Sozialbereich: z.B. das Recht auf Wohnung; das Recht auf soziale Leistungen und Versicherungen, das Recht auf freie Versammlungen (Unternehmervereine) u.s.w.;
4) Eine selbständige Art der Rechte ist die Gewährleistung des Schutzes der Unternehmerrechte.[1543] Diese können aufgrund des Gesetzes oder wenn es für den Schutz der staatlichen Sicherheit, der Interessen anderer Bürger u.s.w. nötig ist, eingeschränkt werden.

KRONSKIJ vertritt die Meinung, dass man die vom Gesetz bestimmten Ziele und Beschränkungen des Verfassungsrechtes auf freie Nutzung des Eigentums für unternehmerische Tätigkeit in vier Kategorien unterteilen könnte.[1544] Die

---

[1540] In Russland wird es über die Notwendigkeit der Einnahme des Bundesgesetzes der RF „Über den Schutz der Rechte der Unternehmer" sehr aktiv diskutiert (s. *Bobylev, A. I. / Dukhno, N. A.*, 2000).
[1541] Vgl. Art. 169 SGBRF.
[1542] S. auch Urteil VGRF vom 24. Februar 2004 (N3-П), Ziff. 3 Abs. 1.
[1543] S. Art. 5 des Verfassungsbundesgesetzes der RF „Über Arbitragegerichte in der RF" vom 28. April 1995 (N1-ФКЗ). S. mehr zum Thema *Tagiev, A. S.*, 2000.
[1544] *Kronskij, V. S.*, 1999, S. 62-65.

erste Kategorie umfasst die gesetzlichen Grunddefinitionen über Subjekte unternehmerischer Tätigkeit, Rechtstatus, rechtliche Organisationsformen u.s.w.. Die zweite besteht aus den Rechtsnormen der Strafgesetzgebung der RF. Dazu zählt man die Normen aus Art. 171 SGBRF (gesetzwidriges Unternehmensturm), Art. 174 SGBRF (Geldwäscherei), Art. 178 SGBRF[1545] (Monopolstellung und Beschränkung des Wettbewerbs) u.s.w.. Die dritte Gruppe vereinheitlicht die Gesetzgebung über Lizenzierung unternehmerischer Tätigkeit, Wettbewerb und Beschränkung einer Monopolstellung und wirtschaftlichen Zusammenbruch. Die letzte Gruppe ist mit den gesetzlichen Beschränkungen verbunden, die die Arten der Teilnehmer unternehmerischer Tätigkeit bestimmen. Es geht um die Bestimmungen der Gesetze „*Ob osnovakh gosudarstvennoj sluzhby v Rossijskoj Federazii* (Über die Grundlagen des Staatsdienstes in der RF)“[1546] und „*Ob osnovakh munizipalnoj sluzhby v Rossijskoj Federazii* (Über die Grundlagen des Munizipaldienstes in der RF)“.[1547]

Den Begriff unternehmerische Tätigkeit findet man im Zivilgesetzbuch. Art. 2 Punkt. 1 Abs. 3 ZGBRF bestimmt, dass unternehmerische Tätigkeit eine selbständige, auf eigenes Risiko ausgeübte Tätigkeit ist, die sich auf systematischen Gewinnerwerb aus Nutzung des Eigentums, Warenverkauf und so weiter richtet.[1548]
Wie schon erwähnt war die Russische Föderation die erste Republik der ehemaligen Sowjetunion, die sofort nach ihrem Zerfall mit der Reform der Gesetzgebung begann. Besonders notwendig war, die Gesetzgebung im unternehmerischen und im Eigentumsbereich neu zu schaffen. Wenn man die Reformprozesse in Russland und in der Ukraine vergleicht, stellt man fest, dass der neue Gesetzgeber in Russland qualifizierter und war.[1549]
In der Russischen Föderation gab es viel zu teilen, nämlich das Eigentum, das in der Zeit der Sowjetunion geschaffen wurde. Die Konkurrenz war riesig.

1993 war ein Wendepunkt in der Eigentumsverteilung in Russland. Im Dezember 1993 erschien der Erlass des Präsidenten[1550] „*O sozdanii finansovo-*

[1545] Vgl. Art. 34 Abs. 2 VRF.
[1546] Bundesgesetz der RF vom 31. Juli 1995 (N119-ФЗ).
[1547] Gesetz der RF vom 27. Dezember 1991 (N2124-1).
[1548] S. auch Urteil VGRF vom 24. Februar 2004 (N3-П), Ziff. 3 Abs. 2.
[1549] Dies ist leicht zu erklären, denn in der Zeit der UdSSR wurden die besten Fachleute aus der gesamten Union nach Moskau geschickt. Das gilt für alle Bereiche des gesellschaftlichen Lebens.
[1550] Erlass des Präsidenten vom 5. Dezember 1993 (N2096). S. auch Beschluss der Regierung der RF vom16. Januar 1995 (N48) „*O programme sodejstvija formirovanija finansovo-promyshlennykh grupp* (Über das Programm der Förderung der Gestaltung der finanziell-industriellen Gruppen)“, Bundesgesetz vom 30. November 1995 „*O finansovo promyshlennykh gruppakh* (Über die finanziell-industriellen Gruppen)“ und Erlass des Präsidenten vom 1.April 1996 (N443) „*O merakh po stimulirovaniju sozdanija i dejatelnosti finansovo pro-*

promyshlennykh grupp[1551] *v Rossijskoj Federazii* (Über die Schaffung der finanziell-industriellen Gruppen in der RF)".[1552] Zu dem Zeitpunkt existierten einige kommerzielle Banken, die horrende Geldsummen konzentrierten, die zu Investitionen sehr geeignet waren. Den meisten Gewinn brachten Investitionen in den Rohstoffsektor der Wirtschaft. So entschied sich die Frage des Erwerbs der realen Aktiva bei zwei einflussreichen Gruppen. Die erste Gruppe waren die komsomolischen und Parteifunktionäre, die das Ziel verfolgten, vorhandene administrative Ressourcen, rechtzeitig als Eigentum zu erhalten. Bei der zweiten Gruppe handelt es sich um Unternehmer, die ihr Startkapital während der Ausübung eines ambulanten Gewerbes (russ.: *tchelnotchnyje poezdki*) und einer kooperativen Unternehmenstätigkeit akkumulierten. Das Hauptinteresse richtete sich auf Unternehmen der Brennstoffindustrie (russ.: *toplivno energeticheskij komplex*). Der Einfluss dieser Gruppe auf das politische Leben Russlands entsprach ihrer Bedeutung in der Wirtschaft. Der Anteil der extraktiven Industrie erhöhte sich von 25,4 Prozent 1991 auf 27,1 Prozent 1993[1553] vor dem Hintergrund des Produktionsrückgangs in der Wirtschaft.

Formell war ein der Hauptziele der russischen Regierung, kleine Unternehmen zu unterstützen. Aber im Laufe der 90er Jahre wurde die Restrukturierung der russischen Wirtschaft zum Vorteil der großen Unternehmen durchgeführt.[1554] Die neu entstehenden FPG wurden zur Hauptexistenzform des großen russischen Business. Ihre Macht gründete sich auf die *Voucher*- Privatisierung[1555] (1993-1994). Während dieser Etappe fand die erste Sicherstellung der Eigentumsrechte statt. Infolge der Anwendung verschiedener Vorzugsrechte für Betriebsgemeinschaften und Management bei vielen Unternehmen trat eine ungenauere Form des Eigentums ein. In einer solchen Lage, wenn keine Aktionärsgruppe die volle Kontrolle über ein Unternehmen hatte, musste das Eigentum weiter umverteilt werden.[1556]

---

myshlennykh grupp (Über die Maßnamen zur Förderung der Gestaltung und Arbeit der finanziell-industriellen Gruppen)".

1551 In der russischsprachigen Literatur wird die Abkürzung FPG benutzt. In dem Erlass des Präsidenten (N2096) wird der Begriff einer finanziell-industriellen Gruppe bestimmt. Dabei handelt es sich um eine offiziell auf Bundesebene registrierte Gruppe von Unternehmen, Einrichtungen, Organisationen, Kredit- und Finanzeinrichtungen und Investitionsinstituten, deren Kapitalfusion nach dem in der Ordnung festgelegten Verlauf und Bedingungen durchgeführt wird (s. Ordnung „Über die finanziell-industriellen Gruppen und den Verlauf ihrer Gestaltung" bestimmt in dem Erlass des Präsidenten vom 5. Dezember 1993 (N2096)).

1552 Vgl. Gesetz der Ukraine „*Pro promyslovo-finansovi grupy v Ukraini* (Über die industriell-finanziellen Gruppen in der Ukraine)" vom 21. November 1995 (N437/95-BP).

1553 S. in: Business MN vom 12. Dezember 1993.

1554 *Levin, M. I. / Levina, E. M.*, 2002, S. 5.

1555 S. Punkt 2 Abs. 4 der Programm der Förderung der Gestaltung der finanziell-industriellen Gruppen im Beschluss der Regierung der RF vom16. Januar 1995 (N48) „*O programme sodejstvija formirovanija finansovo-promyshlennykh grupp* (Über das Programm zur Förderung der Gestaltung der finanziell-industriellen Gruppen)".

1556 Mehr dazu s. *Derjabina, M.*, 1998.

Es wurde vermutet, dass einer *Voucher*- Privatisierung eine Geld- Privatisierung folgen sollte.[1557] Aber in Russland war dies nicht der Fall und deswegen begannen ab Ende 1995 die Pfandversteigerungen.[1558] Das offizielle Ziel dieser Pfandversteigerungen war, dass die Regierung die Kredite aus den internen Quellen, beziehungsweise russischen Banken, unter Verpfändung des Aktienkontrollpakets der Industrieunternehmen bekommt.

Die rechtliche Grundlage zu Pfandversteigerungen war der Erlass des Präsidenten[1559] „*O porjadke peredachi v zalog akzij, nakhodjachikhsja v federalnoj sobstvennosti* (Über den Verlauf der Pfandübergabe der Aktien, die im Bundeseigentum sind)." In dem Erlass wurden die Rechte und Pflichten der Subjekte, die an den Pfandversteigerungen teilnehmen, und der Verlauf der Versteigerungsprozedur festgelegt. Mit dem Erlass verletzte der Präsident das Bundesgesetz der RF „*O federalnom budgete na 1995 god* (Über das Bundesbudget für 1995)",[1560] weil das Gesetz den vorzeitigen Verkauf der sich im Bundeseigentum befindenden Aktien der Brennstoffindustrie verbot.[1561]

Der Staat bekam nur etwa 1,85 Prozent der Gewinnsumme des Staatsbudgets,[1562] aber die großen Eigentümer wurden geschaffen: LUKOIL, YUKOS, SIDANKO, RAG „Norilsk Nickel", SURGUTNEFTEGAZ, SIBNEFT u.s.w..[1563] Der

---

[1557] „Die Schwerpunkte des Privatisierungsprogramms von 1992 sind in der sogenannten kleinen oder Massenprivatisierung und in der Unwandlung von staatlichen Unternehmen in Aktiengesellschaften zu sehen. Zur Beschleunigung des Privatisierungsprozesses wurde in der zweiten Jahreshälfte das System der Privatisierungsvoucher eingeführt. Jeder Bürger der RF erhielt gegen eine Gebühr von 25 Rubeln einen Voucher im Nominalwert von 10.000 Rubeln, den er bis zum Dezember 1994 unmittelbar oder aber mittelbar über Investmentfonds gegen Aktien zu privatisierender Unternehmen eintauschen oder vorzeitig an andere zum herrschenden Marktpreis verkaufen konnte. Etwa 20 v.H. der Unternehmensanteile sind mit Hilfe der Voucher privatisiert worden" (*Wengorz, Lars H.*, 2000, S. 235).

[1558] Die Pfandversteigerungen hatten die Form eines Wettbewerbs. Einen Zugang zu dem Wettbewerb erhielten bloß die Organisationen, die zu den Machtstrukturen Beziehungen hatten. Die Verträge wurden in solcher Weise unterzeichnet, dass in 1-2 Jahre die Pfandgläubiger sehr leicht zu Eigentümer werden könnten.

[1559] Erlass des Präsidenten der RF vom 31. August 1995 (N889).

[1560] Bundesgesetz der RF vom 31. März 1995 (N39-ФЗ).

[1561] Art.12 Abs. 1 des Gesetzes. S. auch das Gutachten über die Bewertung der faktischen Begründung der Beschuldigung gegen den Präsidenten der RF im Zusammenhang mit vom ihm begangenen Taten, die den Genozid des russischen Volkes verursachten, Staatsduma, den 12. Februar 1999, Ziff. 3.

[1562] S. das Gutachten über die Bewertung der faktischen Begründung der Beschuldigung gegen den Präsidenten der RF im Zusammenhang mit vom ihm begehenden Taten, die den Genozid des russischen Volkes verursachten, Staatsduma, den 12. Februar 1999, Ziff. 3.

[1563] Die Regierung der RF erwartete, dass 1995 mindestens 10-15 FPG verschiedener Größe entstehen würden. 1996 erhöhten sich die Prognosen auf 50-70. Die weiteren Absichten der Regierung waren 100-150 der mächtigen FPG nach dem Vorbild der großen westlichen korporativen Einrichtungen (s. Punkt 6 Abs. 6 des Programms zur Förderung der Bildung der finanziell-industriellen Gruppen im Beschluss der Regierung der RF vom16. Januar 1995 (N48) „*O programme sodejstvija formirovanija finansovo-promyshlennykh grupp* (Über das Programm zur Förderung der Gestaltung der finanziell-industriellen Gruppen)").

Regierung wurden die Kredite mit dem Recht ihres vorfristigen Rückkaufs[1564] auf 3 Jahre gegeben. Der Staat hatte aber nicht die Absicht, sie rückzukaufen, und im Budget für die folgenden Jahre wurden keine Ausgaben für diesen Zweck vorgesehen.[1565]

Als Beispiel für die Manipulation der Ergebnisse der Pfandversteigerungen in Russland könnte man die Sache mit RAG „Norilsk Nickel" anführen. Am 20. Juni 2000 reichte die Moskauer Stadtstaatsanwaltschaft eine Klage ein, um die Ergebnisse der Pfandversteigerung im Jahr 1995 und weitere Handlungen mit den Wertpapieren RAG „Norilsk Nickel" für nichtig erklären zu lassen.[1566] Wie bei allen Steuersachen waren die Beweggründe dieser Klage unklar.[1567] Das Moskauer Arbitragegericht lehnte die Klage mit der Begründung ab, dass Klageansprüche aller Beklagten getrennt werden sollen. Die Generalstaatanwaltschaft der RF[1568] reichte ein Schreiben mit der Forderung ein, dass die RAG ohne Gerichtsentscheidung USD 140 Millionen für das früher erworbene Aktienpaket von 38% nachzahlen musste.[1569]

In Straßburg ging eine Beschwerde ein, die sich auf die Rolle des Staates in der unternehmerischen Tätigkeit bezog. In der Sache *AO "URALMASH" v. Russia*[1570] ging es um die Privatisierung eines Unternehmens.

[1564] S. Punkt 6 Abs. 2 der 1. Beilage zum Erlass des Präsidenten der RF vom 31. August 1995 (N889).

[1565] S. auch *Sharov, A./ Panina T.*, Zalozhniki zalogovykh auktionov (Die Geiseln der Pfandversteigerungen), in: *Rossijskaja Gazeta* vom 1. November 2003.

[1566] Eine Reihe der Gerichtsverfahren und Revisionen über die Legitimität solcher Pfandversteigerungen 1996-2000 deuten nicht darauf hin , dass sie gesetzwidrig durchgeführt wurden. Das beweist aber nicht, dass diese Geschäfte transparent waren, sondern, dass die Unvollkommenheit der Gesetzgebung damals ausgenutzt wurde. Die Gesetzmäßigkeit der Privatisierung der RAG „Norilsk Nickel" wurde im Juni 2000 von dem Rechnungshof der RF bestätigt (s. Webseite des Rechnungshofes de Russischen Föderation www.ach.gov.ru).

[1567] Es gibt mindestens drei Erklärungen zu den Beweggründen dieser Klage: 1) eine direkte Attacke der Konkurrenten mit Hilfe von der Staatsanwaltschaft; 2) Zentralgewalt überprüfte die öffentliche Reaktion auf sporadische Nationalisierung und 3) Überprüfung der Reaktion der Gewalt auf Umverteilung des Eigentums nach den Präsidentenwahlen (s. Publikationen in *Rossijskaja Gazeta* im Jahr 2000).

[1568] Vgl. Befehl des Generalstaatsanwalts der RF „*Ob organisazii prokurorskogo nadzora za ispolneniem zakonov o zaschite prav subjektov predprinimatelskoj dejatelnosti* (Über die Organisation der staatsanwaltlichen Aufsicht über die Durchsetzung der Gesetze zum Schutze der Rechte der Subjekte unternehmerischer Tätigkeit)" vom 17. August 2005 (N29).

[1569] Vgl. die Sache mit RAG "*Edinaja energeticheskaja sistema Rossii* (Einheitliches Energiesystem Russlands)". Im Juli 2000 erschien eine unoffizielle Erklärung eines Beamtes des Rechnungshofes der RF, dass eine Klage über die Nichtigkeitserklärung der Geschäfte über den Erwerb der 15% Aktien dieser RAG bei den Devisenausländern im Laufe der Voucherversteigerungen erhoben wird. Diese Information spielte als ein Unstabilitätsfaktor in der Sache der Umstrukturierung der RAG.

[1570] AO "URALMASH" v. Russia (13338/03) – Decision as to the Admissibility vom 4. September 2003 (inadmissible).

Sachverhalt

AG „URALMASH“[1571] ist eine öffentliche Gesellschaft. Diese Gesellschaft wurde 1992 privatisiert, und das Vermögen des Maschinenbau-Unternehmens wurde als Anlagekapital der AG eingetragen. Nach zwei Jahren machte die AG dem Staat das Angebot, das Maschinenbau-Unternehmen dem Staat im Tausch gegen eine bestimmte Zahl ihrer Aktien zu verkaufen. Der Staat nahm den Vorschlag an, und ein entsprechender Vertrag wurde unterschrieben. Damit wurde das Werk dem Komitee für staatliches Eigentum übergeben.

Nach anderthalb Jahren forderte die AG den Staat auf, seine Verpflichtungen zu erfüllen. Das Finanzministerium erkannte die Schuld an und versprach, die notwendigen Kosten in das staatliche Budget des nächsten Jahres einzutragen. 2000 verweigerte das Finanzministerium die Zahlung der entsprechenden Summen mit der Begründung, dass die gesetzmäßigen Urkunden fehlen.

Die AG rief das Moskauer Arbitragegericht an. Das Verfahren wurde aber eingestellt, weil nach der Auffassung des Gerichtes die AG rechtwidrig privatisiert wurde, weswegen keine Zahlung für das dem Staat übergebenen Werk erfolgen kann. Die AG legte mit Erfolg Berufung ein. Danach rief das Finanzministerium das Kassationsgericht an, ebenfalls mit Erfolg.

Die AG entschied sich für eine Einspruchbeschwerde nach Art. 376 Abs. 1 ZPORF. Diese Einspruchbeschwerde wurde aber zweimal abgelehnt. 2003 initiiert die AG ein neues Gerichtsverfahren im Rahmen des Einspruchsverfahrens. Der AG wurde darauf hingewiesen, dass nach der neuen Gesetzgebung kein neues Gerichtsverfahren für denselben Tatbestand möglich sei.[1572]

Die Beschwerdeführerin wandte sich an den EGMR mit der Begründung der Verletzung von Art. 6 Abs. 1 EMRK und Art. 1 1.ZP.

Entscheidung des Gerichts

Der Gerichtshof wies darauf hin, dass nach der alten Arbitrageprozessordnung die Beschwerdeführerin keine ausreichenden Rechtsmitteln hatte, mit Erfolg eine Gerichtsentscheidung anzufechten.[1573] Nach der neuen Arbitrageprozessordnung wurde für die AG ein neuer Rechtsweg eröffnet: “the Court must therefore

---

1571 “The Urals Factory of Heavy Engineering” (russ.: *Otkrytoe aktsionernoe obshchestvo* “Ural’skii zavod tiazhelogo mashinostroeniia”).

1572 Am 1. September 2003 trat eine neue Arbitrageprozessordnung der RF in Kraft, außer Kapitel 36 „Verfahren bei Wiederaufnahme der Gerichtsakte auf Grund der Aufsicht (Revidierung)“. Nach dem APORF Einführungsgesetz vom 24. Juli 2002 (N96-ФЗ) trat Kapitel 36 am 1. Januar 2003 in Kraft (Art. 8 des Gesetzes). Art. 292 Abs. 1 APORF sieht vor, dass die in Kraft getretenen Entscheidungen der Arbitragegerichte revidiert werden können. Nach Abs. 3 dieses Artikels besteht eine Möglichkeit, einen Antrag auf Revidierung der Gerichtsentscheidungen nach drei Monaten beim Obersten Arbitragegerichts der RF einzureichen, wenn alle anderen Rechtswege erschöpft sind. Das APORF Einführungsgesetz vom 24. Juli 2002 (N96-ФЗ) beinhaltet Art. 9, der bestimmt, dass bei allen Anträgen über eine Wiederaufnahme der Gerichtsakte auf Grund der Aufsicht (Revidierung), die bis zum 1. Januar 2003 eingegangen sind, die Frist der Antragseinreichung ab 1. Januar 2003 gilt.

1573 “In accordance with the Court’s established case-law, the pursuit of the supervisory-review procedure, which the applicant company undertook at that time, cannot be considered an effective remedy for the purposes of Article 35 § 1 of the Convention, the decision on whether to open such proceedings being based on the exercise of discretionary powers”. S. auch Tumilovich v. Russia (47033/99) – Decision as to the Admissibility vom 22. Juni 1999 (inadmissible).

determine whether this new avenue of appeal gave rise to a fresh "final decision" within the meaning of Article 35 § 1 of the Convention, which could in turn set in motion a further period of six months for introduction of the application".[1574]

Nach der ständigen Rechtsprechung des EGMR[1575] gewährleistet die Konvention keinen Schutz bei einem Wiederaufnahmeverfahren. Diese Beschwerde verstößt nach der Auffassung des Gerichtshofes die *„ratione temporis"* Voraussetzung in Art. 35 Abs. 1 und Abs. 4. Wegen der Verletzung des *„ratione temporis"* Prinzips war der Gerichtshof nicht in der Lage, sich über die gesetzwidrigen Maßnahmen von der Seite des Staates zu äußern.

Im April 2004 fand in Moskau der Rundtisch „Die Ergebnisse der Privatisierung und die Strategie der wirtschaftlichen Entwicklung Russlands"[1576] statt. Das Thema ist von großer Aktualität in Russland. Die Ergebnisse der Privatisierung der 90er Jahre nämlich sind der Zankapfel zwischen der Macht den Machthabern und dem Business. Die großen Unternehmen befürchten, dass man diese Ergebnisse[1577] revidieren kann, deswegen nahmen sie eine abwartende Haltung ein und verringerten ihre unternehmerische Tätigkeit. Es wurde erklärt, dass der Staat kein Interesse an einer Massenrevidierung der Ergebnisse der Privatisierung hat.[1578] Aber gleichzeitig wurde darauf hingewiesen, dass eine Revision bei einigen bestimmten Unternehmen, bei deren Privatisierung grobe Missbrauche[1579] festgestellt wurden, unentbehrlich ist.[1580] Mehrere Experten vertreten die

1574 AO "URALMASH" v. Russia (13338/03) – Decision as to the Admissibility vom 4. September 2003 (inadmissible), Ziff. 1 Abs. 4 des Entscheidungstenors.

1575 S. Kozak v. Ukraine (21291/02)- Decision as to the Admissibility vom 17. Dezember 2002 (inadmissible). S. auch Kommissionsentscheidungen X. v. Austria, Ziff. 171 und 174; Jose Maria Ruiz Mateos and Others v. Spain, Ziff. 141.

1576 S. *Rossijskaja Gazeta* vom 19. April 2004 und vom 21. April 2004.

1577 Nach den Angaben des Leiters des Rechnungshofes der RF bekam das Staatsbudget 9,7 Milliarden Dollar für die Privatisierung von 145.000 Unternehmen, in: *Rossijskaja Gazeta* vom 19. April 2004.

1578 S. auch die Erklärung des Minister Präsidenten der RF Herr FRADKOV am 28. Oktober 2004 bei der ersten Deutsch-Russischen Investitionskonferenz in Stuttgart (www.bundesregierung.de und www.localglobal.de).

1579 Im Dezember 2003 begann der Rechnungshof der RF, die Wirtschaftsgeschichte des vergangenen Jahrzehnts neu aufzurollen. Die Prüfer interessierte vor allem die Frage: Wie lief die Privatisierung ab? Die Antwort steht in einem 146 Seiten langen Bericht „Die Analyse der Privatisierungsergebnisse des staatlichen Eigentums in der RF in der Zeit 1993-2003": Keines der 140 überprüften Unternehmen wurde gesetzkonform in Privateigentum überführt (s. Webseite des Rechnungshofes de Russischen Föderation www.ach.gov.ru). Die Ölriesen LUKOIL, RAG „Norilsk Nickel", YUKOS, SURGUTNEFTEGAZ oder andere russische Großkonzerne gelangten mit Hilfe von Insiderdeals sie zu Schleuderpreisen in die Hände der Oligarchen.

Meinung, dass die Privatisierung jederzeit vom Kreml aufgegriffen werden könne.[1581] Es solle der Eindruck vermittelt werden, dass dieses Eigentum nur geliehen sei und es der Staat jederzeit wegnehmen könne. Davon betroffen wurde auch eines der größten Unternehmen der Welt- YUKOS.

6.1. Die großen Unternehmen als Objekte der Umverteilung des Eigentums? Am Beispiel YUKOS

Im Oktober 2003 wurde der Präsident des YUKOS Konzerns Mikhail KHODORKOVSKY festgenommen. Die Generalstaatsanwaltschaft der RF beschuldigte ihn des Verstoßes gegen sieben Artikel des Strafgesetzbuches der RF.[1582] Da das Ministerium für Steuer und Abgaben der Russischen Föderation YUKOS für die Nichtzahlung der Steuer[1583] ins Staatsbudget 2000-2002[1584] beschuldigte,[1585] wurden alle Konten des Konzerns gesperrt und das Eigentum des Konzerns mit Beschlag[1586] belegt.[1587] Nach dem Bundesgesetz der RF „*Ob ispolnitelnom proizvodstve* (Über Zwangsvollstreckungsverfahren)“[1588] besteht eine Zwangsvollstreckung in der Beschlagnahme (Pfändung) des Vermögens, Ein-

---

1580 Eine Revidierung der Ergebnisse der Privatisierung in der RF ist juristisch nach Art. 168, 169, 181 ZGBRF möglich: Art. 168 ZGBRF „Nichtigkeit eines Rechtsgeschäfts, das mit dem Gesetz oder anderen Rechtsakten nicht übereinstimmt“; Art. 169 ZGBRF „Nichtigkeit eines Rechtsgeschäfts, das den Grundlagen der Rechtsordnung und Sittlichkeit widerspricht“; Art. 181 ZGBRF „Fristen der Verjährung nach den Rechtsgeschäften, die nichtig sind.“

1581 S. „Unsaubere Geschäfte“, in: die WELT vom 9. Juli 2004.

1582 Mehr dazu s. eine Publikation von *Sharov, A.,* in: *Rossijskaja Gazeta* vom 27. Oktober 2003.

1583 Dem Konzern wurde vorgeworfen, dass es für die Steuerhinterziehung die Off Shores benutzte.

1584 “…the “abusive” techniques used by Yukos to minimise taxes by letting part of the profits of the mother company accrue to dependent companies domiciled in inner-Russian tax havens… in 2000… these techniques were widely used and considered “legal”, albeit anti social in the case of large companies not contributing to any real economic development of the tax haven regions. The law making such “abuses” possible has therefore been changed, so as to make such techniques impossible in practice... the new law entered into force only in 2004. This clearly raises an issue of the retroactive application of changes in tax laws, which is quite problematic, under property protection aspects, even when it is merely a matter of retroactively charging higher taxes for the past” (*Doc. 10083*- 12.02.2004, Ziff. 66).

1585 Vgl. Urteil VGRF vom 14. Juli 2005 (N9-П), Ziff. 1.2 und 3 Abs. 5; Beschluss VGRF vom 18. Januar 2005 (N36-O).

1586 S. Entscheidung des Moskauer Arbitragegerichts vom 16. April 2004. Die Entscheidung wurde nach der Klage des Ministeriums für Steuer und Abgaben vom 29. Dezember 2003 getroffen.

1587 S. Art. 51 Abs. 1 und 2 BGVVRF.

1588 Bundesgesetz der RF vom 4. Juni 1997 (N119-ФЗ).

ziehung und Zwangsverkauf.[1589] Art. 46 Abs. 5 BGVVRF besagt, dass wenn die Geldmittel des Schuldners nicht ausreichen, um die Forderungen des Vollstreckungsgläubigers zu decken, eine Zwangsvollstreckung bei anderem Vermögen des Schuldners vorgenommen wird (ausgenommen Vermögen,[1590] bei dem keine Zwangsvollstreckung möglich ist).

> „A State is not responsible for loss of property or for other economic disadvantage resulting from "*bona fide*" general taxation or any other action that is commmonly accepted as within the police power of States, provided it is not discriminatory and is not designed to cause the alien to abandon the property to the State or to sell it at a distress price."[1591]

Am 19. Dezember 2004 wurden 43 Aktien (76,79% des Grundkapitals) der YUKOS Tochtergesellschaft „YUGANSKNEFTEGAZ"[1592] versteigert.[1593] Die Gesellschaft wurde von einer Finanzgruppe unbekannter Herkunft gekauft.[1594]

[1589] Art. 46 Abs. 1 BGVVRF. S. auch Beschluss der Regierung der RF vom 12. August 1998 (N934); Anordnung des Bundesdienstes Russlands für finanzielle Sanierung und Bankrott vom 27. Dezember 1999 (N48-p); Befehl des Finanzministeriums Russlands und des Ministeriums Russlands für Steuer und Abgaben vom 10. März 1999 (NN 20н, ГБ-3-04/39); Befehl des Ministeriums Russlands für Steuer und Abgaben und des Justizministeriums Russlands vom 25. Juli 2000 (N ВГ-3-10/265/215).

[1590] S. Art. 446 ZPORF „Vermögen, bei dem keine Zwangsvollstreckung gemäß des Vollstreckungstitels vorgenommen werden darf".

[1591] Too v. Greater Modesto Associates and the United States of America, Award No. 460-880-2 of 29 December 1989, 23 Iran-U.S. Claims Tribunal Reports (1989-III), p. 378.

[1592] YUGANSKNEFTEGAZ ist einer der größten Steuerzahler in Russland, der mehr als 60% des gesamten JUKOS Öls fördert. 2003 wurden 100% seiner Aktien mit den Aktien anderer YUKOS Tochtergesellschaften – TOMSKNEFT und SAMARANEFTEGAZ - von dem Vollstreckungsdienst des Justizministeriums beschlagnahmt (s. *BBC News* vom 4. Dezember 2004).

[1593] Die unabhängigen ausländischen Experten von der Bank Dresdner Kleinwort Wasserstein setzten den Wert von YUGANSKNEFTEGAZ mit 10,4 Milliarden US Dollar an. Diese Summe liegt mindestens 5-7 Milliarden US Dollar unter dem Marktpreis dieser Gesellschaft, weil die Experten das hohe politische Risiko für den Käufer (~60%) in Betracht genommen haben (s. *Rossijskaja Gazeta* vom 13. Oktober 2003). Vgl. *Doc. 10083*- 12.02.2004, Ziff. 55: "As the evaluation of the market value of Yugansneftegaz (Yukos' main oil producing subsidiary) by Dresdner Kleinworth (a close business partner of Kremlin-controlled Gazprom) did not produce the expected low figure, as Dresdner had a reputation in the financial markets to protect, the interested circles would further open the tap of "political risks" in order to drive down the value of Yugansneftegaz, towards the range of what Gazprom or the State-owned oil company Rosneft could afford. These analysts found that the new power elite, who considered themselves as having unfairly lost out in the first round of "robbery of the State" by the Yeltsin era oligarchs, made one strategic error in that they did not content themselves with seizing control over remaining State assets, but decided to "rob the robbers". The mistake, in these analysts' view, lies in the fact that the new power elite thereby created a precedent, and made themselves vulnerable to being in turn deprived of their assets by the next "power elite"."

[1594] Die Finanzgruppe „BAYKALFINANCEGROUP" kaufte YUGANSKNEFTEGAZ für 9,3 Milliarden US Dollar.

Das führte zu verschiedenen Spekulationen über die Drahtzieher bei diesem Geschäft. Später bestätigte Präsident PUTIN, dass diese Gesellschaft von dem staatlichen Konzern NK ROSNEFT[1595] geschaffen wurde, um YUGANSKNEFTEGAZ zu kaufen.[1596]

> "The circumstances of the sale by auction of Yuganskneftegaz to "Baikal Finance Group" and the swift take-over of the latter by State-owned Rosneft raises additional issues related to the protection of property (ECHR First Protocol Article 1). This concerns both the circumstances of the auction itself, leading to a price far below fair market value, and the way Yukos was forced to sell off its principal asset, by way of trumped-up tax reassessments leading to a total tax burden far exceeding that of Yukos's competitors, and for 2002, even exceeding Yukos' total revenue for that year."[1597]

Nach diesem Verkauf Anfang Januars 2005 verzichtete KHODORKOVSKY auf seine sämtlichen YUKOS Aktien (60%) zu Gunsten des Vorsitzenden der GROUP MENATEP, der der zweite YUKOS Hauptaktionär war. Mehrere internationale[1598] und russische[1599] Wirtschaftsexperten und Juristen[1600] vertreten die Meinung, dass die YUKOS- Affäre eine rein politische Abrechnung[1601] der russischen Machthaber mit der Oligarchie war, die auch die politische Macht anstrebt.

[1595] Am 22. Dezember 2004 kaufte NK ROSNEFT 100% Aktien der von ihr geschaffenen BAYKALFINANCEFROUP, Eigentümer von YUGANSKNEFTEGAZ, für 10.000 russische Rubel.

[1596] Vgl. Erklärung von KHODORKOVSKY vom 15. Dezember 2004 (www.korrespondent.net).

[1597] PACE Resolution 1418 (2004), Ziff. 13. S. auch Doc. 10083- 12.02.2004, Ziff. 68: "any sell-off below fair market value, forced upon Yukos by the State authorities, would raise serious issues of the protection of property under Article 1 of the First Protocol to the ECHR; and secondly, any sell-off below market value could hardly be justified by "fiscal" (i.e. State revenue maximising) considerations: it would deprive Yukos of the assets needed to pay, over time, the outstanding tax claims, and in addition, the "collateral damage" resulting from the handling of the Yukos affair in terms of loss of investor confidence, capital flight, delayed productive investments etc. has already caused the Russian State to lose more revenue than it could have possibly hoped to gain" und PACE Resolution 1455 (2005), Ziff. 13, viii.

[1598] S. *Burger, Ethan S. / Sorokina, Evgenia*, 2003. S. auch die Publikation von *Nosov, S.*, in: *Rossijskaja Gazeta* vom 3. November 2003.

[1599] S. die Publikation von *Lashkina, E.*, in: *Rossijskaja Gazeta* vom 27. Oktober 2003 und vom 29. Oktober 2003.

[1600] S. auch White Paper "CONSTITUTIONAL AND DUE PROCESS VIOLATIONS IN THE KHODORKOVSKY/YUKOS CASE" prepared by a Russo-Canadian team of lawyers on the defendants' behalf, is an urgent appeal to the international community. The Official Site of Regional Public Organization „Open Russia" — http://www.openrussia.info/eng/ Mikhail Khodorkovsky's Lawyers' Press-Center — http://www.khodorkovskytrial.com .

[1601] S. Doc. 10368 Report of the Committee of Legal Affairs and Human Rights (Text adopted by the PACE on the 25 of January 2005). S. auch dazu *Patrick de Saint-Exupery*, in: Le Figaro vom 1. Dezember 2003.

Die juristische Abteilung des YUKOS Konzerns teilte mit, dass drei Beschwerden (eine davon vermutlich die der YUKOS Aktionäre)[1602] beim Gerichtshof für Menschenrechte eingegangen und registriert sind.[1603] Die Beschwerdeführer berufen sich auf die Verletzung von Art. 5 und 6 Abs. 1 EMRK und Art. 1 1.ZP. Am 14. Dezember 2004 entschied der Gerichtshof, die russische Regierung aufzufordern, dem Gericht juristische Erklärungen in sechs Hauptfragen zur YUKOS Sache vorzulegen. Diese Sache wurde im Juni 2005 zu einer Prioritätsverhandlung angenommen.[1604]

> „Though it is certain that no general prohibition of taxes payable exclusively out of the taxpayers' capital can be derived from Article 1, the Commission finds that a financial liability arising out of the raising of taxes or contributions may adversely affect the guarantee of ownership if it places an excessive burden on the person concerned or fundamentally interferes with his financial position. However, it is for the national authorities to decide what kind of taxes or contributions are to be collected. Furthermore, the decisions in this area will commonly involve the appreciation of political, economic and social questions which the Convention laeves within the competence of the contracting States. The power of appreciation of the Contracting States is therefore a wide one."[1605]

6.2. Feindliche Übernahme der Unternehmen als „Industrie" der Eigentumsumverteilung

Das Problem der feindlichen Übernahmen ist von großer Bedeutung in Russland. Es herrscht die Auffassung, dass feindliche Übernahmen eine Form der unehrlichen Umverteilung des Eigentums seien. Attackiert werden die Profit machenden Unternehmen, die effektiv verwaltet werden.[1606] Die „Eindringlinge" handeln an den Berührungspunkten zwischen den Zivil- und Arbitrageprozessordnungen, den Bundesgesetzen „*Ob aktionernykh obzhestvakh* (Über die Aktiengesellschaften)",[1607] „*O rynke zennykh bumag* (Über den Wertpapiermarkt)",[1608] „*Ob ispolnitelnom proizvodstve* (Über das Vollstreckungsverfahren)"[1609] und „*O nesostojatelnosti (bankrotstve)* (Über die Zahlungsunfähigkeit

[1602] YUKOS hat knapp 60.000 Aktionäre (s. Russia/Eurasia Committee Newsletter, Volume 1, Issue 1, November 2004, S. 5).
[1603] S. Webseite des Konzerns YUKOS www.yukos.ru .
[1604] S. Erklärung des Präsidenten des EGMR Luzius *Wildhaber*, in Moskau (den 28. Juni 2005, www.echr.ru/news/msg.asp?id=705).
[1605] EcomHR 2 December 1985 (Svenska Managementsgruppen AB v. Sweden), D & R 1989, S. 221-222.
[1606] Besonders betrifft dies die Unternehmen, die mit Naturschätzen, Lebensmitteln (Alkohol- und Fleischbetriebe) und Waren der Massennachfrage zu tun haben, weil in diesen Bereichen die Ausgaben für eine feindliche Übernahme schnell rentabel sind.
[1607] Bundesgesetz der RF vom 26. Dezember 1995 (N208-Ф3).
[1608] Bundesgesetz der RF vom 22. April 1996 (N39-Ф3).
[1609] Bundesgesetz der RF vom 21. Juli 1997 (N119-Ф3).

(Bankrott))".[1610] Fachleuten zufolge findet man folgende Methoden bei der Aneignung der Kontrolle über Unternehmen: 1) Käufe des Aktienpakets; 2) Initiierung des Konkursverfahrens; 3) Kauf der Schuldverschreibungen; 4) Machenschaften mit Aktionärsregistern; 5) Bestechung des Managements.[1611]

Seit 1998 wurde mit der Annahme einer neuen Fassung des Bundesgesetzes der RF über die Zahlungsunfähigkeit[1612] ein neuer effektiver Weg gefunden, die Kontrolle über das Eigentum auszuüben. Die Einführung des Bankrottinstituts in die russische Gesetzgebung sollte zwei Aufgaben lösen: 1) Liquidierung der absolut unrentablen Unternehmen; 2) finanzielle Sanierungsmaßnahmen. Aber schon am Anfang 1998 wurde klar, dass dieses Institut in Russland eines der Hauptinstrumente bei der Übernahme der Kontrolle über das Eigentum war. In seinem Schreiben[1613] wies das Oberste Arbitragegericht der RF darauf hin, dass, wie die Gerichtspraxis zeigt, sich die Zahl der Anträge auf Zahlungsunfähigkeit drastisch erhöht hat.[1614] In diesem Zusammenhang wurde den Arbitragegerichten empfohlen zu berücksichtigen, dass ein Konkursverfahren zur Umverteilung des Eigentums benutzt werden könne.
Eine weitere Methodik in diesem Bereich sind Machenschaften mit Aktionärsregistern.[1615] Hier spielen Gerichte eine wichtige Rolle. In diesem Fall erhebt ein Kleinaktionär eine Klage vor Gericht mit jeder beliebigen Beschwerde über seine Aktiengesellschaft oder ihr Management. Danach erfolgt eine Gerichtsanordnung,[1616] die für die Sicherung des behaupteten Rechts vorschreibt, dass das Register der Aktiengesellschaft einem anderen Registrator übergeben wird. Ein neuer Registrator schreibt die Aktien von den persönlichen Konten der Aktionäre ab. Dann werden diese Aktien mehrmals verkauft und weiterverkauft. Angesichts dieser Möglichkeit der Manipulation von Aktionärsregister[1617] wurden

---

1610 Bundesgesetz der RF vom 26. Oktober 2002 (N127-ФЗ).

1611 *Nikitin, L. L. / Nurzhinskij, D. V.*, 2003, S. 1.

1612 Bundesgesetz der RF vom 8. Januar 1998 (N6-ФЗ).

1613 Informationsbrief OAGRF vom 20. Januar 1999 (N C1-7/УП).

1614 Angaben zur Entwicklung der Zahl der Anträge auf Zahlungsfähigkeit, bei denen ein Verfahren eingeleitet wurde: 1993–100; 1997-2.600. Seit der Annahme des Bundesgesetzes über die Zahlungsunfähigkeit wurden 1999 in nur 10 Monaten 3495 Verfahren eingeleitet, danach wurden von November 1999 bis März 2001 insgesamt 23 500 Verfahren eingeleitet (s. Tabelle zum Aufsatz von *Dzhafarov Dzhafar*, Feindliche Übernahme in Russland, in: www.it2b.ru /it2b3.view3.page3.html).

1615 S. Art. 44 des Bundesgesetzes der RF „Über die Aktiengesellschaften" vom 26. Dezember 1995 (N208-ФЗ). S. auch das Bundesgesetz der RF *„O vnesenii izmenenij v Federalnyj zakon „Ob akzionernykh obzhestvakh"* (Über die Eintragung der Abänderungen ins Bundesgesetz „Über die Aktiengesellschaften")" vom 5. Januar 2006 (N7-ФЗ).

1616 S. Art. 223 APORF.

1617 S. Beschluss des Plenums OAGRF vom 18. November 2003 (N19), Ziff. 18-19.

Abänderungen ins Bundesgesetz der RF „*O rynke zennykh bumag* (Über den Markt der Wertpapiere)"[1618] eingetragen.

Aber es gibt noch einen Weg für eine feindliche Übernahme. Die Kleinaktionäre bereiten eine „geheime" Versammlung der Aktionäre vor und wählen einen neuen Vorstand,[1619] der ein neues Management des Unternehmens ernennt.[1620] Die Mehrheitsaktionäre haben keine Ahnung von diesen internen Vorgängen im Unternehmen.[1621] Ein solches System des doppelten Managements wurde im Fall der AG „*Kuznezkije ferrosplavy* (Kuznezk Ferrolegierung)" benutzt. Seine Legitimierung wurde nach einer Gerichtsanordnung gerechtfertigt, weil ein Kleinaktionär, der nur eine Aktie (!) besaß, sich an Gericht gewendet hatte.[1622]

Ein Untertyp der feindlichen Übernahme, bei dem die Rolle der Kleinaktionäre ausgenutzt wird, ergibt sich, wenn ein Kleinaktionär einige Aktien kauft und den Mehrheitsaktionär beschuldigt, dem Unternehmen wirtschaftlichen Schaden zuzufügen. Das Gericht erlässt eine Anordnung, die dem Besitzer verweigert, über das Eigentumsrecht auf Aktiva zu verfügen. Das Paket des Mehrheitsaktionärs wird beschlagnahmt und verkauft. Dieses System wurde im Fall „Taganskij Fleischkombinat" und im Fall „Ilim Palp Enterprise" benutzt.[1623]

Ohne die Unterstützung von Staat und Judikative wären alle diese Methoden unvorstellbar. Der Besitz der Mehrheit in einer Gesellschaft sichert in Russland nicht das Eigentumsrecht[1624] - man braucht dazu auch „administrative Mittel" und eine Lobby in den Machtstrukturen. BRASLAVSKAJA wies darauf hin,[1625] dass die Mängel der russischen Gesetzgebung, eine fehlende unabhängige Gerichtsgewalt und die Korruption der staatlichen Beamten solche gesetzwidrigen Maßnahmen begünstigen. Ihrer Auffassung nach bemerkte man 2003 die eindeutige Tendenz in der russischen Wirtschaft, dass sich staatliche Organe immer mehr in Businessprozesse einmischen. Der Staat spielt auf dem Markt der Fusi-

---

1618 Bundesgesetz der RF vom 22. April 1996 (N39-ФЗ).

1619 S. Art. 66 Abs. 4 des Bundesgesetzes „*Ob aktionernykh obzhestvakh* (Über die Aktiengesellschaften)". Mehr zu Kompetenzen eines Vorstands s. Art. 65 dieses Gesetzes.

1620 S. mehr zum Thema Beschluss des Plenums OAGRF vom 18. November 2003 (N19), Ziff. 24-27.

1621 Vgl. Urteil Sovtransavto v. Ukraine, Ziff. 11-14.

1622 S. auch *Schramm, Hans – Joachim*, 2004, S. 594.

1623 Nach Angaben der Experten der Kanzlei „Coudert Brothers" sind die oben erwähnten Schemata gemeint, dass ein voller Verlust der Kontrolle über die Aktiva nach 15-20 Tagen möglich sei. S. mehr zum Thema die Materialien zur Konferenz „Korporative Aufnahmen in Russland" (den 1.-2. Juli 2003, Moskau), in: www.adamsmithconferences.com).

1624 S. Materialien zur Konferenz „Korporative Aufnahmen in Russland" (den 1.-2. Juli 2003, Moskau), in: www.adamsmithconferences.com). Auch *Pinchuk, Denis*, Szenario feindlicher Übernahmen, in*: Agenstvo konfliktnykh situazij* (Agentur der Konfliktsituationen), vom 15. Juli 2003.

1625 *Braslavskaja, M.*, 2004, S.1.

onen und der Übernahmen die Hauptrolle. Ein auffallender Zug der heutigen Lage ist, dass früher große Unternehmer „administrative Mittel" nutzten, um die Kontrolle über eine bestimmte Gesellschaft zu bekommen, jetzt aber nutzen Amtspersonen einzelne Vertreter der Businessgemeinschaft in ihren eigenen Interessen.

Einige Experten[1626] meinen, dass mit der Annahme des neuen Bundesgesetzes „*O nesostojatelnosti (bankrotstve)* (Über die Zahlungsunfähigkeit (Bankrott))"[1627] sich die Situation der feindlichen Übernahmen verbessert hat. Aber mehrere Beobachter sind der Auffassung, dass das neue Gesetz keine Hindernisse eingeführt hat, um die gewaltsame Eigentumsübernahme zu vermeiden.[1628]

Im Jahr 2005 beschäftige sich die russische Staatsduma mit einigen Gesetzentwürfen, die eine Reihe von Abänderungen in Gesetzbüchern und Bundesgesetzen der RF vorsehen, und zwar im Zivilgesetzbuch und der Arbitrageprozessordnung sowie bei den Bundesgesetzen „Über Aktiengesellschaften", „Über die staatliche Registrierung juristischer Personen und individueller Unternehmer", „Über den Schutz der Rechte und gesetzmäßigen Interessen der Wertpapiermarktinvestoren". Damit will der Gesetzgeber erreichen, dass Unstimmigkeiten in der Gesetzgebung in dem Bereich vermieden werden.[1629]

Nach einer Umfrage bei russischen Unternehmern ist die Mehrheit[1630] der Meinung, dass die Hauptursache für feindliche Übernahmen in der russischen Wirtschaft eine fehlende Gesetzgebung in dem Bereich ist.[1631] Dieses Ergebnis zeigt, dass viel Hoffnung auf den Staat gesetzt wird, damit er das Eigentumsrecht der Unternehmen und Aktionäre effektiv gewährleistet. Aber das Problem der Lücken in der relevanten Gesetzgebung bleibt und verlangt eine weitere Entwicklung.

[1626] S. das Interview mit dem Vizepräsidenten der Handelskammer der RF, in: *Rossijskaja Gazeta* vom 2. März 2004.

[1627] Bundesgesetz der RF vom 26. Oktober 2002 (N127-ФЗ).

[1628] S. Materialien zum Seminar „Feindliche Übernahme und korporative Konflikte. Bericht zur Praxis der typischen Verletzungen des korporativen Verfahrens in den Aktiengesellschaften". Das Seminar wurde vom Moskauer Finanzzentrum organisiert (den 15. – 16. Februar 2005, Moskau).

[1629] S. *Proskurjakova, Julia*, Biznes vyzyvaetsja na arbitrazhnyj ring (Business wird zum Arbitragering gerufen), in: *Rossijskaja Gazeta* vom 30. November 2004.

[1630] S. die Angaben zur Umfrage des Monats, in: *Mergers and Acquisitions*, N3, 2003.

[1631] Die Mehrheit beträgt 32% der Befragten.

7. Der Schutz des Eigentumsrechts der Aktionäre

Nach herrschender Meinung provozieren die großen Unternehmen selber eine feindliche Übernahme, weil sie die Rechte der Kleinaktionäre[1632] missachten.[1633] Die russische Gesetzgebung sieht nicht vor, dass ein Kleinaktionär am Management der Gesellschaft[1634] teilnimmt.[1635] Er ist von der Gewinnverteilung ausgeschlossen, hat keinen Zugang zu finanziellen Dokumenten und aktuellen Informationen über die Tätigkeit der Gesellschaft. Diese Missachtung gab Anlass zu einem Verfassungsverfahren beim Verfassungsgericht der RF.

Beispiel aus der Gerichtspraxis:[1636]

Sachverhalt

Die Beschwerdeführer sind Bürger, Kleinaktionäre der Tochtergesellschaften großer Aktiengesellschaften, die nach dem Vorbild von Holdings organisiert sind. Im Rahmen des Programms der Übertragung der Tochtergesellschaften auf „einheitliche Aktien", die der Hauptaktiengesellschaft gehören,[1637] verfolgte der Prozess der Aktienkonsolidierung das Hauptziel, vertikal integrierte Unternehmensstrukturen zu schaffen. Bevor eine Hauptversammlung der Aktionäre[1638] stattfand, informierte der Vorstand die Aktionäre über eine geplante Konsolidierung der Aktien. Den Kleinaktionären der Tochtergesellschaften wurde vorgeschlagen, ihre Aktien einer Tochtergesellschaft gegen die Aktien der Hauptaktiengesellschaft nach dem

---

1632 „In practice, the rights of minority shareholders are even weaker because the corporate culture in Russia is still highly management-centered. In the Soviet Union soviet managerialism without shareholders existed. Managers were employees of the state. They were not always professionals, since they were chosen according to their political merits. It is the same directors, who now continue to control privatized companies. Turning to the court is a new right and the right of the courts to "interfere" in the management of the company is new to the directors, who already got used to dictatorial power after the collapse of the ill-functioning monitoring system of the state-owner" (*Nysten-Haarala, Soili*, 2001b, S. 21).

1633 S. *Pinchuk, Denis*, Szenario feindlicher Übernahmen, in: *Agenstvo konfliktnykh situazij* (Agentur der Konfliktsituationen), vom 15. Juli 2003.

1634 "Zu den klassischen Methoden zum Schutz des Gesellschaftsvermögens vor missbräuchlichen Handlungen durch die Gesellschaftsleitung gehört die Beschränkung der Rechtsfähigkeit der Unternehmen" (*Schramm, Hans – Joachim*, 2004, S. 597).

1635 "In principle, the regulation of the Russian Law on Joint Stock Companies fulfills the minimum requirements of the OECD principles. However, the board of directors has more power than the shareholders' meeting compared to European company law regulations. Even if the Civil Code denies delegating issues placed within the exclusive authority of the general meeting to the executive bodies, the Law on Joint Stock Companies does not stipulate questions concerning amendments to the charter in connection with an increase of the charter capital to the exclusive authority of the general meeting. Furthermore, the formation of the executive bodies is not within the exclusive power of the general meeting. On the other hand, the general meeting does not have the right to consider or adopt decisions with regard to matters not referred to its authority. The shareholders' meeting does not have any authority to intervene into the authority of the board of directors" (*Nysten-Haarala, Soili,* 2001b, S. 20).

1636 Urteil VGRF vom 24. Februar 2004 (N3-П).

1637 Urteil VGRF vom 24. Februar 2004 (N3-П), Ziff. 5.1.

1638 S. auch zum Thema Beschluss des Plenums OAGRF vom 9. Juli 2003 (N11), Ziff. 2.

Tauschvertrag zu tauschen.[1639] Der Vorstand bestellte einen unanhängigen Schätzer und traf die Entscheidung, den Marktpreis der Aktien zu erhöhen, der in dem vom Sachverständigen erstellten Gutachten ermittelt wurde.
Die Beschwerdeführer machen geltend, dass Art. 74[1640] und 77[1641] des Bundesgesetzes „Über Aktiengesellschaften"[1642] ihre Verfassungsrechte verletzen, und zwar die Rechte, die sich aus Art. 35 Abs. 1, 2, 3 und Art. 46 Abs. 1 VRF ergeben.

Entscheidung des Gerichts

Das Verfassungsgericht wies darauf hin, dass Art. 8 Abs. 1 VRF die Freiheit der unternehmerischen Tätigkeit gewährleistet. Die unternehmerische Tätigkeit im Rahmen einer Aktiengesellschaft erfordert, dass ein großer Kreis von Personen zugezogen wird: Aktionäre, Investoren. Ebenfalls betroffen wird eine Reihe öffentlicher Interessen. Der Staat handelt in Rahmen der Verfassung, er hat kein Recht den Aktiengesellschaften und anderen unternehmerischen Einheiten ihre Befugnisse zu entziehen, die den Hauptinhalt eines Verfassungsrechts aus Art. 34 Abs. 1 VRF ausmachen.[1643]
Eine Aktiengesellschaft ist eine kommerzielle Organisation, deren Grundkapital auf eine bestimmte Zahl von Aktien verteilt wird. Das Eigentumsrecht einer Aktiengesellschaft hat seine Besonderheiten, wenn es um Besitz, Nutzung und Verfügung geht, weil diese Fragen auch mittels gemeinsamer Willenserklärungen der Aktionäre entschieden werden.[1644]
Das Verfassungsgericht bezog sich auf die Rechtssprechung. Seiner Auffassung nach bestand ein Widerspruch zwischen den Bestimmungen aus dem Art. 74 und dem Art. 77 des Bundesgesetzes, die die Rechte der Kleinaktionäre verletzen.
In dem Fall mussten die Ziele einer Konsolidierung der Aktien dem allgemeinen Wohl aller Aktionäre dienen: den Gewinn zu maximieren, das Management der Tochtergesellschaften zu verbessern, den Preis der Aktien der Hauptaktiengesellschaft zu erhöhen, die Investitionsattraktivität der Aktiengesellschaft zu verbessern.
Das Verfassungsgericht folgerte, dass die Konsolidierung der Aktien im allgemeinen Wohl der Aktiengesellschaft den anwendbaren Bestimmungen des Art. 74 und 77 des Bundesgesetzes „Über die Aktiengesellschaften" der Verfassung der RF nicht widerspricht, wenn die Rechte und gesetzmäßigen Interessen der Kleinaktionäre berücksichtigt und die entsprechenden rechtlichen Verfahren angewendet werden.[1645]

1639 Urteil VGRF vom 24. Februar 2004 (N3-П), Ziff. 5.1 Abs. 2.
1640 Art. 74 des Bundesgesetzes der RF „Konsolidierung und Splitting der Aktien der Gesellschaft".
1641 Art. 77 des Bundesgesetzes der RF „Feststellung des Marktpreises des Vermögens".
1642 Bundesgesetz der RF von 26. Dezember 1995 (N208-ФЗ).
1643 Urteil VGRF vom 24. Februar 2004 (N3-П), Ziff. 3 Abs. 5.
1644 Urteil VGRF vom 24. Februar 2004 (N3-П), Ziff. 4 Abs. 1.
1645 Urteil VGRF vom 24. Februar 2004 (N3-П), Ziff. 5.1 Abs. 3.

Das Bundesgesetz der RF „*Ob akzionernykh obchestvakh* (Über Aktiengesellschaften)“[1646] trat am 1. Januar 1996 in Kraft. Art. 23, 31-32, 40-41, 51, 57, 76 des Bundesgesetzes beinhalten eine Reihe Bestimmungen, die den Schutz der Rechte der Aktionäre regeln.

> “The Law on Joint Stock Companies came into force in 1996. It regulates the foundation of the company, the legal position of companies and the legal rights and duties of shareholders. The law also contains rules on protecting shareholders' rights and benefits. The relationship between the code and special laws seems to be disputed among Russian scholars. Some regard the Civil Code as higher legislation in the hierarchy of norms and therefore prior to special laws…However, if the Civil Code were regarded as a general law and the Law on Joint Stock Companies as a special law, the latter would have priority according to the *lex specialis derogat legi generali*-rule. The Law on Joint Stock Companies has also come into force later and would according to the rule *lex posterior derogat legi anteriori* also override the Civil Code.”[1647]

Mit der Problematik des Schutzes der Rechte der Aktionäre in Russland setzte sich auch der Gerichtshof in Straßburg auseinander. In der Sache *ROSELTRANS, FINLEASE and Boris Vladimirovich MYSHKIN v. Russia*[1648] beriefen die Beschwerdeführer sich auf Ihre Rechte aus Art. 1 1.ZP und Art. 6 Abs. 1 EMRK.

Sachverhalt

ROSELTRANS ist eine vom Staat gegründete Gesellschaft. Sie wollte die Aktien aller russischen Hersteller konsolidieren, die elektronische Ausstattungen für die Eisenbahn produzieren. Der Staat ernannte Herrn MYSHKIN zum Generaldirektor des Unternehmens. Das Startkapital wurde mit dem Staat gehörten Aktien finanziert. Später wurden noch bestimmte Privatpersonen und Privatunternehmen Aktionäre von ROSELTRANS. Nach einem Jahr erlies das Komitee für staatliches Eigentum (russ.: *Gozimushchestvo*), das der größte Aktionär dieser Aktiengesellschaft war, eine Anordnung nach dem Präsidentenerlass, dass ROSELTRANS liquidiert werden sollte, und ernannte einen Liquidationsrat.
Die Beschwerdeführer riefen das Gericht allgemeiner Jurisdiktion an, damit die Entscheidung des Komitees aufgehoben wurde. ROSELTRANS und Herr MYSHKIN beteiligten sich an dem Gerichtsverfahren, das von einem Kleinaktionär initiiert worden war. Nach zwei Jahren entschied das Gericht zugunsten der Beschwerdeführer.
Einige Zeit danach legte der Moskauer Staatsanwalt Einspruchsverfahren (russ.: *protest v poriadke nadzora*) ein, um die in Kraft getretene Gerichtsentscheidung anzufechten. Das Gericht gab dem Protest des Staatsanwalts statt. Die frühere Gerichtsentscheidung wurde aufgehoben und ein neues Verfahren eröffnet.

[1646] Bundesgesetz der RF „*Ob akzionernykh obchestvakh* (Über Aktiengesellschaften)“ vom 26. Dezember 1995 (N208-Ф3).
[1647] *Nysten-Haarala, Soili*, 2001b, S. 12.
[1648] ROSELTRANS, FINLEASE and Boris Vladimirovich MYSHKIN (60974/00)- Decision as to the Admissibility vom 27. Mai 2004 (admissible, inadmissible).

Parallel riefen ROSELTRANS und FINLEASE[1649] das Moskauer Arbitragegericht an. Das Arbitragegericht wies darauf hin, dass ROSELTRANS vor dem Gericht ausschließlich von dem Liquidationsrat vertreten werden könne, nicht aber von dem Generaldirektor. Die Klage des Unternehmens FINLEASE wurde abgewiesen, weil das Arbitragegericht der Auffassung war, dass sein Interesse als Aktionär von der Entscheidung des Komitees nicht betroffen war. Die Beschwerdeführer berufen sich auf Art. 6 EMRK und Art. 1 1.ZP.

Entscheidung des Gerichts

Der Gerichtshof erklärte die Beschwerde nur hinsichtlich der Verletzung von Art. 6 Abs. 1 EMRK im Sinne eines Einspruchsverfahrens, infolge dessen die endgültige Entscheidung aufgehoben wurde.[1650]

Der andere Teil der Beschwerde wurde vom Gerichtshof für unzulässig erklärt. Seine Entscheidung begründete er damit, dass der Status von Herrn MYSHKIN den Bestimmungen von Art. 34 EMRK nicht entspreche.[1651] Nach der Auffassung des Gerichtshofes „shareholders of a company, including majority shareholders, can not claim to be a victim of an alleged violation of the company's rights under the Convention".[1652] Der Gerichtshof wies darauf hin, dass er keinen ausreichenden Zusammenhang zwischen der Entscheidung des Komitees, diese Gesellschaft zu liquidieren, und den Interessen von Herrn MYSHKIN findet, um eine Verletzung seiner Interessen festzustellen.[1653]

Die oben erwähnten Probleme beim Eigentumsschutz der russischen Unternehmen zeigen, dass diese ein gut funktionierendes Gerichtsystem verlangen, um solche Rechte zu schützen, besonders dann, wenn der Staat eine Partei ist. FRYE untersuchte diese Situation und die Rolle der Gerichte bei Streitigkeiten zwischen Staat und Privatunternehmen. Nach seinen Angaben waren im Zeitraum 1999-2001 70% der Privatunternehmen der Meinung, dass ihre Eigentums-

---

[1649] Ein Aktionär von ROSELTRANS. S. ROSELTRANS, FINLEASE and Boris Vladimirovich MYSHKIN (60974/00)- Decision as to the Admissibility vom 27. Mai 2004 (admissible, inadmissible), Ziff. 2 des Sachverhalts.

[1650] S. auch Urteil Ryabykh v. Russia, Ziff. 51-58.

[1651] S. auch Urteil Buckley v. the UK, Ziff. 56-59.

[1652] ROSELTRANS, FINLEASE and Boris Vladimirovich MYSHKIN (60974/00)- Decision as to the Admissibility vom 27. Mai 2004 (admissible, inadmissible), Ziff. 2 des Entscheidungstenors. S. auch Urteil AGROTEXIM and others v. Greece, Ziff. 59 Abs. 2: „Only a person whose personal interests have been directly affected could have that status. Acts which cause prejudice to a limited company do not directly affect the personal interests of the shareholders"; Ziff. 59 Abs. 3: "A limited company had its own legal personality and held possessions that were distinct from those of the shareholders so that a measure taken against it would concern only indirectly persons having financial links with it or interests in it such as creditors or shareholders. To allow the latter a right of management or representation of the company or to permit them to substitute themselves for the organs set up under the company's articles would create a source of uncertainty in commercial transactions and relations".

[1653] S. Art. 35 Abs. 3 und Abs. 4 EMRK.

rechte verletzt worden waren und hatten sich deshalb an ein Gericht gewandt.[1654] Aber wenn diese Unternehmen Streitigkeiten mit dem Staat hatten, entschieden sich kaum 30%, ein Gericht anzurufen. Solche Angaben sind ein Beweis dafür, dass wenn es um staatliche Interessen geht, ein Gericht nicht in der Lage ist, die Rechte der Privatunternehmer zu schützen.[1655]
In seinem Bericht wies BURGER[1656] darauf hin, dass trotz aller Bemühungen von Präsident PUTIN, ausländische Investoren zu überzeugen, dass in Russland wirtschaftliche Stabilität herrscht und dieses Land für Investitionen attraktiv ist, ausländische Investoren vorsichtiger sind als früher, besonders wenn die Sache heutige oder frühere staatlichen Aktiva und die von dem Staat erteilten Lizenzen betrifft.
Auch KRONSKIJ schließt nach einer unfassenden Analyse des in der Verfassung verankerten Rechts der russischen Bürger auf freies Unternehmertum,[1657] dass die erheblichen Beschränkungen des Rechtes der Bürger auf freie Nutzung ihres Eigentums und ihrer Fähigkeiten für unternehmerische Tätigkeit und der mangelnde gerichtliche Eigentumsschutz für Privatunternehmen in Russland wirtschaftliche Realität sind.[1658]

Zur Verbesserung der unternehmerischen Tätigkeit auf allen Ebenen sind mindestens zwei Entscheidungen nötig. Eine Entscheidung kann kurzfristig erfolgen, denn die Regierung hat lediglich ihre festen und begründeten Vorhaben zu erklären. Die zweite Entscheidung betrifft die juristische Seite des Problems. Es muss ein Gesetz über die Nationalisierung[1659] in der Russischen Föderation erlassen werden.[1660] In diesem muss der Gesetzgeber die grundsätzlichen Verläufe

---

1654 *Frye, Timothy*, 2002.
1655 Vgl. FRYE führt die Angaben einer Umfrage der Leiter der russischen Unternehmen zum Thema „Gericht und Staat“ an. Mit der These, dass das Gericht in der Lage ist, Interessen der Privatunternehmer in den Streitigkeiten mit dem Staat zu schützen, sind 49% der Befragten einverstanden. Mit der These, dass das Gericht in der Lage ist, Interesse der Privatunternehmer in den Streitigkeiten mit dem Geschäftspartner zu schützen, sind 68% einverstanden. Mit der These, dass das Gericht in der Lage ist, die Vollstreckung der Gerichtsentscheidungen zu gewährleisten, die gegen die Interessen der örtlichen Administration verstoßen, sind 38% der Befragten einverstanden. Mit der These, dass das Gericht in der Lage ist, die Vollstreckung der Gerichtsentscheidungen zu gewährleisten, die gegen die Interessen des Geschäftspartners verstoßen, sind 84% der Befragten einverstanden (s. *Frye, Timothy*, 2002).
1656 *Burger, Ethan S. / Sorokina, Evgenia*, 2003.
1657 *Kronskij, V. S.*, 1999, S. 67.
1658 S. auch zum Thema Frankfurter Allgemeine Zeitung vom 1. Dezember 2004.
1659 Zum Begriff der Nationalisierung s. *Boguslawskij, Mark M.*, 1993, S. 56 und 59.
1660 In der russischen Duma befinden sich sechs Gesetzentwürfe zur Nationalisierung. Einer davon wurde von der Regierung ausgearbeitet und heißt „*Ob obrachenii imuchestva, nakhodjazhegosja v sobstvennosti grazhdan i juridicheskikh liz, v sobstvennost Rossijskoj Federazii (nazionalisazii)* (Über das Übergehen des Vermögens der Bürger und juristischer Personen ins

und die Beschreibung der Maßnahmen zum Schutze der Interessen der Investoren– gutgläubige Erwerber definieren. Der Staat muss auf alle beliebigen willkürlichen direkten oder indirekten Maßnahmen im Bereich der Privatisierung verzichten, mit Ausnahme derer, die vom Gesetz vorgesehen sind. Hier wäre es vernünftig, Leitlinien zur Frage der stattfindenden Gesetzesverletzungen bei den schon bestehenden Privatisierungsgeschäften zu erstellen: 1) unbefristete Anwendung der Bestrafung für entdeckte und nachgewiesene Rechtsverletzungen von Amtspersonen und ihren Vertragspartnern; 2) Gewährleistung des Prinzips der Unverletzlichkeit des Eigentums eines gutgläubigen Erwerbers, das heißt keine staatliche Einmischung in die ausgeprägte Struktur des Eigentums. Die einzige Alternative kann eine absolute Entschädigung der Verluste für den gutgläubigen Erwerber sein.
Abschließend möchte die Verfasserin die Meinung von KOLPAKOVA[1661] anführen, die darauf hinweist, dass das Prinzip staatlicher Beteiligung im Zivilverkehr erheblich korrigiert werden muss. Ihrer Auffassung nach kann der öffentliche Eigentümer, solange die Grenzen staatlicher Beteiligung im Privatverkehr nicht auf gesetzlicher Ebene festgesetzt wurden, sein Vermögenspotenzial willkürlich vergrößern oder verringern. Obwohl dies dem Verhaltensmodell des Eigentümers nicht widerspricht, kann dies das Ziel des öffentlichen Eigentums, dem allgemeinen Interesse nützlich zu sein, unter bestimmten Umständen deformieren. Nebenbei kann dieses Eigentum willkürlich vergrößert (wie damals bei Nationalisierungen der 30er Jahre) oder verringert werden (wie bei den unbeschränkten Privatisierungen der 90er Jahre). Die beiden Varianten sind die extremen Beispiele des Rechtsmissbrauchs. KOLPAKOVA betont, dass das Objekt des öffentlichen Eigentums eindeutig vom Gesetz festgelegt werden muss. In diesem Rechtakt muss der Gesetzgeber die klaren Voraussetzungen für den Erwerb und die Übergabe dieses Eigentums definieren.

Eigentum der RF (Nationalisierung))" (N311559-3, N342362-3, N341804-3, N340689-3, N194102-3, N24105-3). Über einen Gesetzentwurf über die Nationalisierung wird in der Duma schon seit langem diskutiert. Die Idee, ein Gesetz über die Nationalisierung zu schaffen, erschien schon in der Blütezeit der Privatisierung in Russland. Danach wurden fast jedes Jahr verschiedenen Versionen ausgearbeitet (s. in: *Vremja novostej* vom 6. September 2003; *Moskovskije novosti* vom 10. Juni 2003; *Kommersant* vom 6. Juni 2003; *Nezavisimaja Gazeta* voom 6. Juni 2003; *Rossijskaja Gazeta* vom 7. Juni 2003; *Parlamentskaja Gazeta* vom 7. Juni 2003). Mehr zum Thema *Ivlev, D.*, I vnov' o nationalisazii (Und wieder über die Nationalisierung), in: Ekonomika und Zhisn -Jurist, N14, April, 2003.
[1661] *Kolpakova, A. V.*, 2000, S. 138-139.

IV. Die allgemeinen Garantien des Eigentumsrechts in der Verfassung und in der russischen Gesetzgebung

1. Die verfassungsmäßigen Vorschriften der Gewährleistung des Eigentumsrechts der Bürger

Die Verfassungsgarantien des Eigentumsrechts haben eine zentrale Stelle in der gesetzlichen Regulierung der Eigentumsverhältnisse in der Russischen Föderation.

1.1. Die Verankerung des Prinzips der Gleichheit aller Eigentumsformen

Mit der Annahme des Gesetzes der RSFSR „Über das Eigentum in der RSFSR" im Jahre 1990 wurde das Prinzip der Gleichheit aller Eigentumsformen in der russischen Gesetzgebung eingeführt. Art. 3 Abs. 2 GÜERF sah vor, dass die Bestimmung der Einschränkungen und der Vorrechte für die Verwirklichung des Eigentumsrecht unabhängig davon, welche Eigentumsform vorliegt, verboten waren. Diese gesetzliche Vorschrift wurde auch in der Verfassung übernommen. Art. 8 Abs. 2 VRF besagt ausdrücklich, dass alle Eigentumsformen in der Russischen Föderation die gleiche Stellung genießen. In dem Zivilgesetzbuch der RF wurde keine solche ausdrückliche Bestimmung vorgeschrieben. Der Gesetzgeber berücksichtigte die Sonderstellung des Privatrechts und interpretierte den Grundsatz der Gleichstellung in solcher Weise, dass die Rechte aller Eigentümer einen gleichberechtigten Gerichtsschutz genießen.[1662]
In den Verfassungsbestimmungen wurde der Regierung der RF nicht auferlegt, die Entwicklung aller Eigentumsformen zu sichern.[1663] Nach Art. 114 Abs. 1 Buchstabe e) muss die Regierung die entsprechenden Maßnahmen ergreifen, um das Eigentum zu schützen.

1.2. Unverletzlichkeit des Eigentumsrechts

Das Prinzip des gerichtlichen Schutzes des Eigentums erschien in der russischen Gesetzgebung zum ersten Mal in dem Gesetz über das Eigentum. Der Gesetzgeber verankerte die Bestimmung der Anerkennung des Eigentumsrechts und seines Schutzes durch das Gesetz.[1664] In der Verfassung schreibt Art. 35 Abs. 3 vor, dass niemandem sein Vermögen entzogen werden darf außer nach einer Ge-

---

[1662] Art. 212 Abs. 4 ZGBRF.
[1663] Vgl. die Befugnisse der ukrainischen Regierung aus Art. 116 Abs. 5 VU.
[1664] Art. 2 Abs. 1 Satz 2 GÜERF.

richtsentscheidung. Man findet aber keine ausdrücklichen Hinweise, dass das Eigentumsrecht unverletzlich ist.
Art. 1 Abs. 1 ZGBRF bestimmt, dass die Zivilgesetzgebung der RF auf dem Prinzip der Unverletzlichkeit des Eigentums basiert. In Kapitel II „Das Eigentumsrecht und andere Sachenrechte“ hielt es der Gesetzgeber auch für unnötig, ausdrücklich zu erwähnen, dass das Eigentumsrecht unverletzlich ist.

1.3. Freiheit des Eigentümers, seine Rechte auszuüben

Die Triade[1665] Besitz, Nutzung und Verfügung über Eigentum nach eigenem Ermessen wurde in Art. 2 Abs. 2 GÜERF verankert. Eine gleiche Vorschrift sah der Gesetzgeber in der Verfassung vor: „Everyone shall have the right to have property in his or her ownership, to possess, use and manage it either individually or jointly with other persons“.[1666] Auch Art. 209 ZGBRF besagt ausdrücklich, dass der Eigentümer das Recht auf Besitz, Nutzung und Verfügung seines Eigentums hat.

Beispiel aus der Gerichtspraxis:[1667]
Sachverhalt
Bürger G erhob gegen die GmbH „Epsilon“ Klage auf Auszahlung seines Teils des Vermögens im Grundkapital dieser Gesellschaft. Auf Entscheidung der Gesamtversammlung der Mitglieder der GmbH wurde er 1993 als Mitglied aufgenommen. Dazu wurden Bürger G noch die Anteile zweier Mitglieder übergeben (diese rechtliche Tatsache wurde gesetzgemäß dokumentiert).

Entscheidung des Gerichts
Das örtliche Gericht erkannte das Recht des Beschwerdeführers auf die Auszahlung an. Wenig später erhob die Staatsanwalt Einspruchsverfahren gegen die Gerichtsentscheidung in dieser Sache. Nach ihrer Auffassung wurde Art. 93 ZGBRF rechtwidrig angewendet, weil in der Zeit das Zivilgesetzbuch nicht in Kraft getreten sondern nur offiziell veröffentlicht war.
Die Zivilkammer des Obersten Gerichts der RF wies darauf hin, dass bei der Gerichtsentscheidung andere Rechtsnormen ihre Anwendung gefunden haben und zwar Art. 11 Abs. 2 des Gesetzes der RSFSR *„O predprijatijakh i predprinima-*

[1665] SKLOVSKIJ untersuchte das Problem der Entstehung der Triade der Befugnisse in der russischen Gesetzgebung. Seiner Meinung nach spielt dieses Problem in der rechtwissenschaftlichen Theorie eine bedeutsame Rolle. Fast in jeder Definition des Eigentums findet die Triade ihre Anwendung (s. Art. 544 französischer Code Civil und Art. 903 deutsches Bürgerliches Gesetzbuch). Der Wissenschaftler betonte, dass das Eigentumsrecht sich nicht nur aus dieser Summe der Befugnisse ergibt. Er vertritt die Meinung, dass die erschöpfende Auflistung der Befugnisse im Prinzip nicht existieren kann (*Sklovskij, K. I.*, 2000, S. 118-131).
[1666] Art. 35 Abs. 2 VRF.
[1667] *Tolcheev, N. K.*, 2001, S. 142-144.

telskoj dejatelnosti (Über Unternehmen und Unternehmertätigkeit)".[1668] Auch das materielle Recht des Statuts der Gesellschaft sah vor, dass ein Mitglied der Gesellschaft seine Anteile einem anderen Mitglied übergeben kann, wenn die anderen Mitglieder der GmbH nicht dagegen sind. Das Gericht stellte fest, dass alle vom Gesetz vorgesehenen Voraussetzungen über die Übergabe der Anteile erfüllt worden waren.

2. Die verfassungsmäßigen Garantien des Eigentumsschutzes in der russischen Gesetzgebung

Wie schon erwähnt, charakterisiert sich das Recht auf Privateigentum dadurch, dass es als Grundlage für den Schutz anderer Rechte und Freiheiten dient, die in der Verfassung verankert sind. Es wäre unmöglich, ohne dass der Mensch als Privatperson definiert wird, die Durchsetzung der Bestimmungen der Art. 22,[1669] 23,[1670] 25,[1671] 27,[1672] 34,[1673] 36,[1674] 37,[1675] 39,[1676] 40,[1677] 41,[1678] 42,[1679] 43,[1680] 44,[1681] 52, 53,[1682] 57[1683] der Verfassung der RF zu gewährleisten. Alle diese Rechte und Freiheiten stammen aus den verschiedenen Rechtsgebieten der russischen Gesetzgebung.

In der Verfassung der RF spiegelt sich die Verpflichtung des Staates wider, die Rechte und Freiheiten der Bürger zu sichern und zu schützen:
"State protection for human rights and liberties in the Russian Federation shall be guaranteed."[1684]

[1668] Gesetz der RSFSR vom 25. Dezember 1990 (N 445-I). Es trat außer Kraft mit der Annahme des Zivilgesetzbuches der RF.
[1669] Art. 22 VRF - Recht auf Freiheit und persönliche Unverletzlichkeit.
[1670] Art. 23 VRF- Recht auf Unverletzlichkeit des Privatlebens.
[1671] Art. 25 VRF- Recht auf Unverletzlichkeit der Wohnung.
[1672] Art. 27 VRF- Recht auf Freizügigkeit.
[1673] Art. 34 VRF- Recht auf freie Nutzung der Fähigkeiten und des Vermögens für die Unternehmenstätigkeit.
[1674] Art. 36 VRF- Recht auf Privatgrundeigentum.
[1675] Art. 37 VRF– Recht auf Arbeit.
[1676] Art. 39 VRF– Recht auf soziale Leistungen.
[1677] Art. 40 VRF– Recht auf Wohnung.
[1678] Art. 41 VRF– Recht auf medizinische Versorgung. S. auch den Beschluss VGRF vom 6. Juni 2002 (N115-O), Ziff. 2 Abs. 5.
[1679] Art. 42 VRF– Recht auf Unweltschutz und Entschädigung im Falle der dem Vermögen verursachten Schaden.
[1680] Art. 43 VRF– Recht auf Ausbildung.
[1681] Art. 44 VRF– Recht auf geistiges Eigentum.
[1682] Art. 52, 53 VRF– Recht auf Entschädigung im Falle der vom Staat verursachten Schäden.
[1683] Art. 57 VRF– Pflicht, Steuer und Abgaben zu bezahlen.
[1684] Art. 45 Abs. 1 VRF.

Obwohl die Menschenrechten und Freiheiten naturgegeben sind, mindert dies auf keinen Fall die Verpflichtung des Staates zum Schutze aller Rechte und Freiheiten, die den Bürgern zustehen. Diese Pflicht ergibt sich aus Art. 2 VRF, in dem vorgeschrieben ist, dass die Menschenrechte ein Grundwert sind und der Staat verpflichtet sich, diese Rechte und Freiheiten anzuerkennen, zu beachten und zu schützen.
Eine bedeutende staatliche Garantie der Rechte und Freiheiten der Bürger ist die Anerkennung ihrer unmittelbaren Gültigkeit.[1685] Das bedeutet, dass sich der Bürger beim Schutz seiner Rechte direkt auf die Verfassungsbestimmungen berufen kann.[1686]
"Everyone shall have the right to defend his or her rights and liberties by any means not prohibited by the law".[1687]

2.1. Nichteinmischung staatlicher Behörden

> „The principle of the rule of law and the notion of fair trial enshrined in Article 6 (art. 6) preclude any interference by the legislature with the administration of justice designed to influence the judicial determination of the dispute."[1688]

Die ausdrückliche Bestimmung, dass sich der Staat nicht in die Ausübung des Eigentumsrechts durch einen Eigentümer einmischen darf, fehlt in der russischen Gesetzgebung.
In den grundlegenden Rechtsakten der RF im Bereich des Eigentumsschutzes findet man die rechtlichen Grundlagen, um sein Recht zu schützen, wenn es durch von staatlichen Behörden erlassene Rechtsakte verletzt wurde. Schon im Gesetz über das Eigentum sah der Gesetzgeber vor, dass die von den staatlichen Behörden erlassenen Rechtsakte, die das Eigentumsrecht verletzen, vom Gericht für ungültig erklärt werden können, wenn der Bürger Klage erhebt.[1689] Dem Bürger steht auch das Recht zu, falls solche Rechtsakte für ungültig erkannt werden, eine Entschädigung für die verursachten Folgen dieser Rechtsakte zu bekommen.[1690]
Die beiden Rechte wurden in die Verfassung der RF übernommen. Art. 46 Abs. 2 VRF lautet, dass "the decisions and actions (or inaction) of state organs, organs of local self-government, public associations and officials may be appealed against in a court of law." Als Fortsetzung dieser Norm kann Art. 53 VRF be-

[1685] Art. 18 VRF.
[1686] S. auch Art. 8 Abs. 3 Satz 1 VU.
[1687] Art. 45 Abs. 2 VRF.
[1688] Urteil Stran Greek Rafineries and Stratis Andreadis v.Greece, Ziff. 49.
[1689] Art. 32 Abs. 1 GÜERF.
[1690] Art. 32 Abs. 2 GÜERF. Der Gesetzgeber gab aber keinen Hinweis, dass eine zusätzliche gerichtliche Verhandlung stattfinden muss, damit der Bürger diese Entschädigung bekommt. Man konnte also schließen, dass die Entschädigung mit der Entscheidung der Ungültigkeit des Rechtsaktes automatisch anerkannt wird.

trachtet werden. Nach dieser Bestimmung hat jeder das Recht auf eine Entschädigung, die vom Staat gezahlt werden, wenn der Bürger infolge rechtwidriger Handlungen staatlicher Behörden und ihrer Amtspersonen Schaden erlitten hat. Im Zivilgesetzbuch findet man die gleiche Vorschrift in Art. 1069 ZGBRF. Der Gesetzgeber sah implizit vor, dass eine solche Entschädigung dem Bürger ausschließlich gemäß einer Gerichtsentscheidung zugesprochen werden kann.

2.2. Gerichtlicher Schutz

In Art. 118 Abs. 2 VRF unterscheidet der Gesetzgeber zwischen Verfassungs-, Zivil-, Verwaltungs- und Strafgerichtsbarkeit.[1691] Der Gerichtsaufbau entspricht dieser funktionalen Zuordnung nicht, weil vielmehr eine Zweiteilung zwischen den Gerichten allgemeiner Jurisdiktion[1692] und den staatlichen Arbitrage[1693]-(Wirtschafts-)gerichten[1694] besteht.[1695]

Der Schutz des Eigentumsrechts in der Russischen Föderation wird durch Gericht (Gerichte allgemeiner Jurisdiktion und Schiedsgerichte) gewährleistet.[1696] Die Gerichte allgemeiner Jurisdiktion behandeln Streitigkeiten zwischen Bürgern, zwischen Bürgern und juristischen Personen, einem Bürger und dem Staat sowie Straf-, Verwaltungs-[1697] und andere Angelegenheiten. Die gesetzlichen Bestimmungen Art. 127 VRF[1698] sehen vor, dass die Arbitragegerichte für die Verhandlung wirtschaftlicher[1699] und anderer Streitigkeiten[1700] zuständig sind,

---

1691 S. auch Art. 1 Abs. 3 BVGGSRF.

1692 Art. 126 VRF.

1693 Die Bezeichnung „Arbitrage“ (russ.: arbitrazh) kann sich nach russischem Sprachgebrauch sowohl auf die staatlichen Arbitrage- Gerichte als auch auf private Schiedsgerichte beziehen, was sogar in der Fachliteratur zu Verwechselungen führt.
„Arbitrazh courts resolve commercial disputes. It is important to bear in mind that the arbitrazh courts are part of the official Russian judicial system and must be distinguished from private arbitration, which is covered by separate legislative acts“ (*Burger, Ethan S.*, 2004, S. 3).

1694 Art. 127 VRF. S. mehr über die Kompetenzen des Arbitragegerichts in Russland Beschluss des Plenums des Obersten Arbitragegerichts der RF vom 31. Oktober 1996 (N13), Ziff. 2.

1695 S. Art. 11 ZGBRF „Gerichtlicher Schutz der Zivilrechte“.

1696 S. Art. 30 Abs. 4 GÜERF.

1697 Der Gesetzentwurf über die Verwaltungsprozessordnung der RF wurde lange diskutiert. 2000 wurde den Gesetzentwurf in erster Lesung gebilligt (s. *Gorshkova, S. A.*, 2001). S. auch zum Thema *Khamaneva, N. J.*, Reforma sudebnoj vlasti: nuzhny li administrativnye sudy v Rossii? (Reform des Gerichtssystem: braucht man die Administrativgerichte in der RF ?), in: Grazhdanin i pravo, N5, 2001.

1698 S. auch Art. 22 APORF.

1699 Die ersten kommerziellen Gerichte des Russischen Imperiums wurden Anfang des XIX Jahrhunderts geschaffen. Das erste kommerzielle Gericht wurde in Odessa 1808 von dem Novorossia Gouverneur, Herzog de Richelieu, nach französischem Vorbild gegründet. Am 14.Mai 1832 unterzeichnete Zar Nikolaj I seinen Erlass über die Gründung der kommerziellen Gerichten in dem Russischen Imperium, die bis 1917 existierten.

sofern sie aus wirtschaftlicher oder anderer unternehmerischer Tätigkeit resultieren.[1701] Damit ist auch eine Zuständigkeitsabgrenzung zwischen den Arbitragegerichten einerseits und den Gerichten allgemeiner Jurisdiktion andererseits gegeben.[1702] Auch das System des privaten Schiedsgerichtswesens (russ.: *tretejskije sudy*) ist sehr ausgeprägt.[1703]
In der russischen Rechtsordnung ist der Unterschied zwischen Zivil- und Verwaltungsrecht[1704] für den Rechtsweg nicht entscheidend. STEINBACH erklärte die Lage mit zwei ganz unterschiedlichen Begründungen.[1705] Zum einen, dass in Russland das traditionelle Rechtsprinzip der „Einheit der Staatsgewalt" gelte, wonach eine Zersplitterung der öffentlichen Hand in verschiedene Unterabteilungen zu vermeiden sei. Und auf der anderen Seite stützt man sich seiner Meinung nach auf das angloamerikanische Vorbild.

Das Gerichtssystem der Russischen Föderation hat einen einheitlichen Charakter,[1706] deswegen darf das Gerichtssystem der Russischen Föderation ausschließlich von der Verfassung und dem Bundesverfassungsgesetz „*O sudebnoj sisteme Rossijskoj Federazii* (Über das Gerichtssystem der RF)"[1707] bestimmt werden.[1708]
Im Rahmen dieser Studie sind die Gerichte auf Bundesebene relevant. Art. 4 Abs. 3 BVGGSRF sieht vor, dass das Verfassungsgericht, das Oberste Gericht und das Oberste Arbitragegericht zu den Bundesgerichten der Russischen Föde-

1700 Nach Art. 22 Abs. 2 APORF zählen auch folgende Komplexe zu den Wirtschaftsstreitigkeiten: 4) Anerkennung des Eigentumsrechts als eine Möglichkeit zivile Rechte zu schützen, 5) Anspruch auf Herausgabe von Vermögen durch den Eigentümer oder einen anderen gesetzlichen Besitzer aus fremdem ungesetzlichen Besitz, 6) Verletzung der Rechte des Eigentümers oder anderer gesetzlicher Besitzer, die nicht mit dem Besitz verbunden ist.

1701 Mehr zum Thema der Tätigkeit der Arbitrage-Gerichte in der RF s. in: *Wölk, Tatjana*, 1997.

1702 Mehr zum Thema s. *Abova, Tamara*, 2004.

1703 *Steinbach, Johannes*, 2003, S. 277.

1704 Vgl. Art 19 Abs. 2 des Gesetzes der Ukraine „Über das Gerichtssystem der Ukraine" vom 7. Februar 2002 (N3018-III).

1705 *Steinbach, Johannes*, 2003, S. 277.

1706 Art. 3 BVGGSRF.

1707 Bundesgesetz der RF vom 31. Dezember 1996 (N1-ФКЗ).

1708 Art. 118 Abs. 3 VRF und Art. 3 BVGGSRF.

ration gehören.[1709] In dieser Unterteilung hat das Verfassungsgericht eine besondere Stellung.[1710]
„Die russische Rechtwissenschaft sieht in der Verfassungsgerichtsbarkeit trotz der Rückschläge in den Anfangsjahren die Garantie für die Einhaltung der Verfassung, den Schutz der Rechte und Freiheiten der Bürger und die Stärkung der Rechtsordnung".[1711]

Die Arbeit des Verfassungsgerichts erfolgt in der Art und Weise eines Gerichtsverfahrens und wird nach Art. 118 Abs. 2 VRF Verfassungsverfahren genannt. Es ist den traditionellen Gerichtsverfahren, vor allem den Zivilrechtsverfahren[1712] ähnlich.
Gemäß Art. 15 Abs. 1 und Art. 18 VRF wenden auch die Fachgerichte die Verfassung unmittelbar an.[1713] Nach KUTTER gibt diese generelle doppelte Zuständigkeit im Regelfall wegen der ausdrücklichen Bestimmung der Kompetenzen des Verfassungsgerichts in Art. 125 VRF keinen Anlass zu Kompetenzkonflikten. Es hat sich gezeigt, dass das Verhältnis des Verfassungsgerichts zu den Fachgerichten nicht als völlig geklärt angesehen werden kann. Es ist unstrittig, dass allein das Verfassungsgericht Gesetze für verfassungswidrig erklären kann. Umstritten ist jedoch,[1714] ob die Fachgerichte berechtigt sind, in konkreten Verfahren ein ihrer Auffassung nach verfassungswidriges Gesetz nicht anzuwenden,

---

[1709] Zu den Gerichten der Subjekte der RF gehören die Verfassungsgerichte der Subjekte Russlands und Friedensrichter, die Richter der Gerichte der allgemeinen Jurisdiktion sind (Art. 4 Abs. 4 BVGGSRF). Im Jahre 1998 (Bundesgesetz vom 21. Dezember 1998) wurde das Amt des gewählten Friedensrichters optional wieder eingeführt, der bei Bagatellsachen die Eingangsinstanz bildet. Das Amt des Friedensrichters wurde in Russland im Jahre 1862 im Rahmen der Reformbewegung nach angloamerikanischem Vorbild eingeführt, breiten Bevölkerungsschichten wurde damit erstmals der Rechtsweg eröffnet (*Steinbach, Johannes*, 2003, S. 279).

[1710] Mehr dazu s. Kapitel V dieser Studie.

[1711] S. *Nußberger, Angelika*, 1998, S. 106.

[1712] Die Zivilgerichtsbarkeit umfasst nach der Zivilprozessordnung der RF drei Ebene:
- das Oberste Gericht der RF (Art. 19 BVGGSRF);
- die Oberste Gerichte der Subjekte der RF (Art. 20 BVGGSRF);
- die Rayon-Gerichte, die in jedem Rayon angesiedelt sind (Art. 21 BVGGSRF).

[1713] S. Beschluss des Plenums des Obersten Gerichts der RF vom 31. Oktober 1995 (N8) „*O nekotorykh voprosakh primenenija sudami Konstituzii Rossijskoj Federazii pri osuszhestvlenii pravosudija* (Über einige Frage der Anwendung der Verfassung der RF durch die Gericht bei der Ausübung der Rechtspflege)", Ziff. 1-8.

[1714] Vgl. *Krjazkov, Vladimir A. / Lazarev, Leonid V.*, 2001, S. 273: „Die Festung der ausschließlichen Zuständigkeit des Verfassungsgerichts, Gesetze als verfassungswidrig zu erklären und auch das Recht, andere Normativakte auf Antrag, darunter auch der obersten Gerichtsorgane als verfassungswidrig zu erklären, bedeutet nicht, dass andere Gerichte ihr Recht verloren hätten, die Verfassungsmäßigkeit des Inhalts solcher Akte, einschließlich der Gesetze in einem ordentlichen Gerichtsverfahren unter Zugrundelegung der Verfassung zu beurteilen."

ohne das Verfassungsgericht anzurufen.[1715] KUTTER führt zwei Möglichkeiten an, diese rechtliche Konstellation zu lösen:

1) Art. 125 Abs. 4 VRF sollte die Fachgerichte zur Vorlage eines konkreten Verfahrens nur berechtigen, nicht aber verpflichten;[1716]
2) Die Fachgerichte sehen von der Anwendung einer ihrer Ansicht nach verfassungswidrigen Norm in einem konkreten Verfahren ab, ohne ein Normenkontrollverfahren vor dem Verfassungsgericht einzuleiten.

Das Verfassungsgericht der RF lehnt diese zweite Auffassung eindeutig ab:[1717] „Um die Einheitlichkeit der Rechtsanwendung auf dem gesamten Gebiet der Russischen Föderation[1718] zu gewährleisten, ist erforderlich, dass die Fachgerichte stets ein Normenkontrollverfahren vor dem Verfassungsgericht anstreben, wenn sie von der Verfassungswidrigkeit einer Rechtsnorm überzeugt sind."[1719] Das Verfassungsgericht der RF betonte in seiner Rechtsprechung oft, dass das Recht auf gerichtlichen Schutz in der Verfassung zu den Menschenrechten zu zählen ist, die unter keinen Umständen eingeschränkt werden dürfen.[1720] Deswegen ist es unzulässig, dass manche Akte von Organen und Amtspersonen, die Menschenrechte verletzen, außerhalb des Bereiches der gerichtlichen Überprüfung bleiben. Jede Ausnahme vom Recht auf gerichtlichen Schutz führt zu einer Verweigerung des Rechtsschutzes.

> „Das Recht auf gerichtlichen Schutz[1721] wird als grundsätzlich nicht einschränkbares Basisgrundrecht eingestuft und in einer Vielzahl von Entscheidungen (des Verfassungsgerichts – Anm. d. Verf.) als Maßstab herangezogen. Gefordert wird eine „inhaltliche", nicht nur eine „formale" Überprüfung durch ein Gericht, die aufgrund des überragenden Interesses des einzelnen an einer „richtigen" Entscheidung in jedem Fall korrigierbar sein müsse. Allerdings wird der Schutzbereich und die inhaltliche Ausgestaltung des Rechts nicht weitergehend inhaltlich konkretisiert. Beispielweise bleibt offen, nach welchen Kriterien eine Abgrenzung zwischen einem Gericht und einem „gerichtlichen Gremium" vorzunehmen sei."[1722]

1715 Vgl. Art. 120 Abs. 2 VRF: „A court of law, having established the illegality of an act of government or any other body, shall pass a ruling in accordance with law."

1716 Mehr zum Thema s. *Krjazkov, Vladimir A. / Lazarev, Leonid V.*, 2001, S. 272-275.

1717 Vgl. die Sondervoten der Verfassungsrichter GADZIEV und VITRUK zum Urteil vom 16. Juni 1998 (N19-П).

1718 Art. 4, 15, 76 VRF.

1719 S. Urteil VGRF vom 16. Juni 1998 (N19-П), Ziff. 2; Urteil VGRF vom 30. Juli 2001 (N13-П), Ziff. 2 Abs. 2.

1720 S. Urteil VGRF vom 3. Februar 1998 (N5-П), Ziff. 4 Abs. 1; Urteil VGRF vom 20. Juli 1999 (N12-П), Ziff. 9 Abs. 3; Urteil VGRF vom 12. März 2001 (N4-П), Ziff. 1.1 Abs. 1; Urteil VGRF vom 3. Juli 2001 (N10-П), Ziff. 6 Abs. 2; Urteil VGRF vom 25. Juli 2001 (N12-П), Ziff. 5 Abs. 1; Urteil VGRF vom 19. Juni 2002 (N11-П), Ziff. 5 Abs. 4 u.s.w..

1721 Art. 46 Abs. 1 VRF.

1722 *Nußberger, Angelika*, 1998, S. 120.

Wenn man über den gerichtlichen Schutz in der Russischen Föderation spricht, sind Art. 45, 46[1723] und 47[1724] der Verfassung relevant. Art. 45 Abs. 1 VRF bestimmt, dass der staatliche Schutz der Rechte und Freiheiten des Menschen und Bürgers gewährleistet wird. Der Katalog der Rechtsmittel zum Schutze eigener Rechte und Freiheit beschränkt sich nicht auf den gerichtlichen Schutz.[1725]
Art. 46 Abs. 1 VRF sieht vor, dass der gerichtliche Schutz jedem zur Verfügung steht. Entsprechend dieser Verfassungsvorschrift bezieht sich solch ein Schutz nicht nur auf die Rechte, die in der Verfassung und in Gesetzen sondern auch in den dem Gesetz untergeordneten Rechtsakten verankert sind.[1726] Abs. 2 des Artikels präzisiert den Geltungsbereich des Rechtes auf gerichtlichen Schutz. Die Bestimmung lautet, dass Entscheidungen und unterlassene Handlungen der Organe der staatlichen Macht vor Gericht angefochten werden können.

Vor der Annahme der Verfassung der RF wurde ein wichtiges Gesetz erlassen, nämlich „*Ob obzhalovanii v sud dejstvij i reshenij, narushajuzhikh prava i svobody grazhdan* (Über die Anfechtung vor Gericht der Handlungen und Entscheidungen, die die Rechte und Freiheiten verletzen)".[1727] Art. 2 des Gesetzes sah vor, dass die folgenden Handlungen und Entscheidungen vor Gericht angefochten werden können:

- die Rechte und Freiheiten verletzen;
- die Hindernisse schaffen, damit die Rechte und Freiheiten eines Bürgers nicht ausgeübt werden können;
- dem Bürger eine rechtwidrige Verpflichtung auferlegen;
- Bürger rechtswidrig zur Verantwortung ziehen.

Das Geltungsbereich des Gesetzes wird mit Art. 3 eingeschränkt. Dieser besagt, dass keine Objekte der Anfechtung sind:

- Handlungen und Entscheidungen, die der Verfassungsgerichtskontrolle unterliegen;

[1723] Article 46.
Everyone shall be guaranteed protection of his or her rights and liberties in a court of law.
The decisions and actions (or inaction) of state organs, organs of local self-government, public associations and officials may be appealed against in a court of law.
In conformity with the international treaties of the Russian Federation, everyone shall have the right to turn to interstate organs concerned with the protection of human rights and liberties when all the means of legal protection available within the state have been exhausted.

[1724] Article 47.
No one may be denied the right to having his or her case reviewed by the court and the judge under whose jurisdiction the given case falls under the law.
Anyone charged with a crime has the right to have his or her case reviewed by a court of law with the participation of jurors in cases stipulated by the federal law.

[1725] Art. 45 Abs. 2 VRF.

[1726] Konstituzija Rossijskoj Federazii, Nauchno-prakticheskij kommentarij, S. 377.

[1727] Gesetz der RF vom 27. April 1993 (N4866-1).

- Handlungen und Entscheidungen, die einem anderen vom Gesetz vorgesehenen Anfechtungsverfahren unterliegen.

Im Zivilgesetzbuch der RF sieht der Gesetzgeber die folgenden Arten des zivilrechtlichen Schutzes vor:[1728]
1) Wiederherstellung des vor der Verletzung bestehenden Zustandes und Einstellung der rechtswidrigen Handlung;
2) Nichtigkeitserklärung bei anfechtbaren Rechtsgeschäften und Anerkennung ihrer Nichtigkeit;
3) Nichtigkeitserklärung der Rechtsakte staatlicher Behörden oder der Behörden der örtlichen Selbstverwaltung;
4) Selbsthilferecht;
5) Anerkennung der Verpflichtung zur Vollstreckung;
6) Entschädigung der Schäden;
7) Geltendmachung der Vertragsstrafe;
8) Entschädigung für den moralischen Schaden;
9) Einstellung oder Änderung des Rechtsverhältnisses;
10) Nichtanwendung eines rechtswidrigen Rechtsaktes staatlicher Behörden oder der Behörde der örtlichen Verwaltung vom Gericht.
Der Gesetzgeber weist darauf hin, dass dieser Katalog der Schutzarten nicht erschöpfend ist.[1729]

Mit der Einführung der neuen Zivilprozessordnung[1730] wurden die neuen Forderungen zu einer Gerichtsentscheidung festgelegt. Deswegen hielt es das Plenum des Obersten Gerichts der RF für notwendig, den Beschluss „*O sudebnom reshenii* (Über die Gerichtsentscheidung)“ zu erlassen und den Gerichten zu erläutern, was man unter eine Gerichtsentscheidung versteht. Nach Art. 194 ZPORF ist eine Gerichtsentscheidung ein Beschluss des Gerichts erster Instanz, mit dessen Hilfe der Fall sachlich entschieden wird. Die Entscheidung soll legitim und begründet sein.[1731] Nach der Auslegung des Plenums des Obersten Gerichts[1732] ist die Entscheidung erst dann legitim, wenn sie nach allen prozessualen und materiellen Forderungen erlassen wurde.[1733] Falls es Widersprüche zwischen den prozessualen und materiellen Normen gibt, dann ist die Entscheidung legitim, wenn nach Art. 120 Abs. 2 VRF, Art. 5 Abs. 3 BVGGSRF und Art. 11 Abs.2 ZPORF das Gericht eine Norm anwendet, die höchste rechtliche Kraft

[1728] Art. 12 ZGBRF.
[1729] Art. 12 ZGBRF.
[1730] Die neue Zivilprozessordnung der RF trat in Kraft am 1. Februar 2003 mit dem Einführungsgesetz vom 14. November 2002 (N137-ФЗ).
[1731] Art. 195 Abs. 1 ZPORF.
[1732] S. Beschluss des Plenums OGRF vom 19. Dezember 2003 (N23), Ziff. 2 Abs. 1.
[1733] Art. 1 Abs. 1 und Art. 11 Abs. 3 ZPORF.

hat.[1734] Nach Auffassung des Plenums ist eine Gerichtsentscheidung dann begründet, wenn die für die Verhandlung bedeutenden Tatsachen durch die vom Gericht geprüften Beweise bestätigt werden, die den gesetzlichen Voraussetzungen entsprechen.[1735] Aber auch wenn sie die erschöpfenden Schlussfolgerungen des Gerichts beinhalten, die sich aus den Tatsachen implizieren.[1736]
Das Plenum betont, dass in der Urteilsbegründung[1737] auf das Gesetz hingewiesen werden muss, nach dem sich das Gericht richtet. Außerdem gibt es drei Kategorien von Rechtsakten, die das Gericht in berücksichtigen muss:
- die Urteile des Verfassungsgerichts der RF über die Auslegung der Anwendung der Verfassungsbestimmungen;[1738]
- die Entscheidungen des Plenums des Obersten Gerichts der RF über die Erklärung der Anwendung der Normen des materiellen und prozessualen Rechts;[1739]
- die Entscheidungen des Europäischen Gerichtshofes für Menschenrechte über die Auslegung der Bestimmungen der EMRK.[1740]

In Art. 46 Abs. 3 VRF verankert der Gesetzgeber eine wichtige Vorschrift, die bereits vor der Ratifizierung der EMRK in der Verfassung erschien.

> "In conformity with the international treaties of the Russian Federation, everyone shall have the right to turn to interstate organs concerned with the protection of human rights and liberties when all the means of legal protection available within the state have been exhausted."

Damit bietet sich den Bürgern der Russischen Föderation die Möglichkeit, ihre Rechte in Straßburg zu schützen.[1741]

Zurzeit wird die Idee der Schaffung eines Systems der Verwaltungsgerichte in der Russischen Föderation diskutiert. Diese Idee hat sowohl Befürworter als auch Gegner.[1742] Man bemüht sich darum noch einen Rechtsweg zu schaffen,

---

1734 S. auch Erklärungen des Plenums OGRF in den Beschlüssen vom 31. Oktober 1995 (N8) und vom 10. Oktober 2003 (N5).
1735 Art. 55, 59-61, 67 ZPORF.
1736 S. Beschluss des Plenums OGRF vom 19. Dezember 2003 (N23), Ziff. 3.
1737 Art. 198 Abs. 4 ZPORF.
1738 Art. 125 Abs. 2 Punkten „a", „b", „c" und Abs. 4 VRF.
1739 Art. 126 VRF.
1740 S. Beschluss des Plenums OGRF vom 19. Dezember 2003 (N23), Ziff. 4 Abs. 2.
1741 Nach Angaben des EGMR nimmt die Zahl der Beschwerden aus der RF ständig zu. Z.B. 2001 gingen 4490 Beschwerden von russischen Staatsangehörigen in Straßburg ein, 2002 erhöhte sich ihre Zahl auf 4716 und 2003 auf 6062. 2004 wählten 6691 Beschwerdeführer den EGMR als letzte Instanz, wo sie seine Rechte verteidigen konnten (s. Survey of Activities of the European Court of Human Rights 2004 auf der Webseite des EGMR).
1742 S. die Materialien der all-russischen wissenschaftlichen Konferenz „Die Probleme der Zugänglichkeit und der Effektivität der Justiz in der Arbitrage- und Zivilgerichtsbarkeit" (Januar – Februar, 2001, Moskau).

auf dem Verhandlungen gegen staatliche Organe und ihre Amtspersonen durchgeführt werden können.[1743]

2.2.1. Die von der Exekutive abhängige und parteiische Justiz – das Indiz der rechtlichen Unsicherheit

Die Verfassung der RF postuliert den Rechtstaat (Art. 1 VRF, Grundsatz „*Rule of Law*“).[1744] Weiterhin bestimmt Art. 10 VRF ausdrücklich, dass die staatliche Macht in der Russischen Föderation auf Grund der Gewaltenteilung in Legislative, Exekutive und Judikative durchgeführt wird. Die Organe der drei Gewalten sind unanhängig.[1745]
Die Unabhängigkeit der Richter wurde in Art. 120 VRF verankert: die Richter sind nur der Verfassung und dem Bundesgesetz unterworfen. Das Bundesgesetz „*O statuse sudej v Rossijskoj Federazii* (Über den Status der Richter in der Russischen Föderation)“[1746] detailliert die rechtlichen Garantien der Richter, damit ihr unabhängiger Status gesichert wird.

Bereits am 24. Oktober 1991 wurde das Konzept der Gerichtsreform in der Russischen Föderation gebilligt, das von einigen bekannten russischen Rechtwissenschaftlern ausgearbeitet worden war.[1747] Die wichtigen Prioritäten dieses Konzepts waren:
- die Einführung der totalen gerichtlichen Kontrolle;[1748]
- die Gewährleistung des Zugangs zu gerichtlichen Instanzen;
- die Sicherung der Gleichstellung aller Beteiligten in der Gerichtsverhandlung;

[1743] Nach Art. 11 Abs. 2 ZGBRF wird der Schutz der Zivilrechte in der Verwaltungsgerichtsbarkeit nur in vom Gesetz vorgesehen Fällen durchgeführt.

[1744] Vgl. Eine Doktrin der Diktatur des Gesetzes des russischen Präsidenten PUTIN s. in: Sendschreiben zur Bundesversammlung der RF vom 8. Juli 2000. Eine Umfrage zeigte, dass russische Bürger den Begriff “Diktatur des Gesetzes” als Synonym eines Rechtstaates betrachten. (s. Ergebnisse der Umfrage vom 20. Juli 2000 http://bd.fom.ru/report/cat/societas/society_power/dictatorship/of002902). S. auch zum Thema *Burger, Ethan S. / Sorokina, Evgenia*, 2003. Vgl. *Bauring, Bill*, 2001, S. 160-161.

[1745] „Although the Russian Constitution now provides for a separation of powers and declares the judiciary to be independent of the legislative and executive branches of government, judges are still frequently influenced by “suggestions” by governmental authorities, wealthy individuals, and enterprises seeking particular outcomes in cases. The Russian Constitution’s provisions, particularly those dealing with the courts, can be best understood as “declaratory” (*Burger, Ethan S.*, 2004, S. 4).

[1746] Gesetz der RSFSR vom 26. Juni 1992 (N3132-1) mit weiteren Abänderungen.

[1747] Diese Reform scheiterte. Im Mai 2001 wurde ein Vortrag vorbereitet, mit den Ergebnissen der Umsetzung der Justizreform in der RF. Die rechtliche Analyse bewies, dass von den 160 Grundsätzen 95 entweder nicht umgesetzt oder nur teilweise umgesetzt wurden. Das bedeutet, dass bloß 41 Prozent des Konzeptes realisiert wurden (*Krasnov, Mikhail*, 2002, S. 93).

[1748] Vgl. “In spite of all the difficulties in developing the rule of law in a corrupted and economically weak society, the courts have been able to develop the rule of law considerably. The role of the courts is important in Russian transition” (*Nysten-Haarala, Soili*, 2000, S. 32).

- die Änderung der Mentalität der Gerichtsdiener;
- grundlegende Änderungen der Prinzipien der polizeilichen Tätigkeit.[1749]

Aber die wichtigste Priorität ist bis heute von aktueller Bedeutung. Es geht um die Garantie der Unabhängigkeit der Justiz.[1750]

> „Once an independent judiciary is achieved, it will, like a locomotive, pull futher transformations in our legal system behind it. Only truly independent judges will be in a position to function effectively as protectors and educators of our government machinery, specifically, the legislative and executive branches. Only judicial power that feels itself powerful can be powerful in reality."[1751]

Das ganze Gerichtssystem hat sich immer noch nicht von der sowjetischen Mentalität befreit.[1752] 2002 wurde eine Volksumfrage durchgeführt.[1753] 72,2 Prozent der Befragten in der Russischen Föderation bestätigten die Behauptung, dass manche Bürger keine Gerechtigkeit vor dem Gericht suchen, weil man jede Menge Schmiergelder verlangt.[1754] Und 78,6 Prozent der Befragten stimmten zu,

---

[1749] S. auch zum Thema die Rede von Herrn VIZIN (Stellvertretender Leiter des Rates bei dem Präsidenten der RF für Weiterentwicklung der Justiz) bei der all-russischen wissenschaftlichen Konferenz „Die Probleme der Zugänglichkeit und der Effektivität der Justiz in der Arbitrage- und Zivilgerichtsbarkeit" (Januar – Februar, 2001, Moskau).

[1750] "The Assembly stresses the importance of the independence of the judiciary and of the independent status of judges in particular and regrets that legislative reforms introduced in the Russian Federation in December 2001 and March 2002 have not protected judges better from undue influence from the executive and have even made them more vulnerable. Recent studies and highly publicised cases have shown that the courts are still highly susceptible to undue influences. The Assembly is particularly worried about new proposals to increase further the influence of the President's administration over the judges' qualification commission" (s. PACE Resolution 1418 (2004), Ziff. 6)). S. auch *Doc. 10083*- 12.02.2004, Ziff. 60-61.

[1751] *Krasnov, Mikhail,* 2002, S. 94.

[1752] „For many long years under Soviet rule, people were accustomed to using one particular means of defending their rights- by complaining to the Party or Soviet (that is, goverment) organs, and, less frequently, by appealing to the public procurator's office. It was extremely rare for anyone to resort to legal proceedings. When they did, it was for a very limited set of issues, usually in cases involving labor-law violations. Therefore, the judicial process was never a meaningful way of redressing violations of one's rights. Strictly speaking, there were no rights, for individual rights under conditions in which one was completely dependent on the government cannot be considered rights" (*Krasnov, Mikhail,* 2002, S. 94).

[1753] Diese Umfrage wurde von INDEM durchgeführt.

[1754] "According to an opinion poll, 40% of the respondents declared trust in the courts in 1993, but the rate fell the following year to 17%. The courts have been able to gradually regain at least part of the lost trust of the people. In 1998, 24% of the respondents declared trust in the courts. Scandals that were reported in the media may have further decreased the rate of trust among people. Such things were previously not discussed openly. The police are even more distrusted; only 27% of the respondents declared trust in 1993 and 18% in 1998" (*Nysten-Haarala, Soili*, 2000, S. 34). S. auch *Burger, Ethan S.*, 2004, S. 6-7.

dass manche Bürger sich nicht an die Gerichte wenden, weil sie keine Rechtspflege von Gerichten erwarten.[1755]

Beispiel aus der Gerichtspraxis:[1756]

Sachverhalt

Dem Hollywood Cartoon Studio wurden seine Investitionen unmöglich gemacht, die es zum Kauf des Copyright gebraucht hätte, um die Helden der Zeichentrickfilme aus der sowjetischen Zeit zu modernisieren und auf dem Markt zu verbreiten, obwohl das Studio über das sogenannte "secret supervisory file" verfügte. Dieses war den Verhandlungsunterlagen des Obersten Arbitragegerichtes der RF beigefügt. Herr PASHIN, ein ehemaliger Richter und Wissenschaftler, überzeugte das New Yorker Gericht dennoch davon, dass in dem Fall das russische Gericht die Anweisungen erfüllt hatte, die es hinsichtlich des Gerichtsverfahrens von der Exekutive bekommen hatte.

Entscheidung des Gerichtes[1757]

"Although the alleged flaws in the Russian judicial system are troublesome, the present record does not support a sweeping condemnation of Russia's judiciary. However, in this case, it is unnecessary to reach any broad conclusions as to the impartiality and essential fairness of the arbitrazh system as a whole. Plaintiffs have produced specific evidence – in the form of documents obtained from the High Arbitrazh Court's file – of improprieties in the specific arbitrazh court proceedings leading up to the December 18, 2001 decision."[1758]

"It is, furthermore, apparent that the High Arbitrazh Court's December 18, 2001 decision was strongly influenced, if not coerced, by the efforts of various Russian government officials seeking to promote "state interests."[1759] Under these circumstances the High Court's decision is entitled to no deference."[1760]

In seiner Rede bei der VI. all-russischen Richtertagung[1761] betonte ZORKIN, der Vorsitzende des Verfassungsgerichts der RF, dass die Befürchtung, dass sich Gerichte bei rechtlichen Streitigkeiten nicht an das Gesetz halten, die Subjekte

---

1755 Nach Angaben der *Rossijskaja Gazeta* vertrauen 56 Prozent der Russischen Bürger den Gerichten der RF nicht. Nur 28 Prozent haben Vertrauen in die russische Justiz (s. *Rossijskaja Gazeta* vom 16. Dezember 2003).

1756 S. *Doc. 10083*- 12.02.2004, Fn. 17.

1757 Urteil des US Bundesgebietsgerichts von New York (US Federal District Court of New York) vom 8. Mai 2003.

1758 Lexis p. 49.

1759 Vgl. Urteil Sovtransavto v. Ukraine, Ziff. 80; Agrotehservice v. Ukraine (62608/00)- Decision as to the Admissibility vom 19. Oktober 2004, Ziff. 2 b).

1760 Lexis p. 57.

1761 Die VI. all-russische Richtertagung fand am 9. Dezember 2004 in Moskau statt. Die Auszüge aus der Rede s. in: *Rossijskaja Gazeta* vom 10. Dezember 2004.

zwingt, entweder Möglichkeiten eines rechtwidrigen Einflusses auf das Gericht zu suchen oder diese Streitigkeit auf außergerichtlichem Wege zu lösen.[1762]
KRASNOV nennt verschiedene Argumente,[1763] zur Erklärung dieser Tatsache. Erstens ist nach Meinung der Bürger das Gerichtssystem in der Russischen Föderation konform mit dem alten sowjetischen geblieben. Zweitens sind Gerichtsverfahren vom prozeduralen Gesichtspunkt aus viel komplizierter geworden. In der Sowjetzeit wusste jede Hausfrau, dass sie sich an dem Parteiboss wenden konnte, um Gerechtigkeit zu bekommen. Heutzutage hat man keine Ahnung, wie man einen Prozess z.B. gegen eine Amtsperson vor Gericht anstrengt. Und das drittens eine Hausfrau nie auf die Idee kommen würde, vor Gericht gegen eine Amtsperson zu klagen, beweist, dass die russischen Bürger[1764] keinerlei Vertrauen in die Rechtspflege haben.[1765]
AVTONOMOV vertritt die Meinung, dass dem Eigentümer ein breiter Rechtsschutz im Zivilgesetzbuch garantiert wird. Er macht aber den Vorbehalt, dass dieser Schutz nur dann effektiv ausgeübt wird, wenn die Rechtsanwendungsorgane bzw. Gerichte diese Bestimmungen adäquat auslegen.[1766] Aber in der Auslegung und in der Anwendung der Gesetze korrigieren die russischen Gerichte in den meisten Fällen die Mängel der Gesetze nicht sondern machen sie nur noch schlechter.[1767]

[1762] S. die Angaben zu den Kategorien der Personen, die die Richter in ihren Entscheidungen unter Drück setzten. Unter diesen Personen sind Gouverneure (42%), örtliche gesetzgebende Organe (18%), örtliche Amtspersonen (40%), Bundesamtpersonen (33%), Bürgermeister (15%), Polizei- und Sicherheitsbehörde (32%), einflussreiche Geschäftsleute (54%), Kriminelle (27%) (S. *Frye, Timothy*, 2002).
[1763] *Krasnov, Mikhail*, 2002, S. 94.
[1764] „This alienation and/or defenselessness and the despair it engenders- the feelings of hopelessness- are Russia's most dangerous social problem. This is why it is vitally important for the country, for its normal development, not just to implement judicial reforms but to do so in such a way that seeking legal redress in the courts becomes for everyone a simple and comprehensible method for defending their rights and legitimate interests" (*Krasnov, Mikhail*, 2002, S. 94).
[1765] In dieselben Ausgabe der *Rossijskaja Gazeta* wird erwähnt, dass es sich nach Ansicht der russischen regionalen, intellektuellen und Medienelite (87 Prozent), sich trotzdem lohnt, sich an die Gerichte zu wenden, um sein Recht durchzusetzen (s. *Rossijskaja Gazeta* vom 16. Dezember 2003). Vgl. "Over the last decade, Russian citizens have increasingly begun using the Russian court system to resolve disputes. But this does not necessarily mean they have great faith in the court system. It may only mean a greater number of commercial disputes are occurring, given the changes in the Russian economy" (*Burger, Ethan S.*, 2004, S. 8).
[1766] Vgl. *Erdelevskij, A. M.*, 2004.
[1767] *Avtonomov, Aleksej*, 2002, S. 130. Mehr zum Thema der Auslegung von Gerichten in Russland s. Kapitel V.

V. Eingriffe in die Eigentumsgarantie

1. Inhalts- und Schrankenbestimmungen

In der Verfassung der RF verankerte der Gesetzgeber keine ausdrückliche Bestimmung, dass Inhalt und Schranken des Eigentumsrechts durch Gesetze bestimmt werden. Allerhöchstens gibt es die rechtliche Vorschrift in Art. 35 Abs. 1 VRF, dass das Recht auf Privateigentum vom Gesetz geschützt wird und die von MOZOLIN auf zwei Arten interpretiert wird.[1768] Das Recht auf Privateigentum als ein Menschenrecht kann ausschließlich vom Gesetz in das System des russischen Rechts eingeführt werden. Und die zweite Auslegung, dass alle Rechtakte der Subjekte der RF keine Bestimmungen beinhalten dürfen, die dieses Recht beschränken. Wenn es aber um das Recht auf Grundeigentum geht, sieht der Verfassungsgeber vorsichtig vor, dass die Bedingungen und der Ablauf der Bodennutzung gemäß dem Bundesgesetz bestimmt werden.[1769]

Die Normen des Zivilgesetzbuches der RF schließen diese Lücke und sehen vor, dass die Zivilrechte, beziehungsweise das Eigentumsrecht, auf Grund des Bundesgesetzes beschränkt werden können, wenn es um den Schutz der Verfassungsordnung, der Sittlichkeit, der Gesundheit, der Rechte und der rechtmäßigen Interessen der Anderen sowie die Gewährleistung der Verteidigung und Sicherheit des Staates geht.[1770]
Im Gesetz über das Eigentum gab es ebenfalls eine Bestimmung, derzufolge das Eigentumsrecht in der Russischen Föderation auf Grund der vom Gesetz vorgesehenen Bedingungen entsteht.[1771] Das bedeutet aber nicht, dass alle rechtserheblichen Tatsachen ohne Ausnahme ausdrücklich im Gesetz vorgesehen werden müssen. In der Russischen Föderation gilt das allgemeine Prinzip des Zivilrechts, nach dem die Zivilrechte aus den Handlungen der natürlichen und juristischen Personen entstehen.[1772] Als Beispiele solcher Handlungen kann man Verträge, gerichtliche Entscheidungen, Rechtsakte der staatlichen Behörden erwähnen.[1773]

[1768] Konstituzija Rossijskoj Federazii, Nauchno-prakticheskij kommentarij, S. 300.
[1769] Art. 36 Abs. 3 VRF. S. auch Art. 209 Abs. 3 und Art. 129 ZGBRF; Art. 1 Abs. 1 Punkt 11 und Art. 56 AGBRF.
[1770] Art. 1 Abs. 2 Satz 2 ZGBRF. S. auch Art. 55 Abs.3 VRF.
[1771] Art. 2 Abs. 1 Satz 1 GÜERF.
[1772] Art. 8 Abs. 1 ZGBRF.
[1773] S. den Katalog solcher Handlungen in Art. 8 Abs. 1 ZGBRF.

1.1. Inhaltsbestimmung

Im Verfassungsrecht der RF wird die weiteste Vorstellung des Eigentumsrechts verankert, weil dieser Bereich maximal die allgemeinen juristischen Merkmale aller Sozialerscheinungen wiederspiegelt. MOROZOVA wies in diesem Sinne darauf hin, dass diese Verankerung des Eigentumsrechts auf Verfassungsebene die Bedeutung dieses Rechtsinstitutes beweist und Grundlage der rechtlichen Stellung einer Person in der Gesellschaft und im Staat ist.[1774] BOGDANOVA unterstützt diese Meinung mit der erweiterten Bemerkung, dass sich alle bedeutsamen Subjekte des Verfassungsrechts auf die eine oder andere Weise durch das Eigentumsinstitut verwirklichen.[1775]

Wie schon oben erwähnt, werden die Hauptverfassungsnormen der rechtlichen Regime des Eigentumsrechts in Russland in Art. 8, 9, 34-35, 52, 53, 57, 71, 72 VRF verankert. Die Bestimmungen der Verfassung über das Eigentumsrecht spiegeln sich in den Normen der gegenwärtigen Gesetzgebung bzw. im Zivilgesetzbuch der RF wider. Das Zivilgesetzbuch bestimmt den Inhalt des Eigentumsrechts mit den Eigentümerrechten bezüglich seines Besitzes sowie der Nutzung und Verfügung seines Vermögens.[1776] Eine bestimmende Charakteristik der Eigentümerrechte ist die Möglichkeit ihrer Durchsetzung nach eigenem Ermessen, das heißt unabhängig von anderen Personen, in seiner Macht und im eigenen Interesse. Art. 209 Abs. 2 ZGBRF beinhaltet die ausdrückliche Vorschrift, dass der Eigentümer berechtigt ist, mit seinem Eigentum nach Belieben umzugehen, wenn es dem Gesetz nicht widerspricht und die Interesse der Anderen nicht verletzt. Weitere Bestimmungen des Zivilgesetzbuches beziehen sich auf Gesetz, z.B. Art. 210, Art. 211, Art. 213 Abs. 1 und Abs. 2 ZGBRF.

Äußerst wichtig sind die Vorschriften von Art. 213 ZGBRF, in dem die allgemeinen Prinzipien des Eigentumsrechts verankert sind:

- im Eigentum natürlicher und juristischer Personen (im Privateigentum) kann sich Vermögen jeder Art befinden, abgesehen von einigen Ausnahmen, die sich nach dem Gesetz nicht im Privateigentum der genannten Personen befinden dürfen;
- Menge und Wert des Vermögens, das sich im Privateigentum befindet, sind nicht beschränkt, außer in den vom Gesetz bestimmten Fällen, die Art. 55 VRF[1777] entsprechen.

[1774] *Morozova, L. A.*, Gosudarstvo i sobstvennost, in: Gosudarstvo i pravo, 1996, N12, S. 21.
[1775] *Bogdanova, N. A.*, Sistema nauki konstituzionnogo prava, Moskau, 2001, S. 59.
[1776] Art. 209 ZGBRF.
[1777] S. auch Art. 1 Abs. 2 ZGBRF.

1.2 Schrankenziehung

Wie schon erwähnt, existieren in dem Verfassungsrecht zwei abweichende Begriffe: 1) Beschränkung des Rechts auf Privateigentum; 2) Beschränkung der Befugnisse des Gesetzgebers auf Begrenzung des Rechts auf Privateigentum.
Der erste Begriff hat einen weiteren Inhalt, weil er aus den Beschränkungen besteht, die sich aus der Natur des Rechtes auf Privateigentum ergeben, und deswegen von der Verfassung bestimmt werden.[1778] KAMYSHANSKIJ weist darauf hin, dass sich bis heute keine einheitliche Auslegung des Begriffes der Beschränkung des Rechtes in der Rechsprechung russischer Gerichte ergeben hat. Das Institut der Beschränkung des Eigentumsrechts ist eines der am wenigsten untersuchten Aspekte der Rechtswissenschaft in Russland.[1779]
Die Verfassung der RF bestimmt, dass in Russland die Rechte und Freiheiten des Menschen gemäß den allgemeinen Prinzipien und Normen des Völkerrechts und dieser Verfassung anerkannt werden.[1780] Die Inanspruchnahme der Rechte und Freiheiten des Menschen und des Bürgers darf nicht die Rechte und Freiheiten der Anderen beeinträchtigen.[1781] Der Verfassungsgeber verankert diese Vorbehalte zum ganzen Kapitel „Rechte und Freiheiten des Menschen und des Bürgers“.[1782]
Art. 55 Abs. 3 bestimmt die Grenzen der Befugnisse des Gesetzgebers bei den Beschränkungen des Eigentumsrechts. Eine konkrete Auflistung der unzulässigen Missbräuche des Eigentumsrechts in einem positiven Gesetz schien nicht möglich sein. Die Gerichtspraxis der russischen Judikative in den letzten fünf Jahren[1783] zeigt, welche Kniffe und Intrigen angewendet werden, die gesetzlichen Vorschriften zu verletzen. GADZHIEV vertritt die Meinung, dass die Hauptrolle bei den Vermeidungen solcher Verletzungen nicht dem Bundesgesetzgeber sondern den Gerichten gegeben wird.[1784]

Mehrere Urteile des Verfassungsgerichts der RF geben mit ihrer Argumentationen Einblick in das Verhältnis der Über- und Unterordnung von Staat und Bürger, insbesondere auch in die Balance von Rechten und Pflichten. NUSSBERGER vertrat 1998 die Meinung, dass nur in Ausnahmen eine Abwägung zwischen den öffentlichen Interessen und dem schutzwürdigen Interesse einzelner erfolgte.[1785]

[1778] S. mehr dazu *Sklovskij, K. I.*, 2000, S. 156-158.
[1779] *Kamyshanskij, V. P.*, 2004.
[1780] Art. 17 Abs. 1 VRF.
[1781] Art. 17 Abs. 3 VRF.
[1782] Vgl. Es gibt keine solche Bestimmung zu Kapitel II der Verfassung der Ukraine.
[1783] *Gadzhiev, Gadis*, 2000, S. 91.
[1784] *Gadzhiev, Gadis*, 2000, S. 92.
[1785] *Nußberger, Angelika*, 1998, S. 121.

In seinem neueren Urteil[1786] wies das Verfassungsgericht der RF darauf hin, dass das Privateigentumrecht und die Freiheit der Unternehmens- und anderer Wirtschaftstätigkeit, die vom Gesetz nicht verboten ist, keinen absoluten Charakter haben und vom Gesetz beschränkt werden können. Die Möglichkeit, solche Schranken zu bestimmen, und der Charakter dieser Schranken werden vom Gesetzgeber nicht willkürlich sondern nur gemäß der Verfassung festgelegt: "Human and civil rights and liberties may be restricted by the federal law only to the extent required for the protection of the fundamentals of the constitutional system, morality, health, rights and lawful interests of other persons, for ensuring the defense of the country and the security of the state".[1787] Das Gericht bezieht sich auf Art. 1 1.ZP zur EMRK.[1788]

Bereits im Gesetz über das Eigentum sah der Gesetzgeber vor, dass die Ausübung des Eigentumsrechts die Rechte und Interessen der Anderen nicht beeinträchtigen darf.[1789] Als Fortsetzung dieser Bestimmung beinhaltet Art. 10 Abs. 1 ZGBRF die Vorschrift, dass Handlungen von Bürgern und juristischen Personen nicht erlaubt sind, wenn sie ausschließlich das Ziel verfolgen, anderen Personen Schaden zuzufügen und das Recht in allen Formen zu missbrauchen.[1790] Deshalb wurde vorgesehen, dass Gerichte jeder beliebigen Gerichtsbarkeit ablehnen können, das Recht der nach Art. 10 Abs. 1 charakterisierten Person zu schützen. Die Frage der Beschränkung des Eigentumsrechts wurde mehrmals von dem Verfassungsgericht der RF verhandelt, besonders aktuell ist der Zusammenhang mit den Eingriffsbefugnissen der Finanzpolizei.

Beispiel aus der Gerichtspraxis:[1791]

Sachverhalt

Es wurde überprüft, ob eine Möglichkeit für juristische Personen besteht, Steuerrückstände einzutreiben, Geldstrafen und andere Sanktionen aufzuerlegen,[1792] ohne dass die Rechtslage in einem vorgeschalteten Gerichtsverfahren, wie bei natürlichen Personen vorgesehen, geklärt wurde.

Entscheidung des Gerichts

Das Gericht stellte grundsätzlich keine verfassungswidrige Beschränkung des Eigentumsrechts juristischer Person fest. Nach seiner Auffassung sei die in der

---

[1786] S. Urteil VGRF vom 30. Juli 2001 (N13-П).

[1787] Art. 55 Abs. 3 VRF. Nach Art. 56 Abs. 3 VRF darf man keine Beschränkungen der Rechte und Freiheiten einführen, die in Art. 20, 21, 23 Abs. 1, 24, 28, 34 Abs. 1, 40 Abs.1, 45-50 VRF festgelegt sind.

[1788] S. Urteil VGRF vom 30. Juli 2001 (N13-П), Ziff. 4 Abs. 2 und 3.

[1789] Art. 2 Abs. 9 Satz 1 GÜERF.

[1790] S. dazu den gemeinsamen Beschluss des Plenums OGRF (N6) und des Plenums OAGRF (N8) vom 1. Juli 1996, Ziff. 5 Abs. 1.

[1791] Urteil VGRF vom 17. Dezember 1996 (N20-П).

[1792] Vgl. Art. 35 VRF.

Verfassung bestimmte Pflicht, Steuern zu zahlen,[1793] mit hoheitlichen Mitteln durchsetzbar und eine verfassungsrechtlich sanktionierte Einschränkung des Eigentumsrechts.[1794] Das Gericht betonte, dass die Eintreibung einer Steuer nicht als willkürliche Entziehung des Vermögens vom Eigentümer beurteilt werden kann. Das bedeutet, dass sie eine gesetzliche Konfiskation eines Teils des Vermögens darstellt und sich aus einer verfassungsmäßigen öffentlich-rechtlichen Pflicht ergibt. Das Gericht bezog sich sowohl auf das russische Verfassungsrecht als auch auf internationale Menschenrechtsakte, dass das Eigentumsrecht mit den Einschränkungen gewährleistet sei.[1795] Infolge dieser Feststellung hält das Gericht die Bestimmungen der russischen Gesetzgebung für rechtmäßig, denn sie stellen eine gerichtliche Überprüfung der Maßnahmen der Finanzpolizei dar. Diese Überprüfung solle ausschließlich nachträglich erfolgen, nicht aber präventiv, wie bei Eingriffen in das Vermögen natürlicher Personen. Da das Vermögen juristischer Personen vom Privatvermögen nach der russischen Gesetzgebung abgesondert ist, sei dies kein Verstoß gegen den Grundsatz der Gleichheit.[1796]

Das Gericht folgerte, dass die Maßnahmen der Steuerpolizei insofern für gerechtfertigt gehalten werden können, als sie darauf hinzielen, die Steuern sowie eine Kompensation für den Schaden des Staates wegen Nicht-Zahlung von den juristischen Personen einzutreiben; nicht verfassungsgemäß sei dagegen die Auferlegung zusätzlicher Sanktionen. Ist der Betroffene nicht einverstanden, so sei die Durchführung der Maßnahmen bis zur Gerichtsentscheidung zu suspendieren.[1797]

In Art. 56 AGBRF verankerte der Gesetzgeber die Begrenzungen des Rechts auf Grundeigentum. Art. 56 Abs. 2 AGBRF sieht eine Auflistung der Fälle vor, bei denen dieses Recht beschränkt werden kann:

1) die besonderen Bedingungen der Bodennutzung und das Regime wirtschaftlicher Tätigkeit in Schutzzonen;
2) die besonderen Bedingungen des Umweltschutzes;
3) die Bedingungen des Baubeginns und der Vollendung bei der Bebauung oder der Aneignung eines Grundstücks im Laufe der festgesetzten Fristen und nach einem abgestimmten Projekt bei den vorhandenen Rechten auf ein Grundstück, das sich in staatlichem oder munizipalem Eigentum befindet;

1793 Art. 57 VRF.
1794 Urteil VGRF vom 17. Dezember 1996 (N20-П), Ziff. 3.
1795 Urteil VGRF vom 17. Dezember 1996 (N20-П), Ziff. 2 Abs. 2.
1796 Urteil VGRF vom 17. Dezember 1996 (N20-П), Ziff. 4 Abs. 4.
1797 Urteil VGRF vom 17. Dezember 1996 (N20-П), Ziff. 5 Abs. 3.

4) andere Beschränkungen, die in diesem Gesetzbuch oder den Bundesgesetzen vorgesehen sind.

Bei einem Blick auf Punkt 4 stellt man fest, dass diese Auflistung der Beschränkungen nicht erschöpfend ist. Der Gesetzgeber bezieht sich auf andere Rechtsakte, die die Grundverhältnisse in der Russischen Föderation regeln. Diese Beschränkungen des Rechts auf Grundeigentum werden von den Rechtsakten der Exekutivbehörden, der Behörden örtlicher Selbstverwaltung oder den Gerichtsentscheidungen bestimmt.[1798] Sie gelten unbefristet oder eine bestimmte Zeit.[1799] In Falle eines Übergehens des Eigentumsrechts auf Grundstücke anderer Person werden die festgelegten Begrenzungen des Rechts des Grundeigentums beibehalten.[1800] Alle vom Gesetz vorgesehenen Beschränkungen können vor Gericht angefochten werden.[1801]

2. Enteignung

In der Verfassung der RF verankerte der Gesetzgeber die ausdrückliche Bestimmung, dass niemandem sein Vermögen entzogen werden darf, außer laut einer Gerichtsentscheidung.[1802] In seinem Kommentar zu Art. 35 VRF weist MOZOLIN darauf hin,[1803] dass unter einer Enteignung des Vermögens eine erzwungene Einstellung des Eigentumsrechtes auf konkretes Vermögen zu verstehen ist, nicht aber ein einfacher Entzug des Vermögens aus dem Besitz des Eigentümers aufgrund des Gesetzes, wie es zum Beispiel der Fall wäre, wenn einige Waren gesetzwidrig über Zollgrenze ein- oder ausgeführt werden.[1804]
Art. 235 Abs. 2 Satz 1 ZGBRF[1805] sieht vor, dass eine erzwungene Enteignung nicht gestattet ist. Das Gesetz sieht lediglich in folgenden Fällen eine Ausnahme vor:

1) Zwangsvollstreckung in das Vermögen aufgrund der Verpflichtungen;[1806]
2) Enteignung des Vermögens, das dem Betroffenen nach dem Gesetz nicht gehören darf;[1807]

1798 Art. 56 Abs. 3 AGBRF.
1799 Art. 56 Abs. 4 AGBRF.
1800 Art. 56 Abs. 5 AGBRF.
1801 Art. 56 Abs. 7 AGBRF.
1802 Art. 35 Abs. 3 VRF.
1803 Konstituzija Rossijskoj Federazii, S. 302.
1804 S. Urteil VGRF vom 20. Mai 1997 (N8-П), Urteil VGRF vom 11. November 1997 (N16-П), Urteil VGRF vom 11. März 1998 (N8-П).
1805 Vgl. Art. 346 Abs. 1 ZGBU.
1806 Art. 237 ZGBRF.
1807 Art. 238 ZGBRF.

3) Enteignung unbeweglichen Vermögens mit dem Entzug des Grundstückes;[1808]
4) Rückkauf von nachlässig verwahrten kulturellen Werten und Haustieren;[1809]
5) Requisition;[1810]
6) Konfiskation;[1811]
7) Enteignung des Vermögens in den von Art. 252 Abs. 4, Art. 272 Abs. 2, Art. 282, 285, 293 ZGBRF vorgesehen Fällen.

In diesem Artikel verankerte der Gesetzgeber eine erschöpfende Auflistung der Fälle der Enteignung. Punkte 1, 2, 4, bestimmen die Enteignungsfälle infolge nicht entsprechenden Verhaltens des Eigentümers, die weiteren Punkten gelten unabhängig von dem Verhalten des Eigentümers und sind durch staatliche und öffentliche Interesse bedingt.
Art. 235 Abs. 2 Satz 3 ZGBRF beinhaltet im Gegensatz zu der ukrainischen Gesetzgebung eine Vorschrift über die Nationalisierung. Unter dem Begriff „Nationalisierung" wird das Übergehen des Vermögens, das natürlichen oder juristischen Personen gehört, in das Eigentum des Staates verstanden.[1812] Die Nationalisierung wird aufgrund eines Spezialgesetzes durchgeführt. Der Wert des nationalisierten Vermögens und andere Verluste werden nach Art. 306 ZGBRF[1813] entschädigt. In Art. 306 ZGBRF gibt es aber keine ausdrücklichen Hinweise, dass in dem Falle die Entschädigung vorläufig und gleichwertig sein muss, wie es in Art. 35 Abs. 3 Satz 2 VRF geregelt wird. Diese Verfassungsvorschrift bestimmt eine solche Entschädigung nur dann, wenn eine Enteignung für staatliche Bedürfnisse durchgeführt wird.

Nach Meinung der Verfasserin besteht auch eine gewisse Unstimmigkeit zwischen den Bestimmungen von Art. 35 Abs. 3 Satz 1 VRF und Art. 306 ZGBRF. Die Verfassung sieht vor, dass die Enteignung des Vermögens nur nach einer Gerichtsentscheidung durchgeführt werden darf. Das heißt, dass eine Gerichtsentscheidung in allen Enteignungsfällen notwendig ist, auch in den Fällen der Zwangsenteignung für staatliche Bedürfnisse. Im Zivilgesetzbuch ist die Beteiligung des Gerichts bei den Streitigkeiten über Entschädigung vorgeschrieben.

[1808] Art. 239 ZGBRF.
[1809] Art. 240 und 241 ZGBRF.
[1810] Art. 242 ZGBRF.
[1811] Art. 243 ZGBRF. Vgl. Urteil VGRF vom 11. März 1998 (N8-П), Ziff. 3 Abs.1.
[1812] Vgl. *Doc. H(98) 7*- 1998, S. 173.
[1813] Art. 306 ZGBRF: „Folgen der Einstellung des Eigentumsrechts infolge des Erlasses eines Gesetzes".

Liegt keine Streitigkeit vor, ist eine Beteiligung des Gerichts also nicht notwendig.[1814]

Im Unterschied zu den Bestimmungen von Art. 35 Abs. 3 Satz 2 VRF sieht Art. 239 Abs. 1 ZGBRF vor, dass die Enteignung mit einer vorläufigen und gleichwertigen Entschädigung nicht nur für staatliche sondern auch für munizipale Bedürfnisse stattfinden kann.[1815]

Beispiel aus der Gerichtspraxis:[1816]

Sachverhalt

Eine Aktiengesellschaft erhob Klage gegen Familie M und verlangte den Auszug der Familie aus ihrem Privathaus (Eigentumshaus), weil die Gesellschaft vom Bürgermeister die Genehmigung bekommen hatte, Garagen auf dem Gründstück zu bauen. Der Vorschlag, in eine neue Wohnstätte umzuziehen, wurde von der Familie abgelehnt, weil sie mit der Höhe der vorgeschlagenen Entschädigung für das Haus und das Grundstück nicht einverstanden war. Das Gericht erster Instanz entschied, dass die Familie aus dem Haus ausziehen und stattdessen zwei neue Wohnungen bekommen sollte. Der Stellvertretende Vorsitzender des Obersten Gerichts der RF legte Berufung ein.

Entscheidung des Gerichts

Das Oberste Gericht der RF wies darauf hin, dass die Bestimmungen von Art. 239 Abs. 1 ZGBRF in diesem Fall nicht anwendbar sind, weil das Grundstück, auf dem sich das Haus der Familie M befand, nicht für staatliche oder munizipale Bedürfnisse enteignet werden sollte. Aus der Genehmigung des Bürgermeisters ist zu entnehmen, dass das Gründstück zu der Bodenfläche gehörte, die an die Aktiengesellschaft verpachtet worden war. Die Gesellschaft hätte also Verträge mit den Betroffenen schließen müssen, in denen diese ihre Zustimmung zu dem Umzug geben.[1817] Ein solcher Vertrag mit Familie M wurde nicht geschlossen und deshalb brauchte sie aus dem Haus nicht auszuziehen.
Nach Auffassung des Gerichts gab es keinen Grund, die Familie zur Eigentümerin der zwei zur Verfügung gestellten Wohnungen zu erklären, weil die russische Gesetzgebung keine erzwungene Übergabe ins Eigentum vorsieht.
Das Gericht kommt zu dem Schluss, dass keine rechtlichen Begründungen für die Ausweisung der Familie vorliegen. Das Gericht erster Instanz hat einen Fehler gemacht, deswegen kann der Klage der Gesellschaft nicht stattgeben werden.

Auch bei der Requisition hat der Gesetzgeber vorgesehen, dass der Eigentümer das Recht hat, nach der Beseitigung der Ausnahmeumstände zu verlangen, sein

[1814] S. auch *Doc. H(98) 7*- 1998, S. 170 und *Wodolagin, Sergej*, 2001, S. 134.
[1815] S. auch Art. 49 AGBRF.
[1816] *Tolcheev, N. K.*, 2001, S. 77-81.
[1817] S. auch Art. 235 Abs. 1 ZGBRF.

Vermögen (oder seine Reste) zurückzubekommen.[1818] Dabei werden aber die Vermögensverhältnisse bei einer solchen Rückgabe nicht geregelt. Im Falle einer gesetzwidrigen Konfiskation kann der Betroffene das Gericht anrufen. Wenn diese Konfiskation vom Gericht für rechtwidrig erklärt wird, dann kann er nicht nur sein Vermögen sondern auch eine Entschädigung für seine Verluste verlangen.[1819]

In seiner Rechtsprechung setzte sich das Verfassungsgericht der RF mehrmals mit der Frage der Enteignung auseinander. Im oben erwähnten Urteil über die Aktiengesellschaften entschied das Gericht über die Verfassungsmäßigkeit des Entzugs der zersplitterten Aktien.[1820] Es wurde darauf hingewiesen, dass im Falle einer erzwungenen Enteignung des Vermögens- unabhängig von den Gründen dafür- eine effektive Gerichtskontrolle als Garantie des Prinzips der Unverletzlichkeit des Eigentums ausgeübt werden muss.[1821] Nach Auffassung des Verfassungsgerichts der RF ist der Begriff „entzogen“ so zu verstehen, dass eine Einstellung des Eigentumsrechtes einen erzwungenen Charakter hat und das Vorhandensein von Streitigkeiten vermuten lässt, was unbedingt eine Gerichtskontrolle verlangt. Diese Kontrolle kann vorläufig oder nachfolgend sein.

Das Oberste Arbitragegericht der RF betonte in seiner Rechtsprechung,[1822] dass infolge ihres Beitritts zur Jurisdiktion des Europäischen Gerichtshofes für Menschenrechte die russischen Gerichtskontrollmechanismen Unterstützung durch die internationale Gerichtskontrolle bekamen. Das bedeutet, dass die Kompetenz der Arbitragegerichte in Russland im Bereich der Vermögensstreitigkeiten und die Kompetenz des EGMR in den Verfahren über die Verletzung des Eigentumsrechts interdependent sind.[1823] Das Gericht wies darauf hin, dass diese Bindung eine wichtige Aufgabe internationaler und nationaler Gerichtsverfahrens lösen soll und zwar den Schutz der Vermögensrechte der Privatpersonen, die sich aus Art. 1 1.ZP ergeben.[1824]

[1818] Art. 242 Abs. 3 ZGBRF.

[1819] Art. 13 und 15 ZGBRF.

[1820] Urteil VGRF vom 24. Februar 2004 (N3-П).

[1821] Urteil VGRF vom 24. Februar 2004 (N3-П), Ziff. 5.2 Abs. 4.

[1822] Informationsbrief OAGRF „*Ob osnovnykh polozhenijakh, primenjaemykh Evropejskim sudom po prvam cheloveka pri zaschite imuzhestvennykh prav i prava na pravosudije* (Über die Hauptprinzipien in der Rechtsprechung des Europäischen Gerichtshofes für Menschenrechte bei dem Schutz der Vermögensrechte und des Rechts auf Zugang zum Gericht)“ vom 20. Dezember 1999 (N C1-7/CMП-1341).

[1823] Informationsbrief OAGRF „*Ob osnovnykh polozhenijakh, primenjaemykh Evropejskim sudom po prvam cheloveka pri zaschite imuzhestvennykh prav i prava na pravosudije* (Über die Hauptprinzipien in der Rechtsprechung des Europäischen Gerichtshofes für Menschenrechte bei dem Schutz der Vermögensrechte und des Rechts auf Zugang zum Gericht)“ vom 20. Dezember 1999 (N C1-7/CMП-1341), Abs. 3.

[1824] Informationsbrief OAGRF „*Ob osnovnykh polozhenijakh, primenjaemykh Evropejskim sudom po prvam cheloveka pri zaschite imuzhestvennykh prav i prava na pravosudije* (Über

Die Verfasserin vertritt die Meinung, dass eine Bestimmung der Verfassung der RF in diesem Sinne als relevant betrachtet werden kann. Art. 55 Abs. 1 VRF sieht vor, dass alle Grundrechte und Freiheiten, die in der Verfassung verankert sind, nicht so ausgelegt werden dürfen, dass die anderen allgemein anerkannten Menschenrechte und Freiheiten verneint oder herabgesetzt werden können. Wenn also internationale Dokumente (bzw. die EMRK) ein höheres Niveau der Menschenrechte und Freiheiten festlegen, müssen die allgemein anerkannten Rechte und Freiheiten Priorität haben, ohne zu begründen, dass diese Rechte und Freiheiten in der Verfassung nicht ausdrücklich erwähnt werden.

3. Verfassungsrechtliche Rechtfertigung von Eigentumseingriffen

Wie schon oben unterstrichen, muss ein Eingriff ins Eigentumsrecht verfassungsmäßig gerechtfertigt sein. In der Verfassung wird ausdrücklich erwähnt, dass sie auf dem Territorium der Russischen Föderation Vorrang hat.[1825] Alle Bundesgesetze, auch Gesetze der Subjekte der RF und alle anderen Rechtsakte müssen den Verfassungsbestimmungen entsprechen. Art. 55 Abs. 3 VRF besagt, dass "human and civil rights and liberties may be restricted by the federal law only to the extent required for the protection of the fundamentals of the constitutional system, morality, health, rights and lawful interests of other persons, for ensuring the defense of the country and the security of the state."[1826] Diese Vorschrift bezieht sich auch auf das Eigentumsrecht. Im Sinne von Art. 55 Abs. 3 VRF äußerte sich das Verfassungsgericht der RF zum Thema eines Eingriffes ins Eigentumsrecht:[1827] „Die Beschränkung des Eigentumsrechts, der Vermögensrechte...müssen den Zielen der Gerechtigkeit entsprechen, den verfassungsbedeutenden Zielen des Schutzes der entsprechenden Rechte und gesetzmäßigen Interessen verhältnismäßig sein und aus dem Gesetz entstehen."[1828]

Das Eigentumsrecht hat keinen absoluten Charakter, es gehört nicht zu den Rechten, die in Art. 56 Abs. 3 VRF[1829] verankert sind, die unter keinen Umständen außer Kraft gesetzt werden können. Bedeutungsvoll ist ein Urteil des Verfassungsgerichts der RF im Jahre 1996, als die EMRK von Russland noch nicht ratifiziert worden war, in dem betont wurde, dass das Recht auf Privateigentum

die Hauptprinzipien in der Rechtsprechung des Europäischen Gerichtshofes für Menschenrechte bei dem Schutz der Vermögensrechte und des Rechts auf Zugang zum Gericht)" vom 20. Dezember 1999 (N C1-7/СМП-1341), Abs. 4.

1825 S. Art. 4 Abs. 2 VRF.

1826 Vgl. Art. 64 Abs. 1 VU.

1827 Vgl. BverfGE 21, 73 (86); 24, 267 (404); 45, 297 (335); 52, 1 (29); 70, 190 (200); 95, 64 (88).

1828 Urteil VGRF vom 6. Juni 2000 (N9-П), Ziff. 2 Abs. 3.

1829 "The rights and liberties stipulated by Articles 20, 21, 23 (part 1), 24, 28, 34 (part 1), 40 (part 1), 46-54 of the Constitution of the Russian Federation shall not be subject to restriction".

von dem Gesetz in dem verfassungsmäßig notwendigen Umfang beschränkt werden kann.[1830] Damals bezog sich das Gericht auf Art. 29 der Allgemeinen Erklärung der Menschenrechte[1831] und Art. 4 des Internationalen Paktes über bürgerliche und politische Rechte.[1832]

3.1. Rechtfertigung von Inhaltsbestimmungen des Eigentums

Im Gegensatz zu Art. 41 Abs. 2 VU beinhaltet Art. 35 VRF keine Bestimmung, dass das Recht auf Privateigentum nach dem vom Gesetz vorgesehnen Verlauf erworben wird. Art. 209 Abs. 2 ZGBRF[1833] sieht nur mittelbar vor, dass der Eigentümer seine Rechte in Anspruch nehmen kann, wenn diese dem Gesetz nicht widersprechen.
Anders ist die Lage bei Grundeigentum. In Art. 36 Abs. 3 VRF verankerte der Verfassungsgeber ausdrücklich, dass die Bedingungen und der Verlauf der Bodennutzung aufgrund eines Bundesgesetzes bestimmt werden. Art. 3 Abs. 3 AGBRF beinhaltet den Hinweis, dass Vermögensverhältnisse mit Grundstücken in der Zivilgesetzgebung geregelt werden, wenn nichts anderes in den übrigen Rechtsgebieten der russischen Gesetzgebung vorgesehen ist.

3.2. Das Modell der Abwägung zwischen Eigentumsgarantie und Sozialpflichtigkeit des Eigentums

Das Prinzip des Gleichgewichts zwischen öffentlichen und privaten Interessen ist ebenso neu für die ukrainische Gesetzgebung wie für das Rechtsystem der RF. Mehrere Jahrzehnte wurde privates Interesse dem öffentlichen untergeordnet. Jedoch wurden entsprechende Bestimmungen in der Verfassung der RF verankert, die dieses Prinzip gewährleisten. Art. 17 Abs. 3 VRF bestimmt, dass die Ausübung der Rechte und Freiheiten des Menschen und des Bürgers die Rechte und Freiheiten anderer Personen nicht verletzen darf. Auch Art. 55 Abs. 3 VRF beinhaltet eine Verweisung auf öffentliche Interessen und Rechte und Freiheiten anderer Personen.[1834]

1830 Urteil VGRF vom 17. Dezember 1996 (N20-П), Ziff. 2 Abs. 3.

1831 Allgemeine Erklärung der Menschenrechte verkündet von der Generalversammlung der Vereinten Nationen am 10. Dezember 1948.

1832 Internationaler Pakt über bürgerliche und politische Rechte vom 19. Dezember 1966.

1833 Vg. Art. 1 Punkt 2 Abs. 2 ZGBRF.

1834 S. zum Thema die Entscheidung des Präsidiums OAGRF vom 2. März 2004 (N11994/03). In dieser Entscheidung äußerte sich das Gericht im Sinne der öffentlichen Interessen zugunsten der Krasnodarer Stadtverwaltung. In dem Einspruchsverfahren befand es, dass die Privatunternehmen die Stadtverwaltung gesetzwidrig gezwungen hatten, die Kaufverträge für die Grundstücke mit ihnen zu schließen. Obwohl die Unternehmer ihre Gebäude auf den bestrittenen Grundstücken hatten, bedeutete dies nicht, dass sie auch die Eigentümer der Grundstücke sein können. Die Unternehmen haben nur das Nutzungsrecht auf die bestrittenen Grundstücke, und die Stadtverwaltung hatte eigene Pläne zur Rekonstruierung der Infrastruktur dieses Territoriums im allgemeinen Interesse. Deswegen hob das Gericht die Entscheidun-

Eine Mustersache zum Thema bezog sich auf die Restrukturierung der Kreditorganisationen, in der die Interessen tausender Bürger und des Staates zusammenprallten.

Beispiel aus der Gerichtspraxis:[1835]

Sachverhalt

Nach der Krise des Banksystems der RF im April 1998 befand sich die Aktienkreditbank „SBS-Agro" (AKB), wie mehrere große Banken, im Insolvenzzustand und konnte ihre Verpflichtungen im gesamten Umfang nicht auszahlen. Es musste eine Lösung gefunden werden ,weil zahlreiche Bürger in Banken wie AKB ihre Einlagen hatten. Um das Banksystem zu erhalten und alle Ansprüche der Deponenten gerecht und verhältnismäßig zu erfüllen,[1836] wurde das Bundesgesetz der RF *„O nesostojatelnosti (bankrotstve) kreditnykh organisazij* (Über Insolvenz (Bankrott) der Kreditorganisationen)"[1837] erlassen. Laut der Gesetzbestimmungen unterliegen die großen Banken einer besonderen Liquidierungsprozedur (Restrukturisierung), die der Insolvenzprozedur ähnelt, aber einige Besonderheiten hat, die den Verlauf, die Fristen und den Umfang betreffen. Dafür musste ein gütlicher Vergleich zwischen der Bank, ihrer Kreditoren und der Agentur zur Restrukturisierung der Kreditorganisationen (ARKO) ausgearbeitet werden.

Art. 26 des Bundesgesetzes sah vor, dass ein Moratorium[1838] auf Befriedigung der Kreditoransprüche eingeführt werden kann. Ein solches Moratorium wurde am 16. November 1999 für die AKB eingesetzt, gleichzeitig wurde die Vollstreckung aller Gerichtsentscheidungen eingestellt.

Eingütlicher Vergleich wurde ausgearbeitet und von der Vollversammlung der Kreditoren und dem Arbitragegericht gebilligt. Dieser gütliche Vergleich sah vor, dass die Ansprüche der Kreditoren abhängig von der Gruppenkategorie der Kreditoren (4 Gruppen) gelöscht werden sollen.

Mehrere Klagen der Einleger der AKB wurden bei den Arbitragegerichten wegen Verletzung ihres Vermögensrechts erheben. Diese Verletzungen waren von zwei Arten: 1) die Gerichtsentscheidung, die die Forderungsrechte der Einleger bestätigte, war nicht in vollem Umfang vollstreckt worden; 2) die Konditionen des gütlichen Vergleichs waren nicht gerecht und verletzten folglich die Interessen und Rechte der Einleger.

Entscheidung des Gerichts

Das Arbitragegericht fand keine Gründe, um die Konditionen des gütlichen Vergleichs zu ändern oder aufzuheben.

Das Gericht wies darauf hin, dass zweifellos eine Nichtvollstreckung der Gerichtsentscheidungen ein Eingriff ins Eigentumsrecht privater Personen sei.[1839]

---

gen der Gerichte erster Instanz und der Berufungsinstanz auf und verwies die Sache zur neuerlichen Überprüfung.

[1835] Entscheidung des Moskauer Arbitragegerichts vom 8. Mai 2001. S. auch Entscheidung des Bundesarbitragegerichts Moskauer Region vom 11. August 2001.

[1836] Vgl. Urteil VGRF vom 6. Juni 2000 (N9-П), Ziff. 4 Abs. 8 und 9.

[1837] S. Bundesgesetz der RF vom 25. Februar 1999 (N40-Ф3).

[1838] S. den Begriff des Moratoriums im Urteil VGRF vom 3. Juli 2001 (N10-П), Ziff. 5 Abs. 2 und 3.

[1839] Vgl. Urteil VGRF vom 3. Juli 2001 (N10-П).

Aber eine solche Einschränkung des Rechts habe im öffentlichen Interesse und aufgrund des Gesetzes stattgefunden. Die von dem Gesetzgeber ausgewählte Maßnahme hat das Gleichgewicht zwischen öffentlichen und privaten Interessen nicht verletzt, weil privaten Personen ihr Vermögensrecht nicht entzogen wurde. Sie wurden lediglich provisorisch in ihren Rechten beschränkt. Ohne die ergriffenen Maßnahmen wäre die Situation der AKB hoffnungslos gewesen und eine ganze Reihe von Anlegern hätten ihre Anlagen nicht zurückbekommen.
Die Konditionen des Vergleichs wurden für gerecht erklärt, weil er dafür sorgte, dass die privaten Einleger der AKB vor den übrigen Kreditoren der Bank Priorität hatten.[1840] Das bedeutet, dass sich die natürlichen Personen, die Einleger der Bank waren, nach den Konditionen des gütlichen Vergleichs in der günstigsten Situation befanden.

Die Einleger der AKB riefen den Straßburger Gerichtshof an. Die Beschwerdeführer bezogen sich auf eine Verletzung der Art. 6 Abs. 1 EMRK und Art. 1 1.ZP. In seiner Entscheidung über die Zulässigkeit der Beschwerde *Shestakov v. Russia*[1841] erwähnte der EGMR, dass "the right to a court, and the enforcement phase of a relevant court decision, is not absolute and may be subject to legitimate restrictions". Der Gerichtshof wies darauf hin, dass ein vernünftiges Verhältnis (engl.: *reasonable relationship*) zwischen den ergriffenen Maßnahmen und dem Ziel gefunden werden muss. In diesem Zusammenhang wurde keine Verletzung von Art. 6 Abs. 1 EMRK festgestellt.
Betreffend der Verletzung von Art. 1 1.ZP führte der EGMR an, dass

> "the interference complained of amounted to a control of the use of property within the meaning of Article 1 § 2 of Protocol No. 1 and pursued a legitimate aim in the general interest, as required by that provision…any interference must strike a "fair balance" between the demands of the general interest and the requirements of the protection of the individual's fundamental rights in order to be compatible with Article 1 of Protocol No. 1".

Es wurde folglich vom Gerichtshof ein Gleichgewicht zwischen privaten und öffentlichen Interessen festgestellt. Der Beschwerdeführer war kein Opfer im Sinne der EMRK, weil die angefochtenen Beschränkungen des Eigentumsrechts dem Beschwerdeführer keine persönliche und übermäßige Belastung auferlegten.[1842]

[1840] Die den Einlegern erstattete Summe betrug maximal 70%.
[1841] Shestakov v. Russia (48757/99)- Decision as to the Admissibility vom 18. Juni 2002 (inadmissible).
[1842] Shestakov v. Russia (48757/99)- Decision as to the Admissibility vom 18. Juni 2002 (inadmissible), Ziff. 2 Abs. 10.

Die verfassungsrechtlichen Vorschriften über das Gleichgewicht zwischen öffentlichen und privaten Interessen spiegeln sich in der Rechtsprechung des Verfassungsgerichts der RF[1843] und in mehreren Rechtsakten der RF wider.[1844] Aber STARZHENECKIJ betont, dass es zu früh ist, von eindeutig gut ausgearbeiteten Standpunkten in der Bewertung des Gleichgewichts zwischen den öffentlichen und privaten Interessen in der Gesetzgebung der Russischen Föderation zu sprechen.[1845] Seiner Auffassung nach befinden diese Standpunkte sich in einer ständigen Entwicklung.[1846]

3.3. Rechtfertigung von Konfiskationen gemäss Art. 35 der Verfassung der Russischen Föderation

Nach Auffassung des Verfassungsgerichts der RF stellt die Konfiskation[1847] eine zwangsweise entschädigungslose Beendigung des Eigentumsrechts[1848] an einem konkreten Vermögensgegenstand in Sinne von Art. 35 Abs. 3 VRF dar und ist damit keine einfache Beschlagnahme von Gegenständen im Besitz des Eigentümers aufgrund des Gesetzes.[1849] Und der Beschluss über die Konfiskation und die Beschlagnahme durch die Behörden muss nicht zur Beendigung des Eigentumsrechts führen.[1850] Vielmehr wird das Eigentumsrecht erst durch den tatsäch-

---

1843 S. Urteil VGRF vom 24. Februar 1998 (N7-П); Urteil VGRF vom 28. Oktober 1999 (N14-П); Urteil VGRF vom 16. Mai 2000 (N8-П); Beschluss VGRF vom 7. Juli 2001 (N139-O); Urteil VGRF vom 30. Juli 2001 (N13-П).

1844 S. Steuergesetzbuch der RF das I. Teil vom 31. Juli 1998 (N146-Ф3) und das II. Teil vom 5. August 2000 (N117-Ф3); Bundesgesetz der RF *„O naloge na pribyl predprijatij i organisazij* (Über Gewinnsteuer der Unternehmen und Organisationen)" vom 27. Dezember 1991 (N2116-1); Bundesgesetz der RF *„O nesostojatelnosti (bankrotstvc)* (Über Insolvenz (Bankrott))" vom 26. Oktober 2002 (N127-Ф3); Bundesgesetz der RF *„O gosudarstvennom materialnom reserve* (Über staatliche materielle Reserve)" vom 29. Dezember 1994 (N79-Ф3) u.s.w..

1845 *Starzheneckij, V. V.*, 2004, S. 113.

1846 S. auch Urteil VGRF vom 11. März 1998 (N8-П); Urteil VGRF vom 12. Mai 1998 (N14-П); Urteil VGRF vom 15. Juli 1999 (N11-П) u.s.w..

1847 In der RF gilt bis heute das so genannte Sammelgesetz über die Requisition und die Konfiskation des Eigentums (russ.: *Svodnyj zakon RSFSR „O rekvizizii i konfiskazii imuchestva*"). Das Gesetz wurde am 28. März 1927 erlassen und ist mit Abänderungen in Kraft geblieben ist.

1848 S. Sondervotum des Richters am Verfassungsgericht der RF KONONOV im Verfahren vom 20. Mai 1997 (N8-P): "Unklarheit entsteht auch durch die Auslegung der Begriffe "Entziehung des Eigentums" und „Konfiskation" durch das Gericht. An einer Stelle bestätigt das Gericht, dass die Entziehung des Eigentums einer Person in Form der Konfiskation eine zwangsweise Beendigung des Eigentumsrechts im Sinne von Art. 35 Abs. 3 VRF ist. Allerdings werden später die Begriffe von Konfiskation und Beschlagnahme von Eigentum gleichgestellt."

1849 S. Urteile VGRF vom 20. Mai 1997 (N8-P) und vom 11. März 1998 (N8-P).

1850 Urteil VGRF vom 20. Mai 1997 (N8-P).

lichen Vollzug des Beschlusses und damit durch den Vermögensübergang in das Eigentum des Staates beendet. Das Vermögen geht über, wenn die Widerspruchfrist bei der übergeordneten Behörde oder bei Gericht gegen den behördlichen Beschluss abgelaufen ist. Die Beschlagnahme ist nur dann zulässig, wenn eine nachträgliche gerichtliche Kontrolle gewährleistet wird.[1851] Das endgültige Ergebnis über die Konfiskation von Eigentum besteht jedoch erst mit der gerichtlichen Entscheidung.

Das Agrargesetzbuch der RF beinhaltet eine Bestimmung über die Konfiskation von Grundstücken (Art. 50 AGBRF). Der Gesetzgeber sah vor, dass ein Grundstück nach einer Gerichtsentscheidung als Strafe für ein vom Eigentümer begangenes Delikt ohne Entgelt enteignet werden kann.

3.3.1. Konfiskation im Zivilrecht und in anderen Rechtsgebieten

In der russischen juristischen Literatur wird weitgehend die Meinung vertreten, dass das rechtliche Institut des Eigentumsrechts nicht nur die Normen des Zivilrechts beinhaltet sondern auch die Normen des öffentlichen Rechts: verfassungs-, verwaltungs- und strafrechtliche Normen.[1852] Der Kern dieses rechtlichen Institutes des Eigentumsrechts bleibt aber im Zivilrecht.
Die russische Gesetzgebung beinhaltet keine Definition des Eigentumsschutzes, setzt aber das Verfahren und die Art und Weise des Schutzes des verletzten Rechtes fest. Nicht allein die Rechtsnormen des Zivilrechts sondern auch die der anderen Rechtsgebiete und zwar Straf-, Administrativrecht u.s.w. gewährleisten den Schutz des Eigentumsrechts.

Eine der Voraussetzungen zur Aufhebung des Eigentumsrechts ist die Konfiskation.[1853] Art. 243 Abs. 1 ZGBRF definiert die Konfiskation als eine vom Gesetz vorgesehene Sanktion für eine Straftat oder eine begangene Rechtverletzung. Diese Sanktion wird ausschließlich nach einer Gerichtsentscheidung angewendet.[1854]

[1851] Urteil VGRF vom 11. März 1998 (N8-P).

[1852] *Sukhanov, E. A.*, Pravo sobstvennosti i drugije vechnyje prava v Rossii, in: Mattey, U., Sukhanov, E. A., Osnovnyje polozhenija prava sobstvennosti, Moskau, 1999, S. 310; *Morozova, L. A.*, Gosudarstvo i sobstvennost, in: Gosudarstvo i pravo, 1996, N12, S. 12; *Medushevskij, A. N.*, Sravnitelnoje konstituzionnoje pravo i politicheskije instituty, Moskau, 2002, S. 377; *Novoselova, L.*, Nekotoryje problemy opredelenija kruga objekrov prava sobstvennosti v Konstituzii i grazhdanskom zakonodatelstve Rossii, in: Rol' konstituzionnykh sudov v obespechenii prava sobstvennosti, 2001, S. 27.

[1853] Art. 235 Abs. 2 Punkt 6 ZGBRF. S. auch Art. 7 Abs. 4 Satz 3 GÜERF.

[1854] S. auch Art. 35 Abs. 3 Satz 2 VRF.

Im Strafgesetzbuch gab es eine Bestimmung, die die Konfiskation als eine zusätzliche Strafe[1855] vorsah.[1856] Nach der Annahme eines Abänderungsbundesgesetzes[1857] wurde die Strafe in Form einer Konfiskation[1858] in der RF abgeschafft.[1859] Die Initiatoren der Abänderungen schlugen vor, dass die Konfiskation des Vermögens durch ein Bußgeld ersetzt werden kann. Auch damals setzte man auf Art. 81 SPORF[1860] „Sachbeweise", in dem bestimmt wird, dass Geld und andere Werte, die verbrecherisch erworben wurden, nach der Gerichtsentscheidung Staatseigentum werden. Diese Neuheit in der russischen Gesetzgebung wurde von Praktikern, die rechtliche Normen im Alltag anwenden, kritisch aufgenommen.[1861]

Auch in der Staatsduma vertreten viele Abgeordnete die Meinung, dass die Abschaffung der Konfiskation in der russischen Strafgesetzgebung eine übereilte Maßnahme war. Mehrere von ihnen bemühen sich, im Interesse des internationalen Kampfes gegen Korruption[1862] das rechtliche Institut der Konfiskation wiederherzustellen. Die Generalstaatsanwaltschaft initiierte verschiedene Gesetzentwürfe,[1863] damit eine Strafe in Form einer Konfiskation ins Strafgesetz-

[1855] In dem Gesetzbuch über Ordnungswidrigkeiten der RF wird eine Sanktion in Form einer Konfiskation vorgesehen, wenn es um die Tatwerkzeuge geht (Art. 3.2 Abs. 1 4) GORF und Art. 3.7 GORF).

[1856] Art. 44 ж) SGBRF und Art. 52 SGBRF. Nach Art. 52 SGBRF galt die Konfiskation als eine zusätzliche Strafe für schwere und besonders schwere Straftaten, die aus gewinnsüchtigen Beweggründen begangen wurden.

[1857] Bundesgesetz der RF „*O vnesenii izmenenij i dopolnenij v Ugolovnyj kodeks Rossisjskoj Federazii* (Über die Eintragung der Änderungen und Ergänzungen zum Strafgesetzbuch der RF)" vom 8. Dezember 2003 (N 162-ФЗ), Art. 1 Punkt 5 und Punkt 6.

[1858] Vgl. *Doc. H(98)* 7-1998, S. 169.

[1859] Diese Abänderung des Strafgesetzbuches fand im Rahmen "der Liberalisierung des russischen Strafgesetzgebung" statt. Das Parlament billigte die Vorschläge des Präsidenten.

[1860] S. die Änderungen zu Art. 81 Abs. 1 Punkt 2 nach dem Bundesabänderungsgesetz der RF vom 4. Juli 2003 (N92-ФЗ).

[1861] S. die Webseiten www.gazeta.ru und www.pravda199.ru . Auf den Webseiten wird eine dauernde Diskussion durchgeführt, in der berühmte Rechtwissenschaftler und Anwälte Russlands ihre kritische Meinungen zu dem Thema äußern.

[1862] Nach der Tragödie in Beslan erklärte der Präsident der RF Vladimir PUTIN in der erweiterten Sitzung der Regierung der RF am 13. September 2004, dass eine dringende Notwendigkeit bestehe, effektivere Maßnahmen gegen finanzielle und wirtschaftliche Basen des Terrorismus und der Korruption effektiver zu ergreifen. Die Mehrheit der Angeordneten vertritt die Meinung, dass die Norm der Konfiskation nicht nur in Korruptionsfällen sondern auch bei Terroristen angewendet werden sollte. Eine solche Einstellung beweist noch einmal, dass in Russland die Gesetzgebung sehr stark von der Politik abhängig ist.

[1863] S. *Kudrjavzev, Vladimir*, Oschibka s konfiskaziej (Ein Fehler mit der Konfiskation), in: *Rossijskaja Gazeta*, vom 29. März 2005.

buch der RF eingeschrieben wird.[1864] Schon 2001 meinte WODOLAGIN, dass die Bestimmungen des Strafgesetzbuches über die Konfiskation dem Art. 1 1.ZP nicht entsprachen, weil das Strafrecht der RF eine Konfiskation des ganzen Vermögens erlaubt, ohne in Betracht zu ziehen, in welchem Umfang anderen Menschen oder der Gesellschaft materielle Schäden zugefügt wurden. Daraus schließt er, dass die gesamte Formel der Konfiskation in Art. 52 und Art. 45 Abs. 3 SGBRF das Eigentumsrecht im Sinne der EMRK schmälert.[1865]

Mit dieser rechtlichen Konstellation befasste sich das Verfassungsgericht der RF.[1866]

Beispiel aus der Gerichtspraxis:[1867]

Sachverhalt

In der Beschwerde des Beauftragten für Menschenrechte der RF wurde die Verfassungsmäßigkeit der Norm aus Art. 86 Punkt 1 SPORF angefochten. Diese ist faktisch eine Präzisierung von Art. 81 Abs. 3 Punkt 1 SPORF. Nach diesen Normen unterliegen der Konfiskation die dem Angeklagten gehörenden Tatwerkzeuge. Sie werden als Sachbeweise gemäß der Gerichtsentscheidung an entsprechende Institutionen übergeben oder vernichtet.
Der Beauftragte für Menschenrechte machte geltend, dass die Bürger J, I, K wegen Devisenschmuggels nach Art. 188 SGBRF verurteilt worden waren. Die Gesamtsumme wurde vom Zoll beschlagnahmt, weil sie als Sachbeweis in der Strafsache anerkannt worden war. Der Beschwerdeführer machte geltend, dass die Normen aus Art. 81 und 85 SPORF verfassungswidrig sind, weil sie gegen die in der Verfassung verankerten Rechte auf Eigentum und faires Verfahren verstoßen. Die Strafprozessordnung erlaubt die Anwendung der Konfiskation der Sachbeweise außergerichtlich trotz der fehlenden Norm über die Konfiskation in Strafgesetzbuch.

[1864] S. die Rede von Frau Olga MYZYKOVA an dem Rundtisch in der Staatsduma „Über das Institut der Konfiskation des Vermögens im Zusammenhang mit den Maßnahmen gegen Korruption" im September 2004 (s. Webseite der Staatsduma www.duma.gov.ru).
[1865] *Wodolagin, Sergej*, 2001, S. 133.
[1866] Obwohl in den Beschlüssen keine Sachenentscheidungen enthalten sind, haben sie doch grundsätzlich die gleiche juristische Geltungskraft wie Urteile und Gutachten: „Eine Entscheidung des Verfassungsgerichts der RF ist abschließend, unanfechtbar und tritt unverzüglich nach ihrer Verkündigung in Kraft. Die Entscheidung des Verfassungsgerichts der RF entfaltet unmittelbare Wirkung und erfordert keine Bestätigung durch andere Organe oder Amtspersonen" (Art. 79 Abs. 1 und Abs. 2 BGVG).
„Der Inhalt eines Beschlusses kann trotz seines zunächst nur prozessualen Charakters von erheblicher praktischer Bedeutung sein. Das Verfassungsgericht entwickelt teilweise gerade in Beschlüssen verfassungsprozessuale Konstruktionen, die in Urteilen gar nicht oder nur höchst unvollkommen sichtbar werden. Darüber hinaus nimmt es in Beschlüssen gelegentlich ausführlich zu materiellrechtlichen Problemen des Verfahrens Stellung" (*Kutter, J. Vivika / Schröder, Tim*, 2000, S. 16-17).
[1867] Beschluss VGRF vom 8. Juli 2004 (N251-O).

Entscheidung des Gerichts

Das Gericht wies darauf hin, dass in den von Russland ratifizierten internationalen Konventionen der Begriff Konfiskation nicht nur eine Strafe bedeutet sondern auch „eine Maßnahme, die nach der Gerichtsentscheidung in der Strafsache verhängt wird und aus dem Vermögensentzug besteht".[1868] Unter Vermögen versteht man jedes beliebige Vermögen, jeden beliebigen materiellen Gewinn, der aus der Verübung einer Straftat gewonnen wurde. Das Gericht verwies auch auf Art. 12[1869] der UNO Konvention gegen transnationale organisierte Kriminalität,[1870] demzufolge jeder Staat verpflichtet ist, im Rahmen nationaler Gesetzgebungen die entsprechenden Maßnahmen zu ergreifen, die die Konfiskation des Vermögens und der Gewinne sichern, die aus der Verübung einer Straftat gewonnen wurden. Nach Meinung des Gerichts sind die internationalen Konventionen ein Bestandteil des rechtlichen Systems Russlands, deswegen „kann die Streichung der Vermögenskonfiskation als Strafe aus dem Strafgesetzbuch nicht als Hindernis betrachtet werden, dieses rechtliche Institut in der Strafprozessordnung nicht beizubehalten. Und dieses rechtliche Institut kann vom Gericht angewendet werden."[1871]

Mit der Begründung, dass in den Beschwerdeunterlagen die Beweise fehlen, dass das Recht der Bürger auf den gerichtlichen Schutz mit der außergerichtlichen Anwendung der Konfiskation verletzt wurde, lehnte das Verfassungsgericht diese Beschwerde ab.

Der Gerichtshof in Straßburg befasst sich auch mit Beschwerden russischer Bürger, die die Konfiskation betreffen. In den Beschwerden *Baklanov v. Russia*[1872] und *Klimentyev v. Russia*[1873] geht es um die Konfiskation des Vermögens wegen Straftaten. Beide Beschwerdeführer berufen sich auf Art. 1 1.ZP und Art. 6 Abs. 1 EMRK.

In der Sache *OOO Torgovyi Dom "Politeks" v. Russia*[1874] geht es um die polizeiliche Willkür, infolge derer eine bestimmte Menge der Ware des Warenhau-

---

[1868] S. den Tenor des Beschlusses VGRF vom 8. Juli 2004 (N251-O).

[1869] Beziehungsweise Art. 12 Abs. 1 der Konvention.

[1870] General Assembly, the 8th of January 2001, Fifty-fifth session, Agenda item 105, 00 56089, Resolution adopted by the General Assembly 55/25, United Nations Convention against Transnational Organized Crime. Die Konvention wurde am 26. Mai 2004 von Russland ratifiziert.

[1871] S. den Tenor des Beschlusses VGRF vom 8. Juli 2004 (N251-O).

[1872] Baklanov v. Russia (68443/01) - Decisison as to the Admissibility vom 6. Mai 2003 (admissible).

[1873] Klimentyev v. Russia (46503/99) - Decisison as to the Admissibility vom 17. September 2002 (to adjourn the examination of the applicant's complaints).

[1874] OOO Torgovyi Dom "Politeks" v. Russia (72145/01) - Decisison as to the Admissibility vom 3. Juli 2003 (to adjourn the examination of the applicant's complaint).

ses „Politeks“ beschlagnahm wurdet. Der Beschwerdeführer machte geltend, dass seine Rechte auf den Schutz des Eigentums und auf ein faires Verfahren verletzt wurden.
Diese Beschwerden warten noch darauf, im Gerichtshof zur Verhandlung zu kommen.

3.3.2. Beschlagnahme von Vermögenswerten

Eines der Problemfelder des Eigentumsschutzes ist die Beschlagnahme von Vermögen.[1875] KONONOV vertritt der Meinung, dass Unklarheiten bei der Auslegung der Begriffe „Entziehung des Eigentums“ und „Konfiskation“ durch das Verfassungsgericht der RF besteht:[1876]

> „An einer Stelle bestätigt das Gericht, dass die Entziehung des Eigentums einer Person in Form der Konfiskation eine zwangsweise Beendigung des Eigentumsrechtes im Sinne von Art. 35 (Teil 3) der Verfassung der Russischen Föderation ist. Allerdings werden später die Begriffe von Konfiskation und Beschlagnahme von Eigentum gleichgestellt.“ [1877]

1998 befasste sich das Verfassungsgericht der RF erneut mit dieser Problematik. Diesmal weist KUTTER darauf hin, dass „zu den wichtigsten Aussagen dieses Urteils gehört, dass das Verfassungsgericht den Begriff der Konfiskation gegenüber der Beschlagnahme bestimmt. Die Konfiskation sei...eine administrative Maßnahme in Form einer zwangsweisen und entschädigungslosen Einziehung von Vermögen zugunsten des Staatseigentums. Dagegen stelle die Beschlagnahme der Sicherung eines Verfahrens dar, beispielsweise zur Gewährleistung einer nachfolgenden Konfiskation.“[1878] In diesem Urteil stellte das Verfassungsgericht der RF fest, dass sich die Konfiskation als Maßnahme der rechtlichen Haftung für eine begangene Rechtsverletzung, die zum Verlust des Eigentumsrechts an bestimmten Vermögen führt, von der Beschlagnahme (dem Arrest)[1879] materieller Eigentumsobjekte, die nur eine prozessuale Maßnahme zur Sicherung eines Verfahrens wegen Ordnungswidrigkeiten und Verletzungen von Zollbestimmungen darstellt und zur Gewährleistung der nachfolgenden Konfiskation angewendet sind, unterscheidet.[1880] Nach Auffassung des Gerichts begrenzt die Beschlagnahme (der Arrest) von Vermögen, die durch Zollbehörden oder andere Exekutivbehörden vorgenommen wird, ebenfalls bis zu einem ge-

---

1875 S. auch *Sklovskij, K. I.*, 2000, S. 128-131.
1876 Vgl. Urteil VGRF vom 11. März 1998 (N8-П), Ziff. 3 Abs. 2.
1877 S. Sondervotum des Richters am Verfassungsgericht der RF A. L. Kononov im Verfahren der Überprüfung der Verfassungsmäßigkeit von Art. 242 (Abs. 4 und 6), Art. 280 Zollgesetzbuch der RF auf der Grundlage des Antrags des Gerichts des Novgoroder Gebiets (zum Urteil VGRF vom 20. Mai 1997 (N8-П)).
1878 *Kutter, J. Vivika / Schröder, Tim*, 2000, S. 118.
1879 Vgl. Bulletin des Obersten Gerichts der RF, N7 vom 1. Juli 1999, Ziff. 4.
1880 Urteil VGRF vom 11. März 1998 (N8-П), Ziff. 3 Abs. 2.

wissen Grad das Recht, Eigentum zu besitzen, zu nutzen und darüber zu verfügen, begründet aber nicht den Übergang des Eigentumsrechts auf den Staat. Das Gericht folgert daraus, dass eine solche Beschlagnahme ohne gerichtliche Entscheidung[1881] durchgeführt werden kann, was allerdings einer Anfechtung vor Gericht nicht entgegensteht.[1882]

VI. Entschädigungsansprüche für Eigentumsbeeinträchtigungen

1. Das Recht auf Entschädigung

Es darf keinen tieferen Eingriff in das Eigentumsrecht ohne Entschädigung geben. Die Entschädigung ist daher eine wichtige Garantie des Eigentums, „eine entscheidende Hürde für Umverteilungsgelüste der demokratischen Mehrheit".[1883]

Art. 35 Abs. 3 Satz 2 VRF sieht vor, dass eine zwangsweise Enteignung des Vermögens für staatliche Bedürfnisse ausschließlich unter der Bedingung einer vorläufigen und gleichwertigen Entschädigung durchgeführt werden darf.[1884] Eine solche Enteignung kann nur nach einer Gerichtsentscheidung erfolgen (Art. 35 Abs. 3 Satz 1 VRF).[1885] Die Verfassung der RF beinhaltet aber keine so genannte Junktimklausel,[1886] dass das Gesetz, welches enteignet oder dazu ermächtigt, „Art und Ausmaß der Entschädigung regeln" muss.

> „Die Junktimklausel hat den doppelten Sinn, dass der Eigentümer jedenfalls entschädigt werden muss (Garantiefunktion), und dass der Gesetzgeber sich über einen solchen Eingriff Gedanken machen muss- nicht nur, weil dessen Folgen ja den Staat belasten, sondern weil es hier zu einem besonders schweren Eingriff in ein Grundrecht kommt. Die Junktimklausel betont also vor allem die Garantie des „unverletzlichen Eigentums", auch, vor allem, gegenüber dem Gesetzgeber: „Leichten Herzens" soll er eben das Eigentum nicht angreifen, und dieser Ernst muss auch jede Sozialbindungsentscheidung erfassen: Was bei Überschreitung der Enteignungsschwelle derart scharfe Sanktionsmechanismen auslöst, muss an sich schon strenger Prüfung unterliegen."[1887]

Wie schon früher erwähnt, ist jedoch entscheidend für die Wirkung des Eigentumsschutzes, wie hoch die Entschädigung ausfallen muss, die grundsätzlich in Geld zu gewähren ist. Die Verfassung der RF sieht eine gleichwertige Entschädigung vor. Was bedeutet das aber? Der Verfasserin ist es nicht gelungen, einige

---

[1881] Vgl. Beschluss des Plenums OAGRF vom 15. Dezember 2004 (N29), Ziff. 2 Abs. 2.

[1882] Urteil VGRF vom 11. März 1998 (N8-П), Ziff. 3 Abs. 2.

[1883] *Leisner, Walter*, 1998, S. 48.

[1884] Vgl. *Doc. H(98) 7-* 1998, S. 170 und Bundesgesetz *„Ob inostranykh investizijakh v Rossijskoj Federazii* (Über die ausländischen Investitionen in der RF)" vom 9. Juli 1999 (N160-ФЗ).

[1885] Vgl. *Doc. H(98) 7-* 1998, S. 170.

[1886] Vgl. Art. 14 Abs. 3 Satz 2 GG.

[1887] *Leisner, Walter,* 1998, S. 160.

eindeutige Überlegungen russischer Rechtwissenschaftler zu dem Thema zu finden. Auch in ihren Kommentaren zur Verfassung setzten sich die Autoren mit dieser Problematik nicht auseinander. GADZHIEV[1888] weist bloß darauf hin, dass die Entschädigungsquelle für Privateigentümer keine Milchkuh ist, sondern aus Steuereinnahmen gedeckt wird, die von den allen Eigentümern bezahlt werden, weswegen bei der Festsetzung einer Entschädigung mehrere verfassungsmäßigen Faktoren in Betracht gezogen werden müssen. Seiner Auffassung nach stützt sich die Entschädigungsnorm der Verfassung der RF auf privatrechtliche Grundsätze der Unverletzlichkeit des Eigentums und Sicherung der Wiederherstellung der verletzten Rechte, während die Rechtsprechung des EGMR davon ausgeht, dass die Verhältnisse, die bei einer Enteignung des Vermögens der Privateigentümer entstehen, einen öffentlich- rechtlichen Charakter haben.[1889]

In der Beschwerde *Sultanov v. Russia*[1890] befasste sich der EGMR mit der behaupteten Verletzung von Art. 1 1.ZP[1891] in dem Sinne, dass dem Beschwerdeführer sein Haus von den örtlichen Behörden im öffentlichen Interesse entzogen worden war. Der Beschwerdeführer hatte ein Privathaus im Stadtzentrum, wie die anderen Besitzer der alten Häuser. In Mai 1997 wurde beschlossen, auf diesem Grundstück einen Hotelkomplex zu errichten und sein Haus zu abreißen. Nach dem Beschluss der örtlichen Verwaltung wurden dem Beschwerdeführer zwei neue Wohnungen zur Verfügung gestellt, und im Juli 1997 erhielt er eine Entschädigung in Höhe von RUR 53.203.000[1892] für das Grundstück,[1893] auf dem sich sein Haus befand, und eine Entschädigung für das Haus in Höhe von RUR 39.334.000. Der Beschwerdeführer weigerte sich aber, freiwillig aus dem Haus auszuziehen. Nach dem Gerichtsurteil musste der Vollstreckungsdienst ihn zur Räumung zwingen.
Der Gerichtshof erklärte diese Beschwerde unzulässig, weil sie „manifestly ill-founded"[1894] sei. Der Sachverhalt zeigt aber, dass das Entschädigungssystem in Russland funktionsfähig sein kann. Es funktioniert nicht immer so effektiv, wenn man es mit der Beschwerde *Zhigalev v. Russia*[1895] vergleicht. Diesem Be-

---

[1888] *Gadzhiev, Gadis,* 2000, S. 92.
[1889] *Gadzhiev, Gadis,* 2000, S. 93.
[1890] Sultanov v. Russia (59344/00)- Decision as to the Admissibility vom 18. Januar 2005 (inadmissible).
[1891] Der Beschwerdeführer machte auch geltend, dass seine Rechte aus Art. 6 Abs. 1 und 8 EMRK verletzt worden waren.
[1892] In der damaligen Zeit ca. USD 9.200.
[1893] Obwohl der Beschwerdeführer kein Eigentümer des Grundstückes war. Er hatte bloß ein Nutzungsrecht darauf.
[1894] S. Ziff. 3 des Entscheidungstenors.
[1895] Zhigalev v. Russia (54891/00)- Decision as to the Admissibility vom 24. März 2005 (admissible).

schwerdeführer wurde keine Entschädigung für das enteignete Grundstück bewilligt. Der Gerichtshof erklärte die Beschwerde für zulässig, weil ihr Sachverhalt sich auf viele rechtliche Probleme bezieht, auch im Sinne einer nicht ausgezahlten Entschädigung.[1896]

2. Recht auf Entschädigung aus Art. 53 der Verfassung der Russischen Föderation

Art. 53 VRF sieht vor, dass jedem das Recht auf eine Schadensentschädigung eingeräumt wird, wenn dieser Schaden durch unterlassene Handlungen staatlicher Organen oder ihrer Beamten verursacht wurden.[1897] Auch Art. 16 ZGBRF[1898] spiegelt diese Verfassungsbestimmung wider und präzisiert, dass diese Schäden auch infolge des Erlasses eines rechtwidrigen Aktes entstehen können. Nach dieser Bestimmung sind die Russische Föderation, ein entsprechendes Subjekt der Föderation oder eine örtliche Behörde verpflichtet, eine entsprechende Entschädigung zu bezahlen.[1899] Die Obersten Gerichte wiesen darauf hin, dass eine solche Entschädigung aus den Geldmitteln des entsprechenden Budgets[1900] ausgezahlt werden soll.[1901] Wenn aber das Geld im Budget fehlt, belastet die Entschädigung eine andere Vermögensmasse, das diesem Budget zur Verfügung steht.[1902]

Am 24. Dezember 1990 nahm der Oberste Rat der RSFSR (russ.: *Verkhovnyj Sowjet*) das Gesetz über das Eigentum an. In Art. 30 Abs. 3 verankerte der Gesetzgeber eine Vorschrift, dass die Schäden, die dem Eigentümer durch *ein Verbrechen* (Hvh. d. Verf.) verursacht wurden,[1903] nach der Gerichtsentscheidung vom Staat entschädigt und die Entschädigungssumme nachher von dem Beschuldigten eingeklagt werden. Sofort wurden im Zusammenhang mit Dieb-

---

1896 S. Ziff. 1 Abs. 8 des Entscheidungstenors.

1897 Vgl. Urteil Pressos Compania Naviera S.A. and Others v. Belgium, Ziff. 31.

1898 S. auch Art. 1069 ZGBRF.

1899 S. auch Art. 1071 ZGBRF. Mehr zum Thema s. Beschluss der Regierung der RF vom 9. September 2002 (N666) und Beschluss des Finanzministeriums der RF vom 12. Februar 1998 (N26).

1900 Vgl. Entscheidung BAG Moskauer Okrug vom 4. Mai 2001 (N КГ-A40/2054-01).

1901 S. Entscheidung OGRF vom 21. März 2003 (N ГКПИ02-1490), Entscheidung OGRF vom 04. April 2003 (N ГКПИ 03-213), Entscheidung OGRF vom 20. Mai 2003 (N ГКПИ 03-286), Entscheidung OGRF vom 07. Oktober 2003 (N ГКПИ 2003-718), Beschluss OGRF vom 20. Mai 2003 (N KAC 03-205), Beschluss vom 10. Juni 2003 (N KAC03-260).

1902 Beschluss des Plenums des Obersten Gerichts der RF (N6) und des Plenums des Obersten Arbitragegerichts der RF (N8) vom 1. Juli 1996, Ziff. 12 Abs. 3.

1903 Vgl. "The concept of positive obligations of state" im Sinne der EMRK. S. dazu Urteil Osman v. the United Kingdom, Urteil Edwards v. the United Kingdom. Vgl. Urteil X and Y v. the Netherlands.

stählen, Raubüberfällen, Körperverletzungen, begangen von unbekannten Straftätern, gegen den Staat eingereicht.[1904] Statistische Angaben bewiesen, dass das Staatsbudget durch eine solch Vorschrift eindeutig überlastet war. Zweimal wurde ein Moratorium auf diese Vorschrift eingeführt,[1905] die dann mit der Annahme des Zivilgesetzbuches der RF außer Kraft gesetzt wurde.
KALININA vertritt die Meinung, dass schwierig zu beurteilen ist, ob in der Russischen Föderation ein effektiv funktionierendes Rechtsinstitut der staatlichen Haftung formiert wurde.[1906] Ihrer Auffassung nach ist es praktisch unmöglich, dieses Institut präziser in der Gesetzgebung zu definieren. Deswegen sei die Rolle der Rechtsprechung[1907] sehr wichtig für eine weitere Entwicklung des Instituts.

Beispiel aus der Gerichtspraxis:[1908]

Sachverhalt

Ein Privatunternehmer hatte ein Geschäftsnetz. Nach einer Revision der Steuerinspektion wurden 200 Flaschen Wodka beschlagnahmt, weil ihre Akzismarken (Echtheitssiegel) verfälscht worden waren. Eine Gerichtsexpertise stellte fest, dass das Getränk in den Flaschen nicht den staatlichen Normen entsprach. Gegen die Verkäufer dieses Wodkas wurde ein administratives Verfahren eingeleitet.
Nach dem Einspruchsverfahren, das von der Staatsanwaltschaft initiiert wurde, wurden die Protokolle und Beschlüsse über die Einleitung des Administrativverfahrens für nichtig erklärt, weil sie nicht rechtmäßig erlassen worden waren.
Der Privatunternehmer rief das Gericht an, um eine Entschädigung in Höhe von RUR 4.300 für seine Verluste vom Staat ersetzt zu bekommen, weil er meinte, dass die Konfiskation rechtwidrig war.

Entscheidung des Gerichts

Das Gericht lehnte die Klage ab, weil der Kläger keine Beweise vorgelegt hatte, dass die umstrittene Produktion rechtmäßig verkauft wurde. Nach Auffassung des Gerichts wurde das Administrativverfahren beendet, weil die Protokolle und

---

1904 Vgl. Der EGMR stellte in der Sache *Gustafsson v. Sweden* fest, dass “the state may be responsible, under Article 1, for interferences with peaceful enjoyment of possessions resulting from a transaction between private individuals“. Allerdings wies er darauf hin, dass es nur dann der Fall wäre, wenn zwei Voraussetzungen vorliegen: 1) „the facts complained of must be the product of an exercise of governmental authority“; 2) „at least not exclusively be the result of relationships of a contractural nature between private parties.“

1905 Vgl. *Doc. H(98)* 7-1998, S. 173.

1906 *Kalinina, I. V.*, 2005, S. 226.

1907 S. zum Thema Entscheidung des Präsidiums OGRF vom 10. Oktober 2001; Beschluss der Zivilkammer OGRF vom 19. April 2002 (N59-Г01-6); Entscheidung des Präsidiums OAGRF vom 18. März 2003 (N10890/02); Entscheidung des Präsidiums OAGRF vom 12. November 2002 (N6975/02); Entscheidung des Präsidiums OAGRF vom 19. September 2000 (N4144/00) u.s.w..

1908 Entscheidung des Bundesarbitragegerichts Dalnevostochny Okrug vom 18. Mai 1999 (N Ф03-А51/99-1/539).

Beschlüsse über die Einleitung des Administrativverfahrens für nichtig erklärt wurden. Es lag lediglich eine formelle Gesetzwidrigkeit in den staatlichen Handlungen, die aber den Kläger nicht zu einer Entschädigung berechtigte.
Die Kassationsinstanz bestätigte die Entscheidung des Gerichts erster Instanz.

Eine wichtige Rolle in der Entwicklung des Rechtsinstitutes der staatlichen Haftung spielte der Beschluss des Verfassungsgerichts der RF.[1909] Obwohl in Beschlüssen keine Sachenentscheidungen enthalten sind, haben sie grundsätzlich die gleiche juristische Geltungskraft wie Urteile und Gutachten.[1910]

> „Der Inhalt eines Beschlusses kann trotz seines zunächst nur prozessualen Charakters von erheblicher praktischer Bedeutung sein. Das Verfassungsgericht entwickelt teilweise gerade in Beschlüssen verfassungsprozessuale Konstruktionen, die in Urteilen gar nicht oder nur höchst unvollkommen sichtbar werden."[1911]

In diesem Beschluss ging es darum, dass ein Kläger gegen den Staat berechtigt ist, dass neben den Verlusten auch seine Verfahrenskosten für juristische Beratung und Vertretung vor Gericht entschädigt werden. Das Verfassungsgericht stellte fest, dass die Vermögensausgaben im Gerichtsverfahren zu den Verlusten im Sinne von Art. 15 Abs. 2 ZGBRF gehören.[1912] Nach seiner Auffassung führte der Gesetzgeber keine Beschränkungen auf die Entschädigung solcher Vermögensausgaben ein.[1913]
KALININA bestätigt, dass dieser Beschluss eine doppelte Wirkung verursachte.[1914] Einerseits wurden in Gerichten die Entschädigungsklagen für die Verfahrenskosten anerkannt.[1915] Andererseits verankerte der Gesetzgeber in den Gesetzen, die nach dem Beschluss erlassen wurden, präzisere Bestimmungen über die verschiedenen Entschädigungsarten.[1916] Man könnte auch vermuten, dass „gesetzwidrige" Handlungen für staatliche Organe besonders teuer geworden sind, seit das Verfassungsgericht zu dieser Problematik eindeutig Stellung bezogen

---

1909 Beschluss VGRF vom 20. Februar 2002 (N22-O).
1910 „Eine Entscheidung des Verfassungsgerichts der RF ist abschließend, unanfechtbar und tritt unverzüglich nach ihrer Verkündigung in Kraft. Die Entscheidung des Verfassungsgerichts der RF entfaltet unmittelbare Wirkung und erfordert keine Bestätigung durch andere Organe oder Amtspersonen" (Art. 79 Abs.1 und 2 des Gesetzes über Verfassungsgerichts).
1911 *Kutter, J. Vivika / Schröder, Tim*, 2000, S. 16.
1912 Ziff. 2 Abs. 4 des Beschlusses VGRF. Vgl. Ziff. 1 Abs. 2 des Beschlusses VGRF und Abs. 12 des Tenors der Entscheidung des Präsidiums OAGRF vom 19. September 2000 (N4144/00).
1913 Ziff. 2 Abs. 5 des Beschlusses VGRF.
1914 *Kalinina, I. V.*, 2005, S. 246.
1915 Entscheidung BAG Vostochno Sibirsk Okrug vom 20. Januar 2003 (N A19-8941/02-48-Ф02-4019/02-C1); Entscheidung BAG Moskauer Okrug vom 15. Oktober 2002 (N KA-A40/6869-02); Entscheidung BAG Moskauer Okrug vom 11. September 2003 (N KA-A40/6844-03), u.s.w..
1916 S. auch zum Thema Urteil VGRF vom 25. Januar 2001 (N1-П).

hat. Jedoch haben staatliche Behörden, die ständig mit solchen Entschädigungsklagen zu tun haben, schon vor dem Beschluss erkannt, dass entsprechende Maßnahmen ergriffen werden sollten, um sich zu der zunehmenden Zahl von Klagen anzupassen. In ihren Ausführungen erwähnte KALININA die Verordnung[1917] des Staatszollkomitees der Russischen Föderation, die nicht veröffentlicht wurde. In dieser Verordnung wurde angeordnet, dass „alle Gerichtsakten, die nicht zugunsten der Zollbehörden erlassen worden waren, in Berufungs- und Kassationsinstanzen angefochten werden sollen." „Die berechtigten Personen müssen die Einspruchsverfahren (Protest–Verfahren) initiieren,[1918] damit die schon in Kraft getretenen Gerichtsentscheidungen revidiert werden."[1919] Es wurde ebenfalls angeordnet, ständig spezielle Überprüfungen durchzuführen, welche gesetzwidrigen Handlungen der Zollbeamten Gerichtsverfahren verursachten, damit für die betreffenden Beamten Disziplinarmaßnahmen ergriffen wurden. KALININA vertritt die Meinung, dass solche interne Anordnungen deutlich zeigen, dass der Staat bemüht ist, auf Verwaltungsebene die gesetzwidrigen Handlungen seiner Beamten zu bekämpfen,[1920] ein Prozess, der durch die vielen Entschädigungsklagen in Gang kam.

[1917] Verordnung vom 26. Dezember 2000 (N1212) „*O sovershenstvovanii organisazii raboty po zaschite interesov tamozhennykh organov po sudebnym sporam o vozmezhenii vreda, prichinennogo grazhdaninu ili juridicheskomu lizu nezakonnymi dejstvijami (bezdejstvijem) tamozhennykh organov libo ikh dolzhnostnykh liz* (Über die Vervollkommnung der organisatorischen Arbeit zum Schutz der Interessen der Zollbehörden in den Entschädigungsklagen von natürlichen und juristischen Personen für die Schaden, die infolge der Handlungen (oder Nichtstun) der Zollbehörden oder ihre Beamten entstanden)".

[1918] *Kalinina, I. V.*, 2005, S. 260-261.

[1919] Im Juli 2005 verbot der Leiter im Kollegium des Staatszollkomitees der RF seinen Angestellten, in Sachen, die schon bewusst sachfällig sind, formelle Kassations- und Berufungsklagen einzulegen. Seiner Auffassung nach bringen solche sachfälligen Klagen nur Verluste für die Bundesstaatskasse. Heute verliert das Staatszollkomitee jedes fünfte Verfahren, das von Unternehmen gegen es eingeleitet wird. Nach den Angaben des Finanzministeriums bezahlte die Staatskasse 2004 den Unternehmen mehr als 1 Milliarde RUR. Und schon im ersten Quartal des Jahres 2005 stieg diese Summe auf 500 Millionen RUR. In den letzten Jahren erhöhte sich die Zahl der Gerichtsverfahren mit Beteiligung der Zollbehörden um das 48-fache.

Außerdem mit diesen hohen Zahlen besitzt das Staatszollkomitee den zweiten Platz. Der Erste gehört zum Ministerium für Steuer und Abgaben. 2004 entschieden die Gerichte, dass 73,5 % der Rechtsakten der Steuerinspektionen rechtwidrig waren (s. *Zykova, Tatjana*, Delo proigrano- ne zabudte (Die Sache ist verloren- Vergessen Sie nicht), in: *Rossijskaja Gazeta* vom 6. Juli 2005).

[1920] S. auch Brief des Staatszollkomitees der RF vom 24. März 2000 (N14-10/7378).

3. Rechtsprechung zu Entschädigungsansprüchen

Wie schon erwähnt, spielt die Rechtsprechung eine wichtige Rolle bei der Entwicklung der Anwendungspraxis der gesetzlichen Bestimmungen über Entschädigungen. Dabei ist die Rolle des Verfassungsgerichts der RF nicht zu unterschätzen.

3.1 Das Verfassungsgericht der Russischen Föderation

In einem[1921] der wichtigsten Urteile befasste sich das Verfassungsgericht der RF mit der Entschädigungsproblematik. Die Gesellschaft „TIMBER HOLDINGS INTERNATIONAL LIMITED" rief das Gericht an, um die Bestimmungen von Art. 104 Abs. 2 des Bundesgesetzes „*O nesostojatelnosti (bankrotstve)* (Über Insolvenz (Bankrott))"[1922] auszulegen. Die Beschwerdeführerin machte geltend, dass diese Bestimmungen verfassungswidrig sind, weil der Ausschluss einiger Bestandteile des Schuldnervermögens aus der Insolvenzmasse und dessen Übergabe an eine munizipale Einheit die Forderungen des Gläubigers beeinträchtigen, der damit seiner Geldmittel beraubt wird. Nach Auffassung der Beschwerdeführerin war eine solche Ausschließung nichts anderes als eine zwangsweise Entziehung des Privateigentums ohne vorläufige und gleichwertige Entschädigung, was den Bestimmungen von Art. 35 Abs. 3 VRF widersprach.
Das Gericht ging von den Bestimmungen von Art. 1 1.ZP zur EMRK[1923] und Art. 35 Abs. 3 VRF aus. Seiner Auffassung nach unterliegen die Objekte, die in Art. 104 Abs. 4 des Bundesgesetzes aufgelistet werden,[1924] einer besonderen Regulierung. Damit nimmt der Staat sein Recht in Anspruch, eine zulässige Beschränkung des Eigentumsrechts des Schuldners anzuordnen mit dem Ziel, die Rechte und Interessen anderer Personen zu schützen. Gleichzeitig wies das Gericht darauf hin, dass auch die Privatinteressen geschützt werden müssen. Da eine Übergabe der Objekte aus Art. 104 Abs.3 des Bundesgesetzes ohne eine billige und gleichwertige Entschädigung einen der Enteignungsfälle für einen Eigentümer darstelle, seien die Bestimmungen dieses Artikels eine übermäßige verfassungswidrige Beschränkungen des Eigentumsrechts.[1925] Das Gericht be-

[1921] Urteil VGRF vom 16. Mai 2000 (N8-П).
[1922] Das alte Bundesgesetz in der Fassung vom 8. Januar 1998 (N6-ФЗ). Das neue Bundesgesetz der RF wurde am 26. Oktober 2002 (N127-ФЗ) erlassen.
[1923] S. Ziff. 3 Abs. 2 des Urteils.
[1924] Das sind zum Beispiel die Objekte, die lebenswichtig für eine Region sind: munizipaler Wohnungsfond, Kindergärten, Objekte kommunaler Infrastruktur und die Immobilien, die vom Schuldner benutzt werden aber nicht nur für seine privaten sondern auch für öffentliche Interessen.
[1925] S. Ziff. 5 Abs. 3 des Urteils.

zog sich auf die EGMR- Rechsprechung betreffend der Frage der vollständigen Entschädigung.[1926] Nach seiner Auffassung entspreche eine vollständige Entschädigung nicht dem Gleichheitsgrundsatz. Wenn munizipale Einheiten die obenerwähnten Objekte bekommen, seien sie nicht berechtigt, ihre Zweckbestimmung zu ändern.[1927] Diese Sozialzweckbestimmungen der Objekte sei eine Belastung, die ihren Marktpreis verringert. Deswegen muss der Gesetzgeber vernünftige Grenzen der Entschädigung in der Gesetzgebung verankern, damit die Rechte des Schuldners und der Konkursgläubiger entsprechend geschützt werden.[1928]
Die bestrittenen Bestimmungen von Art. 104 Abs. 4 des Bundesgesetzes sahen nicht nur keine Entschädigung vor sondern schlossen ebenfalls aus, dass Entscheidungen über eine solche Übergabe vor Gericht angefochten werden könnten. Das Verfassungsgericht stellte fest, dass eine solche Beschränkung auch verfassungswidrig ist (Art. 35 Abs. 3 und Art. 46 Abs. 1 VRF).[1929]
Es wurde darauf hingewiesen, dass nach Art. 79 Abs. 3 des Bundesverfassungsgesetzes über das Verfassungsgericht der RF,[1930] bei einem für verfassungswidrig erklärten Rechtsakt[1931] die Bestimmungen der Verfassung angewendet werden, bis diese rechtlichen Lücken von dem Gesetzgeber geschlossen wurden.[1932]

ALESCHCHEV weist darauf hin,[1933] dass in der Praxis munizipale Organe nicht nur die Entschädigung für die ihnen übergegebenen Objekte ablehnen sondern sich auch weigern, diese Objekte zu übernehmen. Alle Objekte, die in Art. 104 Abs. 4 des obengenannten Bundesgesetztes aufgelistet sind, sind verlustbringend. Zum Urteil des Verfassungsgerichts bringt ALESCHCHEV die Entscheidung des Bundesarbitragegerichts des Dalnevostochny Okrugs[1934] vor. Eine OAG erhob Klage gegen die Khasansky Administration Primorski Kraj. Der Beschwerdeführein ist es nicht gelungen, die Sache zu gewinnen, weil sie zwei grundsätzliche Fehler machte. Ein Fehler liegt darin, dass als Beklagte eine munizipale Einheit belangt wurde, obwohl laut dem Urteil VGRF und den Bestimmungen von Art. 306 ZGBRF der Beklagte der Staat sein muss. Der zweite Fehler der Beschwerdeführein war, dass sie nicht beweisen konnte, dass sie die Ei-

[1926] S. Ziff. 5 Abs. 5 des Urteils.
[1927] S. Ziff. 6 Abs. 2 des Urteils.
[1928] S. Ziff. 6 Abs. 3 des Urteils.
[1929] S. Ziff. 7 Abs. 1 des Urteils.
[1930] Bundesverfassungsgesetz der RF vom 21. Juli 1994 (N1-ФКЗ).
[1931] Vgl. Art. 306 ZGBRF.
[1932] S. Ziff. 8 des Urteils.
[1933] S. *Aleschchev I.*, K voprosu o peredache objektov sozialnoj sphery (Zur Frage der Übergabe der Objekte sozialer Infrastruktur) (s. www.bankrotstvo.ru/292615.htm).
[1934] S. Entscheidung vom 28. August 2001 (N Ф03-А51/01-1/1657).

gentümerin der Objekte war, die der munizipalen Einheit übergegeben wurden. Die russische Gesetzgebung[1935] sieht eine Entschädigung nur für den Eigentümer vor.

3.2. Das Oberste Gericht der Russischen Föderation

Das Oberste Gericht hat ebenfalls mehrere Beispiele zu Entschädigungsklagen in seiner Rechtsprechung. Diese betreffen die Problematik, mit der sich die Gerichte allgemeiner Gerichtsbarkeit beschäftigen. Besonders problematisch ist die Lage, wenn es um die Entschädigung für abgerissene Häuser geht.

Beispiel aus der Gerichtspraxis:[1936]
Sachverhalt
Die Stadtadministration von Moskau erhob Klage gegen Bürgerin T. Sie forderte den Auszug der Bürgerin T aus ihrer privatisierten Dreizimmerwohnung, weil das Haus, in dem sich die bestrittene Wohnung befand, zum Abriss vorgesehen war. Die Administration stellte der Bürgerin T eine Zweizimmerwohnung zu einem höheren Preis zur Verfügung. Bürgerin T weigerte sich, ihre Wohnung zu verlassen.
Das Gericht erster Instanz gab der Klage der Moskauer Administration statt und die Berufungsinstanz bestätigte dies. Der Vizepräsident des Obersten Gerichts legte Einspruchsverfahren ein, weil die Normen des materiellen Rechtes nicht richtig angewendet wurden.

Entscheidung des Gerichts
Das Gericht unterstützte den Vizepräsident und hob die Entscheidungen beider Instanzen auf. Die Vorschriften von Art. 49.3 GBWWRF[1937] besagen, dass Bewohner privatisierter Wohnungen in einem zum Abbruch vorgesehenen Haus ihre Zustimmung zu einer gleichwertigen Wohnung geben oder eine entsprechende Entschädigung erhalten müssen. Die Administration bot Bürgerin T eine Zweizimmerwohnung zu einem höheren Preis, aber mit 13 qm weniger Fläche als in ihrer gegenwärtigen Wohnung an. Das Gericht wies darauf hin, dass in dem Fall die Zustimmung von Bürgerin T fehlte. Dies aber ist nach dem Gesetz eine unabdingbare Voraussetzung.[1938] Das Gericht erster Instanz berücksichtigte gleichfalls nicht, dass Bürgerin T eine Dreizimmerwohnung hatte. Und die neue

---

[1935] Vgl. Art. 35 VRF.
[1936] S. Übersicht der Gerichtspraxis des Obersten Gerichts der RF „*Nekotoryje voprosy sudebnoj praktiki po grazhdanskim delam Verkhovnogo Suda Rossijskoj Federazii. Voprosy zhilitchnogo prava* (Einige Fragen der Gerichtspraxis in Zivilsachen des Obersten Gerichts der RF. Fragen des Wohnungsrechts)“ vom 17. April 2002, Ziff. 2 (s. Bulletin des Obersten Gerichts der RF, N 5, 2002).
[1937] Gesetzbuch vom 24. Juni 1983 mit weiteren Abänderungen.
[1938] S. auch Art. 4 des Gesetztes von Moskau „*O garantijakh goroda Moskvy licham, osvobozhdajuchim zhilyje pomechenija* (Über die Garantien der Stadt Moskau für Personen, die ihre Wohnstätte räumen)“ vom 9. September 1998 (N21-73).

Zweizimmerwohnung hat 7,7 qm Wohnfläche weniger als die alte. Die Familie hätte sich also den neuen Gegebenheiten anpassen müssen.
Das Gericht betonte in seiner Entscheidung, dass der Preis einer Wohnung kein ausreichender Beweis für ihre Gleichwertigkeit ist. Wohnstätten sind dazu da, dass Bürger da wohnen. Dies bedeutet aber, dass bei der Entschädigung für die Bürger ihre Bedürfnisse (Fläche, Planung, Ausstattung u.s.w.) eine bedeutsame Rolle spielen.[1939]

3.3. Das Oberste Wirtschaftsgericht der Russischen Föderation

In diesem Zusammenhang verfasste das Oberste Arbitragegericht der RF ein Schreiben,[1940] in dem die Gerichte der Arbitragegerichtsbarkeit[1941] über das Urteil des Verfassungsgerichts informiert wurden. Eine Entscheidung zur Thematik traf das Oberste Arbitragegericht am 26. November 2002.[1942]

Sachverhalt

Eine regionale Organisation Behinderter erhob eine Entschädigungsklage in Höhe von RUR 10.234.126,00 gegen das Finanzministerium der RF. Die Summe sollte die Beschwerdeführerin für den Wert des in munizipales Eigentum übergangenen Vermögens der AG[1943] entschädigen, gegen die ein Insolvenzverfahren eingeleitet wurde. Das Gericht erster Instanz entschied zugunsten der Organisation. Die Berufungsinstanz hob diese Entscheidung auf. Das Bundesarbitragegericht des Ural Okrugs sprach sich für die Entscheidung der Berufungsinstanz aus.[1944] Der Vizepräsident des Obersten Arbitragegericht der RF führte ein Einspruchsverfahren ein.

Entscheidung des Gerichts

Das Präsidium des Obersten Arbitragegerichts gab dem Protest des Vizepräsidenten statt. Während des Insolvenzverfahrens wurde das bestrittene Vermögen versteigert. Wegen fehlender Angebote wurde die Versteigerung für nicht stattgefunden erklärt. Das Komitee der Kreditoren entschied über die Abtretung des

---

1939 Vgl. Entscheidung des Ostankino Gerichts von Moskau vom 26. Dezember 2003 (N2-5120/30). Mehr zum Thema s. *Juschkevich, Andrej*, Zanos s kompensaziej pri snose (Entschädigungsrutschen bei einem Abriss), in: *Domaschnij Advokat*, N20, 2004.
1940 S. Brief des Obersten Arbitragegerichts der RF vom 14. Juni 2000 (N C5-7/93-668).
1941 Vgl. Entscheidung BAG Ural Okrug vom 4. April 2000 (N Ф09-380/2000-ГК), Entscheidung BAG Dalnevostochny Okrug vom 5. Dezember 2000 (N Ф03-A73/00-1/2228), Entscheidung BAG Zentral Okrug vom 12. März 2001 (N A48-2597/00-10) u.s.w..
1942 Entscheidung OAGRF vom 26. November 2002 (N8218/02).
1943 S. Entscheidungen des Arbitragegerichts Permsk Gebiets vom 25. Oktober 1999 (N A50-6483/99) und vom 1. März 2001 (N A50-1717/2001-Г-1).
1944 S. Entscheidung des Bundesarbitragegerichts Ural Okrugs vom 26. Februar 2002 (N A50-10845/2001-3AM).

Forderungsrechts aufgrund des Art. 113 des Bundesgesetzes der RF „*O nesostojatelnosti (bankrotstve)* (Über Insolvenz (Bankrott))“.[1945]
Die OAG schloss mit der Beschwerdeführerin einen Vertrag über Abtretung des Forderungsrechts. Die OAG übergab ihr Recht, vom Staat die Entschädigung für das in munizipales Eigentum übergegebene Vermögen zu fordern, der Beschwerdeführerin. Das Gericht erster Instanz richtete sich nach dem Urteil des Verfassungsgerichts zum Thema.
Das Oberste Arbitragegericht wies darauf hin, dass die Summe der verlangten Entschädigung mit keinerlei buchhalterischen Unterlagen bestätigt wurde. Mit dieser Begründung erklärte das Gericht den Vertrag über Abtretung des Forderungsrechts für gegenstandslos.

3.4. Gerichte erster Instanz

In der Gerichtspraxis der Gerichte erster Instanz findet man viele interessante Beispiele zum Thema Entschädigung. Die markantesten davon wurden ins Bulletin des Obersten Gerichts aufgenommen.

Beispiel aus der Gerichtspraxis:[1946]
Sachverhalt
1994 erhob Familie J eine Entschädigungsklage gegen die staatliche AG „Belokholunizkij Zavod“. 1987 war das Grundstück, auf dem sich ihr Haus sich befand, auf Beschluss der Stadtverwaltung enteignet und der AG zur Verfügung gestellt worden, damit dort Wohnhäuser gebaut werden konnten. Der Familie wurde verboten, einen Umbau und eine Renovierung durchzuführen. Bis 1994 garantierte die AG, dass das Haus abgerissen und der Familie eine neue Wohnung gewährt werden sollten. Diese Verpflichtungen wurden nicht erfüllt, außerdem errichtete die AG einige Garagen in der unmittelbaren Nähe zum Haus der Familie. Dies beeinträchtigte die Nutzung und den Zustand des Hauses.

Entscheidung des Gerichts
Das Gericht erster Instanz entschied zugunsten der Familie und verpflichtete die AG der Familie, eine neue Wohnung zur Verfügung zu stellen und für das Haus, das abgerissen werden sollte, als Entschädigung eine Geldsumme zu zahlen. Das Gericht wies darauf hin, dass, obwohl das Haus der Familie faktisch nicht abgerissen worden war, die Eigentümer nicht in der Lage waren, ihr Haus zweckgemäß zu nutzen.[1947] Der Beschluss der Stadtverwaltung wurde unter der Bedingung erlassen, dass das Haus abgerissen und eine neue Infrastruktur gebaut werden sollten. Das Gericht erkannte damit an, dass das Eigentumsrecht der Familie verletzt wurde.

[1945] Das alte Bundesgesetz in der Fassung vom 8. Januar 1998 (N6-ФЗ). Das neue Bundesgesetz der RF wurde am 26. Oktober 2002 (N127-ФЗ) erlassen.
[1946] S. Bulletin des Obersten Gerichts der RF, N5, 1996, Ziff.4.
[1947] Vgl. Urteil Sporrong and Lönnroth v. Sweden.

Das Gericht der Berufungsinstanz und das Oberste Gericht der RF[1948] bestätigten die Entscheidung des Gerichts erster Instanz.

D. Zusammenfassung

Die Entstehung des Eigentumsrechts in der neuen Geschichte der RF begann lange vor der Ratifizierung der EMRK im Jahr 1998. Zu diesem Zeitpunkt wurden fast alle bedeutsamen Rechtsakte erlassen, die unmittelbar die Eigentumsverhältnisse regeln. Daneben wurde das Gesetz über das Eigentum in der RSFSR von 1990 mit der Annahme des Zivilgesetzbuches 1994 abgeschafft. Die Verfassung der RF von 1993 postuliert den föderalen Staat. Das föderale System Russlands spielt eine wichtige Rolle in der Aufteilung der Kompetenzen zwischen der Föderation und den Subjekten der Föderation. Besonders relevant ist dies, wenn es um die Kompetenzen im Bereich der Eigentumsverhältnisse geht. In einer Reihe der Rechtsnormen der Verfassung setzte der Gesetzgeber die grundlegenden Rechtsvorschriften der Regulierung der Eigentumsverhältnisse fest.

Die Transformation des Eigentums in Russland wird öfter mit der Privatisierung assoziiert. Einer der Hauptgründe für die umstrittenen Ergebnisse der Privatisierung liegt darin, dass die Prozesse der Privatisierung und des Schaffens der Gesetzgebung parallel verliefen. Während der Zeit der Privatisierung wurden umfangsreiche Gesetze und Rechtsakte erlassen.

In der Verfassung Russlands gibt es keine Definition des Eigentums. Auch diese Lücke wird vom Zivilgesetzbuch der RF nicht ausgefüllt. In seiner Rechtsprechung legt das Verfassungsgericht der RF den Begriff „Vermögen" aus. Nach seiner Auffassung umfasst dieser Begriff die Sachen- und Forderungsrechte, und eine solche Auslegung des Begriffs „Vermögen" im Sinne von Art. 35 VRF entspricht der Rechtsprechung des Europäischen Gerichtshofes für Menschenrechte zum Art. 1 1.ZP. Der Inhalt des Eigentums wird durch die Triade Besitz, Nutzung und Verfügung, zu denen der Eigentümer berechtigt ist, gekennzeichnet.

Die Verfassung der RF setzt fest, dass in Russland in gleicher Weise privates, staatliches, munizipales und andere Formen des Eigentums anerkannt und geschützt werden. Die Subjekte des Eigentumsrechts sind natürliche und juristische Personen, die Russische Föderation, ihre Subjekte und munizipale Körperschaften. Im Zivilgesetzbuch Russlands vermeidet der Gesetzgeber den Begriff des Privateigentums. Er benutzt den Begriff des Eigentumsrechts der Bürger und juristischer Personen, um die rechtlichen Grenzen des Privateigentums zu schaffen.

Die Problemfelder im Bereich des Eigentumsschutzes in der russischen Rechtsordnung sehen ähnlich wie in der Ukraine aus.[1949]

[1948] S. Entscheidung der Zivilkammer OGRF vom 9. November 1995.

[1949] In den Monaten Oktober und November 2005 absolvierte die Verfasserin ein Praktikum im Moskauer Büro der internationalen Anwaltssozietät NÖRR STIEFENHOFFER LUTZ.

In diesem Kapitel versucht die Verfasserin, die Restitutionsfrage in Russland darzustellen. Das Problem der Restitution ist von höchster Bedeutung in Russland, wenn man auch die historischen Ereignisse nach der Revolution 1917 in Betracht nimmt. Daraus ergibt sich der Schluss, dass die Restitution nicht nur eine rechtliche sondern auch politische Frage ist. Die Gegner der Restitution sind der Auffassung, dass sie zu einer völligen Desorganisation des zivilrechtlichen Verkehrs in Russland führen kann, der eben nicht stabil ist, und dass die Frist der Verjährung nach dem Kanon jedes beliebigen Rechtes schon lange abgelaufen ist. Obwohl es kein Gesetz in der RF gibt, das die rechtlichen Grundlagen zur Restitution festlegte, meinen die Eigentümer oder ihre Erben, dass schon Vorschriften in der Verfassung der RF bestehen, auf welche man sich berufen könnte.
Zur Entwicklung der Restitutionsproblematik hat die Frage der Restitution der in die UdSSR verschleppten Kulturgüter in der Folge des Zweiten Weltkrieges beigetragen. Die Verschleppung der Kulturgüter im Rahmen der kompensatorischen Restitution basierte auf völkerrechtlichen und anderen Akten, die während des Zweiten Weltkrieges und nachher erlassen wurden und bis heute Gültigkeit haben. Die Rechsprechung des Verfassungsgerichts und der Gerichte der RF spiegeln die Widersprüchlichkeit der Problematik wider.
Die Verhältnisse des Grundeigentums spielten eine große Rolle im Prozess der Reform der Eigentumsgesetzgebung der RF insgesamt. Das Grundeigentum war und bleibt eine sehr sensible Frage in der russischen Geschichte. Obwohl das Privateigentum auf Boden von der Verfassung gewährleistet wird, ist der Verkauf von Boden bis heute in Russland nicht möglich. Die Agrargesetzgebung der RF beinhaltet die Vorschriften, die das Grundeigentum der Bürger und juristischer Personen bestimmen. Ausländer und Staatenlose dürfen Boden zur landwirtschaftlichen Nutzung ausschließlich zur Pacht erwerben. Nach der Rechsprechung des Verfassungsgerichts der RF gewährleisten solche Schranken die souveränen Rechte der RF. In dem Bericht des Europarates wurde darauf hingewiesen, dass Boden in der RF kein Schutzobjekt der Rechte der Ausländer im Sinne von Art. 1 1.ZP ist. Die russische Gesetzgebung räumt Ausländern kein Recht auf Grundeigentum ein, demzufolge besteht kein Grund von einer Verletzung von Art. 1 1.ZP zu sprechen.
Ein weiteres Problem des Eigentumsschutzes in Russland ist die Auszahlung der sozialstaatlichen Hilfe. Ein Bestandteil dieser Problematik ist die Entschädigung der Bürger, die durch die Katastrophe im KKW Tschernobyl radioaktiver Strahlung ausgesetzt waren. Infolge dieses globalen Unglücks waren die Grundrechte der Bürger verletzt worden, die mit dem Schutz des Lebens, der Gesundheit, des Eigentums u.s.w. verbunden sind. Das Verfassungsgericht der RF setzte sich mehrmals mit dem Problem auseinander. Nach seiner Auffassung gewährleistet der Staat diese Entschädigung nach dem Grundsatz der maximalen Nutzung der

---

Während des Praktikums hatte die Verfasserin eine gute Möglichkeit, sich mit den meisten Problemfeldern des Eigentumsschutzes in Russland praxisnah auseinander zu setzen.

staatlichen Kapazitäten, den Bürgern eine genügende Entschädigung zur Verfügung zu stellen und die verhältnismäßigen Beschränkungen zu Entschädigungen zulässig sind. Das erste Urteil des EGMR gegen Russland bezog sich auch auf die Unfähigkeit des Staates, dem Beschwerdeführer die vom Gesetz vorgeschriebene Kompensation auszuzahlen. Im Allgemeinen ist das Recht auf sozialstaatliche Leistungen (Löhne und Renten) in der Verfassung der RF verankert. Und der Staat verpflichtet sich, eine Kontrolle auszuüben, damit volle Löhne rechtzeitig ausgezahlt werden. Die Auswertung der Rechtsprechung russischer Gerichte zeigt, dass in meisten Fällen die Gerichte zugunsten der Bürger entscheiden, die ihre sozialstaatlichen Leistungen vom Staat verlangen.
Das Recht auf Wohnung ist ebenfalls von der Verfassung der RF garantiert. Am 1. März 2005 trat das neue Gesetzbuch der Wohnwirtschaft der RF in Kraft. Dieser Rechtakt ist einigermaßen widersprüchlich, obwohl er lange Zeit ausgearbeitet wurde. Das Hauptproblem, das die Menschen beunruhigt, ist die Aufhebung der kostenfreien Privatisierung der Wohnungen, die die Bürger schon vom Staat bekommen haben. Ein weiteres großes Problem, „Erbe" der ehemaligen UdSSR, ist die Wohnungsnot der Menschen, die im Fernen Norden Russlands gearbeitet haben. Nach der Auffassung des Verfassungsgerichts der RF sind die Rechte der Bürger auf staatliche Wohnungsbeihilfe aus dem Staatsbudget mit einer Reihe von Verfassungsgarantien verbunden. Folglich muss der Staat seine verfassungsmäßigen Verpflichtungen erfüllen.
Ein Sonderproblem für die Russische Föderation ist der Tschetschenien Krieg. Die Lage in der Tschetschenien verursacht viele Problemen im politischen, wirtschaftlichen und rechtlichen Bereich. Tausende Menschen verließen ihre Wohnungen und Häuser, verloren ihr Vermögen. Das Straßburger Gericht kam an dieser Problematik nicht vorbei. In einigen Beschwerden stellte der EGMR Verletzungen der EMRK fest und verurteilte den russischen Staat.
Das Recht auf Privateigentum in der russischen Gesetzgebung scheint einen fast absoluten Charakter zu haben. In diesem Zusammenhang gewährleistet die Verfassung der RF die Freiheit unternehmerischer Tätigkeit. Aber die Lage kennzeichnet sich durch eine wesentliche Rolle des Staates in der unternehmerischen Tätigkeit in Russland, besonders wenn es um die großen und strategischen Unternehmen geht.[1950] Ein gutes Beispiel dazu ist das Schicksal eines der größten Unternehmen der Welt- YUKOS. Aus einem Privatunternehmen wurde es in einen Konzern verwandelt, der völlig unter staatlicher Kontrolle steht.
In Russland ist ein Mechanismus sehr verbreitet, der dem Staat durch eine feindliche Übernahme die Kontrolle über Unternehmen verschafft. Attackiert werden profitmachende Unternehmen, die effektiv verwaltet werden. Manchmal werden diese feindlichen Übernahmen mit Hilfe der Gerichte durchgeführt. Ohne die Unterstützung vom Staat und von der Judikative wären diese Methoden der feindlichen Übernahme nicht vorstellbar.

[1950] Vgl. *Doc. 10645 prov.* – 7.07.2005, Ziff. 60.

Nach herrschender Meinung fehlen in der russischen Gesetzgebung die entsprechenden Vorschriften, die die Rechte der Aktionäre ausreichend schützen. An der Lösung des Problems beteiligen sich russische Gerichte. Aber die Analyse der Rechtsprechung beweist, dass ein Gericht nicht in der Lage ist, die Rechte der Privatunternehmer zu schützen, wenn es um staatliche Interessen geht. Eine Tatsache der wirtschaftlichen Realität in Russland sind die erheblichen Beschränkungen des Rechtes der Bürger auf freie Nutzung ihres Eigentums und ihrer Fähigkeiten für unternehmerische Tätigkeit und kein ausreichender gerichtlicher Eigentumsschutz der Privatunternehmen.
Wie in der Ukraine beinhaltet die Verfassung der RF wichtige Prinzipien, die sich auf das Eigentumsrecht beziehen: Gleichheit aller Eigentumsformen, Unverletzlichkeit des Eigentumsrechts, Freiheit des Eigentümers, seine Rechte auszuüben. Eine bedeutende staatliche Garantie der Rechte und Freiheiten der Bürger ist die Anerkennung dieser Rechte, die als unmittelbar gelten. Das bedeutet, dass der Bürger sich beim Schutz seiner Rechte direkt auf die Verfassungsbestimmungen berufen kann. Eine ausdrückliche Bestimmung, dass der Staat sich in die Ausübung des Eigentumsrechts bei einem Eigentümer nicht einmischen darf, fehlt in der russischen Gesetzgebung.
Der russische Gesetzgeber unterscheidet zwischen Verfassungs-, Zivil-, Verwaltungs- und Strafgerichtsbarkeit. Der Schutz des Eigentumsrechts in der RF wird durch das Gericht (Gerichte allgemeiner Jurisdiktion und Schiedsgerichte) gewährleitstet. Das Verfassungsgericht der RF betonte verschiedentlich in seiner Rechtsprechung, dass das Recht auf gerichtlichen Schutz in der Verfassung zu den Menschenrechten zu zählen ist, die unter keinen Umständen eingeschränkt werden dürfen. Zurzeit wird die Idee der Schaffung eines Systems der Verwaltungsgerichte in der RF diskutiert. Diese Idee hat sowohl ihre Anhänger als auch ihre Gegner. Man bemüht sich so, noch einen Rechtsweg zu schaffen, in dem die Verhandlungen gegen staatliche Organe und ihre Amtspersonen durchgeführt werden können.
Eine wichtige Priorität der Gerichtsreform ist die Gewährleistung der unabhängigen Justiz. Immer noch zwingt das Misstrauen der Subjekte gegenüber Gerichten, rechtliche Streitigkeiten nach dem Gesetz beizulegen, entweder Möglichkeiten des rechtwidrigen Einflusses auf das Gericht zu suchen oder diese Streitigkeit auf außergerichtlichem Wege zu lösen.
Wie in der Verfassung der Ukraine verankerte der russische Verfassungsgeber keine ausdrückliche Bestimmung, dass Inhalt und Schranken des Eigentumsrechts durch Gesetze bestimmt werden. Die Normen des Zivilgesetzbuches der RF schließen diese Lücke und sehen vor, dass die Zivilrechte, beziehungsweise das Eigentumsrecht, auf Grund des Bundesgesetzes beschränkt werden können, nach Maßgabe der Notwendigkeit des Schutzes der Verfassungsordnung, der Sittlichkeit, der Gesundheit, des Rechts und der rechtmäßigen Interessen der Anderen und der Gewährleistung der Verteidigung und Sicherheit des Staates. Mehreren Urteilen des Verfassungsgerichts der RF sind die Argumentationen

über das Verhältnis der Über- und Unterordnung zwischen Staat und Bürger, insbesondere auch über die Balance von Rechten und Pflichten zu entnehmen.
In der Verfassung der RF verankerte der Gesetzgeber die ausdrückliche Bestimmung, dass niemandem sein Vermögen entzogen werden darf, außer laut einer Gerichtsentscheidung. In seiner Rechtsprechung setzte sich das Verfassungsgericht der RF mit der Frage der Eigentumsenteignung mehrmals auseinander. Nach Auffassung des Gerichts ist der Begriff „entzogen" so zu verstehen, dass eine Einstellung des Eigentumsrechtes einen erzwungenen Charakter hat und ein Bestehen der Streitigkeit vermutet, was unbedingt eine Gerichtskontrolle verlangt. Diese Kontrolle kann vorläufig oder nachfolgend sein.
Die Verfassung der RF sieht vor, dass eine zwangsweise Enteignung des Vermögens für staatliche Bedürfnisse ausschließlich unter der Bedingung einer vorläufigen und gleichwertigen Entschädigung durchgeführt werden darf. Dies beinhaltet aber keine sogenannte Junktimklausel, derzufolge das Gesetz, welches enteignet oder dazu ermächtigt, „Art und Ausmaß der Entschädigung regeln" muss.
Auf Verfassungsebene wird das Recht auf Entschädigung infolge rechtswidriger Handlungen staatlicher Organen verankert. In der Rechtsprechung russischer Gerichte wird darauf hingewiesen, dass eine solche Entschädigung aus den Geldmitteln des entsprechenden Budgets ausgezahlt werden soll. Eine wichtige Rolle in der Entwicklung des Rechtsinstitutes der staatlichen Haftung spielt das Verfassungsgericht der RF.
Zum Abschluss schildert die Verfasserin einige Beispiele aus der Rechtsprechung russischer Gerichte zur Entschädigungsproblematik.

Kapitel V. Perspektiven des Eigentumsschutzes in der Ukraine und der Russischen Föderation

In seiner Rechtsprechung hat der Europäische Gerichtshof für Menschenrechte deutlich darauf hingewiesen, dass das Konzept der bürgerlichen Rechte und Freiheiten autonom ist und nicht nur im Sinne des innenstaatlichen Rechts interpretiert werden darf.

> „The character of the legislation which governs how the matter is to be determined (civil, commercial, administrative law, etc.) and that of the authority which is invested with jurisdiction in the matter (ordinary court, administrative body, etc.) are therefore of little consequence."[1951]

Dieses Postulat spielt eine bedeutende Rolle im Verhältnis zwischen dem Einzelnen und dem Staat. Vor diesem Hintergrund geht es um eine "*oligation to result*" und nicht um eine "*obligation to procedure*". Das bedeutet dann wiederum einen möglichst weitgehenden Schutz im Hinblick auf die Verpflichtungen des Staates, im Ergebnis das Eigentum möglichst wenig zu belasten, womit eine ausdrücklich zugelassene Enteignung nur dann rechtmäßig ist, wenn sie durch eine Entschädigung kompensiert wird. Dieser Bereich ist sehr problematisch, jedoch sind die Ukraine und Russland nicht die einzigen Mitgliedstaaten des Europarats, in denen dieses Problem aktuell ist.[1952]

In vorangehenden Kapiteln versuchte die Verfasserin einen umfassenden Überblick zur Problematik der Stellung des Eigentumsrechts in der Ukraine und der RF zu verschaffen. Sie hat sich mit Absicht entschieden, die Lage nach der EMRK im ukrainischen und russischen Recht getrennt zu analysieren. Die Idee war es, ein homogenes Bild für jeden einzelnen Rechtsbereich zu schaffen, damit jeder für sich eine Interpretation über die rechtliche Regulierung des Eigentumsrechts in der Ukraine und in Russland machen kann.

Die Gesetzgebung in der Ukraine und in Russland befindet sich in ständiger Entwicklung. Nicht zu letzt spielen die Rechtsprechung des EGMR und die Rechtsakte der Europaratsorgane dabei eine wichtige Rolle.

> "Court cases were previously not an official source of law. Only the law text was emphasized as the starting point of judgments. Nowadays, court cases are increas-

---

[1951] Urteil Ringeisen v. Austria, Ziff. 94.

[1952] Urteile Loizidou v. Turkey, Immobiliare Saffi v. Italy, Sporrong and Lönnroth v. Sweden, Chassagnou v. France, The Holy Monasteries v. Greece, Former King of Greece v. Greece, James v. the United Kingdom, König v. the Federal Republic of Germany, Prince Hans- Adam II of Liechtenstein v. Germany, Broniowski v. Poland, Hutten-Czapska v. Poland, Brumarescu v. Romania, Kopecký v. Slovakia, Gajdůšek v. Slovakia, Pincová and Pinc v. the Czech Republic, Užkurėlienė and Others v. Lithuania u.s.w..

ingly commented upon and criticized in textbooks. In this way, the importance of case law has grown and has also raised the importance of courts and judges."[1953]

RESS weist darauf hin, dass „da der Gerichtshof (bisher) keine eigene juristische Person ist, sind die Urteile sozusagen kollektive Maßnahmen aller Vertragsstaaten gegen den Verletzer."[1954] Hier stellt sich die Frage, inwieweit die Rechtsprechung des EGMR für das nationale Recht Orientierungen geben kann. Trotz der Autonomie des Konzepts der bürgerlichen Rechte und Freiheiten sind die internationalen Systeme des Menschenrechtschutzes nicht unabhängig von ihrem innerstaatlichen Äquivalent, dessen Inanspruchnahme grundsätzlich Voraussetzung für die Anrufung der internationalen Kontrollorgane ist.[1955] Internationale Schutzmöglichkeiten kommen nur sukzessive zum Tragen, nämlich ausschließlich dann, wenn einer behaupteten Menschenrechtsverletzung innerstaatlich nicht Abhilfe geschaffen wird. Die Beeinflussung der Rechtsprechung der nationalen Gerichte durch die EMRK und die Judikatur der Konventionsorgane besteht allerdings nicht nur hinsichtlich der in der EMRK verankerten Menschenrechte, sondern zeigt sich auch in einem neuen Grundrechtsverständnis bezüglich rein innerstaatlich garantierter Grundrechte.[1956] Der EGMR differenziert nicht zwischen verschiedenen Rechtsformen staatlichen Handels, sondern prüft jeden dem Staat zurechenbaren Akt auf seine Grundrechtskonformität.[1957] In seiner Rechtsprechung betonte der Gerichtshof, „it is in the first place for the national authorities, notably the courts, to interpret and apply domestic law".[1958] Ein kumulatives Wirken des innerstaatlichen und der internationalen Menschenrechtsschutzsysteme ist ausgeschlossen, da die internationalen Instanzen nur subsidiär, also im Fall der Erfolglosigkeit der innerstaatlichen Rechtsmittel, angerufen werden können.[1959]

[1953] *Nysten-Haarala, Soili,* 2000, S. 33.
[1954] *Ress, Georg,* 2005, S. 43.
[1955] Jeder Staat soll zunächst Gelegenheit haben, eventuellen Menschenrechtsverletzungen mit seinen eigenen Mitteln, ohne Einschaltung internationaler Instanzen, abzuhelfen (Art. 26 EMRK).
[1956] *Jann, Peter,* 1994, S. 15.
[1957] Urteil James and others v. the UK, Ziff. 51; Urteil Mallacher and others v. Austria, Ziff. 53.
[1958] Urteil Pine Valley Developments Ldt. and others v. Ireland, Ziff. 52. S. auch Urteil Spacek, s.r.o. v. the Czech Republic, Ziff. 57.
[1959] *Jann, Peter,* 1994, S. 15.

A. Die neuen Entwicklungen des Eigentumsschutzes im ukrainischen und russischen Recht

I. „*Systemic problems*“ in der neuen Rechsprechung des EGMR

Nicht nur in der Ukraine und Russland bewirkte die Problematik des Eigentumsschutzes neue Tendenzen in der gesamten Gesetzgebung, sondern auch am Europäischen Gerichtshof für Menschenrechte befasste sich die Rechtsprechung mit den neuen Entwicklungen. Wie schon oben erwähnt wurde, braucht das System des europäischen Menschenrechtsschutzes eine Reformierung, weil der Gerichtshof mit den abhängigen Beschwerden überlastet ist .[1960]

Am 13. Mai 2004 wurde das 14. Protokoll zur EMRK „*Protocol No. 14 to the Convention for the Protection of Human Rights and Fundamental Freedoms, amending the control system of the Convention*“ von mehreren Mitgliedstaaten des Europarates unterzeichnet.[1961] In seiner Stellungnahme zum Protokollentwurf betonte die Parlamentarische Versammlung des Europarates, dass

> „the Parliamentary Assembly attaches the utmost importance to the proper functioning of the European Court of Human Rights, which is still the only international tribunal accessible to persons within the territory of the High Contracting Parties to the Convention for the Protection of Human Rights and Fundamental Freedoms. It therefore welcomes any changes liable to facilitate or improve such proper functioning, subject to guaranteeing the right of individual petition, which is its *raison d'être.*"[1962]

Vor der Unterzeichnung des Protokolls erließ der Ministerkomitee zwei wichtige Dokumente zum Thema der Reformierung der Tätigkeit des Gerichtshofes. Zum einen war es die Resolution „*On judgments revealing an underlying systemic problem*“,[1963] in der sich das Ministerkomitee in folgender Weise äußerte:

> „...Emphasising the interest in helping the state concerned to identify the underlying problems and the necessary execution measures;

[1960] In der letzten Zeit wurde mehrere Empfehlungen erlassen, die EMRK zu verbessern (Recommendation 1649 (2004) on candidates for the European Court of Human Rights; Recommendation 1535 (2001) on structures, procedures and means of the European Court of Human Rights; Recommendation 1429 (1999) on national procedures for nominating candidates for election to the European Court of Human Rights; Recommendation 1295 (1996) on the procedure for examining candidatures for the election of judges to the ECHR).

[1961] Die Ukraine unterzeichnete das Protokoll am 10. November 2004 und hat es mit dem Gesetz der Ukraine vom 9. Februar 2006 (N3435-IV) ratifiziert. Russland hat als einziges Mitglied des Europarates das Protokoll nicht unterzeichnet. Russland und die Ukraine gehören zu den Mitgliedstaaten, deren Ratifizierung für das Inkrafttreten des Protokolls notwendig ist (s. Information auf www.coe.int/treates).

[1962] *Opinion PACE 251* (2004), Ziff. 1.

[1963] *Resolution Res(2004) 3*- 12.05.2004.

Considering that the execution of judgments would be facilitated if the existence of a systemic problem is already identified in the judgment of the Court;

...

Invites the Court:

I. as far as possible, to identify, in its judgments finding a violation of the Convention, what it considers to be an underlying systemic problem and the source of this problem, in particular when it is likely to give rise to numerous applications, so as to assist states in finding the appropriate solution and the Committee of Ministers in supervising the execution of judgments;

II. to specially notify any judgment containing indications of the existence of a systemic problem and of the source of this problem not only to the state concerned and to the Committee of Ministers, but also to the Parliamentary Assembly, to the Secretary General of the Council of Europe and to the Council of Europe Commissioner for Human Rights, and to highlight such judgments in an appropriate manner in the database of the Court."

Zu dieser Resolution des Ministerkomitees wurde auch eine Empfehlung[1964] *„On the improvement of domestic remedies"* angenommen, in der die Mitglieder des Europarates auf die genauen Schritte hingewiesen wurden, wie man die systemimmanenten Problemen in den nationalen Gesetzgebungen beseitigen kann. Aus der Empfehlung ergibt sich, dass die Mitgliedstaaten sich verpflichten, die effektiven *„domestic remedies"* zu gewährleisten, aber auch, dass die innerstaatlichen Probleme, die Hintergrund einer vom Gerichtshof entdeckten Verletzung sind, gelöst werden:

"I. ascertain, through constant review, in the light of case-law of the Court, that domestic remedies exist for anyone with an arguable complaint of a violation of the Convention, and that these remedies are effective, in that they can result in a decision on the merits of the complaint and adequate redress for any violation found;

II. review, following Court judgments which point to structural or general deficiencies in national law or practice, the effectiveness of the existing domestic remedies and, where necessary, set up effective remedies, in order to avoid repetitive cases being brought before the Court;

III. pay particular attention, in respect of aforementioned items I and II, to the existence of effective remedies in cases of an arguable complaint concerning the excessive length of judicial proceedings;

Instructs the Secretary General of the Council of Europe to ensure that the necessary resources are made available for proper assistance to member states which request help in the implementation of this recommendation."

In der Empfehlung wurde ein *„pilot case"* Verfahren vorgeschlagen. Das bedeutet, dass wenn der EGMR ein Urteil verkündet, welches Rechtsschutzprobleme in einem Mitgliedstaat offen legt, und wenn eine große Zahl an Beschwerden aus diesem Staat am Gerichtshof anhängig sind, ist der Mitgliedstaat sich verpflichtet, einen entsprechenden Mechanismus zu schaffen, damit potenzielle Be-

[1964] *Recommendation Rec(2004) 6*– 12.05.2004.

schwerdeführer ihre Rechte und Freiheiten „zu Hause" effektiv schützen können.[1965]

> „It would not be necessary or appropriate to create new remedies, or give existing remedies a certain retroactive effect, following every case in which a Court judgment has identified a structural problem. In certain circumstances, it may be preferable to leave the cases to the examination of the Court, particularly to avoid compelling the applicant to bear the further burden of having once again to exhaust domestic remedies, which, moreover, would not be in place until the adoption of legislative changes."[1966]

Der Gerichtshof reagierte diese Rechtsakte sehr schnell.[1967]
Im Urteil *Broniowski v. Poland* erwähnte der Gerichtshof zum ersten mal den Begriff des systemimmanenten Problems: „the violation of the applicant's right guaranteed by Article 1 of Protocol No. 1 originated in a widespread problem which resulted from a malfunctioning of Polish legislation and administrative practice and which has affected and remains capable of affecting a large number of persons."[1968] Dieses Urteil wurde zum Ausgangspunkt der gerichtlichen Leitlinien des Gerichtshofes. Er betonte, dass die ergriffenen Maßnahmen geeignet sein müssen, die vom Gerichtshof offengelegten systemimmanenten Probleme zu beseitigen, mit dem Ziel das Konventionssystem nicht mit einer großen Zahl an Beschwerde zu überlasten, die den gleichen Sachverhalt betreffen.[1969] Diese Einstellung entspricht dem Ziel der Wiederherstellung des Gleichgewichts zwischen dem internationalen Schutz und der nationalen Gesetzgebung.
Nach einer kurzen Zeit erging das Urteil des EGMR[1970] zur Sache *Hutten-Czapska v. Poland*. In dem Urteil beweist der Gerichtshof seine Entschlossenheit die neue Tendenz seiner Rechsprechung weiterzuentwickeln:

> „...the alleged continued violation of Article 1 of Protocol No. 1 concerns not only the individual applicant in the present case but also has significant – social,

---

1965 *Recommendation Rec(2004) 6* – 12.05.2004, Ziff. 13.
1966 *Recommendation Rec(2004) 6* – 12.05.2004, Ziff. 19.
1967 Urteil Broniowski v. Poland vom 22. Juni 2004.
1968 Urteil Broniowski v. Poland, Ziff. 189. S. auch "Summary of the research document on the relationship between Articles 41 and 46 of the Convention" vom 8. Juli 2004 (MEM/aca), Research and Library Division, European Court of Human Rights, Ziff. I.
1969 Urteil Broniowski v. Poland, Ziff. 193. Vgl. „...having regard to the systemic situation which it has identified, the Court would observe that general measures at national level are undoubtedly called for in the execution of the present judgment, measures which must take into consideration the large number of people affected. Furthermore, the measures taken must be such as to remedy the systemic defect underlying the Court's finding of a violation, so that the system established by the Convention is not compromised by a large number of applications arising out of the same cause. Such measures must therefore include a mechanism for providing injured persons with compensation for the violation of the Convention established in the present judgment concerning the applicants" (Scordino v. Italy, Grand Chamber, Ziff. 236).
1970 S. auch Great Chamber Judgment Hutten-Czapska v. Poland.

legal and economic – dimensions in terms of the effects of the contested legislation on the rights of numerous other persons.[1971]
The examination of the facts in the present case will therefore inevitably have consequences for the property rights of a large number of individuals. That will require the Court to assess Poland's compliance with Article 1 of Protocol No. 1 not only from the perspective of the impact of the combination of impugned restrictions on the applicant's right of property in the period under consideration but also in a wider context, going beyond the applicant's individual Convention claim and taking into account the consequences of the operation of the rent-control scheme for the Convention rights of the whole class of persons potentially affected."[1972]

Meines Erachtens stellt ein solcher Standpunkt in der Rechtsprechung des EGMR eine Hoffnung,[1973] dass sie ihre Rechte schneller durchsetzten können, als wenn der Gerichtshof jede einzelne Beschwerde behandeln würde. Schon jetzt werden viele Diskussionen darüber geführt, dass das Konventionssystem wegen zahlreicher Beschwerden[1974] paralysiert werden kann.

Es ist kein Zufall, dass das erste Urteil über die systemimmanenten Probleme gegen einen der postkommunistischen Staaten erging. Von diesen Staaten wurde beim Beitritt zum Europarat verlangt, die EMRK in einigen Monaten zu ratifizieren. In dieser Weise hatten sie nicht ausreichend Zeit, ihre Rechtsordnungen den Bestimmungen der EMRK anzupassen. Besonders schwierig war es mit der Ukraine und mit Russland. In solch einer politischen und wirtschaftlichen Lage sind systemimmanente Probleme unvermeidlich. Deswegen könnte man auch diese so genannten „*pilot cases*" als eine Lösung der Probleme betrachten, die noch vor der Ratifizierung der EMRK gelöst werden sollten.

In Kapiteln III und IV dieser Studie wurden die Problemfelder des Eigentumsschutzes in der Ukraine und Russland analysiert. Die Verfasserin ist der Auffassung, dass man fast alle Problemfälle mit dem Eigentumsschutz den systemimmanenten Problemen zuschreiben kann. Diese These beweist auch die Recht-

---

[1971] Urteil Hutten-Czapska v. Poland, Ziff. 141 Abs. 1.
[1972] Urteil Hutten-Czapska v. Poland, Ziff. 141 Abs. 2.
[1973] S. auch Urteil Hutten-Czapska v. Poland, Ziff. 190-192.
[1974] "Of the ten highest populations, Romania, Poland; Ukraine and Turkey have above average figures, although Turkey and Ukraine are still in the medium range. Spaine, Italy, France, United Kongdom, Germany and Russia are below average. Further increase can be expected for some of these states. For the Russisn population of nearly 145 million it can be noted that an increase of 0,1 applications lodged per 100.000 inhabitants represents about 1.500 applications" (S. Analysis of Statistics 2002, European Court of Human Rights). S. mehr zum Thema *Ress, Georg,* 2005, S. 54-55 und Survey of activities of the European Court of Human Rights in den letzten fünf Jahren.

sprechung des EGMR, die sich mit den gleichen Problemen des Eigentumsschutzes auseinander setzt.
2004 wies das Kollegium des Justizministeriums der Ukraine darauf hin, dass die Verletzungen der Menschenrechte in der Ukraine durch die Gesetzlücken und die Anwendung der nationalen Gesetzgebung verursacht werden, die aber einen systemimmanenten Charakter haben.[1975]

Während des Praktikums an der Kanzlei des Gerichtshofes für Menschenrechte hatte die Verfasserin eine gute Möglichkeit, die Beschwerden aus der Ukraine zu bearbeiten, die sich auf die Verletzung des Art. 1 1.ZP bezogen.[1976] Die Prioritätsthemen der Beschwerden der ukrainischen Bürger im Sinne des Eigentumsschutzes waren Rückgabe (Auszahlung) der Sparguthaben der Bürger, Nichtauszahlung der sozialstaatlichen Leistungen (Löhne und Renten), Privatisierung des staatlichen Eigentums, Probleme der Beschränkungen der Rechte der Unternehmen. Diese Beschwerdengruppen repräsentieren die verletzten Rechte großer Menschengruppen. Die Verfasserin muss aber zugeben, dass es am meisten um die Verletzung des Art. 6 Abs. 1 EMRK ging, insbesondere soweit es um die Vollstreckung von Gerichtsentscheidungen geht. Dies ist ein echtes systemimmanentes Problem in der Ukraine[1977] und in Russland.

II. Die Rolle der Rechtsprechung bei der Gewährleistung des Eigentumsschutzes

Die Verfasserin hat kurz geschildert, dass der Gerichtshof in seiner neuen Rechtsprechung von den Mitgliedstaaten „eine engere Zusammenarbeit“ beider Beseitigung der Rechtsverletzungen erwartet. In erster Linie betrifft dies die Rolle der Gerichtsorgane in den nationalen Rechtsordnungen. Es ist zu beobachten, dass die ukrainischen und russischen Gerichte dieser Erwartung gerecht werden.

[1975] S. die Materialen zur Tagung des Kollegiums des Justizministeriums der Ukraine vom 29. April 2004 (www.minjust.gov.ua).

[1976] Das Praktikum dauerte vom 11. April bis zum 30. Juni 2005.

[1977] Nach den Angaben des Justizministeriums der Ukraine beziehen sich 64% aller Beschwerden der ukrainischen Bürger, die nach Straßburg kommen, auf die Nichtvollstreckung gerichtlicher Entscheidungen bei dem Vollstreckungsdienst (S. die Materialien zur Tagung des Kollegiums des Justizministeriums der Ukraine vom 29. April 2004 (www.minjust.gov.ua)). S. auch die Publikation zum Thema in: *Juridicheskaja Praktika*, N19 (333) 2004.

1. Die Rechsprechung der Verfassungsgerichte

Nach dem Zerfall der Sowjetunion wurden in der Ukraine und in Russland vielseitige Maßnahmen ergriffen, Gesetzte zu schaffen, die den Herausforderungen der Zeit entsprechen. Trotz aller Anstrengungen bleiben in beiden Rechtssystemen Lücken in der Gesetzgebung. Die Anwesenheit der Lücken in der Gesetzgebung ist kein neues Problem, aber heute sind sie sehr zahlreich. Besonders auffallend sind sie im Bereich des Eigentumsrechts. Kein Wunder: Da das Institut des Privateigentumsrechts in der Zeit der UdSSR völlig zerstört worden war, mussten die neuen Staatsmächte in der Ukraine und in Russland neue gesetzliche Grundlagen schaffen.

Einer der Gründe der Lücken in der Gesetzgebung ist, dass den beiden Gesetzgebern eine Systematisierung in dem gesetzgebenden Prozess fehlt. Vor diesem Hintergrund spielt die Rechtsprechung eine wichtige Rolle, die kaum zu unterschätzen ist, weil Gerichte die gesetzanwendenden Organe sind und genau ihre Tätigkeit die Effektivität der gesetzlichen Vorschriften zeigt. In beiden Gesetzgebungen (Art. 8 ZGBU[1978] und Art. 6 ZGBRF) sind Gesetzes- und Rechtsanalogie vorgesehen. In dieser Weise sind Gerichte gezwungen, die entdeckten Lücken mit Hilfe dieser Analogien provisorisch zu beseitigen.[1979] Wie schon erwähnt wurde, im Prozess der Beseitigung der Lücken in der Gesetzgebung und der Auslegung der gesetzlichen Bestimmungen wird den Verfassungsgerichten eine wichtige Rolle zugesprochen. Die Tätigkeit der Verfassungsgerichte ruft ein durchaus großes Interesse hervor. In der gesellschaftlichen Meinung in Russland wird sie sogar höher bewertet als die Tätigkeit anderer staatlicher Einrichtungen.[1980] Sehr oft werden die Entscheidungen der Verfassungsgerichte in beiden Ländern kritisiert. Ein Grund dafür ist, dass sie mit tatsächlichen Schwierigkeiten der Entstehung des Verfassungsgerichts als Bewahrer, mit den großen sozialen Erwartungen, die noch in vielem nicht erfüllt werden können und mit den politischen Auseinandersetzungen in der Gesellschaft zusammenhängen.
In beiden Rechtssystemen wird die Verfassungsmäßigkeit rechtsanwendender Akte, darunter gerichtlicher Entscheidungen, vom Verfassungsgericht nicht überprüft. Untersuchungsgegenstand im verfassungsgerichtlichen Verfahren sind

[1978] Article 8. Analogy
1. If civil relations are not regulated by this Code, any other civil legislation acts or the agreement, they shall be regulated by those legal norms hereof and the other civil legislation acts, which regulate civil relations similar in substance (law analogy).
2. In case of failing to use the law analogy for the regulation of civil relations, they shall be regulated according to the general foundations of the civil legislation (law analogy).

[1979] Vgl. *Spektor, E. I.*, 2003.

[1980] Stellungnahme von Prof. Dr. MORSCAKOVA, in: *Kutter, J. Vivika*, 2000, S. XIX.

Rechtsnormen. Aber das Verfassungsgericht untersucht sie nach dem Sinn und Zweck, der ihnen in der Praxis gegeben wird. Dabei verwandelt sich das Verfassungsgericht weder in eine zusätzliche Instanz noch nimmt es anderen Gerichten ihre Selbständigkeit. Diese Gerichte sind verpflichtet, in einem Verfahren, in dem sich ein Antragssteller an das Verfassungsgericht gewendet hat, selbst eine neue Entscheidung zu fällen und verfassungswidrige Normen nicht mehr anzuwenden.

Es wurde oft darauf hingewiesen, dass die Reform des EGMR, die mit dem 11. ZP. durchgeführt wurde,[1981] nicht ausreiche, die gewaltige Zahl an Beschwerden aus den Mitgliedsländern des Europarates beim EGMR zu verringen.[1982] Von den drei Kategorien der Maßnahmen, die insofern zielführend sein könnten, wurden die Maßnahmen betont, die auf nationaler Ebene durchgeführt werden sollen:

> „such measures are essential not only to reduce the flow of cases coming to Strasbourg, but, naturally, first and foremost to improve human rights protection within the national legal systems. There is still much to be done to ensure that the courts and other public authorities are fully aware of the Strasbourg case law, for example through training and dissemination and translation of judgments. How many Contracting States have proper guarantees in place to ensure that draft legislation is systematically screened on its compatibility with the Convention? National human rights institutions and government agents can play a pivotal role in these respects.“[1983]

Meines Erachtens ist die Effektivität des Schutzes der Rechte und Freiheiten der Bürger bzw. des Eigentumsrechts durch die Verfassungsgerichte abhängig davon, wie ein Anrufungsrecht in einer nationalen Gesetzgebung ausgestaltet ist und wer berechtigt ist, das Verfassungsgericht anzurufen.

1.1. Die Ukraine

Das Gesetz „*Pro Konstituzijnyj Sud Ukraine* (Über das Verfassungsgericht der Ukraine)“[1984] setzt das Funktion und Wesen des Organs der Verfassungsgerichtsbarkeit der Ukraine fest.[1985] Nach dem Gesetz unterscheidet sich die Ges-

---

1981 S. Protokol No. 14 to the Convention for the Protection of Human Rights and Fundamental Freedoms, amending the control system of the Convention, Strasbourg, 13.05.2004.

1982 S. Presentation of the two introductory reports on the sub-themes of the Ministerial Conference by the Secretary General - Rome, 3 November 2000 (http://press.coe.int/ECHR50/Default.asp).

1983 Vgl. CM Recommendation No. R (94) 12- 13.10.1994, Principle III, Punkt 1 a) Satz 2.

1984 Gesetz der Ukraine vom 16. Oktober 1996 (N422/96-BP).

1985 In seinem Erlass beauftragte der Präsident der Ukraine das Justizministerium der Ukraine, einen Gesetzentwurf auszuarbeiten, der das Verfahren der Verfassungsgerichtsbarkeit verbes-

taltung des Anrufungsrechtes am Verfassungsgericht der Ukraine von seinem russischen Analogon. Der ukrainische Gesetzgeber sieht zwei Arten der Anrufung vor.
Die „Verfassungsvorlage“ (ukr.: *konstytuzijne podannja*) ist eine schriftliche Form der Anrufung mit dem Ziel einen bestimmten Rechtakt oder einzelne seiner Bestimmungen für verfassungswidrig zu erklären. Sie kann auch die Feststellung der Verfassungsmäßigkeit eines völkerrechtlichen Vertrages oder die Frage der offiziellen Auslegung der Verfassung der Ukraine und der ukrainischen Gesetze betreffen. Art. 40 des Gesetzes über das Verfassungsgericht der Ukraine stellt den Katalog der Subjekte fest, die das Recht auf Verfassungsvorlage mit nachfolgender Entscheidung des Gerichtes haben. Dies sind der Präsident der Ukraine, mindestens 45 Abgeordnete der Ukraine, das Oberste Gericht der Ukraine, der Beauftragte des VR der Ukraine für Menschenrechte und das Parlament der Autonomen Republik Krim. In Art. 41 GÜVGU wurde eine Liste der Subjekte verankert, die das Recht auf Verfassungsvorlage haben, mit nachfolgendem Gerichtsgutachten. In der Liste stehen der Präsident der Ukraine, die Regierung der Ukraine, das Parlament der Ukraine, mindestens 45 Abgeordnete der Ukraine, das Oberste Gericht der Ukraine, der Beauftragte des VR der Ukraine für Menschenrechte, das Parlament der Autonomen Republik Krim sowie die staatlichen und örtlichen Behörden.[1986]
Die Anrufung des Verfassungsgerichts im Wege des Verfassungsappells[1987] (ukr.: *konstytuzijne zvernennja*) ist eine schriftliche Anrufungsmöglichkeit über die offizielle Auslegung der Verfassung der Ukraine und der ukrainischen Gesetze mit dem Ziel, die Verfassungsrechte und Freiheiten der Bürger und der juristischen Personen zu gewährleisten und zu schützen. Diese zweite Form der

---

sern kann (s. Erlass des Präsidenten der Ukraine „*Pro Plan zakhodiv na 2006 rik schodo vdoskonalennja spravedlyvogo sudochynstva v Ukraini vidpovidno do evropejskykh standartiv* (Über den Aktionsplan fürs Jahr 2006 zur Vervollkommnung des gerechten Gerichtsverfahrens in der Ukraine den europäischen Standarten entsprechend)“ vom 20. März 2006 (N242/2006), Ziff. 4.5).

[1986] Der Katalog der Subjekte unterscheidet sich abhängig davon, welche Kompetenzen des Verfassungsgerichts nach Art. 13 GÜVGU gefragt sind:
Mit folgender gerichtlicher Entscheidung:
der Präsident der Ukraine, mindestens 45 Abgeordnete der Ukraine, das Oberste Gericht der Ukraine, der Beauftragte des VR der Ukraine für Menschenrechte, das Parlament der Autonome Republik Krim
Mit folgendem Gutachten des Gerichts:
der Präsident der Ukraine, die Regierung der Ukraine;
das Parlament der Ukraine;
der Präsident der Ukraine, mindestens 45 Abgeordnete der Ukraine, das Oberste Gericht der Ukraine, der Beauftragte des VR der Ukraine für Menschenrechte, das Parlament der Autonome Republik Krim, die staatlichen und örtlichen Behörden.

[1987] Art. 42 GÜVGU.

Anrufung beruht auf den Vorschriften des Art. 13 Punkt 4 GÜVGU, der lediglich ein Gerichtsgutachten verlangt.[1988]

In der Verfassung[1989] wurde auch ein Katalog derjenigen Subjekte verankert, die das Recht haben, das Verfassungsgericht der Ukraine anzurufen. Dieser Katalog bestimmt, dass eine fakultative Form der Verfassungskontrolle besteht. Das ist der Fall, wenn die Kontrolle nur auf Initiative des ermächtigten Subjektes hin durchgeführt wird. Im Vergleich zu der obligatorischen Form[1990] ist sie effektiver, weil es immer problematisch ist, „das Unerreichbare zu erreichen". Aber hier stellt sich die Frage, ob tatsächlich alle notwendigen Subjekte im Katalog eingetragen sind. In diesem Katalog stehen der Präsident der Ukraine, die Abgeordneten der Ukraine, das Oberste Gericht der Ukraine, der Beauftragte für Menschenrechte des VR und das Parlament der Autonomen Republik Krim.

Es fällt auf, dass das Recht der Bürger der Ukraine, das Verfassungsgericht anzurufen, in dem Katalog der Subjekte fehlt. Nach Art. 2 GÜVGU ist es die Aufgabe des Verfassungsgerichts, das Primat des Rechts der Verfassung (Art. 2 GÜVGU) als des Grundgesetzes im Hoheitsgebiet der Ukraine zu gewährleisten. Art. 8 Abs. 3 VU legt fest, dass alle Normen der Verfassung Normen mit direkter Wirkung sind und „appeals to the court in defence of the constitutional rights and freedoms of the individual and citizen directly on the grounds of the Constitution of Ukraine are guaranteed". Ausgerechnet die Bürger werden benachteiligt, indem sie diesen Rechtschutzmechanismus nicht nutzen können. Dies gilt umso mehr, als in dem Entwurf der Verfassung der Ukraine vom 26. Oktober 1993[1991] verankert wurde, dass das Verfassungsgericht das Recht hat, die Beschwerde eines Bürgers über verfassungswidrige Gesetze und Rechtsakte zu behandeln, falls die Sache schon im Gericht der allgemeinen Instanz geprüft worden ist und das Oberste Gericht der Ukraine eine endgültige Entscheidung erlassen hatte, durch die ein Gesetz oder ein Rechtsakt für verfassungswidrig erklärt worden ist.[1992] Wahrscheinlich hat der Gesetzgeber die Praxis der Staaten in Betracht gezogen, in denen die Bürger das Recht haben, das Verfassungsgericht anzurufen. Diese Praxis zeigt beispielsweise in Deutschland,[1993] dass die Verfas-

---

[1988] Art. 43 GÜVGU.

[1989] Art. 150 VU.

[1990] Die obligatorische Form der Verfassungskontrolle findet in allen Fällen statt und alle Rechtsakte sind zu überprüfen. Die fakultative Form ist weiter verbreitet.

[1991] S. in: *Golos Ukrainy* vom 16. November 1993.

[1992] Vgl. In westlichen Ländern (z.B. in Deutschland) ist in der Verfassung vorgesehen, dass ein Bürger nur dann beschwerdebefugt ist (Art. 93 Abs. 4a GG), wenn 1) dieser Bürger selbst unmittelbar in seinen Rechten betroffen ist (ein Rechtsakt oder eine Handlung der staatlichen Organe haben seine Grundrechte verletzt), Art. 20 Abs. 4, 33, 101, 103, 104 GG oder 2) es um die Durchführung der Wahlen geht (Art. 38 GG).

[1993] In Deutschland zeigt die Statistik der Verfahrenserledigungen von Verfassungsbeschwerden der letzen fünf Geschäftsjahre, dass die durchschnittliche Zahl der Beschwerdeneingänge

sungsgerichte mit den Bürgerbeschwerden überlastet sind. Der ukrainische Gesetzgeber wollte wegen der ohnehin schon schwierigen politischen und wirtschaftlichen Lage in der Ukraine, eine solche Situation vermeiden und hat dafür das Institut der Bürgerbeschwerde „geopfert". Dieses Institut hat aber das Potential Einfluss auf die Stabilisierung der Verfassung auszuüben und begünstigt die Realisierung ihrer demokratischen Normen und kann so die Garantien der Bürgerrechte verstärken.

Eines der wichtigsten Urteile des Verfassungsgerichts der Ukraine ist das Urteil über die Vollstreckung seiner Urteile.[1994] Das Verfassungsgericht wies darauf hin, dass seine Urteile verbindlich sind, und ohne weiteres vollstreckt werden sollen. Eine ständige Auslegung der rechtlichen Normen im Sinne der Verfassung der Ukraine beweist, dass die Urteile des Verfassungsgerichts, unabhängig davon, ob auf den Verlauf oder die Fristen der Vollstreckung im Urteil hingewiesen wird, vollstreckungsreif sind.[1995] Sie haben eine direkte Wirkung und unterliegen keiner Zustimmung der Staatsorgane.[1996] Wenn bestimmte Rechtsnormen aus einem Gesetz für verfassungswidrig erklärt wurden, bedeutet dies, dass nicht das ganze Gesetz seine Gültigkeit verliert, sondern nur die entsprechenden Bestimmungen.[1997] Demzufolge ist das Verhovna Rada verpflichtet, die notwendigen Abänderungen zu den verfassungswidrigen Vorschriften vorzunehmen.[1998] Solche Abänderungen können ausschließlich in Form eines Gesetzes angenommen werden.[1999]

Im Gegensatz zur Lage in Russland steht der verbindliche Charakter und die Endgültigkeit der Entscheidungen des Verfassungsgerichts der Ukraine in keinem Widerspruch zur Verpflichtung des Staates zum Vollzug von Entscheidungen des EGMR, weil das Verfassungsgericht der Ukraine keine Beschwerden über die Verletzung von verfassungsmäßigen Rechten und Freiheiten der Bürger behandelt.

In diesem Zusammenhang stellt sich die Frage über eine direkte Anwendung der Praxis und der Präzedenzfälle des EGMR und über die Verwendung der Ausle-

---

ungefähr 4.700 pro Jahr beträgt (http://www.bverfg.de/texte/deutsch/organisation/statistik_2001/A-IV-1.html). Deutschland hat 82.100.000 Einwohner (Fischer Weltalmanach 2002, S. 181), und wenn man dies mit der Zahl der Einwohner in der Ukraine (49.950.000, aus derselben Quelle, S. 819) vergleicht, müsste das Verfassungsgericht der Ukraine theoretisch entsprechend (im besten Fall) mit ungefähr 2.940 Verfassungsbeschwerden pro Jahr beschäftigt sein.

[1994] Urteil VGU vom 1. Dezember 2000 (N15-рп).

[1995] Urteil VGU vom 1. Dezember 2000 (N15-рп), Ziff. 4 Abs. 2.

[1996] Urteil VGU vom 1. Dezember 2000 (N15-рп), Ziff. 4 Abs. 3.

[1997] Urteil VGU vom 1. Dezember 2000 (N15-рп), Ziff. 2 Abs. 2.

[1998] Urteil VGU vom 1. Dezember 2000 (N15-рп), Ziff. 2 Abs. 5.

[1999] Urteil VGU vom 1. Dezember 2000 (N15-рп), Ziff. 3 Abs. 2.

gungsprinzipien der EMRK bei der Entscheidungsfindung der ukrainischen Gerichte bezüglich der von der EMRK geschützten Menschenrechte.[2000] Dies betrifft besonders die Tätigkeit des Verfassungsgerichts der Ukraine bei Entscheidungen über die Übereinstimmung des Rechtsaktes mit der Verfassung, bei der offiziellen Auslegung der Verfassung und der Gesetze der Ukraine, bei Erlass der Schlussfolgerungen, wenn in der gerichtlichen Verhandlung über Recht und Freiheiten des Menschen und des Bürgers verhandelt wird, die mit den Konventionsgarantien übereinstimmen.

Zu beachten ist, dass die EMRK als ein komplexer rechtlicher Mechanismus konsequent ohne die zusätzliche Zustimmung des VR angewendet werden muss. Die ukrainischen Richter haben bei der Anwendung und Auslegung der Konventionsnormen die allgemeinen Grundsätze der Auslegung der völkerrechtlichen Verträge zu beachten.[2001] Die EMRK muss gewissenhaft ausgelegt werden. Man muss die entsprechende Rechtsprechung und die völkerrechtlichen Normen berücksichtigen, die in den Staaten angewendet werden, die die EMRK bereits ratifiziert haben. Bei der Auslegung der EMRK besteht die Notwendigkeit der „dynamischen" Auslegung, weil die Konvention nach der Rechtsprechung des EGMR ein „*living instrument*" ist.[2002] Die EMRK wurde geschaffen, damit die Ideale und Werte der demokratischen Gesellschaft sich entwickeln können. Solche Ideale und Werte sind „Pluralismus, Toleranz und Meinungsfreiheit",[2003] „Primat des Rechts" und „Zugang zum Gericht".[2004] Die Meinungsäußerungsfreiheit stellt eine der Grundsäulen einer demokratischen Gesellschaft dar, „eine der wesentlichen Bedingungen für den Fortschritt einer solchen Gesellschaft und für die Selbstverwirklichung jedes Einzelnen".[2005]

2000 Nach der Meinung von EVINTOV (s. *Evintov, V.*, 1998, S. 26) basiert das System der Anwendung des Völkerrechts in der innerstaatlichen Rechtsordnung der Ukraine auf folgenden Grundlagen: 1) die Normen der völkerrechtlichen Verträge, die in der Ukraine in Form eines Gesetzes ratifiziert wurden, bekommen den Status der Norm der nationalen Rechtsordnung und unterliegen der entsprechenden Anwendung. Eine direkte Anwendung solcher Normen ist nicht ausgeschlossen, wenn der Gesetzgeber die notwendige Transformation in die nationale Rechtsordnung nicht durchgeführt hat; 2) bei einer Kollision der Normen des ratifizierten völkerrechtlichen Vertrags und der Normen des innerstattlichen Rechts genießen die ersteren Vorrang und unterliegen der vorrangigen Anwendung; 3) die Anwendung der Verträge, die verfassungswidrig sind, ist verboten.

2001 Art. 31-34 WÜRV.

2002 Urteile Soering v. the United Kingdom, Selmouni v. France, Lutz v. Germany, Loizidou v. Turkey.

2003 Urteil Handyside v. the United Kingdom.

2004 Urteil Engel v. the Netherlands.

2005 Urteil Lingens v. Austria, Ziff. 41.

Die ersten Schritte zur Schaffung und Anwendung des *Case Law* wurden in der Ukraine vorgenommen. In Punkt 3 der Urteilsbegründung der Schlussfolgerung[2006] des Verfassungsgerichts der Ukraine in der Sache über die Eintragung der Änderungen zum Art. 98 VU[2007] wurde festgelegt, dass ohne die Schlussfolgerung des VGU das VR die Gesetzentwürfe über die Eintragung der Änderungen in die Verfassung der Ukraine nicht verhandeln darf. Das wurde durch das Urteil des VGU[2008] bestätigt. In seinen weiteren Urteilen bezieht das Verfassungsgericht der Ukraine sich auf die Straßburger Rechtsprechung.[2009]
Wenn man die Rechtsprechung des Verfassungsgerichts der Ukraine analysiert, findet man viele Urteile zu Grundlagen des politischen Lebens: Verfassungsänderungen, Präsidentschafts- und Parlamentswahlen, Status der Abgeordneten, Meinungsäußerung, soziale Garantien, Status staatlicher Behörden, örtliche Selbstverwaltung, u.s.w.. Wenige Urteile des Verfassungsgerichts betreffen unmittelbar den Schutz des Eigentumsrechts in der Ukraine.[2010] Nach Meinung der Verfasserin sind Hauptgrund dafür die Transformationsprozesse in dem politischen Leben, die heute in der Ukraine stattfinden, und der berechtigten Subjekte, die das Verfassungsgericht der Ukraine anrufen können. Wenn es um den Eigentumsschutz geht, sind die Bürger am meisten betroffen. Sie haben nur die Möglichkeit ihre verletzten Rechte vor den Gerichten allgemeiner Jurisdiktion geltend zu machen.

Vor dem Hintergrund des Verfassungsgerichts der Ukraine hat sein russisches Analogon eine bessere Position. Die Rechtsprechung des Verfassungsgerichts der RF zum Schutz des Eigentums ist sehr weitentwickelt und die Mehrzahl der Urteile hat seinen Ursprung in den Individualbeschwerden der Bürger.[2011]

1.2. Russland

Die Verfassung der RF beinhaltet Art. 125, dessen Abs. 4 lautet: „Das Verfassungsgericht der RF überprüft nach dem durch föderales Gesetz festgelegten Verfahren Beschwerden über die Verletzung der verfassungsmäßigen Rechte und Freiheiten der Bürger und auf Ersuchen der Gerichte die Verfassungsmä-

2006 S. Urteil VGU (N1-b/99), Schlussfolgerung.
2007 Article 98
The Chamber of Accounting exercises control over the use of finances of the State Budget of Ukraine on behalf of the Verkhovna Rada of Ukraine.
2008 Urteil VGU vom 9. Juni 1998 (N 8-рп/98).
2009 S. die Beispiele aus der Rechtsprechung des Verfassungsgerichts der Ukraine in Kapitel III dieser Studie.
2010 S. die Beispiele aus der Rechtsprechung des Verfassungsgerichts der Ukraine in Kapitel III dieser Studie.
2011 S. die Beispiele aus der Rechtsprechung des Verfassungsgerichts der RF in Kapitel IV dieser Studie.

ßigkeit eines Gesetzes, das im konkreten Fall angewendet wurde oder anzuwenden ist". Auch Art. 96 Abs. 1 BVGÜVGRF legt fest, dass die Bürger, die unmittelbar in ihren Rechten betroffen sind, das Recht haben, sich mit einer individuellen oder kollektiven Beschwerde wegen einer Verletzung von verfassungsmäßigen Rechten und Freiheiten an das Verfassungsgericht der RF zu wenden.[2012] Art. 125 Abs. 2 VRF[2013] bestimmt die Befugnisse des Verfassungsgerichts der RF. Neben umfassend ausgeformten Bestimmungen über das Verfassungsge-

---

2012 Außer der schon erwähnten in dieser Studie Entscheidungen des Verfassungsgerichts der RF zum Eigentumsschutz wurden auch folgende Beschlüsse und Urteile zum Thema erlassen: Beschlüsse vom 12. Mai 2005 (N187-O), vom 21.April 2005 (N188-O), vom 21.April 2005 (N194-O), vom 24. März 2005 (N102-O), vom 24. März 2005 (N99-O), vom 24. Februar 2005 (N51-O), vom 21. Dezember 2004 (N463-O), vom 21. Dezember 2004 (N441-O), vom 21. Dezember 2004 (N440-O), vom 21. Dezember 2004 (N432-O), vom 21. Dezember 2004 (N425-O), vom 18. November 2004 (N375-O), vom 15. Juli 2004 (N282-O), vom 9. Juli 2004 (N241-O), vom 18. Juni 2004 (N261-O), vom 9. Juni 2004 (N231-O), vom 27. Mai 2004 (N176-O), vom 25. März 2004 (N85-O), vom 5. März 2004 (N82-O), vom 6. Februar 2004 (N135-O), vom 25. Dezember 2003 (N513-O), vom 25. Dezember 2003 (N512-O), vom 20. November 2003 (N439-O), vom 5. November 2003 (N403-O), vom 5. November (N350-O), vom 15. Juli 2003 (N295-O), vom 26. Juni 2004 (N262-O), vom 26. Juni 2004 (N260-O), vom 26. Juni 2004 (N228-O), vom 26. Juni 2004 (N227-O), vom 5. Juni 2003 (N274-O), vom 29. Mai 2003 (N259-O), vom 29. Mai 2003 (N256-O), vom 6. März 2003 (N119-O), vom 10. Dezember 2002 (N316-O), vom 11. Juli 2002 (N215-O), vom 14. Mai 2002, vom 20. Februar 2002 (N48-O), vom 13. November 2001 (254-O), vom 14. Oktober 2001 (N203-O), vom 6. Juli 2001 (N174-O), vom 21. Juni 2001 (N112-O), vom 21. Dezember 2001, vom 14. Dezember 2001, vom 2. November 2000, vom 5. Oktober 2000 (N204-O), vom 6. Juli 2000 (N133-O), vom 14. Juni 2000 (N157-O), vom 18. April 2000 (N79-O), vom 18. April 2000 (N60-O), vom 3. Februar 2000 (N41-O), vom 8. Oktober 1999 (N172-O), vom 15. Juni 1999 (N64-O), vom 8. Juni 1999 (N103-O), vom 12. März 1998 (N23-O), vom 5. Februar 1998 (N18-O), vom 5. Februar 1998 (N12-O), vom 5. Februar 1998 (N11-O), vom 6. November 1997 (N110-O), vom 6. November 1997 (N136-O), vom 11. April 1997 (N82-O), vom 4. Februar 1997 (N23-O), vom 4. November 1996 (N109-O), vom 26. September 1996 (N88-O), vom 11. Juli 1996 (N77-O), vom 19. April 1996 (N45-O), vom 4. Dezember 1995 (N102-O), vom 2. November 1995 (N81-O), vom 2. November 1995 (N123-O), vom 27. September 1995 (N57-O), vom 6. Juni 1995 (N32-O), vom 4. April 1995 (N25-O), vom 30. März 1995 (N24-O), vom 14. März 1995 (N6-O).
Urteile vom 23. April 2004 (N8-П), vom 21. April 2003 (N6-П), vom 13. Dezember 2001 (N16-П), vom 25. Juli 2001 (N12-П), vom 22. November 2000 (N14-П), vom 24. Oktober 2000 (N13-П), vom 3. November 1998 (N25-П), vom 3. April 1998 (N10-П), vom 9. Januar 1998 (N1-П), vom 20. Mai 1997 (N8-П), vom 10. September 1993 (N15-П), vom 2. April 1993 (N6-П), vom 30. November 1992 (N9-П).

2013 The Constitutional Court of the Russian Federation on request by the President of the Russian Federation, the State Duma, one-fifth of the members of the Federation Council or deputies of the State Duma, the Government of the Russian Federation, the Supreme Court of the Russian Federation and Supreme Arbitration Court of the Russian Federation, bodies of legislative and executive power of subjects of the Russian Federation shall resolve cases about compliance with the Constitution of the Russian Federation of:
- federal laws, normative acts of the President of the Russian Federation, the Federation Council, State Duma and the Government of the Russian Federation;

richt sieht die Verfassung auch in Art. 128 Abs. 3 eine diesbezügliche spezielle Gesetzgebung vor. Die Befugnisse, die Errichtung und die Tätigkeiten des Verfassungsgerichts ebenso wie anderer föderaler Gerichte der RF werden durch das Bundesverfassungsgesetz festgelegt.[2014] Das Bundesverfassungsgesetz der RF „*O Konstituzionnom Sude Rossijskoj Federazii* (Über das Verfassungsgericht der RF)“[2015] konkretisiert und entwickelt die grundlegenden Verfassungsprinzipien und Normen über das Verfassungsgericht weiter.[2016]

Im Unterschied zu seinem ukrainischen Analogon wird dem Verfassungsgericht Russlands eine wichtige Kompetenz zum Schutze der Rechte und Freiheiten der Bürger eingeräumt:[2017]

> "The Constitutional Court of the Russian Federation, proceeding from complaints about violation of constitutional rights and freedoms of citizens and requests from courts shall review the constitutionality of the law applied or due to be applied in a specific case in accordance with procedures established by federal law".[2018]

Es geht um das Recht auf so genannte Individualbeschwerde:[2019] Nicht nur die staatlichen Organe sondern auch die Bürger[2020] und ihre Vereine[2021] dürfen das

---

- republican constitutions, charters, as well as laws and other normative acts of subjects of the Russian Federation published on issues pertaining to the jurisdiction of bodies of state power of the Russian Federation and joint jurisdiction of bodies of state power of the Russian Federation and bodies of state power of subjects of the Russian Federation;
- agreements between bodies of state power of the Russian Federation and bodies of state power of subjects of the Russian Federation, agreements between bodies of state power of subjects of the Russian Federation;
- international agreements of the Russian Federation that have not entered into force.

[2014] Der Begriff *Bundesverfassungsgesetz* bedeutet nicht die Annahme nur eines Rechtaktes über die genannten gerichtlichen Organe, sondern er bezeichnet lediglich die Art des Aktes, mit dem ihr Status geregelt werden soll (mehr dazu s. in: *Krjazkov, Vladimir A. / Lazarev, Leonid V.*, 2001, S. 38-39).

[2015] S. Bundesverfassungsgesetz der RF vom 21. Juli 1994 (in der Fassung vom 8. Februar 2001 (N1-ФКЗ) und vom 15. Dezember 2001 (N4-ФКЗ)).

[2016] S. Art. 3 des Verfassungsgesetzes.

[2017] Diese Kompetenz des Verfassungsgerichts Russlands unterscheidet sich von derjenigen, die in Art. 125 Abs. 2 VRF vorgesehen ist, nämlich einer Prüfung der Verfassungsmäßigkeit von Gesetzen oder anderen Normativakten, wenn nicht ein konkreter Fall abhängig ist.

[2018] Art. 125 Abs. 4 VRF.

[2019] Im alten Verfassungsgerichtsgesetz waren Bürger, Ausländer, Staatenlosen und juristische Personen berechtigt, eine Verfassungsbeschwerde einzulegen (Art. 66 des Gesetzes).

[2020] KRJAZKOV und LAZAREV weisen darauf hin, dass das Recht auf Individualbeschwerde auch ausländischen Staatsangehörigen sowie den Staatlosen zusteht. Die Einbeziehung dieser beiden Personengruppen möge durch die Verfassung gestützt erscheinen, da im Kapitel 2 die Subjekte der Rechte und Freiheiten meistens mit Formulierungen, wie „jeder hat das Recht...“ und „jedem wird garantiert...“ charakterisiert werden. Wenn die Verfassung jedoch unterstreichen will, dass einzelne Rechte nur Russischen Staatsbürger zugesprochen werden, verwendet sie die Formulierung „die Staatsbürger der RF haben Recht...“ (*Krjazkov, Vladimir A. / Lazarev, Leonid V.*, 2001, S. 259).

[2021] „Das Recht zur Einlegung der Verfassungsbeschwerde besitzen nach dem Wortlaut von Art. 125 Abs. 4 VRF und Art. 3 Abs. 1 I b, Art. 96 BGVG...nur Bürger. Diese Formulierung

Verfassungsgericht anrufen. Dieses Recht besteht unter zwei Voraussetzungen.[2022] Erstens es gilt nur dann, wenn das Recht des Bürgers ausschließlich von Gesetzen[2023] (keinem anderen Rechtsakt)[2024] verletzt wurde, die die verfassungsmäßigen Rechte und Freiheiten der Bürger betreffen. Zweitens wenn das Gesetz, das die Rechte des Bürgers verletzt, in der konkreten Sache von Bedeutung ist, die vom Instanzgericht oder einem anderem Rechtsanwendungsorgan geprüft wird.[2025]

In der Rechtsanwendungspraxis westlicher Länder wird das Recht auf Individualbeschwerde billigt, wenn in der Sache bereits von allen gerichtlichen Instanzen entschieden worden ist.[2026] In der RF ist die Einlegung der Individualbeschwerde[2027] in jeder Phase des Rechtsstreits möglich.[2028] Einerseits kann man die Bestrebungen des Gesetzgebers verstehen, den Schutz der Rechte und Freiheiten der Bürger auf der höchsten Gerichtsebene zu gewährleisten. Anderseits stellt

---

bleibt hinter der Überschrift des Grundrechtskataloges in Kapitel 2 der Verfassung zurück...Auch juristische Personen haben wohl die Möglichkeit, sich mit einer Verfassungsbeschwerde an das Gericht zu wenden“ (*Hartwig, Matthias,* 1996, S. 183).

2022 S. Art. 97 BVGGSRF.

2023 Unter Gesetz versteht man dabei hauptsächlich föderale Verfassungsgesetze, allgemeine föderale Gesetze und Gesetze der Subjekte der Föderation, sowie bei ihrer Anwendung im konkreten Fall die Verfassungen der Subjekten der RF.

2024 In diesem Fall unterfällt die Sache der Kompetenz der Instanzgerichte. Die Schlussfolgerung aus der Verfassung, dass andere Akte als Gesetze, nicht vor dem Verfassungsgericht, sondern vor den Instanzgerichten angegriffen werden müssen, muss durch eine klare Bestimmung in der Gesetzgebung betreffend die Kompetenzen festgelegt sein. Jedoch beinhaltet Art. 245 ZPORF die gerichtliche Zuständigkeit für öffentlich-rechtliche Angelegenheiten so, daher fallen nur die Beschwerden gegen normative Akte in die Jurisdiktion des Instanzgerichts. Art. 251 Abs. 1 und 2 ZPORF konkretisieren den Anwendungsbereich dieser Befugnis. Art. 3 des Gesetzes der RF *„Ob obzhalovanii v sud dejstvij i reshenij, narushajuzikh prava i svobody grazhdan* (Über die gerichtlichen Beschwerden gegen Handlungen und Entscheidungen, die die Rechte und Freiheiten der Bürger verletzen)“ vom 27. April 1993 (N4866-1) bestimmt, dass die Gerichte die Beschwerde gegen alle Handlungen und Beschlüsse verhandeln, die Rechte und Freiheiten der Bürger verletzen, außer den Handlungen und Beschlüssen, deren Überprüfung zum ausschließlichen Kompetenzbereich des Verfassungsgerichts gehört oder hinsichtlich derer eine andere Form der gerichtlichen Beschwerdeführung vorgesehen ist (mehr dazu s. *Krjazkov, Vladimir A. / Lazarev, Leonid V.*, 2001, S. 263-264).

2025 Vgl. *Krjazkov, Vladimir A. / Lazarev, Leonid V.*, 2001, S. 262.

2026 z.B.: S. § 90 Abs. 2 des Gesetzes über das Verfassungsgericht der Bundesrepublik Deutschland (In der Fassung der Bekanntmachung vom 11. August 1993 (BGBl. I S. 1473). Zuletzt geändert durch Gesetz vom 13. Dezember 2003 (BGBl. I S. 1546 m.W.v. 19. Dezember 2003).

2027 Über die allgemeinen Voraussetzungen zu Individualbeschwerde s. Art. 37 und 38 BVGGSRF.

2028 Diese Möglichkeit wird aber in der Literatur kritisiert (s. *Konstituzija Rossijskoj Federazii*, Nauchno-prakticheskij kommentarij, S. 735-736).

eine solche rechtliche Möglichkeit eine gewisse Beeinträchtigung des Verfahrens vor den Instanzgerichten.[2029]

Beispiel aus der Gerichtspraxis:[2030]

Sachverhalt

1998 richteten drei juristische Personen[2031] an das Verfassungsgericht der RF die Individualbeschwerden nach Art. 125 Abs. 4 VU. In der Beschwerde ging es um die rechtlichen Bestimmungen der Art. 180, 181, 187 Abs. 1 Ziff. 3 und 192 APORF, die nach der Meinung der Beschwerdeführer im Widerspruch der Verfassung der RF standen und ihren begrenzt.[2032] Zwei Beschwerdeführer hatten bereits die Entscheidungen der Instanzgerichte erwirkt. Der dritte Beschwerdeführer wendete sich nicht an das Präsidium des Obersten Arbitragegerichts der RF, um das Verfahren zu überprüfen.

Entscheidung des Gerichts

Das Verfassungsgericht wies darauf hin, dass der dritte Beschwerdeführer sein Recht auf eine Kassationsklage nicht in Anspruch genommen hatte, deswegen hat das Verfassungsgericht nach Art. 43 Abs. 1 Ziff. 2 und Art. 68 BVGÜVGRF das Verfahren des dritten Beschwerdeführers eingestellt.[2033]

Die Zuständigkeit des Verfassungsgerichts der RF zeugt vor allem von ihrer Tendenz zur Sicherung des föderalen Rechtssystems auf Grundlage der Verfassung der RF.[2034] In dieser Weise spielt das Verfassungsgericht eine große Rolle bei der Konsolidierung der Zusammenarbeit[2035] zwischen nationalen und internationalen Rechtssystemen. Das Verfassungsgericht gilt als Hüter des Vorrangs

---

[2029] Vgl. „Darin besteht ein grundlegender Unterschied des geltenden Verfassungsgerichtsgesetzes zum alten, das vom Bürger forderte, vor der Einreichung einer Beschwerde zwecks Überprüfung der Verfassungsmäßigkeit der Rechtsanwendung alle Stufen des gerichtlichen oder eines anderen Rechtsanwendungsverfahrens zu durchlaufen. Jetzt kann man die Beschwerde gleich nach der Aufnahme des Verfahrens bei dem entsprechenden Organ einreichen, ohne den Abschluss des Verfahrens abwarten zu müssen" (*Krjazkov, Vladimir A. / Lazarev, Leonid V.*, 2001, S. 269).

[2030] Urteil VGRF vom 3. Februar 1998 (N5-П).

[2031] Wegen des gleichen Beschwerdebestands wurden drei Verfahren vereinigt (Art. 96 Abs.1 BVGÜSRF).

[2032] Nach diesen Bestimmungen sind die Überprüfung eines Verfahrens unzulässig, bei dem einen gerichtlichen Fehler Arbitragegerichts begangen wurde, wenn das Präsidium des Obersten Arbitragegerichts der RF im Kassationsverfahren den nicht beseitigt hat.

[2033] S. Ziff. 1 Abs. 5 des Urteils VGRF.

[2034] S. *Krjazkov, Vladimir A. / Lazarev, Leonid V.*, 2001, S. 73.

[2035] Das Verfassungsgericht der RF fördert nicht nur durch seine Rechtsprechung eine aktivere Einbeziehung Russlands in den internationalen Rechtsraum. Dem dient auch die Ausweitung seiner internationalen Kontakte und der Erfahrungsaustausch mit ausländischen Verfassungskontrollorganen (mehr zum Thema s. in: *Krjazkov, Vladimir A. / Lazarev, Leonid V.*, 2001, S. 82-84). Am 14. Juni 2000 wurde das Memorandum über die Entwicklung der Zusammenarbeit zwischen dem Verfassungsgericht der Ukraine und dem Verfassungsgericht der RF in Kiew unterschrieben. Art. 4 des Memorandums sieht vor, dass die Parteien den Austausch von den Entscheidungen, Beschlüssen und Gutachten regelmäßig durchführen.

der Verfassung im Stadium der Einbeziehung von völkerrechtlichen Rechtsnormen in das nationale Rechtssystem. Bei einer Kollision von Verfassungsnormen mit Normen des Völkerrechts, besteht die Aufgabe des Verfassungsgerichts darin, die Priorität der Verfassung zu verteidigen.[2036] Das Gericht konstatiert einen Widerspruch oder umgekehrt die Übereinstimmung der auszusetzenden Bestimmungen der Rechtsakte mit den allgemein anerkannten Prinzipien und Normen des Völkerrechtes und den völkerrechtlichen Verträgen der RF:

> „Die Russische Föderation hat in Übereinstimmung mit den von ihr anerkannten Normen des Völkerrechts und der internationalen Verträge die Verpflichtung auf sich genommen, sie zu achten und in den Grenzen ihres gesamten Territoriums und unter ihrer Jurisdiktion das Recht des Menschen und Bürgers ohne Unterschiede wegen nationaler, religiöser und sprachlicher Gesichtspunkte zu garantieren. Daraus folgt die Verpflichtung der föderalen Staatsorgane, die Rechte und Freiheiten des Menschen und Bürgers zu garantieren."[2037]

Aber nicht alle Prinzipien und Normen des Völkerrechts sind Bestandteil des nationalen Rechtssystems.[2038] Es fehlt auch eine Bestimmung, die für die allgemein anerkannten Prinzipien und Normen des Völkerrechts eine abschließende Feststellung trifft. KRJAZKOV weist darauf hin, dass das Verfassungsgericht der RF keine konkrete Vollmacht hat, um bei einem Rechtsstreit zu entscheiden, ob eine Regel des Völkerrechts Bestandteil des nationalen Rechts ist und ob sie unmittelbar Rechte und Pflichten für den Einzelnen erzeugt.[2039] Das Verfassungsgericht ist nur berechtigt, die offizielle Auslegung der Verfassung vorzunehmen, in der auch Unklarheiten betreffend die genannten Prinzipien, Normen und Akten geklärt werden. Außerdem kann das Verfassungsgericht auch ohne diese offizielle Auslegung auf Initiative von Antragsberechtigten in konkreten Fällen den Verfassungskontext durch die Ausnutzung von völkerrechtliche Prinzipien und Normen interpretieren, um vollständiger und genauer deren Rolle im Rechtssystem des Landes zu bestimmen.[2040]

> „Nach der Ratifizierung der Europäischen Menschenrechtskonvention und der dazugehörigen Protokolle durch Russland kann das Verfassungsgericht auch andere europäische Konventionen bei der Begründung seiner Entscheidungen heranziehen und die durch diese völkerrechtlichen Akte von Russland übernommenen Verpflichtungen beachten...Die Konvention gewährleistet...das Klagerecht vor dem EGMR auf Verletzung von Rechten und Freiheiten, die in der Konvention

---

[2036] S. *Krjazkov, Vladimir A. / Lazarev, Leonid V.*, 2001, S. 75.
[2037] Urteil VGRF vom 17. September 1993 (N17-П), Ziff. 2 Abs. 2.
[2038] *Krjazkov, Vladimir A. / Lazarev, Leonid V.*, 2001, S. 80.
[2039] Vgl. Art 100 Abs. 2 GG der Bundesrepublik Deutschland.
[2040] *Krjazkov, Vladimir A. / Lazarev, Leonid V.*, 2001, S. 81.

und ihren Protokollen garantiert werden, durch staatliche Organe. Dazu gehören *auch die Entscheidungen des Verfassungsgerichts*[2041] (Hvh. d. Verf.).“[2042]

Art. 79 BVGÜVGRF bestimmt, dass “the decision of the Constitutional Court of the Russian Federation shall be final, may not be appealed and shall come into force immediately upon announcement (Abs.1).”[2043] KRJAZKOV weist darauf hin, dass ein Merkmal der Rechtskraft der abschließenden Entscheidungen des Verfassungsgerichts der RF ihr verbindlicher Charakter für das gesamte Territorium[2044] ist.[2045] Der Rechtswissenschaftler führt die folgenden Merkmale des verbindlichen Charakters der Entscheidung an:
- die Endgültigkeit der gerichtlichen Entscheidungen des Verfassungsgerichts;
- die unverzügliche Umsetzung der Entscheidung nach ihrer Veröffentlichung oder Aushändigung;
- die genaue Einhaltung ihrer Forderungen;[2046]
- die Möglichkeit, die Personen zur Verantwortung zu ziehen, die die Forderungen der Entscheidung nicht befolgen, unzureichend erfüllen oder ihre Durchsetzung behindern.[2047]

Eine wichtige Eigenschaft der Entscheidungen des Verfassungsgerichts ist ihre Endgültigkeit.[2048] Nach KRJAZKOV bedeutet Endgültigkeit, dass eine Entscheidung nicht mit Rechtsmitteln angegriffen werden kann, sie kann nicht auf Anregung des Verfassungsgerichts selbst geändert werden.[2049] Dies betrifft nur

---

[2041] „Für das Verfassungsgericht würde es ein Verlust der Autorität bedeuten, falls seine Entscheidungen in irgendwelcher Sache keine Zustimmung von der Seite des Europäischen Gerichts für Menschenrechte in Straßburg bekommt“ (s. *Arnold, Reiner,* 2001, S. 89).

[2042] *Krjazkov, Vladimir A. / Lazarev, Leonid V.,* 2001, S. 81.

[2043] Der Gesetzgeber hat nicht abschließend definiert, was genau in einer Entscheidung des Verfassungsgerichts als verbindlich angesehen werden soll:
- Art. 6 und Art. 79 Abs. 1 und 2 des BVGÜVGRF schließen nicht aus, dass sowohl das Urteil in der Entscheidung, also die Schlussfolgerungen im Beschlussteil, als auch die Schlussfolgerungen im begründenden Teil verbindlich sind;
- im Gegensatz dazu weist Art. 79 Abs. 3 BVGÜVGRF darauf hin, dass nur die endgültigen Schlussfolgerungen im Beschlussteil der Entscheidung zwingend sind.

[2044] S. Art. 6 BVGÜVGRF „The decisions of the Constitutional Court of the Russian Federation shall be obligatory throughout the territory of the Russian Federation for all representative, executive, and judicial organs of State Government, organs of local government, enterprises, agencies, organisations, officials, citizens and their associations.“

[2045] *Krjazkov, Vladimir A. / Lazarev, Leonid V.,* 2001, S. 212.

[2046] Z.B. in der Überarbeitung der für verfassungswidrig erklärten Akte, Normen und Bestimmungen, der Herausgabe neuer Akte oder Anwendung der existierenden im Sinne der durch das Gericht ausgesprochenen Vorstellung zu deren Verfassungsmäßigkeit.

[2047] *Krjazkov, Vladimir A. / Lazarev, Leonid V.,* 2001, S. 212.

[2048] Vgl. Urteil VGU vom 14. Dezember 2000 (N15-рп) über den Verlauf der Vollstreckung der Entscheidungen des Verfassungsgerichts der Ukraine, Ziff. 2 Abs. 1, 2, 4; Ziff. 4 Abs. 2.

[2049] *Krjazkov, Vladimir A. / Lazarev, Leonid V.,* 2001, S. 215.

die Entscheidungen in ihrer Gesamtheit, die eine Norm für rechtswidrig erklären.

Nach KUTTER stehen die Merkmale des verbindlichen Charakters und der Endgültigkeit der Entscheidungen des Verfassungsgerichts der RF im Widerspruch zur Verpflichtung des Staates zum Vollzug von Entscheidungen des EGMR, wenn das Urteil des Verfassungsgerichts der RF im Rahmen einer Beschwerde über die Verletzung von verfassungsmäßigen Rechten und Freiheiten der Bürger durch ein Gesetz für konventionswidrig erklärt wurde.[2050]

MORSCAKOVA vertritt eine andere Meinung.[2051] Sie weist darauf hin, dass das Verfassungsgericht nur die Überreinstimmung des angefochtenen Gesetzes mit der Verfassung beurteilt, unabhängig davon, ob infolge der Anwendung des Gesetzes eine wirkliche Rechtsverletzung eingetreten ist. Die Beseitigung einer Verletzung erfordert nicht eine Änderung der Entscheidung des Verfassungsgerichts sondern anderer rechtsanwendender Organe. Dafür sei es nicht erforderlich, die Entscheidung des Verfassungsgerichts zu überprüfen. Letztlich zieht die Rechtwissenschaftlerin die Konsequenzen:

> „Die Endgültigkeit und das Fehlen einer Beschwerdemöglichkeit gegen Entscheidungen des Verfassungsgerichts kann nach dem Sinn von Art. 79 des föderalen Verfassungsgesetzes „Über das Verfassungsgericht der Russischen Föderation" hier nicht anders verstanden werden als die Anerkennung der offensichtlichen Tatsache, dass außer dem Verfassungsgericht keine weiteren gerichtlichen Instanzen zur Beurteilung der Übereinstimmung eines Gesetzes mit der Verfassung der Russischen Föderation existieren."[2052]

Der Russische Richter am EGMR Prof. Dr. Anatoli KOVLER unterstützt diese Meinung. Seiner Auffassung nach betrachtet der EGMR das Verfassungsgericht nicht als letzte nationale Gerichtsinstanz. Er bezieht sich auch auf die Sache *Roshka v. Russia.*[2053] In dieser Entscheidung wies der Gerichtshof darauf hin, dass Art. 6 Abs. 1 EMRK auf das Verfahren vor dem Verfassungsgericht grundsätzlich anwendbar ist, wenn der Ausgang des Verfahrens unmittelbar zivilrechtliche Ansprüche und Verpflichtungen betrifft.[2054]

> „Where proceedings before a Constitutional Court are embedded in ordinary proceedings, for example where the domestic courts refer a question of the constitutionality of a relevant provision to the Constitutional Court, the proceedings before the Constitutional Court may be relevant, to a greater or lesser extent, in an assessment of the compliance of the underlying proceedings with Article 6 of the

---

2050 S. auch *Kutter, J. Vivika / Schröder, Tim,* 2000, S. 14.
2051 S. Stellungnahme von Prof. Dr. MORSCAKOVA, in: *Kutter, J. Vivika / Schröder, Tim,* 2000, S. XXV.
2052 Ebenda.
2053 Roshka v. Russia (63343/00)- Decision as to the Admissibility vom 6. November 2003 (inadmissible).
2054 S. Urteil Kraska v. Switzerland, Ziff. 26.

> Convention...That is not the case in the application before the Court, which concerns an individual application lodged directly with the Constitutional Court and aimed at quashing of a law on the ground of its unconstitutionality.“[2055]

HARTWIG ist der Auffassung, dass die verfassungsrechtliche Garantie, dass sich Bürger gegen Akte des Staates, auch des Verfassungsgerichts, an internationale Gerichte wenden können (Art. 46 BVGÜVGRF) keine Berücksichtigung im Verfassungsgerichtsgesetz findet. Seiner Meinung nach wäre es erforderlich gewesen, eine Regelung für die Frage zu treffen, ob das Verfassungsgericht darauf mit der Wiederaufnahme des Verfahrens oder auf andere Weise reagieren müsse. In dieser Weise hätte Russland sich hier zum Vorreiter bei der Lösung eines diffizilen Rechtsproblems machen können, das über kurz oder lang von allen Staaten entschieden werden müsse, welche die Jurisdiktion eines auf Völkerrechtsebene konstituierten Gerichts anerkennen.[2056]

2. Präjudizienrecht beim gerichtlichen Schutz des Eigentumsrechts

> „The Court considers that when speaking of “law”, Article 1 of Protocol No. 1 alludes to the same concept to be found elsewhere in the Convention, a concept which comprises statutory law as well as case-law.”[2057]

Die Frage, ob das Präjudizienrecht eine Rechtsquelle in der Ukraine und Russland ist, wird schon lange Zeit diskutiert.[2058] Diese Diskussionen wurden von den sowjetischen Rechtwissenschaftlern angefangen.[2059]
Bei der Erforschung dieser Frage wurden verschiedene Meinungen vertreten, die man grob in drei Gruppen einteilen kann:[2060]

2055 Roshka v. Russia (63343/00)- Decision as to the Admissibility vom 6. November 2003 (inadmissible).
2056 *Hartwig, Matthias,* 1996, S. 191.
2057 S. Urteil Spacek v. the Czech Republic, Ziff. 54.
2058 Vgl. Art. 38 des Statuts des Internationalen Gerichtshofes. Vgl. *Banning, Theo R. G. van,* 2002, S. 214.
2059 S. *Orlovskij, P. E.,* Znachenije sudebnoj praktiki v razvitii sovetskogo grazhdanskogo prava, in: Sovjetskoje gosudarstvo i pravo, 1940, N8-9; *Kaminskaja, V. I.,* Rol Verkhovnogo Suda SSSR v razvitii sovetskogo sozialisticheskogo prava, in: Sovjetskoje gosudarstvo i pravo, 1948, N6, S. 43; *Novizkij, I. B.,* Istochniki sovetskogo grazhdanskogo prava, Moskau, 1959, S. 135-141; *Nedbajlo, P. E.,* Primenenije sovetskikh pravovykh norm, Moskau, 1960, S. 355; *Vengerov, A. B.,* O prezedente tolkovanija pravovj normy, in: Uchenyje zapiski VNIISZ, Vol. 6, Moskau, 1966, S. 3-19; *Lazarev, V. V.,* Probely v prave i puti ikh razreshenija, Moskau, 1974; *Pigolkin, A. S.,* Obnaruzhenije i preodolenije probeleov v prave, in: Sovjetskoje gosudarstvo i pravo, 1970, N3, S. 57; *Bratus, M.* (Hrsg.), Sudebnaja praktika v sovjetskoj pravovoj sisteme, Moskau, 1975; *Alekseev, S. S.,* Obchaja teorija prava, Moskau, 1981 u.s.w.
2060 Vgl. *Smirnov, L. V.,* 2001.

1. Die Rechtsprechung ist nur insoweit eine Rechtsquelle, als sie sich in den Erklärungen des Plenums des Obersten Gerichts widerspiegelt.
2. Die Rechtsprechung ist in vollem Umfang eine Rechtsquelle, inklusive der Entscheidungen der Rayongerichte.
3. Die Rechtsprechung ist keine Rechtsquelle.

Damit kann man die Konsequenz ziehen, dass diese Problematik sehr gegensätzlich wahrgenommen wird. Aber damals konnten diese Diskussionen keine bedeutende Rolle spielen, weil die Gesetzgebung sehr stabil war und die rechtlichen Verhältnisse nicht so vielschichtig waren, dass sie eine zusätzliche rechtliche Regulierung brauchten. Und genau dieses Phänomen kann man in einer Transformationsperiode beobachten.

2.1. Die Ukraine

Heute gibt es keine einheitliche Stellungnahme der Rechtswissenschaftler und der praktizierenden Juristen zur Rolle und Bedeutung der Rechtsprechung, ihrer Stellung in der ukrainischen Gesetzgebung und die Rolle und Bedeutung der Erklärungen des Plenums des Obersten Gerichts der Ukraine. In der Fachliteratur findet man diese Definition des Begriffs der juristischen Praxis: Sie ist eine objektive persönliche Erfahrung bei der Ausübung rechtlicher Tätigkeit durch die Befugnisorgane, die während der Streitentscheidung gebildet wurde.[2061]
In der Ukraine werden die Rechtsprechung der Obersten Gerichte und die Beschlüsse des Plenums der Obersten Gerichte nicht offiziell als Rechtsquelle anerkannt, weil das Institut des Präjudizienrechts der ukrainischen Gesetzgebung nicht bekannt ist. Nirgendwo in der Fachliteratur zum Zivilprozessrecht wird die Rechsprechung als eine Rechtsquelle anerkannt. Aber ihre wissenschaftliche und praktische Bedeutung wird nicht verkannt.[2062]

[2061] S. *Bratus, M.* (Hrsg.), Sudebnaja praktika v sovjetskoj pravovoj sisteme, Moskau, Juridicheskaja literatura, 1975; *Vengerov, A. B.*, Teorija gosudarstva i prava, Moskau, 1998.

[2062] S. *Pogorilko, V.*, Reshenija Konstituzionnogo Suda Ukrainy, in: Pravo Ukrainy, 2002, N3, S. 13; *Dovgert, A.*, Sudebnyj prezedent, in: Juridicheskaja Praktika, N14 (328); *Kisil, V.*, Sudebnaja praktika kak faktor razvitija norm i institutov mezhdunarodnogo chastnogo prava, in: Vestnik Verkhovnogo Suda Ukrtainy, 2001, N3, S. 28-30; *Lilak, D.*, Sudoproizvodstvo i problemy sudebnogo pravotworchestva, in: Vestnik Verkhovnogo Suda Ukrainy, 2003, N3, S. 63-68; *Fursa, E. und Evdokimov, D.*, Eine Reihe der Publikationen zu Thema, in: Juridicheskaja Praktika, 2004, N4, 6, 9, 10, 13; *Rusheljuk, A.*, Sudebnaja praktika na "konchike igly", in: Juridicheskaja Praktika, 2004, N26 (340); *Janchuk, A.*, Perspektivy soglasovanija kodeksov. Uchastniki foruma o prakticheskikh aspektakh reshenija problem primenenija kollisionnykh norm GK i HK, in: Juridicheskaja Praktika, 2004, N14 (328).

Einerseits ist das Verfassungsgericht der Ukraine gemäß Art. 124 VU ein Bestandteil des Gerichtssystems der Ukraine und anderseits erlasst es die Rechtsakte, die Rechtsnormen aufheben oder auslegen. Solch ein Status führt dazu, dass das Verfassungsgericht ein *quasi* gesetzgebendes Organ ist, dessen Rechtsakte die Kennzeichen einer Rechtsquelle haben, soweit man von einer traditionellen Interpretation dieses Begriffes ausgeht.[2063]
Auch die Tatsache, dass das Verfassungsgericht der Ukraine sich in seiner Rechtsprechung auf das Straßburger *Case Law* bezieht, beweist, dass die Idee über das Präjudizienrecht in der ukrainischen Rechtsprechung sich weiterentwickelt. In dieser Weise stützt das Gericht sich auf eine *ratio decidendi* Doktrin. Eine Gerichtentscheidung muss nicht nur gesetzmäßig sondern auch begründet sein. Solch eine Entwicklung der Urteilsbegründung verlangt den Richtern eine Schaffenskraft ab, und sogar, die Notwendigkeit, eine gemeinsame gerichtliche Stellungnahme zu den gleichen rechtlichen Verhältnissen auszuarbeiten. Dies führt entweder zu einem impliziten Gebrauch der Argumente aus der Rechtsprechung oder zu einer direkten Zitierung des Präjudizienrechts. Es ist sehr bemerkenswert, dass eine Urteilsbegründung, in der das Verfassungsgericht der Ukraine zum ersten Mal ein Urteil des EGMR zitiert hat, die Probleme des Eigentumsrechts, bzw. des Problems der Rückgabe (Auszahlung) der Sparguthaben der Bürger betraf.[2064]

Die Obersten Gerichte der Ukraine verwenden immer noch verbreitet die Bräuche der Informationsbriefe und Erklärungen zu Rechtsakten.[2065] Während sich in Russland die gesamte Gerichtspraxis[2066] überwiegend auf die Entscheidungen des Verfassungsgerichts der RF stützt. Es beweist noch einmal die Rolle des Verfassungsgerichts der RF in der Rechtsanwendungspraxis. Nach der Verfassung der Ukraine hat das Oberste Gericht der Ukraine im Gegensatz zum Verfassungsgericht keine Befugnisse, die Verfassung und die Gesetze der Ukraine auszulegen.[2067] Das Oberste Gericht ist nur berechtigt, den Gerichten Erklärungen über die richtige Anwendung der Gesetzgebung zu unterbreiten.[2068]
Obwohl die Rechtsprechung nicht als offizielle Rechtsquelle anerkannt wird, werden die Beschlüsse des Plenums des Obersten Gerichts der Ukraine faktisch

---

2063 Vgl. *Recommendation PACE 1722 (2005)*, Punkt 2.4.2.
2064 S. Urteil VGU vom 10. Oktober 2001 (N13-рп/2001), Ziff. 5.4 Abs. 6.
2065 Nach Art. 93 Abs. 1 VU haben die Obersten Gerichte der Ukraine kein Recht zur Gesetzesinitiative.
2066 In der geltenden Gesetzgebung der RF gibt es keine Definition der Gerichtspraxis. S. zum Begriff der Gerichtspraxis *Solovjev, V. J.*, Ponjatije sudebnoj praktiki (Der Begriff der Gerichtspraxis), in: Zakonodatelstvo i ekonomika, N12, 2002.
2067 S. Art. 147 VU.
2068 S. Art. 47 Abs. 2 Punkt 2 GÜGSU.

zu rechtlichen Normen. Am meisten aber befasst es sich mit der Durchsetzung der Verfassungsnormen und der Verbreitung der Jurisdiktion auf alle rechtlichen Verhältnisse im Lande. Es gewährleistet uneingeschränkte Geltung des Rechtsschutzes. Zum Beispiel stellte das Plenum des Obersten Gerichtes der Ukraine in seinem Beschluss „*O praktike primenenija sudami zemelnogo zakonodatelstva pri rassmotrenii grazhdanskikh del* (Über die Anwendung der Agrargesetzgebung in den Zivilsachen in der Praxis)“[2069] fest, dass die Instanzgerichte für *alle* Streitigkeiten in dem Bereich zuständig sind (mit Ausnahme der Streitigkeiten, die nach dem Gesetz den Wirtschaftsgerichten und anderen Kontrollbehörden zugewiesen sind).

SCHEWCHUK[2070] vertritt die Meinung, dass die Erklärungen der Obersten Gerichte der Ukraine kaum ein klassisches Präjudizienrecht sind. Er nennt dieses Phänomen ein *quasi* Präjudizienrecht, weil es bindend für die unteren Instanzen ist. Auch die Bedeutung der Entscheidungen der Obersten Gerichte nimmt zu. Nach Art. 312 Abs. 2 und Art. 340 Abs. 4 der neuen Zivilprozessordnung der Ukraine[2071] sind die Motive und Schlussfolgerungen, aufgrund deren Gerichtsentscheidungen aufgehoben wurden, obligatorisch für die Gerichte erster und der Berufungsinstanz. LUSPENIK ist der Auffassung,[2072] dass die rechtlichen Anweisungen des Plenums des Obersten Gerichts, die das Gesetz konkretisieren, für dessen Auslegung nicht ganz neu sein sollen. Anweisungen sollten den Inhalt die Bedeutung des Gesetzes nicht ändern und ihnen nicht widersprechen. Seiner Meinung nach sind diese Anweisungen gesetzkonforme Normativakte, die Normativcharakter haben.

Die Verfasserin ist der Meinung, dass unabhängig davon, ob die Rechtsprechung und Beschlüsse des Plenums der Obersten Gerichte der Ukraine offiziell (*de jure*) als eine Rechtsquelle anerkannt werden, sie *de facto* eine Quelle und von großer Bedeutung für die nationale Gesetzgebung sind:

1. Die Gerichtspraxis ist ein Bestandteil rechtlicher Praxis und des Rechtssystems der Ukraine.
2. Die Erklärungen der Obersten Gerichte zur Auslegung und Anwendung der Rechtsnormen gewährleisten die Einheitlichkeit der rechtsanwendenden Praxis[2073] in der Ukraine.[2074]

2069 S. Beschluss des Plenums des Obersten Gerichts der Ukraine vom 25. Dezember 1996 (N13).
2070 *Schewchuk, S.*, 2002, S. 74-77.
2071 Zivilprozessordnung der Ukraine vom 18. März 2004 (N1618-IV). Diese trat erst am 1. September 2005 in Kraft, gemeinsam mit der Verwaltungsprozessordnung der Ukraine.
2072 *Luspenik, Dmitrij*, 2004.
2073 S. mehr zum Thema *Beljanevich, V.*, 2002, S. 94-96.

3. Im Prozess der Rechtsanwendung werden die Probleme der geltenden Gesetzgebung entdeckt und die Lücken beseitigt.
4. Die gerichtliche Praxis prüft die Effektivität der Rechtsnormen, klärt die Notwendigkeit der Weiterentwicklung einzelner Rechtsnormen.
5. Die Verallgemeinerung und die Analyse der gerichtlichen Praxis ermöglichen, es die Gesetzmäßigkeit und die Tendenzen in der Entwicklung der rechtsanwendenden Praxis zu entdecken und die Wege ihrer Weiterentwicklung zu bestimmen.

Es stellt sich die Frage, ob es für die Judikative notwendig wäre, die Rechtsprechung *de jure* als eine Rechtsquelle anzuerkennen.
In der Ukraine besitzt die Judikative in der Trias der Machtverteilung immer noch eine untergeordnete Position. LUSPENIK ist der Auffassung,[2075] dass eine *de jure-* Anerkennung des Präjudizienrechts in der ukrainischen Gesetzgebung dazu führen wird, dass die Gerichte in die Politik hineingezogen werden. Das wird negative Konsequenzen für die Judikative mit sich bringen, besonders kann es ihre Autorität untergraben. Auch muss man noch zwei negative Faktoren in Betracht ziehen, die gegen die Autorität der Judikative sprechen: a) die zunehmende Zahl an Gerichten in der letzten Zeit und b) die neue Generation unerfahrener Richter.[2076]

Die Verfasserin unterstützt diese Meinung zum Teil. Sie gesteht LUSPENIK zu, dass die Rechtsprechung des Verfassungsgerichts und der Obersten Gerichte der Ukraine eine bedeutende Rolle in der Entwicklung der ukrainischen Gesetzgebung spielt, besonders betrifft sie die Rechtsbereiche, die im Entstehungsprozess sind: Eigentumsrecht, Steuerrecht, Wettbewerbsrecht u.s.w.. Derzeit ist es jedoch zu früh davon zu sprechen, dass der Status der Rechsprechung geändert werden kann. Es würde zur Unstabilität in der ganzen sich entwickelnden Gesetzgebung führen. Man kann die juristische Erscheinung des Präjudizienrechts nicht automatisch in die Rechtsysteme der Länder, die traditionell zum kontinentalen System gehören, bzw. die Ukraine und Russland, übertragen.[2077] Ein Kompromiss könnte sein, dass nur die gerichtlichen Akte der Obersten Gerichte als eine Rechtsquelle anerkannt werden können, und davon nur diejenigen, die eine kausale Norm beinhalten.

2074 Vgl. Art. 129 Abs. 3 Ziff. 3 VU.
2075 *Luspenik, Dmitrij,* 2004.
2076 Vgl. *Beljanevich, V.,* 2004.
2077 S. auch "Pro zaprovadzhennja sudovogo prezedentu", in: Visnyk gospodarskogo sudochinstva, 2002, N3, S. 207-211.

Die Verfasserin ist der Auffassung, dass es heute eine wichtige Aufgabe ist, die Rechtsprechung als *de facto-* Rechtsquelle weiter zu entwickeln und eine stärkere Grundlage für eine *de jure-* Rechtsquelle zu bauen, damit eine kardinale Änderung im Status der Rechsprechung nicht so schmerzhaft für die ganze Gesetzgebung wird. Als gutes Beispiel dient das schon oben erwähnte Urteil des Verfassungsgerichts der Ukraine über die Rückgabe (Auszahlung) der Sparguthaben der Bürger.[2078] Obwohl bezog das Verfassungsgericht sich mehrmals auf die Bestimmungen der EMRK, erschien erst 2001 sein Urteil, in dem das Gericht bereit war, sich auf die Rechtsprechung des EGMR zu beziehen.

2.2. Russland

In Russland sieht die Lage der Rechtsprechung nicht so kontrovers wie in der Ukraine aus.[2079] Die Tatsache, dass in Russland ins Lehrprogramm rechtwissenschaftlicher Fakultäten der Kurs „Gerichtliche Praxis und Gesetzgebung zum Zivilprozess" eingeführt wurde,[2080] beweist, dass die Bedeutung der Rechtsprechung in russischem Rechtssystem zunimmt.[2081] Russische Wissenschaftlerin NESHATAEVA weist darauf hin, dass auch in Russland die Judikative immer noch in der Machtverteilung eine untergeordnete Position hat.[2082] Ihrer Meinung nach existierte das Präjudizienrecht schon immer als eine Rechtsquelle im russischen Rechtssystem. Eine Anwendung der Gesetzes- und Rechtsanalogie, die in der sowjetischen und russischen Gesetzgebung vorgesehen sind, betrachtet sie als ein Element der präjudizienrechtlichen Regulierung.[2083] Die Wissenschaftlerin betont, dass die Entschcidungen des Verfassungsgerichts der RF in einer konkreten Sache die Natur eines Präjudizienrechts[2084] haben.[2085]

Heute ist die Rolle des Verfassungsgcrichts der RF[2086] in der Beseitigung der Lücken und Undeutlichkeit der Gesetzgebung in der Transformationsphase

---

[2078] S. Urteil VGU vom 10. Oktober 2001 (N13-pn/2001).

[2079] S. Materialen zum Internationalen Seminar TACUC-EDRUS 9607 „*Sudebnaja praktika kak istochnik prava* (Rechtsprechung als eine Rechtsquelle)" vom 25.-26. November 1999, Moskau.

[2080] S. *Treushnikov, M. (Hrsg.)*, Grazhdanskij prozess: Uchebnoje posobije, Moskau, 2003.

[2081] S. ausführlicher zum Thema *Alekseev, S. S.*, 2000, S. 115-133 und *Zhujkov, V. M.*, 1997, S. 143-189.

[2082] *Neshataeva, T. N.*, 2004, S. 64.

[2083] Sie bezieht sich auf die westliche Doktrin des Präjudizienrechts (S. *Neshataeva, T. N.*, 2004, S. 64).

[2084] In den letzten neuen Jahre bezog sich das Verfassungsgericht der RF in mehr als 90 Fällen auf die Rechtsprechung des EGMR (s. *Zorkin, V. D.*, 2005).

[2085] *Neshataeva, T. N.*, 2004, S. 65.

[2086] S. mehr dazu *Zorkin, V. D.*, 2004.

kaum zu überschätzen.[2087] Zur Frage der undeutlichen und zweideutlichen Bestimmungen der Rechtsakte der RF kann man zwei Urteile des Verfassungsgerichts anführen.[2088] Die beiden Urteile betrafen die Vorschriften des Gesetzes der RF „*Ob osnovakh nalogovoj sistemy v Rossijskoj Federazii* (Über die Grundlagen des Steuersystems der RF)".[2089] Das Verfassungsgericht wies darauf hin, dass die Zweideutigkeit der steuergesetzlichen Bestimmungen zu einer Verletzung der Rechte natürlicher und juristischer Personen führe.[2090] STARZHENECKIJ vertritt die Meinung, dass die Möglichkeit der Beseitigung einer rechtlichen Unbestimmtheit durch die Rechsprechung sehr erfolgreich angewendet werden kann.[2091]

NESHATAEVA ist der Auffassung, dass die Modifikation der russischen prozessualen Gesetzgebung dazu führe, dass die Rolle des Präjudizienrechts als eine Rechtsquelle deutlich erweitert wurde. Um ihre Idee zu unterstützen, führt sie ein Beispiel an. Art. 304 APORF sieht vor, dass eine Gerichtsentscheidung in einem Aufsichtsverfahren (russ.: *v porjadke nadzora*) revidiert werden kann,[2092] wenn drei Voraussetzungen vorliegen. Die Entscheidung:

1) verletzt die Einheitlichkeit der Auslegung und Anwendung der Rechtsnormen bei den Arbitragegerichten;
2) stellt ein Hindernis dar, welches die Annahme einer anderen Sache, und
3) verletzt die Rechte und gesetzmäßigen Interessen eines unbestimmten Personenkreises und andere öffentliche Interessen.[2093]

Nach ihrer Meinung sind die Voraussetzungen 1) und 3) die Grundlage des künftigen Präjudizienrechts. Auch die Entscheidungen der Obersten Gerichte betrachtet sie als Rechquelle.[2094] Im Gegensatz zu den ukrainischen Gerichten haben die Obersten Gerichte und das Verfassungsgericht der RF das Recht der Gesetzesinitiative.[2095] Diese Kompetenz erweitert die Bedeutung der Rolle der Gerichte im russischen Rechtssystem deutlich. Art. 6 BGVG besagt, dass eine

[2087] S. auch *Doc. H(98) 7*- 1998, S. 176: "Folgerungen", Punkte 3 und 4.
[2088] S. Urteil VGRF vom 15. Juli 1999 (N11-П) und Urteil VGRF vom 30. Januar 2001 (N2-П).
[2089] Gesetz RF vom 27. Dezember 1991 (N2118-I).
[2090] Urteil VGRF vom 15. Juli 1999 (N11-П), Ziff. 4 Abs. 3 und Urteil VGRF vom 30. Januar 2001 (N2-П), Ziff. 3 Abs. 2.
[2091] *Starzheneckij, V. V.*, 2004, S. 110.
[2092] Ein Aufsichtverfahren für die Gerichtsentscheidungen, die vollstreckbar sind.
[2093] Vgl. Kapitel 41 ZPORF.
[2094] *Neshataeva, T. N.*, 2004, S. 66.
[2095] S. Art. 104 Abs. 1 Satz 1 VRF.

Auslegung der Verfassung der RF vom Verfassungsgericht der RF für alle staatlichen Machtorgane, Organisationen, Bürger u.s.w. offiziell und verbindlich ist.[2096] Eine Kommentierung dieser Bestimmung lautet, dass diese offizielle Auslegung von normativer Natur ist, weil sie sich auf alle Subjekte rechtlicher Verhältnisse und einen weiteren Kreis von Fällen erstreckt. Jeder Rechtsanwender muss sich nach den Auslegungen des Verfassungsgerichts richten, weil diese Auslegungen Bestandteil der Verfassung werden.[2097]
Anders stellt sich die mit den Beschlüssen des Plenums des Obersten Gerichts der RF dar. Diese Problematik analysiert LEBEDEV[2098] in seiner Monographie. Zu Beginn der Gerichtsreform in Russland stand eine sehr intensive Diskussion über die Konsequenzen der rechtlichen Akte des Obersten Gerichts. Mehrere Experten betrachteten die verbindliche Natur der Beschlüsse des Plenums des Obersten Gerichts als einen Widerspruch zum Grundsatz der Unabhängigkeit der Richter.[2099] LEBEDEV weist darauf hin, dass in dieser Weise das Prinzip der Unabhängigkeit der Richter missverstanden wird.[2100]

Art. 126 und 127 VRF sehen vor, dass das Oberste Gericht und das Oberste Arbitragegericht der RF zu den Fragen der Gerichtspraxis Erklärungen abgeben sollen. Daraus kann man zwei Konsequenzen ziehen:

1. Die Obersten Gerichte der RF sind berechtigt, die Rechtsakte der RF auszulegen.
2. Die Verfassung der RF bestimmt nicht, welchen Grad an Durchsetzbarkeit diese Auslegungen haben.

In der Verfassung der RF ist verankert, dass das Verfassungsgericht nur berechtigt ist, die Bestimmungen der Verfassung auszulegen. Soweit der Gesetzgeber aber keine Kompetenz hat, alle anderen Rechtsakte der RF auszulegen, steht das Recht zu solch einer Auslegung dem Obersten Gericht und dem Obersten Arbitragegericht der RF zu. Dies steht unter dem Vorbehalt aber, dass die Obersten Gerichte nur berechtigt sind, die Rechtsakte zu den Fragen auszulegen, die die Gerichtspraxis betreffen. IVANOV[2101] sieht solch eine Beschränkung sehr kri-

---

[2096] Vgl. Es gibt aber viele Fälle, in denen mehrere Urteile des Verfassungsgerichts der RF nicht durchgesetzt werden. S. mehr zum Thema bei Elena HETMAN „*Chinovnik glavnee Konstitutzii: Kto i pochemu ne vypolnjaet reshenija glavnogo suda strany*", in: Rossijskaja Gazeta vom 9. August 2005.

[2097] S. Bundesverfassungsgesetz „Über das Verfassungsgericht der RF", Kommentar, Moskau, 1996, S. 325-326.

[2098] LEBEDEV Vjacheslav Mikhailovich ist der Präsident des Obersten Gerichts der RF.

[2099] *Ershov, V. V.*, Satus suda v pravovom gosudarstve (Position des Gerichts in einem Rechtsstaat), Moskau, 1992, S. 121.

[2100] S. Art. 5 des Bundesverfassungsgesetzes der RF „Über das Gerichtssystem in der RF". Vgl. Art. 120 Abs. 1 VRF.

[2101] *Ivanov, S. A.*, Sudebnyje postanovlenija kak istochnik prava, in: Sudebnaja praktika kak istochnik prava, Moskau, 1997, S. 31.

tisch. Er ist der Auffassung, dass es eine Erbschaft alter Mentalität ist, die der heutigen Lage nicht angepasst ist.

In ihren Beschlüssen benutzen die Obersten Gerichte der RF schon den Begriff „gerichtliche Auslegung".[2102] In dem gemeinsamen Beschluss[2103] des Plenums des Obersten Gerichts und des Plenums des Obersten Arbitragegerichts der RF „*O nekotorykh voprosakh, svjazannykh s vvedenijem v dejstvije Grazhdanskogo kodeksa Rossijskoj Federazii* (Über einige Fragen, die mit der Einführung des Zivilgesetzbuches der RF verbunden sind)" wurde darauf hingewiesen, dass diese Gerichte beschlossen haben, einige Bestimmungen des ZGBRF im Sinne der gerichtlichen Praxis auszulegen.

Noch eine erkennbare Form der Gerichtsentscheidung, die als eine Rechtsquelle betrachtet werden kann, ist die Entscheidung über Feststellung, dass ein Rechtsakt verfassungswidrig oder gesetzwidrig ist. Folglich verliert solch ein Rechtsakt seine rechtliche Wirkung und die gesellschaftlichen Verhältnisse werden in einer anderen Weise reguliert. LIFSHIZ betont,[2104] dass es scheint, als ob das Gericht keine rechtlichen Normen erlässt. Aber solch eine Entscheidung schafft neue Rechte und Pflichten der Subjekte gesellschaftlicher Verhältnisse. Seiner Auffassung nach ist diese Gerichtsentscheidung von gesetzgeberischer Natur. LEBEDEV unterstützt diese Position, weil die juristischen Konsequenzen der Aufhebung eines Rechtsaktes und der Anerkennung seiner Rechtswidrigkeit gleich sind.[2105] In beiden Fällen verlieren diese Rechtsakte ihre juristische Wirkung.[2106]

Eine Gerichtsentscheidung wird in einer konkreten Sache erlassen und formell hat sie Bedeutung nur für diese Sache. Wenn eine solch Entscheidung vom Obersten Gericht getroffen wird, hat sie den Charakter einer präjudiziellen Entscheidung.[2107] Aus diesem Grund ist ZHUJKOV der Meinung, dass die Rechtsprechung der Obersten Gerichte der RF als eine Rechtsquelle *de jure* anerkannt werden soll.[2108]

Es gibt auch sehr pessimistische Meinungen zu dieser Problematik in der russischen Fachliteratur.[2109] SOROKIN gesteht den Rechtsakten, die in der Trans-

---

2102 S. auch *Zhujkov, V. M.*, 1997, S. 146.

2103 Der gemeinsame Beschluss des Plenums des Obersten Gerichts und des Plenums des Obersten Arbitragegerichts der RF vom 28. Februar 1995 (N2/1).

2104 *Lifshiz, R. Z.*, 1997, S. 4.

2105 *Lebedev, Vjacheslav M.*, 2000, S. 217.

2106 Vgl. *Nersesjanz, V. S.*, 1997, S. 40.

2107 *Ebzeev, B. S.*, 1997, S. 163.

2108 S. *Zhujkov, V.*, Sudebnaja zaschita prav grazhdan i juridicheskikh liz, Moskau, 1997. Prof. Dr. ZHUJKOV ist der Vizepräsident des Obersten Gerichts der RF. S. auch *Lifshiz, R. Z. (Hrsg.)*, 1997, S. 9.

2109 S. *Urukov, V. N.*, 2004 und *Tarasov, D. A.*, Sudebnaja praktika novyj istochnik prava? (Ist die Rechtsprechung eine neue Rechtsquelle?), in: Advokat, N4, 2005. Vgl. Informationsbrief OAGRF vom 8. April 1999 (N C1-7/УП-361); Informationsbrief des Plenums OAGRF vom 29. September 1999 (N48); Informationsbrief des Plenums OAGRF vom 2. Dezember 2003 (N11406/03).

formationsperiode erlassen werden, die Natur eines Gesetzes zu.[2110] Die Rechtsprechung kann als keine selbständige Rechtsquelle betrachtet werden, weil sie in dieser Periode nur die allgemeinen Erkenntnisse der Rechtsdoktrin wiedergibt.

Auf jeden Fall zeigt die Existenz von Anhängern und Gegnern der zunehmenden Rolle der Rechsprechung als Rechtsquelle in der RF, dass eine Suche nach möglichen Rechtswegen stattfindet, die Rechte und Interessen der Personen besser zu schützen.[2111] Mit Rücksicht auf die obenerwähnten Tendenzen in beiden Ländern vertritt die Verfasserin die Meinung, dass die Diskussionen über die Rolle der Rechtsprechung mit der Tätigkeit der Verfassungsgerichte und dem Straßburger *Case Law* in Gang gesetzt wurden. Heute ist nicht sehr entscheidend, ob die Rechsprechung in der Ukraine und in Russland als eine Rechtquelle *de jure* anerkannt wird oder nicht. Wichtig ist aber die Tatsache, dass die Gerichte die heutige rechtliche Lage nutzen, um die Lücken, Unbestimmtheit einzelner Vorschriften in den nationalen Gesetzgebungen schnell und effektiv zu beseitigen. Besonders auffallend ist die Situation im Bereich des Eigentumsschutzes, in dessen Bereich umfangreiche rechtliche Akte existieren, die sehr oft die gleichen Rechtsverhältnisse widersprüchlich regeln. Nach der Auffassung der Verfasserin sind die Gerichte besser in der Lage, die bereits existierenden Rechtsnormen effektiv anzuwenden.

> „Die Tatsache, dass die Rolle der Gerichtspraxis und des Präjudizienrechtes in einer Zivilgesellschaft von größerer Bedeutung wird, wird zurecht als eine allgemeine Tendenz der modernen Rechtsentwicklung betrachtet...diese Tendenz in Vollem und Ganzem sowie den heutigen Lebensherausforderungen als auch der Logik des Rechtes entspricht.“[2112]

B. Die Garantien des Art. 6 Abs. 1 EMRK im Zusammenhang mit dem Eigentumsschutz in Russland und in der Ukraine

Nur in wenigen Urteilen gegen Russland[2113] und gegen die Ukraine[2114] stellte der EGMR eine unmittelbare Verletzung des Eigentumsrechts fest. Überwiegend ging es um eine Verletzung des Art. 6 Abs.1 EMRK im Zusammenhang mit Art. 1 1.ZP.

[2110] *Sorokin, V. V.*, 2002.

[2111] Die Lage zur Rolle der Rechtsprechung ändert sich fast in allen Europäischen Ländern. Sehr auffallend ist die Tatsache, dass 1994 der Ministerkomitee des Europarates eine Empfehlung „On the indepence, efficiency and role of judges“ (s. *Recommendation No. R (94) 12*-13.10.1994) erließ. In Prinzip III wurde es darauf hingewiesen, dass „1. Proper conditions should be provided to enable judges to work efficiently and, in particular, by: a)...providing for appropriate training...Such training...should in particular concern recent legislation and *case-law* (Hvh. d. Verf.*)*.“

[2112] *Alekseev, S. S.*, 2000, S. 232.

[2113] Urteil Solodyuk v. Russia, Urteil Frizen v. Russia, Urteil Baklanov v. Russia.

[2114] Urteil Kechko v. Ukraine, Urteil Koshchavets c. Ukraine, Fedorenko v. Ukraine.

„The conclusion that the right to property is primarily a procedural guarantee seems however not any more at present justified. In the case law of the European Court in the first decades the protection of property was always linked with the protection under Article 6. It was only in the 1990s that judgements were delivered whereby the right to property was found to be violated without a simultaneous violation of fair trials rights. Gradually, a pattern is emerging whereby there are a substantial number of cases in which the right to property is invoked or examined, but not the right to fair trial. Moreover cases emerge where the right to property was violated but not Article 6."[2115]

1982 stellten die Richter des EGMR eine Verletzung des Art. 1 1.ZP zum ersten Mal fest.[2116] Der Gerichtshof hielt es oft für überflüssig, zu entscheiden, ob eine Verletzung der Bestimmungen des Art. 1 1.ZP vorliegt, nachdem er die Verletzungen anderer Konventionsgarantien aus Art. 6 Abs. 1 und 14 EMRK festgestellt hatte. Erst 1997 hielt es der EGMR für unnötig, nachdem er eine Verletzung des Eigentumsrechts festgestellt hatte, auch die Vorschriften aus Art. 6 Abs. 1 EMRK zu berücksichtigen.[2117]

„The question of the degree of relevance of property can partly be answered by the trend in the frequency with which the European Court has been called upon by individuals to protect their property. This trend is remarkable. In the practice of supervision of international instruments, it takes time before individual complaint mechanism is actually used. In other words, before its effectiveness attracts people seeking justice."[2118]

I. Das Recht auf ein „faires" Zivilverfahren

Es wurde in Kapitel I analysiert, dass in mehreren Urteilen des Gerichtshofes die Verletzung des Art. 6 Abs. 1 EMRK im Zusammenhang mit dem Eigentumsschutz festgestellt worden war.[2119] Die Ukraine und Russland stellen keine Ausnahme dar.

[2115] *Banning, Theo R. G., van,* 2002, S. 110.

[2116] Urteil Sporrong and Lönnroth v. Sweden.

[2117] Urteil Gaygusuz v. Austria.

[2118] *Banning, Theo R. G., van,* 2002, S. 118.

[2119] „The case law, whereby Article P1-1 was the only basis to conclude a violation, shows a degree of diversity. Several cases involved the distruction of houses coupled with the absence of effective remedies. Domestic remedies had not been fully exhausted, which made Article 6 as a basis for an application difficult to maintain. The European Court actually provided an effective remedy to infringments of such property rights. The cases indicate that the protection of property is a necessary addition for an adequate protection of the rights of the applicants. Futhermore, there were several cases in which legislation was found to violate property rights by the European Court. In addition, under such circumstances, reliance on Article 6 to complain about the application of due process rules does not provide solace. It is therefore difficult to maintain that one of the main characteristics of the „European" concept of property is the concominant procedural guarantee" (*Banning, Theo R. G., van,* 2002, S. 188).

Wie oben schon erwähnt wurde, fallen in den Schutzbereich des Art. 1 1.ZP nur Eigentumsbeeinträchtigungen, die auf einer dem Staat direkt zurechenbaren Handlung beruhen. Der Eingriff ins Eigentumsrecht muss das unmittelbare Ergebnis der Ausübung von Hoheitsgewalt darstellen und darf nicht aufgrund privatrechtlicher Verhältnisse entstehen. Andererseits ist der Staat dafür verantwortlich, Rahmenbedingungen für die Privatrechtsordnung aufzustellen: Insofern kann und muss er auch staatliche Mittel für die Durchsetzung privatrechtlicher Ansprüche zur Verfügung stellen. Insofern besteht eine staatliche Schutzpflicht, ein Umfeld zu errichten und zu erhalten, das eine wirksame Inanspruchnahme der Eigentumsgarantie ermöglicht.[2120]
Rechtliche Regulierung, die ausschließlich mit Hilfe der Gesetze und anderer Rechtsakte durchgesetzt wird, kann eine entsprechende Flexibilität des Rechts nicht immer sichern. Damit besteht eine Notwendigkeit, eine effektive Gerichtskontrolle zu schaffen. Diese Gerichtskontrolle dient der Entwicklung des Rechtes und der Wahrung des Prinzips des Primats des Rechts.

> „The concept of 'civil right' under Article 6 comprises the right to property as well. Both concepts of 'civil right' and 'possession' have autonomous meanings within the Convention irrespective of the meanings they have under national laws. The concept of civil rights is a wider one and possessions or property rights are inclusive in it."[2121]

Das Eigentumsrecht muss mit einem anderen Recht gewährleistet werden, und zwar mit dem Recht auf effektiven Rechtsschutz.[2122] Um sein Eigentumsrecht zu schützen, braucht ein Subjekt den Zugang zum Gericht,[2123] entsprechende prozessuale Garantien[2124] und, als Ergebnis, eine Gerichtsentscheidung.[2125] Diese Gerichtsentscheidung kann auch „Vermögen" im Sinne des Art. 1 1.ZP darstellen, wenn sie Förderungsrechte festsetzt, die einen Wirtschaftswert haben.

> „On the European level we see the same link between property and fair trial: access to court and ‚procedural interest' sometimes coincide. Occasionally, the

---

2120 *Reininghaus, Eva,* 2002, S. 7.
2121 *Coban, Ali Riza,* 2004, S. 245.
2122 „Daher ist in einer Gemeinschaft, welche Freiheit und Markt ernst nimmt, Wachsamkeit angesagt. Von den Gerichten ist nicht zu erwarten, dass sie ein Eigentum bewahren, welches die politischen Kräfte aufgeben, welches die Eigentümer selbst nicht verteidigen. Ihre Aufgabe ist es stets, in der Gemeinschaft um Verständnis für eine Eigentumsordnung zu werben, an deren Vorzügen und Produktivität letztlich und auf Dauer alle teilhaben, auch die heute Ärmeren. Solange es ein Recht *am* Eigentum gibt und dieses wirklich gesichert wird, wird es auch stets „ein Recht *auf* Eigentum" geben, jedenfalls eine reale Chance auf Zugang zu dem, was heute andere besitzen oder was noch nie Arme reicher gemacht; das Schicksal der sowjetischen Proletarier belegt es" (*Leisner, Walter*, 1998, S. 50).
2123 S. Urteil Sporrong and Lönnroth v. Sweden.
2124 S. Urteil Sovtransavto Holding v. Ukraine, Urteil Brumarescu v. Rumania, Urteil Stran Greek Refineries and Stratis Andreadis v.Greece, Urteil Hentrich v. France.
2125 S. Urteil Immobiliare Saffi v. Italy, Urteil Burdov v. Russia.

Court in Strasbourg finds a violation but awards no just satisfaction in the sense of Article 41. Then the mere finding has to serve as just satisfaction!
The two elements, however, do not coincide perfectly. Article 1 Protocol No. 1, and Article 6 differ in their relationship with private law. Article 1 presupposes a situation in which on the one hand a physical or legal person and on the other hand the State are the parties. Article 6, however, starts from the assumption that where a private and a public party are involved the outcome of the dispute must be directly decisive for rights of a civil nature. The latter sometimes calls for a somewhat artificial reasoning in order to make Article 6 applicable. Especially in litigation concerning civil or public service this has lead to a somewhat capricious delimitation of the scope of that provision."[2126]

Bis heute definierte der Europäische Gerichtshof für Menschenrechte keine deutlichen Kriterien, welche Vermögensstreitigkeiten unter den Begriff „Streit über die Zivilrechte und -pflichten" fällt. Es gibt allein ein allgemeines Prinzip,[2127] nach dem eine Streit als zivilrechtlich gilt: 1) wenn ein realer und ernsthafter Versuch vorliegt, einige „Rechte" und „Pflichten" anzufechten, die in der nationalen Gesetzgebung anerkannt werden; 2) bei dem Verfahrensausgang sollen diese Rechte und Pflichten direkt definiert werden; 3) diese Rechte und Pflichten sollen von zivilrechtlicher Natur sein.[2128]

Die Problematik der Beschwerden, die nach Straßburg kommen, spiegelt die Problemfelder nationaler Gesetzgebung wider, die den allgemeinen Grundsatz der Gewährleistung eines Zugangs zum Gericht und eines fairen Verfahrens betreffen. Um zu verstehen, welche Rolle die Verletzung des Art. 6 Abs. 1 EMRK in den Beschwerden spielt, in denen auch Art. 1 1.ZP von Bedeutung ist, muss man die Beschwerden zum Thema näher betrachten.[2129] Es ist wohl schwierig, die Urteile des Gerichtshofes gegen die Ukraine und Russland nach den einzelnen Voraussetzungen zu ordnen, die sich aus dem Art. 6 Abs. 1 EMRK ergeben. Aber eine der Ursachen der schwerwiegenden Verletzungen der Konventionsgarantien in beiden nationalen Gesetzgebungen war und ist Existenz des Protest-Verfahrens.

[2126] *Alkema, E. A.*, 2000, S. 23-24.

[2127] S. Urteil Skärby v. Sweden, Ziff. 27; Urteil H. v. France, Ziff. 47; Urteil Feldbrugge v. the Netherlands, Ziff. 29; Urteil König v. Germany, Ziff. 28. Vgl. Urteil Ferrazzini v. Italy.

[2128] S. auch *Frowein, J. A. / Peukert, W.*, 1996, S. 157-164, Ziff. 6-16.

[2129] S. Urteile gegen die Ukraine: Tregubenko v. Ukraine, Naumenko v. Ukraine, Mykhaylenky v. Ukraine, Zherdin v. Ukraine, Poltoratchenko v. Ukraine, Sokur v. Ukraine, Voytenko v. Ukraine, Zhovner v. Ukraine, Shmalko v. Ukraine, Sharenok v. Ukraine, Shcherbakov v. Ukraine, Chernyaev v. Ukraine, Grishechkin v. Ukraine, Bylynko v. Ukraine u.s.w..
Urteile gegen Russland: Baburin v. Russia, Baklanov v. Russia, Burdov v. Russia, Emanakova v. Russia, Gizzatova v. Russia, Gorokhov v. Russia, Koltsov v. Russia, Makarova v. Russia, Malinovsky v. Russia, Petrushko v. Russia, Plotnikovy v. Russia, Ryabykh v. Russia, Solodyuk v. Russia, Teteriny v. Russia, Yaroslavtsev v. Russia, Yemanakova v. Russia u.s.w..

II. Das Verfahren des Protestes

Das Verfahren des Protests wurde aus der sowjetischen Rechtsordnung übernommen.

> „Es ist eine Besonderheit des russischen Rechtssystems, dass es neben dem gewöhnlichen Instanzenzug und dem Wiederaufnahmeverfahren ein Aufsichtsverfahren (*nadzor*) zur Korrektur von rechtskräftigen Entscheidungen gibt. Dieses aus sowjetischer Zeit übernommene Verfahren entsprach dem Bedürfnis des totalitären Staates, Gerichtsurteile jederzeit revidieren zu können, wurde aber mit dem auch unter rechtsstaatlichen Aspekten beachtlichen Argument, dass für unrichtig erkannte Entscheidungen abänderbar sein müssen, gerechtfertigt“. [2130]

Nicht umsonst in diesem Zitat erwähnte NUSSBERGER nur das russische Rechtssystem. Das Verfahren des Protests unterscheidet sich in beiden Ländern, aber das ist erst in den letzten Jahren geschehen. Eine wichtige Rolle spielte die Rechtsprechung des EGMR.

1. Die Ukraine

Im Urteil *Sovtransavto Holding v. Ukraine* stellte der EGMR fest, dass

> "there are three limbs to this complaint: *the first* (Hvh. d. V.) concerns the lack of impartiality and independence of the tribunals; *the second* (Hvh. d. V.) the lack of a public hearing ...; and the *third* (Hvh. d. V.) the length of the proceedings."[2131]

Bis heute ist *Sovtransavto Holding v. Ukraine* das wichtigste Urteil gegen die Ukraine, in dem Art. 6 Abs. 1 EMRK und Art. 1 1.ZP untrennbar voneinander betrachten wurden. Noch mehrere Beschwerden, die vom EGMR für zulässig erklärt wurden, in denen das Recht auf Eigentum unter dem Gesichtspunkte des Art. 6 Abs. 1 EMRK betrachtet wird, warten auf ihre Entscheidung. Trotzdem bildet das Urteil *Sovtransavto Holding v. Ukraine* weiterhin ein Beispiel, in dem die Prinzipien des alten sowjetischen Rechtssystems die Verletzung des Rechts auf „faires“ Verfahren verschlammten.[2132] Es ging um den sogenannten „Protest“ (ukr.: *zajava pro perevirku rishennia u poriadku nagliadu)* (Einspruchsverfahren[2133] (engl.: *supervisory review procedure*)).

In der Zivilprozessordnung der USSR in der Fassung vom 1. Januar 1964 war vorgesehen, dass jede rechtskräftige Gerichtsentscheidung im Wege der Auf-

[2130] *Nußberger, Angelika,* 1998, S. 109.

[2131] S. Urteil Sovtransavto Holding v. Ukraine, Ziff. 61.

[2132] Vgl. Agrotehservice v. Ukraine (62608/00)- Decision as to the Admissibility vom 19. Oktober 2004 (admissible, inadmissible).

[2133] S. auch Urteil Brumarescu v. Romania, Ziff. 61-62.

sicht über Gerichtsentscheidungen revidiert werden konnte, falls drei Kategorien der offiziellen Personen dies für notwendig hielten.[2134] Diese drei Kategorien der offiziellen Personen wurden im Art. 328 aufgelistet:

> "The following officials are empowered to lodge objections under the supervisory review procedure with a view to securing the revision of judgments and court orders or decisions which have become final:
> (1) the President of the Ukrainian Supreme Court, the Attorney-General and their deputies...;
> (2) the presidents of the Supreme Court of Crimea, the regional courts, the Kiev District Court and the Sebastopol District Court and their deputies, and State counsel at the Supreme Court of Crimea, the regional courts, the Kiev District Court and the Sebastopol District Court and their deputies...;
> (3) the presidents of the regional military tribunals and military or admiralty courts, military prosecutors ... and their deputies..."

Nach Art. 329 der alten Zivilprozessordnung waren die Personen aus der Liste berechtigt, "to require the relevant court to submit the file on a civil case to them so that they can decide whether there are grounds for an objection under the supervisory review procedure." Auch Art. 97 der alten Wirtschafts (Arbitrage)-prozessordnung der USSR spiegelte die Bestimmungen über das Einspruchsverfahren (Protest-Verfahren) wider.[2135] Der Gesetzgeber sah drei Möglichkeiten des Prozessausgangs im Wege der Aufsicht vor:
- die Gerichtsentscheidung unverändert zu lassen;[2136]
- die Gerichtsentscheidung zu verändern;[2137]
- die Gerichtsentscheidung aufzuheben.[2138]

Weiterhin sah Art. 109 der alten Wirtschafts (Arbitrage)-prozessordnung der USSR vor, dass die Anweisungen zur Gerichtsentscheidung, die nach dem Protestverfahren erlassen wurde, für das Gericht, das diese Entscheidung getroffen hat, verbindlich waren.[2139]

[2134] Artikel 327 der Zivilprozessordnung der USSR: "Judgments and court orders or decisions which have become final may be reconsidered under the supervisory review procedure on an objection (*protest*) lodged by one of the officials specified in Article 328 of this Code."

[2135] Art. 97 Abs.1: "The President of the Supreme Arbitration Tribunal of Ukraine, the Attorney-General or his deputies shall be entitled to lodge an objection with the Presidium of the Supreme Arbitration Tribunal seeking revision of a judgment of a bench of the Supreme Arbitration Tribunal in an economic case".

[2136] Art. 106 Abs. 1 S. 1 der alten Wirtschafts (Arbitrage)-prozessordnung der USSR.

[2137] Art. 106 Abs. 1 S. 2 der alten Wirtschafts (Arbitrage)-prozessordnung der USSR.

[2138] Art. 106 Abs. 1 S. 3 der alten Wirtschafts (Arbitrage)-prozessordnung der USSR.

[2139] Art. 109 Abs. 1: "Directions set out in a judgment delivered following the revision of a judgment, order or decision under the supervisory review procedure shall be binding on the arbitration tribunal to which the case is remitted for retrial".

Der Gerichtshof zog im Urteil *Sovtransavto Holding v. Ukraine* die ausdrücklichen Konsequenzen,

> „that judicial systems characterised by the objection (*protest*)[2140] procedure and, therefore, by the risk of final judgments being set aside repeatedly, as occurred in the instant case, are, as such, incompatible with the principle of legal certainty that is one of the fundamental aspects of the rule of law for the purposes of Article 6 § 1 of the Convention."[2141]

Der Gerichtshof wies darauf hin, dass in seinem *Case Law* das Recht auf ein „faires" Verfahren nach Art. 6 Abs. 1 EMRK im Sinne der Präambel zur EMRK betrachtet werden solle, die das „Rule of Law" Prinzip als einen Teil des gemeinsamen Nachlasses[2142] aller europäischen Länder proklamiert: "One of the fundamental aspects of the rule of law is the principle of legal certainty, which requires, *inter alia*, that where the courts have finally determined an issue, their ruling should not be called into question."[2143]

In der neuen Fassung der Zivilprozessordnung der Ukraine[2144] ist das Einspruchsverfahren nicht verankert. In seiner Interim Resolution wies das Minister Komitee des Europarates[2145] darauf hin, dass

> „Prior to the Court's judgment (*Sovtransavto Holding v. Ukraine* – Anm. d. Verf.), the procedure for supervisory review (protest), which was one of the main *structural problems* (Hvh. d. V.) at the basis of the violations found, was abolished through a comprehensive judicial reform of 21 June 2001."[2146]

2140 Der Gerichtshof verwies auf das Prinzip der Rechtsicherheit, obwohl im Fall Sovtransavto v. Ukraine im Gegensatz zum Urteil Brumarescu v. Rumania dem Beschwerdeführer "following supervisory review on an objection by the President of the Supreme Arbitration Tribunal...was afforded a fresh opportunity to put forward its case before the tribunals of fact" (Urteil Sovtransavto v. Ukraine, Ziff. 75).

2141 Urteil Sovtransavto Holding v. Ukraine, Ziff. 77.

2142 S. Präambel zur EMRK (Abs. 5): «Résolus, en tant que gouvernements d'États européens animés d'un même esprit et possedant un patrimoine commun d'idéal et de traditions politiques, de respect de la liberté et de prééminence du droit, à prendre les premières mesures propres àassurer la garantie collective de certains des droits énoncés dans la Déclaration universelle».

2143 Urteil Sovtransavto Holding v. Ukraine, Ziff. 72.

2144 Die Zivilprozessordnung der Ukraine trat am 1. Januar 2005 in Kraft (gemäß des Gesetzes vom 18. März 2004 (N1618-IV)).

2145 S. *Resolution ResDH (2004) 14.*

2146 Vgl. *Resolution PACE 1466 (2005)*, Punkt 13.10.

2. Russland

Nach Meinung des russischen Gesetzgebers kann die Richtigkeit der Gerichtsakten,[2147] die schon in Kraft getreten sind, überprüft werden.[2148] Ausgeschlossen sind aber die Beschlusse des Präsidiums des Obersten Gerichts und des Präsidiums des Obersten Arbitragegerichts der RF.[2149] Diesem rechtlichen Institut gehen ein Appellationsverfahren (für Friedensrichter) und ein Kassationsverfahren voran.[2150] Der Gesetzgeber gibt eine ausführliche Auflistung der gerichtlichen Entscheidungen, die angefochten werden können.[2151] Nach der russischen Gesetzgebung bestehen zwei Rechtswege zum Einspruchsverfahren, die sich unterscheiden durch Rechtssubjekte und Formen: die Personen, die an der Verhandlung beteiligt sind, oder andere Personen, deren Rechte und gesetzmäßiges Interesse durch die Gerichtsentscheidungen verletzt werden,[2152] sind berechtigt, eine Einspruchsbeschwerde (russ.: *nadzornaja zhaloba*) zu erheben.[2153]
Das Recht auf einen Protest des Staatsanwaltes[2154] (russ.: *predstavlenije prokurora*) haben zwei Arten von Rechtssubjekten:[2155]
- der Generalstaatsanwalt der RF[2156] und seine Stellvertreter (bei jedem Gericht der Aufsichtsinstanz (russ.: *nadzornaja instanzija*));
- die Staatsanwälte der Subjekte der RF ins Präsidium des Gerichts des Subjekts der RF.

2147 Die Gerichtsakten werden in Form von gerichtlicher Anordnung (russ.: *sudebnyj prikaz*), Entscheidung des Gerichts (russ.: *reshenie suda*) und Beschluss des Gerichts (russ.: *opredelenije suda*) erlassen (Art. 13 Abs. 1 ZPORF).

2148 Art. 376 ZPORF. Das Recht auf ein Einspruchsverfahren ist auch nach der Arbitrageprozessordnung möglich. S. Kapitel VI APORF.

2149 S. Urteil VGRF vom 3. Februar 1998 (N5-П). Nach der Meinung der Beschwerdeführer begrenzt dieser gesetzliche Vorbehalt ihr Recht auf den gerichtlichen Schutz. Das Verfassungsgericht wies darauf hin, dass die Überprüfung einer Entscheidung des Präsidiums des Arbitragegerichts in einer zusätzlichen Phase des Prozesses nämlich wegen der neu erwiesenen Umstände möglich sei. Deswegen sei der gesetzliche Vorbehalt nicht als eine Begrenzung des Rechtes auf den gerichtlichen Schutz zu betrachten (Ziff. 3 Abs. 2 des Urteils). S. auch Beschluss VGRF vom 8. Februar 2001 (N36-O).

2150 S. mehr dazu *Tolcheev, N. K.*, 2004, S. 74-75.

2151 Art. 377 Abs. 2 ZPORF. S. auch *Abova, Tamara,* 2004, S. 643.

2152 Art. 376 Abs. 1 ZPORF.

2153 Zum Beispiel: Bei der Allrussischen wissenschaftlichen Konferenz „Die Probleme der Zugänglichkeit und der Effektivität der Justiz in der Arbitrage- und Zivilgerichtsbarkeit" (Januar – Februar, 2001, Moskau) führte der Vizepräsident des Obersten Arbitrage- Gericht der RF in seiner Rede an, dass 1998 10.000 Anträge auf eine Einspruchbeschwerde beim Arbitragegericht eingegangen sind, 1999–11.500, 2000–14.500 Anträge.

2154 Dem Staatsanwalt wird dieses Recht nur dann zugesprochen, wenn er an der Verhandlung teilgenommen hat (Art. 376 Abs. 3 ZPORF).

2155 Art. 377 Abs. 4 ZPORF.

2156 Zur Rolle der Staatsanwaltschaft zum Schutze der Rechte und Freiheiten der Bürger in dem Rechtssystem der RF s. *Bauring, Bill,* 2001, S. 162-163.

Alle vorgeschriebenen Gerichtsakte können innerhalb von einem Jahr nach dem Inkrafttreten angefochten werden.[2157] Der Gesetzgeber legte fest, dass die Gründe zur Aufhebung oder Änderung der Gerichtsakte der untergeordneten Gerichte im Einspruchsverfahren die wesentlichen Verletzungen der Normen des materiellen und prozessualen Rechts sein sollen.[2158]
Das Verfassungsgericht der RF weist in seiner Rechtsprechung darauf hin, dass neben den ersten und Berufungsinstanzen die Kassations- und Aufsichtsinstanzen die ausreichende Garantie des in Art. 46 und 50 Abs. 3 VRF verankerten Rechts auf den gerichtlichen Schutz gewährleisten.[2159] Das Einspruchsverfahren solle als eine zusätzliche Sicherung dieses Rechts betrachtet werden, weil es eine Möglichkeit gäbe, nach der rechtkräftigen Entscheidung ein Überprüfungsverfahren anzuordnen.[2160] Nach Meinung des Gerichts prüft die Aufsichtsinstanz nicht nur die Gesetzmäßigkeit eines Gerichtsaktes, sondern auch die Begründetheit der Entscheidung, d.h. ob die erwiesenen Umständen erlauben, diese oder eine andere Norm des materiellen Rechts anzuwenden.[2161] In dieser Weise korrigiert die Aufsichtsinstanz gerichtliche Fehler, die das Gericht während der Phase der Rechtsanwendung gemacht hat, in der es entschieden wird, welche Norm des materiellen Rechts ausgewählt werden soll.[2162] Die Aufsichtsinstanz stellte unmittelbar keine Beweise und faktische Umstände fest, weil es eine Ablösung der ersten und Berufungsinstanzen wäre. Diese Instanz entscheidet ausschließlich in den Fehler der Anwendung des materiellen Rechts.[2163] Falls die Aufsichtsinstanz folgert, dass die Entscheidung oder der Beschluss wegen nicht ausreichender Begründetheit aufgehoben werden soll, darf sie nicht eine neue Entscheidung treffen, weil nach den gesetzlichen Bestimmungen eine Zurückverweisung der Sache zur neuerlichen Verhandlung angeordnet wird.[2164]
In einem weiteren Beschluss[2165] setzte sich das Verfassungsgerichts der RF mit der Problematik auseinander. Es wurde noch mal deutlich angeführt, dass in ei-

[2157] Art. 376 Abs. 2 ZPORF. Der Beschluss OGRF vom 27. Januar 2003 (N2), Ziff. 20-25, bestimmt die Abrechnung der Fristen in einen Einspruchsverfahren nach dem Inkrafttreten der neuen Zivilprozessordnung der RF, das heißt, die Frist läuft ab 1. Februar 2003, falls eine Gerichtsentscheidung bis 1. Januar 2003 in Kraft getreten ist.
[2158] Art. 387 ZPORF.
[2159] S. Urteil VGRF vom 3. Februar 1998 (N5-П), Ziff. 6 Abs.5. S. auch Urteil VGRF vom 20. Dezember 1995 (N17-П). Mehr zum Thema s. *Nußberger, Angelika,* 1998, S. 109-110.
[2160] S. Urteil VGRF vom 3. Februar 1998 (N5-П), Ziff. 6 Abs. 6.
[2161] S. Urteil VGRF vom 3. Februar 1998 (N5-П), Ziff. 6 Abs. 9.
[2162] S. Urteil VGRF vom 3. Februar 1998 (N5-П), Ziff. 6 Abs. 10.
[2163] S. Urteil VGRF vom 3. Februar 1998 (N5-П), Ziff. 6 Abs. 10-11.
[2164] S. Urteil VGRF vom 3. Februar 1998 (N5-П), Ziff. 7 Abs. 2.
[2165] S. Beschluss VGRF vom 12. April 2005 (N113-O).

nem Einspruchsverfahren[2166] die gerichtlichen Fehler gutgemacht werden können, damit das Prinzip der Gerechtigkeit gewährleistet wird.[2167] Das Gericht bezog sich auf die Rechtsprechung des EGMR in der Sache *Ryabykh v. Russia* und betonte, dass das *res judicata* Prinzip von allen Gerichten geachtet werden solle.[2168]

VLASOV meint, dass das Gerichtssystem in Russland dringend eine allgemeine Leitung braucht. Alle föderalen Gerichte und Friedensrichter sollen die Rechtspflege einheitlich ausüben, damit Rechte und Interesse der Bürger gewährleistet werden können. Der Wissenschaftler räumt der Aufsichtinstanz die Fähigkeit ein, gerichtliche Fehler zu vermeiden. Seiner Meinung nach kann man in den ersten und Berufungsinstanzen nicht alle Gerichtsakte überprüfen, weil vom Gesetz eine zu kurze Frist (10 Tage) für Berufung und Kassation bestimmt wird. Innerhalb dieser Frist sind nicht alle Betroffenen in der Lage, die gerichtlichen Fehler zu entdecken, ihre Anforderungen zu formulieren u.s.w..[2169]

In der Sache *Ryabykh v. Russia*[2170] wendete die Beschwerdeführerin sich an den Europäischen Gerichtshof für Menschenrechte,[2171] weil ihrer Meinung nach ihre Rechte aus Art. 6 Abs. 1 EMRK und Art. 1 1.ZP verletzt worden waren.[2172] Der Wert ihrer Bankeinlage, die sie bis 1991 bei der Sparbank eingelegt hat, hat sich wegen der Inflation deutlich gemindert. Das Gericht erster Instanz anerkannte der Beschwerdeführerin eine Kompensation für die erlittenen Verluste. Nach der Eröffnung des Vollstreckungsverfahrens erhob der Präsident des Regionalgerichts ein Einspruchsverfahren mit der Begründung, dass die Entscheidung des Gerichts erster Instanz dem materiellen Recht widersprach. Das Präsidium des Regionalgerichts setzte die Entscheidung des Gerichts erster Instanz außer Kraft.[2173] Das Vollstreckungsverfahren wurde eingestellt. Nach zwei Jahren überprüfte das Oberste Gericht der RF die Entscheidung des Regionalgerichts. Die Sache wurde zu einer neuen Verhandlung befördert. In drei Jahren wurden insgesamt sechs Entscheidungen des Gerichts erster Instanz erlassen. Schließlich

---

[2166] Vgl. Beschluss VGRF vom 22. April 2004 (N159-O).
[2167] S. Beschluss VGRF vom 12. April 2005 (N113-O), Ziff. 3.1.
[2168] S. Beschluss VGRF vom 12. April 2005 (N113-O), Ziff. 3.3.
[2169] *Vlasov, A. A. (Hrsg.)*, 2004, S. 400.
[2170] Urteil Ryabykh v. Russia vom 24. Juli 2003 (final vom 3. Dezember2003).
[2171] S. zum Thema auch Shestakov v. Russia (48757/99) - Decision as to the Admissibility vom 18. Juni 2002 (inadmissible); Appolonov v. Russia (67578/01) - Decision as to the Admissibility vom 29. August 2002 (inadmissible); Sukhorubchenko v. Russia (69315/01) - Decision as to the Admissibility vom 15. Januar 2004 (inadmissible).
[2172] S. auch zum Thema *Information documents CM/inf/DH(2005)20* – 23.03.2005.
[2173] "The applicant was not informed that the application for supervisory review had been lodged, or invited to attend the hearing before the Presidium" (Ziff. 14 des Urteils).

unterschrieb die Beschwerdeführerin ein Friedensagreement mit dem Staat und bekam eine Wohnung im Wert der anerkannten Kompensation. Aber die Beschwerdeführerin war mit dem Preis der Wohnung nicht zufrieden, die wollte eine zusätzliche monetäre Entschädigung vom Staat.
Der Gerichtshof stellte fest, dass keine Verletzung des Art.1 1.ZP vorlag.[2174]
Betreffend der Rechte aus Art. 6 Abs. 1 EMKR wies EGMR darauf hin, dass

> „One of the fundamental aspects of the rule of law is the principle of legal certainty,[2175] which requires, among other things, that where the courts have finally determined an issue, their ruling should not be called into question.[2176]
> ...Legal certainty[2177] presupposes respect of the principle of *res judicata* that is the principle of finality of judgments. This principle insists that no party is entitled to seek a review of a final and binding judgment merely for the purpose of a rehearing and a fresh decision of the case.[2178] Higher courts' power of review should be exercised for correction of judicial mistakes, miscarriages of justice, and not to substitute a review. The review cannot be treated as an appeal in disguise, and the mere possibility of two views on the subject is not a ground for reexamination.[2179]"

Zum Schluss fand der Gerichtshof, dass die Existenz eines Einspruchsverfahrens in der russischen Gesetzgebung gegen das Prinzip der Rechtssicherheit verstößt. Darüber hinaus lag eine Verletzung des Art. 6 Abs. 1 EMRK vor.[2180]

Im Gegensatz zur Sache *Ryabykh v. Russia* erklärte der EGMR die Beschwerde *Tumilovich v. Russia*[2181] für unzulässig, obwohl es dabei um zwei Protestverfahren ging: "these applications constitute extraordinary remedies, the use of which depends on the discretionary powers of the President of the Civil Cham-

---

2174 Urteil Ryabykh v. Russia, Ziff. 64.
2175 S. auch Urteil Brumarescu v. Rumania, Ziff. 61-62.
2176 Urteil Ryabykh v. Russia, Ziff. 51.
2177 „Die Einlegung des Einspruchs ist im Gesetz an keine Frist gebunden. LIPPOTT (Die Wirtschaftsgerichtsbarkeit in der RF, RIW 1996, II, S. 108) weist deshalb zu Recht auf Gefahren für die Rechtssicherheit hin. Da die Rechtssicherheit jedoch ein wesentliches Element des u.a. in Art. 1 1. Verf. verankerten Rechtsprinzips darstellt, lassen sich zeitliche Beschränkungen möglicherweise aus diesem Verfassungsprinzip ableiten" (*Stampe, Volker*, 2000, S. 41).
2178 S. auch AO URALMASH v. Russia (13338/03) - Decision as to the Admissibility vom 4. September 2003. Diese Beschwerde wurde vom Gerichtshof für unzulässig erklärt: "the applicant company's recourse to this newly available remedy to challenge proceedings which had been brought to an end by a final decision must be seen as akin to a request to re-open those proceedings by means of the extraordinary transitional remedy...However, the Court recalls in this connection that the *Convention does not guarantee a right to re-open proceedings* (Hvh. d. Verf.) in a particular case".
2179 Urteil Ryabykh v. Russia, Ziff. 52.
2180 Urteil Ryabykh v. Russia, Ziff. 57-58.
2181 Tumilovich v. Russia (N47033/99)- Decision as to the Admissibility vom 22. June 1999 (inadmissible).

ber of the Supreme Court and the Deputy Prosecutor General, and do not, therefore, constitute effective remedies within the meaning of Article 35 § 1 of the Convention".[2182]

KOVLER vertritt die Meinung,[2183] dass mit einer Annahme des neuen Gesetzes über die Gerichte allgemeiner Jurisdiktion die Aufsichtsinstanz (russ.: *nadzornaja instanzija*) ein Bestandteil des Gerichtsverfahrens nach Art. 126 VRF werden soll. In diesem Fall wird der EGMR sie als ein effektives Mittel des rechtlichen Schutzes betrachten. Ein gutes Beispiel für Anstrengungen des russischen Gesetzgebers, um das Einspruchsverfahren in einer modifizierten Art beizubehalten, ist der Entwurf des Abänderungsgesetzes „*O vnesenii izmenenij v Arbitrazhnyj prozessualnyj kodeks Rossijskoj Federazii* (Über die Eintragung der Abänderungen in die Arbitrageprozessordnung der RF)".[2184] In der Begründung zum Entwurf wurde darauf hingewiesen, dass sich die Abänderungen zu Art. 292, 296 und 304 APORF[2185] auf Schaffen zusätzlicher Grundlagen richten, damit die Aufsichtsinstanz in Person vom Obersten Arbitragegericht der RF vom EGMR als „ein effektives Mittel des Rechtsschutzes im Sinne des Art. 35 Abs. 1 EMRK absolut anerkannt wird".[2186]

2006 wurde die Interim Resolution vom Ministerkomitee des Europarates angenommen,[2187] in der darauf hingewiesen wurde, dass Russland weitere Maßnahmen zur Reformierung des Zivilverfahrens ergreifen soll, und zwar:

> „ – to continue to restrict progressively the use of the „*nadzor*" procedure, in particular through stricter time limits for *nadzor* applications and limitation of permissible grounds for this procedure so as to encompass only the most serious violations of the law;
> - to ensure that the "*nadzor*" procedure respects the requirements of a fair trial, including the adversarial principle, the equality of arms, etc.;
> - to simplify the current "*nadzor*" procedure, thus making it more expeditious;
> - to limit as much as possible the number of successive applications for supervisory review that may be lodged in the same case;
> - to discourage frivolous and abusive applications for supervisory review which amount to a further disguised appeal motivated by a disagreement with the assessment made by the lower courts within their competence and in accordance with the law;

2182 Vgl. Pitkevich v. Russia (N47936/99)- Decision as to the Admissibility vom 8. Februar 2001 (admissible).
2183 S. *Kovler, A. I.*, 2004.
2184 Gesetzentwurf N85070-4, Art. 1 Abs. 2. S. Beschluss der Duma vom 2. Februar 2005 (N1455-IУ ГД).
2185 Eine kritische Bemerkung zum Gesetzentwurf s. *Kuzin, S.*, Effektiven li nadzor? (Ist Nadzor effektiv?), in: Ekonomika und Zhisn -Jurist, N7, Februar, 2005.
2186 S. Informationsblatt des Obersten Arbitragegerichts der RF, N10, 2004, S. 9-10.
2187 *Resolution ResDH(2006)1* – 8.02.2006.

- to adopt measures including the parties adequately to use, as much as possible, the presently available cassation appeal to ensure rectification of judicial errors before judgements become final and enforceable.“

III. Die Dauer des zivilrechtlichen Verfahrens

„Justitia debet esse celeris quia dilatio est quaredam negatio“.

Obwohl die Fachliteratur bestimmt, dass die unangemessene Dauer eines zivilrechtliche Ansprüche oder Verpflichtungen betreffenden Gerichtsverfahren grundsätzlich keine nach Art. 1 1.ZP erhebliche Beeinträchtigung des streitgegenständigen Anspruchs darstellt,[2188] ist die Dauer des Verfahrens für die Gesamtgarantie des Art. 6 Abs.1 EMRK von großer Bedeutung.[2189]

In zivilrechtlichem Verfahren wird das Moment einer Klageerhebung als Ausgangspunkt des Ablaufs des zivilrechtlichen Verfahrens betrachtet. Diese Frist fängt aber früher an, wenn vor einer Klageerhebung beim Gericht die Klage eine administrative Prozedur durchlaufen muss. Eine schwierigere Situation ist die Ermessensausübung beim Enddatum des Zivilverfahrens, weil in den meisten zivilrechtlichen Verfahren die Zeitperiode zwischen der Urteilsverkündigung und seiner Vollstreckung ziemlich lang ist. Der ständigen Rechtsprechung des EGMR entsprechend ist die Vollstreckung ein Bestandsteil des Gerichtsverfahrens.[2190]

Bei dem Ermessen der angemessenen Dauer des Verfahrens nimmt der EGMR eine Rücksicht auf die Schwierigkeit des Sachverhalts, die Verhaltensweise des Beschwerdeführers und der staatlichen Behörden, der Charakter und die Größe der Klage.[2191] Trotz der Abhängigkeit von der Verhaltensweise des Beschwerdeführers, werden jedoch Richter von der Gewährleistung der schnellen Behandlung der Klage nicht befreit. Nach Art. 6 Abs. 1 EMRK sind nur diejenige Säumigkeiten von Bedeutung, die in irgendwelche Weise dem Staat zuzuordnen sind.[2192]

[2188] *Frowein, J. A. / Peukert, W., 1996*, S. 789-790, Rn. 45.

[2189] Scordino v. Italy, Grand Chamber, Ziff. 174: "...certain Contracting Parties have for years failed to comply with the "reasonable-time" requirement under Article 6 § 1 and have not provided for a domestic remedy for this type of complaint"; Ziff.183 "...The Court recalls that it has stated on many occasions that Article 6 § 1 imposes on the Contracting States the duty to organise their judicial systems in such a way that their courts can meet each of its requirements, including the obligation to hear cases within a reasonable time".

[2190] Urteil Hornsby v. Greece, Ziff. 40; Urteil Burdov v. Russia, Ziff. 34.

[2191] Urteil Frydlender v. France, Ziff. 43. S. auch Urteil Kormacheva v. Russia und Zherdin v. Ukraine (53500/99)- Decision as to the Admissibility vom 1. Februar 2005 (admissible, inadmissible).

[2192] S. Urteil Vernillo v. France, Urteil Pretro v. Italy.

1. Die Ukraine

Art. 1 der neuen Zivilprozessordnung der Ukraine[2193] bestimmt, dass eine der Aufgaben der Zivilgerichtsbarkeit in der Ukraine eine fristgerechte Verhandlung der Zivilsachen ist.[2194] In der neuen Zivilprozessordnung gibt es aber keine ausdrückliche Vorschrift, die eine bestimmte Frist darstellt, die ein zivilrechtliches Verfahren nicht übersteigern darf. Lediglich in Art. 67 ZPOU verankerte der Gesetzgeber, dass die prozessualen Fristen vom Gesetz und in anderem Fall vom Gericht bestimmt werden.
Die neue Verwaltungsprozessordnung der Ukraine[2195] schreibt vor, dass die Verwaltungsgerichte ermächtigt sind, angemessene Fristen des Verfahrens zu überprüfen. Gleichzeitig bestimmt Art. 3 Abs. 1 Ziff. 11 VPOU, dass eine angemessene Dauer der kürzesten Frist der Verhandlung und der Entscheidung der Sache entspricht, die zur Gewährung des rechtszeitigen Gerichtsschutzes der verletzten Rechte, Freiheiten und Interessen ausreichend ist. Art. 122 Abs. 1 VPOU schreibt vor, dass eine angemessene Frist der Verhandlung in einer Verwaltungssache nicht mehr als zwei Monaten sein muss.

Der Verfasserin ist es nicht gelungen, die entsprechende Rechtsprechung der ukrainischen Gerichte zur Problematik zu finden. Aber die Thematik der Beschwerden, die nach Straßburg eingegangen sind, bringt die Wichtigkeit dieser Problematik in der Ukraine zum Ausdruck. Fast in jeder Beschwerde, die sich auf das zivilrechtliche Verfahren bezieht, wird auf die unangemessene Dauer des Verfahrens hingewiesen. In der Sache *Zherdin v. Ukraine*[2196] machte der Beschwerdeführer geltend, dass in zwei zivilrechtlichen Verfahren seinen Klagen entsprechend der ukrainische Staat gegen die Garantien des Art. 6 Abs. 1 EMRK verstieß. Der EGMR stellte fest, dass:

> „the authorities cannot be considered to have been primarily responsible for the length of the proceedings…The Court reiterates that only delays attributable to the State may justify a finding of failure to comply with the "reasonable time" requirement…Although a party to civil proceedings cannot be blamed for using the avenues available to him under domestic law in order to protect his interests, he must accept that such actions necessarily prolong the proceedings concerned…it observes that the courts hearing the case attempted to streamline the proceedings and to encourage the applicant and the defendant company to appear before them."

[2193] Sie trat am 1. September 2005 in Kraft.
[2194] Vgl. Art. 6 Abs. 4 GÜGSU.
[2195] Art. 2 Abs. 3 Ziff. 10 VPOU.
[2196] Zherdin v. Ukraine (53500/99)- Decision as to the Admissibility vom 1. Februar 2005 (admissible, inadmissible).

Mit gleicher Begründung fand der Gerichtshof auch in der Beschwerde *Poltorachenko v. Ukraine* auch keine Verletzung des Art. 6 Abs. 1 EMRK.[2197]
Im Fall *Svetlana Naumenko v. Ukraine* prüfte der EGMR die Dauer des zivilrechtlichen Verfahrens nach seiner Formel. Obwohl die Gesamtzeit des Verfahrens der Beschwerdeführerin neun Jahre, einen Monat und fünf Tage dauerte, nahm der Gerichtshof nur auf die Zeit nach dem Inkrafttreten der EMRK für die Ukraine nach dem 11. September 1997 Bezug.[2198] Dies genügte für eine Feststellung der Verletzung des Art. 6 Abs. 1 EMRK im Sinne der unangemessenen Dauer des Verfahrens.[2199]

2006 beauftragte der Präsident der Ukraine[2200] das Justizministerium der Ukraine einen Gesetzentwurf auszuarbeiten, in dem das Recht auf ein faires Verfahren bzw. auf eine angemessene Dauer des Verfahrens den Vorschriften der EMRK entsprechend effektiver gewährleistet werden sollten. Jedoch wurde nicht bestimmt, was unter einer angemessenen Dauer des Verfahrens zu verstehen ist.

2. Russland

Die Frage der Dauer von zivilrechtlichen Verfahren bei russischen Gerichten spielt eine bedeutsame Rolle bei den Beschwerden, die vom EGMR verhandelt werden.[2201] Im Urteil *Kormacheva v. Russia* dauerte das zivilrechtliche Verfahren von mehr als fünf Jahre. Der Gerichtshof betonte, dass diese Frist unangemessen ist.[2202] Auch in der Beschwerde *Levshyny v. Russia* machte die russische Regierung geltend, dass die Sache der Beschwerdeführer unangemessen verhandelt wurde, weil dem Gericht erster Instanz eine ausreichende Zahl an Richtern fehlte und das Gericht aus diesem Grund überbelastet war.[2203] Jedoch fand der Gerichtshof diese Begründung nicht für zulässig:

> „for the Contracting States to organise their legal systems in such a way that their courts can guarantee to everyone the right to a final decision within a reasonable

---

[2197] Urteil Poltorachenko v. Ukraine, Ziff. 29.
[2198] S. auch Leshchenko and Tolyupa v. Ukraine (56918/00)- Decision as to the Admissibility vom 6. April 2004, Urteil Sovtransavto Holding v. Ukraine.
[2199] Urteil Svetlana Naumenko v. Ukraine, Ziff. 85-87.
[2200] S. Erlass des Präsidenten der Ukraine „*Pro Plan zakhodiv na 2006 rik schodo vdoskonalennja spravedlyvogo sudochynstva v Ukraini vidpovidno do evropejskykh standartiv* (Über den Aktionsplan fürs Jahr 2006 zur Vervollkommnung des gerechten Gerichtsverfahrens in der Ukraine den europäischen Standarten entsprechend)" vom 20. März 2006 (N242/2006), Ziff. 4.4).
[2201] S. Urteil Baburin v. Russia, Urteil Kormacheva v. Russia, Urteil Levshyny v. Russia, Urteil Sokolov v. Russia, Urteil Vasyagin v. Russia, Urteil Yaroslavchev v. Russia, Urteil Yemanakova v. Russia.
[2202] Urteil Kormacheva v. Russia, Ziff. 57.
[2203] Urteil Levshyny v. Russia, Ziff. 31.

time in the determination of his or her civil rights and obligations...The manner in which a State provides for mechanisms to comply with this requirement – whether by way of increasing the numbers of judges, or by automatic time-limits and directions, or by some other method – is for the State to decide. If a State lets proceedings continue beyond the "reasonable time" prescribed by Article 6 of the Convention without doing anything to advance them, it will be responsible for the resultant delay ".[2204]

Das Verfassungsgericht der RF setzte sich mit der Problematik auseinander. Am 25. Januar 2001 entschied es in der Sache von vier Bürgern,[2205] die geltend gemacht haben, dass ihre Grundrechte verletzt worden waren. Konkret waren die Beschwerdeführer der Auffassung, dass die Bestimmungen des Art. 1070 Abs. 2 ZGBRF über Entschädigung der Schaden, die infolge eines Gerichtsverfahrens, verursacht werden, verfassungswidrig sind.[2206] Jeder der Beschwerdeführer machte geltend, dass die Verfahrensfristen unangemessen waren, deswegen verlangten sie eine Entschädigung für die nicht gesetzmäßigen Handlungen der Justiz. Das Verfassungsgericht wies darauf hin, dass die Gesetzgebung der RF eines allgemeinen Verfahrensmechanismus vorsieht,[2207] nach dem gerichtliche Entscheidungen revidiert werden können: eine Berufungsinstanz, eine Kassationsinstanz und eine Aufsichtsinstanz. Das heißt, dass eine Revidierung der Gerichtsentscheidung in Form eines Entschädigungsverfahrens einer Bewertung der Gesetzmäßigkeit in den Gerichtshandlungen entspricht. Nach Auffassung des Gerichts wäre eine solche Lage unzulässig.[2208]
Das Gericht wies darauf hin, dass in den Bestimmungen des Art. 1070 Abs.2 ZGBRF unter dem Begriff „Ausübung der Rechtsprechung" nicht das gesamte Gerichtsverfahren zu verstehen ist, sondern nur derjenige Teil, der die Gerichtsakte betrifft, die in der Sache erlassen werden.[2209] Das bedeutet, dass alle anderen Gerichtsakten nicht unter den Begriff „Ausübung der Rechtsprechung" fallen.[2210] Die Schuld des Richters liegt darin, dass der Richter einen gesetzwidrigen Akt erlässt, der nicht die Sache selbst betrifft, sondern die prozessualrechtlichen Positionen der Parteien.
Das Verfassungsgericht berief sich auf Art. 6 und 41 EMRK, weil darin die Bestimmungen über Entschädigung zu finden sind. Nach Auffassung des Gerichts haftet der Staat und gewährt dem gesetzwidrigen Verurteilter eine Entschädi-

2204 Urteil Kormacheva v. Russia, Ziff. 54 und Urteil Levshyny v. Russia, Ziff. 31. S. auch Frydlender v. France, Ziff. 45.
2205 Urteil VGRF vom 25. Januar 2001 (N1-П).
2206 S. Art. 46 und 53 VRF.
2207 Ziff. 3 Abs. 3 des Urteils.
2208 Ziff. 3 Abs. 4 des Urteils.
2209 Ziff. 4 Abs. 5 des Urteils. Vgl. Art. 18, Art. 118 Abs. 1 und 2, Art. 125-127 VRF.
2210 Ziff. 5 Abs. 1 des Urteils.

gung unabhängig von der Schuld des Richters. Gleichzeitig verpflichtet die Konvention die Mitgliedstaaten nicht, eine Entschädigung im Zivilverfahren unter denselben Bedingungen zu bezahlen.[2211] Das Verfassungsgericht verhandelte die Bestimmungen des Art. 1070 Abs. 2 ZGBRF im Sinne der EMRK. Deswegen soll nach seiner Auffassung das Recht auf eine billige Entschädigung nicht mit der Schuld des Richters verbunden werden.

IV. Das Problem der Nichtvollstreckung gerichtlicher Entscheidungen in beiden Rechtssystemen

Jeder, der schon einmal geklagt hat, weiß, dass mit der gerichtlichen Urteilsverkündigung im Allgemeinen die Sache noch nicht erledigt ist. Die richterliche Bestätigung eines eingeklagten Anspruches ergibt nicht automatisch seine Befriedigung. Das Vollstreckungsverfahren muss dem Kläger helfen, seine durch den richterlichen Spruch anerkannten Forderungen durchzusetzen. In seinem Urteil *Hornsby v. Greece* sprach der EGMR aus, dass „the right to a court would be illusory if a Contracting State's domestic legal system allowed a final, binding judicial decision to remain inoperative to the detriment of one party".[2212]
Im Gegensatz zum Schutzbereich des Art. 6 Abs. 1 EMRK berührt die Vollstreckung gerichtlicher Entscheidungen Art. 1 1.ZP grundsätzlich nicht. In der Fachliteratur[2213] wird aber darauf hingewiesen, dass eine Verletzung der Vorschrift allenfalls unter besonderen Umständen in Betracht gezogen werden kann, z. B. wenn das Gerichtverfahren derart unfair geführt wird, dass sein Ergebnis zu einem willkürlich erscheinenden Rechtsverlust führt. Die meisten Beschwerdeführer aus der Ukraine und Russland können sich auf solche besonderen Umstände berufen.[2214]

In der Transformationsperiode wurde in Russland und in der Ukraine eine Menge von progressiven Rechtsakten erlassen, um eine neue rechtliche Grundlage für die sich schnell entwickelnden wirtschaftlichen Beziehungen zu schaffen. Man gab sich einer Ausarbeitung von Normen des materiellen Rechts hin und berührte das Endergebnis der Gerechtigkeit– die Vollstreckung- faktisch fast nicht. Erst 1997 in Russland und 1999 in der Ukraine wurden die entsprechenden Gesetze angenommen, die das Vollstreckungsverfahren regeln.

[2211] Ziff. 6 Abs. 3 des Urteils.

[2212] Urteil Hornsby v. Greece, Ziff. 40; Urteil Immobiliare Saffi v. Italy, Ziff. 63.

[2213] *Frowein, J. A. / Peukert, W.*, 1996, S. 789-790, Rn. 45. S. auch *Reininghaus, Eva,* 2002, S. 7.

[2214] Vgl. Urteil Terem Ltd, Chechetkin and Olius v. Ukraine, Ziff. 46; Urteil Burdov v. Russia, Ziff. 40.

1. Das Vollstreckungsverfahren in der Ukraine und in Russland

1.1. Ukraine

Nach statischen Angaben[2215] werden weniger als 50% aller Gerichtsentscheidungen in der Ukraine[2216] vollstreckt.[2217] Somit ist in der Ukraine in vielen Fällen das Urteil nicht mehr Wert, als das Papier, auf dem es steht. Das Problem der Nichtvollstreckung gerichtlicher Entscheidungen war die Ursache des ersten Urteils des EGMR gegen die Ukraine. Es ging um die Sache *Kaisyn v. Ukraine.*[2218] Die Beschwerdeführer, dreizehn ukrainische Bürger, waren lange Zeit am selben Bergbaukombinat tätig. Es handelte sich um eine Aktiengesellschaft mit dem dem Staat als Hauptaktionär. Alle Beschwerdeführer litten an Berufskrankheiten, die später zu Invalidität führten. Das Kombinat aber bezahlte keine Invaliditätsrenten, und die Betroffenen riefen das Gericht erster Instanz an, um die volle Auszahlung der Renten zu erreichen. Mit der Gerichtsentscheidung des Gerichts erster Instanz wurden für jeden Beschwerdeführer die geschuldeten Invaliditätsrenten zur Zahlung angewiesen. Mit einem zusammenfassenden Schreiben verpflichtete das Gericht das Kombinat, diese Auszahlungen durchzuführen. Aber diese Zahlungen wurden nicht erfüllt. Die Beschwerdeführer stützten sich auf Art. 6 Abs. 1 EMRK wegen der Nichtvollstreckung der Entscheidung des Gerichts der Ersten Instanz, in der es um die Auszahlung der Invaliditätsrenten beim Bergkombinat ging.[2219] Die Beschwerdeführer behaupteten, dass die Voll-

---

[2215] S. die Webseite www.ombudsman.kiev.ua.

[2216] S. einige der neuesten Urteile: Bitkivska v. Ukraine, Bozhko v. Ukraine, Chernobryvko v. Ukraine, Drobotyuk v. Ukraine, Gavrilenko v. Ukraine, Lupandin v. Ukraine, Mikheyeva v. Ukraine, Molchan v. Ukraine, Nikishin v. Ukraine, Pastukhov v. Ukraine, Polonets v. Ukraine, Polovoy v. Ukraine, Ryabich v. Ukraine, Sivokoz v. Ukraine, Svintitskiy and Goncharov v. Ukraine, Trykhlib v. Ukraine, Zhurba v. Ukraine, Zyts v. Ukraine. Zum Thema s. auch Urteile Sokur v. Ukraine, Intersplav v. Ukraine, Voytenko v. Ukraine, Schmalko v. Ukraine, Sharenok v. Ukraine, Scherbakov v. Ukraine, Chernyaev v. Ukraine, Grishechkin v. Ukraine, Bylynko v. Ukraine.

[2217] Nach Angaben des Justizministeriums der Ukraine musste während sechs Monate 2005 der Vollstreckungsdienst 5.156.031 Vollstreckungstitel im Wert von UAH 35.564.891.049 vollstrecken. Daraus wurden 2.375.959 Vollstreckungstitel im Wert von UAH 11.776.253.882 vollgezogen (s. „Die Ergebnisse der Tätigkeit des Ministeriums während sechs Monaten 2005 und die Aufgaben zur Verbesserung“ vom 1. Juli 2005 auf der Webseite des Justizministeriums der Ukraine www.minjust.gov.ua). Zum Vergleich zu sechs Monate des Jahres 2004 musste der Vollstreckungsdienst 5.000.196 Vollstreckungstitel im Wert von UAH 36.000.230.023 vollstrecken. Aus denen wurden 45% Vollstreckungstitel im Wert von UAH 9.102.032.654 vollgezogen.

[2218] Kaisyn v. Ukraine (46144/99)- Decision as to the Admissibility vom 27. Januar 2000 (admissible).

[2219] S. Urteil Kaysin v. Ukraine, Ziff. 3.

streckung der für sie günstigen Entscheidungen des Gerichts der Ersten Instanz zwei Jahre verschleppt wurde. Hierin sahen sie ein böswilliges Nichtstun des Vollstreckungsdienstes und verlangten eine gerechte Entschädigung. Die Regierung der Ukraine billigte die Entscheidungen des Gerichtes der ersten Instanz zugunsten der Beschwerdeführer. Nach nationaler Gesetzgebung, die zu der Zeit reformiert wurde, existiert es keine Fristen für die Vollstreckung. Außerdem behauptete die Regierung, dass das Kombinat zahlungsunfähig sei.

Die Ukraine ist jedoch nicht verurteilt worden, die EMRK verletzt zu haben, da es den Parteien gelungen ist, eine gütliche Einigung im Sinne des Art. 39 EMRK[2220] herbeizuführen, indem die Regierung selbst die ausstehenden Beträge den Beschwerdeführern ausgezahlt hat.[2221] In der Ukraine wurden die entsprechenden Gesetzentwürfe inzwischen ausgearbeitet und einige Rechtsakte abgeändert. 1999 erschien das Gesetz der Ukraine „*Pro vykonavche provadzhennja* (Über das Zwangsvollstreckungsverfahren)“.[2222] Seitdem wurden auch mehrere Abänderungen ins Gesetz eingetragen, um die gesetzlichen Bestimmungen zur Praxis anzupassen.

Nach Auffassung des ukrainischen Gesetzgebers bildet der Vollstreckungsdienst eine Institution innerhalb des Justizministeriums.[2223] Die Vollstreckung der Ur-

---

2220 S. Urteil Kaysin v. Ukraine, Ziff. 34.

2221 S. *Resolution ResDH(2002)3*: "Concerning the judgment of the European Court of Human Rights of 3 May 2001in the case of Kaysin and others against Ukraine". Die Information der ukrainischen Regierung ist folgende: „The European Court's judgment has been translated into Ukrainian and brought to the attention of the State authorities so as to raise their awareness about their obligation under Article 6 of the Convention to comply with domestic judicial decisions. It has notably been disseminated to the central and regional departments of the State Enforcement Service (responsible for the execution of domestic judgments), to the President's and Prime-Minister's offices and to certain State ministries. The European Court's judgment (in Ukrainian translation) was published in the Official Journal of the Ministry of Justice of Ukraine as well as on its web site. Although the judgment does not establish any violation, it has nonetheless given rise to a careful study of the problem of non-execution of judicial decisions in Ukraine by an expert group involving the Government Agent at the European Court, representatives of the Supreme Court, of the State Enforcement Service and of certain ministries. A first study has shown the need for adoption of administrative and legislative changes with a view to preventing situations similar to that at issue in the case of *Kaysin and others*. Stress has in particular been laid on the necessity of reinforcing, on the one hand, the State's civil liability and, on the other, the disciplinary and criminal responsibility of the State officials, in cases of non-compliance with domestic court decisions. These conclusions are being taken into account in the ongoing reform of the Ukrainian legal system. In view of the foregoing, the Government concludes that the ongoing reforms will rapidly prevent violations of Article 6 of the Convention due to non-enforcement of domestic judicial decisions and that Ukraine has thus fully complied with Article 46, paragraph 1, of the Convention".

2222 Gesetz der Ukraine „Über das Vollstreckungsverfahren“ vom 21. April 1999 (N606-XIV).

2223 S. Art. 1 des Gesetzes der Ukraine „*Pro derzhavnu vykonavchu sluzhbu* (Über den staatlichen Vollstreckungsdienst)“ und Art. 2 GVVU. S. auch Beschluss des Ministerkabinetts der

teile ist jedoch ein Privileg nicht der Judikative, sondern der exekutiven Gewalt. Nur nach Vollstreckung kann das verletze Recht wiederhergestellt werden. Nach dem Gesetz stellt die Vollstreckung ein eigenständiges Verfahren dar, welches außerhalb sowohl der ordentlichen Gerichtsbarkeit, als auch der Arbitragegerichtsbarkeit liegt. Somit werden Entscheidungen von Gerichten beider Gerichtsbarkeiten von ein- und demselben Organ vollstreckt.[2224] Im Gesetz ist auch vorgesehen, dass unter bestimmten Voraussetzungen eine Gerichtsentscheidung von anderen Behörden[2225] vollstreckt werden kann (Steuerbehörde, Zollbehörde, Banken und andere Kreditinstitutionen).

Die alltägliche Tätigkeit des Vollstreckungsdiensts wird durch das Justizministerium kontrolliert.[2226] Die Garantien der Rechte und Freiheiten der Bürger, die Beteiligte des Vollstreckungsverfahrens sind, wurden in Art. 7 Abs. 3 GVVU verankert, danach kann jede Amtshandlung oder Unterlassung des Gerichtsvollziehers vor dem zuständigen Gericht mit einer Beschwerde angefochten werden.[2227]

Der Vollzug von Gerichtentscheidungen beginnt formell mit dem Einreichen des sogenannten Vollstreckungsdokumentes.[2228] Laut Gesetz ist der Gerichtsvollzieher verpflichtet, das Vollstreckungsdokument anzunehmen und- wenn dieses ordnungsgemäß[2229] ausgestellt und nicht verfristet ist- innerhalb von drei Tagen[2230] ein Vollstreckungsverfahren einzuleiten.

Das Gesetz räumt dem Gerichtsvollzieher sechs Monate[2231] ein, um ein Vollstreckungsverfahren durchzuführen, das von Vermögensnatur ist.[2232] In bestimmten

---

Ukraine „*Pro zatverdzhennja polozhennja pro Departament derzhavnoi vykonavchoi sluzhby* (Über die Bestätigung der Satzung des Departments des Vollstreckungsdienstes)“ vom 3. August 2005 (N711).

2224 S. Art. 3 GVVU. Art. 3 Punkt 13-1 sieht vor, dass die Urteile des EGMR als Dokumente gelten, die vom Vollstreckungsdienst vollstreckt werden sollen (s. auch Gesetz der Ukraine vom 11. Juli 2001 (N2618-III)).

2225 S. Art. 2 Abs. 3 und Art. 9 Abs. 1 GVVU.

2226 Art. 10 des Gesetzes der Ukraine „*Pro derzhavnu vykonavchu sluzhbu* (Über den staatlichen Vollstreckungsdienst)“. Art. 8 Abs. 2 GVVU in der früherer Fassung sah vor, dass die Staatsanwaltschaftsorgane den Vollstreckungsdienst kontrollieren. Der Gesetzentwurf „Über die Eintragung der Änderungen zum Gesetz der Ukraine „Über das Vollstreckungsverfahren“ hat diese Vorschrift abgeschafft.

2227 S. Erlass des Kabinetts der Minister de Ukraine „*Pro derzhavne myto* (Über die staatliche Gebühr)“ vom 21. Januar 1993 (N7-93), Art. 3 Abs. 1 б). Vgl. Beschluss des Plenums des Obersten Gerichts der Ukraine vom 26. Dezember 2003 (N14), Ziff. 22.

2228 Früher waren nur drei Arten von Vollstreckungsdokumenten gesetzlich vorgesehen. Das heutige Art.18-1 GVVU beinhaltet vierzehn Arten.

2229 S. Art. 24 Abs. 1 GVVU.

2230 Art. 24 Abs. 2 GVVU.

2231 Art. 25 Abs. 2 GVVU.

2232 Für ein Nichtvermögensverfahren räumt der Gesetzgeber eine zweimonatige Frist ein (s. Art. 25 Abs. 2 GVVU).

Fällen, wie etwa bei Lohnforderungen, ist die sofortige Vollstreckung vorgeschrieben.[2233] Auch einige andere konkrete Verfahrenshandlungen des Gerichtsvollziehers sind im Gesetz mit bestimmten Fristen versehen. Allerdings wird die Wirkung der Norm in der Praxis dadurch beeinträchtigt, dass vom Gesetz keine konkrete Verantwortung des Gerichtsvollziehers für die Nichteinhaltung der genannten Fristen vorgesehen ist.[2234] Die allgemeine Beschwerdemöglichkeit gegen regelwidriges Verhalten des Gerichtsvollziehers ist hier kaum zielführend.[2235]

Art. 7 Abs. 1 GVVU schreibt vor, dass während der Durchführung des Vollstreckungsverfahrens die Rechte und Interessen der Bürger und juristischen Personen nicht benachteiligt werden dürfen. Nach Abs. 2 sind die oben genannten Personen zu benachrichtigen, welche Rechte sie zu eigenem Schutz haben. In Art. 86 Abs. 2 GVVU sah der Gesetzgeber den rechtlichen Weg der Ansprüche auf den Schadenersatz für die Betroffenen vor, wenn ihre Rechte während des Vollstreckungsverfahrens verletzt wurden.

Man muss zugeben, dass der ukrainische Gesetzgeber die katastrophale Lage der Nichtvollstreckung gerichtlicher Entscheidungen einsieht und versucht, etwaige gesetzliche Maßnahmen zu ergreifen, damit sich die Situation ändert. Seit 2004 wird der Entwurf[2236] des Abänderungsgesetzes zum Gesetz der Ukraine „*Pro vykonavche provadzhennja* (Über das Zwangsvollstreckungsverfahren)" im Verkhovna Rada der Ukraine behandelt, der mit dem Ziel ausgearbeitet wurde, den Mechanismus der Vollstreckung zu reformieren. Es besteht eine große Wahrscheinlichkeit, dass der Entwurf in der nächsten Zeit angenommen wird.[2237]

2006 billigte der Präsident eine zehnjährige Konzeption zur Vervollkommnung des gerechten Gerichtsverfahrens in der Ukraine den europäischen Standards entsprechend, in der darauf hingewiesen wurde, dass das Problem der Nichtvollstreckung gerichtlicher Entscheidungen die häufigste Ursache ist, wegen derer die Ukraine vom EGMR verurteilt wird.[2238]

[2233] Art. 25 Abs. 3 Punkt 1 GVVU.

[2234] Vgl. Art. 11 Abs. 1 des Gesetzes der Ukraine „*Pro derzhavnu vykonavchu sluzhbu* (Über den staatlichen Vollstreckungsdienst)".

[2235] S. Art. 85 Abs. 1 und 2 GVVU.

[2236] Gesetzentwurf vom 29. Juli 2004 (N6023).

[2237] S. Beschluss des Verkhovna Rada der Ukraine vom 12. Januar 2006 (N3318-IV).

[2238] Erlass des Präsidenten der Ukraine „*Pro Konzepziju vdoskonalennja sudivnyztva dlja utverdzhennja spravedlyvogo sudu v Ukraini vidpovidno do evropejskykh standartiv* (Über die Konzeption zur Vervollkommnung der Justiz für die Festsetzung des gerechten Gerichtsverfahrens in der Ukraine den europäischen Standards entsprechend)" vom 10. Mai 2006 (N361/2006), Kapitel 1 Abs. 8).

1.2. Russland

In Russland werden heutzutage vier von fünf aller gerichtlicher Entscheidungen unter Hinnahme einer erheblichen Verletzung der gesetzlich vorgeschriebenen Fristen vollstreckt. Mehr als die Hälfte aus allen gerichtlichen Entscheidungen werden nicht vollstreckt. 25% der Urteile des EGMR gegen Russland haben diese Problematik zum Gegenstand.[2239] Eines der neuesten Urteile des EGMR gegen Russland[2240] ist ein gutes Beispiel dafür, wie die Lage mit der Vollstreckung gerichtlicher Entscheidungen in der RF bestellt ist.

In der Sache *OOO Rusatommet v. Russia*[2241] stellte der Gerichtshof die Verletzung der Bestimmungen des Art. 6 Abs. 1 EMRK und Art. 1 1.ZP fest.[2242] Es ging darum, dass das Unternehmen 1999 ein festverzinsliches staatliches Wertpapier gekauft hat, dessen Bedingungen nicht erfüllt werden konnten. Demzufolge erhob das Unternehmen eine Klage gegen den Staat und forderte die staatliche Geldschuld ein. Am 10. April 2002 entschied das Moskauer Arbitragegericht zugunsten des Unternehmens; der Staat sollte dem Beschwerdeführer USD 100.000 auszahlen. Am 19. November 2002 leitete der Vollstreckungsdienst ein Vollstreckungsverfahren ein. Das Finanzministerium der RF weigerte sich, die Gerichtsentscheidung zu vollziehen, weil nach seiner Auffassung im Haushalt keine ausreichenden Mittel vorhanden waren. Die Sache wurde in allen Instanzen verhandelt, weil das Finanzministerium beantragt hatte, dass das Gericht einen genauen Verlauf der Vollstreckung vorschreiben sollte. Schließlich entschied das Berufungsgericht, dass die Vollstreckung nur dann durchgeführt werden soll, wenn das Unternehmen das Wertpapier an das Finanzministerium abgibt. Das Unternehmen erhob eine Klage beim Obersten Arbitragegericht der RF, weil seiner Auffassung nach eine Vorlage des Vollstreckungstitels ausreichend ist, um die Gerichtsentscheidung zu vollziehen. Am 25. November 2003 lehnte das Gericht diese Klage ab. Am 18. Februar 2004 übergab das Unternehmen das Wertpapier dem Finanzministerium.
Der EGMR stellte fest, dass die Gerichtsentscheidung vom 10. April 2002 nicht vollstreckt wurde. Er bezog sich auf Urteile *Hornsby v. Greece* und *Burdov v. Russia*, um eine Verletzung des Art. 6 Abs.1 EMRK zu untersuchen. Bezüglich der Verletzung des Art. 1 1.ZP wies der Gerichtshof darauf hin, dass ein An-

[2239] S. Angaben vom 1. September 2005 auf der Webseite www.sutyajnik.ru/cgibin/news.php?ip=173&year=2005&month=9 .
[2240] S. auch Androsov v. Russia, Butsev v. Russia, Denisenkov v. Russia, Gorokhov v. Russia, Teteriny v. Russia, Malinovsky v. Russia, Makarova v. Russia, Shilayayev v. Russia, Reynbach v. Russia, Zasurtsev v. Russia.
[2241] S. OOO Rusatommet v. Russia (61651/00) – Decision as to the Admissibility vom 14. September 2004 (partly admissible).
[2242] Urteil OOO Rusatommet v. Russia vom 14. Juni 2005.

spruch als „*possession*" im Sinne der Rechsprechung des EGMR festgestellt wird.[2243]

> "The judgment (vom 10. April 2002 - Anm. d. Verf.) became final and was submitted for enforcement. It follows that the non-enforcement of the judgment was an interference with the applicant company's right to the peaceful enjoyment of its possessions. The Government have not advanced any justification for this interference."[2244]

In diesem Zusammenhang stellte der Gerichtshof auch die Verletzung des Art. 1 1.ZP fest.

Der russische Richter am EGMR KOVLER vertritt die Meinung, dass die Nichtvollstreckung von Gerichtsentscheidungen das wichtigste Problem im gesamten Funktionswesen des Rechtssystems in Russland ist.[2245] Seiner Auffassung nach wird versucht, die notwendigen Maßnahmen zu ergreifen, damit das Vollstreckungssystem in Russland effektiver funktionieren kann.
2001 wurde in der Kanzlei des Präsidenten der RF eine Arbeitsgruppe einberufen mit der Aufgabe, einen Entwurf für das Vollstreckungsgesetzbuch der RF auszuarbeiten. Warum geht es hierbei eigentlich um ein Gesetz*buch*? Mehrere russischen Abgeordnete, Rechtwissenschaftler und Praktiker sind der Auffassung,[2246] dass die Problematik so umfangreich ist, dass man all ihre Facetten nicht in einem Gesetz regeln kann. Bereits heute gibt es viele verweisende Normen in verschiedenen Rechtsakten, die eine effektive Funktion des Vollstreckungsverfahrens verkomplizieren.
Einer der entscheidenden Anhaltspunkte ist die Frage, ob man in den Entwurf festlegen soll, ob und wie eine Haftung des Staates bei Vollstreckungen im Einzelnen vorgeschrieben werden muss. Obwohl die Mitglieder der Arbeitsgruppe meinen, dass die Haftung des Staates bei Vollstreckungen eine politische und wirtschaftliche und keine juristische Frage ist, äußern sie sich für eine genaue Festlegung des Verlaufs der Vollstreckungsverfahren, wenn der Staat der Schuldner ist.[2247] Bis heute bleibt es bei dem Entwurf des Gesetzbuches allerdings bei einer Idee; der Entwurf wurde nicht einmal von der Duma registriert. Das bedeutet, dass noch nicht das Stadium erreicht ist, dass das Parlament mit dem Entwurf arbeiten kann.

[2243] S. auch Urteil Stran Greek Refineries and Stratis Andreadis v. Greece, Ziff. 59.

[2244] Urteil OOO Rusatommet v. Russia, Ziff. 28.

[2245] „It should be emphasised that a general problem with law enforcement in Russia relates to the lack of institutions and markets developed to a level where execution of court orders can be faciliated" (*OECD (Hrsg.)*, 2001, S. 95).

[2246] S. Materialen zur Diskussion, in: *Arbitrazhnaja Praktika*, N08 (08), 2001 und *Zakonodatelstvo*, N5, 6 und 7, 2002.

[2247] S. Materialen zur Diskussion, in: *Arbitrazhnaja Praktika*, N08 (08), 2001.

Die Idee, ein Vollstreckungsgesetzbuch zu schaffen, beweist, dass die Diskussion über die Stellung des Vollstreckungsverfahrens im russischen Rechtssystem noch nicht abgeschlossen ist. In der Fachliteratur wird heftig diskutiert, ob das Vollstreckungsverfahren ein unabhängiges Rechtsgebiet des Rechtssystems Russlands ist.[2248] BELOUSOV[2249] ist davon überzeugt, dass sich das Vollstreckungsrecht in der RF in der letzten Zeit sehr weiterentwickelt hat. In der sowjetischen Zeit betrachtete man es als einen Bestandteil des Zivilprozesses;[2250] heutzutage haben sich die Grundsätze des Vollstreckungsverfahrens wie ein unabhängiges Rechtsgebiet herausgebildet. In seiner Argumentation bezieht sich BELOUSOV auf das Urteil VGRF,[2251] in dem festegestellt wurde, dass die Vollstreckungsmaßnahmen zur Sicherung der Gesetzlichkeit, der Rechte und Freiheiten der Bürger, zum Schutze des Eigentums und der öffentlichen Ordnung sowie zur Bekämpfung organisierter Kriminalität von der Exekutive durchgeführt werden.[2252] Nach Auffassung von BELOUSOV bedeutet dies, dass eine Vollstreckung kein Bestandteil des Gerichtsprozesses ist. Er erwähnt auch Kapitel VII APORF und Kapitel VII ZPORF, die mit „Das Verfahren in den Sachen, die mit der Vollstreckung gerichtlicher Entscheidungen verbunden sind" überschrieben sind. BELOUSOV kritisiert die Rechtsprechung des EGMR, in der darauf hingewiesen wird, dass eine Vollstreckung Bestandsteil des Gerichtsverfahrens ist.[2253] Seiner Auffassung nach vertreten mittlerweile mehrere russische Rechtwissenschaftler und Praktiker[2254] die Position des Europäischen Gerichts-

[2248] Schrift der wissenschaftlichen Werke „Sistema grazhdanskoj jurisdikzii v kanun XXI veka: sovremennoje sostojanie i perspektivy razvitija", Minobrazovanija RF, Ekaterinburg, 2000, S. 486-487; *Motovilovker, E. A., / Baumov, M. G.*, Grazhdanskij prozess i ispolnitelnoe proizvodstvo // Problemy sovershenstvovanija pravosudija po grazhdanskim delam, Jaroslavl, 1991, S. 86-96; *Reshetnikova, I. V. / Jarkov, V. V.*, Grazhdanskoe pravo i grazhdanskij prozess v sovremennoj Rossii, Ekaterinburg, 1999, S. 204-205; *Jarkov, V. V.*, Problemy realisazii sudebnykh aktov po grazhdanskim delam // Problemy sovershenstvovanija pravosudija po grazhdanskim delam, Jaroslavl, 1991, S. 80-81; *Jarkov, V. V.*,Konzepzija reformy prinuditelnogo ispolnenija v sfere grazhdanskoj jurisdikzii, in. Rossijskij juridicheskij zhurnal, 1996, S. 118-119; *Vikut , M. A. / Zajchev, I. M.*, Grazhdanskij prozess Rossii, Moskau, 1999, S. 349-350.

[2249] S. *Belousov, Lev V.*, 2004.

[2250] *Gurvich, M. A. (Hrsg.)*, Sovetskij grazhdanskij prozess, Moskau, 1975, S. 281-282; *Sherstjuk, V. M.*, Sistema sovetskogo grazhdanskogo prozessualnogo prava (voprosy teorii), Moskau, 1989, S. 22-23.

[2251] Urteil VGRF vom 30. Juli 2001 (N13-П).

[2252] Urteil VGRF vom 30. Juli 2001 (N13-П), Ziff. 5 Abs. 2.

[2253] Urteil Hornsby v. Greece, Ziff. 40; Urteil Burdov v. Russia, Ziff. 34.

[2254] S. *Neshataeva, T. N.*, 2002b. S. Kommentar zur APORF, *Jakovlev, V. F. / Jukov, M. K. (Hrgs.)*, Moskau 2003, S. 811-812, 814.

hofes, und auf diese Weise wird die Entwicklung im Bereich des Vollstreckungsverfahrens rückgängig gemacht.[2255]

Heute gibt es mehrere Rechtsakte, die den Bereich der Vollstreckung bestimmen. Zwei davon muss man unbedingt erwähnen.[2256] 1997 wurden die Gesetze erlassen, die als Grundlage des Vollstreckungssystems Russlands dienen. Mit der Annahme des Bundesgesetzes der RF „*Ob ispolnitelnom proizvodstve* (Über das Vollstreckungsverfahren)"[2257] und des Bundesgesetzes der RF „*O sudebnykh pristavakh* (Über den Gerichtsvollzieher)"[2258] versuchte der Gesetzgeber, die neuen Modalitäten ins System zu integrieren.

Genau wie in der Ukraine gehört in Russland der Vollstreckungsdienst zum Justizministerium.[2259] Art. 4 Abs. 1 BGVVRF bestimmt, dass die Forderungen eines Gerichtvollziehers auf Grund der Ermächtigungen zur Vollstreckung verbindlich für alle Behörde, Amtspersonen und Bürger sind.[2260] Ein Vollstreckungsverfahren wird aufgrund eines Gerichtsakts durchgeführt. Der Gesetzgeber sah eine nichterschöpfende Liste der Vollstreckungstitel[2261] vor.[2262] Nach Art. 9 BGVVRF soll der Gerichtsvollzieher das Vollstreckungsdokument annehmen und- wenn dieses ordnungsgemäß ausgestellt und nicht verfristet ist- innerhalb von drei Tagen[2263] ein Vollstreckungsverfahren einleiten. Der russi-

---

2255 S. Beschluss des Bundesarbitragegerichts Uralskij okrug vom 8. April 2002 (N Ф09-588/02-ГК); Beschlusse des Bundesarbitragegerichts Moskauer okrug vom 18. Juni 2002 (N КГ-А41/3826-02) und vom 9. April 2003 (N КГ-А40/1785-03); Beschluss des Bundesarbitragegerichts Volgo Vjatskij okrug vom 9. Oktober 2002 (N A79-3233/98); Beschluss des Bundesarbitragegerichts Zapadno Sibirskij okrug vom 6. Juni 2003 (N Ф04/2620-656/A46-2003).

2256 Der Präsident: Erlass des Präsidenten der RF vom 29. Mai 1998 (N604), Erlass des Präsidenten der RF vom 14. Februar 1996 (N199) u.s.w..
Die Regierung: Beschluss der Regierung der RF vom 27. Mai (N516), Beschluss der Regierung der RF vom 7. Juli 1998 (N723), Beschluss der Regierung der RF vom 12. August 1998 (N934), Beschluss der Regierung der RF vom 22. Februar 2001 (N143) u.s.w..
Die Judikative: Informationsbrief des Justizministeriums und des Obersten Gerichts der RF vom 15. Oktober 1997 (N06-07-08-97), Informationsbrief des Justizministeriums und des Obersten Arbitragegerichts der RF vom 24. März 1998 (NC1-7/ОУ 202), Informationsbrief des Obersten Arbitragegerichts der RF vom 14. Juli 1999 (N45) u.s.w..

2257 Bundesgesetz der RF vom 21. Juli 1997 (N119-ФЗ).

2258 Bundesgesetz der RF vom 4. Juni 1997 (N118-ФЗ).

2259 S. Art. 3 Abs.2 BGVVRF.

2260 S. auch Art. 12 Abs. 2 des Bundesgesetzes der RF „*O sudebnykh pristavakh* (Über Gerichtsvollzieher)".

2261 S. auch Urteil VGRF vom 30. Juli 2001 (N13-П) und Beschluss VGRF vom 21. Juni 2001 (N190-O).

2262 S. Art. 7 Abs. 1 BGVVRF.

2263 S. Art. 9 Abs. 2 BGVVRF.

sche Gesetzgeber räumte dem Gerichtsvollzieher eine zweimonatige Frist für die Vollstreckung des Vollstreckungstitels ein.[2264]
Das Gesetz sieht vor, dass die Handlungen der Gerichtsvollzieher angefochten werden können. Art. 90 BGVVRF muss eine Beschwerde innerhalb von zehn Tagen entweder bei einem entsprechenden Arbitragegericht oder bei einem Gericht allgemeiner Jurisdiktion eingereicht werden.[2265] Die Schäden, die infolge der vom Gericht anerkannten Misshandlungen des Gerichtsvollziehers entstanden sind, sollen nach dem im Gesetz vorgeschriebenen Verlauf entschädigt werden.[2266]

2. Die Rechtsprechung nationaler Gerichte zur Problematik der Nichtvollstreckung gerichtlicher Entscheidungen

Unter Einbeziehung der Tatsache, dass das ganze Funktionswesen der Vollstreckungsdienste in der Ukraine und in Russland auf vielfache Kritik der Bürger stößt, ist die Verfasserin der Meinung, dass es interessant wäre, einen Überblick zur Rechsprechung der nationalen Gerichte zum Thema zu erstellen.

2.1. Die Ukraine

2.1.1. Das Verfassungsgericht der Ukraine

Lediglich einmal setzte sich das Verfassungsgericht der Ukraine mit der Problematik der Vollstreckung gerichtlicher Entscheidungen auseinander. Ein Verfassungsappell bezieht sich auf den Verlauf der Vollstreckung der Entscheidungen der Schiedsgerichte.[2267] Die Ursache des Verfassungsappells war eine Weigerung des Gerichtsvollziehers die Entscheidung des Schiedsgerichts einer Verbrauchergenossenschaft zu vollstrecken, mit der Begründung, dass nach Art. 116 WPOU ein Vollstreckungstitel ausschließlich eine Anordnung des Wirtschaftsgerichts ist.[2268]

[2264] S. Art. 13 Abs. 1 BGVVRF. Vgl. Nach Angaben des Obersten Arbitragegerichts der RF 2003 wurden 760.322 Vollstreckungstitel von Arbitragegerichten erlassen, nur 188.990 davon wurden vollstreckt (s. Ergebnisse der Arbeit der Arbitragegerichte der RF 2003 auf der Webseite des Obersten Arbitragegerichts der RF www.arbitr.ru).
[2265] S. auch Beschluss des Plenums des Obersten Arbitragegerichts der RF vom 09. Dezember 2002 (N11).
[2266] Art. 90 Abs. 2 BGVVRF.
[2267] Urteil VGU vom 24. Februar 2004 (N3-pп/2004).
[2268] Vgl. Erklärungsbrief des Präsidiums des Obersten Arbitragegerichts der Ukraine „*Pro vykonannja rishenn tretejskykh suddiv* (Über die Vollstreckung der Entscheidungen der Schiedsgerichte)“ vom 17. Dezember 1997 (N02-5/57). S. auch Erklärungsbrief des Obersten Wirtschaftsgerichts der Ukraine vom 31. Mai 2002 (N04-5/609).

Das Verfassungsgericht wies darauf hin, dass der Staat den Schutz der Interessen aller Subjekte des Eigentumsrechts und der Wirtschaftstätigkeit gewährleistet.[2269] Art. 3 Punkt 10 GVVU in der Fassung von 1999 sah eine Liste von Dokumenten vor, die vom Vollstreckungsdienst vollgezogen werden sollen. Zu den Arten der Dokumente zählt auch die Schiedsgerichtsentscheidung.[2270] Das Gesetz beinhaltete damals keine Auflistung der Vollstreckungstitel. Zur Zeit des Urteilserlasses waren einige Abänderungen ins Gesetz vorgenommen, dementsprechend beinhaltet Art. 18-1 GVVU eine Liste der Vollstreckungstitel.

Allerdings wies das Verfassungsgericht darauf hin, dass Art. 5 GVVU bestimmt, dass der Vollzieher alle notwendigen Maßnahmen ergreifen muss, damit der Vollstreckungstitel rechzeitig und vollständig vollgezogen wird. Seiner Auffassung nach sollte eine fehlende Liste der Vollstreckungstitel kein Grund dafür sein, dass der Vollstreckungsdienst es ablehnt, ein Vollstreckungsverfahren zur Entscheidung des Schiedsgerichts der Verbrauchergenossenschaft aufzunehmen. Bereits die Bestimmungen des Art. 3 Punkt 10 GVVU in der damaligen Fassung boten eine ausreichende Grundlage, um diese Entscheidung zur Vollstreckung zu nehmen.

Einer der rechtlichen Wege für die Subjekte der Rechtverhältnisse, um ihre zivilrechtlichen und wirtschaftlichen Interessen zu schützen, ist eine Anrufung des Schiedsgerichts. Dieses Recht wird von Art. 25 der Zivilprozessordnung und Art. 12 Abs. 2 der Wirtschaftprozessordnung garantiert. Das Verfassungsgericht stellte fest, dass eine Nichtvollstreckung der Entscheidung bedeutet, dass der Beschwerdeführer der finanzielle Betrag, den das Schiedsgericht ihm zugesprochen hatte, nicht bekommen konnte, und demzufolge seine vom Staat garantierten Rechte und Interessen wesentlich beschnitten worden sind.[2271]

2.1.2. Das Oberste Gericht der Ukraine

Das Oberste Gericht der Ukraine fasste in seinem Beschluss die Gerichtspraxis zusammen, die sich auf die Klagen gegen den Vollstreckungsdienst bezieht.[2272] Das Gericht wies darauf hin, dass zwei der grundlegenden Vorschriften, nach denen sich die Gerichte richten müssen, Art. 55 VU und Art. 6 EMRK sind. Alle Klagen gegen Beamten des Vollstreckungsdienstes werden von Gerichten verhandelt. Das Gericht betonte, dass es für die Ausübung der Gerichtsbarkeit sehr

[2269] S. Urteil VGU vom 24. Februar 2004 (N3-рп/2004), Zif. 5 Abs. 3.
[2270] S. auch Art. 18-1 Punkt 7 GVVU.
[2271] S. Urteil VGU vom 24. Februar 2004 (N3-рп/2004), Zif. 5 Abs. 10.
[2272] Beschluss des Plenums des Obersten Gerichts der Ukraine „*Pro praktiku rozgljadu sudami skarg na rishennja, dii abo bezdijalnist organiv i posadovykh osib derzhavnoi vykonavchoi sluzhby ta zvernen uchasnykiv vykonavchogo provadzhennja* (Über die Gerichtspraxis zu den Beschwerden über die Entscheidungen, die Handlungen oder das Nichtstun der Strukturorgane und der Beamte des Vollstreckungsdienstes und zu den Klagen der Teilnehmer des Vollstreckungsverfahrens)“ vom 26. Dezember 2003 (N14).

wichtig ist, dass die im Gesetz vorgesehenen Fristen, innerhalb derer man die oben erwähnten Handlungen anfechten kann, von den Gerichten eingehalten werden.[2273]
Das Gericht unterstreicht, dass die Liste der Vollstreckungstitel aus Art. 18-1 GVVU nicht erschöpfend ist.[2274]
Der Beschluss gibt den Gerichten viele praktische Hinweise zu den Vollstreckungsverfahren, wenn es um Eigentum und Vermögen geht.[2275] Das Oberste Gericht betonte auch, dass die Strukturorgane des Vollstreckungsdienstes für die Schäden verantwortlich sind, die durch ihre Entscheidungen, ihre Handlungen oder ihr Nichtstun verursacht wurden.[2276]

2.1.3. Das Oberste Wirtschaftsgericht der Ukraine

Das Oberste Wirtschaftgericht konnte diese Problematik auch nicht umgehen. In seiner Rechtsprechung unterstreicht das Gericht, dass Gerichtsentscheidungen verbindlich für die Vollstreckung sind.[2277] 2002 erließ das Präsidium des Obersten Wirtschaftgerichts der Ukraine den Erklärungsbrief „*Pro dejaki pytannja vykonannja rishen, ukhval, postanov gospodarskykh sudiv Ukrainy* (Über einige Fragen der Vollstreckung der Entscheidungen, Beschlusse, Anordnungen der Wirtschaftsgerichte der Ukraine)".[2278] Darin wurde der gesetzlich vorgesehe Verlauf eines Vollstreckungsverfahrens präziser beschrieben.[2279] Das Präsidium wies darauf hin, dass ein Vollstreckungsverfahren zur Gerichtsentscheidung ausschließlich vom Kassationsgericht angehalten werden kann. Das Gericht der Berufungsinstanz darf die Entscheidung des Gerichts erster Instanz nicht anhalten.[2280]

2273 S. Beschluss des Plenums des Obersten Gerichts der Ukraine vom 26. Dezember 2003 (N14), Ziff. 5 Abs. 3, Ziff. 6 und Ziff. 11.
2274 S. Beschluss des Plenums des Obersten Gerichts der Ukraine vom 26. Dezember 2003 (N14), Ziff. 14 Abs. 3.
2275 Beschluss des Plenums des Obersten Gerichts der Ukraine vom 26. Dezember 2003 (N14), Ziff. 15-18.
2276 S. Beschluss des Plenums des Obersten Gerichts der Ukraine vom 26. Dezember 2003 (N14), Ziff. 21 Abs. 5.
2277 Erklärungsbrief des Präsidiums des Obersten Wirtschaftgerichts der Ukraine „*Pro sudove rishennja* (Über Gerichtsentscheidung)" vom 10. Dezember 1996 (N02-5/422), Ziff. 1. S. auch zum Thema Erklärungsbriefe des Obersten Wirtschaftsgerichts der Ukraine vom 18. November 1997 (N02-5/445), vom 11. November 1998 (N02-5/425), vom 24. April 1999 (N02-5/195), vom 24. Dezember 1999 (N02-5/601), vom 6. November 2000 (N02-5/618), vom 18. April 2001 (N02-5/467), vom 31. Mai 2002 (N04-5/609).
2278 Erklärungsbrief des Präsidiums des Obersten Wirtschaftgerichts der Ukraine vom 28. März 2002 (N04-5/365).
2279 S. Erklärungsbrief des Präsidiums des Obersten Wirtschaftgerichts der Ukraine vom 28. März 2002 (N04-5/365), Ziff. 1-5.
2280 Erklärungsbrief des Präsidiums des Obersten Wirtschaftgerichts der Ukraine vom 28. März 2002 (N04-5/365), Ziff. 6.

Wenn ein Beschwerdeführer die Handlungen oder Entscheidungen des Vollstreckungsdienstes anfechten will, muss er für seine Klage das Gericht erster Instanz anrufen, an dem die entsprechende Sache verhandelt wurde.[2281] Das Präsidium wies darauf hin, dass eine Vollstreckung gerichtlicher Entscheidungen ein Bestandteil des Gerichtsverfahrens ist.[2282] Aus diesem Grund dürfen die Gerichte kein neues Klageverfahren eröffnen, falls die Handlungen, die Entscheidungen oder das Nichtstun des Vollstreckungsdienstes angefochten werden und für die Folgeklagen dieser Art sind keine staatlichen Gebühren fällig.[2283]

Beispiel aus der Gerichtspraxis:[2284]
<u>Sachverhalt</u>
Die GmbH „VKF" rief das Oberste Wirtschaftsgericht der Ukraine als Kassationsinstanz an, um die Entscheidung des Dnepropetrovsk Appellationswirtschaftsgerichts vom 7. November 2001 anzufechten. Das Appellationswirtschaftsgericht lehnte die Klage der GmbH ab, in der sie eine Entschädigung in Höhe von UAH 210.650,19 vom Vollstreckungsdienst verlangt hatte. Die Beschwerdeführerin war der Auffassung, dass die unterbliebene Vollstreckung der zu ihren Gunsten erlassenen Entscheidung in der Sache gegen KSP „Rossija" erhebliche Verluste für die Firma verursachte. Der Vollstreckungsdienst vermochte es nicht, rechtzeitig auf Grund der Entscheidung des Gerichts erster Instanz ein Vollstreckungsverfahren einzuleiten. Auch das Gericht erster Instanz lehnte die Klage gegen den Vollstreckungsdienst am 11. Juli 2001 ab.

<u>Entscheidung des Gerichts</u>
Das Oberste Wirtschaftsgericht bestätigte die Entscheidungen der Gerichte beider Instanzen. Es fand keinen unmittelbaren Zusammenhang zwischen der Nichtvollstreckung der Gerichtsentscheidung und den von der Beschwerdeführerin beanspruchten Verlusten. Allerdings stellte das Oberste Wirtschaftsgericht fest, dass der Vollstreckungsdienst einige Verstöße in seinen Handlungen zu unterlassen hatte. Nach Auffassung des Gerichtes verursachten jedoch weder diese Verstöße noch die nicht vollstreckte Entscheidung eine Minderung materieller Güter der Beschwerdeführerin; es entstanden dadurch auch keine zusätzlichen Ausgaben. Darüber hinaus lag kein entgangener Gewinn der Firma vor, und die Kassationsklage wurde abgewiesen.

Eine große Menge der Klagen gegen den Vollstreckungsdienst findet man in den Entscheidungen, denen Insolvenzen zu Grunde lagen. Auch im oben erwähnten Beispiel aus der Rechsprechung des Obersten Wirtschaftsgerichts der Ukraine

---

2281 Erklärungsbrief des Präsidiums des Obersten Wirtschaftgerichts der Ukraine vom 28. März 2002 (N04-5/365), Ziff. 7 Abs. 1.
2282 Vgl. Urteil Hornsby v. Greece, Ziff. 40.
2283 Erklärungsbrief des Präsidiums des Obersten Wirtschaftgerichts der Ukraine vom 28. März 2002 (N04-5/365), Ziff. 7 Abs. 2.
2284 Beschluss des Obersten Wirtschaftsgerichts der Ukraine vom 9. April 2002 (N5/1/249-3/1/160).

wurde darauf hingewiesen, dass der Vollstreckungsdienst die Gerichtsentscheidung nicht vollstrecken konnte, weil KSP „Rossija" insolvent wurde. Mehr als 760 Vollstreckungstitel über die Lohnauszahlungen waren beim Vollstreckungsdienst anhängig. Nach dem Gesetz gehören Vollstreckungstitel dieser Art zur dritten Stufe der Vollstreckung.[2285] Die Ansprüche der GmbH gehören erst zur fünften Stufe.[2286]

2.2. Russland

Die Rechtsprechung der russischen Gerichte zu den Problemen des Vollstreckungsdienstes entwickelte sich schneller als in der Ukraine. Dies kann mit mehreren objektiven und subjektiven Faktoren erklärt werden, woran einer die schon mehrmals betonte Rolle des Verfassungsgerichts der RF ist.

2.2.1. Das Verfassungsgericht der Russischen Föderation

2001 entschied das Verfassungsgericht über die Verfassungsmäßigkeit der Bestimmungen Art. 81 Abs. 1 BGVVRF.[2287] Gemäß dieser Bestimmung sind die Gerichtsvollzieher berechtigt, die Beschlüsse zur Eintreibung der Vollstreckungsgebühr in Höhe von sieben Prozent der beizutreibenden Summe oder des Betrages des Schuldnervermögens zu erlassen, falls der Vollstreckungstitel ohne triftige Gründe nicht rechtzeitig von dem Schuldner vollgezogen wurde. Die Beschwerde einer Aktiengesellschaft und zwei Anfragen der Arbitragegerichte wurden in einem Verfahren vereinigt. Nach Auffassung der Antragsteller sind die Bestimmungen des Art. 81 Abs. 1 BGVVRF verfassungswidrig, weil sie das Recht auf gerichtlichen Schutz (Art. 46 Abs. 1 VRF) und das Recht auf Eigentum (Art. 35 Abs. 3 VRF) verletzen.

Das Verfassungsgericht stellte fest, dass gerichtlicher Schutz nicht effektiv sein kann, wenn ein Gerichtsakt nicht vollstreckt wird.[2288] In diesem Sinne bezog es sich auf Art. 6 Abs.1 EMRK und das Urteil *Hornsby v. Greece*.[2289] Nach seiner Auffassung darf der Gesetzgeber die Verfassungsbestimmungen über das Vollstreckungsverfahren in einem Gesetz konkretisieren. In Russland ist es das Bundesgesetz der RF „*Ob ispolnitelnom proizvodstve* (Über das Vollstreckungsverfahren)".[2290]

[2285] S. Art. 44 Abs. 4 GVVU.

[2286] S. Art. 44 Abs. 6 GVVU. S. auch das Abänderungsgesetz der Ukraine vom 28. November 2002 (N327-IV).

[2287] Urteil VGRF vom 30. Juli 2001 (N13-П).

[2288] Urteil VGRF vom 30. Juli 2001 (N13-П), Ziff. 2 Abs. 1.

[2289] Urteil VGRF vom 30. Juli 2001 (N13-П), Ziff. 2 Abs. 2.

[2290] Bundesgesetz der RF vom 21. Juli 1997 (N119-ФЗ).

Die gesetzlich vorgesehenen Sanktionen in Form von Vollstreckungsgebühren zielen auf eine rechtzeitige Vollstreckung gerichtlicher Entscheidungen. Sie müssen aber verhältnismäßig sein und die Möglichkeit von willkürlichen Auslegungen ausschließen.[2291]
Das Verfassungsgericht betonte, dass das Eigentumsrecht keinen absoluten Charakter hat, und bezog sich auf die Bestimmungen des Art. 1 1.ZP.[2292] Es wies darauf hin, dass während der letzten Jahre die Effektivität der Vollstreckung gerichtlicher Entscheidungen gesenkt wurde und eine nicht rechtzeitige Vollstreckung gegen die staatlichen Garantien der Verfassungsrechte verstößt. Unter solchen Umständen war der Gesetzgeber berechtigt, eine spezielle Sanktionsnorm in dem Gesetz vorzusehen.[2293] Diese Sanktionen sollen nach den Verfassungsprinzipien der Gerechtigkeit der Bestrafung,[2294] ihrer Individualisierung, Verhältnismäßigkeit und Differenzierung angewendet werden.[2295]
Das Verfassungsgericht stellte fest, dass vom Gesetzgeber nicht eindeutig definiert wird, was unter dem Begriff „ohne triftige Gründe" zu verstehen ist. Nach seiner Auffassung begünstigt diese formale Unklarheit eine willkürliche Auslegung dieser Bedingung, infolge derer eine Verletzung des Prinzips der juristischen Verantwortung und der Gleichheit vorliegt. Das verstößt auch gegen das Eigentumsrecht und den Grundsatz des gerichtlichen Schutzes.[2296]

Noch ein weiteres Urteil des Verfassungsgerichts der RF spielt eine wichtige Rolle bei der Problematik der Vollstreckung gerichtlicher Entscheidungen. Dies gilt umso mehr, als es um die Vollstreckung der Entscheidungen zu den Klagen gegen die Russische Föderation geht.[2297] Vier Bürger und eine Aktiengesellschaft machten geltend, dass die Gerichtsvollzieher nicht Aufgabe übernehmen wollten, die Gerichtsentscheidungen zu den Klagen gegen den Staat zu vollstrecken. Es wurde ihnen erklärt, dass sie selbst ihre Vollstreckungstitel beim Finanzministerium vorlegen sollen. Allerdings handelte der Vollstreckungsdienst aufgrund der Bestimmungen der Bundesgesetze über das Staatsbudget 2003, 2004, 2005 und der Vorschriften des Beschlusses der Regierung der RF *„O porjadke ispolnenija Ministerstvom finansov Rossijskoj Federazii sudebnykh aktov po iskam k kazne Rossijskoj Federazii na vozmezhenije vreda, prichinennogo dejstvijami (bezdejstviem) organov gosudarstvennoij vlasti libo dolzhnostnykh liz organov gosudarstvennoj vlasti* (Über den Vollstreckungsverlauf durch das

2291 Urteil VGRF vom 30. Juli 2001 (N13-П), Ziff. 2 Abs. 4, Ziff. 3 Abs. 5 und Ziff. 4 Abs. 4.
2292 Urteil VGRF vom 30. Juli 2001 (N13-П), Ziff. 4 Abs. 2 und 3.
2293 Urteil VGRF vom 30. Juli 2001 (N13-П), Ziff. 4 Abs. 5.
2294 Vgl. Beschluss VGRF vom 21. Juni 2000 (N190-O).
2295 Urteil VGRF vom 30. Juli 2001 (N13-П), Ziff. 4 Abs. 7.
2296 Urteil VGRF vom 30. Juli 2001 (N13-П), Ziff. 7 Abs. 3.
2297 Urteil VGRF vom 14. Juli 2005 (N8-П).

Finanzministerium der RF der Vollstreckungsakte zu den Klagen an die Staatskasse der RF über die Entschädigung der Schaden, die infolge der Handlungen (des Nichtstuns) der Staatsmachtorgane oder der Beamten der Staatsmachtorgane verursacht wurden)".[2298] Die Beschwerdeführer waren der Meinung, dass die angeführten Vorschriften verfassungswidrig sind.

Das Verfassungsgericht stellte fest,[2299] dass nach Art. 6 Abs. 1 BVGGSRF alle in Kraft getretenen Gerichtsentscheidungen für alle Organe der Staatsmacht, der örtlichen Verwaltung, alle Organisationen, Bürger und juristische Personen verbindlich sind. Eine Nichtvollstreckung der Gerichtsentscheidung führt zu der im Gesetz vorgesehenen Haftung.[2300] Es bezog sich auf die Bestimmungen des Art. 6 Abs. 1 EMRK und die Urteile des EGMR *Hornsby v. Greece*, *Burdov v. Russia* und *Wasserman v. Russia.*[2301]

Das Verfassungsgericht betonte, dass alle Eigentumsformen[2302] gesetzlich geschützt werden und der Staat keine Regulierung benutzen darf, die die Ungleichheiten zwischen öffentlich-rechtlichen Körperschaften und natürlichen Personen schafft.[2303] In diesem Fall führte das Gericht das Urteil des EGMR *Stran Greek Refineries and Stratis Andreadis v. Greece* als Beispiel an.

Es wurde darauf hingewiesen, dass sich aus Art. 1 Abs.1, 15 Abs. 2, 17 Abs. 3, 18, 45 Abs. 1, 46 Abs. 1 und 2, 52, 53, 71 Punkt „в", 72 Abs. 1 Punkt „б" und 118 VRF ergibt, dass Gerichtsentscheidungen[2304] termingerecht und effektiv vollstreckt werden sollen.[2305] Nach Auffassung des Verfassungsgerichts ist der Staat ein besonderes Subjekt des Vollstreckungsverfahrens, deswegen kann ein besonderer Verlauf eines solchen Vollstreckungsverfahrens im Gesetz vorgesehen werden.[2306] Der Gesetzgeber war durchaus berechtigt, gesetzlich vorzuschreiben, dass Vollstreckungstitel gegen den Staat vom Finanzministerium vollstreckt werden, nicht aber durch Gerichtsvollzieher.[2307]

Das Verfassungsgericht betonte, dass der Gesetzgeber dem Staat eine Möglichkeit einräumen sollte, damit er entsprechend dem Haushaltsgesetz die notwendigen organisatorischen Maßnahmen ergreifen kann, um die Haushaltsmittel auf-

2298 Beschluss der Regierung der RF vom 9. September 2002 (N666).

2299 S. Urteil VGRF vom 14. Juli 2005 (N8-П), Ziff. 2.1, Abs. 1.

2300 S. Art. 6 Abs. 2 BVGGSRF.

2301 S. Urteil VGRF vom 14. Juli 2005 (N8-П), Ziff. 2.1, Abs. 2, 3 und 4.

2302 S. Art. 8 Abs. 2 VRF.

2303 S. zum Thema *Resolution 3 (XXIV)* – 05.10.2001 und *Recommendation Rec(2003) 16* – 9.09.2003.

2304 Vgl. Urteil VGRF vom 14. Mai 2003 (N8-П) und Beschluss VGRF vom 20. November 2003 (N405-O).

2305 S. Urteil VGRF vom 14. Juli 2005 (N8-П), Ziff. 3.1 Abs. 1.

2306 Vgl. Urteil VGRF vom 4. Oktober 2005 (N364-O), Ziff. 3.1 Abs. 4-5.

2307 S. Urteil VGRF vom 14. Juli 2005 (N8-П), Ziff. 3.1 Abs. 5.

zuteilen. Auf diese Art wäre gewährleistet, dass eine Verwirklichung der Garantie auf gerichtlichen Schutz die Arbeit der staatlichen Strukturen nicht lähmt.[2308] Gleichzeitig wurde festgestellt, dass eine Aufnahme solcher Bestimmungen in Sondergesetze wie die Gesetze über das Staatsbudget dazu führt, dass der Mechanismus der Vollstreckung keine sichere rechtliche Grundlage hat, und damit wird das Prinzip des Vorranges des Rechts verletzt, das eine Garantie auf Rechtssicherheit beinhaltet.[2309]

Der Gerichthof betonte, dass dem Vollstreckungsgläubiger eine effektive Möglichkeit gewährt werden soll, damit er bekommen kann, was ihm aus einer Gerichtsentscheidung zusteht. Weiterhin muss die Umsetzung innerhalb vernünftiger Fristen und mit einer wirksamen Gerichtskontrolle stattfinden,[2310] damit der Vollstreckungsgläubiger die Handlungen der Staatsorgane, in diesem Fall des Finanzministeriums, vor Gericht anfechten kann.

Nach der Auffassung des Verfassungsgerichts erschwert die Gesetzesbestimmung, dass Bürger ihre Vollstreckungstitel selbst beim Finanzministerium einreichen sollen, die Stellung der Vollstreckungsgläubiger bei der Vollstreckung.[2311] In diesem Zusammenhang wurde auf die essenzielle Rolle des Gerichts in diesem Verfahren hingewiesen. Die Gerichte sollen eine wirksame Kontrolle ausüben, damit die Rechte der Vollstreckungsgläubiger nicht verletzt werden.[2312]

Art. 428 ZPORF sieht eine Möglichkeit vor, dass auf Ersuchen des Vollstreckungsgläubigers der Vollstreckungstitel vom Gericht bei der entsprechenden Stelle eingereicht werden kann. Das bedeutet nach Auffassung des Verfassungsgerichts, dass sich die strittigen gesetzlichen Vorschriften über den Staatshaushalt nicht nur an die Vollstreckungsgläubiger richten, sondern auch an die Gerichte. Aus diesem Grund zog es den Schluss, dass diese strittigen Vorschriften so ausgelegt werden sollen, dass eine Pflicht der Gerichte besteht, auf Ersuchen der Vollstreckungsgläubiger die Vollstreckungstitel bei den gesetzlich vorgesehen Stellen einzureichen.[2313]

Das Verfassungsgericht wies darauf hin, dass die gesetzlichen Vorschriften klar sein sollen, damit keine Zweideutigkeit bei ihrer Anwendung entsteht.[2314] Falls der Gesetzgeber die Regierung mit Vollmachten ausstattet, soll er ihren Spiel-

---

2308 S. Urteil VGRF vom 14. Juli 2005 (N8-П), Ziff. 3.2 Abs. 4.
2309 S. Urteil VGRF vom 14. Juli 2005 (N8-П), Ziff. 3.2 Abs. 5.
2310 S. Urteil VGRF vom 14. Juli 2005 (N8-П), Ziff. 3.3 Abs. 1.
2311 S. Urteil VGRF vom 14. Juli 2005 (N8-П), Ziff. 3.3 Abs. 2.
2312 S. Urteil VGRF vom 14. Juli 2005 (N8-П), Ziff. 3.3 Abs. 3.
2313 S. Urteil VGRF vom 14. Juli 2005 (N8-П), Ziff. 3.3 Abs. 5.
2314 S. Urteil VGRF vom 14. Juli 2005 (N8-П), Ziff. 4.1 Abs. 1.

raum genau vorschreiben.[2315] Eine Regulierung des Vollstreckungsmechanismus als Bestandteil des gerichtlichen Schutzes und der Gerichtsbarkeit sei ein ausschließliches Vorrecht des Bundesgesetzgebers. Mit den strittigen gesetzlichen Vorschriften über den Staatshaushalt erlaubte der Gesetzgeber der Regierung, die Fragen zu regeln, die zur Gerichtsbarkeit gehören, ohne eine konkrete Grenze dieser Vollmacht bestimmt zu haben.[2316] In der Folge erließ die Regierung einen verfassungswidrigen Beschluss.[2317]

2.2.2. Das Oberste Gericht der Russischen Föderation

2003 setzte sich das Oberste Gericht der RF ebenfalls mit der Problematik der Vollstreckung gerichtlicher Entscheidungen gegen den Staat auseinander.[2318] Es ging um die Bestimmungen des bereits oben erwähnten Beschlusses der Regierung der RF.[2319] Wie in seiner früheren Rechtsprechung[2320] benutzte das Oberste Gericht eine andere Argumentation als das Verfassungsgericht, die sich aus seinen Befugnissen ergab,[2321] und lehnte die Klage ab. Der Beschwerdeführer machte geltend, dass die Bestimmungen des Beschlusses[2322] seine Rechte auf eine Vollstreckung der Gerichtsentscheidung in einer angemessenen Frist verletzten, weil sie den Vorschriften des Bundesgesetzes über das Vollstreckungsverfahren wiedersprechen.

Laut Art. 13 ZGBRF können Rechtakte, die dem Gesetz nicht entsprechen, für ungültig erklärt werden. Das Oberste Gericht stellte fest, dass die Bestimmungen des Beschlusses aufgrund der Vorschriften des Bundesgesetzes über den Staatshaushalt 2002 von der Regierung erlassen wurden. Auch stünden die strittigen Vorschriften im Einklang mit anderen Rechtakten bzw. mit dem Bundesgesetz über das Vollstreckungsverfahren. Demzufolge sind sie gültig im Sinne des Art. 13 ZGBRF und verletzen die Rechte des Beschwerdeführers nicht.

Das Oberste Gericht wies darauf hin, dass das Justizministerium die Entscheidungen freiwillig, nicht aber zwangsweise vollstreckt. Damit erstrecken sich die

---

[2315] S. Urteil VGRF vom 14. Juli 2005 (N8-П), Ziff. 4.1 Abs. 2. Vgl. Urteil VGRF vom 6. April 2004 (N7-П).

[2316] S. Urteil VGRF vom 14. Juli 2005 (N8-П), Ziff. 4.2 Abs. 2.

[2317] Beschluss der Regierung der RF vom 9. September 2002 (N666).

[2318] Entscheidung des OGRF vom 4. April 2003 (N ГКПИ 03-213). Die Entscheidung wurde vm Kassationskollegium des Obersten Gerichts der RF vom 20. Mai 2003 (N KAC 03-205) bestätigt.

[2319] Beschluss der Regierung der RF vom 9. September 2002 (N666).

[2320] S. Entscheidung des OGRF vom 21. März 2003 (N ГКПИ 02-1490).

[2321] Das Oberste Gericht der RF hat keine Kompetenz, Gesetze für verfassungswidrig zu erklären (Art. 126 VRF und Art. 19 Abs. 3 BVGGSRF), im Gegensatz zu dem Verfassungsgericht der RF (Art. 125 Abs. 2 VRF und Art. 18 BVGGSRF).

[2322] S. Punkt 5 und Punkt 6 б) des Beschlusses.

Vorschriften des Bundesgesetzes über das Vollstreckungsverfahren nicht auf die Vollstreckungsprozedur des Finanzministeriums. Nach Auffassung des Gerichts entspricht eine Gerichtsentscheidung aus Sicht des Finanzministeriums einer Urkunde zur Geldverschreibung, weswegen die Regierung berechtigt war, einen Sonderverlauf des Verfahrens vorzuschreiben.
Die Nichtvollstreckung gerichtlicher Entscheidungen verursachte als allgemeines Problem des russischen Rechtssystems eine aktive Beteiligung des Obersten Gerichts am legislativen Prozess,[2323] damit die beiden bereits erwähnten Bundesgesetze zu Vollstreckungsverfahren erlassen wurden.

1998 erschien ein Beschluss des Rates der Richter der RF,[2324] in dem auf eine katastrophale Situation bei der Vollstreckung gerichtlicher Entscheidungen aufmerksam gemacht wurde. Demzufolge vertrauten mehrere Bürger der Judikative nicht, weil die Gerichtsentscheidungen nicht vollstreckt werden, und in dieser Weise wurden ihre Interesse und Rechte verletzt. Die Richter betonten, dass sich trotz der Annahme der Bundesgesetze die Lage nicht grundlegend änderte. Jede zweite Gerichtsentscheidung blieb unvollstreckt. Die Richter beschuldigten die Regierung der RF einer nicht ausreichenden Finanzierung des Vollstreckungsdienstes.[2325] Schließlich wurde darauf hingewiesen, dass die entsprechenden Rechtsakte im Sinne der zwei Bundesgesetze abgeändert werden sollten, damit keine Diskrepanzen in der Funktion des Vollstreckungsdienstes erscheinen.

2.2.3. Das Oberste Arbitragegericht der Russischen Föderation

Die Rechtsprechung des Obersten Arbitragegerichts der RF umfasst mehrere Beschlüsse zu dieser Problematik.[2326] In Anbetracht der Bedeutung der Problematik veröffentlichte das Oberste Arbitragegericht der RF einen Informationsbrief,[2327] der eine Übersicht der Gerichtspraxis enthielt und in dem die entspre-

---

[2323] Nach Art. 104 Abs. 1 Satz 2 VRF hat das Oberste Gericht das Recht auf gesetzgebende Initiative.
[2324] Beschluss des Rates der Richter der RF vom 30. Oktober 1998.
[2325] S. Beschlüsse der Regierung der RF vom 20. Juli 1998 (N851) und (N797).
[2326] S. Beschluss des Präsidiums OAGRF vom 10. Januar 2001 (N3802/00), Beschlüsse des Präsidiums OAGRF vom 17. Oktober 2000 (N3548/00) und (N3549/00), Beschluss des Präsidiums OAGRF vom 8. August 2000 (N2610/00), Beschluss des Präsidiums OAGRF vom 30. Mai 2000 (N7360/99), Beschluss des Präsidiums OAGRF vom 6. Juli 1999 (N555/99), Beschluss des Präsidiums OAGRF vom 19. Januar 1999 (N6139/98), Beschluss des Präsidiums OAGRF vom 10. März 1998 (N7773/97), Beschluss des Präsidiums OAGRF vom 13. Januar 1998 (N3521/97), Beschluss des Präsidiums OAGRF vom 16. Juli 1996 (N473/96), Beschluss des Präsidiums OAGRF vom 23. April 1996 (N8508/95).
[2327] Informationsbrief des Obersten Arbitragegerichts der RF vom 21. Mai 2004 (N77).

chenden Empfehlungen für die Arbitragegerichte zum Thema ausgearbeitet wurden.

Beispiel aus der Gerichtspraxis:[2328]

Sachverhalt

Eine GmbH erhob eine Klage gegen den Gerichtsvollzieher. Sie machte geltend, dass sein Nichtstun in einem Vollstreckungsverfahren für gesetzwidrig erklärt werden soll. Der Gerichtsvollzieher gab zu, dass ihm er der Vollstreckungstitel zur Vollstreckung zugewiesen wurde. Seiner Auffassung nach musste jedoch in diesem Fall nicht er persönlich haften, sondern der Vollstreckungsdienst als solcher.

Entscheidung des Gerichts

Unter Berücksichtigung von Art. 199 Abs. 1 Punkt 1 APORF, bezog sich das Arbitragegericht auf die Bestimmungen in Art. 90 Abs. 1 BGVVRF,[2329] Art. 40 sowie Art. 200 Abs. 2, Art. 329 Abs.1 APORF. Danach wurde der Gerichtsvollzieher als Beamter belangten, dessen Handlungen bestreitet wurden. Nachdem das Gericht seine Handlungen für gesetzeswidrig erklärt hatte, verpflichtete es den Gerichtsvollzieher auf bestimmte Handlungen, die vorgenommen werden sollen.[2330]

Beispiel aus der Gerichtspraxis:[2331]

Sachverhalt

Ein Privatunternehmer erhob eine Klage gegen den Beschluss des Gerichtsvollziehers, nachdem das Vollstreckungsverfahren beendet worden ist. Der Kläger machte geltend, dass die Handlungen des Gerichtsvollziehers gesetzwidrig waren. Der Gerichtsvollzieher wies darauf hin, dass in dem Vollstreckungsverfahren zwei Vollstreckungstitel erlassen wurde. Entsprechend einem Vollstreckungstitel zur Sicherung der Klage wurde das Vermögen des Schuldners in Beschlag genommen. Der zweite Vollstreckungstitel wurde vom Gericht erlassen, damit der Beschwerdeführer sein Geld (Schuld) vom Schuldner bekommen konnte. Dem Gerichtsvollzieher ist es nicht gelungen, weiteres Vermögen des Schuldners aufzufinden, damit der zweite Vollstreckungstitel vollstreckt werden konnte. Der Schuldner hatte nur das Vermögen, das bereits zur Sicherung der Klage beschlagnahmt worden ist. Demzufolge und aufgrund von Art. 27 Abs. 3 BGVVRF entschied sich der Gerichtsvollzieher, das Vollstreckungsverfahren zu schließen, denn es war unmöglich, die vom Gericht zugesprochene Summe zugunsten des Beschwerdeführers zu fordern

Entscheidung des Gerichts

Das Arbitragegericht stellte fest, dass der Gerichtsvollzieher scheiterte, alle vom Gesetz vorgesehen Möglichkeiten zu nutzen, den zweiten Vollstreckungstitel zu

---

[2328] Informationsbrief des Obersten Arbitragegerichts der RF vom 21. Mai 2004 (N77), Ziff. 5.

[2329] S. auch Beschluss des Plenums des Obersten Arbitragegerichts der RF vom 9. Dezember 2002 (N11).

[2330] S. Art. 201 Abs. 5 Punkt 3 APORF.

[2331] Informationsbrief des Obersten Arbitragegerichts der RF vom 21. Mai 2004 (N77), Ziff. 10.

vollziehen. Insbesondere forderte er keine Information bei den Banken und anderen Kreditinstitutionen zur Frage an, ob der Schuldner über Geld oder Wertpapiere verfügte.
Auch Art. 96 Abs. 4 APORF schreibt vor, dass die Sicherungsmaßnahmen zur Klage gelten, bis eine faktische Vollstreckung des Vollstreckungstitel stattfindet. Das Gericht betonte, dass der Gerichtsvollzieher berechtigt war, eine Zwangsvollsteckung auf das beschlaggenommenen Vermögen des Schuldners vorzunehmen, um die entsprechende Summe nach dem zweiten Vollstreckungstitel zu fordern. Das Gericht hielt die Handlungen des Gerichtsvollziehers für gesetzwidrig.

C. Zusammenfassung

Im Bereich des europäischen Menschenrechtsschutzes sind neue Entwicklungsprozesse zu beobachten. Ein guter Beweis hierfür sind das 14. Protokoll zur EMRK und die neuen Tendenzen in der EGMR Rechtsprechung. Eines der neuen Stichwort der Straßburger *acquis communautaire* ist der Begriff der systemimmanenten Probleme (engl.: *systemic problems*). Der Begriff ist im Urteil *Broniowski v. Poland* vom Gerichtshof erwähnt. Der Gerichtshof betonte, dass die vom Staat ergriffenen Maßnahmen geeignet sein müssen, die vom Gerichtshof aufgedeckten systemimmanenten Probleme zu beseitigen, mit dem Ziel das Konventionssystem nicht mit einer großen Zahl von Beschwerden zu überlasten, die sich aus dem gleichen Sachverhalt ergeben. Dieser Standpunkt in der Rechsprechung des EGMR kann eine neue Hoffnung für die Beschwerdeführer begründen, dass sie ihre Rechte schneller wiederherstellen können, als wenn der Gerichtshof jede einzelne Beschwerde betrachtet.
Eine der Ursachen der oben genannten systemimmanenten Probleme sind Lücken in der nationalen Gesetzgebung. Auf diesem Hintergrund spielt die Rechtsprechung eine wichtige Rolle, die kaum zu unterschätzen ist, weil Gerichte die gesetzanwendenden Organe sind und folglich ihre Tätigkeit Ausdruck der Effektivität der gesetzlichen Vorschriften ist. Von besonderer Bedeutung ist die Rechtsprechung des Verfassungsgerichts.
Es fällt auf, dass im Gegensatz zu Russland die Bürger der Ukraine nicht berechtigt sind, das Verfassungsgericht anzurufen, um ihre verletzten Rechte zu schützen. Wenige Urteile des Verfassungsgerichts der Ukraine betreffen unmittelbar den Schutz des Eigentumsrechts in der Ukraine. Nach Meinung der Verfasserin ist der Hauptgrund dafür nicht nur der Transformationsprozess im politischen Leben, der heutzutage in der Ukraine stattfindet, sondern der Katalog der berechtigten Subjekte, die das Verfassungsgericht der Ukraine anrufen können. Wenn es um den Eigentumsschutz geht, sind am meisten die Bürger betroffen. Im Vergleich zum Verfassungsgericht der Ukraine hat sein russisches Pendant eine bessere Position. Die Rechtsprechung des Verfassungsgerichts der RF zum Schutz des Eigentums ist sehr weit entwickelt, und die Urteile waren meistens Ergebnis von Individualbeschwerden der Bürger. In Russland funktioniert das

Institut der Bürgerbeschwerde ziemlich effektiv. In der Rechtsanwendungspraxis westlicher Länder wird das Recht auf Individualbeschwerde eingeräumt, wenn die Sache bereits alle gerichtlichen Instanzen durchlaufen hat. In der RF ist Einlegung der Individualbeschwerde auf jeder Phase der gerichtlichen Verhandlung der Sache möglich. Aber das Verfassungsgericht der RF hat keine konkrete Vollmacht, um bei einem Rechtsstreit zu entscheiden, ob eine Regel des Völkerrechts Bestandteil des nationalen Rechts ist und ob sie unmittelbar Recht und Pflichten für den Einzelnen erzeugt.

Wenn man die wichtige Rolle der Rechtsprechung bei den neuen Entwicklungen der Gesetzgebung betrachtet, stellt sich die Frage zum Status des Präjudizienrechts als Rechtsquelle in der Ukraine und Russland. Diese Frage wird schon lange Zeit diskutiert. Die Diskussionen verlaufen in beiden Ländern manchmal sehr widersprüchlich.

In der Ukraine werden die Rechtsprechung der Obersten Gerichte und die Beschlüsse des Plenums der Obersten Gerichte nicht als eine offizielle Rechtsquelle anerkannt, weil in der ukrainischen Gesetzgebung das Institut des Präjudizienrechts fehlt. Gleichzeitig wird seine wissenschaftliche und praktische Bedeutung nicht verneint. Auch die Tatsache, dass sich das Verfassungsgericht der Ukraine in seiner Rechtsprechung auf das Straßburger *Case Law* bezieht, beweist, dass sich die Idee des Präjudizienrechts in der ukrainischen Rechtsprechung weiterentwickelt. Die Obersten Gerichte der Ukraine verwenden immer noch sehr aktiv Informationsbriefe und Erklärungen zu rechtlichen Akten. Hingegen stützt sich in Russland die gesamte Gerichtspraxis primär auf die Entscheidungen des Verfassungsgerichts der RF. Trotz der fehlenden offiziellen Anerkennung der Rechsprechung als eine Rechtsquelle gibt es ausreichend Fälle, in denen die Beschlüsse des Plenums des Obersten Gerichts der Ukraine faktisch zu rechtlichen Normen werden.

Im Gegensatz zu den ukrainischen Gerichten haben die Obersten Gerichte und das Verfassungsgericht der RF das Recht auf gesetzgebende Initiative. Diese Kompetenz erweitert die Bedeutung der Rolle der Gerichte in russischem Rechtssystem ganz wesentlich. Nicht nur das Verfassungsgericht der RF, sondern auch die Obersten Gerichte der RF tragen zur Entwicklung des Präjudizienrechts bei. Die Obersten Gerichte der RF sind berechtigt, die Auslegungen der Rechtsakte der RF zu machen. Allerdings wird die genaue juristische Kraft dieser Auslegungen nicht durch die Verfassung der RF bestimmt.

Die Verfasserin ist der Auffassung, dass es heute eine wichtige Aufgabe ist, die Rechtsprechung als *de facto*- Rechtsquelle weiterzuentwickeln, und eine starke Grundlage für eine *de jure*- Rechtsquelle aufzubauen, damit eine kardinale Änderung im Status der Rechsprechung nicht allzu schmerzhaft für die gesamte Gesetzgebung wird. Einer der Orientierungspunkte in diesem Prozess ist die Rechtsprechung des Straßburger Gerichtshofes.

Nur in wenigen Urteilen gegen Russland und gegen die Ukraine stellte der EGMR eine unmittelbare Verletzung des Eigentumsrechts fest. Meistens ging es um eine Verletzung des Art. 6 Abs.1 EMRK in Zusammenhang mit Art. 1 1.ZP.

Die Verfasserin gibt zu, dass die Frage der Nichtvollstreckung der Gerichtsentscheidungen ein echtes systemimmanentes Problem nicht nur in der Ukraine, sondern auch in Russland ist.
Eine der Ursachen der schwerwiegenden Verletzungen der Konventionsgarantien in beiden nationalen Gesetzgebungen war und ist Existenz des Einspruchsverfahrens (Protest–Verfahrens), das aus der sowjetischen Rechtsordnung übernommen wurde. Im Urteil *Sovtransavto Holding v. Ukraine* stellte der EGMR eine schwerwiegende Verletzung des Art. 6 Abs.1 EMRK fest wegen des Einspruchsverfahrens in ukrainischer Gesetzgebung. In der neuen Fassung der Zivilprozessordnung der Ukraine wird kein Recht auf Einspruchsverfahren (Protest) eingeräumt.
Nach der russischen Gesetzgebung bestehen zwei Rechtswege zum Einspruchsverfahren, die sich durch Rechtssubjekte und Formen unterscheiden: Die Personen, die an der Verhandlung beteiligt sind, oder andere Personen, deren Rechte und gesetzmäßig Interessen durch die mit den Gerichtsentscheidungen verletzt werden, sind berechtigt, eine Einspruchsbeschwerde (russ.: *nadzornaja zhaloba*) einzulegen. Das Verfassungsgericht der RF betrachtet eine Aufsichtsinstanz (russ.: *nadzornaja instanzija*) als eine ausreichende Garantie des in der Verfassung verankerten Rechts auf den gerichtlichen Schutz. Das Einspruchsverfahren solle als eine zusätzliche Sicherung dieses Rechts betrachtet werden, weil es die Möglichkeit eröffne, nach der rechtkräftigen Entscheidung ein Überprüfungsverfahren anzuordnen. In mehreren Urteilen gegen Russland stellte der EGMR fest, dass die Existenz eines Einspruchsverfahrens in der russischen Gesetzgebung gegen das Prinzip der rechtlichen Sicherheit verstößt. Darüber hinaus liegt eine Verletzung des Art. 6 Abs. 1 EMRK vor.
Obwohl die Fachliteratur feststellt, dass die unangemessene Dauer eines zivilrechtliche Ansprüche oder Verpflichtungen betreffenden Gerichtsverfahrens grundsätzlich keine nach Art. 1 1.ZP erhebliche Beeinträchtigung des streitgegenständigen Anspruchs darstellt, ist die Dauer des Verfahrens für die Gesamtgarantie des Art. 6 Abs.1 EMRK von großer Bedeutung, besonders, wenn es um die Situation des Eigentumsschutzes in der Ukraine und Russland geht.
Im Gegensatz zum Schutzbereich des Art. 6 Abs. 1 EMRK berührt die Vollstreckung gerichtlicher Entscheidungen Art. 1 1.ZP grundsätzlich nicht. In der Fachliteratur wird aber darauf hingewiesen, dass eine Verletzung der Vorschrift allenfalls unter besonderen Umständen in Betracht gezogen werden kann, z. B. wenn das Gerichtsverfahren derart unfair geführt wird, dass sein Ergebnis zu einem willkürlich erscheinenden Rechtsverlust führt. Die meisten Beschwerdeführer aus der Ukraine und Russland können sich auf solche besonderen Umstände berufen.
Die Nichtvollstreckung gerichtlicher Entscheidungen stellt ein bis heute nicht lösbares Problem des Rechtssystems beider Länder dar. Nach Statistikangaben werden weniger als 50% aller Gerichtsentscheidungen in der Ukraine vollstreckt, in Russland 58% entsprechend. Bei der unterbliebenen Vollstreckung besteht die Problematik nicht in den fehlenden Rechtsnormen sondern im ge-

samten Vollstreckungsmechanismus. Dieser Umstand ist ein gutes Beispiel dafür, dass die rechtlichen Vorschriften in der Praxis nicht funktionsfähig sind.

Wir denken selten an das, was wir haben,
aber immer an das, was uns fehlt.

Arthur Schopenhauer

Schlussfolgerungen

1. Die Struktur dieser Studie wirkt so, als bestehe sie aus drei unabhängigen Themen: die Lage des Eigentumsschutzes nach der EMRK,[2332] nach ukrainischem[2333] und russischem[2334] Recht. Dieser Eindruck täuscht. Obwohl jedes Rechtsgebiet separat betrachtet wird, versucht die Verfasserin, alle Themen in einem engeren Zusammenhang zu untersuchen. Als Orientierung gelten die Bestimmungen der EMRK und die Rechtsprechung des EGMR.

2. Die EMRK schützt natürliche und juristische Personen des Privatrechts (nicht aber öffentliche Einrichtungen) vor Eingriffen oder eingriffsgleichen Duldungen (z.B. Zugriff von Privatpersonen auf Privatpersonen),[2335] vor Unterlassungen des Staates, wenn ihn eine Schutzpflicht[2336] trifft. Inwieweit eine Rechtsordnung schützfähig ist, hängt auch vom Begriff des Eigentums in der nationalen Gesetzgebung ab. In der EMRK gibt es einen relativ weiten Begriff von „*property rights*“, der auch „*legitimate expectation*“[2337] erfasst.
Wie die EMRK selbst, bzw. Art. 1 1.ZP, beinhalten die Verfassungen der Ukraine und Russlands keine Definition des Eigentumsrechts. Diese Lücke wird auch nicht vom Zivilgesetzbuch der RF ausgefüllt. Seinerseits beinhaltet das Zivilgesetzbuch der Ukraine den Begriff des Eigentumsrechts: „Das Eigentumsrecht ist Vollrecht an einer Sache (einem Vermögen), d.h. das Recht, mit der Sache nach Belieben zu verfahren und andere von jeder Einwirkung auszuschließen, soweit das Gesetz oder Rechte Dritter entgegenstehen“. In der ukrainischen rechtwissenschaftlichen Lehre ist anerkannt, dass der EGMR eine weite-

---

2332 S. Kapitel I dieser Studie.
2333 S. Kapitel III dieser Studie.
2334 S. Kapitel IV dieser Studie.
2335 Vgl. Urteil James and others v. the UK.
2336 Vgl. Urteil Ilascu and Others v. Moldova and Russia; Manoilescu and Dobrescu v. Romania and Russia (60861/00)- Decision as to the Admissibility vom 15. März 2005 (inadmissible).
2337 Wolf-Ulrich von Maltzan and Others, Margarete von Zitzewitz and Others, and Man Ferrostaal and Alfred Töpfer Stiftung v. Germany (71916/01, 71917/01 and 10260/02)- Decisison as to the Admissibility of Grand Chamber vom 2. März 2005 (inadmissible), Ziff. 74 c). Vgl. Urteil Prince Hans-Adam II of Liechtenstein v. Germany, Ziff. 82 und 83 und Urteil Gratzinger and Gratzingerova v. the Czech Republic, Ziff. 69.

re Auslegung des Begriffs des Eigentums bzw. Vermögens vertritt als in der ukrainischen Gesetzgebung. Im Jahre 2004 behandelte das Verfassungsgericht der Ukraine die Frage einer offiziellen Auslegung des vom Gesetz geschützten Interesses. Es wurde darauf hingewiesen, dass dieser Begriff neben anderen Merkmalen als ein rechtliches Phänomen eine Bestrebung (keine rechtliche Möglichkeit) darstellt, im Rahmen der rechtlichen Reglementierung die konkreten immateriellen und/oder materiellen Güter zu nutzen. Das Eigentum wird sowie als eine einfache Legitimierung ausgelegt. Die Verfasserin vertritt die Meinung, dass diese Auslegung des Verfassungsgerichtes ein Schritt zur Annerkennung schutzwürdiger Erwartungen als Bestandteil des Eigentumsrechts in der ukrainischen Gesetzgebung betrachtet werden könnte.
In der russischen Rechtsordnung beziehen sich dingliche Rechte nicht auf Sachen, sondern auf Vermögenswerte. „Vermögenswerte" ist ein sehr vielschichtiger Begriff, der im russischen Zivilgesetzbuch zudem in verschiedenen Bedeutungen gebraucht wird. Der Begriff „Vermögenswerte" kann sowohl körperliche Sachen als auch Vermögenswerte aller Art und Sachgesamtheiten bezeichnen. In seiner Rechtsprechung legte das Verfassungsgericht der RF den Begriff „Vermögen" so aus, dass dieser Begriff die Sachen- und Forderungsrechte umfasst. Nach der Auffassung des Gerichts entspricht solch eine Auslegung des Begriffes „Vermögen" im Sinne des Art. 35 VRF der Rechtsprechung des Europäischen Gerichtshofes für Menschenrechte zum Art. 1 1.ZP.
In der Ukraine und Russland stammt der Begriff des Eigentums aus den Eigentumsformen. Obwohl die Verfassung der Ukraine das Eigentumsrecht nicht nach Arten und Formen abgrenzt, sieht die Zivilgesetzgebung der Ukraine eine erschöpfende Auflistung der Eigentumsformen vor: privates, staatliches und kommunales Eigentum. In Russland verankerte der Gesetzgeber schon auf Verfassungsebene, dass in der RF alle Eigentumsformen, privates, staatliches, munizipales Eigentum und *andere Formen* (Hvh.d.Verf.), in gleicher Weise geschützt werden. Damit weigert sich der russische Gesetzgeber, die Eigentumsformen in der russischen Gesetzgebung zu beschränken.

3. Unter den Schutzbereich der EMRK fallen auch die Unsicherheitsfälle, die durch inkonsistentes Verhalten des Staates hervorgerufen werden und den Eigentumsschutz beeinflussen.[2338] Die Problemfelder im Rahmen der Unsicherheitsfälle in den ukrainischen und russischen Rechtsordnungen sind vor allem die Privatisierungsprozesse staatlicher Unternehmen bzw. die Nationalisierung sowie die Grundeigentumsverhältnisse. Im Zusammenhang mit der Privatisierung sind die YUKOS (Russland) und KRIVIROZHSTAHL (die Ukraine) Fälle

[2338] Vgl. Urteil Beyeler v. Italy, Ziff. 121; Urteil Immobiliare Saffi v. Italy, Ziff. 56.

erwähnen. Obwohl der frühere Besitzer der ukrainischen KRIVOROZHSTAHL die Höhe seiner Investitionen ins Unternehmen beim Erwerb erhielt, wurde das Prinzip der Rechtssicherheit verletzt. Die Ergebnisse von mehreren ukrainischen Unternehmen, die in der Zeit des früheren Präsidenten privatisiert worden sind, mussten revidiert werden.[2339]

In Russland ist die Situation schlimmer gewesen. Der frühere Besitzer eines der weltweit größten Konzerne sitzt in der Strafvollzuganstalt, weil der Staat das Unternehmen für sehr attraktiv hielt. Dem Besitzer wurden Steuerhinterziehungen vorgeworfen, für das ihm entzogene Unternehmen wurde ihm keine Entschädigung gewährt.

Im Bereich der Grundeigentumsverhältnisse ist die Lage in beiden Ländern vergleichbar. Obwohl zahlreiche Rechtsakte zur Regelung der Grundeigentumsverhältnisse erlassen, bleibt die Situation unstabil und unsicher. Die Analyse der gerichtlichen Praxis in den Streitigkeiten über das Grundeigentum, die aus dem Jahr 2003 stammt, bewies die Aktualität der Problematik für ukrainische Bürger. Auch der Straßburger Gerichtshof setzte sich mit dieser Problematik auseinander. In der Beschwerde *Zhigalev v. Russia*[2340] machte der Beschwerdeführer geltend, dass sein Zertifikat auf Bodennutzung von einem zuständigen örtlichen Exekutivorganen für ungültig erklärt worden ist. Bis heute betraf keine der Beschwerde gegen die Ukraine, die Verletzungen der Rechte, die aus den Bodenverhältnissen stammen.[2341] Dies bedeutet aber nicht, dass kein Problem in diesem Bereich besteht. Die Verfasserin äußert eine Vermutung, dass die Beschwerden dieser Art vom Komitee des EGMR für unzulässig erklärt wurden, weil die Verfahrensvoraussetzungen des Art. 35 EMRK nicht erfüllt waren.

4. Für den Schutz des Eigentums sind auch die verfahrensmäßigen Möglichkeiten des Staates von Bedeutung.[2342] Unter der EMRK besteht Art. 6 eine Gewähr für die Rechtssicherheit.[2343] Von einem echten Schutz des Eigentums kann nur gesprochen werden, wenn es eine wirkliche Rechtssicherheit (Rechtskraft- *chose jugée*) gibt.

Dieses systemimmanente Problem existierte im ukrainischen Recht bis 2001. Unter den Einfluss der Entscheidung des EGMR in der Sache *Sovtransavto Hol-*

2339 S. die Liste der geplanten Objekte der Reprivatisierung vom 29. April 2005 (www.grani.kiev.ua).

2340 Zhigalev v. Russia (54891/00)- Decision as to the Admissibility vom 20. Januar 2005 (admissible).

2341 Vgl. Urteil Timotiyevich v. Ukraine, Urteil Pavlyulynetz v. Ukraine und MPP Golub v. Ukraine (6778/05)- Decision as to the Admissibility vom 18. Oktober 2005 (inadmissible).

2342 S. Kapitel V dieser Studie.

2343 Vgl. Urteil Brumarescu v. Romania.

ding v. Ukraine ist das Protestverfahren abgeschafft worden.[2344] Im russischen Recht gibt es dagegen nach wie vor das Einspruchsverfahren (Protest-Verfahren). Nach Meinung des russischen Gesetzgebers kann die Richtigkeit der Gerichtsakten, die in schon Kraft getreten sind, überprüft werden. Das Verfassungsgericht der RF weist in seiner Rechtsprechung darauf hin, dass neben den Eingangs- und Berufungsinstanzen die Kassations- und Aufsichtsinstanzen die Garantie des in Art. 46 und 50 Abs. 3 VRF verankerten Rechts auf den Rechtsschutz gewährleisten. Das Einspruchsverfahren sei als eine zusätzliche Sicherung dieses Rechts zu betrachten, weil es die Möglichkeit gäbe, nach der rechtkräftigen Entscheidung ein Überprüfungsverfahren anzuordnen. In Russland herrscht eine Meinung, dass die Aufsichtsinstanz (russ.: *nadzornaja instanzija*) ein Bestandteil des Gerichtsverfahrens nach Art. 126 VRF werden soll.

5. Die EMRK unterscheidet drei Regeln,[2345] die die Rechtsprechung im Verhältnismäßigkeitsgrundsatz zusammengefasst hat. In der Praxis und nach nationalem Recht ist es oft schwierig, zwischen Enteignung (echte Entziehung), enteignendem Eingriff und bloßer Gebrauchsregelung (engl.: *use*) zu unterscheiden. Das kann danach geschehen, ob der Eingriff besonders schwer ist oder ob der Eingriff eine Ungleichheit schafft. Eine Rolle spielt auch, ob das sonstige nationale Recht verletzt wurde. Die Rechtsprechung des EGMR kann bei dieser Abgrenzung auch für das nationale Recht Orientierungen geben.[2346] Weder in der ukrainischen und russischen Gesetzgebung noch in der Rechsprechung nationaler Gerichte findet man ausdrücklichen Unterscheidungen zwischen Enteignung, enteignenden Eingriff und bloßer Gebrauchsregelung.[2347]
An dieser Stelle möchte die Verfasserin eine Bemerkung zur Entwicklung der rechtwissenschaftlichen Theorie in beiden Ländern machen. Wie in der Einführung schon erwähnt wurde, versuchte die Verfasserin in dieser Studie, die Modelle der Eigentumsordnung in der Ukraine und Russland unter dem Gesichtspunkt des deutschen verfassungsrechtlichen Modells zu betrachten. Es ist zuzugeben, dass dies eine problematische Aufgabe war, weil die Eigentumstheorien beider Rechtsordnungen wesentlich schwächer entwickelt sind als in Deutschland. Dies möchte die Verfasserin an Hand eines Beispiels verdeutlichen. Die Kommentierungen der Artikel in den Verfassungen beider Länder, die den Eigentumsstatus bestimmen, betragen in Russland 4 Seiten[2348] und in der

[2344] S. *Resolution ResDH (2004) 14.*
[2345] S. Urteil Sporrong and Lönnroth v. Sweden.
[2346] Vgl. Urteil Bosphorus Hava Yollari Turizm ve Ticaret AS v. Ireland und Urteil Sporrong and Lönnroth v. Sweden, Ziff. 60.
[2347] Vgl. *Mangoldt, Hermann von / Klein, Friedrich / Strack, Christian (Hrsg.),* 2002, Rn. 493-505 und *Sachs, Michael (Hrsg.),* 1999, Rn. 173-184.
[2348] S. *Konstituzija Rossijskoj Federazii*, Nauchno-prakticheskij kommentarij, 2003.

Ukraine 3 Seiten.[2349] Wenn man die Kommentierung des Art. 14 GG anschaut, wird man einen riesigen Unterschied feststellen: die Kommentierung von WENDT bestehet aus 60 Seiten[2350] und die Kommentierung von DEPENHEUR– aus 233 Seiten.[2351] In diesem Fall zeigt die Seitenzahl der deutschen Kommentierung, dass dieses Rechtsinstitut in Deutschland ausführlich untersucht wird. Die Verfasserin vertritt die Meinung, dass es sehr empfehlenswert wäre, dass sich ukrainische und russische Rechtswissenschaftler mehr Mühe geben, um das Thema des Eigentumsrechts tiefer und vielseitiger im Zusammenhang mit der Rechtsprechung nationaler Verfassungsgerichte zu untersuchen.

6. Der Begriff der Verhältnismäßigkeit ist der Schlüsselbegriff zur Abgrenzung von entschädigungslosen und zur Entschädigung verpflichtenden Eingriffen. Der EGMR hat diesen Begriff in drei einzelnen Elementen unterteilt: Erforderlichkeit, Geeignetheit, Angemessenheit. Man muss aber zugeben, dass auch die Rechtsprechung des EGMR zum Thema nicht immer ganz klar ist.[2352]
In keiner seiner Entscheidungen setzte sich das Verfassungsgericht der Ukraine auseinander, die Kriterien der Beeinträchtigung des Eigentumsrechts auszulegen. In der Rechtssache über die Sparguthaben der Bürger[2353] wies das Gericht darauf hin, dass die Beschränkungen des Eigentumsrechts verhältnismäßig sein müssen, damit das Eigentumsrecht seinen Existenzsinn nicht verliert.
Das Verfassungsgericht der RF ging weiter in seiner Auslegung der Verhältnismäßigkeit und betonte, dass alle Arten von Entschädigungen (Vergünstigungen, Geldauszahlung u.s.w.) Bestandteile der staatlichen Entschädigung sind. Der Staat gewährleistet diese Entschädigung nach dem Grundsatz der maximalen Nutzung der staatlichen Kapazitäten, den Bürgern eine genügende Entschädigung zur Verfügung zu stellen. Sieht ein Gesetz Beschränkungen zur Höhe der Entschädigung nach bestimmten Kategorien von Bürgern vor, sind diese zulässig, wenn sie verhältnismäßig sind. Nach der Auffassung des Verfassungsgerichts der RF müssen Beschränkungen des Eigentumsrechts den Zielen der Gerechtigkeit und Rechtsgütern mit Verfassungsrang entsprechen, und eine gesetzliche Grundlage haben.

[2349] S. *Konstituzija Ukrainy*, Nauchno – praktychnyj komentar, 1998.
[2350] S. *Sachs, Michael (Hrsg.)*, 1999.
[2351] S. *Mangoldt, Hermann von / Klein, Friedrich / Strack, Christian (Hrsg.)*, 2002.
[2352] Vgl. Wolf-Ulrich von Maltzan and Others, Margarete von Zitzewitz and Others, and Man Ferrostaal and Alfred Töpfer Stiftung v. Germany (71916/01, 71917/01 and 10260/02)-Decisison as to the Admissibility of Grand Chamber vom 2. März 2005 (inadmissible) und Urteil Jahn and others v. Germany.
[2353] Urteil VGU vom 10. Oktober 2001 (N13-pn/2001).

7. Die Gleichbehandlung (Art. 14 EMRK) spielt in den Eigentumsbeziehungen auch eine wichtige Rolle. Nach der Rechtsprechung des Straßburger Gerichtshofes sind manche Eingriffe (eventuell) und deshalb rechtswidrig und (folglich) unverhältnismäßig, weil Gruppen von Personen ungleich behandelt werden.[2354]

In der ukrainischen Gesetzgebung lassen sich viele Bestimmungen finden, die die Ungleichbehandlung bei der Gewährleistung des Eigentumsrechts betreffen. Nach dem Gesetz über die staatlichen Garantien der Wiederherstellung der Sparguthaben der Bürger der Ukraine wurden diese Sparguthaben nach dem Alter der Anleger ausgezahlt. Das Verfassungsgericht der Ukraine stellte eine Verletzung des verfassungsmäßigen Eigentumsrechts fest.

Noch ein Beispiel zur Ungleichbehandlung der Objekte des Eigentumsrechts in der Ukraine ist die Einführung des Moratoriums auf Zwangsverkauf des Vermögens der Unternehmen, in den 25% des Stammkapitals dem Staat gehörten. 41% aller Beschwerden, die in Straßburg eingegangen sind und für zulässig erklärt wurden, beziehen sich auf die Nichtvollstreckung der Gerichtsentscheidungen, die die Nichtauszahlung der Lohnverschuldung des Unternehmens angehen, die faktisch zu staatlichem Eigentum gehörten. Das Verfassungsgericht der Ukraine stellte fest, dass obwohl alle Formen des Eigentums in der Ukraine die gleiche Stellung genießen, jede ihre Besonderheiten hat, die mit den vom Gesetz festgelegten Bedingungen und Grundlagen der Entstehung und Aufhebung des Eigentumsrechts verbunden sind. Eine der Besonderheiten der rechtlichen Stellung des staatlichen Eigentums ist das zeitlich begrenzte Moratorium auf Zwangsverkauf des Vermögens der Betriebe. Das Verfassungsgericht der Ukraine ist der Auffassung, dass das Gesetz die Gerichtsentscheidungen nicht außer Kraft setzt, sondern nur ihre Vollstreckung aufgeschoben wird, bis der Mechanismus des Zwangsverkaufs des Vermögens vollkommen ist. Nach seiner Auffassung waren keine der Bestimmungen des Gesetzes verfassungswidrig. Trotz der Feststellung des Verfassungsgerichts der Ukraine, dass die Einführung des Moratoriums verfassungskonform war, wurde es im Jahr 2004 aufgehoben. Damit wurde eines der systemimmanenten Probleme ukrainischer Gesetzgebung gelöst.

Solche Beispiele findet man immer noch in ukrainischen Rechtsakten. Auch in der russischen Gesetzgebung gibt es keine allgemeine Gleichheit im Hinblick auf die Eigentumsrechte und ihren Schutz.

Das Abänderungsgesetz zum Gesetz der RF über die soziale Absicherung der Bürger, die durch die Katastrophe im KKW Tschernobyl radioaktiver Strahlung ausgesetzt waren, führte viele Beschränkungen zur Höhe der Entschädigung je

---

[2354] Vgl. Urteil Broniowski v. Poland und Wolf-Ulrich von Maltzan and Others, Margarete von Zitzewitz and Others, and Man Ferrostaal and Alfred Töpfer Stiftung v. Germany (71916/01, 71917/01 and 10260/02)-Decisison as to the Admissibility of Grand Chamber vom 2. März 2005 (inadmissible).

nach der Kategorie des Geschädigten ein. Das Verfassungsgericht der RF ist der Auffassung, dass verhältnismäßige Beschränkungen der Entschädigungen zulässig sind.
Ein ähnliches Problem stellte die Nichtauszahlung der erarbeiteten Renten für die Bürger dar, die ins Ausland ausgesiedelt sind. Erst nach dem Urteil des Verfassungsgerichts der RF wurden die verfassungswidrigen Gesetzvorschriften geändert.
Das Bundesgesetz der RF über die Wohnungsbeihilfe für die Bürger, die die Regionen des Fernnords verlassen, setzte die Höhe der Wohnungsbeihilfe für diese Bürger herab und verschärfte die Voraussetzungen für solche Beihilfen (Kompensation). Das Verfassungsgericht der RF stellte in seinem Urteil fest, dass die Ansprüche der Bürger auf die staatliche Wohnungsbeihilfe mit einer Reihe der Verfassungsgarantien verbunden sind. Um den Inhalt der rechtlichen Garantien zu mindern, solle der Gesetzgeber das Verhältnismäßigkeitsprinzip achten, weil die Bürger, die sich entschieden haben, die Regionen des Fernnords zu verlassen, sich nach den früheren rechtlichen Vorschriften richteten. Das Gericht erklärte die Vorschriften, die die verfassungsmäßigen Garantien der Bürger verringern, für verfassungswidrig.
Noch eine betroffene Kategorie der Bürger ist die der Personen, die infolge der Beilegung der Krise in der Tschetschenischen Republik zu Schaden gekommen sind. Im Jahre 2000 musste das Oberste Gericht der RF entscheiden, ob die vom Gesetz festgelegten Beschränkungen in den Kompensationsauszahlungen für die in Tschetschenien verlassenen Wohnungen verfassungsmäßig sind. Der Gerichtshof wies darauf hin, dass die vom Gesetz vorgesehen Kompensationszahlungen ein zusätzlicher rechtlicher Schutz der Bürger der RF sind. Der Gesetzgeber sei berechtigt, die notwendigen Begrenzungen vorzusehen, auch in Anbetracht der Zahl der Betroffenen und des akzessorischen Charakters der Auszahlungen. Das Verfassungsgericht hielt die entsprechenden Bestimmungen des Gesetzes für verfassungswidrig.
Zur Ungleichbehandlung könnte man noch mehrere Beispiele anführen. Es ist aber eine vielversprechende Tendenz, dass die Mängel der Gesetzgebung von Verfassungsgerichten beseitigt werden.

8. Der Eigentumsschutz stellt das wichtigste Element einer privatwirtschaftlichen Rechtsordnung dar. Wie die Rechsprechung nationaler Gerichte und des Straßburger Gerichtshofes zeigen, werden die Eingriffe im Gesellschaftsrecht in Russland und in der Ukraine immer häufiger. Dies lässt sich erklären, wenn man in Betracht zieht, dass die Privatisierungsprozesse in beiden Länder sehr widersprüchlich und untransparent verlaufen sind. Wegen der mehrfachen Lücke der Gesetzgebung wurden die staatlichen Unternehmen von bestimmten Kreisen

privatisiert. Nach einiger Zeit fand einen Machtwechsel statt. Jetzt streben neue Kreise an, einen Teil der ohne ihre Beteiligung privatisierten Unternehmen zu gewinnen. Solch eine Lage verursacht mehrere Fälle, wenn die attraktiven Unternehmen vom Staat angegriffen werden. Auch so genannte „feindliche Übernahmen“ werden vom Staat gebilligt, weil ohne die Unterstützung von Staat und von Judikative alle Methoden feindlicher Übernahmen unvorstellbar wären.
In den meisten oben erwähnten Fällen benutzt der Staat die Staatsanwaltschaft, deren Verfolgungswille es ist, Beweise dafür zu finden, dass das interessierte Unternehmen Steuerhinterziehungen bzw. andere strafrechtliche Handlungen begangen hat. Der starke Wille und Unvollkommenheit der nationalen Gesetzgebung im Steuerrechtsbereich führen dazu, dass sich fast in jedem Unternehmen Straftatbestände feststellen lassen.
Hier stellt sich die Frage, wie es um den Schutz des Eigentums im Strafverfahren bestellt ist. Im Strafgesetzbuch der Ukraine ist vorgeschrieben, dass eine der kriminalrechtlichen Strafen für begangene Straftaten die Konfiskation ist. Sie wird nur für schwere und besonders schwere Verbrechen ausgesprochen.
Im Strafgesetzbuch der RF gab es eine Bestimmung, welche die Konfiskation als eine zusätzliche Strafe vorsah. Nach der Annahme eines Abänderungsbundesgesetzes 2003 wurde die Strafe in Form der Konfiskation in der RF abgeschafft. Die Initiatore der Änderungen schlugen vor, dass die Konfiskation des Vermögens durch ein Bußgeld ersetzt werden kann. Mehrere Abgeordneten der Staatsduma meinen, dass die Abschaffung der Konfiskation in der russischen Strafgesetzgebung eine überstützte Maßnahme war. Sie bemühen sich, im Sinne des internationalen Kampfes gegen die Korruption das rechtliche Institut der Konfiskation wiederherzustellen. Die Generalstaatsanwaltschaft initiiert verschiedene Gesetzentwürfe, damit eine Strafe in Form einer Konfiskation ins Strafgesetzbuch der RF festgeschrieben wird.

9. Im Jahre 2001 erschien der Bericht des Europarates[2355] „*Compatibility of Ukraininan law and practice with the requirements of the European Convention on Human Rights (Articles 3, 5, 6, 10, 13 and 1 and 3 of Protocol No 1)*“. Das Kapitel zur Lage des Eigentums in der Ukraine besteht aus drei Teilen[2356] (der ukrainische unabhängige Bericht, die Erläuterungen des Justizministeriums der Ukraine und die Erläuterungen von Europaratexperten).
Die unabhängigen ukrainischen Experten weisen darauf hin, dass

> „in Ukraine, like in other post-Soviet states with transitional economies, lawmaking and administrative practice are too dependent on political and ideological factors, lack of political and legal culture of the society, absence of traditions and

[2355] *Doc. HRCAD(2001) 4*– December 2001.
[2356] *Doc. HRCAD(2001) 4*– December 2001, S. 142.

experience of private property protection. This creates prerequisites for the availability in the Ukrainian legislation of such provisions that either directly do not conform to the content of Article 1 of Protocol 1 and the standards of its interpretation by the European Court and the Convention or may be evaluated ambiguously."[2357]

Das Justizministerium der Ukraine erwiderte auf diese These, dass die ukrainische Gesetzgebung die Schutzgarantien festlegt, die den Anforderungen des Art. 1 1.ZP völlig genügen,[2358] obwohl die nationalen Bestimmungen im Bereich des Eigentumsrechts nicht perfekt genug sind.[2359]

Wie immer liegt die Wahrheit in der Mitte. Die Experten des Europarates äußeren Verständnis, dass die Ukraine in einer Transformationsphase[2360] ist, die sehr schmerzhaft und unpopulär ist. Jedoch ratifizierte die Ukraine das 1. Zusatzprotokoll. Ihre Gesetze und die Rechtspraxis sollen der Rechtsprechung des EGMR entsprechen, obwohl die nationale Gesetzgebung eine Reihe von rechtlichen Kollisionen beinhaltet.[2361]

Eine ganz andere Struktur hat das Kapitel des Berichtes des Europarates[2362] „*The compatibility of Russian Federation Law with the requirements of the European Convention on Human Rights (Articles 1, 2, 3, 4, 5, 6, 9, 10, 11, 13, 14, 15, 16-18. Articles 1 and 3 of Protocol No 1. Articles 2 and 3 of Protocol No 7)*" zur Lage des Eigentums in der RF.[2363] Nach dem Stil des Berichtes hat die Verfasserin die Vermutung, dass dieser Teil ausschließlich von russischen Experten verfasst wurde. Die Autoren äußeren sich eindeutig, dass die Normen der Verfassung der RF ein dem Art. 1 1.ZP entsprechendes Schutzniveau gewährleisten.[2364] Im Allgemeinen vertritt die Verfasserin die Meinung, dass der Bericht über die Lage des Eigentums etwas beschränkt wirkt und nicht objektiv präsentiert wird. Dies kann aber so erklärt werden, dass der Bericht aus dem Jahr 1998[2365] stammt. In diesem Jahr hat Russland die EMRK ratifiziert. Es musste Pluspunkte gewinnen, damit der Europarat sicher sein konnte, dass Russland ein gutes Potenzial hatte, um Mitglied der Organisation zu werden. Seitdem wurde

---

2357 *Doc. HRCAD(2001) 4*– December 2001, Ziff. 329.
2358 *Doc. HRCAD(2001) 4*– December 2001, Ziff. 353.
2359 *Doc. HRCAD(2001) 4*– December 2001, Ziff. 367.
2360 Vgl. "What is exceptional in a transitional period? There may be greater possibilities of mistakes by the legislature, which future legislatures would be inclined to correct, but does this give *carte blanche* to commit violations of human rights or to regard violations as non-violations?" (Abweichende Meinung von Richter RESS zum Urteil Jahn and others v. Germany (Grand Chamber), Ziff. 6).
2361 *Doc. HRCAD(2001) 4*– December 2001, Ziff. 368.
2362 *Doc. H(98) 7*- 1998.
2363 *Doc. H(98) 7*- 1998, S. 164.
2364 *Doc. H(98) 7*- 1998, S. 166.
2365 Vgl. *Breeze, Colin McC.*, 1998.

der Bericht nicht aktualisiert und deswegen sind die neuen Entwicklungen in der russischen Gesetzgebung außerhalb des Blickfelds geblieben.

10. Nach Angaben der Kanzlei des EGMR 2005 wurden 120 Entscheidungen gegen die Ukraine und 83 Entscheidungen gegen Russland vom Gerichtshof angenommen.[2366] In 67 Fällen gegen die Ukraine und in 48 Fällen gegen Russland wurde eine Verletzung des Art. 1 1.ZP festgestellt. Von den Mitgliedern des Europarats machen die Verletzungen des Eigentumsrechts durch die Ukraine und durch Russland die Mehrzahl aus.[2367]
Trotz der Zahl der Beschwerden ist zuzugeben, dass die russische sowie auch ukrainische Gesetzgebung sich von den neuen Entwicklungen gekennzeichnet sind. Der Analyse entsprechend ist die Ukraine nach ihrem Beitritt zum Europarat in der Änderung der Gesetzgebung besonders aktiv. Die Annahme der Gesetzbücher und mehrerer Gesetze im Eigentumsbereich erfolgte nach dem Jahr 1997. In Russland spielt das Verfassungsgericht der RF eine bedeutsame Rolle in der Ausstattung von Eigentumsschutz. Diese wichtige Rolle wird von russischen und auch von westlichen Rechtwissenschaftlern anerkannt.
Eine vergleichende Betrachtung des Eigentumsschutzes in ukrainischem und russischem Recht zeigt, dass es trotz der grundlegenden strukturellen Unterschiede der Rechtssysteme, insbesondere aufgrund des Föderalismus im russischen Recht, Übereinstimmungen und parallele Entwicklungen dieser Rechtsordnungen im Eigentumsschutz gibt.[2368] Dies bedeutet aber nicht, dass beide Rechtssysteme identisch sind und sich gleichartig entwickeln, obwohl sie die gleiche Aussichtung haben. Um ein ähnliches Ziel zu erreichen, bedienen sich die Staaten je nach den politischen und wirtschaftlichen Umständen verschiedene Mittel.

Im November und Dezember 2005[2369] führte die Verfasserin eine eigene Umfrage unter ukrainischen und russischen Bürger zu der Frage durch, ob das Eigentumsrecht zu den Menschenrechten gehört. Fast 96% der Befragten in der Ukraine und 93% der Befragten in Russland gaben eine positive Antwort. Dies ist ein erstaunliches Ergebnis,[2370] weil in den postsowjetischen Staaten die Eigen-

[2366] S. die Webseite des EGMR, Press Release vom 25. Januar 2005.
[2367] Vgl. Dazu kann man nur die Türkei (65) und Italien (49) eingliedern.
[2368] „Throughout the world, a large degree of differentiation in national legislation as to property rights is very common“ (*Banning, Theo R. G., van,* 2002, S. 197). S. auch UN.ECOSOC report, E/CN.4/1994/19, (Geneva, 25 November 1993), para 208; 244 a.f..
[2369] Es wurde insgesamt 100 Ukrainer und 120 Russen befragt. Die Befragten sind aus den Kreisen der Intelligenz, Beamten, Geschäftsleute und Studenten.
[2370] Leider ist es unmöglich gewesen, diese Ergebnisse zu vergleichen, weil der Verfasserin nicht gelungen ist, herauszufinden, ob eine ähnliche Umfrage früher durchgeführt worden ist.

schaft des Eigentumsrechts als Menschenrecht nicht popularisiert wurde. Dies um so mehr, als das Phänomen des Privateigentums in den sozialistischen Rechtssystemen fehlte. Die Verfasserin ist der Auffassung, dass solch eine Wirkung durch die Ereignisse der letzten Jahre erzielt wurden, und zwar, durch den Beitritt beider Länder zum Europarat, die Ratifizierung der EMRK, das Institut der Individualbeschwerde beim EGMR, die Rechtsprechung nationaler Gerichte, die neuen Tendenzen in den nationalen Gesetzgebungsprozessen und die Informationsübermittlung in der Bevölkerung mittels Massenmedien bezüglich dieser Ereignisse.

> "If property is recognised as a human right, does it imply that the whole civil code, as it is known in civil law states, comes within the reach of human rights law? The answer can only be that, in order to achieve a coherent and consistent body of law, human rights have to have a deep influence on all law doctrines. Property law as it has emerged from the European Court has already had influence, for instance, on inheritance law, on expropriation law and on the way in which states may control property. It will certainly further contribute to make property law become not only driven by considerations of efficiency, of order and of functionality, but also by values such as equality and a proper balance between individual and general interests."[2371]

Die Untersuchung der Lage des Eigentumsrechts zeigt, dass es weder in der ukrainischen noch in der russischen Gesetzgebung eine rechtliche Vorschrift gibt, die unmittelbar den Bestimmungen des Art. 1 1.ZP widerspricht. Einige Rechtswissenschaftler vertreten die Auffassung, dass die gesetzliche Regulierung im Bereich des Grundeigentums[2372] in beiden Ländern die einzige Ausnahme darstellt. Weder in der Ukraine noch in Russland dürfen landwirtschaftliche Nutzflächen von natürlichen und juristischen Personen verkauft oder in anderer Weise veräußert werden. Auch Ausländer sind aus den Privatgrundeigentumsverhältnissen ausgeschlossen. Wenn man in Betracht zieht, dass das Grundeigentum ein sehr sensibles Thema in der historischen Entwicklung beider Länder war,[2373] ist zu vermuten, dass das Recht auf Privatgrundeigentum in Russ-

---

2371 *Banning, Theo R. G., van,* 2002, S. 185.

2372 „A more detailed examination of land cases shows a remarkable pattern in the case law of the European Court. Of the around 100 cases on property rights which had been decided by the end of the year 2000, around 30 concerned land. Of the 30 "land" cases, the Court decided in more than 70% of the cases that Article P1-1 had been violated. In the other 70 cases, only around 30% led to the decision that Article P1-1 had been violated. It is not possible to draw any firm conclusion from this pattern; the diversity of situations and incidental factors play a role to too large an extent. But lessons can be learned from the general patterns emerging from the cases. A general lesson may be th indication that the land issues are generally complex and difficult to deal with" (*Banning, Theo R. G., van,* 2002, S. 325).

2373 S. Kapitel II dieser Studie.

land sowie in der Ukraine noch lange Zeit auf sich warten lässt.[2374] Die Verfasserin möchte aber darauf hinweisen, dass die EMRK ausschließlich das schon existierende Eigentumsrecht und nicht die Hoffnung, dieses Eigentum zu erwerben, schütz, und weder in der Ukraine noch in Russland den Bürgern das Recht auf Privateigentum landwirtschaftlicher Nutzfläche zugewiesen ist.
Wie schon erwähnt, jedes politische System wird durch seine Eigentumsordnung geprägt. Bis heute fehlt eine radikale und beschleunigte Implementierung der in der Gesetzgebung vorgeschriebenen Rechtsnormen im Eigentumsbereich. Nach Auffassung der Verfasserin, braucht man nicht nur Jahren sondern Jahrzehnte, um die Tradition des liberalen Eigentumsrechts in den Ländern des ehemaligen sozialistischen Systems bzw. in der Ukraine und in Russland funktionsfähig zu machen. Diese Tradition soll nicht nur auf dem Papier festgelegt, sondern in der Praxis umsetzbar sein. Die eigentumsrechtlichen Vorschriften, die bereits in der Gesetzgebung der beiden Länder verankert worden sind, verlangen ihre Implementierung und Wiederspiegelung in der Rechtsprechung nationaler Gerichte. Die Verfasserin ist davon überzeugt, dass die Rechtsprechung des EGMR eine unabdingbare Orientierung für die nationalen gesetzgebenden Organe und die Judikative in ihren Bestrebungen bilden kann. Es wäre eine effektive Zusammenarbeit zwischen nationalen und internationalen Organen im Sinne der neuen Strategie von Straßburg wünschenswert, um systemimmanente Probleme[2375] in der nationalen Gesetzgebung zu beseitigen.

> „Until now the Members of the Council of Europe did not develop a common property order. The member states still are free to follow their own concept and…there exists a great variety of concepts. The member states are only bound to certain basic decisions as given by Article 1 Protocol No. 1. In this way the partners are not stimulated to unify this part of their law and at the same time they do not offer the former communist countries a model that could be used in the transformation process they are still experiencing. On the other hand, this situation offers the opportunity to let certain parts of the property order of the former communist countries, as far as they are in agreement with at least the basic principles as formulated in Article 1 Protocol No. 1, take part in the development of more common European rules in property law."[2376]

Die Verfasserin kommt zum Ergebnis, dass der Beitritt zum Europarat und die Anerkennung der allgemeinen Jurisdiktion der Rechtsprechung des EGMR einen wesentlichen Beitrag in der Entwicklung der Gesetzgebungen der unabhängigen Staaten der ehemaligen UdSSR geleistet haben. Heutzutage entscheidet jeder Staat für sich selbst, welches Konzept im Einklang mit den Bestimmungen

---

2374 Jedoch Länder wie China, Vietnam, Israel, Holland und Belgien beweisen, dass auch bei staatlichem Eigentum eine hochentwickelte Landwirtschaft möglich ist, wenn der Boden verpachtet wird.
2375 S. Kapitel V dieser Studie.
2376 *Sagel-Grande, H. I.*, 2000, S. 65-66.

der EMRK bzw. des Art. 1 1.ZP angenommen und entwickelt werden muss, damit der Eigentumsschutz den europäischen Standards entsprechend gewährleistet werden kann.

Literaturverzeichnis

Lehrbücher

Benda, Ernst / Maihofer, Werner / Vogel, Hans – Jochen (Hrsg.), 1994: Handbuch des Verfassungsrechts, 2. Auflage, Walter de Gruyter, Berlin, New York, 1994.

Domashenko, M. V. / Rubanik, V. E., 2002: Vlasnist' i pravo vlasnosti (Das Eigentum und das Eigentumsrecht), Fakt, Kharkiv, 2002.

Dzera, O. V., 1996: Rozvytok prava vlasnosti gromadjan v Ukraini (Die Entwicklung des bürgerlichen Eigentumsrechts in der Ukraine), Venturi, Kiew, 1996.

Dzera, O. V., 2000: Pravo vlasnosti v Ukraini (Das Eigentumsrecht in der Ukraine), Jurinkom Inter, Kiew, 2000

Ehlers, Dirk (Hrsg.), 2003: Europäische Grundrechte und Grundfreiheiten, De Gruyter Recht, Berlin, 2003.

Grabenwarter, Christoph, 2003: Europäische Menschenrechtskonvention, Verlag C.H. Beck, München, Manz'sche Verlags- und Universitätsbuchhandlung, Wien, 2003.

Koshkin, V. I., 2002: Upravlenije gosudarstvennoj sobstvennostju (Verwaltung des staatlichen Eigentums), IKF „EKMOS“, Moskau, 2002.

Lukasheva, E. A., 2002: Prava cheloveka (Menscherechte), NORMA, Moskau, 2002.

Neshataeva, T. N., 2004: Mezhdunarodnoje chastnoje pravo i mezhdunarodnyj grazhdanskij prozess (Internationales Privatrecht und internationaler Zivilprozess), Gorodez, Moskau, 2004.

Peresun'ko, S. I., 1998: Pravo derzhavnoi vlasnosti v Ukraini: istorija, sychasnist, perspektyvy (Das Recht auf staatliches Eigentum in der Ukraine: Geschichte, Gegenwart, Perspektiven), Kirovograd, 1998.

Rubanik, V. E., 2002: Institut prava vlasnosti v Ukraini: problemy zarodzhennja, stanovlennja j rozvytku v period do 1917 (Das Institut des Eigentumsrechts in der Ukraine: Probleme der Entstehung, Konsolidierung und Entwicklung bis 1917), Legas, Kharkiv, 2002.

Rybalkin, V. O. / Laznja, I. V., 2000: Teorija vlasnosti (Theorie des Eigentums), Logos, Kiew, 2000.

Schewchenko, J. M., 1996: Pravo sobstvennosti v Ukraine (Das Eigentumsrecht in der Ukraine), Bliz Inform, Kiew, 1996.

Seidl-Hohenveldern, I. / Stein, T., 2000: Völkerrecht, 10. neubearbeitete Auflage, Carl Heymanns Verlag KG, Köln, Berlin, Bonn, München, 2000.

Seidl-Hohenveldern, I. / Loibl, G., 1996: Das Recht der Internationalen Organisationen einschließlich der Supranationalen Gemeinschaften, 6. überarbeitete Auflage, Carl Heymanns Verlag KG, Köln, Berlin, Bonn, München, 1996.

Sklovskij, K. I., 2000: Sobstvennost v grazhdanskom prave (Das Eigentum im Zivilrecht), Delo, Moskau, 2000.

Tazij, V. J. / Rogozhin, A. J., 2000: Istorija derzhavy ta prava Ukrainy (Geschichte des Staates und des Rechtes der Ukraine), akademischer Kurs, in 2 Bänden, Kiew, 2000.

Tkach, A. P., 1968: Istorija kodifikaziji dorevoljuzionnogo prava Ukrainy (Geschichte der Kodifizierung des ukrainischen Vorrevolutionsrechts), Kiewer Universität, Kiew, 1968.

Treushnikov, M. (Hrsg.), 2003: Grazhdanskij prozess: Uchebnoje posobije (Zivilprozess: Lehrbuch), Moskau, 2003.

Vlasov A. A. (Hrsg.), 2004: Grazhdanskij prozess Rossijskoj Federazii (Der Zivilprozess in der Russischen Föderation), Jurait, Moskau, 2004.

Verdross, A. / Simma, B., 1984: Universelles Völkerrecht. Theorie und Praxis, 3. Auflage, München,1984.

Villiger, M. E., 1999: Handbuch der Europäischen Menschenrechtskonvention, 2. Auflage, Zürich, 1999.

Vlasov, A. A. (Hrsg.), 2004: Grazhdanskij Prozess Rossijskoj Federazii (Der Zivilprozess in der Russischen Föderation), das Oberste Gericht der Russischen Föderation und das Oberste Arbitragegericht der Russischen Föderation, Jurait, Moskau, 2004.

Zaika, Ju. O. / Spivak V., M., 2000: Pravo vlasnosti. Spadkove pravo (Eigentumsrecht. Erbrecht), Naukova dumka, Kiew, 2000.

Kommentare

Frowein, J. A. / Peukert, W., 1996: EMRK–Kommentar, 2. Auflage, N.P. Engel Verlag Kehl Strassburg Arlington, Strassburg, 1996.

Jarras, H. D. / Pieroth, B., 1997: Grundgesetz für die BRD, Kommentar, 4. Auflage, München, 1997.

Konstituzija Rossijskoj Federazii, Nauchno-prakticheskij kommentarij (Kommentar zu der Verfassung der Russischen Föderation), Topornin B.N. (Hrsg.), 3. Auflage, Jurist, Moskau, 2003.

Konstituzija Ukrainy, Nauchno–praktychnyj komentar (Kommentar zu der Verfassung der Ukraine), 2. Auflage, ASTORIA, Kiew, 1998.

Mangoldt, Hermann von / Klein, Friedrich / Strack, Christian (Hrsg.), 2002: Das Bonner Grundgesetz, Kommentar, 3., vollst. neubearbeitete Auflage, Vahlen München, 2002, Band 1, S. 1629–1862.

Jarema A. G., Karaban V. Ja., Krivenko V. V., Rotan V. G. (Hrsg.), 2004: Naukovo-praktychnyj komentar do zyvilnogo zakonadavstva Ukrainy (Wissenschaftlicher Kommentar zum Zivilrecht der Ukraine), Richterakademie der Ukraine, Kiew, 2004.

Sachs, Michael (Hrsg.), 1999: Grundgesetz, Kommentar, 3. Auflage, Beck, Frankfurt, 1999, S. 607.

Sukhanov, E. A., 1993: Rossijskij zakon o sobstvennosti: nauchno-prakticheskij kommentarij (Kommentar zum russischen Gesetz über das Eigentum), Izdat. BEK, Moskau, 1993.

Zivilgesetzbuch der Ukraine, 2003: Nauchno–praktychnyj kommentar do Zyvilnogo kodeksu Ukrainy (Kommentar zu dem Zivilgesetzbuch der Ukraine), Kiew, 2003.

Zivilprozessordnung der Ukraine, 2003: Nauchno–praktychnyj kommentar do Zyvilnogo prozesualnogo kodeksu Ukrainy, (Kommentar zur Zivilprozessordnung der Ukraine), 8. erweiterte und bearbeitete Ausgabe, Konsum, Kharkiv, 2003.

Quellen- und Textsammlungen

Bundeszentrale für politische Bildung (Hrsg.), 1999: Menschenrechte. Dokumente und Deklarationen, 3. aktualisierte und erweiterte Auflage, Bonn, 1999.

Bundeszentrale für politische Bildung (Hrsg.), 2000: Grundgesetz der Bundesrepublik Deutschland, Berlin, 2000.

Bürgerliches Gesetzbuch, 2003: Bürgerliches Gesetzbuch, Textausgabe mit ausführlichem Sachverzeichnis und einer Einführung von Universitätsprofessor Dr. Helmut Köhler, 54. überbearbeitete Auflage, Deutscher Taschenbuch Verlag, 2003.

Castnaja sobstvennost': sbornik notmativnykh dokumentov s kommentarijami: castnaja sobstvennost' na zilje: castnaja sobstvennost' na zemlju: operazii s nedvizhimostju: nologooblazhenije i strakhovanije (Privateigentum: Sammlung kommentierter Rechtsakte), Agenstvo Biznes-Inform, Moskau, 1996.

Randelzhofer, A. (Hrsg.), 1999: Völkerrechtliche Verträge, 8. Auflage, Beck-Texte im dtv, Bern, Stuttgart, Wien, 1999.

Schubert, K., 2001: Das Politiklexikon, Verlag J.H.W. Dietz Nachf., Bonn, 2001.

Monographien und Aufsätze

Abova, T. E., 2001: Kooperativnaja sobstvennost v SSSR i Rossii v gody perestrojki i nachale 90 godov (Das Genossenschaftseigentum in der UdSSR und in Russland in der Zeit der Perestrojka und am Anfang der 90er Jahren), in: Sobstvennost v XX stoletii (Das Eigentum im XX. Jahrhundert), 2001, S. 850 ff.

Abova, Tamara, 2004: Das Arbitragegericht im russischen Gerichtssystem (russ.), in: Trunk, Alexander / Knieper, Rolf / Svetlanov, Andrej G. (Hrsg.), 2004, S. 639 ff.

Adam, H. T., 1953: Le droit de propriété dans la Conventioneuropéenne des droits de l'homme et des libertés fondamentales, in: Revue du droit public et de la science politique en France et à l'éntanger, Vol. 59, no. 2, Paris, 1953.

Ajackov, D. F., 2002: Sobstvennost' na zemlju v Rosii: istorija i sovremennost' (Das Grundeigentum in Russland: Geschichte und Gegenwart), ROSSP EN, Moskau, 2002.

Aksenok, Georgij, 1984: Pravovoj rezim zemel v SSSR (Die rechtliche Stellung des Bodens in der UdSSR), Nauka, Moskau, 1984.

Alchian, A. A., 1985: Some economics of property rights, in: Il Politico, V. 30, N4, 1985.

Alchian, A. A. / Demsetz, H., 1973: The property rights paradigm, in: Journal of Economic History, Vol. 33, N1, 1973.

Aleksandrov, U. G., 2001: Privatizazija obchestvennoj sobstvennosti v Rossii I ekonomicheskaja teorija (Die Privatisierung des öffentlichen Eigentums in Russland und die wirtschaftliche Theorie), in: Sobstvennost v XX stoletii (Das Eigentum im XX. Jahrhundert), 2001, S. 490 ff.

Alekseev, S. S., 2000: Pravo na poroge novogo tysajcheletija. Novye tendenzii mirovogo pravovogo razvitija– nadezhda i drama sovremennoj epokhi (Das Recht an der Schwelle des neuen Jahrhunderts. Neue Tendenzen der Weltentwicklung des Rechts– Hoffnung und Drama des modernen Jahrhunderts), Statut, Moskau, 2000.

Alekseev, V. V., 2001: Transformazija sobstvennosti v kontekste teorii modernizachii (Die Transformation des Eigentums in dem Kontext der Modernisierungstheorie), in: Sobstvennost v XX stoletii (Das Eigentum im XX. Jahrhundert), 2001, S. 25 ff.

Alisievich, E. S., 2003: Juridicheskie liza kak subjekty prav, zakreplennykh v Evropejskoj Konvenzii o zaschite prav cheloveka (Juristische Personen als Subjekte der in der EMRK verankerten Rechte), in: Grazhdanin i pravo, N6, 2003.

Alkema, E. A., 2000: The concept of property- Inparticular in the European Convention on Human Rights, in: Loof, Jan-Peter / Ploeger, Hendrick / van der Steur Arine (editors), 2000, S. 17 ff.

Anderson, David, 1999: Compensation for interference with property, in: European Human Rights Law Review, no. 6, 1999, S. 543 ff.

Anderson, Terry L. / McChesney, Fred S. (Ed.), 2003: Property rights: cooperation, conflict, and law, Princeton University Press, Princeton and Oxford, 2003.

Andrianov, Valerij, 1999: Problema restituzii v mezhdunarodnom prave i praktike Konstituzionnogo Suda Rossijskoj Federazii (Das Problem der Restitution im Völkerrecht und in der Rechtsprechung des Verfassungsgerichts der Russischen Föderation), in: KPVEO, N4 (29), 1999, S. 249 ff.

Appel, Hilary, 1997: Voucher privatisation in Russia: structural consequences and mass response in the second period of reform, in: Europe- Asia studies, Vol. 49, No. 8 (December 1997), S. 1433 ff.

Appel, Markus, 2004: Entstehungsschwäche und Bestandsstärke des verfassungsrechtlichen Eigentums, Eine Untersuchung des Spannungsverhältnisses zwischen Art. 14 Abs. 1 Satz 1 GG und Art. 14 Abs.1 Satz 2 GG auf Basis der Eigentumsrechtsprechung des Bundesverfassungsgerichts, Schriften zum Öffentlichen Recht, Band 968, Duncker & Humblot, Berlin, 2004.

Armstrong, Georg M., 1983: The Soviet law of property: the right to control property and the construction of communism, Law in Eastern Europe, Band 29, Nijhoff, the Hague, 1983.

Arnold, Reiner, 2001: Evropejskaja konvenzija o zachite prav cheloveka i osnovnykh svobod i ee vlijanije na gosudarstva Centralnoj i Vostochnoj Evropy (Die EMRK und ihr Einfluss auf die Länder Zentral- und Osteuropas), in: KPVEO, N3 (36), 2001, S. 87 ff.

Aslund, A., 1995: How Russia became a market economy, Brookings, Washington, 1995.

Aust, Manfred, 2002: Die Enteignungsentschädigung, 5. neubearbeitete Auflage, De Gruyter Recht, Berlin, 2002.

Avtonomov, Aleksej, 2002: Konstituzionnaja zachita vladenija v Rossii (Der Verfassungsschutz des Besitzrechts in Russland), in: KPVEO, N3 (40), 2002, S. 125 ff.

Babkin, V. D., 1998: Pravova derzhava ta zakhyst prav ljudyny (Rechtsstaat und Menschenrechtsschutz), in: Pravova derzhava, Zbornik naukovykh praz, Institut des Staates und Rechtes NAN Ukraine, 9. Ausgabe, 1998, S. 6 ff.

Bachmann, Ernst, 1976: Funktion und Zielsetzung der juristischen Verantwortlichkeit für Schadenverursachung im sowjetischen Zivilrecht, Dissertation, Universität, Bielefeld, 1976.

Badura, Peter, 1994: Eigentum, in: Benda, Ernst / Maihofer, Werner / Vogel, Hans – Jochen (Hrsg.), Handbuch des Verfassungsrechts, 2. Auflage, Walter de Gruyter, Berlin, New York, 1994, § 10, S. 327 ff.

Baglaj, Marat Viktorovic, 1999: Konstitucionnoe pravosudie v Rossijskoj Federacii (Die Verfassungsgerichtsbarkeit in der Russischen Föderation), Izdaetsja Centrom konstitucionnogo prava, Erevan, 1999.

Baller, O., 1995: Die juristische Bewältigung des kommunistischen Unrechts in der Russischen Föderation, in: Brunner, Georg, Juristische Bewältigung des kommunistischen Unrechts in Osteuropa und Deutschland, Berlin, 1995, S. 136 ff.

Banning, Theo R. G., van, 2002: The human right to property, School of Human Rights research series, Volume 14, Intersentia, Antwerpen-Oxford-New York, 2002.

Barnes, A., 1998: What's the difference: industrial privatisation and agricultural land reform in Russia, 1990-1996, in: Europe-Asia studies, Vol. 50, No. 5 (July 1998), S. 843 ff.

Battis, Ulrich, 1982: Eigentumsschutz und Entschädigung, in: NVwZ 1982, S. 585 ff.

Bauer, H.-J., 2001: Der Europarat nach der Zeitenwende, 1989-1999, Zur Rolle Straßburgs im gesamteuropäischen Integrationsprozess, Regensburger Schriften zur Auswärtigen Politik, LIT Verlag, Hamburg, 2001.

Bauring, Bill, 2001a: Mezhdunarodnyje objazatelstva Rossii v oblasti zachity prav cheloveka: politika i praktika (Die völkerrechtlichen Verpflichtungen Russlands im Bereich des Menschenrechtesschutzes: Politik und Praxis), in: KPVEO, N2 (35), 2001, S. 159 ff.

Bauring, Bill, 2001b: Rossija, Sovjet Evropy i prava cheloveka (Russland, der Europarat und die Menschenrechte), in: Rossija i Sovet Evropy: perspektivy vzaimodejstvija, 2001, S. 37 ff.

Beauvois, Daniel, 1993: La bataille de la terre en Ukraine: 1863-1914; les Polonais et les conflits socio-ethniques, Presses Univ., Lille, 1993.

Becker, L. S., 1977: Property rights: philosophical foundations, Cambridge, 1977.

Beljanevich, V., 2002 : Pro odnakovist sudovoi praktyky (Über die Einheitlichkeit der Rechtsprechung), in: Jurydychnyj Journal, N2, 2002.

Beljanevich, V., 2004: Prezedentnost sudebnoj praktiki: nekotoryje aspekty postanovki problemy (Präzedenz der Rechtsprechung: einige Aspekte der Problemstellung), in: Juridicheskaja Praktika, N24 (338), 2004.

Belousov, Lev V., 2004: Sleduet li vozvrazhatsja k proijenomu? O meste ispolnitelnogo proizvodstva v svjazi s interpretaziej tolkovanija Evropejskim Sudom po pravam cheloveka p. 1 st. 6 Evropejskov Konvenzii o zazhite prav cheloveka i osnovnykh svobod (Lohnt es sich, zurückzukehren? Über die Stellung der Vollstreckung im Sinne der Auslegung vom EGMR Art. 6 Abs. 1 EMRK), in: Arbitrazhnaja Praktika, N03 (36), 2004.

Berger, V., 2000: Jurisprudence de la Cour Européenne des Droits de l'Homme, 7e édition, Sirey Éditions, Paris, 2000.

Bernhard, Rudolf, 1986: Vorbemerkung zum Urteil des Europäischen Gerichtshofs für Menschenrechte im Fall Lithgow vom 8. Juli 1986, in: ZaöRV 1986, S. 539 ff.

Bernhard, R. / Trechel, S. / Weitzel, A. / Ermacora, F., 1994: Report on the conformity of the legal order of the Russian Federation with the Council of Europe standards, in: HRLJ 1994, S. 249 ff.

Bezsmertna, N., 2002: Mezhi zdijsnennja prava pryvatnoi vlasnosti (Die Verwirklichunggrenze des Rechts auf Privateigentum), in: Pravo Ukrainy, N6, 2002, S. 53 ff.

Blommenstein, Hans (ed.), 1991: Transformation of planned economies: property rights reform and macroeconomic stability, Organisation for Economic Cooperation and Development, Straßburg, 1991.

Blumenwitz, Dieter, 2000: Der völkerrechtliche Schutz von Eigentum und Investitionen unter besonderer Berücksichtigung der Rechtsentwicklung in der Ukraine, 2000, in: http://www.privatisation.kiev.ua/Priv_Deu/EventsD/Priv407/BlumenwitzDE.htm

Blumenwitz, Dieter, 2001a: Standards for the political handling of dealings concerning property after Wold War II, in: Austrian Review of International and European Law 6, 2001, S. 183 ff.

Blumenwitz, Dieter, 2001b: Der Schutz des Eigentums vertriebener Volksgruppen. Zur Loizidou- Entscheidung des Europäischen Menschenrechtsgerichtshofs, in: Kontinuität und Neubeginn. Staat und Recht in Europa zu Beginn des 21. Jahrhunderts, Festschrift für Georg Brunner aus Anlass seines 65. Geburtstags, Hofmann, M. / Küpper, H. (Hrsg.), Nomos Verlagsgesellschaft, Baden-Baden, 2001, S. 572 ff.

Blumenwitz, Dieter, 2002: Die Liechtenstein- Entscheidung des Europäischen Gerichtshofs für Menschenrechte, in: Archiv des Völkerrechts, Band 40, Heft 2, Juni 2002, S. 215 ff.

Bobylev, A. I. / Dukhno, N. A., 2000: Nekotoryje politiko-pravovyje aspekty razvitija predprinimatelskoj dejatelnosti v Rossijskoj Federazii (Einige politische und rechtliche Aspekte der Entwicklung der unternehmerischen Tätigkeit in der Russischen Föderation), in: PIP, N5, 2000.

Böckstiegel, Karl-Heinz, 1962: Der Schutz von ausländischem Vermögen im Völkerrecht, Lutzeyer, Baden-Baden, 1962.

Böckstiegel, Karl-Heinz, 1963: Die allgemeinen Grundsätze des Völkerrechts über Eigentumsentziehung. Eine Untersuchung zu Art.1 des Zusatzprotokolls zur Europäischen Menschenrechtskonvention, Walter de Gruyter & Co., Berlin, 1963.

Böckstiegel, Karl-Heinz, 1967: Gilt der Eigentumsschutz der Europäischen Menschenrechtskonvention auch für Inländer?, in: Neue Juristische Wochenschrift, Heft 20, 1967, S. 905 ff.

Boguslawskij, Mark M., 1993: Die Rechtslage ausländischer Investitionen in den Nachfolgestaaten der Sowjetunion, Schriftreihe zum osteuropäischen Recht, Band 2, Verlag C. H. Beck, München, 1993.

Bojko, V., 2000: European Convention on Human Rights and freedoms in judicial legal reform in Ukraine, in: Mahoney, P., Matscher, F., Petzold, H., Wildhaber, L. (Hrsg.): Protection des droits de l'homme: la perspective européenne, mélanges à la mémoire de Rolv Ryssdal, Carl Heymanns Verlag, Köln, Berlin, Bonn, München, 2000, S. 115 ff.

Brabant, Josef M., van, 1992: Privatizing Eastern Europe: the role of markerts and ownership in the transition, International studies in economics and econometrics; Band 24, Kluwer Academic Publ., Dordrecht, 1992.

Bracher, Karl Dietrich, 1999: Die Krise Europas, Seit 1917, Aktualisierte Ausgabe, Propyläen – Verlag, Berlin, 1999.

Brandt, Sven, 1995: Eigentumsschutz in europäischen Völkerrechtsvereinbarungen: EMRK, Europäisches Gemeinschaftsrecht, KSZE - unter Berücksichtigung der historischen Entwicklung, Schriften zum internationalen und zum öffentlichen Recht, Band 6, Lang, Frankfurt am Main, 1995.

Braslavskaja, M., 2004: Tropa vojny vedet na Kreml. Glavnym aktivnym igrokom na rynke slijanij i poglozhenij v Rossii v 2003 godu stalo gosudarstvo (Der Kriegspfad führt nach Kremlin. Im Jahre 2003 wurde der russische Staat zum Hauptspieler auf dem Markt der Fusionen und der feindlichen Übernahmen), in: Consulting Groupe MINFIN vom 20. März 2003, www.minfin.msk.ru/publikationen/our/21 .

Braude, I. L., 1965: Vozmescenije uscerba pri izjatii zemli dlja gosudarstvennykh i obscestvennykh nadobnostej (Schadenersatz bei der Privatisierung von Grundstücken für staatliche und öffentliche Interessen), Gos. Izdat. Juridiceskoj Literatury, Moskau, 1965.

Breeze, Colin McC., 1998: Citizen and law after communism. Real estate transactions in Russia, in: East European Constitutional Review, Volume 7, Number 1, Winter 1998.

Bröck, van der P., 1986: The protection of property rights under the European Convention on Human Rights, in: Legal Issues of European Integration, No. 1, 1986, S. 52 ff.

Brunner, Georg, 1995: Juristische Bewältigung des kommunistischen Unrechts in Osteuropa und Deutschland, Osteuropaforschung, Schriftenreihe der Deutschen Gesellschaft für Osteuropakunde, Band 34, Berlin Spitz Verlag, Berlin, 1995.

Brunner, Georg, 1998: Verfassungsrechtlicher Eigentumsschutz und Restitution enteigneten Vermögens in Osteuropa, in: Manssen, Gerrit / Banaszak, Boguslaw, Wandel der Eigentumsordnung in Mittel- und Osteuropa, ROW–Schriftenreihe, Band 17, Berlin Verlag Spitz, Berlin, S. 29 ff.

Büchs, Haribert, 1996: Handbuch des Eigentums- und Entschädigungsrechts, 3., neubearbeitete und wesentlich erweiterte Auflage, Boorberg, Stuttgart, 1996.

Burger, Ethan S. / Sorokina, Evgenia, 2003: Vladimir Putin's 'Dictatorship of Law': Its Potential Implications for the Business and Legal Communities, 13 BNA's E. Eur. Rep., No. 12, at 19-23 (Dec. 2003).

Burger, Ethan S., 2004: Corruption in the Russian *Arbitrazh* Courts: Will there be significant progress in the near term?, in: American Bar Association, International Lawyer, 38:1, Spring 2004.

Butkevych, V., 1998: Kakoj predstanet Ukraina pered Evropejskim Sudom? (Welche Ukraine erscheint vor dem Europäischen Gerichtshof für Menschenrechte?), in: Zerkalo nedeli, 31. Oktober, 1998.

Carss-Frisk, Monica, 2003: Le droit de propriété: un guide sur la mise en œuvre de l'article 1 du Protocole no. 1 de la Convention européene des droits de l'homme, Conseil de l'Europe, Strasbourg, 2003.

Chalfina, R., 1976: Das persönliche Eigentumsrecht in der UdSSR, Verlag Progress, Moskau, 1976.

Chiout, Hannelore, 1973: Gesellschaft und Eigentum, Untersuchungen am bürgerlichen Gesellschaftsmodell von John Locke unter besonderer Berücksichtigung des Second Treatise, Dissertation, Universität, München, 1974.

Clement, Herman, 2004: Wirtschaftswachstum in Russland und der Ukraine: Stand und Perspektiven, Working Paper, Wirtschaftwissenschaftliche Abteilung, Osteuropa–Institut, München, N 250, Januar, 2004.

Coban, Ali Riza, 2004: Protection of property rights within the European Convention on Human Rights, Adershot, Burlington, Vt, Ashgate, 2004.

Condorelli, L., 1995: Premier Protocole Additionel Article 1, in: Pettiti / Decaux / Imbert (Hrsg.), La Convention européenne des droits de l'homme, Commentaire article par article, 1995, S. 971 ff.

Cremona, J. J., 1995: The proportionality principle in the jurisprudence of the European Court of Human Rights, in: Recht zwischen Umbruch und Bewahrung, Festschrift für Rudolf Bernhardt, Berlin, Heidelberg, New York, 1995, S. 323 ff.

Daviddi, Renzo (editor), 1995: Property rights and privatization to a market economy: a comparative review, European Institute of public admininstration, Maastricht, 1995.

Demin, E. A., 2003: Kostituzionno pravovye garantii i ogranichenija prava sobstvennosti v Germanii (Verfassungsrechtliche Garantien und Beschränkungen des Eigentumsrechts in Deutschland), in: Zakonodatelstvo, N5, 2003.

Demsetz, H., 1967: Toward a theory of property rights, in: American Economic Review, Volume 57, N 2, 1967.

Deppe, Jens, 2004: Die Teilnahme der Staatsanwaltschaft am Zivilprozessverfahren - Anmerkungen zur neuen Regelungen des Zivilprozesskodex der RF, in: Trunk, Alexander / Knieper, Rolf / Svetlanov, Andrej G. (Hrsg.), 2004, S. 649 ff.

Derjabina, M., 1998: Stanovlenije chastnoj sobstvennosti v Rossii (Die Entstehung des Privateigentums in Russland), in: Rossija i sovremennyj mir, N1, 1998.

De Tinging, A. (direction), *2000:* L'Ukraine, nouvel acteur du jeu international. Collection AXES Savoir, Bruylant- Bruxelles, LGDJ–Paris, 2000.

De Salvia, Michele, 2001: La place de la notion de sécurité dans la jurisprudence de la Cour européenne des Droits de l'homme, in: Les Cahiers du Conseil constitutionnel, n° 11, 2001.

Dicey, A., 1982: Introduction to the study of the law of the Constitution, Liberty Classics, Indianapolis, 1982.

Dicke, Klaus, 1982: Zur Begründung eines Menschenrechts auf Eigentum, in: EuGRZ 1982, S. 361 ff.

Die Entwicklung der Unternehmensstrukturen im Transformationsprozess der Ukraine im Vergleich mit Russland: Forschungsbericht / OCC, Osteuropa Consulting Center (Hrsg.), ROW–Schriftenreihe, Band 26, Berlin Verlag Spitz, Berlin, 1999.

Dietl, Paul Gerhard, 1988: Die Rezeption der Hegelschen „Rechtsphilosophie" in der Sowjetunion: e. krit. Rekonstruktion ihrer Wirkungsgeschichte, Lang, Frankfurt am Main, Bern, New York, Paris, 1988.

Dolzer, Rudolf, 1985: Eigentum, Enteignung und Entschädigung im geltenden Völkerrecht, Springer Verlag, Berlin Heidelberg, 1985.

Dolzer, Rudolf, 2000: Kompensatorische Restitution?, in: NJW 2000, Heft 8, S. 560 ff.

Dürig, Günter, 1953: Das Eigentum als Menschenrecht, in: Zeitschrift für die gesamte Staatswissenschaft: ZgS., Tübingen, Bd. 2, S. 326 ff.

Dzera, I. O., 2001: Cyvil'no–pravovi zasoby zachystu prava vlasnosti v Ukraini (Zivilrechtliche Mittel des Eigentumsschutzes in der Ukraine), Jurinkom Inter, Kyiv, 2001.

Earle, S. John / Estrin, Saul , 1996: Privatization versus competition: Changing enterprise behavior in Russia, Working Paper, WP-96-049, Internationale Institute for Applied System Analysis, 1996.

Ebzeev, B. S., 1997: Konstituzija, Pravovoje gosudarstvo, Konstituzionnyj sud (Verfassung, Rechtsstaat, Verfassungsgericht), Moskau, 1997.

Eizenstat, Stuart, 1997: Restitution of communal and private property in Central and Eastern Europe, in: East European constitutional review, Vol. 6, No. 2-3 (Spring–Summer 1997), S. 50 ff.

Elborgh-Woytek, Katrin / Lewis, Mark, 2002: Privatization in Ukraine: Challenges of Assessment and Coverage in Fund Conditionality, IMF Policy Discussion Paper, IMF, Washington, 2002.

Erdelevskij, A. M., 2004: O nekotorykh voprosakh zaschity prava sobstvennosti (Zu einigen Fragen über den Schutz des Eigentumsrechts), in: KonsultantPlus (elektronische Version), 2004.

Ershov, V. V., 1992: Status suda v pravovom gosudarstve (Die Stellung des Gerichts im Rechtsstaat), Jurist, Moskau, 1992.

Europarat (Hrsg.), 2000: Compliance with commitments, entered into by Member States: Vademecum on the Committee of Ministers' thematic monitoring procedure, Prepared by the Secretary General's Monitoring Unit, Strasbourg, May 2000.

Evers, Frank, 1993: Privatisierung und Unternehmensbildung im ländlichen Russland, in: Recht in Ost und West, Zeitschrift für Ostrecht und Rechtsvergleichung, N6, 1993, S. 161 ff.

Evers, Frank, 1994: Die Regionalisierung und der Ordnungs- und Eigentumswandel in Russland, in: Recht in Ost und West, Zeitschrift für Ostrecht und Rechtsvergleichung, N3, 1994, S. 81- 86 und N4, 1994, S. 137 ff.

Evers, Frank, 1996: Russlands Umweg um die Marktwirtschaft: der Wandel einer Volkswirtschaft, ihres ordnungspolitischen Rahmens und ihrer rechtlichen Grundlagen, Quellen zur Rechtsvergleichung: Aus dem Osteuropa-Institut der Freien Universität Berlin, Band 48, Berlin Verlag A. Spitz, Berlin, 1996.

Evers, Frank, 1998: Verfassungsentwicklung und Rechtssicherheit in der Ukraine, in: Recht in Ost und West. Zeitschrift für Ostrecht und Rechtsvergleichung, N2, 1998, S. 41 ff.

Evintov, V., 1998: Prjame zastosuvannja standartiv prav ljudyny (Direkte Anwendung der Menschenrechtsstandards), in: Ukrains'ke pravo (Ukrainisches Recht), 1998, N1, S. 26 ff.

Evropejskaja konvenzija o zachite prav cheloveka i osnovnykh svobod: probelemy realizazii v Rossii, 1999: Evropejskaja konvenzija o zachite prav cheloveka i osnovnykh svobod: probelemy realisazii v Rossii (Die EMRK: Umsetzungsprobleme in Russland), Materialien eines internationalen Seminars, Universität, Nizhnij Novgorod, 1999.

Fassbender, Bardo, 1999: Klageausschuss bei Enteignungen zu Reparationszwecken: das Gemälde des Fürsten von Liechtenstein, in: Neue Juristische Wochenschrift, Jg. 52, H. 20, S. 1445 ff.

Fassbender, Bardo, 2001: Der Fürst, ein Bild und die deutsche Geschichte, Anmerkung zur Entscheidung des Europäischen Gerichtshofs für Menschenrechte im Fall Fürst Hans–Adam II. von und zu Liechtenstein gegen Deutschland, in: EuGRZ 2001, S. 459 ff.

Fedorenko, N. V., 2000: Praktika rassmotrenija sporov arbitrazhnym sudom (Verhandlungspraxis der Arbitragegerichte bei Streitsachen), Izd. PRIOR, Moskau, 2000.

Feldbrugge, Ferdinand Joseph Maria, 2002 (ed.): Human rights in Russia and Eastern Europe: essays in honor of Ger P. van den Berg, M. Nijhoff, the Hague, London, New York, 2002.

Fiedler, Wilfried, 1996: Die Europäische Menschenrechtskonvention und der Schutz des Eigentums, in: EuGRZ 1996, S. 354 ff.

Fischer, L., 1997: Perspektiven des europäischen Zusammenlebens und des Menschenrechtsschutzes aus der Sicht des Europarats; Vorträge, Reden und Berichte aus dem Europa-Institut der Universität des Saarlandes, (Hrsg.) Ress, Georg / Stein, Torsten, N367, Saarbrücken, 1997.

Flauss, Jean-Francois, 1994a: Les mutations de propriete dans les pays d'Europe Centrale et Orientale (PECO) á l'epreuve de l'article 1er du protocole additionnel, in: La mise en œuvre interne de la Convention europienne des droits de l'homme, P. (id.), Bruxelles, Editions du jeune Barreau de Bruxelles, 1994, S. 199 ff.

Flauss, Jean-Francois, 1994b: Les conditions d'admission des pays d'Europe centrale et orientale au sein du Conseil de l'Europe, in: European Journal of International Law, Vol. 5, No. 1 (1994), S. 67 ff.

Floßman, Ursula, 1979: Der Eigentumsschutz im sozialen Staat, Institut für Kommunalwissenschaften und Umweltschutz, Druck- und Verlaganstalt Gutenberg, Linz, 1979.

Fokov, A. P., 2001: Dostupnost pravosudija v svete konzepzii sudebnoj reformy (Zugänglichkeit der Justiz im Lichte des Gerichtsreformkonzeptes), in: PIP, N5, 2001.

Fricke, Weddig / Märke, Klaus, 2002: Enteignetes Vermögen in der Ex-DDR, 2., wesentlich überarbeitete Auflage, München, Beck, 2002.

Frowein, J. A., 1994: Der Eigentumsschutz in der Europäischen Menschenrechtskonvention, in: Pfeifer / Wiese / Zimmermann (Hrsg.), Festschrift für Rowedder, 1994, S. 49 ff.

Frowein, J. A., 2005: Beutekunst in Russland, in: Internationale Gemeinschaft und Menschenrechte, Festschrift für Georg Ress, Carl Heymanns Verlag KG, Köln, Berlin, München, 2005, S. 95 ff.

Frye, Timothy, 2002: The two faces of Russisan courts: Evidence from a survey of company managers, in: EECR, Vol. 10, N4, Fall 2001.

Gadzhiev, Gadis, 2000: Zazhita prava sobstvennosti v konstituzionnom prave Rossii (Der Schutz des Eigentumsrechtes im Verfassungsrecht Russlands), in: KPVEO, N4 (33), 2000 und N1 (34), 2001, S. 89 ff.

Gadzhiev, Gadis, 2002: Konstutizionnye prinzypy rynochnoj ekonomiki (Verfassungsprinzipien der Marktwirtschaft), Jurist, Moskau, 2002.

Gajdar, Egor, 1995: Entscheidung in Russland, Die Privatisierung der Macht und der Kampf um eine zivile Gesellschaft, Carl Hanser Verlag, München, Wien, 1995.

Gärtner, Wolfram, 1995: Die Eigentumsgarantien in den Verfassungen Polens, Ungarns, der Tschechischen und der Slowakischen Republik- verfassungsrechtliche Grundlagen und Verfassungspraxis, in: Recht in Ost und West 1995, S. 75 ff.

Gärtner, Wolfram, 1996: Die Neugestaltung der Wirtschaftsverfassungen in Ostmitteleuropa: eine vergleichende Untersuchung am Beispiel Ungarns, Polens, der Tschechischen und der Slowakischen Republik, Quellen zur Rechtsvergleichung aus dem Osteuropa-Institut der Freien Universität Berlin, Berlin-Verlag, Berlin, 1996.

Gattini, Andrea, 1996: Restitution by Russia of works of art removed from Germany territory at the end of the Second World War, in: European journal of intenational law, Vol. 7, No. 1 (1996), S. 67 ff.

Gauksdóttir, Gudrún, 2004: The Right to Property and the European Convention on Human Rights, A Nordic Approach, Intellecta DocuSys, Lund, 2004.

Gelinsky, Katja, 1996: Der Schutz des Eigentums gemäß Art. 1 des ersten Zusatzprotokolls zur Europäischen Menschenrechtskonvention (Eine Analyse der Rechtsprechung der Straßburger Organe), Duncker und Humblot, Berlin, 1996.

Gerasin, Sergej, 2004: Vergleichende Untersuchung der Systeme zur Registrierung von Immobilienrechten in Russland und Deutschland (russ.), in: Trunk, Alexander / Knieper, Rolf / Svetlanov, Andrej G. (Hrsg.), 2004, S. 579 ff.

Gorshkova, S. A., 2001: Evropejskie normy po pravam cheloveka i usilija Rosii po ikh sobljudeniju (Die europäischen menschenrechtlichen Normen und die Bemühungen Russlands zu derer Einhaltung), in: Journal rossijskogo prava, N11, 2001.

Gorzka, Gabriele, 1998: Der Immobilienmarkt in Osteuropa: Immobilienerwerb in Russland, Polen, Tschechien, der Slowakei und Ungarn, ROW – Schriftenreihe, Band 18, Verlag Österreich, Wien, 1998.

Gross, Aeyal M., 1996: Reinforcing the new democracies: The European Convention on Human Rights and the former communist countries – A study of the Case Law, in: EJIL, Vol. 7 (1996), S.89 ff.

Grote, R., 1999: Das Rechtsstaatsprinzip in der mittel – und osteuropäischen Verfassungsgerichtspraxis, in: Jochen Abr. Frowein, Thilo Marauhn (Hrsg.), Grundfragen der Verfassungsgerichtsbarkeit in Mittel- und Osteuropa, Vol.130, Beiträge zum ausländischen öffentlichen Recht und Völkerrecht, 1999.

Gurkov, Igor, 1998: Ownership and control in Russian privatised companies: Evidence from a survey, in: Communist Economies and Economic Transformation, 10 (1998) 2, S. 259 ff.

Gusejnov, R. M., 2001: Krestjanskaja sobstvennost na zemlju v Rossii: tri soblazna XX veka (Das bäuerliche Grundeigentum in Russland: drei Versuchungen des XX. Jahrhunderts), in: Sobstvennost v XX stoletii (Das Eigentum im XX. Jahrhundert), 2001, S. 647 ff.

Häberle, Peter, 1984: Vielfalt der Property Rights und der verfassungsrechtliche Eigentumsbegriff, in: Ansprüche, Eigentums- und Verfügungsrechte: Arbeitstagung des Vereins für Sozialpolitik, Ges. für Wirtschafts- und Sozialwissenschaft in Basel 1983 vom 26.–28. September 1983, Neumann Manfred (Hrsg.), Duncker und Humblot, Berlin, 1984, S. 63 ff.

Häberle, Peter, 1998: Die Verfassung der Ukraine (1996) im europäischen Rechtsvergleich, in: Die öffentliche Verwaltung, Heft 18, September 1998, S. 761 ff.

Hangartner, Yvo, 1989: Besonderheiten der Eigentumsgarantie, in: Haller, W. (Hrsg.), Kölz, A. (Hrsg.), Müller, G. (Hrsg.), Im Dienst an der Gemeinschaft. Festschrift für Dietrich Schindler zum 65. Geburtstag, Basel, Helbig und Lichtenhahn, 1989.

Hartwig, Matthias, 1996: Verfassungsgerichtsbarkeit in Russland, Der dritte Anlauf, in: EuGRZ 1996, S. 177 ff.

Hartwig, Matthias, 1998: Moskau locuta–causa non finita, Das Beutekunst-Gesetz vor dem Verfassungsgericht der Russischen Föderation, in: EuGRZ 1998, S. 369 ff.

Hartwig, Matthias, 1999a: Vae victis–Völkerrechtliche Fragwürdigkeiten in der Argumentation des Russischen Verfassungsgerichts zum Beutekunst-Gesetz, Anmerkungen zum Urteil vom 20. Juli 1999, in: EuGRZ 1999, S. 553 ff.

Hartwig, Matthias, 1999b: Der Eigentumsschutz nach Art. 1 1. Zusatzprotokoll zur EMRK, in: Rabels Zeitschrift für ausländisches und internationales Privatrecht, Band 63 (1999), S. 561 ff.

Häßler, U., 2002: Justizgewährleistung und Eigentumsschutz bei Reparationsenteignungen, Prince Hans-Adam II of Lichtenstein v. Germany, in: JA 2002, S. 283 ff.

Hedlund, Stefan, 2000: Mozhno li pravo sobstvennosti zachitit' zakonom? (Ist es möglich, das Eigentumsrecht mit Hilfe des Gesetzes zu schützen?), in: KPVEO, N3 (32), 2000, S. 2 ff.

Hedlund, Stefan, 2001: Can property rights be protected by law? In: East European Constitutional Review, Winter 2001, S. 48 ff.

Heß, Burkhard, 1993: The International Law Commission's Draft Convention on the jurisdictional immunities of states and their property, in: 4 EJIL (1993), S. 269 ff.

Higgins, Rosalyn, 1983: The taking property by the state: recent developments in international law, Chapters IV and V, in: Recueill des cours de l'académie de droit international, 176, S. 322 ff.

Holman, Richard L., 1994: Property compensation in Russia, in: Wall Street Journal, 23 August 1994.

Honore, A., 1961: Ownership, Oxford Essays in Jurisprudence, Ed. A.W. Guest. Oxford, 1961.

Hösch, Ulrich, 2000: Eigentum und Freiheit, Ein Beitrag zur inhaltlichen Bestimmung der Gewährleistung des Eigentums durch Art. 14 Abs. 1 Satz 1 GG, Mohr Siebeck, 2000.

Ikonickaja, Irina, 2004: Das Recht von Ausländern auf Grund und Boden nach der neuen Bodengesetzgebung der Russischen Föderation, in: Trunk, Alexander / Knieper, Rolf / Svetlanov, Andrej G. (Hrsg.), 2004, S. 125 ff.

Ioffe, O. S., 2000: Grazhdanskoe pravo. Izbrannye trudy (Zivilrecht. Ausgewählte Werke), Statut, Moskau, 2000.

Isupov, K. / Savkin, I., 1993: Russkaja filosofija sobstvennosti (XVII-XX v.) (Die russische Philosophie des Eigentums (XVII.-XX. Jahrhundert), SP „Ganza", Sankt Peterburg, 1993.

Ivleva, G. U., 2001: Proiskhozhdenije i etapy razvitija sobstvennosti (Entstehung und Entwicklungsetappen des Eigentums), in: Sobstvennost v XX stoletii (Das Eigentum im XX. Jahrhundert), 2001, S. 35 ff.

Izmajlov, A. B., 2005: Otdelnye voprosy neopredeljennosti sudebnogo prozessualnogo zakonodatelstva (Ausgewählte Fragen zur Unklarheit des Prozessualrechts), in: Medushevskij, Andrej (Hrsg.), 2005, S. 304 ff.

Jacobs, Otto-Wilhelm, 1965a: Eigentumsbegriff und Eigentumssystem des Sowjetischen Rechtes, Böhlau Verlag, Köln, Graz, 1965.

Jacobs, Otto-Wilhelm, 1965b: Zur Rechtsnatur des sozialistischen Eigentums in der Sowjetunion, Osteuropa-Recht Nr. 4, S. 283 ff.

Jambrek, Peter, 2000: In which respects denationalisation law restricts restitution of property in former communist countries: the case of Slovenia, in: Mahoney, Paul (ed.); Matscher, Franz (ed.); Petzold, Herbert (ed.); Wildhaber, Luzius (ed.); Protection des droits de l'homme: la perspestive européenne, mélanges à la mémoire de Rolv Ryssdal = Protection human rights: the european perspective, studies in memory of Rolv Ryssdal, Carl Heymanns Verlag, Köln, Berlin, Bonn, München, 2000, S. 635 ff.

Jann, Peter, 1994: Verfassungsrechtlicher und internationaler Schutz der Menschenrechte: Konkurrenz oder Ergänzung?, Landesbericht Österreichs für die IX. Konferenz der Europäischen Verfassungsgerichte, 10.-13. Mai 1993, Paris, in: EuGRZ 1994, Heft 1-2, S. 1 ff.

Kachka, Taras, 2002: V poiskakh utrachennogo: Pravo sobstvennosti kak estestvennoe pravo cheloveka (Auf der Suche nach dem Verlust: Das Eigentumsrecht als ein natürliches Menschenrecht), in: Juridicheskaja Praktika, N3 (213), 2002.

Kalinina, I. V., 2005: Otvetstvennost gosudarstva za prichinennyj vred (Die Haftung des Staates für die von ihm verursachten Schäden), in: Medushevskij, Andrej (Hrsg.), 2005, S. 226 ff.

Kamyshanskij, V. P., 2004: Konstituzionnye ogranichenija prava sobstvennosti (Verfassungsmäßige Beschränkungen des Eigentumsrechtes), in: Pravovye voprosy nedvizhimosti, N2, 2004.

Kanashevskij, V. A., 2004: Mezhdunarodnye normy i grazhdanskoe zakonodatelstvo Rosii (Internationale Normen und die Zivilgesetzgebung Russlands), Mezhdunarodnye otnoshenija, Moskau, 2004.

Karabelnikov, Boris / Mokovskij, Alexandr, 2004: Schiedsfähigkeit von Streitigkeiten: Der russische Ansatz (russ.), in: Trunk, Alexander / Knieper, Rolf / Svetlanov, Andrej G. (Hrsg.), 2004, S. 271 ff.

Karakash, I. I., 2004: Pravo sobstvennosti na zemlju i pravo zemlepolzovanija v Ukraine (Das Recht auf Grundeigentum und das Recht auf Bodennutzung in der Ukraine), Istina Verlag, Kiew, 2004.

Karl, Wolfram (Hrsg.), 2005: Internationale Gerichtshöfe und nationale Rechtsordnung, Internationales Symposium am Österreichischen Institut für Menschenrechte am 28. und 29. November 2003 in Salzburg zu Ehren von em.o.Univ.-Prof. DDr.Dr.h.c. Franz Matscher, N.P. Engel Verlag, Kehl, Straßburg, Arlington, 2005.

Katikhin, O. V., 2001: Munizipalnaja sobstvennost: soderzanije i granizy (Munizipales Eigentum: Inhalt und Grenzen), in: Sobstvennost v XX stoletii (Das Eigentum im XX. Jahrhundert), 2001, S. 841 ff.

Kelly, J., 1982: Die Europäische Menschenrechtskonvention und die Vertragsstaaten: Die internationale Kontrolle der Beschränkungen und Grenzen der Garantien, in: I. Maier (Hrsg.), Europäischer Menschenrechtsschutz, Schranken und Wirkungen (Verhandlungen des 5. Internationalen Kolloquiums über die EMRK, Frankfurt, 1980), Heidelberg, 1982, S. 117 ff.

Kingstone, J., 1994: Rich people have rights too? The status of property as a fundamental human right, in: Heffernan, L. (ed.), Human Rights, A European perspective, the Round Hall Press, Irish Center for European Law, Dublin, 1994, S. 284 ff.

Kirchhof, Paul, 1994: Verfassungsrechtlicher und internationaler Schutz der Menschenrechte: Konkurrenz oder Ergänzung?, Landesbericht Deutschlands für die IX. Konferenz der Europäischen Verfassungsgerichte, 10.-13. Mai 1993, Paris, in: EuGRZ 1994, Heft 1-2, S. 16 ff.

Kirilenko, I. I., 1997: Vlasnist-odna iz nevidjemnykh prav ljudyny (Eigentum ist eines der unabdingbaren Menschenrechte), in: Advokat, N3, 1997, S. 25 ff.

Kleandrov, M. I., 2001: O dvukh khronologicheskikh vektorakh prava sobstvennosti (Über die zwei chronologischen Vektoren des Eigentumsrechts), in: Sobstvennost v XX stoletii (Das Eigentum im XX. Jahrhundert), 2001, S. 776 ff.

Knieper, Rolf, 1999: Some remarks as regards the delimitation of the scope of application of the draft Commercial Code from the draft Civil Code, Prepared for the Academy of Legal Science of Ukraine, Ukrainian–European Policy and Legal Advice Centre, Kyiv, 1999.

Kolpakova, A. V., 2000: Formy sobstvennosti i ikh sootnoshenije (Eigentumsformen und ihr Verhältnis), in: Aktualnye problemy grazhdanskogo prava (Aktuelle Probleme des Zivilrechts), Sbornik statej pod redakziej chlena korrespondenta RAN Professora S. S. Alekseeva, Statut, Moskau, 2000.

Konstantinov, E., 1998: Die osteuropäischen Länder und der Rechtschutz durch die Europäische Menschenrechtskonvention, in: Recht in Ost und West, 1/1998, S. 21 ff

Korneev, Sergej M., 1964: Pravo gosudarstvennoj sozialisticheskoj sobstvennosti v SSSR (Das staatliche sozialistische Eigentumsrecht in der UdSSR), Izdat. Moskovskogo Universiteta, Moskau, 1964.

Kosjakova, N. I., 2000: Juridicheskije liza v rossijskom i inostrannom prave: sravnitelnyj analis (Juristische Personen im russischen und ausländischen Recht: eine vergleichende Analyse), in: PIP, N4, 2000.

Kossak, Volodymyr, 2004: Probleme der rechtlichen Regelung ausländischer Investitionen in der Gesetzgebung der Ukraine (russ.), in: Trunk, Alexander / Knieper, Rolf / Svetlanov, Andrej G. (Hrsg.), 2004, S. 117 ff.

Kovalevskij, Mikhail, 2002: Konstituzionnaja okhrana prava chastnoj sobstvennosti: analis federalnogo i regionalnogo zakonodatelstva (Der Verfassungsschutz des Privateigentumsrechts: eine Analyse der Bundes- und Regionalgesetzgebung), in: KPVEO, N3 (40), 2002, S. 136 ff.

Kovler, A. I., 2004: Evropejskoje pravo prav cheloveka i Konstituzija Rossijskoj Federazii (Die Europäischen Menschenrechte und die Verfassung der Russischen Föderation), in: Journal rossijskogo prava, N1, 2004.

Kozhukhov, Olexandr, 2003: Ukraina priznana vinovnoj (Die Ukraine wurde für schuldig erklärt), in: Yuridicheskaja Praktika, August, 2003.

Kozlov, Victor B., 1996: The New Russian Civil Code 1994, Centro di studi e ricerche di diritto comparato e straniero, diretto da M. J. Bonell, Saggi, Conferenze e Seminari, 21, Rom, 1996.

Kozminski, A. K., 1997: Restitution of private property: re-privatization in Central and Eastern Europe, in: Communist and post-communist studies, Vol. 30, No. 1 (March 1997), S. 95 ff.

Koznova, I. E., 2001: Krestjanskije predstavlenija o zemelnoj sobstvennosti: istorija i sovremennost (Die bäuerlichen Einstellungen über das Grundeigentum: Geschichte und Gegenwart), in: Sobstvennost v XX stoletii (Das Eigentum im XX. Jahrhundert), 2001, S. 667 ff.

Krasnov, Mikhail, 2002: Is the „Concept of judicial reform“ timely? in: East European Constitutional Review, Winter-Spring, 2002, S. 92 ff.

Krassov, Oleg I., 1995: Pravo chastnoj sobstvennosti na zemlju: kuplja-prodazha, arenda, privatizazija, sudebnaja zachita (Das Privatgrundeigentum: Kauf und Verkauf, Pacht, Privatisierung, gerichtlicher Schutz), Belyje Al'vy, Moskau, 1995.

Krause, Catarina, 1995: The right to property, in: Eide, A., Krause, C., Rosas, A., (ed.), Economic, social and cultural rights, A Textbook, Dordrecht-Boston-London, Nijhoff, 1995, S. 143 ff.

Krjazkov, Vladimir A. / Lazarev, Leonid V., 2001: Verfassungsgerichtsbarkeit in der Russischen Föderation, eine Übersetzung aus dem Russischen: Barbara

Gäßner, Daria Vassilevitsch–Bahro, Elisabeth Heidrich, Berlin–Verl. Spitz, Berlin, 2001.

Kronskij, V. S., 1999: O realisazii prava grazhdan RF na svobodnoje ispolzovanije svoikh sposobnostej i imuchestva dlja predprinimatelkoj dejatelnosti (Über die Realisierung des Rechts der Bürger der Russischen Föderation auf freie Nutzung ihrer Fähigkeiten und ihres Eigentums für unternehmerische Tätigkeiten), in: Evropejskaja konvenzija o zachite prav cheloveka i osnovnykh svobod: probelemy realizazii v Rossii, 1999, S. 61 ff.

Krüßmann, Thomas M., 1998: Privatisierung und Umstrukturierung in Russland: zur Rolle des Rechts als Instrument struktureller Wirtschaftsreform im Übergang zur Marktwirtschaft, ROW-Schriftenreihe, Band 19, Verlag Österreich, Wien, 1998.

Krypko, Svetlana, 2004: Internationale Vereinbarungen der Russischen Föderation über die Förderung und den gegenseitigen Schutz von Kapitalanlagen (russ.), in: Trunk, Alexander / Knieper, Rolf / Svetlanov, Andrej G. (Hrsg.), 2004, S. 97 ff.

Kuchin, M. V., 2000: Normotvorcheskaja dejatelnost sudebnylh ogranov Rossijskoj Federazii i sudebnyj prezedent (Gesetzgebende Tätigkeit der Judikative der Russischen Föderation und gerichtlicher Präzedenzfall), in: PIP, N5, 2000.

Kuchin, M. V., 2004: Prezedentnoje pravo Evropejskogo Suda po pravam cheloveka (Präzedenzrecht des Europäischen Gerichtshofes für Menschenrechte), E-katerinburg, 2004.

Kutter, J. Vivika / Schröder, Tim, 2000: Die Rechtsprechung des russischen Verfassungsgerichts 1995–1999: ausgewählte Entscheidungen zum Zivil-, Wirtschafts- und Verfahrensrecht, ROW–Schriftenreihe, Band 24, Berlin Verlag Spitz, Berlin, 2000.

Kuzmenko, S. G. / Krojtor, V. A., 2003: Iski ob osvobozhdenii imuchestva izpod aresta (Drittwiderspruchsklage), Espada, Khar'kov, 2003.

Lapatch, L., 2003: Ponjatie „imushcestvo" v rossijskom prave i v Konvenzii o zaschite prav cheloveka i osnovnykh svobod (Der Begriff „Vermögen" im russischen Recht und in der EMRK), in: Rossijskaja justizija, N1, 2003.

Lapina, S. N. / Leljukhina, N. D., 2001: Gosudarstvennaja sobstvennost Rossii: nekotoryje istoricheskije uroki (Das staatliche Eigentum Russlands: einige historische Konsequenzen), in: Sobstvennost v XX stoletii (Das Eigentum im XX. Jahrhundert), 2001, S. 216 ff.

Lebedev, Vjacheslav M., 2000: Stanovlenije i razvitije sudebnoj vlasti v Rossijskoj Federazii (Entstehung und Entwicklung der Judikative in der Russischen Föderation), Rossijskaja Akademija pravosudija, Moskau, 2000.

Leisner, Walter, 1992: Die Höhe der Enteignungsentschädigung, in: NJW 1992, S. 1409 ff.

Leisner, Walter, 1994: Eigentum, Grundlage der Freiheit, Knoth, Melle, 1994.

Leisner, Walter, 1998: Eigentum, Schriften zu Eigentumsrecht und Wirtschaftsverfassung, 1970-1996, Dunker und Humblot, 2. Auflage, Berlin, 1998.

Leisner, Walter / Isensee, Josef, 1999: Freiheit und Eigentum, Festschrift für Walter Leisner zum 70. Geburtstag, Dunker und Humblot, Berlin, 1999.

Levin, M. I. / Levina, E. M., 2002: Lobbirovanije i korrupzija v Rossii (Lobbyismus und Korruption in Russland), Stiftung „INDEM“, Moskau, 2002.

Lifshiz, R. Z. (Hrsg.), 1997: Sudebnaja praktika kak istochnik prava (Rechtsprechung als Rechtsquelle), Jurist, Moskau, 1997.

Lobov, Mikhail, 2001a: Ispolnenije reshenij Evropejskogo suda po pravam cheloveka: vozmozhnyje pravovyje posledstvija dlja Rossijskoj Federazii (Die Vollstreckung der EGMR-Urteile und die sich daraus ergebenden rechtlichen Folgen für die Russische Föderation), in: Rossija i Sovet Evropy: perspektivy vzaimodejstvija, 2001, S. 89 ff.

Lobov, Mikhail, 2001b: Zachita imuzhestvennykh prav v ramkakh Evropejskoj konvenzii o zachite prav cheloveka i osnovnykh svobod (Der Schutz der Vermögensrechte im Sinne der EMRK), in: Rossija i Sovet Evropy: perspektivy vzaimodejstvija, 2001, S. 104 ff.

Loof, Jan-Peter / Ploeger, Hendrick / van der Steur Arine (editors), 2000: The right to property. The influence of Article 1 Protocol No. 1 ECHR on several fields of domestic law, E. M. Mejers Institute of Legal Studies, Leiden University, Shaker Publishing, Maastricht, 2000.

Luspenik, Dmitrij, 2004: Praktika kak istochnik prava: Javljaetsja li razjasnenija Plenuma Verkhovnogo Suda istochnikom prava (v kontekste roli i znachenija sudebnoj praktiki) (Die Praxis als Rechtsquelle: ob die Erklärungen des Plenums des Obersten Gerichts eine Rechtsquelle sind (im Kontext der Rolle und Bedeutung der Gerichtspraxis)), in: Juridicheskaja Praktika, N23 (337), 2004.

Macdonald / Matscher / Petzold (Hrsg.), 1993: The European system for the protection of Human Rights, Dordrecht-Boston-London, 1993.

Macdonald, J., 1999: Supervision of the execution of the judgments of the European Court of Human Rights, in: Mélanges en l'honneur de Nicolas Valticos, Droit et justice, Éditions A. Pedone, Paris, 1999, S. 417 ff.

Madisson, A., 1998: Pryvatna vlasnist u systemi suspilnykh vidnosyn: metodologija problemy (Privateigentum in dem System gesellschaftlicher Beziehungen: Methodologie des Problems), in: Visnyk Akademii pravovykh nauk Ukrainy, N4 (15), 1998, S. 113 ff.

Mahoney, Paul (ed.); Matscher, Franz (ed.); Petzold, Herbert (ed.); Wildhaber, Luzius (ed.), 2000: Protection des droits de l'homme: la perspestive européenne, mélanges à la mémoire de Rolv Ryssdal = Protection human rights: the european perspective, studies in memory of Rolv Ryssdal, Carl Heymanns Verlag, Köln, Berlin, Bonn, München, 2000.

Malfiliet, Katlijn, 2002: Property rights as human rights: a post-communist paradigm? in: Feldbrugge, Ferdinand Joseph Maria, 2002 (ed.), Human rights in Russia and Eastern Europe: essays in honor of Ger P. van den Berg, M. Nijhoff, the Hague, London, New York, 2002, S. 163 ff.

Mallet-Bricout, Blandine, 2003: Droit des biens, in: Recuil le Dalloz, 179e année-1er cahier (rouge), no. 30 (4 sept. 2003), S. 2040 ff.

Maniquant, F., 1999: When the state takes: the question of indemnification of the expropriated: Article 1 (1) of the Fist Protocol of the European Convention on Human Rights, Europa Institut, International Course of European Intergration, Amsterdam, 1999.

Manssen, Gerrit / Banaszak, Boguslaw, 1998: Wandel der Eigentumsordnung in Mittel und Osteuropa, ROW-Schriftenreihe, Band 17, Berlin Verlag Spitz, Berlin, 1998.

Marcus-Helmons, S., 1999: Le droit de propriété est-il un droit fondamental au sens de la Convention européenne des droits de l'homme?, in: Les nouveaux droits de l'homme en Europe, XI Congrès, Symposium UAE, 29-31 Mai 1997, Bruylant, Bruxelles, 1999, S. 193 ff.

Marochkin, S. Ju., 1997: Sootnoshenije juridicheskoj sily norm mezhdunarodnogo i vnutrigosudarstvennogo prava v pravovoj sisteme Rossijskoj Federazii (Rechtliche Korrelation der völkerechtlichen und innerstaatlichen Rechtsnormen in dem Rechtssystem der Russischen Föderation), in: RJJ, N4, 1997, S. 42 ff.

Marochkin, S. Ju., 1998: Dejstvie norm mezhdunarodnogo prava v pravoj sisteme Rossijskoj Federazii (Geltung der völkerrechtlichen Normen in dem rechtlichen System der Russischen Föderation), Tjumenskij Gosunivestitet, Tjumen, 1998.

Marmazov, V. E. / Piljaev, I. S., 1999: Ukraina v polityko-pravovomu prostori Rady Euvropy: dosvid ta problemy (Die Ukraine im politischen und rechtlichen Raum des Europarates: Erfahrung und Probleme), VENTURI, Kiew, 1999.

Marmazov, V. Ye. / Pushkar, P. V., 2001: Some special aspects of protection of property pursuant to Article 1 of Protocol No. 1of the European Convention on Human Rights, in: Praxis des Europäischen Gerichtshofes für Menschenrechte, Kiew, N4, 2001.

Marmazov, V., 2002: The method of effectiveness as a means of extending the potential of the convention for the protection of Human Rights and fundamental freedoms to economic and social rights, in: Praxis des Europäischen Gerichtshofes für Menschenrechte, N4, Kiew, 2002.

Martens, S. K., 1998: Incorporating the European Convention on Human Rights: the role of the judiciary, in: EHRLR 1(1998), S. 5 ff.

Mazaev, V. D., 2004: Ponjatije i konstituzionnyje prinzipy publichnoj sobstvennosti (Begriff und Verfassungsprinzipien des öffentlichen Eigentums), Institut für Recht und öffentliche Politik, Moskau, 2004.

McBride, Jeremy, 1996: The right to property, in: Human Rights survey 1996, European Law Review, Vol. 21, 1996,S. 40 ff.

McBride, Jeremy, 1998: Access to justice under international Human Rights treaties, in: Access to legal aid for indigent criminal defendants in Central and Eastern Europe, Parker School Journal of East European Law, Vol. 5, Nos.1-2, 1998.

McBride, Jeremy, 2000: Kompensation, Restitution und die Menschenrechte im postkommunistischen Europa, in: http://www.hrights.ru/text/inter/b8/Chapter6.htm.

Medushevskij, Andrej, 2002: Vlast i sobstvennost v sovremennoj Rossii: prinjatije Zemelnogo kodeksa Rossijskoj Federazii (Macht und Eigentum im modernen Russland: die Verabschiedung des Bodengesetzbuches der Russischen Föderation), in: KPVEO, N1 (38), 2002, S. 2 ff.

Medushevskij, Andrej (Hrsg.), 2005: Izmenenie i konsolidazija rynochnogo zakonodatelstva v kontekste rossijskoj sudebnoj reformy (Änderungen und Konsolidierung der marktwirtschaftlichen Gesetzgebung im Rahmen der Reform im russischen Gerichtssystem), Wissenschaftliche Materialen, Institut für Recht und öffentliche Politik, Moskau, 2005.

Medushevskij, Andrej, 2005: Pravovyye i instituzionalnyje faktory formirovanija rynka zemelnoj sobstvennosti v Rossii (Rechtliche und institutionelle Faktoren bei der Gestaltung des Grundeigentumsmarktes in Russland), in: Medushevskij, Andrej (Hrsg.), 2005, S. 10 ff.

Merl, Stephan, 1999: Einstellungen zum Privateigentum in Russland und in der Sowjetunion, in: Hannes Siegrist und David Sugarman (Hrsg.), Eigentum im internationalen Vergleich, (18.–20. Jahrhundert), Vandenhoeck und Ruprecht, Göttingen, 1999, S. 135 ff.

Mittelberger, Philipp, 2000: Der Eigentumsschutz nach Art. 1 des Ersten Zusatzprotokolls zur EMRK im Lichte der Rechtsprechung der Straßburger Organe, Abhandlungen zum schweizerischen Recht, Hausheer, Heinz (Hrsg.), Stämpfli, Bern, 2000.

Mittelberger, Philipp, 2001: Die Rechtsprechung des ständigen Europäischen Gerichtshofs für Menschenrechte. Eigentumsschutz nach Art. 1 des Ersten Zusatzprotokolls zur EMRK zum Eigentumsschutz (Bilanz nach den ersten zwei Jahren–Nov.1998 bis April 2001), in: EuGRZ 2001, S. 365 ff.

Mizhenskaja, E. F., 2001: Transformazija sobstvenosti v Rossii – osnova formirovanija novoj sozialnoj struktury (Die Transformierung des Eigentums in Russland– die Grundlage der Bildung einer neuen sozialen Struktur), in: Sobstvennost v XX stoletii (Das Eigentum in XX. Jahrhundert), 2001, S. 516 ff.

Moser, Berthold, 1972: Die EMRK und das bürgerliche Recht, Wien, 1972.

Mostert, Hanri, 2002: The constitutional protection and regulation of property and ist influence on the reform of private law and landownership in South Africa and Germany, A comparative analysis, Beiträge zum ausländischen öffentlichen Recht und Völkerrecht, Band 154, Springer, Berlin Heidelberg New York Barcelona Hongkong London Mailand Paris Tokio, 2002.

Müller - Michaels, Olaf, 1999: Grundrechtlicher Eigentumsschutz in der europäischen Union: das Eigentumsrecht in der Rechtsordnung der EU, in der EMRK und in den Verfassungen Deutschlands, Italiens und Irlands, Duncker und Humblot, Berlin, 1999.

Müller, Edgar Felix, 1981: Der völkerrechtliche Eigentumsschutz: Eine historisch–systematische Darstellung unter Berücksichtigung der internationalen Ökonomie und Politik, Dissertation, Philipps –Universität zu Marburg, 1981.

Münz, R. / Ohlinger, R., 1999: The Ukraine after independence: the making of a nation between East and West, Berichte des Bundesinstitutes für ostwissenschaftliche und internationale Studien, 5/1999.

Nagornaja, M. A., 1999: Sootnoshenije interesov lichnosti i gosudarstva v realisazii prav cheloveka i grazhdanina (Das Verhältnis zwischen den Privatinteressen und den Interessen des Staates in der Durchsetzung der Menschen- und Bürgerrechte), in: Evropejskaja konvenzija o zachite prav cheloveka i osnovnykh svobod: probelemy realizazii v Rossii, 1999, S. 87 ff.

Nersesjanz, V. S., 1997: Sud ne zakonodatelstvujet i ne upravljaet, a primenjaet pravo (Das Gericht erlässt keine Gesetze und regiert nicht, sondern wendet das Recht an), Jurist, Moskau, 1997.

Neshataeva, T. N. (Hrsg.), 2002a: Grazhdanin i predprinimatel' v rossijskom i zarubezhnom sude: pravovaja pomoch (Bürger und Unternehmer im russischen und ausländischen Gericht: Rechtshilfe), Delovoj Express, Moskau, 2002.

Neshataeva, T. N., 2002b: Pervoje reshenie Evropejskogo Suda po pravam cheloveka po imuzhestvannomu sporu protiv Rosii: razmyshlenija, nekotorye vyvody (Das erste Urteil des EGMR in einer Vermögensbeschwerde gegen Russland: Überlegungen und einige Konsequenzen), in: Vestnik Vysshego Arbitagnogo Suda Rossijskoj Federazii, N8, 2002, S. 141 ff.

Nikitin, L. L. / Nurzhinskij, D. V., 2003: Strategija i taktika zachity ot nedruzhestvennogo poglozhenija (Strategie und Taktik des Schutzes gegen feindliche Übernahmen), in: Mergers and Acquisition, N2, 2003.

Novizkaja, T. E., 1992: Vechnoje pravo v Grazhdanskom kodekse 1922 goda (Sachenrecht im Zivilgesetzbuch von 1922), in: Sobstvennost: pravo i svoboda (Eigentum: Recht und Freiheit), Rossijskaja Akademija Nauk, Institut gosudarstva i prava, Moskau, 1992, S. 113 ff.

Novoselova, Ljudmila, 2001: Nekotoryje problemy opredelenija kruga objektov prava sobstvennosti v Konstituzii i grazhdanskom zakonodatelstve Rossii (Einige Problemfragen bei der Bestimmung von Objekten des Eigentumsrechts in der Verfassung und dem Zivilrecht Russlands), in: Rol' konstituzionnykh sudov v obespechenii prava sobstvennosti, 2001, S. 27 ff.

Nußberger, Angelika, 1998: Die Grundrechte in der Rechtsprechung des Verfassungsgerichts, Ausgewählte Entscheidungen aus den Jahren 1995 bis 1997, in: EuGRZ 1998, S. 105 ff.

Nüßgens, Karl / Boujong, Karlheinz, 1987: Eigentum, Sozialbindung, Enteignung, Beck, München, 1987.

Nysten-Haarala, Soili, 2000: Development of constitutionalism and federalism in Russia, Interim Report, IR-00-042, Internationale Institute for Applied System Analysis, 2000.

Nysten-Haarala, Soili, 2001a: Russian property rights in transition, Interim Report, IR-01-006, Internationale Institute for Applied System Analysis, 2001.

Nysten-Haarala, Soili, 2001b: Russian enterprises and company law in transition, Interim Report, IR-01-005, Internationale Institute for Applied System Analysis, 2001.

OCC Osteuropa Consulting Center (Hrsg.), 1999: Die Entwicklung der Unternehmensstrukturen im Transformationsprozess der Ukraine im Vergleich mit Russland, Forschungsbericht, erstellt im Auftrag des Bundesministeriums für Wirtschaft, ROW–Schriftenreihe, Band 26, Berlin Verlag Spitz, Berlin, 1999.

OECD (Hrsg.), 2001: The investment environment in the Russian Federation: Laws, Policies and Institutions, 2001.

Oeter, Stefan, 1996: State succession and the struggle of equity: Some obervations on the laws of state succession with respect to state property and debts in cases of separation and dissolution of states, in: German Yearbook of Intenational Law, Vol. 38, 1995, Dunker und Humblot, Berlin, 1996, S. 73 ff.

Olson, Mancur, 1993: Property rights and privatization in the East, in: Swiss review of world affairs, No. 10 (October 1993), S. 20 ff.

Olszanski, Tadeusz, 2002: Die Ukraine und Russland: von der Desintegration zur Reintegration, Mannheimer Zentrum für Europäische Sozialforschung, Mannheim, 2002.

Olzen, Dirk, 1984: Die geschichtliche Entwicklung des zivilrechtlichen Eigentumsbegriffes, in: JuS 1984, S. 328 ff.

Osherenko, G., 1995: Property rights and transformation in Russia: institutional change in the Far North, in: Europe-Asia studies, Vol. 47, No. 7 (November 1995), S. 1077 ff.

Ossenbach, Peter H., 1976: Reparationsschäden und Eigentumsschutz gemäß dem 1. Zusatzprotokoll zur Europäischen Menschenrechtskonvention, Dissertation, Universität Köln, 1976.

Pavlov, V. P., 2001: Obchaja teorija prava sobstvennosti (Allgemeine Theorie des Eigentumsrechts), in: Sobstvennost v XX stoletii (Das Eigentum im XX. Jahrhundert), 2001, S. 801 ff.

Pellonpää, Matti, 1999: Does the European Convention on Human Rights require "prompt, adequate and effective" Compensation for Deprivation of Possessions? in: Liber Amicorum, Bengt Broms, Celebrating his 70th Birthday, Offprint, Helsinki, 1999, S. 374 ff.

Pellonpää, Matti, 2000: Reflections on the notion of "deprivation of possessions"in article 1 of the first protocol to the European Convention on Human Rights, in: Mahoney, Paul (ed.); Matscher, Franz (ed.); Petzold, Herbert (ed.); Wildhaber, Luzius (ed.); Protection des droits de l'homme: la perspestive européenne, mélanges à la mémoire de Rolv Ryssdal = Protection human rights: the european perspective, studies in memory of Rolv Ryssdal, Carl Heymanns Verlag, Köln, Berlin, Bonn, München, 2000, S. 1087 ff.

Pettiti, Christophe, 2004: Sur la restitution des biens confisqués pendant la période communiste (en marge des arrêts Pincova et Pinc et Zvolsky et Zvolska c. République tchéque des 5 et 12 novembre 2002), in: Revue trimestrielle des droits de l'homme, 15e année, no. 58 (1er avril 2004), S. 387 ff.

Peukert, Wolfgang, 1981: Der Schutz des Eigentums nach Art. 1 des 1. Zusatzprotokolls zur Europäischen Menschenrechtskonvention, in: EuGRZ 1981, S. 97 ff.

Pogany, I., 1995: Human Rights in Eastern Europe, School of Law, University of Warwick, Edward Elgar, 1995.

Polakiewicz, J., 2001: The status of the Convention in national law, in: Blackburn Robert/ Polakiewicz Jörg (Hrsg.), Fundamental Rights in Europe, The European Convention on Human Rights and its Member States, 1950-2000, Oxford University Press, 2001.

Postl, Michael, 1996: Eigentum und Enteignung, WUV-Univ.-Verlag, Wien 1996.

Potapenko, V. / Pushkar, P., 2001: Ukraine, in: Blackburn, Robert / Polakiewicz, Jörg (Hrsg.), Fundamental Rights in Europe, The European Convention on Human Rights and its Member States, 1950-2000, Oxford University Press, 2001.

Potapenko, V., 2002: Nakonezto priznali: Vstupil v silu zakon "O priznaniji I ispolneniji na Ukraine reshenij inistrannykh sudov" (Endlich angenommen: Das Gesetz" über die Anerkennung und Vollstreckung der Entscheidungen der ausländischen Gerichte in der Ukraine" trat in Kraft), in: Juridicheskaja praktika, N5 (215), 2002.

Potkina, I. V., 2001: Zakonodatelstvo Rossijskoj imperii: regulirovanije prava sobstvennosti i imuchestvennykh otnoshenij (Die Gesetzgebung des Russischen Imperiums: Regulierung des Eigentumsrechts und der Vermögensverhältnisse), in: Sobstvennost v XX stoletii, zum 80. Geburtstag von Akademiker Vinogradov V. A., Russische politische Enzyklopädie, Moskau, 2001, S. 825 ff.

Pravo vlasnosti, 2001: Pravo vlasnosti: problemy zabezpecennja, realizacii ta zachystu (Eigentumsrecht: Probleme der Gewährleistung, der Verwirklichung und des Schutzes) tezy dopovidej ta naukovych povidomlen' ucasnykiv naukovogo seminaru molodykh vcenych (Charkiv, 14-15 veresnja 2001), Ministerstvo Osvity i Nauky Ukrainy, Nacional'na Jurydycna Akademija Ukrainy Imeni Jaroslava Mudroho, Red. Kollehija: M.I. Ivanov (vid. red.), Kharkiv, 2001.

Prytyka, D. M. (Hrsg.), 2002: Vyrishennja gospodarskykh sporiv. Zastosuvannja norm materialnogo prava v rozjasnennjakh i lystakh Vychogo gospodarskogo sudu Ukrainy (Entscheidungen bei wirtschaftlichen Streitsachen. Anwendung der materiellen Rechtsnormen nach den Auslegungen und Briefen des Obersten Wirtschaftsgerichts der Ukraine), Justinian Verlag, Kiew, 2002.

Pushkar, Pavlo, 2004: Reformuvannja Evropejskogo Sudu z prav ljudyny ta rozvytok jogo precedentnoi praktyky stosovno Ukrainy (Die Reformierung des Europäischen Gerichtshofes für Menschenrechte und die Entwicklung seiner Rechsprechung bezüglich der Ukraine), in: Praktyka Evropejskogo Sudu z prav ljudyny. Rishennja, Komentari, N2, 2004, S. 215 ff.

Radygin, A. D. / Entov, R. M., 2001: Korporativnoje upravlenije i zazhita prav sobstvennosti: empiricheskij analiz i aktualnyje napravlenija reform (Das Gesellschaftsmanagement und der Schutz des Eigentumsrechts: empirische Analyse und aktuelle Reformtendenzen), Wissenschaftliche Werke, N36P, Institut für Wirtschaft des Übergangszeitraums, Moskau, 2001.

Raiser, Ludwig, 1961: Das Eigentum als Rechtsbegriff in den Rechten West- und Osteuropas, in: RabelsZ 26 (1961), S. 230 ff.

Raiser, Ludwig, 1983: Eigentum als Recht des Menschen, in: Das Recht des Menschen auf Eigentum, N.P. Engel Verlag, Kehl am Rhein, Straßburg, 1983, S. 121 ff.

Rauscher, Anton, 1982: Das Eigentum: persönliches Freiheitsrecht und soziale Ordnungsinstitution, Bachem, Köln, 1982.

Reeve, A., 1986: Propety (Iss. in Polit. Theory), Basingstoke: Macmillan, London, 1986.

Reininghaus, Eva, 2002: Eingriffe in das Eigentumsrecht nach Art. 1 des Zusatzprotokolls zur EMRK: Eingriffe in das Recht auf Achtung des Eigentums und ihre Zulässigkeitsvoraussetzungen, Berlin Verlag Spitz, Berlin, 2002.

Ress, Georg, 1982: Die Europäische Menschenrechtskonvention und die Vertragsstaaten: Die Wirkungen der Urteile des Europäischen Gerichtshofes für Menschenrechte im innerstaatlichen Recht und vor innerstaatlichen Gerichten, in: I. Maier (Hrsg.), Europäischer Menschenrechtsschutz, Schranken und Wirkungen (Verhandlungen des 5. Internationalen Kolloquiums über die EMRK, Frankfurt, 1980), Heidelberg, 1982, S. 227 ff.

Ress, Georg, 1993: The effects of judgments and decisions in domastic law, in: The European system for the protection of Human Rights, edited by: R. St. J. Macdonald, F.Matscher, H. Petzold, Marinus Nijhoff Publishes, 1993, S. 801 ff.

Ress, Georg, 1999: The duty to protect and to ensure Human Rights under the European Convention on Human Rights, in: Eckart Klein (Hrsg.), The duty to protect and to ensure Human Rights, Colloquium, Potsdam, 1-3 July 1999.

Ress, Georg, 2002: Rechtstellung, Aufgabebereich und Legitimation des Europäischen Gerichtshofes für Menschenrechte, in: Dimensionen des modernen Verfassungsstaates: Symposium zum 60. Geburtstag von Karl Korinek, Holoubek et al. (Hrsg.), 2002, S. 129 ff.

Ress, Georg, 2005: Der Europäische Gerichtshof für Menschenrechte, seine Reform und die Rolle der nationalen Gerichte, in: Karl, Wolfram (Hrsg.), 2005, Internationale Gerichtshöfe und nationale Rechtsordnung, Internationales Symposium am Österreichischen Institut für Menschenrechte am 28. und 29. November 2003 in Salzburg zu Ehren von em.o.Univ.-Prof. DDr.Dr.h.c. Franz Matscher, N.P. Engel Verlag, Kehl, Straßburg, Arlington, 2005, S. 39 ff.

Riedel, Eibe H., 1983: Die Eigentumsgarantie als Problem der allgemeinen Staatslehre und des Verfassungsrechts am Beispiel Großbritanniens, in:

Schwartländer, J. / Willoweit, D. (Hrsg.), Das Recht des Menschen auf Eigentum, N.P. Engel Verlag, Kehl am Rhein, Straßburg, S. 129 ff.

Riedel, Eibe H., 1986: Theorie der Menschenrechtsstandards, Dunker und Humblot, Berlin, 1986.

Riedel, Eibe H., 1988: Entschädigung für Eigentumsentzug nach Art. 1 des Ersten Zusatzprotokolls zur Europäischen Menschenrechtskonvention, Zur Herausbildung eines gemeineuropäischen Standards, in: EuGRZ 15 (1988), S. 333 ff.

Roggemann, Herwig / Klaus-Jürgen Kuss (Hrsg.), 1994: Wirtschaften und Investieren in Osteuropa, Rechtsgrundlagen und Rechtspraxis, Quellen zur Rechtsvergleichung aus dem Osteuropa-Institut der Freien Universität Berlin, Band 34, Berlin Spitz Verlag, Berlin, 1994.

Roggemann, Herwig, 1996a: Verfassungsentwicklung und Verfassungsrecht in Osteuropa, in: Recht in Ost und West, Zeitschrift für Ostrecht und Rechtsvergleichung, N6, 1996, S. 177 ff.

Roggemann, Herwig,(Hrsg.), 1996b: Eigentum in Osteuropa: Rechtspraxis in Ost-und Westeuropa, Ostmittel- und Südosteuropa mit Einführungen und Rechtstexten, Berlin–Verl., Berlin, 1996.

Roggemann, Herwig, 1997a: Funktionswandel des Eigentums in Ost und West-vergleichende Anmerkungen zur postsozialistischen Transformation in Ost– und Westeuropa, in: Recht in Ost und West N6, 1997, S. 189 und N7, 1997, S. 225 ff.

Roggemann, Herwig, 1997b: Zivilgesetzbuch der Russischen Föderation (Erster Teil) von 1994, bearbeitet und eingeleitet von Herwig Roggemann und Wilfred Bergmann, Berlin–Verl. Spitz, Berlin, 1997.

Roggemann, Herwig, 1998: Gerichtsverfassung und Rechtsschutz in Mittel- und Osteuropa – Entwicklungen und Probleme, in: Recht in Ost und West, Zeitschrift für Ostrecht und Rechtsvergleichung, N8, 1998, S. 301 ff.

Roggemann, Herwig, 2000: Zivilgesetzbuch der Russischen Föderation (Zweiter Teil) von 1994, bearbeitet und eingeleitet von Herwig Roggemann und Wilfred Bergmann, Berlin–Verl. Spitz, Berlin, 2000.

Rol' konstituzionnykh sudov v obespechenii prava sobstvennosti, 2001: Die Rolle der Verfassungsgerichte in der Gewährleistung des Eigentumsrechts, Vorträgesammlung, Institut für Recht und öffentliche Politik, Moskau, 2001.

Rook, Deborah, 2001: Property law and human rights, Blachstone Press, London, 2001.

Rosas, Allan, 1992: Property rights, in: Rosas, A. (ed.), Helgesen, J. (ed.), The strength of diversity. Human rights and pluralist democracy, Nijhoff, Dordrecht-Boston-London, 1992, S. 133 ff.

Rossija i Sovet Evropy: perspektivy vzaimodejstvija, 2001: Russland und der Europarat: Perspektiven der Zusammenarbeit, Institut für Recht und öffentliche Politik, Moskau, 2001.

Rubanik, V. E., 2001: Pravo i formy vlasnosti cherez pryzmu vkhodzhennja Ukrainy do Evropejskogo spivtovarystva: dejaki zamitky (Eigentumsrecht und –formen im Hinblick auf den Beitritt der Ukraine in die EG: einige Bemerkungen), in: Pravo Ukrainy, N1, 2001, S. 117 ff.

Rückgabe oder Entschädigung, 1992: Rückgabe oder Entschädigung in den osteuropäischen Staaten (Reihe von Beiträgen), in: Recht in Ost und West, Jahrgang 36, Heft 11 (15. November 1992), S. 321 ff.

Rudenko, M. V., 2003: Prokuror u gospodarskomu sudochynstvi (Die Rolle des Staatsanwalts in der Wirtschaftsgerichtsbarkeit), In Jure, Kiew, 2003.

Rudolf, Beate, 1996: Die Eigentumsgarantie nach der Europäischen Menschenrechtskonvention und ihre verfahrensrechtliche Dimension, in: EuGRZ 23 (1996), S. 573 ff.

Rudolf, Beate, 1997: Die Eigentumsgarantie nach der Europäischen Menschenrechtskonvention und ihre verfahrensrechtliche Dimension, in: EuGRZ 24 (1997), S. 573 ff.

Rummel, P., 1998: Vorwirkungen der Enteignung, in: Juristische Blätter, Jg. 120, H.1, S. 20 ff.

Russland und die Ukraine, 1996: Russland und die Ukraine nach dem Zerfall der Sowjetunion, Abhandlungen des Göttinger Arbeitskreises, Band 12, 1996.

Rüster, Lothar, 1997: Privatisierung und Strukturwandel russischer Unternehmen, in: Recht in Ost und West, N7, 1997, S. 237 ff.

Ryffel, Hans, 1983: Zum menschenrechtlichen Gehalt des Eigentums in philosophisch – anthropologischer Sicht, in: Schwartländer, J. / Willoweit, D. (Hrsg.), Das Recht des Menschen auf Eigentum, N.P. Engel Verlag, Kehl am Rhein, Straßburg, 1983.

Sagel-Grande, H. I., 2000: Property rights and ownership in Eastern and Western Europe and Article 1 Protocol No. 1 European Convention on Human Rights, in: in: Loof, Jan-Peter / Ploeger, Hendrick / van der Steur Arine (editors), 2000, S. 49 ff.

Sannikova, L. V., 2001: Problemy stanovlenija instituta vechnogo prava v Rosii (Die Probleme der Entstehung des Institutes für Sachenrecht in Russland), in: Sobstvennost v XX stoletii (Das Eigentum im XX. Jahrhundert), 2001, S. 793 ff.

Sarbash, Sergei V., 1998: The transfer of ownership for the purpose of security, what is ist place in Russian law?, in: Review of Central and East European law, Vol. 24, No. 3/4 (1998), S. 279 ff.

Saveljeva, E. M., 2000: O ponjatii kachestva zakona (Über die Definition der Qualität des Gesetztes), in: PIP, N10, 2000.

Schäfer, Martin, 1998: Der Entschädigungsstandard im allgemeinen Völkerrecht, in: RIW 1998, Heft 3, S. 199 ff.

Schermers, Henry G., 1988: The international protection of the right of property, in*:* Matscher, F. (ed.), Protecting human rights: the European dimension, Studies in honour of de Gérard J. Wiarda, Köln, Heymann, 1988, S. 565 ff.

Schewchenko, J. / Venezka, M. / Kucherenko, I., 1994: Vlasnyk i pravo vlasnosti (Eigentümer und Eigentumsrecht), In Jura, Kiew, 1994.

Schewchenko, J. / Venezka, M. / Kucherenko, I., 2002: Problemy vdoskonalennja pravovogo reguljuvannja prava privatnoji vlasnosti (Die Probleme bei der Vervollkommnung der rechtlichen Regulierung des Rechtes auf Privateigentum), Korezkyj Institut für Staat und Recht, Nationale Akademie der Wissenschaften, Kiew, 2002.

Schewchuk, S., 1999a: Evropejska Konvezija pro zakhist osnovnykh prav ta svobod ljudyny: praktyka zastosuvannja ta prinzypy tlumachennja u konteksti sychasnogo ukrainskogo pravorozuminnja (Die EMRK: Praxis der Anwendung und Prinzipien der Auslegung im Kontext des gegenwärtigen Rechtsverständnisses), Praxis des EGMR: Urteile und Kommentare, N2, 1999.

Schewchuk, S., 1999b: Evropejskoe prezedentnoe pravo v ukrainskoj pravovoj sisteme (Europäisches Case-law im ukrainischen Rechtssystem), in: Juridicheskaya Praktika, N20 (102), 16-31 Oktober 1999.

Schewchuk, S., 2002: Sravnitelnoje prezedentnoje pravo po pravam cheloveka (Vergleichnedes Recht und Präjudizyenrecht im Bereich der Menschenrechte), Jura, Kiev, 2002.

Schischkova, G. G., 2001: Lichnaja sobstvennost: mesto i rol v razvitiji obchestva (Das Privateigentum: Stellung und Rolle in der gesellschaftlichen Entwicklung), in: Sobstvennost v XX stoletii (Das Eigentum in XX. Jahrhundert), 2001, S. 164 ff.

Schönberger, Christoph, 1998: Auf dem Weg zu einer gemeinsamen europäischen Eigentumsordnung?, in: Manssen, Gerrit / Banaszak, Boguslaw, Wandel der Eigentumsordnung in Mittel- und Osteuropa, ROW–Schriftenreihe, Band 17, Berlin Verlag Spitz, Berlin, S. 149 ff.

Schramm, Hans – Joachim, 2000: Zum Stand des Privatisierungsrechts in der Ukraine, 2000, in: Wirtschaft und Recht in Osteuropa 2000, S. 257 ff.

Schramm, Hans – Joachim, 2004: Der Schutz des Gesellschaftsvermögens im russischen Aktienrecht, in: Trunk, Alexander / Knieper, Rolf / Svetlanov, Andrej G. (Hrsg.), 2004, S. 591 ff.

Schröder, Friedrich-Christian, 2005: Chodorkowskij und die Menschenrechte, Ein Fall für den Europäischen Gerichtshof, in: Frankfurter Allgemeine Zeitung, den 15. Juni 2005.

Schröder, Tim, 2002: Entwicklung der russischen Rechtsprechung bis zur Beseitigung der Kostenbarriere für Individualklagen auf Rückgabe von Beutekunst: Anmerkungen des russischen Obersten Gerichts vom 27. Oktober 2000 im Fall der Martha Nierenberger, in: EuGRZ, Jahrg. 29, H. 1-4 (21.03.2002), S. 3 und 53.

Schröder, Tim, 2004: Probleme und Perspektiven internationaler Streitbeilegung bei unklaren Eigentumsverhältnissen an Kulturgütern, in: Trunk, Alexander / Knieper, Rolf / Svetlanov, Andrej G. (Hrsg.), 2004, S. 529 ff.

Schulze, Eberhard / Tillack, Peter / Dolud, Olena / Dukin, Sergej, 1999: Eigentumsverhältnisse landwirtschaftlicher Betriebe und Unternehmen in Russland und in der Ukraine: Befragungsergebnisse aus den Regionen Nowosibirsk und Shitomir, Institute of Agricultural Development in Central and Eastern Europe, Discussion Paper, 1999.

Schwartländer, J. / Willoweit, D. (Hrsg.), 1983: Das Recht des Menschen auf Eigentum, N.P. Engel Verlag, Kehl am Rhein, Straßburg, 1983.

Schweisfurth, T., 1994: Die Verfassung Russlands vom 12. Dezember 1993. Entstehungsgeschichte und Grundzüge, in: EuGRZ 1994, S. 473 ff.

Schwelb, E., 1964: The protection of the right of property of nationals under the First Protocol of the European Convetnion on Human Rights, in: American Journal of Comparative Law, Vol. 13, no. 4, Berkeley, University of California, 1964, S. 518 ff.

Seidl - Hohenveldern, Ignaz, 1988: Eigentumsschutz nach der EMRK und nach allgemeinem Völkerrecht im Lichte der EGMR- Entscheidungen in den Fällen James und Lithgow, in: Fortschritt im Bewusstsein der Grund- und Menschenrechte, Festschrift für Felix Ermacora, Kehl, 1988, S. 181 ff.

Seidl - Hohenveldern, Ignaz, 1989: Ausfuhr und Rückführung von Kunstwerken, in: Haller, W. (Hrsg.); Kölz, A. (Hrsg.); Müller, G. (Hrsg.); Im Dienst an der Gemeinschaft. Festschrift für Dietrich Schindler zum 65. Geburtstag, Basel, Helbig und Lichtenhahn, 1989, S. 137 ff.

Sellnow, Werner / Kühn, Jens, 1987: Eigentum, Beiträge zu seiner Entwicklung in politischen Gesellschaften; Werner Sellnow zum 70. Geburtstag, Bühlau, Weimar, 1987.

Semchyk, V. I., 1997: Pravo vlasnosti za Konstytuzieju Ukrainy (Das Eigentumsrecht nach der Verfassung der Ukraine), In Jura, Kiew, 1997.

Serebrovskij, V. I., 1972: Fakticheskoje neprinjatije naslednikom nasledstva i otkaz ego ot nasledstva (Verzicht des Erben auf die Erbschaft), in: Pravovedenie, N3, 1972, S. 46 ff.

Sieckmann, Jan – Reinard, 1999: Zum verfassungsrechtlichen Eigentumsschutz im deutschen und britischen Recht, Eine rechtsvergleichende Untersuchung zu Modellen des Eigentumsschutzes, 1. Auflage, Nomos Verlagsgesellschaft, Baden–Baden, 1999.

Siegmann, Gerhard, 1964: Eigentumsschutz öffentlich-rechtlicher Rechtspositionen, Dissertation, Ruprecht–Karl–Universität, Heidelberg, 1964.

Siegrist, Hannes / Sugarman, David (Hrsg.), 1999: Eigentum im internationalen Vergleich, (18.– 20. Jahrhundert), Vandenhoeck und Ruprecht, Göttingen, 1999.

Siehr, Kurt, 2004: Geraubtes Kulturgut vor nationalen Gerichten, in: Trunk, Alexander / Knieper, Rolf / Svetlanov, Andrej G. (Hrsg.), 2004, S. 497 ff.

Sinjavskij, A. S., 2001: Transformazija sobstvennosti v Rossii v XX veke: modernizazionnye i demodernizaziojnnye prozessy (Transformation des Eigentums in Russland im XX. Jahrhundert: Modernisierungs- und De- modernisierungsprozesse), in: Sobstvennost v XX stoletii (Das Eigentum im XX. Jahrhundert), 2001, S. 301 ff.

Skripilev, A., 1992: Sobstvennost': pravo i svoboda (Eigentum: Recht und Freiheit), Rossijskaja Akademija Nauk, Institut Gosudarstva i Prava, Moskau, 1992.

Skvorzov, O. Ju., 1997: Zaschita prava sobstvennosti i sudebno-arbitrazhnaja praktika (Eigentumsschutz und Arbitragerechtsprechung), Juridicheskij bulleten predprinimatelja, Moskau, 1997.

Skyner, Luis, 2001: Privatizazija zemli: politicheskij konflikt i pravovaja neopredeljonnost (Die Privatisierung des Bodens: politisches Konflikt und rechtliche Unsicherheit), in: KPVEO, N2 (35), 2001, S. 149 ff.

Slemko, D. V. / Hryhor'jev, O. S., 1994: Pljuralizm vlasnosti v Ukraini (Eigentumspluralismus in der Ukraine), Jurist, Lviv, 1994.

Smirnov, L. V., 2001: Dejatelnost sudov Rossijskoj Federazii kak istochnik prava (Die Tätigkeit der Gerichte der Russischen Föderation als Rechtsquelle), in: Journal rossijskogo prava, N3, 2001.

Sobstvennost: pravo i svoboda, 1992: Sobstvennost: pravo i svoboda (Eigentum: Recht und Freiheit), Rossijskaja Akademija Nauk, Institut gosudarstva i prava, Moskau, 1992.

Sobstvennost v XX stoletii, 2001: Sobstvennost v XX stoletii(Das Eigentum im XX. Jahrhundert), zum 80. Geburtstag von Akademiker Vinogradov V.A., Russische politische Enzyklopädie, Moskau, 2001.

Solotych, Stefanie, 1994: Gesellschaftsrecht der Ukraine: Entstehung, Rechtsreformen, Risiken, ROW–Schriftenreihe, Band 1, Berlin Verlag Spitz, Berlin, 1994.

Solotych, Stefanie, 1996: Das Zivilgesetzbuch der Russischen Föderation, Erster Teil, Textübersetzung mit Einführung, Nomos Verlag, Baden–Baden, 1996.

Solotych, Stefanie, 2001: Das Zivilgesetzbuch der Russischen Föderation, Zweiter Teil, Textübersetzung mit Einführung, Nomos Verlag, Baden–Baden, 2001.

Sorokin, V. V., 2002: Sudebnaja praktika kak istochnik prava: za ili protiv (Die Rechtsprechung als Rechtsquelle: Pro und Contra), in: Sibirskij Juridicheskij Vestnik, N3, 2002.

Sosna, Sergej, 2004: Die Gesetzgebung über Auslandsinvestitionen – Ungelöste Probleme der Russischen Gesetzgebung (russ.), in: Trunk, Alexander / Knieper, Rolf / Svetlanov, Andrej G. (Hrsg.), 2004, S. 113 ff.

Spektor, E. I., 2003: Sudebnyj prezedent kak istochnik prava (Gerichtpräjudizyen als Rechtsquelle), in: Journal rossijskogo prava, N5, 2003.

Stampe, Volker, 2000: Der Funktionsbereich der russischen Wirtschaftsgerichtsbarkeit, Mauke, Hamburg, 2000.

Starzheneckij, V. V., 2004: Rossija i Sovet Evropy: pravo sobstvennosti (Russland und der Europarat: das Eigentumsrecht), Gorodez, Moskau, 2004.

Steinbach, Johannes, 2003: Anerkennung und Vollstreckung ausländischer Urteile und Schiedssprüche in der Russischen Föderation, in: Thomas Oppermann (Hrsg.),Tübinger Schriften zum internationalen und europäischen Recht, Duncker und Humblot, Berlin, 2003.

Stepanov, S. A., 2002: Imuzhestvennye kompleksy v rossijskom grazhdanskom prave (Die Vermögenseinheiten im russischen Zivilrecht), Norma, Moskau, 2002.

Stern, Brigitte, 1991: Le droit de propriété, l'expropriation et la nationalisation dans la convention européenne des droits de l'homme, in: Droit et pratique du commerce international, Vol. 17, No. 3, 1991, S. 394 ff.

Stiftung Hanns Seidel (Hrsg.), 2000: Das Grundrecht des Eigentums – Grundsätze und aktuelle Probleme, Atwerb-Verlag KG, Politische Studien, Sonderheft 1/2000.

Stiglitz, J., 1999: Whither reform? Ten years of the transition, World Bank Annual Conference on Development Economics, the 28-30 April 1999, Washington, DC, USA, 1999.

Sudre, Frédéric (Hrsg.), 1998: L'interprétation de la Convention européenne des droits de l'homme, Actes du colloque des 13 et 14 mars 1998 organisé par l'Institut de droit eupopéen des droit de l'homme, Faculté de droit de l'Université de Montpellier, Nemesis/Bruylant, 1998.

Sudre, Frédéric, 2003: «Le droit au respect de ses biens» au sens de la Conventioneuropéene des droits de l'homme, in: Cahiers de l'DEDH (Institut de droits de l'homme), no. 9 (2003), S. 213 ff.

Sukhanov, E. A., 2000: Ponjatije prava sobstvennosti v rossijskom zakonodatelstve i v modelnom Grazhdanskom kodekse dlja stran SNG (Der Begriff des Eigentumsrechts in der russischen Gesetzgebung und im Modelzivilgesetzbuch für die GUS -Staaten), in: KPVEO, N4 (33), 2000 und N1 (34), 2001, S. 85 ff.

Sukhanov, E. A., 2001: Pravo sobsvennosti v sovremennoj Rossii (Das Eigentumsrecht in dem modernen Russland), in: Sobstvennost v XX stoletii (Das Eigentum im XX. Jahrhundert), 2001, S. 767 ff.

Surilov, Aleksej V., 1996: Privatisierung des Staatseigentums in der Ukraine: Modell und Praxis, in: Russland und die Ukraine, 1996, S. 265 ff.

Sychev, N. V., 2001: Politiko-ekonomicheskaja konzepzija sobstvennosti i ee znachenije dlja analiza ekonomicheskoj sistemy Rossii (Die politisch-ökonomische Konzeption des Eigentums und ihre Bedeutung für die Analyse des Wirtschaftssystems von Russland), in: Sobstvennost v XX stoletii (Das Eigentum im XX. Jahrhundert), 2001, S. 103 ff.

Tagiev, A. S., 2000: Sovershenstvovanije prozessualnogo zakonodatelstva Rossijskoj Federazii v sfere ekonomiki (Weiterentwicklung der prozessualen Gesetzgebung der Russischen Föderation im Bereich der Wirtschaft), in: PIP, N6, 2000.

Tarkhov, V. A. / Rybakov, V. A., 2002: O ponjatii prava sobstvennosti (Über den Begriff des Eigentumsrechts), in: Jurist, N4, 2002.

Thiel, Matthias, 1998: Rechtliche Rahmenbedingungen für den Eigentumserwerb an Immobilien sowie an Grund und Boden in Russland, in: Gorzka, Gabriele, 1998, S. 57 ff.

Thomson, Rüdiger, 1959: Das persönliche Eigentum im Sowjetrecht, Breisg., Univ., Diss., Freiburg, 1959.

Tikhomirov, M. J., 2004: Iskovyje zajavlenija v Arbitrazhnyj sud (Klageanträge beim Arbitragegericht), 2. Auflage, Izd. Tikhomirova, Moskau, 2004.

Tiunov, Oleg, 2000: Mezhdunarodno-pravovyje aspekty obespechenija prava sobstvennosti i praktika Konstituzionnogo Suda Rossijskoj Federazii (Die völkerrechtlichen Aspekte der Sicherung des Eigentumsrechtes und die Praxis des

Verfassungsgerichts der Russischen Föderation), in: KPVEO, N4 (33), 2000 und N1 (34), 2001, S. 115 ff.

Tolcheev, N. K., 2001: Sudebnaja zachita prava sobstvennosti. Prakticheskoe pososbije (Gerichtlicher Schutz des Eigentumsrechts. Praktisches Hilfsmittel), OOO Gorodez-izdat, Moskau, 2001.

Tolcheev, N. K., 2004: Spravochnik sudji i advokata po grazhdanskim delam (Nachschlagebuch für Richter und Anwälte zu Zivilsachen), 2. Auflage, Prospekt, Moskau, 2004.

Tomuschat, Christian (Hrsg.), 1996: Eigentum im Umbruch, Restitution, Privatisierung und Nutzungskonflikte im Europa der Gegenwart, Berlin-Verlag, Berlin, 1996.

Tretyakov, Dmytro, 2002: Dejaki pytannja zastosuvannja norm mozhnarodnykh dogovoriv v Ukraini (Einige Anwendungsnormen der völkerrechtlichen Verträge in der Ukraine), in: Ukrainsky chasopys mizhnarodnogo prava, No. 3, 2002, S. 38 ff.

Trunk, Alexander / Knieper, Rolf / Svetlanov, Andrej G. (Hrsg.), 2004: Russland im Kontext der internationalen Entwicklung: Internationales Privatrecht, Kulturgüterschutz, geistiges Eigentum, Rechtvereinheitlichung: Festschrift für Mark Moiseevic Boguslavskij, BWV, Berlin, 2004.

Tscherepakhin, B. B., 2001: Trudy po grazhdanskomu pravu (Werke im Bereich des Zivilrechts), Klassik der russischen Zivilistik, Statut Verlag, Moskau, 2001.

Tschetschetov, Mykhaylo, 2003: Upravlinnja derzhavnoju vlasnistju v konteksti ekonomichnoi strategii derzhavy (Die Verwaltung staatlichen Eigentums im Kontext der ökonomischen Strategie des Staates), in: Dzerkalo Tyzhnja, N 17 (442), 8. Mai 2003, S. 8 ff.

Underkuffler, Laura S., 2003: The idea of property: Its meaning and power, Oxford University press, New York, 2003.

Usher, J. A., 1980: Rights of property: How fundamental?, in: European Law Review 5 (1980), S. 209 ff.

Urukov, V. N., 2004: Sudebnye akty – prezedenty? (Sind Gerichtsakte Präzedenzfälle?), in: Pravo i ekonomika, N10, 2004.

Varlamova, Natalya, 2002: Prinzip pravovoj opredeljennosti v praktike Evropejskogo Suda po pravam cheloveka (Das Prinzip der Rechtssicherheit in der Rechtsprechung des EGMR), in: KPVEO, N4 (41), 2002, S. 94 ff.

Vitrianski, V. V., 1995: The concept and varieties of legal persons according to the Civil Code of Russia, in: Review of Central and East European law, Vol. 21, No. 5 (1995), S. 501 ff.

Vlasov, J. N., 2001: Nasledstvennoe pravo Rossijskoj Federazii (Das Erbrecht in der Russischen Föderation), 4. Auflage, Propaganda, Business Media, Moskau, 2001.

Vlasova, M. V., 2002: Pravo sobstvennosti v Rossii: vozniknovenije, juriditscheskoje soderzhanije, puti razvitija (Das Eigentumsrecht in Russland: Entstehung, juristischer Inhalt, Entwicklungswege), MZ- Press, Moskau, 2002.

Vollrath, Ernst, 1983: Ist das Recht auf Eigentum als ein Menschenrecht zu begründen? in: Schwartländer, J. / Willoweit, D. (Hrsg.), Das Recht des Menschen auf Eigentum, N.P. Engel Verlag, Kehl am Rhein, Straßburg, 1983.

von Danwitz, Thomas / Depenheur, Otto / Engel, Christoph, 2002: Bericht zur Lage des Eigentums, Springer- Verlag Berlin Heidelberg New York, 2002.

Walova, L., 1993: Zabezpechennja prav ljudyny na vlasnist (Sicherstellung des Menschenrechts auf Eigentum), in: Prava ljudyny v Ukraini, Zhorichnyk von 1993, 1994, S. 88 ff.

Waldorn, J., 1985: What is private property? in: Oxford Journal of Legal Studies, 1985, V. 5, N3.

Wendt, Rudolf, 1985: Eigentum und Gesetzgebung, Heitmann, Hamburg, 1985.

Wengorz, Lars H., 2000: Die Bedeutung von Unternehmertum und Eigentum für die Existenz von Unternehmen. Eine methodenkritische Analyse der Transformation des Wirtschaftssystems in Russland, Schriften zur Wirtschaftstheorie und Wirtschaftspolitik, Lang, Band 18, Frankfurt am Main, Berlin, Bern, Wien, 2000.

Werlauff, Erik, 2002: Right of possession and interface with such rights-lawfulness, foreseeability, equal treatment and proportionality requirements under the ECHR, in: EBLR 2002, S. 123 ff.

Westen, Klaus, 1983: Recht auf Eigentum in sozialistischen Staaten, in: Das Recht des Menschen auf Eigentum, N.P. Engel Verlag, Kehl am Rhein, Straßburg, 1983.

Wildhaber, Luzius, 1979: Erfahrungen mit der EMRK, in: ZSR 98 (1979), S. 235 ff.

Williams, Paul R., 1995: Bankruptcy in Russia: the evolution of a comprehensive Russian Bankruptcy Code, in: Review of Central and East European Law, No. 5, 1995, S. 511 ff.

Winisdörffer, Yves, 1998: Margin of appriciation and Article 1 of Protocol No. 1, in: Human Rights Law Journal, 1998, S. 18 ff.

Wodolagin, Sergej, 2001: Zachita prava sobstvennosti v Rossii v svete trebovanij statji 1 Protokola N 1 k Evropejskoj konvenzii o zachite prav cheloveka I osnovnykh svobod (Der Schutz des Eigentums in Russland im Sinne des Art. 1 des 1.ZP zur EMRK), in: Rossija i Sovet Evropy: perspektivy vzaimodejstvija, 2001, S. 125 ff.

Woevodin, L. A., 1995: Prava cheloveka, trud, sobstvennost i gosudarstvo (Menschenrechte, Arbeit, Eigentum und Staat), in: Vestnik Moskovskogo Universiteta, Ser. 11, Pravo, N4, Moskau, 1995, S. 11 ff.

Wölk, Tatjana, 1997: Wirtschaftsgerichtsbarkeit in der Russischen Föderation, Berlin–Verl. Spitz, Berlin, 1997.

Wolter, Henner, 1998: Vom Volkseigentum zum Privateigentum: Art. 14 GG und subjektives Recht als Determinanten der industriellen Beziehungen im Einigungsprozess, Henner Wolter, 1. Auflage, Nomos Verlag, Baden-Baden, 1998.

Yevtushenko, Olena, 2002: Ukrainian civil courts practice of applying Article 1 of Protocol No. 1 to the Convention for the Protection of Human Rights and Fundamental Freedoms, in: Praxis des Europäischen Gerichtshofes für Menschenrechte, N3, Kiew, 2002.

Zagnitko, Oleg / Ljashenko, Sergej, 2004: Juridicheskoje lizo: prostor dlja phantazii (Die juristische Person als Freiraum für die Phantasie), in: Juridicheskaja Praktika, N25 (339), 2004.

Zajtscheva, T. I. / Krasheninnikov, P. V., 2000: Nosledstvennoe pravo. Kommentarij zakonodatelstva i praktika ego primenenija (Das Erbrecht. Kommetar zur Gesetzgebung und rechtsanwendende Parxis), Statut, Moskau, 2000.

Zerebcov, A. N., 2002: Evropejskaja konvenzija o zachite prav cheloveka i osnovnykh svobod: statja 1 protokola Nr. 1 "Pravo na sobstvennost'"; prezedenty i kommentarii (EMRK: Art. 1 des 1.ZP "Eigentumsrecht"; Präzedenzfälle und Kommentierungen), RAN, Moskau, 2002.

Zhujkov, V. M., 1997: Sudebnaja zaschita prav garzhdan i juridicheskikh liz (Gerichtlicher Schutz von Bürgern und juristischen Personen), Gorodez, Moskau, 1997.

Zihler, Florian, 2001: Eine Besprechung des Urteils „Ernst Beyeler gegen den Staat Italien" des Europäischen Gerichtshof für Menschenrechte, in: ZeuS 2001, S. 731 ff.

Zorkin, V. D., 2004: Prezedentnyj charakter reshenij Konstituzionnogo suda Rossijskoj Federazii (Pzäjudizyencharakter der Urteile des Verfassungsgerichts in der Russischen Föderation), in: Journal rossijskogo prava, N12, 2004.

Zorkin, V. D., 2005: Kostituzionnyj sud Rossii v evropejskom pravovom pole (Das Verfassungsgericht der Russischen Föderation im europäischen Rechtsfeld), in: Journal rossijskogo prava, N3, 2005.

Zunz, M., 1960: Das persönliche Eigentum in der UdSSR, Verlag für Fremdsprachige Literatur, Moskau, 1960.

Zvekov, Victor P., 1999: The new Civil Code of the Russian Federation and private international law, McGill Law Journal 1999, Vol. 44, S. 525 ff.

Dokumente des Europarats

I. Allgemeine Dokumente

Satzung des Europarats vom 5. Mai 1949, in: Randelzhofer Albrecht (Hrsg.), Völkerrechtliche Verträge, 8. Auflage, Beck-Texte im dtv, 1999.

Gipfeltreffen der Staats- und Regierungschefs der 32 Europaratsstaaten vom 8-9 Oktober 1993, Wiener Erklärung vom 9. Oktober 1993, in: Nowak Manfred, Europarat und Menschenrechte, Wien, 1994.

Gipfeltreffen der Staats- und Regierungschefs der 40 Europaratsstaaten vom 10.-11. November 1997, Straßburger Erklärung und Aktionsplan zur Stärkung demokratischer Stabilität in den Mitgliedstaaten vom 11. November 1997, in: EuGRZ, 1997, S.523-525.

II. Dokumente der Organe, ihrer Komitees und spezieller Einrichtungen

1. Ministerkomitee

a) Resolutions

Resolution ResDH(2002) 3– 6.03.2002
Concerning the judgment of the European Court of Human Rights of 3 May 2001 in the case of Kaysin and others against Ukraine

Resolution ResDH(2003) 123– 4.06.2003
Concerning the judgment of the European Court of Human Rights of 15 July 2002, final on 15 October 2002 in the case of Kalashnikov against the Russian Federation

Resolution ResDH(2004) 14– 11.02.2004
Concerning the judgment of the European Court og Human Rights of 25 July 2002 in the case of Sovtransavto Holding v. Ukraine

Resolution Res(2004) 3- 12.05.2004
On judgments revealing an underlying systemic problem

Resolution ResDH(2004) 46– 20.06.2004
Concerning the judgment of the European Court of Human Rights of 4 March 2003 (final on 4 June 2003) in the case of Posokhov against the Russian Federation

Resolution ResDH(2004) 85- 22.12.2004
Concerning the judgment of the European Court of Human Rights of 7 May 2002 in the case of Burdov against the Russian Federation

Resolution ResDH(2005)58– 5.07.2005
Concerning the judgment of the European Court of Human Rights of 22 June 2004 (Grand Chamber) in the case of Broniowski against Poland

Resolution ResDH(2005)42- 22.04.2005
Concerning the judgment of the European Court of Human Rights of 8 July 2004 (Grand Chamber) in the case of Ilaşcu and others against Moldova and the Russian Federation

Resolution ResDH(2005)84– 13.07.2005
Concerning the judgment of the European Court of Human Rights of 8 July 2004 (Grand Chamber) in the case of Ilaşcu and others against Moldova and the Russian Federation

Resolution ResDH(2006)1– 8.02.2006
Concerning the violations of the principle of legal certainty through the supervisory review procedure ("nadzor") in civil proceedings in the Russian Federation – general measures adopted and outstanding issues

Resolution ResDH(2006)26– 10.05.2006
Concerning the judgment of the European Court of Human Rights of 8 July 2004 (Grand Chamber) in the case of Ilaşcu and others against Moldova and the Russian Federation

b) Recommendations
Recommendation No. R (94) 12- 13.10.1994
On the independence, efficiency and role of judges

Recommendation No. R (2000) 2- 19.01.2000
On the re-examination or reopening of certain cases at domestic level following judgments of the European Court of Human Rights

Recommendation Rec(2002) 13- 18.12.2002
On the publication and dissemination in the member states of the text of the European Convention on Human Rights and of the case-law of the European Court of Human Rights

Recommendation Rec(2003) 16– 9.09.2003
On the execution of administrative and judicial decisions in the field of administrative law

Recommendation Rec(2004) 6– 12.05.2004
On the improvement of domestic remedies

c) Andere Dokumente
Reply CM/AS(2002)Rec1498/1499 final – 9.09.2002
On Recommendation PACE 1498, 1499 (2001)

Declaration – 12.05.2004
Ensuring the effectiveness of the implementation of the European Convention on Human Rights at national and European levels

Information documents CM/inf/DH(2005)20– 23.03.2005
Supervisory review (nadzor) procedure in the Russian Federation: prospects for reform in line with the ECHR requirements

2. Parlamentarische Versammlung

a) Opinions

Opinion PACE 190 (1995)

On the application by Ukraine for membership of the Council of Europe

Opinion PACE 193 (1996)
On Russia's request for membership of the Council of Europe

Opinion PACE 251 (2004)
Draft Protocol No 14 to the Convention for the Protection of Human Rights and Fundamental Freedoms, amending the control system of the Convention

b) Resolutions
Resolution PACE 1127 (1997)
On the health effects of the Chernobyl nuclear accident

Resolution PACE 1180 (1999)
On the economic situation in the Russian Federation and Ukraine

Resolution PACE 1418 (2004)
The circumstances surrounding the arrest and prosecution of leading Yukos executives

Resolution PACE 1455 (2005)
Honouring of obligations and commitments by the Russian Federation

Resolution PACE 1466 (2005)
Honouring of obligations and commitments by Ukraine

c) Recommendations
Recommendation PACE 1193 (1992)
On the future of European Construction

Recommendation PACE 1334 (1997)
On refugees, asylum-seekers and displaced persons in the Commonwealth of Independent States (CIS)

Recommendation PACE 1498, 1499 (2001)
On the situation in the Chechen Republic of the Russian Federation

Recommendation PACE 1499 (2001)
On the humanitarian situation of refugees and internally displaced persons (IDPs) from Chechnya

Recommendation PACE 1544 (2001)
On the *propiska* system applied to migrants, asylum seekers and refugees in Council of Europe member states

Recommendation PACE 1667 (2004)
Situation of refugees and displaced persons in the Russian Federation and some other CIS countries

Recommendation PACE 1692 (2005)
The circumstances surrounding the arrest and prosecution of leading Yukos executives

Recommendation PACE 1710 (2005)
Honouring of obligations and commitments by the Russian Federation

Recommendation PACE 1722 (2005)
Honouring of obligations and commitments by Ukraine

d) Documents
Doc. 10083- 12.02.2004
The circumstances surrounding the arrest and prosecution of leading Yukos executives. Report of the Committee of Legal Affairs and Human Rights

Doc. 10368- 29.11.2004
The circumstances surrounding the arrest and prosecution of leading Yukos executives. Report of the Committee of Legal Affairs and Human Rights

Doc. 10568– 3.06.2005
Honouring of obligations and commitments by the Russian Federation. Report of the Committee on the Honouring of Obligations and Commitments by Member States of the Council of Europe

Doc. 10645 prov.– 7.07.2005
Provisional report on the OECD and the world economy

3. Europäische Kommission für Demokratie durch Recht (Venedig-Kommission)

Doc. CDL-INF (95) 2– 8.09.1995
Opinion on the constitutional situation in Ukraine

Doc. CDL-INF (2000) 5– 10.02.2000
Opinion on the draft law of Ukraine on the judicial system

Doc. CDL-INF (2000) 5– 10.02.2000
Summary opinion on the draft law of Ukraine on the judicial system

Doc. CDL (2000) 72- 26.09.2000
Of the Constitutional Court of Ukraine

Doc. CDL-JU (2000) 39– 4.10.2000
Description of the Constitutional Court of Ukraine as well as précis published in the Bulletin on Constitutional Case-Law

Doc. CDL (2001) 55- 14.06.2001
Opinion on the draft law of Ukraine on the "judicial system"

Doc. CDL (2001) 78– 3.07.2001
Opinion on the draft law of Ukraine "On the judicial system"

Doc. CDL-INF (2001) 11– 11.07.2001
Consolidated opinion on the Ukraine Constitutional reform project

Doc. CDL-DI (2002) 1– 6.12.2002
Draft opinion on the implementation of the judgments of the European Court of Human Rights

Doc. CDL-AD(2002) 34- 18.12.2002
Opinion on the implementation of the judgments of the European Court of Human Rights

Doc. CDL-AD(2005) 014- 13.06.2005
Opinion on the Federal Law on the Prokuratura (Prosecotor's Office) of the Russian Federation

III. Andere Dokumente

Doc. CommDH(2005) 2- 20.04.2005
Report by Mr Alvaro Gil-Robles, Commissioner for Human Rights, on his visits to the Russian Federation 15 to 30 July 2004 and 19 to 29 September 2004

Doc. HRCAD(2001) 4– December 2001
Compatibility of Ukraininan law and practice with the requirements of the European Convention on Human Rights (Articles 3, 5, 6, 10, 13 and 1 and 3 of Protocol No 1)

Resolution 3 (XXIV)– 05.10.2001

Resolution of the 24th conference of European justice ministers (Moscow, October 2001) "General approach and means of bringing about efficient implementation concerning the enforcement of legal decisions"

Doc. H(98) 7- 1998
The compatibility of Russian Federation Law with the requirements of the European Convention on Human Rights (Articles 1, 2, 3, 4, 5, 6, 9, 10, 11, 13, 14, 15, 16-18. Articles 1 and 3 of Protocol No 1. Articles 2 and 3 of Protocol No 7)

Special Resolution of 28th Session of UNO General Assembly (3171/XXVIII)- 17.12.1973
Permanent sovereignty over natural resources

IV. Rechtsprechung

Die Rechtsprechung des EGMR und der Kommission ist auffindbar in: http://www.echr.coe.int. In der Datenbank HUDOC (Human Rights Documentation) sind alle Urteile und Zulässigkeitsentscheidungen des EGMR enthalten.

V. Verträge
Die im Rahmen des Europarates abgeschlossenen Verträge werden in der European Treaty Series (ETS) veröffentlicht. Sie sind im Internet auf der Homepage des Europarates abrufbar: www.coe.int.

Internetdatenbanken des ukrainischen und russischen Rechts

Das Parlament der Ukraine http://www.rada.gov.ua

Der Präsident der Ukraine http://www.president.gov.ua

Das Justizministerium der Ukraine http://www.minjust.gov.ua

Das Verfassungsgericht der Ukraine http://www.ccu.gov.ua/pls/wccu/indx

Das Oberste Gericht der Ukraine http://www.scourt.gov.ua/

Das Oberste Wirtschaftsgericht der Ukraine http://www.arbitr.gov.ua/

Die Staatsduma der Russichen Föderation http://www.duma.gov.ru/

Der Präsident der Russichen Föderation http://www.kremlin.ru/mainpage.shtml

Das Verfassunsgericht der Russichen Föderation http://ks.rfnet.ru/Texts/oglav.htm

Das Oberste Gericht der Russischen Föderation http://www.supcourt.ru/

Das Oberste Arbitragegericht der Russischen Föderation http://www.arbitr.ru

Juristisches Internetportal http://www.consultant.ru/

Dimitrios Orfanidis

Eigentumsproblematik und Mitbestimmung hinsichtlich der Europäischen Verfassung

Frankfurt am Main, Berlin, Bern, Bruxelles, New York, Oxford, Wien, 2006.
238 S.
Europäische Hochschulschriften: Reihe 2, Rechtswissenschaft. Bd. 4306
ISBN 3-631-54695-5 · br. € 42.50*

Dreh- und Angelpunkt der Marktwirtschaft ist das Eigentumsrecht an den Arbeitsmitteln, das daher auch den Kern der nationalen und übernationalen Verfassungsordnung der EU bildet. Zu diesem Kern gehört allerdings nicht der Schutz der abhängigen Arbeit, der jedoch die Funktionsgarantie der europäischen Marktwirtschaft darstellt. Aus diesem Grund vertieft die Europäische Verfassung das nationale Sozialstaatsprinzip: sie verankert das Prinzip des nachhaltigen Sozialstaates. Sie konkretisiert es zudem durch das Sozialrecht auf Mitbestimmung. Außerdem erweist sich die EU als globaler Akteur: der schrankenlosen Weltmarktwirtschaft setzt sie die soziale Weltmarktwirtschaft entgegen.

Aus dem Inhalt: Die verfassungsrichterliche Bestimmung des Wirtschaftssystems in Deutschland, Hellas und der EG/EU · Die Arbeitnehmermitbestimmung in den Unternehmen nach deutschem, hellenischem und Gemeinschaftsrecht · Die arbeitsrechtliche Dimension der Europäischen Verfassung · Die Einheit der Europäischen Verfassung im Lichte ihres Kerns · Das Sozialrecht auf Mitbestimmung in der Europäischen Verfassung

FSC
www.fsc.org
MIX
Papier | Fördert
gute Waldnutzung
FSC® C083411

Kolibri 360 GmbH
Ferdinand-Juhlke-Straße 7
99095 Erfurt, Deutschland
produktsicherheit@kolibri360.de

Druck:
CPI Druckdienstleistungen GmbH
im Auftrag der
Kolibri 360 GmbH
Ferdinand-Jühlke-Str. 7
99095 Erfurt